서양의 경제사상을 해독해서
역어 낸 경제이론의 역사

경제학의 역사

홍 훈 지음

博 英 社

머 리 말

경제학설사 혹은 경제사상사는 이론경제학이나 계량경제학 등과 여러 가지 면에서 차이가 있다. 우선 이론이나 수리계량분야는 그 범위가 명확하게 정해져 있는 데 비해, 경제학설사는 그 범위가 명확치 않다. 또한 이론이나 수리계량분야에서는 주어진 문제에 관해 대체로 합의된 답이 있는 데 비해, 경제학설사에 등장하는 여러 견해에 관해서는 정답이 주어지지 않는다.

이런 이유로 경제학설사에서는 분석보다 해석이 요구되고 개념을 익히기 위한 연습이나 훈련보다 다독과 비교가 더 중요하다. 당연히 분석능력보다 상상력이, 수학자의 태도보다 고전 연구자의 태도가 경제학설사에 필요하다. 이런 점에서 경제학설사는 경제학과 사회과학의 일부이면서도 인문과학의 성격을 겸비하고 있다.

이 때문에 경제학설사의 교육과 이를 위한 책은 수리/계량경제학뿐만 아니라 미시경제학이나 거시경제학의 그것들과 성격이 다르다. 사실상 경제학설사의 교재는 이미 통상적인 의미의 교과서가 아니다. 이런 어려움이나 특징으로 인해 보다 범위가 넓은 경제사상사는 물론이고 경제학설사를 포괄하는 책을 쓴다는 것은 누구에게나 쉽지 않다. 더구나 우리 학문의 취약성이 겹치면서 해방 이후 지금까지 서양의 경제사상을 스스로 해독하고 이것들을 정리해서 엮어 낸 서적이 거의 없다시피 하다.

그러나 언젠가는 불완전한 상태에서나마 작업이 시작되어야 한다고 생각해 저자는 용기를 가지고 이 책을 쓰게 되었다. 또한 저자 자신이나 학생들을 위해 더 이상 미룰 수 없다는 핑계도 있었다. 학생들을 위해서는 당연히 교재가 필요한데, 우리 말로 된 학설사 책은 쉽게 찾을 수 없다. 그리고 저자 본인을 위해서는 그나마 20여 년 가까이 이 분야에서 연구하고 생각한 결과를 그냥 흘려 보내지 않고 정리해 두어야 한다는 압박이 주효했다.

저자에게 이 책은 연구와 교육의 중간결산에 해당된다. 이해를 돕기 위해 저자가 거쳐 온 경로를 소개하고 싶다. 학설사와 정치경제학에 대한 저자의 관심은 신고전학파 경제학에 대한 막연한 거부감이나 생경함에서 시작되었다. 거부감은 시장경제에 대한 신앙심에 대한 거부였고, 생경함은 한반도에 들어온 낯선 경제학 개념들에 대한 첫인상이었다. 이런 첫인상은 나중에 좌파 경제학 및 사상에 대한 관심과 현실이해를 위한 노력으로 발전했다. 특히, 이런 감정은 마르크스에 대한 관심으로 이어졌다.

이 과정에서 다리역할을 했던 것은 아도르노, 호르크하이머, 마르쿠제, 하버마스 등의 프랑크푸르트학파였다. 이 학파를 통해 먼저 헤겔에 관심을 갖게 되었고, 이것이 마르크스에 대한 관심으로 전환되었다. 이런 의미에서 저자의 스승은 마르크스, 특히 그의 『자본론』이었다.

『자본론』은 저자의 관심을 끌기에 충분히 추상적이었고 심오했다. 이에 따라 저자에게 주어진 일차적인 과제는 『자본론』을 나름대로 해석하고 재구성하는 일이었다. 이를 위해 노력하는 과정에서 출판된 미완의 책이 『맑스 경제사상의 구조와 한계』(1994)였다. 이 과정을 통해 고전을 분석하고 종합하는 나름대로의 방법을 어느 정도 체득했다고 생각된다. 여기서 체득된 방법은 미약하나마 마르크스의 다른 저작이나 여타 사상가들로 확산되었다.

오스트리아학파의 중요 사상가에 대한 분석이 마르크스에 이어 흥미로웠다. 이런 연구의 결과로 마르크스와 오스트리아학파를 비교해 『마르크스와 오스트리아학파의 경제사상』(2000)을 출간했다. 더불어 여타 한계효용학파의 주요 사상가들에 대한 어느 정도의 강독이 이루어졌다. 나아가서 스미스, 리카도, 맬더스에 대한 독서도 부분적으로 이루어졌다. 뿐만 아니라 독일의 역사학파와 베블렌, 그리고 커다란 성과를 거두지는 못했으나 케인즈에 대한 독해도 어느 정도 이루어졌다. 끝으로, 서양사상의 근원이라고 말할 수 있는 플라톤과 아리스토텔레스, 영국의 사회사상에 대한 초보적인 강독도 가능했다.

물론 지금까지 읽은 고전보다 앞으로 읽어야 할 고전이 훨씬 더 많다. 나아가 철학, 정치학, 사회학의 고전들을 고려한다면, 현재까지 저자가 강독한 부분은 백사장의 모래 한 줌 정도일 것이다. 거기에 우리의 고전들을 추가시킨다면 저자는 현재까지 아무것도 읽지 않은 것이나 마찬가지이다.

이런 이유로 이 책에는 여기저기 비어 있는 구석이 너무 많다. 또한 어떤 고전은 20번 이상 읽었는가 하면, 어떤 것은 한두 번밖에 읽지 않았고, 심지어 다른 사람이 해석하거나 전해 준 것을 그대로 옮긴 것도 있어서, 그야말로 이 책은 들쭉날쭉이다. 따라서 이 책의 말과 글이 모두 저자의 말과 글이라고 자신 있게 말할 수 없다.

그러므로 이 책을 독자들에게 자랑스럽게 내놓지는 못한다. 오히려 10년 후쯤 보다 자랑스럽게 내놓을 일입관지(一入貫之)의 책에 대한 초고에 불과하다. 여타 경제사상과 사회사상을 섭렵해, 더욱이 서양사상 전체, 그리고 서양의 모든 것에 대해 무언가 한 마디 할 수 있게 되는 것이 저자의 일생목표이다.

비록 일관된 입장을 가지고 서양의 경제사상을 해석하지 못했지만, 저자 나름대로 유지하려고 노력한 몇 가지 주안점은 있다.

우선, 어떤 학파의 경제이론도 허공에 떠 있지 않음을 염두에 두고 있었다. 이론이 당시의 사회/역사적 현실이나 경제에 뿌리를 두고 있고, 당시 경제인의 의식과 무관하지 않으며, 철학이나 사회사상 등과 별개일 수도 없음을 놓치지 않으려고 노력했다. 특히, 과거든 현재든 경제이론은 그 시대의 세계관과 일반인의 상식과 분리될 수 없다.

지난 1세기 동안 우리 학계는 경제학뿐만 아니라 서양의 학문을 받아들이는 데 있어 이론이 가지고 있는 문맥을 도외시한 것이 문제라고 저자는 생각한다. 더구나 학문의 특수성으로 인해 다른 사회과학보다 경제학에서 이런 폐해가 더욱 심각했다고 생각했기 때문에 이에 예민할 수밖에 없었다.

둘째, 경제사상과 이론을 단편적인 개념의 나열이 아니라 상호 연결된 하나의 구조나 체계로 이해하는 데 중점을 두었다. 흔히 과거의 논의로 보면 선진 외국의 특정 학자가 주장한 특정 개념을 채취해 그것을 암송하는 데 그치는 경우가 많았다. 그러나 경제학이나 철학 등 모든 학문에서 우리가 초점을 두어야 할 것은 특정 개념이 아니라 그런 개념을 필요로 하는 이론체계나 사고틀이다. 이 책에서 저자는 이런 폭넓은 이해를 제시하려고 노력했다.

셋째, 서양인의 해석을 그대로 옮기기보다 되도록 원전을 스스로 읽고 전달해야 한다는 입장을 견지했다. 서양과 동양의 선진학계에서 원전에 대한 강독은 학문분야에 관계없이 오랫동안 당연하게 받아들여지고 있다. 이와 달리 한국의 경제학과 사회과학에서는 아직도 이것이 일상화되어 있지 않다. 저자는 이런 한계를 극복하려고 노력했다.

넷째, 전편을 통해 배어 있는 것은 자본주의 이념과 신고전학파에 대한 평가와 비판이다. 묵시적으로 신고전학파를 신격화하지 않고 상대화해 제대로 평가하는 것이 이 책이 가진 최소한의 목표이고, 신고전학파에 대한 대안을 모색하는 것이 최대목표이다. 이론을 수입하는 한국 학계의 실정이나 세계화의 추세를 놓고 볼 때, 이런 태도는 더욱 절실하다. 이렇게 보면 이 책은 신고전학파 자체에 대한 이해를 높이는 데도 공헌하리라고 생각된다.

상당부분의 연구가 과거 속에서 신고전학파를 확인하는 데 초점을 두거나 20세기 미국 경제학자들의 이론에 편향되어 있다. 이 같은 연구방향은 신고전학파 속에서 헤어나지 못하는 결과를 낳으므로 서양사상 전체와 신고전학파의 성격을 파악해야 하는 우리의 입장에서는 바람직하지 않다.

다섯째, 이 책이 내용적으로 특정 사상이나 학파에 관계없이 중점을 두었던 주제들이 있다. 가치이론, 화폐이론, 자본이론, 제도와 진화, 자본주의와 사회주의 등 사회철학의 차이, 전체주의와 개체주의의 대립, 실재론과 명목론의 차이, 본질주의와 경험주의의 대립, 경제학이론의 현실성, 자연개념 등이 그런 것이다. 저자의 입장은 구조주의와 전체주의 지향, 경제와 정치/사회/자연의 상호의존, 역사와 진화 그리고 동태적인 변동에 대한 강조, 화폐 등 제도의 역할, 인간과 인간관계에 대한 규명, 자본주의에 대한 유보, 물질주의에 대한 규탄 등으로 구성되어 있다.

저자에게 논문이나 책을 쓰는 일은 언제나 전적으로 쾌락이거나 고통이 아니라 고통과 쾌락이 함께 주어지는 그런 종류의 일이다. 이 점에서도 공리주의와 신고전학파는 나를 설득하지 못하고 있다. 책 속의 스승은 마르크스였지만 현실세계에서는 모교인 연세대학교의 스승님들로부터 많은 지도를 받았다. 학벌 없는 사회를 추구하는 저자로서도 개인차원에서 이 분들께 감사드리지 않을 수 없다.

항상 열심히 공부를 하도록 격려해 주신 윤기중 선생님, 학자적인 자세를 심어 주신 윤석범 선생님, 매사에 너무 나서지도 너무 소극적이지도 않게 지도해 주신 박진근 선생님, 그리고 사회과학의 넓은 시야에 대해 알려 주신 오세철 선생님께 감사를 드린다. 그리고 언제나 애정을 가지고 지켜 보아 주신 김황조 선생님, 김학은 교수님, 박헌영 교수님께도 절을 올린다. 이 분들이 계시지 않았다면, 이 책은 나올 수 없었을 것이다.

또한 지난 18년 동안 학교를 거쳐 가며 저자와 학문적 토론을 주고받았던 수많은 대학원생들에게 감사한다. 특히, 최규성 박사, 최기춘 박사, 박종현 박사, 황재홍 박사, 이규상 박사, 류승민 선생, 윤제희 양, 김성진 군 등이 그들이다. 뿐만 아니라 정진욱, 김영세, 최강식, 김태환, 한종희 등 동료교수들은 신고전학파에 대한 여러 가지 지식을 저자에게 전해 주었다. 김일중 교수님, 신태영 박사님, 박명수 박사님은 언제나 학문적으로 격려를 아끼지 않아 큰 의지가 되어 주었다.

학문의 성격상 그간 철학자나 인문학자와의 교류가 적지 않았다. 이들 중에서 서양사상 전반에 대해 이해할 수 있도록 도와준 철학자 김상봉 선생님과 김재홍 선생님께 고마움을 보낸다. 이어 교육을 통해 사회를 인식하는 학벌 없는 사회의 동료들에게도 현실에 대한 감각을 놓치지 않도록 도와준 데 대해 감사 올린다. 뿐만 아니라 거의 40년 동안 명정의 세월 속에서 인생과 사회를 논하며 자유정신과 사고의 폭을 유지하게 해 준 서광벽, 신종필, 이병언 제군에게도 고마움을 표한다.

무엇보다 가장으로서 돈벌이도 시원치 않고 별로 해 준 것 없어도 유학생활의 고난을 함께 하며 큰 탈 없는 가정을 이루고 지금까지 연구에 밑거름을 제공해 준 처와 자식에게 미안하고 고맙다.

끝으로, 이 책이 연세대학교 상경대학 기초학문분야 육성기금에서 제공된 연구비로 쓰여진 것임을 덧붙이고자 한다.

2007. 8. 1

홍　훈

목　　차

제 1 장

경제학설사의 성격·방법 및 개관

1.1 경제학설사의 성격과 의의

경제학에서 미시경제학과 거시경제학이 이론 분야를 구성하고, 계량경제학이나 수리경제학이 도구에 해당된다면, 경제사와 경제학설사는 역사를 다룬다. 경제사는 경제의 역사이고, 경제학설사는 경제학의 역사이다. 경제학은 적어도 2백 여 년의 역사를 가지고 있다. 경제학설사는 이 기간 동안 등장했던 경제학자들의 생각을 학파별로 분류해 연구하는 학문이다.

경제학설사의 연구범위는 획일적으로 정해져 있지 않다. 통상 말하는 경제학설사와 유사하지만 범위가 더 넓은 것이 경제사상사이고, 이 보다 범위가 좁은 것이 경제이론사이다. 경제학설사가 경제학자들의 이론이나 생각에 초점을 맞춘다면, 경제사상사는 이 뿐만 아니라 정치가, 관료, 기업인이나 소비자 등 경제주체, 그리고 여타 사회구성원들의 이념이나 의식까지 논의대상으로 삼는다. 이와 반대로 경제이론사는 경제학자들의 생각 중에서 그다지 멀리 떨어져 있지 않은 최근의 이론들을 주요 대상으로 삼는다.

예를 들어, 17세기 말에 등장한 아담 스미스의 생각은 경제학설사의 고유한 주제이다. 이와 달리 스미스 시대의 영국정부의 경제정책이나 당시 상인들의 생각 등은 경제사상사의 대상에 가깝다. 그리고 20세기 후반의 거시경제이론에 대해 역사적으로 검토한다면 이론사에 가깝다. 이 책은 경제사상사보다는 좁지만 경제이론사보다 넓은 경제학설사에 중점을 둔다.

경제학의 역사로서 경제학설사는 경제이론과 경제사의 중간에 놓인다. 이 때문에 경제학설사를 경제이론의 역사로 좁히면 경제이론에 가까워지고, 경제사상사로 넓히면 경제사에 가까워진다. 일반적으로 역사는 특수성을 추구하고, 철학은 보편성을 추구한다. 연장하면, 경제이론은 보편성을, 경제사는 특수성을 각기 추구하는 것이 된다. 이런 의미에서 경제학설사는 경제이론의 보편성과 경제사의 특수성을 함께 지니고 있다.

경제이론은 철학, 정치학이나 사회학과 구분되지만, 경제사상은 이들과 명확히 구분되지 않는다. 이 점에서는 경제사도 마찬가지이다. 예를 들어, 해방 직후의 역사에 대한 경제학자와 사회학자의 연구가 완전히 분리될 수 없듯이, 마르크스에 대한 경제학자와 정치학자의 연구가 완전히 분리될 수 없다. 이 같이 경제사상의 연구대상은 다른 분야의 사상연구와 상당 부분 겹친다. 따라서 경제이론분야에 비해 경제사상분야는 인문과학이나 여타 사회과학과 보다 긴밀한 교류를 필요로 한다.

그렇다면 경제학설사분야는 왜 존재하는가? 우선, 가장 크게 보면, 어떤 종류이든 역사를 연구하는 목적은 현재에 대한 반성과 미래를 위한 대안모색에 있다. 과거를 되돌아봄으로써 미래에 대한 새로운 대안을 찾으려 한다는 점에서 역사연구의 일반적인 동기는 현실비판이다.[1] 같은 맥락에서 경제학설사는 경제학의 역사이므로 경제학의 현실에 대한 반성을 그 출발점으로 삼는다.

이에 따라 경제학설사 연구는 많은 경우 신고전학파 경제학(neoclassical economics)에 대한 비판적인 입장을 출발점으로 삼으며, 나아가 이에 대한 대안을 모색하는 데 목표를 둔다. 신고전학파는 미국 주도하에 전 세계적으로 확산되고 있는 주류경제학을 일컫는다.[2] 예를 들어, 신고전학파가 금과옥조로 생각하는 개인의 이기심이라는 전제에 대해 비판적인 사람들이 그렇지 않은 사람들보다

---

1) 단재 신채호가 우리의 역사에 대해 연구하게 된 동기와 비슷할 수 있다.

2) 신고전학파는 미시경제학을 중심으로 시장경제를 옹호하는 접근법에 대한 통칭으로, 마르크스주의, 신리카도학파, 그리고 후기 케인즈학파와 대립된다. 이에 따라 신고전학파는 거시경제학에 등장하는 케인지언, 통화주의, 새 케인지언, 새 고전학파(New Classical Economics) 등의 여러 입장과 결합될 수 있다. 특히, 신고전학파는 새 고전학파와 동일하지 않으며, 이보다 넓은 범위의 학자들을 포함한다. 또한 이 책에서 주류경제학은 이보다 더 넓게 현재와 과거를 포괄하는 영미경제사상을 의미한다.

또한 이 책에서 주류경제학은 고전학파, 한계효용학파 그리고 신고전학파를 포괄한다.

학설사 연구로 기울어지는 경향이 높다.

둘째, 약간 좁혀서 신고전학파에 대해 비판적인 입장에 서 있지 않는 사람에게도 경제학설사 연구는 신고전학파를 절대시하지 않는 자세를 일깨워준다. 무릇 지식인은 현존하는 어떤 지배적인 이념이나 이론도 절대시하지 않아야 한다. 이념이나 이론이 종교나 신념으로 돌변할 때 무서운 파괴력을 갖기 때문이다. 이런 관점에서 신고전학파가 현실경제를 설명하는 최상의 논리라고 믿는 사람일지라도 이를 우상화하는 것은 금물이다. 학설사에 대한 관심은 이런 우상화를 억제한다.

그렇다면 학설사 연구가 어떤 의미에서 이와 같은 자세를 갖추도록 훈련시키는가? 과거에 명멸했던 여러 경제학자들은 동일한 경제현상에 대해 다양한 방식으로 접근했으며, 동일한 경제문제에 대해 여러 가지 답을 제시했다. 경제학설사를 공부하다 보면 누구나 이 같은 다양성에 접하게 되므로 자신이 믿는 사상을 절대시하지 않는 습관을 갖게 된다. 예를 들어, 과거의 사상 속에서 이기적인 개인을 분석단위로 삼지 않는 이론을 만나게 되면서, 이기적인 개인이 분석단위라는 신고전학파의 전제를 당연시하거나 절대시하지 않게 된다.

셋째, 대안을 모색하거나 지배적인 이론을 절대시하지 않는다는 의의를 접어두더라도 학설에 대한 배움은 최소한 신고전학파의 진정한 모습을 조망하는 시각을 제공한다. 신고전학파의 숲에서 나와 여타 학파의 숲으로 들어가 누비는 과정을 통해, 기존 사고방식에서 벗어날 수 있고 그것의 진정한 모습도 파악할 수 있다. 뒤집어서 만약 기존 이론에서 한 번도 벗어나 본 적이 없다면, 이 이론의 진정한 모습을 파악하지 못했으리라고 예상할 수 있다.

손쉬운 비유로 한국을 한 번도 떠나보지 않은 사람이 한국에 대해 진정으로 안다고 말할 수 있을까? 우리가 외국여행을 하면서 발견하는 것은 다른 문화나 타인이라기보다 다른 문화나 타인에 대비되는 우리 문화 혹은 자기 자신이다.[3] 이와 유사하게 외국어를 전혀 모르는 사람은 모국어도 제대로 모른다는 말이 있다.

학설사 연구는 다른 문화권으로의 여행과 같이 자신의 정체를 파악할 수 있

3) 20세기의 대중소설가인 영국의 모옴(S. Maugham, 1874~1965)의 *Summing Up*(1938)을 보면 다음과 같은 상황이 서술되어 있다. 한 동안 파리에 머물다 장례식을 치르기 위해 고향집으로 돌아온 모옴은 우연히 창가에 기대여 눈길을 보내다 불현듯 앞에 전개된 전원의 아름다움에 감탄하게 된다. 자신이 오랜 동안 그 안에서 묻혀 지내면서도 깨닫지 못했던 아름다움을 파리의 생활과의 대비 속에서 비로소 깨닫게 된 것이다.

게 한다. 이미 제시한 예로써, 신고전학파에 대해 배웠고 이에 동조하는 사람이라도 다른 학설로의 여행을 통해 비로소 개인의 이기심이라는 전제가 신고전학파에 얼마나 핵심적인지 확인할 수 있다.

물론 경제학설사의 연구자 중에는 과거 속에서 자신의 입장을 확인하고 과거 이론을 현재 이론의 불완전한 모습으로 규정하는 데 그치는 사람들도 있다. 특히, 신고전학파의 입장에서 학설사를 연구하는 사람들은 과거 사상을 골동품과 같이 취급하는 경향이 없지 않다. 그러나 신고전학파이든 아니든 자신의 입장을 확인한다는 목표를 미리 설정해 놓고 과거 이론을 대하는 것은 과거 이론의 의미를 원초적으로 배제하는 선입견이다.

끝으로, 서양학문에 의존하는 한국의 학문 전체는 나름대로의 특징과 한계를 가지고 있다. 좁혀 한국의 경제학계, 나아가 한국의 인문사회학계 전체는 그것의 특수성으로 인해 학설사나 사상사를 더욱 절실히 필요로 한다. 그런 특수성이란 지난 1백 여 년 동안 일방적으로 서양의 문물과 사고를 받아들이고 있다는 것이다. 특히, 경제학계는 해방 이전에는 일본으로부터, 해방 이후에는 미국으로부터 일방적으로 이론을 수입하고 있다.

이런 한국 학계의 실정으로 인해 서양사회의 일정한 역사적 문맥 속에서 등장한 이론들이 이런 문맥과 분리되어 표피적으로 전달되거나, 부당하게 보편성을 부여받거나, 심지어 하나의 신조로 돌변하는 경우가 적지 않다. 예를 들어, 이기적인 인간이 손쉽게 이상적인 인간이 된다. 이런 문제들을 해소하는 중요한 방책이 이론의 가지가 아니라 뿌리를 대상으로 삼는 학설사적인 이해이다.

요약하면 학설사 연구의 의의는 비판과 대안의 모색, 지배적인 사고의 상대화, 신고전학파에 대한 근본적인 파악, 그리고 외국이론에 대한 비판적 수용 등으로 규정할 수 있다.

1.2 경제학설사의 연구방법과 평가기준

경제학설사나 여타 경제학분야나 모두 넓은 의미에서 이론을 대상으로 한다는 점에서 연구방법이나 평가기준에 있어 완전히 다를 수 없다. 그러나 현재의 이론이 아니라 과거의 이론을 다루고 이론의 구체적인 내용을 넘어서 사고체계 전체를 다루기 때문에, 경제학설사는 방법과 기준에 있어 경제이론과 다른 측면을 가지고 있다.

기본적으로 과거와 현재의 모든 이론들이 담겨져 있는 읽을거리(text)는 각기 나름대로 문맥(context)을 가지고 있다. 앞서 언급한 바와 같이 특정 학파의 입장이 절대화되지 않기 위해서는 이런 문맥이 존중되어야 하므로 과거 사상에 대한 연구에서는 문맥을 파악하는 일이 일차적인 작업이다. 그런데 이론이 깔고 있는 문맥의 파악은 공간적/시간적으로 멀어질수록 점점 더 어려워진다. 특히, 학파라는 커다란 범주로 구분되는 여러 사상들의 고유한 문맥을 밝혀내는 것은 간단한 작업이 아니다.

여기서 문맥의 차이는 언어, 역사적이거나 사회적인 배경, 지적인 전통 등의 차이를 포괄한다. 예를 들어, 근대 거시경제학의 창시자인 케인즈의 유효수요이론은 그 자체로 분석되거나 평가될 수도 있다. 그러나 1929년에 발생한 대공황이라는 역사적 맥락이나 자신의 선생인 마샬이 제시한 이론과의 대비 속에서 보다 선명하게 그 정체를 드러낸다. 또한 고전경제학에서 실업이 마찰적 실업이라면 케인즈에서는 비자발적 실업이라는 차이도 부각되어야 한다.

이후 논의에서는 경제학설사와 경제학 일반이 공유하는 방법이나 기준을 논의한 후, 경제학설사와 관련해 특별히 강조할 방법을 추가하고자 한다. 우선 경제학과 자연과학을 포함해 모든 학문에서 공통적으로 적용되는 이론 혹은 가설에 대한 최소한의 평가기준은 두 가지이다. 하나는 논리적 정합성(logical coherence)이고, 다른 하나는 현실성 혹은 경험적 타당성(empirical validity)이다. 여기에 이론의 간편함(simplicity)이나 절약(parsimony)을 부가할 수 있다. 이 기준들은 과학자 사회(scientific community)에서 객관적인 평가기준이 되면서, 동시에 개별 학자에 내면화되어 연구활동의 규범을 이룬다. 정합성과 타당성에 상응하는 연구방법이 연역적 추론과 검증이나 시험이다.

1) 논리적 정합성

논리적 정합성은 연역차원에서 해당 가설의 고리들이 순조롭게 연결되어 있음을 나타낸다. 구체적으로 이는 해당 가설에 논리적으로 비약, 단절, 모순, 동어반복, 순환논리 등이 포함되어 있지 않음을 의미한다. 비약은 확실한 근거로 뒷받침되지 않아 논리가 건너뛰는 것을 의미하며, 단절은 두 개의 논리가 연결되지 않는 것을 뜻한다. 모순은 앞선 논리와 뒤의 논리가 배치되는 것을 의미하며, 동어반복은 논리가 다른 형식으로 표현되었을 뿐 전진하지 않는 상황을 나타낸다. 끝으로 순환논리는 얻으려는 결론이 가정이나 도출과정에 미리 삽입되어 있어 실질적으로 논증을 확보하지 못한 것을 의미한다. 이런 문제들이 적을수록 이론은 높게 평가된다.

가령, 통화량이 증가하면 실질국민소득이 증가한다는 가설이 있다고 하자. 이 가설이 제시한 논리가 정부의 화폐공급증가 → 이자율하락 → 투자증가 → 총수요증가 → 실질소득증가이다. 여기서 모든 논리적 고리에 비약, 단절, 모순, 동어반복, 순환논리 등이 없도록 만드는 것이 학자의 과제이자, 이 과제가 어느 정도 달성되었는지가 이 가설에 대한 평가기준이다.

이자율 하락이 투자를 증가시킨다는 논리를 전개하기 위해 이자율과 투자의 관계를 알려주는 투자함수를 설정했다면, 이는 논리적 비약을 줄이려는 노력이다. 또한 이자율하락이 투자증가로 이어지지 않는다든지 총수요증가가 실질소득증가로 이어지지 않는다고 반박한다면, 논리의 단절을 지적한 셈이다. 또 다른 예로, 국가의 필연성을 주장하기 위해 인간이 정치적 동물이라고 선언한다든지 시장경제를 옹호하기 위해 인간이 경제적 동물이라고 근거 없이 주장한다면, 동어반복이나 순환논리가 될 가능성이 높다.

이런 기준에 따라 학자들은 정합성을 갖는 추론을 시도하게 된다. 일관된 논리를 유지하는 데 흔히 수학이 유용하며, 경제학에서는 이런 목적을 위해 다른 사회과학에 비해 수학에 의존하는 경향이 높다. 그러나 여기서는 논리전개에 자연언어와 수학과 같은 인공언어 중 어느 것을 사용하느냐는 중요치 않다. 사실 일상적인 토론이나 글에서도 보다 느슨한 방식이지만 위에서 제시된 기준들이 항상 적용되고 있다.

그런데 일상적인 담론에는 별로 새로운 생각이 담겨 있지 않고 담론의 구조가 단순하며 길이가 짧기 때문에 누구든 이런 기준을 위반하는 경우 쉽게 발견하고 또한 그런 위반을 쉽게 회피할 수 있다. 이에 반해 상당 기간, 심지어 일생 동안, 반추한 사상을 학술논문, 특히 저작을 통해 전개하는 과정에서는 이런 발견이나 회피가 쉽지 않다. 일생에 걸쳐 수천 페이지의 글을 통해 과거에 존재하지 않았던 생각을 갈고 닦는 독창적인 경제학자 등 사상가에게서는 오히려 이런 문제들이 수시로 등장하거나 잠복되어 있다. 더구나 이 같은 오류를 사상가가 스스로 묵인한 경우보다 의식하지 못한 경우가 훨씬 더 많다.

2) 경험적 타당성

경험적 타당성이라는 기준은 논리의 시작점이나 종착점, 그리고 중간고리들이 현실을 반영하느냐를 따진다. 종종 이론이 연역의 정교함을 가지면서도 비현실적인 가정 위에 서 있거나, 그것이 낳는 결론이 관찰된 사실에 배치될 수 있다.

위의 예로 돌아가, 과연 과거에 통화량이 증가하면 어느 정도의 시차를 두고 얼마나 실질국민소득이 증가했는지 검토할 필요가 있다. 또한 이자율이 하락하면 투자가 증가하는지도 현실적으로 확인할 필요가 있다. 다른 예로 인간이 이기적이라는 주류경제학의 기본 전제를 심리학적인 실험이나 설문조사를 통해 검토할 수도 있다.

경험적 타당성을 높이기 위해 경제학, 특히 신고전학파는 흔히 이론이나 가설을 모형으로 만들고 통계적이거나 계량적인 방법을 사용해 검증하는 경향이 있다. 그러나 검증이나 시험의 방법 이외에도 참여자관찰이나 설문조사 등도 가능하다. 여기서 말하는 경험적 타당성은 특정의 검증방법과 무관하게 이론이 현실적으로 타당한지 맞추어 보는 모든 연구활동들에 포괄적으로 적용된다.

이론이 얼마나 많은 과거와 현재의 현상을 설명할 수 있으며, 미래의 상황을 얼마나 담아 낼 수 있는지도 경험적 타당성을 결정한다. 설명할 수 있는 현상이 많아질수록, 그리고 같은 현상이라도 설명이 보다 더 정확해질수록, 이론의 보편성이나 일반성은 높아진다. 비슷한 이유로 이론은 단순할수록 더 우월하다. 예를 들어, 뉴턴의 이론은 그 이전에 있었던 프톨레마이오스, 케플러 혹은 갈릴레오의 이론보다 단순하고 일관된 논리로 더 많은 천체현상을 설명할 수 있다는 점에서 우월하다.

이상의 논의를 통해 논리적 정합성과 경험적 타당성이 이론을 전개하고 평가하는 주요 기준임을 확인했다. 이 기준들은 연역적인 추론과 검증을 과학활동의 방법으로 요구한다. 일상적으로 학자들이 수행하는 과학활동을 통해 학자가 어떤 가설을 제시했을 때 과학자 사회가 들이대는 잣대가 주로 이 두 가지이다.

경제학자의 일상적인 연구의 결과들이 발표되고, 장기간 동안 학계의 평가를 통해 여과된 후에야, 이런 결과들 중 극히 일부가 비로소 교과서에 오르게 된다. 그러므로 교과서에 올라 있는 이론들은 장시간의 여과과정을 거쳐 걸러진 학계의 침전물이다. 이 같은 상황은 여타 학문분야에도 적용된다.

그런데 20세기에 들어 학자들의 연구는 점점 더 동료 학자들의 심사를 거쳐 학술지에 실리는 논문의 형식을 따르고 있다. 이런 현상은 자연과학에 두드러지며, 인문과학보다 사회과학에 보다 강하게 나타나고, 사회과학 중에서는 경제학에서 지배적으로 등장한다. 이 점에서 현대경제학이 자연과학을 닮았다는 지적이 설득력을 갖는다.

이와 연결된 것으로 정합성을 갖는 연역이나 관찰에 근거한 검증이 자연과학과 경제학에서 공통적으로 활용되는 방법이다. 연역이나 검증은 가설이 생겨난 문제상황(problem situation)이나 문맥과 무관하게 여러 가설들의 우열을 가리는 일에 초점을 맞춘다.

그러나 인문사회과학에서 정합성과 타당성이 유일한 기준은 아니다. 비록 이들만큼 명확하게 정의할 수는 없으나, 직관(intuition)이나 상식(common sense)과의 일치를 이론형성이나 판정의 기준으로 언급할 수 있다. 직관이나 상식에의 의존보다 의미 있는 방법으로 베버(M. Weber, 1864~1920)식의 이해(Verstehen)나 해석(interpretation)을 들 수 있다. 여타 사회과학, 그리고 인문과학에서 이런 방법들을 활용한다.

인문과학에서는 상당 경우 주장의 우열을 쉽게 가릴 수 없으며, 이 때문에 여러 가설들의 다양성을 인정하면서 문맥을 이해하거나 해석하는 데 중점을 둔다. 또한 인문과학에서는 사상이나 이론의 현실성을 따지는 경우에도 경제학이나 여타 사회과학에서보다 다소 느슨한 방식을 취할 수밖에 없다.

서로 다른 시대와 역사 속에 명멸한 여러 사상이나 학파를 다루는 경제학설사도 이 점에서 인문과학과 유사하기 때문에 문맥을 강조하고 이해의 방법을 중용한다. 보다 구체적으로 과거에 존재했던 특정 학파나 학자의 이론을 파악하는 데 있어 이론의 정합성이나 타당성 이외에 사회철학, 방법론, 사회/역사적 상황을 검토하며, 학파나 학자가 영향을 받은 사상과 학자 개인의 성장배경도 고려한다. 이들은 특정 이론이나 사상의 뿌리, 배경 혹은 환경을 이룬다.

사회철학은 학파나 학자의 세계관이며, 사회, 종교, 인생 등에 대한 관점을 나타내준다. 경제 및 사회사상을 논의하는 데 있어 의미 있는 세계관의 차이는 사회주의, 자유주의, 사회민주주의 등의 입장이다. 가령, 신고전학파는 자유주의를, 마르크스는 사회주의 및 공산주의를, 케인즈는 중도 좌파적인 입장을 표방한다.

사회철학과 무관하지 않은 방법론은 경제현상에 접근하는 방식을 대변한다. 이는 방법론적인 전체주의(methodological holism)와 개체주의(methodological individualism)의 대립으로 예시된다. 전체주의는 사회와 경제를 사회구조나 계급들로 파악하는 데 비해, 후자는 개체나 개인을 분석단위(unit of analysis)로 삼는다. 대표적으로 마르크스 경제학은 전자에 근거하고 있다. 반면 신고전학파는 효용극대화나 이윤극대화 등 개인의 이기적인 행위가 경제현상을 발생시킨다고 보아 철저하게 후자를 취한다.

사회/역사적인 배경은 학파나 학자가 존재했던 사회나 역사의 특징을 의미한다. 가령, 케인즈의 이론은 1929년의 대공황과 이로 인한 대량실업이라는 시대배경을 고려할 때 보다 명확히 이해된다. 사상적 배경은 영향을 준 사상이나 학자들을 나타낸다. 더불어 개인적 배경에는 학자의 성장환경이나 교육과정 등이 중요하다. 경제학의 여러 분야 중 경제학설사가 거의 유일하게 전기(傳記)에 관심을 기울이는 이유는 여기에 있다. 예를 들어, 케인즈가 캠브리지 대학에서 윤리학자 무어로부터 영향을 받았다는 사실이나 아버지 역시 경제학자였다는 사실 등은 케인즈 연구에 중요한 고려사항이다.

물론 동일한 사회철학이나 방법론이 반드시 동일한 경제이론을 낳지는 않으며, 하나의 사회철학이나 방법론이 다양한 경제이론들과 결합될 수 있다. 또한 비슷한 사회/역사적 구조에서 언제나 비슷한 경제이론이 등장하지도 않는다. 나아가 동일한 사상의 영향이나 유사한 가정환경 속에서도 전혀 다른 입장이나 이론이 나올 수 있다. 이 같이 제반 요인들에 의해 기계적으로 규정되는 않는다는 점에서 경제이론 등 사회과학이론은 상대적으로 자율적이다.

상대적으로 자율적인 이론이 특정의 사회철학이나 방법, 그리고 사회/경제적 상황 등의 요인들과 결합되면서 학파나 학자에 고유한 문제틀(problematic)을 형성한다. 이런 요인들과 마찬가지로 이런 요인들을 내포한 문제틀도 특정 가설과 달리 외부에서 일률적으로 부과되는 정합성과 타당성의 잣대만으로 재단할 수 없다. 이런 이유로 경제학설사에서는 문제틀을 이해하려는 노력을 기울이게 된다.

문제틀들은 동일한 문제에 대해 답변을 달리 한다는 점이 아니라 다루는 문제 자체를 달리한다는 점에서 보다 근본적인 차이를 갖고 있다. 가령, 스미스가 자본축적이나 경제발전을 강조했다면, 마르크스는 착취에 중점을 두었고, 케인즈는 실업을 주요 문제로 간주했다. 그런데 이런 문제들 중 어느 것이 더 중요한지 미리부터 단정하기는 쉽지 않다.

문제가 다르다는 의미를 명확히 할 필요가 있다. 이것은 신문에서 어떤 사건을 다루느냐, 의회에서 어떤 의제를 택하느냐, 토론장에서 어떤 문제를 논의하느냐와 같은 차원의 심각성을 갖는다. 신문에서는 특정 사건을 어떻게 다루느냐보다 이 사건을 다루느냐 다루지 않느냐, 혹은 어느 정도의 크기로 다루느냐가 대부분의 경우 더 중요하다. 또한 의회나 토론장에서는 특정 의제에 대해 어떤 결론을 내리느냐보다 이 문제를 의제로 상정하느냐로 힘을 겨루는 경우가 더 많다.

문제설정이나 의제선택이 이 같이 중요한 이유는 상당수의 경우 문제나 의제의 통제가 담론의 장악을 가능케 하고 권력이나 힘과 직결되기 때문이다. 룩스(S. Lukes)가 지적한 바와 같이, 문제의 설정이 당시 지배권력이나 계급과 불가분의 관계에 있다. 이런 생각은 특별히 마르크스 등의 지식사회학이 주는 통찰이다.

이 같이 해답이 아니라 문제 자체가 문제되기 때문에 경제학설사에서는 역사학이나 인류학에서 흔히 활용되는 이해나 해석의 방법이 요구된다. 이해는 무엇보다 먼저 문제틀 안으로 들어가 공감하는 것이다. 이런 의미에서 경제학설사를 포함한 사상사에서 여러 종류의 사상을 비교하는 것은 실험실에서 암 치료를 위한 의약을 개발하는 것과 같이 명확하게 정의된 문제를 앞에 놓고 골머리를 앓는 자연과학자의 노력과 다르다. 이보다는 여러 문화들에 부딪히면서 끊임없이 다름과 같음을 겪는 여행에 비유된다. 여기서 여러 문화에 대해 처음부터 우열을 가리기 시작하면 문화에 대한 진정한 이해는 차단될 수밖에 없다.

경제학과 경제학설사의 방법과 관련해서는 베버뿐만 아니라 마르크스를 포함하는 포괄적인 논의가 필요하다. 그러나 여기서는 주로 입에 오르내리는 20세기의 논쟁을 요약하는 데 그치고자 한다. 과학의 발전과정과 방법에 관련된 과학철학의 논쟁은 경제학의 역사나 방법에 적지 않은 영향을 미쳤다. 우리는 관련 학자들로 포퍼(K. R. Popper, 1902~1994), 쿤(T. Kuhn, 1922~1996), 라카토스(I.

Lakatos, 1922~1974)를 들 수 있다. 경제이론의 방법과 평가가 포퍼로 기울어지는 데 비해, 경제학설이나 사상의 방법과 평가는 쿤이나 라카토스와 친화력을 갖는다.

포 퍼

포퍼는 『과학적 발견의 논리』(*Die Logik der Forschung: The Logic of Scientific Discovery*, 1935), 『추측과 반박』(*Conjectures and Refutations*, 1963), 『객관적 지식』(*Objective Knowledge*, 1972) 등의 저서를 통해 이론이나 가설의 과학성을 판정하는 유일한 기준으로 반증가능성(falsifiability)을 제시했다.

이 기준에 의하면 경험적 차원에서 시험받고 확인이 가능한 논리만이 과학의 반열에 오를 수 있다. 이 때문에 비판적 합리주의는 자료나 대상 자체가 이론에 의해 선별되고 해석된다는 것을 인정하면서도 관찰 가능한 것에 의존할 수밖에 없다고 주장한다.

또한 가설을 판정하는 유일한 기준은 반박 여부나 반박의 정도이다. 이런 이유로 포퍼의 입장은 대륙의 합리주의와 대립되는 영국의 경험주의나 자연과학 위주의 방법 중에서도 비엔나 서클의 확증주의(verificationism)나 확인주의(confirmationism)가 아니라 반증주의(falsificationism)로 규정된다.

포퍼는 이 기준에 따라 과거와 현재의 모든 이론들을 평가한다. 또한 가설들이 반증과정을 거쳐 여과되므로 지식의 발전이 점진적이고 누적적이며 연속적이라고 본다. 예를 들어, 뉴턴(I. Newton, 1642~1727)의 중력이론과 아인슈타인(A. Einstein, 1879~1955)의 상대성이론이 상호 비교 가능할 뿐만 아니라 비교결과 후자가 우월하다고 판정된다. 경제학설에서 스미스와 케인즈에 대해서도 마찬가지로 말할 수 있다. 이런 관점에서 포퍼는 계량경제학에 의존하는 신고전학파에 대해 우호적이었으며, 신고전학파 학자들도 포퍼에서 방법론적인 근거를 찾고 있다.

비판적 합리주의(critical rationalism)로 규정되는 포퍼의 입장에 대해 사회학자 다렌도르프(R. Dahrendorf, 1929~)는 20세기의 자유주의 인식론으로 평가했다. 흔히 보수적인 사회과학에서 주장하는 개방사회와 토론장의 절차적 합리성 등은 모두 포퍼가 『열린 사회와 그 적들』(*The Open Society and its Enemies*, 1945)이나 『역사주의의 빈곤』(*The Poverty of Historicism*, 1961) 등을 통해 강조했던 가치나 이념들이다.

사실 같은 오스트리아 출신으로서 철학자인 포퍼와 경제학자인 하이에크는 각자의 영역 속에서 마르크스와 프로이트를 열린 사회나 거대 사회의 적들로 비판하면서 소위 자유주의를 옹호하는 데 일생을 바쳤다.

쿤은 포퍼와 달리 『과학혁명의 구조』(*The Structure of Scientific Revolutions*, 1962)를 통해 학파의 교체나 이론의 혁명적인 변화를 사고틀의 전환((paradigm shift)으로 규정했다. 그는 사고틀의 전환에 세계관의 급변(Gestalt switch)이 수반되기 때문에, 서로 다른 사고틀들은 비교될 수 없다고(incommensurable) 주장했다. 이 점에서 사고틀은 앞서 언급한 문제틀과 유사하다. 예를 들어, 뉴턴과 아인슈타인 혹은 스미스와 케인즈는 서로 다른 세계 속에서 살았기 때문에 이들을 비교하는 것은 불가능하다. 이는 모든 이론에 대해 우열을 가릴 수 있다고 보는 포퍼와 대비된다.

쿤

일반적으로 특정 사고틀 안에 있는 과학자는 사물에 대해 특정 측면을 관찰하고, 특정 문제에 집중하며, 특정 방식으로 분석한다. 이 같이 사고틀은 특정 관점이나 시각을 부과해 학문활동의 기반을 제공하면서 동시에 관점을 특정 방향으로 유도하고 구속해 질곡으로 작용한다. 이런 쿤의 입장은 지식사회학의 해석과 친화력을 가진다. 이런 이유로 쿤에서는 이론이 (적어도 전환점에서) 혁명적이고 급격하며 불연속적으로 발전한다. 이는 포퍼에서 이론의 발전이 점진적/누적적/연속적인 것과 대비된다.

이런 이유로 포퍼가 이론이 점점 발전한다고 보는 절대주의(absolutism)의 입장을 취한다면, 쿤은 이론의 단선적인 발전을 부정함으로써 상대주의(relativism)에 가깝다. 이 같이 포퍼와 쿤은 역사의 연속 대 단절과 유사한 대립구도를 이루었다. 또한 포퍼가 문화나 문맥에 대한 이해를 경시한다면, 쿤은 이론발전의 기준을 제시하지 못했다는 비판을 받는다. 이 대비는 서양문화를 기준으로 여타 문화의 우열을 가늠해 제국주의의 경향을 띠느냐 문화의 다양성을 강조해 상대주의로 전락하느냐의 진퇴양난과 유사하다.

라카토스는 『비판과 지식의 성장』(*Criticism and the Growth of Knowledge*, 1970) 등을 통하여 포퍼와 쿤을 절충해 연구계획(research programme)을 주창했다. 라카토스는 쿤의 사고틀로 학파나 사조를 규정하면서 겪게 되는 경직성을 완화해,

단단한 핵심(hard core)과 부드러운 보호대(soft belt)로 구성되는 연구계획을 내세웠다.

이 구분에 의하면 핵심은 특정 학파의 학자들이 공유하는 것이며, 보호대는 같은 학파 내에서도 학자들이 지닌 다양성을 나타낸다. 현실의 연구결과들이 외연을 변경시키는 한 기존 연구계획이 유지된다. 이에 반해 핵심을 흔드는 연구결과가 누적되면 기존 연구계획이 붕괴되고 새로운 연구계획이 출현한다.

신고전학파를 하나의 연구계획으로 규정한다면 그 핵심은 개인의 합리성이나 시장기구의 중요성이며, 학자에 따라 차이를 보이는 시장의 여러 가지 불완전함은 보호대에 속한다. 또한 케인즈에서는 가격과 임금의 비신축성이 핵심이며, 이자율에 대한 투자의 비탄력성은 보호대에 속하는 것으로 생각된다.

요약하면, 포퍼는 현재의 이론뿐만 아니라 과거의 사상에 대해서도 논리적 정합성을 전제로 경험적 타당성을 유일한 기준으로 삼아 이론의 절대적인 발전을 상정했다. 이에 비해 쿤은 이 기준을 넘어 이론의 상대성을 강조함으로써 이해의 방법과 친화력을 갖는다.

방법론에 대한 이 같은 논쟁을 시간과 공간을 통해 넓히면 보편과 특수라는 사회과학의 고전적인 논쟁이 된다.[4] 단적으로 서양과 미국의 사회과학이나 경제학 이론이 한국사회나 제 3 세계에 어느 정도 타당하냐는 문제가 제기될 수 있다.

의식주의 확보가 어디서나 문제되고 경제현상이 대부분 수량으로 나타나므로 경제현상이 여타 사회현상과 달리 보편적이라는 인식이 퍼져 있다. 이 때문에 경제현상이 인간의 의지나 의도로부터 독립적이고 정책을 통해서도 변경할 수 없는 것처럼 취급되는 경향이 있다. 이 점에서 경제현상은 다른 사회현상과 다르고 오히려 자연현상과 비슷하다고 생각되었다.

이런 인식으로 인해 주류경제학은 경제현상을 당위가 아니라 존재로 규정할 뿐만 아니라 필연으로 취급해 왔다. 예를 들어, 주류경제학은 가격이 어떤 수준이어야 하느냐가 아니라 가격이 시장에서 어떤 수준인가에 중점을 두고, 가격이 어떤 수준일 수밖에 없는가를 설명한다. 이에 따라 경제학은 자연과학, 특히

4) 경제학자이기 전에 철학자임을 자부하는 인도 출신의 노벨 경제학상 수상자 센(A. K. Sen)은 최근 철학 학술지 *Philosophy and Public Affairs*에 발표한 논문을 통해 이 문제에 대한 고민을 여실히 드러내고 있다.

물리학의 방법을 차용했고, 이것이 여타 사회과학으로부터 경제학을 구분짓는 또 다른 특징이 되었다.[5] 이 때문에 경제학은 정치학이나 사회학 등 여타 사회과학과 분리되어 별개의 단과대학에 오랜 동안 머물러 왔다.

주류경제학에서 보편성과 필연성이 연결되면서 인간의 자발성, 사회개혁의 가능성, 역사의 특수성 등이 경시되었다. 그렇지만 인간과 관련된 인문사회과학은 모두 인간의 행위와 행위를 규정하는 윤리와 불가분의 관계에 있다. 더구나 경제현상도 사회 속에서 생겨나므로 역사와 사회에 배태되어(embedded) 있다.

결과적으로 다른 사회과학에 비해 경제학, 특히 주류경제학에서 자유와 필연, 윤리(倫理)와 물리(物理)의 긴장이 훨씬 더 팽팽하다. 또한 이 긴장은 사회의 법(法; law)과 자연에 고유한 법칙(法則; law) 사이의 갈등, 서술(description)과 처방(prescription), 이론과 정책 혹은 정치의 괴리로 규정될 수도 있다. 인간의 행위나 사회와 역사 등을 고려하기 위해서는 포퍼보다 쿤이나 라카토스를 존중할 필요가 있다.

1.3 경제학의 주요 문제

경제학은 대상에 있어 사회과학이다. 경제학은 자연과학이 다루는 자연현상을 취급하지 않으며, 인문과학에 의존하면서도 인간 자체를 본격적으로 다루지는 않는다. 경제학은 여러 사람들이 모여 이루어지는 사회 속에서 발생하는 현상을 다룬다. 그 중 정치학이 권력을 다루고, 사회학이 문화를 위시해 사회전반을 다룬다면, 경제학은 의식주를 다룬다. 물론 권력, 의식주, 문화가 엄격하게 나누어지지 않는다는 점에서 이 구분을 지나치게 강조해서는 안 된다.

---

5) 미로우스키(P. Mirowski)가 이런 상황을 가장 극단적으로 표현했다. 그는 저서 *More Heat Than Light*(1989)에서 고전학파에서부터 신고전학파에 이르기까지 일정한 시차를 두고 물리학의 체계와 개념들을 모방해 왔다고 주장하면서, 경제학의 물리학적 편향을 고질병으로 지적했다. 그의 생각은 전반적으로 흥미로우나 몇 가지 점에서 문제가 있다. 우선 그는 마르크스에 대한 해석에서 헤겔적인 요소를 고려하지 않고 고전학파적인 요소만을 부각시켰다. 또한 에너지보존의 법칙이 경제학에도 적용된다는 그의 주장은 거의 모든 경제학자들이 경제수량의 증가를 상정했다는 점과 부합되지 않는다. 다만, 자연의 파괴 등을 고려한 녹색 GNP는 어느 정도 미로우스키의 주장에 합당하다.

또한 경제학이 등장하기 이전의 경제사상이 단순히 의식주 확보를 대상으로 삼는다면, 경제학은 자본주의 혹은 시장경제하에서의 의식주 확보를 대상으로 삼는다. 이 점은 경제학의 등장시기 등을 고려할 때 확연하다. 상당수의 경제학자들은 근대자본주의에 이르러 비로소 경제가 자율성을 갖게 되어 진정한 탐구의 대상이 되었다고 생각한다.

이제 경제학의 핵심적인 문제들을 제시해 이후 논의의 준거로 삼고자 한다. 그런데 학파마다 자본주의의 의식주와 관련해 취급하거나 강조한 문제가 달라서 지배적인 학파가 바뀌면서 경제학의 문제도 변천해 왔다. 이런 이유로 모든 경제학자들이 동의하는 문제들의 교집합은 존재하지 않는다. 더구나 최근 들어 경제학의 대상이 제도, 윤리 및 도덕, 진화, 지배구조, 심리, 출산, 결혼, 동창회 형성, 투표, 범죄, 언어, 문화, 종교 등으로 급격히 다양해져 그 외연을 쉽게 규정할 수 없다. 그럼에도 불구하고 주류경제학을 중심으로 통상적인 문제들을 제시해 다른 학파의 특징을 부각시킬 필요가 있다.

경제학의 문제는 (개별)가격, 자원배분, 소득분배, 물가, 고용 혹은 실업, 그리고 경제성장 및 발전 등이다. 다수의 경제학자들은 앞의 셋을 미시적인 문제로, 뒤의 셋을 거시적인 문제로 분류한다. 경제학은 이들 문제와 관련해 현상에 대한 설명을 위주로 하지만, 거시경제학에서는 규범적인 성격이 적지 않다.

첫째, (개별)가격과 관련해 경제학에서는 개별상품이나 재화의 가격을 다른 상품이나 재화의 가격과 비교해 설명한다. 상품들을 상호 비교하므로 여기서 가격은 상대적이다. 가격이 자본주의경제와 불가분의 관계에 있기 때문에 가격은 경제학에서 가장 오래된 문제이자 여타 사회과학과 비교해 경제학에 가장 고유한 문제이다.

뿐만 아니라 시장의 가격을 존중한다는 손쉬운 주장에서 확인되듯이, 이 문제는 여전히 현재성을 갖는다. 더구나 가격에 대한 설명은 그 자체로 끝나지 않고 여타 경제문제들을 설명하는 기반을 제공한다. 이 때문에 오랜 세월 동안 여러 학파의 수없이 많은 경제학자들이 이 문제를 나름대로 설정하고 나름대로 답해 왔다. 이 문제에 대해 무관심했던 학파는 극소수에 불과하다.

둘째, 경제학은 토지, 노동, 자본 등 생산자원이 여러 산업에 어떻게 배분되는지에 관심을 둔다. 인간이 여러 가지 욕망을 가지고 있고, 이를 충족시키기 위해 여러 가지 재화나 서비스를 필요로 한다. 또한 재화들을 생산하기 위해 여러 부문이나 산업이 존재한다. 그러므로 거의 모든 종류의 경제는 구성원들의 의식주 해결이나 욕망 충족을 위해 필요한 재화들을 필요한 수량만큼 확보하는 문제를 안고 있다. 인간의 욕망, 이에 상응하는 재화의 종류 및 수량, 그리고 산업의 규모가 수시로 변동하는 동태적인 시장경제에서는 이 문제가 더욱 중요하다.

단기에는 재화의 종류와 수량이 재고비율이나 가동률의 변동에 의해 조절된다. 그렇지만 시간이 지나면서 생산자원들이 여러 산업들 사이에 적절한 비율(proportions)로 배분됨으로써 재화의 종류와 수량이 결정된다. 경제학자의 주요 관심사 중 하나가 가격변동에 반응해 자원이 어떻게 달리 배분되는지 보여주는 데 있다. 혹은 경제상황의 변화를 가격변동과 자원배분의 변동으로 개념화할 수도 있다. 예를 들어, 유행의 변화로 어떤 옷에 대한 수요가 변했다면 이 수요변동은 가격변동과 자원의 이동 및 공급변동으로 나누어 파악할 수 있다.

셋째, 소득분배는 생산과정에 투입된 토지, 노동, 자본 및 금융자본에 지급되는 지대, 임금, 이윤 및 이자의 결정과 연관된다. 자본주의의 소득분배를 논할 때는 경제주체들 사이에 이미 어떤 역사와 경로를 통해서든 생산자원 혹은 생산수단이 사유재산으로 분배되어 있다고 전제한다. 이런 전제하에서 생산자원의 소유자들에게 분배되는 보수나 대가를 설명하는 데 초점을 맞춘다.

그런데 다른 문제와 달리 소득분배와 관련해서는 존재의 측면과 함께 당위의 측면을 고려할 수밖에 없다. 즉, 현실경제에서 지대, 임금, 이윤이 어떻게 결정되는가 못지 않게 이들이 어떤 수준이어야 하는지가 중요하다.

마르크스 같은 사상가는 소득분배뿐만 아니라 사유재산 혹은 생산수단의 분배 자체를 문제로 삼았다. 또한 분배될 가치가 생산과정에서 착취를 통해 생겨난다는 점도 강조했다. 이에 따라 마르크스는 좁은 의미의 소득분배와 함께 생산자원이나 생산수단의 분배와 착취 및 가치창출이라는 보다 근본적인 문제를 다룬다.

넷째, 물가를 다루기 위해서는 개별상품의 가격이 아니라 국민경제 전체 수준에서 여러 상품의 가격들을 하나로 묶어 마치 하나의 가격과 같이 취급하고 그것의 변동과 차이를 분석한다. 개별가격이 시장에서 관찰되는 원초적 자료에 가깝다면, 물가는 개별가격들을 합한 집계변수이므로 기준연도의 설정과 가중치의 결정 등 가공적인 요소들을 담고 있다.[6]

---

6) 특히, 가중치 결정이 물가나 국민총생산의 계산에 개입될 뿐만 아니라 일반적으로 집계변

소비자와 기업을 포함해 모든 경제주체들이 경제활동을 위한 계산과 예측에서 물가변동을 고려한다. 이 문제에도 이미 물가안정이라는 규범적이거나 정책적인 지향이 담겨져 있다. 과거 경제학자들은 물가문제를 개별가격과 흔히 혼동해 왔으나, 근대에 들어서면서 보다 명확하게 정의되어 별도의 문제로 취급되고 있다. 물가는 다른 현상과도 연관되지만, 특히 개방경제에서 환율과 밀접하게 연결되어 있다.

다섯째, 고용 혹은 실업과 관련해서는 국민경제 전체 수준에서 노동, 자본, 토지 등 자원이 어느 정도로 활용되는지 그 결정요인을 설명하고, 이를 증대시킬 방안을 강구한다. 고용률이나 실업률이 결정되면 단기에 있어 국민소득이 결정된다는 점에서 이 문제는 단기에서의 국민소득이론이기도 하다.

앞서 제시된 자원배분이 각 산업간에 생산자원의 배분을 논의한다면, 고용은 경제전체 수준에서 자원의 이용수준을 논의한다. 노동을 포함한 모든 생산자원에 대해서는 고용이나 실업이라는 말을 사용하지만, 자본에 국한시켜 가동률(capacity utilization)이라는 용어를 쓰기도 한다.

이 문제는 마르크스 등 일부 선구자를 제외한다면 비로소 20세기에 들어서 본격적인 경제학의 문제로 설정되었다. 미시경제학에서 개별가격과 자원배분이 가격과 수량으로 쌍을 이루듯이 거시경제학에서 물가와 고용도 쌍을 이룬다. 단적으로 총수요의 변동은 물가변동과 국민소득 혹은 고용률의 변동으로 분해될 수 있다.

여섯째, 경제성장은 부와 소득의 구성과 규모가 장기적으로 어떤 요인에 의해 결정되며, 그런 요인들의 구성이나 크기가 어떻게 변동하는지 설명하는 데 목적을 둔다. 경제규모가 생산자원의 크기와 질에 의해 결정되므로 경제성장은 생산자원 전체, 그 중에서도 노동과 자본의 질적이거나 양적인 변동 원인과 속도를 설명하는 데 중점을 둔다. 초기 경제학에서 이 문제가 인구이론과 자본축적이론으로 구성되었던 것은 이런 관점에서 지당하다. 자원배분 문제가 주어진 질과 양의 자원이 여러 산업에 배분되는 것을 분석하고, 고용문제가 주어진 자

수의 유효성을 결정하는 인자이다. 그런데 여러 사회구성원들의 평가나 가치판단을 모아야 하는 어려움이 내포되어 있다. 예를 들어, 여러 과목의 점수를 합산해 학생을 선발하거나 여러 능력들에 대한 점수들을 합산해 직원을 선발하거나 승진을 결정하는 것 등이 모두 이런 어려움을 겪는다. 이 같은 어려움으로 케인즈나 미제스 등은 물가지수라는 개념자체를 유보하거나 이에 대해 부정적이었다.

원의 이용과 관련된다면, 경제성장은 자원의 구성과 규모에 관심을 둔다.

경제발전에는 핵가족화, 인간소외, 교통체증, 오염 등 산업화에 수반된 여러 가지 사회나 자연의 변동이 고려된다. 경제성장이 오로지 국민소득이나 국부의 크기에만 초점을 맞추는 데 비해, 경제발전은 삶의 질과 관련된 여러 가지 질적 요인들을 고려한다.

물가와 고용이 단기적인 문제라면, 성장 및 발전은 장기적인 문제이다. 물가변동과 실업률 변동이 연별뿐만 아니라 분기별이나 월별로 측정되는 데 비해, 경제성장이나 발전이 주로 몇 년에 걸쳐 측정되는 것은 이 점을 말해 준다. 가격과 자원배분, 물가와 고용이 쌍을 이루는 것과 마찬가지로 분배와 성장이 쌍을 이루어 함께 취급되는 경우가 많다. 예를 들어, 누진세를 통한 소득재분배는 저축과 투자량을 변화시켜 성장률에 영향을 준다.

1.4 미리 보는 경제학의 역사

이 절에서는 경제학의 역사를 요약해 전체 논의의 길잡이로 삼고자 한다. 경제학은 근대적인 사회과학이다. 그러나 서양에서 철학을 위시한 학문 전반이 그렇듯이 경제에 대한 사람들의 깊은 생각도 고대 그리스에서부터 시작되었다.

그리스의 철학자 중 아리스토텔레스는 『정치학』과 『윤리학』에서 상업활동이나 돈벌이에 대한 윤리적 판단 등 경제문제에 관해 논의했다. 그의 논의에서는 경제현상 자체에 대한 설명보다는 윤리나 정치 및 정책 등의 당위적이고 규범적인 판단이 지배적이었다. 이와 같은 상황은 중세까지 이어져 고리대나 정당한 가격에 관한 아퀴나스 등의 논의도 규범적 판단에 압도되어 있다.

고대와 중세의 경제사상이 당위적이고 규범적이라면, 근대의 경제학은 존재 혹은 경제현상에 대한 설명을 위주로 한다. 경제사상이 이 같은 의미의 경제학으로 바뀌는 과도기에 등장한 사조가 중상주의와 중농주의이다.

중상주의는 중세가 끝난 후 근대사회로 들어가는 중간에 영국, 독일, 프랑스에 등장한 사상으로 시기적으로 16~18세기 초에 걸쳐 나타났다. 이 사상은 상업, 특히 국제무역을 중시하면서 보호무역을 통한 절대국가의 건설을 주장했다. 이 사상은 정책적인 측면에 기울어져 있었지만 과거보다 이론적인 요소들을 많이 발전시켰다.

중상주의와 대립적인 입장에 있었던 중농주의는 18세기 중엽 프랑스의 케네 등으로 대표되는데, 표면상 농업을 강조하지만 내용적으로 자유방임주의를 주창했다. 이들은 이념에 있어서나 이론적인 정교함에 있어 고전학파로 이어지는 교량이었다.

고전학파에서부터 경제학은 과학으로 정립되었다. 고전학파는 1776년 아담 스미스로부터 시작된다. 인류의 시작이 아담이라면, 경제학의 시작은 아담 스미스이다. 스미스는 자본주의경제의 움직임에 대한 과학적 설명을 통해 중농주의로부터 이어받은 자유주의를 이론화하려고 노력했다. 중농주의와 마찬가지로 스미스도 중세부터 내려온 자연법 사상의 영향으로 자본주의를 자연스런 질서로 생각하는 경향이 있었다.

스미스 이후의 주류경제학은 대부분 스미스에 대한 해석이나 연장, 혹은 비판이었다. 19세기 초의 리카도는 스미스를 계승한 고전학파의 대표적인 경제학자이다. 그는 자유무역 등 경제적 자유라는 기조를 유지하면서도, 경제학의 초점을 스미스가 중시했던 자본축적이나 경제발전으로부터 소득분배로 옮겨 놓았다. 또한 리카도는 연역적인 방법을 일관되게 구사해 경제학의 과학성을 드높였다.

그러나 비슷한 시기에 그와 논쟁을 벌였던 맬더스는 가치이론 등에서 고전학파의 일반적인 입장으로부터 다소 벗어나 이단적인 존재로 규정된다. 맬더스의 주장이 스미스와 연결되어 있기 때문에 스미스가 리카도와 맬더스로 양분되었다고 말할 수도 있다. 이런 대립을 절충적으로 정리한 고전학파의 경제학자가 밀이다. 밀은 고전학파 내부의 이론적 갈등을 절충하는 과정에서 오히려 고전학파의 붕괴를 촉진하고 이후에 등장하는 한계효용학파와 유사성을 보이게 된다.

이후 고전학파 내부에서 리카도와 맬더스의 대립으로 나타났던 입장의 차이가 더욱 확대되면서, 마르크스와 한계효용학파로 발전한다. 마르크스는 리카도와 친화력을 가지고, 한계효용학파는 맬더스와 친화력을 가진다. 이 때부터 경제학은 본격적으로 좌우의 이념대립을 겪기 시작한다.

19세기 중엽의 마르크스는 영국의 경제학자들과 달리 독일의 철학적 기반 위에서 경제현상에 접근했다. 그는 경제학의 영역을 넘어서는 근대 최고의 사상가로 평가된다. 물론 그에 이르러 경제학의 문제도 크게 바뀐다. 스미스의 문제가 경제발전이었고, 리카도의 문제가 분배였다면, 마르크스의 문제는 착취였다.

그는 나름의 과학적 분석을 통해 자본주의의 붕괴와 사회주의의 도래, 그리고 이를 위한 노동자의 계급혁명을 주창했다. 마르크스의 사상은 볼쉐비키 혁명과 중국혁명 등을 통해 사회주의 체제와 이념의 기반이 되었다.

이와 대조적으로 1871년 영국의 제본스, 오스트리아의 멩거, 그리고 스위스의 발라스 3인으로 시작되는 한계효용학파는 근대 시장주의 경제학의 효시를 이룬다.[7] 이들은 개인의 쾌락과 고통이라는 공리주의 입장에 한계원리를 결합시켜 경제행위와 경제현상을 설명함으로써 신고전학파의 기반을 마련했다. 특히, 이들 중에서 수리적인 방법에 치우쳐 있는 발라스가 지대한 영향을 미쳤으며, 영국의 마샬 등은 한계이론을 확대·발전시켜 신고전학파를 이루었다.

한계효용학파는 공리주의와 밀접한 관계를 가지고 있다. 공리주의는 벤담에 의해 주창되고, 밀과 시즈위크를 거쳐 영미사회철학에서 핵심적인 자리를 차지했다. 신고전학파가 영미사회이론의 핵심이라면 공리주의는 영미사회철학의 핵심이다. 이와 연결된 것으로 마르크스가 전체주의나 구조주의에 기울어져 있다면, 한계효용학파가 개체주의에 근거한다는 것이 방법론상 중요한 차이이다.

이 같은 이념의 대립은 역사학파, 제도학파, 그리고 케인즈의 등장으로 보다 다양해진다.

우선 독일의 역사학파는 19세기 초에서 20세기 초까지 장기간에 걸쳐 독일에 존재했던 사조로서 주류경제학인 고전학파와 한계효용학파가 역사를 간과했다고 마르크스와 다른 방식으로 비판했다. 이들은 국가가 개입해 경제과정을 전면적으로 조정해야 한다고 생각했다. 역사학파와 유사한 제도학파는 19세기 말 미국에서 등장한 비판적 사조였다. 베블렌을 위시한 제도학파는 경제운행에 있어 제도의 중요성과 제도의 진화를 강조하면서 한계효용학파와 자본주의 문명에 대해 비판했다.

케인즈는 1930년대 등장해 자신의 선생인 마샬과 선배인 피구의 입장을 비판했다. 그는 대공황 때 발생한 대량실업이 자본주의 내부의 유효수요 부족에서 비롯되었다고 해석했다. 그는 자유방임적인 자본주의와 사회주의 모두에 대해 반대하면서, 정부개입에 의존하는 수정자본주의를 주창했다. 케인즈의 논리는

7) 연원은 확실치 않으나 Walras는 불어에 흔한 묵음 없이 "발라스"(Valrasse)로 발음해야 한다. 따라서 "왈라스"나 "왈라"는 잘못된 것이다. 그럼에도 불구하고 굳어진 관행 때문에 "왈라지언" 일반균형이나 "왈라스" 법칙 등의 용어는 그대로 사용할 것이다.

제2차 세계대전 후 등장한 복지형 자본주의의 이론적 기반이 되었다. 이런 맥락에서 케인즈는 근대적인 거시경제학의 시발점이 되었다.

20세기 들어 경제학의 본산이 영국에서 미국으로 옮겨지면서 부상한 것이 신고전학파이다. 신고전학파는 기본적으로 시장경제를 옹호하면서, 시장의 불완전함을 정부의 부분적인 개입으로 보완하려는 입장을 견지하고 있다. 이런 의미에서 신고전학파는 한계효용학파와 케인즈에 대한 보수적인 해석의 결합으로 규정된다. 특히, 한계효용학파의 방법론적인 개체주의는 신고전학파의 근간이 되었다.

물론 경제학계에 신고전학파만 존재하는 것은 아니다. 비판세력으로 마르크스주의, 스라파를 필두로 하는 신리카도학파, 케인즈에 대한 진보적인 해석과 칼레츠키를 근간으로 하는 후기 케인즈학파, 그리고 미국의 제도학파 등이 있다. 그러나 현재 미국 학자들이 주도하는 신고전학파는 전 세계 경제학계를 지배하고 있다. 이런 상황은 1990년의 동구 몰락과 더불어 가속화되고 있는 세계화와 신자유주의라는 현실과 상호작용하면서 더욱 심화되고 있다. 그런데 신고전학파 주변에서 최근 행동경제학 등이 등장해 신고전학파에 심각한 의문을 제기하고 있다.

전체적으로 보면, 스미스, 리카도, 마르크스, 한계효용학파, 그리고 케인즈를 경제학설사의 가장 중요한 흐름으로 간주할 수 있다. 마르크스 등 소수의 예외를 도외시한다면, 스미스로부터 시작된 경제학은 그 이후 1백 50년 정도 거의 영국의 전유물이었다. 그런데 20세기 중반 이후로 미국의 학자들이 경제학계를 이끌고 있다. 그러므로 경제학은 다른 학문들과 비교해 처음부터 현재까지 앵글로색슨의 냄새를 강하게 풍기고 있다.

[경제학의 계보]

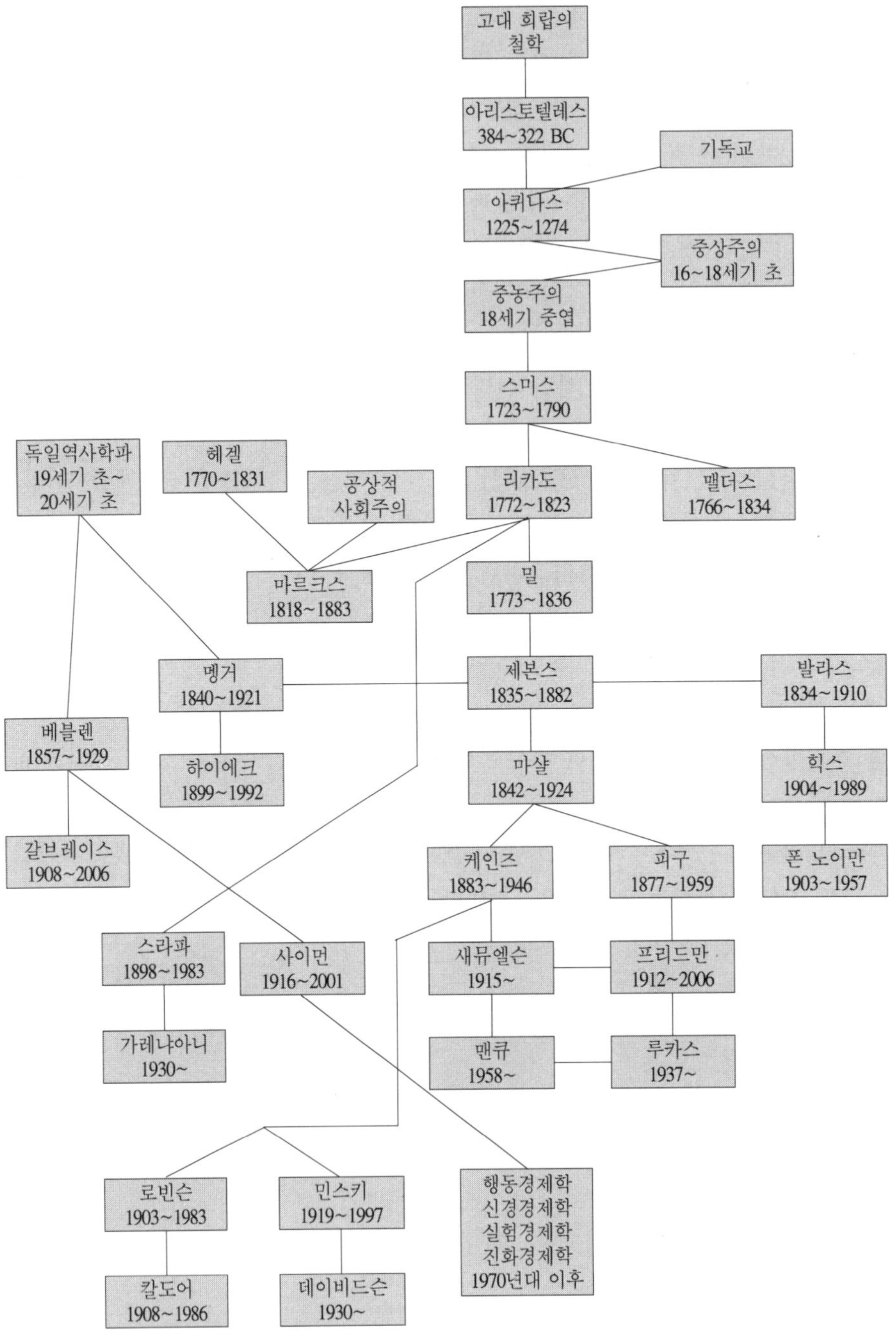
고대 희랍의 철학
아리스토텔레스 384~322 BC
기독교
아퀴나스 1225~1274
중상주의 16~18세기 초
중농주의 18세기 중엽
스미스 1723~1790
독일역사학파 19세기 초~20세기 초
헤겔 1770~1831
공상적 사회주의
리카도 1772~1823
맬더스 1766~1834
마르크스 1818~1883
밀 1773~1836
멩거 1840~1921
제본스 1835~1882
발라스 1834~1910
베블렌 1857~1929
하이에크 1899~1992
마샬 1842~1924
힉스 1904~1989
갈브레이스 1908~2006
케인즈 1883~1946
피구 1877~1959
폰 노이만 1903~1957
스라파 1898~1983
사이먼 1916~2001
새뮤엘슨 1915~
프리드만 1912~2006
가레냐아니 1930~
맨큐 1958~
루카스 1937~
로빈슨 1903~1983
민스키 1919~1997
행동경제학
신경경제학
실험경제학
진화경제학
1970년대 이후
칼도어 1908~1986
데이비드슨 1930~

제 2 장

고대, 중세, 중상주의와 중농주의: 경제학의 태동

2.1 고대(기원전 3~4세기)와 중세(4~14세기): 도덕과 종교에 부속된 경제

경제는 의식주와 관련되어 있다. 인간의 가장 원초적인 활동으로 권력획득, 생계유지, 자식출산, 그리고 명예추구를 들 수 있다. 이렇게 보면 경제활동은 아담과 이브 시대부터 양의 동서를 막론하고 존재했다. 또한 인간의 인식이 인간의 행동과 함께 시작된다고 보면 경제에 대한 모종의 사고나 사상 역시 태초부터 존재했다.

그러나 고대와 중세에 있었던 경제에 대한 사고는 근대적 의미의 경제이론이라기보다 경제사상으로 규정하는 것이 보다 타당하다. 또한 이 시대의 경제사상은 다른 사상들과 분리되지 않은 채 혼연일체를 이루고 있었다.

고대 그리스는 모든 부문에서 서양사상의 발원지로 알려져 있다. 물론 당시로는 철학이 만학을 포괄했으므로 모든 사상이 철학의 일부로 포함되어 있었다. 또한 사회에 대한 이들의 관심이 정치에 집중되어 있었으므로 경제사상이 정치사상의 일부로 등장했다. 고대 그리스는 자연에 부합되면서 합리성에 근거한 도시국가(polis)를 지향했다. 이런 이유로 효율성이나 편익이 아니라 자유, 도덕, 정의나 평등이 우선적인 가치로 등장했다.

이 같이 경제사상은 정치사상의 일부로, 정치사상은 다시 철학의 일부로,

나타났다. 이 때문에 경제에 대한 관심이 근대에서와 같이 큰 비중을 차지하지 못했다. 그럼에도 불구하고 근대에 들어 잠수한 몇 가지 편린들을 고대사상으로부터 끄집어 낼 수 있다.

2.1.1 플라톤

고대 그리스의 플라톤(Plato, 기원전 427~347)이 지은 『국가론』(*The Republic*)과 『법률』(*Laws*)은 정치철학 및 사회철학의 고전이다. 『법률』은 새로 도시국가를 구성할 때 사회의 계획자 혹은 입법자가 어떻게 할지를 바닥부터 논의했다. 플라톤에 있어 입법자는 정치체제를 가능케 한다는 점에서 홉스(T. Hobbes, 1588~1679)의 리바이어던과 유사하다. 이로 인해 플라톤이 이상적이라든지 비현실적이라든지 혹은 사회주의적이라는 생각을 가질 수 있다. 이 점에서 플라톤은 윤리나 사회정의의 원칙이 현실적으로 부딪치게 되는 여러 가지 장애들을 세심하게 숙고한 아리스토텔레스와 구분된다.

경제사상이나 사회사상의 관점에서 의미 있는 진술들은 주로 『국가론』에서 발견된다. 플라톤은 『국가론』에서 도시국가에서의 덕성, 윤리, 그리고 정의에 관해 논의했다. 그는 정의로운 도시국가를 상정하면서, 부(富)가 개인과 국가의 덕목인 지혜, 용기, 절제, 정의 등 미덕을 실현하는 수단임을 역설했다. 또한 그는 지나친 부유함과 지나친 가난 모두를 경계했으며, 자연적 소양에 따른 직업할당이나 직책수행과 돈벌이를 엄밀하게 구분했다. 더불어 그는 자연적 욕망과 인위적 욕망이 따로 있다고 생각했다.

우선 플라톤에 의하면 부는 스스로 벌어들인 사람에게 가치가 있으며, 선한 사람에게 가장 높은 가치를 가진다. 또한 영혼에 있어 금과 은을 가진 사람은 속세의 금과 은을 필요로 하지 않는다. 그러나 그는 일방적으로 부를 부정하지 않고 중용을 취했다. 그에 의하면 지나친 부는 사치, 태만, 혁신을 낳고, 가난은 각박함과 장인정신의 결핍을 낳으므로, 두 가지 모두 장인(匠人)에게 해롭다.

흥미롭게도 그에 있어 정신이나 윤리와 관련된 것은 재산과 연결되고, 음악교육의 대상이며, 법원의 관리를 받게 되어 있다. 이에 비해 신체는 생명의 보존과 연결되고, 체육교육의 대상이며, 병원의 관리를 받게 되어 있다.

플라톤은 기본적인 욕구나 필요의 충족이 인간에게 자연스럽다고 생각했다.

그에 의하면 욕망 중에 필연적인 것과 그렇지 않은 것이 있는데, 전자는 억누를 수 없고 그것의 충족이 우리에게 이로운 결과를 가져온다. 물론 욕망에 대한 분간은 자연적으로 주어지지 않고 교육과 훈련을 통해서만 가능하다. 그는 습관이 제2의 자연이므로 교육을 통한 좋은 습관의 육성이 중요하다고 생각했다. 따라서 모든 욕망을 동등하게 취급하는 것은 오류이다. 이 부분은 신고전학파가 주안점을 두는 기호의 형성과 관련된다.

플라톤에 의하면 인간이 자연적으로 주어진 각자의 능력이나 소양에 맞는 작업을 수행하도록 분업이 편성되는 것이 정의롭다. 이렇게 할 경우 양질의 물건을 많이 생산할 수 있다. 이는 한 사람이 여러 일들을 골고루 잘 할 수 없다는 전제를 깔고 있다. 그렇지만 생산성의 증대보다 질적 개선을 목표로 하는 장인을 염두에 두었다.

여기서 드러나듯이 그는 사회를 인간의 몸과 비슷하게 하나의 유기체로 생각했다. 구체적으로 사회의 여러 계층이나 기능이 자주 신체의 여러 기관들에 비유되고, 국가 안에서의 분업은 신체기능들로부터 유추된다. 철학자나 성직자 혹은 무사는 인간의 머리에 해당되며, 생산직 종사자나 노예 등은 몸에 해당된다. 이는 도시국가 자체가 하나의 공동체로서 가지는 독자적인 목적과 이 목적을 위한 기능들의 자연스런 배정을 시사한다.

플라톤은 분업이 존재할 때 물자확보를 위해 시장과 화폐가 요구되고, 판매와 구매가 시점상 일치하지 않으므로 가게주인이나 상인이 필요하다는 것을 인정했다. 나아가 완전한 욕구충족을 위해 타국으로부터의 수입도 불가피하다. 그렇지만 그는 분업화된 사회의 직책이나 직종에 돈벌이가 끼어 들 수 있음을 경계했고, 이들이 돈벌이로 전락하지 않아야 한다는 점을 역설했다. 그는 돈벌이가 직업이나 생업에 요구되는 바를 수행하는 것과 무관하거나 이에 대립된다고 생각했다.

이는 화폐가 이미 모든 직종을 아우르는 포괄성을 지닐 수 있음을 시사한다. 따라서 양치기와 환자진료의 차이는 이들과 돈벌이 사이의 차이와 다르다. 그에게서 통치의 기능이 이성에 해당된다면 돈벌이는 감성에 해당되므로 후자는 전자의 지배를 받아야 한다. 이렇게 보면 금전적 유인에 따른 노동과 자본의 이동을 전제로 하며, 생산성 증대를 목표로 삼는 근대적 의미의 분업은 플라톤이 생각하는 분업과 거리가 있다. 당연히 경제가 스스로 움직여 인위적인 통제가 어럽다는 생각은 그에게서 찾아볼 수 없다.

플라톤은 특정인에게 응분의 보수를 지불하는 것을 사회정의라고 규정했다. 또한 차이가 있는 사람들을 동등하게 취급하거나 동등한 사람들을 다르게 취급하는 것은 모두 동등성의 원칙에서 벗어난다. 이것이 아리스토텔레스와 그 이후 서양사상에서 평등개념의 출발점을 제공한다.

보다 넓게 플라톤은 자연스런 분업과 경제를 포함한 사회정의의 기준으로 비례 혹은 비율(proportions)을 제시했다. 비율은 플라톤과 아리스토텔레스를 위시한 희랍철학에서 수학, 기하, 건축, 음악, 정치, 사회 등에 걸쳐 자연스러움이나 정의로움을 나타내는 개념이다. 경제학에서는 비율이 부문이나 산업간 자원배분의 자연스러움이나 적정성으로 나타나며, 불비례이론(disproportionality theory)이라는 공황이론을 낳기도 했다.

또한 플라톤의 『국가론』에서 이 개념은 길이, 넓이, 부피 등 서로 다른 차원들의 비교가능성(commensurability)이라는 기하학의 고민과 관련해 등장한다. 비교가능성은 이후 아리스토텔레스와 마르크스에서 가치이론의 기본요건으로 재등장한다.

제노폰의 『경제학』

제노폰(Xenophon, 기원전 420~355경)은 소크라테스와의 대화 형식으로 되어 있는 『경제학』(*Economics*)에서 재산과 가계경제의 관리라는 관점에서 가정주부의 훈련, 집사와 노예에 대한 관리, 농업의 우월성 및 농사기법을 제시했다. 예를 들어, 이익추구가 근면함과 연결되기만 하면 집사가 금전적 이익을 추구하는 것은 나쁘지 않다. 여기서 인간의 이익추구가 자연성에 가깝다는 것을 소크라테스도 인정하고 있다. 이같이 제노폰은 플라톤과 약간 다르게 물체의 사용과 그것의 판매를 통한 이익, 즉 사용가치와 교환가치를 보다 수평적으로 등장시켜 이들의 갈등을 약화시키고 있다. 여기서도 여전히 사용가치는 생계를 위한 것이며, 물체를 사용할 줄 아는 사람만이 이를 얻을 수 있다.

2.1.2 아리스토텔레스

아리스토텔레스

고대에 있어 경제와 관련해 플라톤보다 훨씬 더 흥미로운 사상가는 그의 제자이자 서양에서 만학의 아버지로 불리는 아리스토텔레스(Aristoteles, 기원전 384~322)이다. 아리스토텔레스는 2천 4백년 전 사람이라고는 도저히 믿기지 않는 깊이와 넓이를 함께 지니고 있다. 『니코마코스 윤리학』(*Nicomachean Ethics*)과 『정치학』(*Politics*)을 통해 그는 플라톤과 마찬가지로 정치사상의 일부로서 자신의 경제사상을 표출했다. 그의 경제사상은 근대적인 가치이론의 출발점이자 경제활동과 재산획득에 대한 근대 이전의 생각을 대표한다고 말해도 과언이 아니다.

첫째, 아리스토텔레스에서 사회구조를 구성하는 것은 인간들 사이의 여러 가지 사회관계들이다. 이런 사회관계들은 수평적이거나 수직적인 관계로서 병존하거나 서로 결합해 존재한다. 그는 지배관계 혹은 통치관계, 부부관계, 부자관계, 주인/노예관계, 교우관계 등을 논하면서 이들 관계에서 인간의 동등함이나 상하서열을 검토했다. 비록 경제학의 직접적인 주제는 아니지만 이를 통해 경제학에 등장하는 인간관계가 어떤 문맥에 있는지 조망할 수 있다.

『정치학』에서 그는 도시국가를 규정하며 제반 관계들을 압도하는 관계로 지배관계에 대해 고민했다. 『그리스사유의 기원』이라는 책에 의하면, 고대 그리스는 자연에 부합되면서 합리성에 근거한 도시국가를 지향했기 때문에 제반 관계들 중 지배관계를 가장 중시했다. 이는 신고전학파 경제학이 자연에 부합되면서 합리성에 근거한 시장을 지향했기 때문에 교환관계에 중점을 둔 것과 견줄 만하다.

지배관계와 관련된 핵심주제는 동등한 시민 사이의 수평관계가 어떻게 지배자와 피지배자 사이의 수직관계로 변하며, 어떻게 이런 수직관계가 시민 사이의 동등함을 해치지 않으면서 자연스럽고 정당할 수 있는지의 문제였다. 근대 민주주의의 고민이 이미 본격적으로 시작된 것이다. 그는 지배관계가 영속적이 아니라 한시적이며 지배자의 역할을 교대하게 만들면 지배관계가 자연스럽고 정당할 수 있다고 생각했다.

논의를 위해 일단 그가 노예제도를 인정해 모든 인간에 대해 이런 지배관계를 적용하지 않았다는 점과 수직관계의 자연스러움에 대한 여러 사상가들의 다양한 입장을 접어두자. 자연에 부합되면서 합리성에 근거한 도시국가는 시민들의 동등함을 요건으로 했다. 아리스토텔레스의 일차적인 공헌은 인간 사이의 동등함을 미리 제시해 근대서양의 사회사상에 출발점을 제공했다는 데 있다.

먼저 주인/노예관계를 완전히 청산했다고 자부하는 근대에 있어 홉스는 만인에 대한 만인의 투쟁을 자연상태로 규정했다. 그런데 이런 투쟁이 벌어지는 이유는 모든 인간이 동등하게 자신의 절대적 자유를 추구하기 때문이다. 만약 대부분의 인간이 주인과 노예로 분류되어 있었다면 홉스가 지적한 투쟁은 발생하지 않았을 것이다. 또한 로크나 루소도 모든 인간의 동등함을 출발점으로 삼았다. 경제사상으로 접어들면 스미스와 마르크스에 있어 교환주체들은 전반적으로 상호 동등하다. 또한 신고전학파를 위시한 주류경제학은 지배관계나 상하관계를 배제하고 모든 인간관계를 교환관계나 계약관계로 환원해 동등함을 찾아내는 데 열중한다.

아리스토텔레스에 보다 잘 부합되는 마르크스는 경제를 통해 사회전체를 설명하기 위해 수평적인 교환관계뿐만 아니라 수직적인 착취관계를 설정했다. 아리스토텔레스의 위계(hierarchy)를 가진 가계가 마르크스에서는 위계를 가진 공장으로 바뀐 셈이다. 더구나 근대경제학에서도 코오즈(R. Coase)나 윌리엄슨(O. E. Williamson) 등의 기업이론은 기업의 존재를 적극적으로 인정하면서, 시장과 위계 혹은 수평과 수직의 대립이나 공존을 인정하고 있다.

인간관계의 변화

시야를 넓혀 로크, 메인, 마르크스, 미제스, 베커 등을 검토하면 이런 고대와 근대의 사회구조를 연결하는 고리를 발견할 수 있다. 즉, 전제적인 가장에 의해 지배되는 가계나 가정에 묶여 있던 부부 혹은 남녀, 부자, 주인/노예의 관계들이 근대로 들어서면서 하나씩 풀려나 동등한 개인들 사이의 계약관계나 교환관계로 발전했다고 해석할 수 있다. 노예가 주인/노예관계에서 풀려나면서 형성된 자본가와 노동자의 계약 및 교환관계, 현대 미국사회에서 드러나는 남녀관계나 부자관계 및 부부관계 등은 이를 말해 준다. 그런데 마르크스는 이런 근대적인 인간관계의 배후에서 새로운 착취나 속박을 찾아냈다.

둘째, 아리스토텔레스는 인간의 행위를 다루는 윤리와 정치경제와 관련된 사회정의에 두루 적용될 보편적이고 포괄적인 가치이론을 제시했다. 구체적으로 사회정의는 분배와 관련되는데, 분배의 대상은 권력 혹은 공직, 돈, 명예 등이고, 어떤 기준으로 이들을 나누는가가 문제였다.

그는 사회적 정의를 평등이나 비례성으로 규정하고, 다시 분배적(distributive) 정의와 교환적(commutative) 정의 혹은 시정적(rectificatory) 정의로 나누었다. 그리고 기계적이고 일률적 평등과 대비시키기 위해 이들을 각기 기하학적 평등과 대수적 평등으로 불렀다. 이 두 가지 정의의 원칙은 이후 여러 서양사상에서 반복해 등장하면서 이런 저런 방식으로 해석되었다.

분배적 정의는 두 가지 극단적인 불평등의 중간에 해당되는 평등으로 규정된다. 정의는 중간이라는 점에서 물체와 관련되고, 평등하다는 점에서 두 가지와 관련되며, 정의롭다는 점에서 사람과 관련된다. 따라서 평등은 사람들과 물건들 사이에 동일한 평등의 존재를 의미한다. 즉, 동등한 사람들에게 동등한 몫이 주어지고, 차이나는 사람들에게 차등적인 몫이 주어지는 것을 말한다. 그러므로 정의는 4개항이 개입된 비례성을 의미한다.

보다 구체적으로 A와 B가 두 사람이고 C와 D가 두 물체라면, 분배적 정의는 $A/B=C/D$를 의미한다. 여기서 정의가 동등성과 비례성이라는 것을 확인할 수 있다. 시정적 정의도 비례를 내포하지만 위와 같은 비례가 아니라 산술적 비례에 중점을 둔다. 시정적 정의는 일방으로부터 타방에게 손실 등을 보상토록 만들어 비례관계를 복원시킨다. 그러므로 이 기준 역시 더함과 덜함 혹은 이익과 손실의 중간을 가르는 동등함을 추구한다.

아리스토텔레스는 사회의 분업체계로 인해 발생하는 교환과정 혹은 교환관계에서 경제적 가치가 문제되는 분배와 만난다. 여기서 그는 가치이론의 전제로 서로 다른 두 상품의 비교가 요구된다는 점을 명확하게 지적했다. 그는 비교되지(commensurable) 않으면 동등해지지 않고, 동등해지지 않으면 교환될 수 없으며, 교환되지 않으면 연대가 불가능하다고 주장했다. 가치이론이 성립하기 위해 비교가능성이나 동질성이 전제되어야 한다는 그의 지적을 고전학파 등 영국의 경제학은 간과했다. 그렇지만 헤겔, 마르크스, 그리고 경제학 이외의 윤리학이나 물리학에서 가치를 논의할 때는 언제나 이 전제가 언급되었다.

아리스토텔레스는 지배관계나 정치체제와 관련해 덕성, 시민권, 부 등 다양한 기준을 부여하면서 근본적인 해결책을 모색했다. 이와 대조적으로 교환관계와 관련해서는 교환을 가능케 하는 근거나 비례적 평등의 기준이 무엇인지 밝히려고 노력하지 않았다. 그는 근본적인 설명대신 현실 속에서 화폐가 교환비율을 정해 주는 편리함을 지적하는 데 그쳤다.[1)]

이와 관련해 그의 『윤리학』을 참고할 필요가 있다. 상호필요에 의한 필리아(친교)에서 동일한 물건이 원래 소유자에게 유용한 정도와 타인에게 유용한 정도가 다를 수 있다. 이럴 경우 타인에게 유용한 정도가 보상의 기준이 되어야 한다. 여기서 그는 물체에 대한 각자의 주관적 필요를 제시했다. 그의 주관적 필요가 후대의 효용과 일치되는지 분명치 않다. 그렇지만 주관적 판단에 의한 교환비율의 결정을 언급함으로써 효용이론의 효시로 평가받기도 한다.[2)]

셋째, 이보다 더 포괄적으로 아리스토텔레스는 상업사회와 화폐를 통한 축재에 대해 강력한 경계를 표시했다. 그의 체계에서 경제관계는 지배관계를 유지하기 위한 정의나 덕성에 의해 구속되므로 제한적인 의미를 지닌다. 그에 있어 정치체제가 사회의 기본구조를 결정하고 정치체제가 덕성과 정의에 의해 규정되므로, 경제 역시 덕이나 정의에 봉사해야 한다. 육체와 물질에 대한 정신의 지배가 당연하고 자연스럽듯이, 경제활동도 인간의 정신생활을 충실하게 만드는 한도 내에서 허용되어야 자연스럽다.

구체적으로 그의 관점에서 경제는 소극적으로는 생명이나 생계를 유지하고(living), 적극적으로는 덕에 기초한 행복한 생활(living well)을 목표로 한다. 자연스런 경제활동은 생계유지와 행복한 삶을 위해 자연이 부여한 생명을 유지하며, 이를 위한 자족성(self-sufficiency)의 확보를 지향한다. 그러므로 생산, 분배, 교환, 소비의 경제활동은 생계유지와 행복한 삶을 위한 물자획득을 목표로 하는 한도 내에서 자연스럽다.

---

1) 이런 아리스토텔레스의 태도를 마르크스는 시대적 한계로 규정했으나, 현대의 카스토리아디스(C. Castoriadis)는 회피가 아니라 어려운 문제에 대한 당연한 겸손으로 보아 오히려 마르크스의 무모함을 비판했다.

2) 아리스토텔레스는 『윤리학』에서 필리아의 종류를 그 근거에 따라 덕성이나 인격, 즐거움, 필요나 이익에 의한 것으로 나누었다. 그는 덕성이나 인격에 근거한 우정이 즐거움을 위한 것보다 낫고, 즐거움을 위한 것이 이익을 위한 것보다 낫다고 주장했다. 또한 덕성이나 인격에 의한 우정에는 즐거움이나 필요가 부수적으로 충족되지만, 그 역은 성립되지 않는다. 따라서 그의 입장에서 미국인들이 좋아하는 사업상의 친구(business friends)는 경제학의 교환당사자에 가장 가까우며 가장 열등한 종류의 친구이다.

특히, 아리스토텔레스는 소매업 등 상업과 관련해 생계를 위한 장사는 자연스럽지만 돈벌이를 위한 장사는 자연스럽지 못하다고 생각했다. 이는 모든 개인의 상업이나 국가 사이의 무역을 부정하는 것이 아니라 축재나 이윤을 목표로 한 상업이나 무역만을 배제한다. 또한 같은 맥락에서 화폐가 물자획득을 위한 교환의 수단으로 사용되면 자연스럽지만 축재목적으로 퇴장될 때는 부자연스럽다.

그에 있어 사회 각 부문의 다양한 사람에게 각자의 기능과 무관하게 무차별적으로 요구되는 것이 덕(virtue)이라면, 사회에 필요한 다양한 기능을 무력화시킬 위험 때문에 무차별적으로 경계의 대상이 되는 것이 돈이다. 넓게 해석하면 그는 생계와 돈벌이라는 두 가지 목표가 상반된다고 보고 이에 따라 경제활동이나 경제체제를 구분한 셈이다. 생명유지 및 적정 수준의 자손번창과 행복한 삶을 자연스럽다고 보면서, 이런 목표를 달성하기 위한 수단으로서 경제활동과 돈벌이를 인정했다. 이에 반해 돈 그 자체를 목적으로 하는 경제활동을 그는 부정했다.

그에 의하면 화폐는 원래 자연적으로 생겨난 것 혹은 자연(physis)이 아니라 인간의 관습이나 규약의 산물 혹은 인위(nomos)로서 보편성이나 자연성을 갖고 있지 않다.[3] 나아가 화폐를 빌려주고 이자를 얻는 고리대자본은 화폐가 고안될 때 부여된 본연의 목적으로부터 가장 심각하게 벗어나므로 가장 부자연스럽다. 그에게 법에 대한 복종은 대체로 정당하며 다른 인간에 대한 복종도 정당할 수 있다. 그러나 돈에 대한 복종은 언제나 정당하지 않다. 심지어 그에게서 자연스런 노예(奴隷)는 있어도 자연스런 수전노(守錢奴)는 존재할 수 없다.

이렇게 그는 현실경제를 판단하는 윤리적 기준을 제시했다. 이런 맥락에서 그는 부(wealth)와 풍요(riches)를 구분했다. 부는 돈으로 환산된 모든 물건들을 의미하는 데 비해, 풍요는 유용한 물체에 적용된다. 이런 생각을 인간의 경제활동이 아니라 상품의 속성과 연결시키면 스미스에서 본격적으로 등장한 '다이아몬드와 물의 역설'(paradox of diamonds and water) 혹은 사용가치와 교환가치의 역설로 이어진다.

사용가치는 물건의 쓸모이고, 교환가치는 시장에서 받는 가격인데, 이 역설은 시장의 가격이 그것의 쓸모에 상응하지 않는 상황을 반영하고 있다. 교환가

---

3) 경제(economy)는 가계경제(oikos)와 지배 혹은 관리(nomos)의 결합으로 이루어진 단어이다. 이 같은 어원은 (시장)경제가 가계경제와 달리 관리될 수 없으면서도 자연스럽다고 보는 주류경제학의 생각과 정반대의 입장을 내포하고 있다.

치를 자본주의 혹은 상업사회의 평가로 보고 사용가치를 물건에 대한 보편적 평가라고 보면, 이 역설은 시장의 평가가 보편적 가치평가에서 벗어날 수 있음을 지적한다. 이런 이유로 이 역설은 근대 가치이론에게 핵심적인 고민거리를 안겨주었을 뿐만 아니라 자본주의 전체의 보편성이나 정당성에 대한 비판을 낳는 계기가 되었다.

물건의 자연스런 쓰임새가 자급자족 및 생계유지, 그리고 행복한 삶이나 도덕과 정의의 실천에 있다고 본 아리스토텔레스의 입장은 물건을 사용가치로 취급하는 생각에 부합된다. 또한 사용가치를 수단으로 활용하는 경제가 보편성을 갖는 경제이다. 이에 비해 교환가치는 물건의 본성과 무관하고 부자연스러우며, 이것을 추구하는 상업사회나 시장경제 역시 자연에 반한다. 그의 입장에서도 사용가치와 교환가치의 갈등은 자연과 인공의 구분에 상응하므로 상업사회에 대한 비판이나 평가기준으로 등장한다.

아리스토텔레스의 경제사상을 연구한 마이클(S. Meikle)에 의하면 이런 생각은 나중에 등장한 마르크스의 단순상품회로와 자본회로라는 두 가지 회로에 단초를 제공했다. 물론 마르크스는 자본회로를 부인하지 않았을 뿐만 아니라 오히려 단순상품회로를 포섭하는 자본주의의 본질로 자본회로를 규정해 아리스토텔레스와 차이를 보인다.

나아가서 마르크스에게는 화폐도 자본주의체제의 지극히 자연스런 일부이다. 특히, 이자 낳는 자본이라는 이름으로 고리대는 마르크스의 자본주의경제에서 가장 자연스런 존재이다. 또한 마르크스를 포함한 근대경제학은 모두 돈벌이를 자본주의경제의 피할 수 없는 현실로 받아들인다. 이런 차이에도 불구하고 사고틀 자체로 보면 마르크스는 아리스토텔레스와 유사하다.

넷째, 이미 언급한 바와 같이 아리스토텔레스와 그 전후의 철학자들은 자연을 인간의 행위나 사회구조를 판단하는 기준으로 삼아, 이에 반하는 것을 인위 혹은 인공으로 규정했다. 그에게는 돈벌이가 사회에 해로운지 혹은 경제적으로 효율적인지 여부가 아니라, 보다 근본적으로 자연스러운지 여부가 중요한 기준이었다. 사실 동서양을 막론하고 인간성이나 인간의 행위, 그리고 사회의 상태나 체제를 판단하는 기준으로 오랫동안 널리 활용되어 온 것이 자연스러움(the natural)이다.[4)]

---

4) 이런 생각이 도가의 무위자연(無爲自然)과 어떻게 같고 다른지 밝히는 것은 철학자들의 몫

소크라테스(기원전 469~399) 이전부터 존재했고, 그 이후로 그리스철학 및 서양철학 전반에서 끊임없이 논란의 대상이 되었던 자연과 인위의 구분은 중세의 자연법(natural law) 사상을 거쳐, 근대 사회과학과 경제학으로 흘러들어 갔다. 단적으로 서양사회에서 민주주의나 시장경제는 늘 자연스럽다는 판정을 통해 정당화되었다. 뿐만 아니라 경제학설사의 중요 개념들이 이런 흐름을 분명히 알려준다.

주류경제학에서는 로크의 자연이자율, 스미스의 자연가격이나 자연임금, 19세기 말 빅셀의 자연이자율, 비저의 자연가치, 그리고 현대에는 펠프스와 프리드만의 자연실업률 등이 그런 예이다. 더불어 마르크스나 하이에크 등 좌우 양쪽에서 이 이분법의 극복을 중요 과제로 설정했다.

다섯째, 아리스토텔레스는 부나 재산을 덕성스런 삶이나 행복한 삶을 추구하기 위한 수단으로 생각했기 때문에 부의 축적방법뿐만 아니라 부의 지출방식에 대해서도 덕성의 관점에서 논의했다. 그는 너무 베풀거나 너무 인색한 것 모두를 비판하면서 중용을 내세웠다. 그러나 지나친 인색함보다 지나치게 베푸는 것이 낫다.

돈의 지출방식은 베이컨(F. Bacon)을 위시한 그 이후 철학자들의 지속적인 논의주제였으며, 현실적으로도 친교 등 일상생활에서 우리에게 중요한 문제이다. 그렇지만 고전경제학이 등장한 이후로 경제학자의 저작에서 지출의 윤리는 거의 주목받지 못했다. 왜냐하면 자본축적과 경제성장이 경제와 사회의 중요한 목표로 자리잡으면서 덕성스런 지출이 아니라 절약이 미덕이 되었기 때문이다.

더구나 그 이후에 등장한 신고전학파는 인간의 합리성에 근거해 각자의 기호나 선호에 따라 소비가 이루어진다고 보아 소비지출이 순전히 각자의 판단과 책임이라고 주장했다. 이 같이 사전적으로 가치판단을 내릴 수 없다고 본 것이 이에 대한 논의가 더 이상 이루어지지 않은 이유이다.

사회경제학자 폴라아니(K. Polanyi, 1886~1964)는 명저 『대전환』(*The Great Transformation*, 1944) 등을 통해 사회 속에서 경제를 최초로 발견한 인물이 아리스토텔레스라고 주장했다. 이 주장을 기반으로 폴라아니는 토지나 노동 등을 통해 경제계가 자연계와 여타 사회부문에 묻혀 있다는 배태성(胚胎性; embeddedness)을 핵심개념으로 제시했다.

이다.

그는 전혀 구속받지 않는 시장경제는 자멸한다고 주장해 1990년대의 사회주의 몰락 이후 상당수의 경제학자와 정치학자에게 고삐 풀린 시장경제에 대한 대안적 시각을 제공하고 있다.[5] 이렇게 보면 세계화와 더불어 가일층 상업사회와 시장경제가 확산되는 시점에서 아리스토텔레스가 사회학과 정치학 등에서 지속적인 논의의 대상이 되는 이유를 이해할 수 있다.

아리스토텔레스의 주장은 도덕적인 경제 혹은 정의로운 경제로 요약된다. 전체적으로 보면 그는 시장경제나 상업경제가 사회 전반에 미치는 영향에 대해 치열한 문제의식을 드러내고 있다. 이런 문제의식은 독일의 역사학파, 마르크스, 베블렌, 폴라아니 등에서 시장에 대한 제한, 유보 그리고 부정 등 다양한 모습으로 등장했다.

아리스토텔레스는 서양에서 만학의 아버지이자 사회과학의 아버지이다. 그러므로 정치사상이든 경제사상이든 사회사상이든 아리스토텔레스를 언급하지 않고 논의를 시작할 수 없다. 적어도 서양의 사상과 이론을 거의 일방적으로 수입하는 우리의 입장에서 경제사상에 대한 논의를 토막쳐서 아담 스미스부터 시작하는 것은 확실히 무모한 생략인 것 같다.

2.1.3 중세의 아퀴나스

서양사상의 원류로 우리는 흔히 헬레니즘 이외에 기독교를 든다. 이 두 가지가 결합되어 서양을 이루었다는 점은 경제사상에도 그대로 적용된다. 이런 결합이 대표적으로 중세의 아퀴나스(Thomas Aquinas, 1225~1274)에 의해 시도된 것으로 평가된다. 전반적으로 아퀴나스는 회교도들이 간직해 온 아리스토텔레스의 저술에 근거해 희랍적인 전통을 기독교라는 토양에 결합시키려고 노력했다.

물론 고대뿐만 아니라 중세에 있어서도 근대적인 자본주의와 이에 상응하는 경제학은 등장하지 않았다. 여전히 사회를 공동체로 파악하고, 사회구성원을 전체의 구성부분으로 파악하는 경향이 강했다. 스콜라철학의 완성자인 아퀴나스

5) 폴라아니는 고대 그리스 사회가 현재와 같은 시장경제체제 속에 있지 않았음을 전제했다. 이와 달리 고대사회와 경제에 대한 전문가인 핀리(M. Finley, 1970)는 이미 고대사회가 충분히 시장경제로 변해 있었고, 플라톤이나 아리스토텔레스가 이에 저항한 것으로 해석했다.

는 『신학대전』(*Summa Theologica*, 1270년경)을 통해 아리스토텔레스의 생각을 복원시키면서 인간의 삶을 전체적으로 자연스러움에 근거지우려고 했다. 이에 따라 그는 생계유지와 자식출산 등 자연스런 성향에 따른 생활을 강조하고 자연법이 인간의 정신 및 사회를 지배한다고 주장했다.

또한 그는 아리스토텔레스와 같이 사회의 정의를 분배적 정의와 시정적 정의로 나누었다. 그에 의하면 전자는 주어진 사회전체의 물자 등을 구성원들에게 나누어 주는 것과 관련이 있고, 사회의 부분과 전체 사이의 관계로 규정된다. 후자는 사회구성원들 사이의 교환이나 거래와 같이 부분과 부분 사이의 관계에서 발생한다. 이와 관련해 상품의 가치(worth)나 정당한 가격(just price)이라는 개념이 등장하면서 판매자나 구매자가 정당한 가격 이하로 가격을 받거나 지불하는 것이 정의에 위배된다는 점을 그는 인정했다.

아퀴나스에서도 상업활동을 통한 돈벌이는 생계나 공공의 이익 등 보다 높은 목표를 지향하지 않는 한 정당화되지 않는다. 또한 이와 연결된 것으로 화폐가 교환수단에 머물러야 한다. 나아가 그 역시 돈을 빌려주고 이자를 받는 고리대(usury)가 윤리와 사회정의에 어긋난다고 비판했다. 다만, 현대 용어로 소비자금융에 대한 이자는 정당하지 않지만, 상인이나 사업가에 대한 대부는 사업의 위험을 함께 짊어지므로 이자수취가 정당하다고 그는 생각했다.

아퀴나스의 이런 윤리적 판단을 전근대적이라고 간단히 처리하기보다는 경제적 존재나 경제학적 범주에 대해 근본적인 의문을 제기하는 동기로 삼는 것이 타당하다. 근대에 들어 고전학파, 그리고 보다 심각하게, 신고전학파는 경제적 범주의 존재나 정당성에 대해 거의 논의하지 않은 채 그것들의 수량적 측면과 결정 요인에만 초점을 맞추었다. 가령, 이윤에 대해 신고전학파는 그것이 왜 존재하는지 혹은 어떤 의미에서 정당한지를 논의하기보다 그 수준이나 변동이 어떻게 결정되는지에 대해 집중하고 있다. 근대에 있어 이런 편향에서 벗어나 있던 학파로 마르크스와 오스트리아학파를 꼽을 수 있을 뿐이다.

전체적으로 아리스토텔레스에서 자연으로 나타났던 것이 기독교에서는 신이 부여한 것으로 설정된다. 물론 기독교에 내포된 경제사상, 한국 사회에서 기독교의 사상적 의미, 그리고 이런 사상적 의미와 경제성장과의 관계 등은 모두 추후의 연구를 필요로 하는 커다란 주제들이다.

중세의 철학자이자 수학자인 오레슴(Nicolaus Oresme, 1320~1382)은 금속화폐의 가치를 유지하기 위한 방책을 논의했다. 금속화폐의 순수성이나 가치유지는 상당 기간 동안 철학자들이 관심을 기울인 중요한 경제문제였다.[6] 비슷한 관심은 코페르니쿠스(Nicolas Copernicus, 1473~1543)나 뉴턴(I. Newton, 1642~1727)에서도 발견된다. 그런데 최근 라틴어에서 독일어로 번역된 『화폐가치의 저하에 관한 연구』(*De Mutatione Monetarum: Tractus; Traktat über Geldabwertungen*, 1373)에서 오레슴은 우선 화폐가 필요한 근거를 제시했다. 이어 그는 화폐가치의 안정을 이론적 목표로 삼아 화폐가치가 저하되는 여러 가지 원인을 지적했다. 형태와 외양, 상품이나 여러 금속들 사이의 관계나 비율, 명칭, 수량이나 중량 등에 있어 변동이 생기는 데 그 원인이 있었다.

특히, 오레슴은 국왕의 화폐가치 절하가 왜 옳지 않고 경제와 사회에 해로운지 설명하면서, 가치절하가 예외적으로만 허용되어야 한다고 주장했다. 그에 의하면 왕에 의한 화폐가치의 인위적인 격하가 고리대만큼이나 화폐의 자연스런 쓰임에 반하며, 고리대보다 더 나쁜 갈취나 착취에 해당한다. 또한 이것은 화폐거래 및 투기, 그리고 공창(公娼)만큼 부도덕하다.

그는 화폐가 국왕이나 국가가 아니라 공동체 혹은 사회, 그것도 사회구성원 개개인에 속한다는 점을 강조했다. 심지어 그는 화폐소유는 자연권에 해당되며, 이 소유권을 백성으로부터 갈취하는 것은 백성의 배우자를 갈취하는 것과 같다는 극언도 서슴지 않았다. 그는 화폐의 인위적인 가치저하로 인한 경제의 여러 가지 교란도 놓치지 않았다. 궁극적으로 왕의 화폐가치 절하는 왕국의 유지, 사회구성원의 이익, 자손들의 미래 등 모든 것에 나쁘다.

이 글에서 오레슴은 아리스토텔레스를 인용하면서 자연과 인공의 구분에 집착했다. 예로써, 그는 재화와 화폐를 각기 자연적 부와 인공적 부로 구분했고, 금과 은의 자연스런 교환비율을 운운했다. 또한 화폐의 자연스런 쓰임과 상업의 자연스런 흐름을 그는 역설했다. 더불어 그는 재정적으로 왕궁이 비대해져 국가 전체에 불균형이 생기는 것을 신체의 특정 부위가 비대해져 자연스런 비율이 파

---

6) 이에 따라 근대의 화폐는 실질가치와 명목가치라는 두 가지 가치를 가지게 된다. 나아가 역사적으로 실질가치와 명목가치가 점점 더 벌어져 결국 금속화폐 대신 지폐가 자리를 잡게 된다. 실질가치가 영에 가까운 화폐가 등장하면서, 물가와 구매력의 변동으로 인한 화폐가치의 이중성이 등장하게 된다. 여기에 60년대 한국동전 등과 같이 골동품으로서의 가치가 화폐에 추가되기도 한다.

괴되는 데 비유했다. 같은 관점에서 그는 사회에 과도한 불평등이나 과도한 평등이 아니라 적절한 불평등이 필요하다고 주창했다.

고대와 중세의 경제사상이 압도적으로 당위적이고 규범적이라면, 근대의 경제학 이론은 현상 혹은 존재에 대한 서술적 설명을 위주로 한다. 고대와 중세의 경제사상은 인간의 경제활동이 어떠해야 하는지 혹은 국가경제는 어떤 방향으로 가야 하는지를 주로 논의했다. 여기서 인간차원의 논의는 윤리로 이어지고, 사회 전체 차원의 논리는 정치, 법, 그리고 정책으로 이어진다. 이에 비해 근대의 경제학은 인간이 경제현실 속에서 실제로 어떻게 행동하는지 혹은 국가경제가 어떻게 움직이는지를 논의했다.

가령, 개인이 돈을 벌기 위해 장사를 해서는 안 된다든지, 이자율이 어느 정도 이상을 넘어서는 안 된다는 주장이 전자에 속한다. 이에 반해 후자는 현실적으로 개인들이 돈을 벌기 위해 경제활동을 벌이고 있다는 점을 인정하고, 가격이나 이자율이 어떤 원리에 따라 경제 내에서 결정되는지를 설명하는 데 중점을 둔다.

이 같이 경제학이 발전하는 과정에서 점차 규범적 판단이 이차적이거나 종속적인 것으로 후퇴하고, 현상에 대한 설명이 전면에 등장한다. 달리 보면 종전에 [자료/현상]→[윤리나 법/정책]으로 직접 이어지던 것이 근대경제학이 등장하면서 이론이 끼어 들어 [자료/현상]→[이론]→[윤리와 법/정책]의 구조를 갖게 되었다. 전자에서는 상인 및 기업인과 정치인 및 관료만이 중요한 데 비해, 후자에서는 이들 사이에 경제학자가 개입하고 있다.

이런 변동에, 신고전학파가 말하는 바와 같이, 실증(positive)경제학과 규범(normative)경제학의 엄밀한 구분이 반드시 수반되는 것은 아니다. 그렇지만 정치나 정책적 결론이 현실경제에 대한 설명 없이 직접 도출될 수 없다는 입장이 근대경제학의 공통적인 특징이다.

2.2 중상주의(16~18세기 초): 보호무역에 의한 국부의 증대

2.2.1 시대배경과 기본이념

고대와 중세의 경제사상이 압도적으로 당위적이고 규범적이라면, 근대의 경제학은 존재 혹은 경제현상에 대한 설명을 위주로 한다. 이는 동양이나 한국에서의 실학 등 근대사상이 여전히 규범적인 주장으로 압도되어 있던 것과 대비된다. 가령, 이익(李瀷)은 『성호잡저(星湖雜著)』에서 화폐의 해로움을 부르짖었고, 정약용은 『경세유표(經世遺表)』에서 정전제나 여전제 등을 제시하며 토지를 어떻게 나눌지로 고민했다. 또한 현재도 경제학자가 아닌 경제관료나 언론인의 논의에는 정책이나 훈계가 신속하게 등장하곤 한다.

이 같은 의미에서 경제사상이 경제학으로 바뀌는 과도기에 등장한 사조가 중상주의(重商主義; Mercantilism)와 중농주의(重農主義; Physiocracy)이다. 중상주의와 중농주의는 경제이론을 구축해 이런 흐름을 바꾸기 시작한 사조로 규정된다.

중상주의는 4~14세기의 중세 봉건주의가 끝나고 근대로 접어드는 과도기인 16~18세기 초에 유럽에 등장한 절대국가(absolute state)를 뒷받침한 정치/경제사상이다. 경제학의 역사에서 중상주의는 고전학파로부터 시작되는 근대경제학 이전에 등장한 과도기적 사조로 평가된다.[7] 경제사상과 경제이론의 과도기에 놓여 있었기 때문에 중상주의자에는 정치가, 학자, 관료, 무역종사자들이 뒤섞여 있었으며, 경제현상에 대한 분석도 소책자의 형식으로 발표되는 경우가 많았다.

대표적인 중상주의자로 영국에서는 먼(T. Mun, 1571~1641), 페티(W. Petty, 1623~1687), 로크(J. Locke, 1632~1704), 노스(D. North, 1641~1691), 차일드(J. Child, 1630~1699), 칸틸롱(R. Cantillon, 1680~1734) 등을 들 수 있다. 프랑스에서는 보뎅(J. Bodin, 1530~1596), 몽크레티앙(A. de Monchretien, 1575~1621), 꼴베르(J. B. Colbert,

---

7) 음악에 있어 "고전파"는 비발디, 헨델, 그리고 바하로 대표되는 바로크 음악과 달리 하이든, 모짜르트, 베토벤으로 대변된다. 그 시기가 18세기 중엽 이후 70~80년 정도로 되어 있어 적어도 시작 시점에 있어서는 경제학의 고전학파와 유사하다. 또한 바로크는 포르투갈 말 "바로꼬"에서 나왔는데, 이것은 "찌그러진 보석"이라는 의미를 갖고 있어 무질서나 불균형을 나타낸다고 한다. 특히 중상주의에서 고전학파로 넘어 오는 과도기에 역시 이런 성격이 있었을 것이다.

1619~1683) 등이, 독일에서는 제겐도르프(V. L. v. Seckendorff, 1626~1692) 등이 중상주의에 속한다.

헥셔-올린의 정리로 알려져 있는 헥셔(E. F. Hecksher, 1879~1952)는 권위 있는 저서 『중상주의』(*Mercantilism*, 1931[1955])를 통해 중상주의에 대해 정리했다. 이 책에 의하면 중세는 교황을 정점이나 중심으로 삼아 공동체를 강조하는 보편주의와 봉건영주로 대변되는 지역주의의 결합이었다. 왕은 양자 사이에 끼어 실권을 갖고 있지 못했다. 이에 비해 절대왕권의 국왕은 교황으로부터 독자적인 권력을 쟁취해 영주들을 아우르고 국가 단위에서 정치영역과 경제영역을 확보했다. 국가단위의 시장(national market)이 형성되기 시작한 것도 이즈음이다.[8)]

영국, 프랑스, 독일 등 유럽 전체에서 나타난 중상주의 사조에서는 정치가 경제를 압도하고 국가가 시장을 관리한다. 대표적으로 프랑스의 루이 14세(1643~1715)가 "짐이 바로 국가이다"(L'Etat, c'est moi.)라고 말한 것은 이런 상황을 웅변한다. 이와 관련해 국가주의(étatisme)라는 표현을 주목할 필요가 있다.

꼴베르

프랑스의 중상주의는 그 사상을 대변한 재상 꼴베르(J. B. Colbert, 1619~1683)의 이름을 따서 꼴베르주의(Colbertisme)로 불렸고, 독일의 중상주의는 왕실재정과 주로 연결되어 관방학파(官房學派; Kameralismus)로 호명되었다.

보다 구체적으로 중상주의는 절대국가의 이념에 맞게 국가를 위한 국가에 의한 국부의 추구를 주창했다. 국가에 의한 부의 추구란 국가가 계도하는 방향으로 경제활동이 이루어진다는 것을 의미한다. 또한 국가를 위한 부의 추구란 국가의 이익을 위해 경제활동이 이루어지고 국가를 위해 부가 사용된다는 것을 뜻한다. 절대국가는 국가의 세력을 넓히기 위해 부국강병에 전념했다. 이 같이 중상주의는 영토와 인구로 규정되는 국력(power)과 물질적 풍요(plenty)의 병행발전을 추구했다.

8) 절대국가는 이후에 등장한 18~19세기의 민족국가(nation state), 케인즈에 의해 뒷받침되는 20세기의 복지국가(welfare state), 그리고 최근에 세계화 과정에서 생겨나는 신자유주의 국가(neoliberal state) 혹은 경쟁국가(competition state)와 구분된다. 이런 국가의 유형들은 주로 정치와 경제 혹은 국가와 시장의 관계에 의해 결정된다.

이런 사고방식과 대비해 고전학파 등 주류경제학은 개인을 위한 개인에 의한 부의 추구를 지향했다. 중상주의와 고전학파의 이와 같은 대립에는 국가와 사회, 그리고 공익과 사익의 관계에 대한 서양 사회사상의 근본적인 고민이 담겨있다. 이후 논의에서는 무역, 국부, 화폐 등과 관련해 고전학파를 어느 정도 언급하면서 중상주의의 특징을 부각시키고자 한다.

2.2.2 무역과 가치이전

중상주의는 그 표현 자체에 나타나 있듯이 상업과 무역을 중시한다.[9] 이에 따라 중상주의의 축재방식은 싸게 사서 비싸게 파는 것이다. 무역에서는 수입보다 수출을 최대한 늘려 무역수지의 흑자를 유지하는 데 중점을 둔다. 여기서 무역을 통한 부의 추구를 주도하는 존재는 개인들이 아니라 국가이다.

대표적으로 먼은 『무역에 의한 영국의 부』(*England's Treasure by Foreign Trade*, 1664)에서 자연적 부와 인위적 부를 구분하면서도 인위적 부를 포함해 영국의 부를 늘리는 유일한 방법이 국제무역이라고 주장했다. 또한 그는 이렇게 되기 위한 조건으로 가치로 환산해 외국인의 영국제품 소비보다 영국인의 외국제품 소비가 적어야 한다는 점을 명시했다.

페 티

이와 관련해 페티도 살펴볼 필요가 있다. 페티는 『정치산술학』(*Political Arithmetic*)에서 베이컨이 제시한 바에 따라 숫자, 무게, 혹은 측정치에 의존하는 자연과학적 방법, 특히 해부학적 방법을 정치와 경제문제에 적용했다. 중상주의의 이념과 직접 관련된 것은 이보다 앞서 저술된 『아일랜드의 정치경제학』(*The Political Economy of Ireland*)이다. 여기서 그는 다음과 같은 논리를 전개했다.

첫째, 그는 다른 것들에 비해 내구성이 높고 보편적으로 인정된다는 점을 들어 국부를 금, 은, 그리고 보석으로 규정했다. 또한 그는 여러 국가의 예를 들어 조세부과가 국부를 증대시켜 왔다고 주장함으로써 경제에 대한 국가의 역할을 강조했다. 더불어 그는 단순히

9) 중상주의(mercantilism)는 상품(merchandise) 혹은 상인(merchant) 등과 같은 어원을 가지고 있다.

국부가 아니라 국부와 국력을 함께 고려하면서, 군사력과 국방에 대해 각별히 관심을 기울였다.

그는 여러 국가, 특히 네덜란드와 프랑스의 사정을 비교하면서 영국을 어떻게 부강하게 만드느냐를 연구의 현실적인 목표로 삼았다. 이 때문에 물질적 풍요를 위해 보편적인 경제체제를 추구했던 고전경제학파의 목표와 거리를 두고 있다. 끝으로 국부의 증대를 위해 국가의 여러 가지 개입 방법을 제시했다.

페티는 인구와 영토가 국부와 국력의 일차적인 기준임을 인정하면서 동시에 이런 것이 적더라도 이런 것이 많은 나라와 맞먹을 수 있다고 주장했다. 인구와 영토의 차이에도 불구하고 국가 사이에 국부와 국력을 비슷하게 만들 수 있는 요인들로 토질의 자연적이거나 인위적인 차이, 노동자의 숙련이나 기술수준, 기계화 정도 등을 들었다. 보다 근본적으로 이런 차이들이 주로 위치, 무역, 그리고 정책에서 비롯된다는 것이 그의 핵심적인 주장이었다.

또 다른 예로, 차일드(1668) 같은 후기의 중상주의자는 이자율을 법적으로 낮추는 것이 무역에 있어 영국을 네덜란드와 대등하게 만들어 영국의 국부를 늘리는 방법이라고 주장하면서 자신의 애국심을 서슴없이 드러냈다.[10)]

이런 식으로 생각해 중상주의 국가는 무역흑자를 늘리기 위한 갖가지 조치를 취했다. 이런 조치에는 독점권 부여, 수량제한과 수입허가, 수출보조금, 이자율 정책, 유치산업 육성, 노동자 관리 등이 포함된다. 이런 이유로 중상주의에서는 생산에 의한 이윤획득이 아니라 상품의 양도에 의한 이윤획득으로 부의 증식이 이루어진다. 양도이윤(profit upon alienation)은 후기 중상주의자인 스튜어트(J. Steuart, 1713~1780)의 표현이다. 이 같이 중상주의는 부가가치(value added)가 상업과 무역에서 발생한다고 본 셈이다.

그런데 중상주의는 무역이나 교환에서 가치가 증가하는 유일한 방법이 교환의 한쪽 당사자로부터 다른 당사자로 가치가 이전(transfer)되는 것이라고 생각했다. 이 같은 가치이전이 지속적이며 일방적으로 이루어지면 양자는 모종의 수탈관계에 놓이게 된다. 그런데 가치이전이나 수탈관계에서는 당사자들 전체로

10) 이 점에서 나중에 등장한 시장의 논리가 국가의 권력과 이성(raison d'état)에 대한 저항이자 반박이라고 주장한 푸코(M. Foucault, 1926~1984)의 해석이 타당하다. 푸코는 근대국가의 통치가 지식의 집중을 전제로 하며 이에 대한 압축적인 표현이 국가의 이성이라고 생각했다. 같은 맥락에서 인구조사나 호구조사로부터 통계학이 발생했다고 그는 해석했다.

보면 아무런 가치증가가 없다.

이 같은 생각에서 무역이 쌍방 모두를 이롭게 하는 것이 아니라 일방을 이롭게 하고 타방은 빈곤하게 만든다는 인근궁핍화정책(beggar-my-neighbor policy)의 논리가 나온다. 여기서 무역은 영화게임에 불과하다.

중상주의에 대한 비판자들은 이런 사고방식이 무역을 전쟁에서의 영토나 인구 쟁취와 동일시하면서 생긴 오류라고 주장한다. 이와 대조적으로 마르크스는 이 시기를 국가의 폭력에 의존해 국제적인 수탈이 이루어지고 자본가와 노동자의 양대 계급이 형성/분화되는 본원적 축적(primitive accumulation of capital)의 시기로 보았다.[11] 이 점에서 중상주의의 시대적 상황은 20세기에 등장하는 임마누엘(A. Immauel)의 부등가 교환(unequal exchange)이나 프랑크(A. G. Frank, 1929~)의 종속이론(dependency theory)의 역사적 사례로 해석될 수 있다.

중상주의는 무역에서 쌍방이 이익을 본다고 생각하지 않고 일방적인 가치이전이나 수탈을 통해 부가 증식된다고 보았기 때문에 수입을 최대한 줄이고 수출을 최대로 늘리기 위한 보호무역을 주창했다. 이 같이 중상주의는 경제운행에 대한 국가의 포괄적인 개입을 당연시했다. 후대에 중상주의와 보호무역이 거의 동일시되고 20세기에 들어 보호무역정책이 신중상주의(Neomercantilism)로 규정된 것은 이 때문이다. 또한 나중에 고전학파와 신고전학파가 자유무역을 주장하면서 바로 중상주의의 이런 정책을 비판했다.

가치이전에 대한 중상주의의 관념에 대해 보다 넓게 조망할 필요가 있다. 대부분의 경제학자들은 경제운행 속에서 가치 혹은 이에 준하는 경제적 수량이 증가한다고 생각한다. 그 근거는 지금까지 2~3백년 동안 서구의 경제가 괄목할 만하게 성장했고 인구도 크게 늘어났다는 것이다. 현대인들은 이를 단순히 국민총생산이나 1인당 국민소득으로 포착하나 이보다 근본적인 개념의 정립이 필요하다.

경제적 수량의 증가는 일차적으로 물량의 증가 혹은 잉여생산물(surplus product)의 발생으로 파악할 수 있다. 그러나 아무리 많은 물량이라도 그 가치나 가격이 낮다면 경제적인 의미에서 증가로 간주할 수 없기 때문에 물리적 수량을 경제적 수량과 동일시할 수 없다. 따라서 모종의 가치나 가격을 함께 고려해 경

11) 나중에 상세히 논의되겠지만, 마르크스에서 이 개념은 자본주의 본연의 자본축적과 구분된다.

제량의 변동을 부가가치로 파악할 필요가 있다.[12)]

그런데 부가가치의 근원에 대해 학파마다 입장이 다르다. 중상주의뿐만 아니라 고전학파와 신고전학파도 상업을 중시하고 상업을 부가가치와 연결지었지만 이들 사이에 차이가 있다. 무엇보다 주류경제학은 보호무역에 반대하고 자유무역을 주장하기 때문에 이에 부합되는 교환의 논리를 전개했다.

우선 고전학파는 교환이 인간의 본성에서 나온다는 점과 생산성을 증대시키는 분업체계 아래에서 교환이 불가피하다는 점을 들어 국내의 교환과 국제무역의 자유로운 교류, 즉 자유무역과 경제적 자유를 주창했다. 고전학파에서 무역은 모두를 이롭게 한다.

이어 신고전학파는 교환과 자유무역의 중요성을 고전학파보다 한층 더 부각시키는데, 교환을 통해 당사자 모두가 이익(gains from trade)을 얻는다는 논리에 의존한다. 신고전학파에서 교환은 파레토 개선(Pareto improvement)을 가져온다.

보다 구체적으로 교환이 쌍방 모두의 자발적 의사에 의해 성립되므로 교환이 이루어질 때 각자 자신이 소유한 재화보다 타인이 소유한 재화를 더 필요로 한다. 교환 후에는 자신이 덜 원하는 재화를 주고 더 원하는 재화를 얻으므로 모두 나아지거나 적어도 일부가 나아지고 나머지는 악화되지 않는다.

이런 개선은 전체 물량이 변하지 않으면서 단순히 주어진 재화들이 보다 필요한 사람들에게 배분되는 경우에도 기대할 수 있다. 교환당사자 대부분의 상황이 개선되고 나머지 당사자들의 상황도 악화되지 않으므로 교환이 비영화 게임이 되어 경제 전체적으로 부가가치가 발생한다.

결론적으로 다같이 교환과 무역을 중시하면서도, 중상주의는 교환의 이익이 가치의 일방적인 이전이나 수탈이라고 보아 보호무역을 내세운 데 비해, 나중에 등장한 고전학파 및 신고전학파는 교환당사자들에게 골고루 이익이 발생한다고 생각해 자유무역을 주장했다.

---

12) 부가가치라는 표현은 비교적 중립적이고 포괄적이다. 왜냐하면 부가가치는 마샬의 소비자/생산자 잉여나 근대경제학의 국민총생산 및 조세에서뿐만 아니라 스미스나 마르크스 등에서도 가치증가를 표현하는 용어로 활용되기 때문이다.

2.2.3 국부와 화폐

중상주의에 있어 무역수지의 흑자나 적자가 해당 국가에 가져오는 결과는 금의 유출입으로 나타난다. 당시 각국은 국내 화폐공급에 있어 금본위제도에 의존했으며, 국제무역의 결제수단으로 금을 위시한 귀금속을 사용했다. 따라서 금은 본원통화이고, 기축통화이며, 세계화폐였다.

이런 이유로 중상주의는 금이나 귀금속 자체를 부와 동일시했고, 금의 누적이 곧 재산의 축적이라고 생각했다. 쉽게 말해, 쌀, 밀 혹은 비단이 아니라 금 자체가 축적 가능한 재산으로 간주되었다. 인류역사상 상당 기간 동안 돈이나 부가 모두 황금에 비유되었음을 상기한다면 이런 중상주의의 생각은 그다지 이상하지 않다.

물론 이 같은 금의 역할은 이후 점점 축소되어, 제 1 차 세계대전 이후 달러화를 제외한 모든 화폐는 불환지폐가 되었다. 나아가 1971년에는 달러조차 금과의 태환성(convertibility)을 상실하면서 금은 공식적으로 그 역할을 마감하게 되었다. 이에 따라 세계경제는 본격적인 변동환율체제로 접어들었다.

이렇게 되면서 20세기 말부터 현재까지 금 대신 미국의 달러화가 세계통화에 준하는 역할을 발휘하고 있다.[13] 이것은 각국이 달러를 일차적인 외화보유용 화폐로 확보하고 있다는 데서 드러난다. 그러나 공황이나 전시 등 비정상적인 상황에서 드러나는 금에 대한 강한 집착이나 일부 경제학자들이 최근에 논의하는 상품본위화폐 등은 금의 화폐기능에 대한 여운을 남기고 있다.

금을 부 자체로 간주함으로써 중상주의는 화폐의 여러 기능 중에서 가치저장(store of value) 혹은 퇴장(退藏; hoard) 기능에 집착했다. 일반적으로 화폐는 재화나 상품과 달리 교환과정이나 유통과정에만 머물지도 않고, 그렇다고 유통과정 밖에만 머물지도 않는다. 그런데 중상주의는 화폐축적 자체가 경제활동의 목표라고 보아 화폐가 유통과정에서 벗어나 있는 상황과 이에 상응하는 화폐의 퇴장기능에 초점을 맞추었다.

---

13) 달러화의 강세는 미국 영어의 강세와 동행한다. 그런 의미에서 금의 폐화는 라틴어나 에스파란토어가 일상언어로 사용되지 않은 것과 유사하다. "돈이면 다 해결된다." 혹은 "돈만 있으면 말이 필요 없다"로 해석될 수 있는 "Money talks"라는 구절에서 확인되듯이, 화폐와 언어는 그 유사성이 일반적으로 인정된다. 이에 대해서는 마르크스나 오스트리아학파와 관련해 상세히 논의할 예정이다.

이후 논의에서 확인되듯이 경제학자들은 화폐에 계산단위 혹은 가치척도, 교환수단 혹은 유통수단, 퇴장, 그리고 지불수단 등의 기능을 부여했다. 학파나 학자 사이의 차이는 이들을 화폐의 기능으로 인정하거나 부인하는 데 있다기보다 어떤 기능을 강조하느냐에 있다.

중상주의, 마르크스, 그리고 (이들보다 덜 하지만) 케인즈 등이 유통수단으로서의 화폐를 일방적으로 강조하지 않고 퇴장기능을 인정했다. 화폐 자체가 목표가 아니더라도 경제상황이 나빠지면 기업들이 투자하지 않으면서도 현금 혹은 유동성 확보에 진력함으로써 화폐가 유통되지 않고 퇴장될 수 있다. 더구나 케인즈 등이 지적했듯이 시장이 미성숙하고 부정부패가 심한 후진국에서 퇴장은 두드러진 현상 중 하나이다.

이와 대조적으로 고전학파(및 세이)와 (이보다 더 강하게) 신고전학파는 유통수단 기능을 일방적으로 강조했다. 고전학파, 그리고 특히 신고전학파의 관점에서는 교환을 위시한 모든 경제활동이 궁극적으로 소비를 지향한다. 이에 따라 경제주체들은 화폐 자체가 아니라 화폐를 통해 구매되는 재화를 목표로 삼기 때문에 화폐는 교환수단이나 유통수단에 불과하다.

퇴장기능을 강조하는 입장에서 보면 공급된 화폐 중 일부는 유통되면서 상품과의 교환에 활용되고 일부는 퇴장된다. 이는 한 국가의 화폐 유통량이 화폐의 공급량뿐만 아니라 경제 내의 퇴장 수량에 의해서도 결정된다는 것을 의미한다. 이에 반해 유통수단의 기능만을 인정하는 경우 화폐공급량의 변동이 곧바로 화폐유통량의 변동을 의미한다.

나아가 이런 차이는 내생적(endogenous) 화폐와 외생적(exogenous) 화폐의 대립으로 발전할 가능성을 내포하고 있다. 전자는 화폐가 경제 내부에서 공급된다는 입장을, 후자는 화폐가 경제의 외부에서 국가 등에 의해 주입된다는 입장을 각기 대변한다.

이 같은 차이는 이론상의 차이뿐만 아니라 정책상의 차이를 내포하고 있다. 퇴장기능을 인정하는 입장에서는 그렇지 않은 경우와 비교해 물가 등과 관련된 통화정책의 유효성에 대해 유보적일 수밖에 없다. 또한 화폐의 퇴장을 강조하는 입장에서는 자본주의경제에 수시로 장애가 발생할 가능성을 우려하는 데 비해, 유통기능을 강조하는 입장에서는 순조로운 자본주의의 운행을 강조하는 경향이 있다.

이런 대비에는 궁극적으로 돈이 그 자체로서 목적인가 혹은 목적이어야 하는가, 아니면 돈이 소비할 상품을 얻기 위한 수단인가 혹은 수단이어야 하는가의 갈등이 담겨 있다. 결국 이 논의는 앞서 지적한 아리스토텔레스의 주장과 연결된다. 그는 화폐가 목표가 아니라 수단이어야 한다는 당위를 내세웠다. 이에 비해 근대의 경제사상은 현실경제 속에서 화폐가 실제로 수단인가 아니면 목표인가를 놓고 견해를 달리했다.

끝으로, 이런 차이는 화폐수량설에 대한 거부와 수용으로 나타난다. 화폐수량설은 프랑스의 16세기 정치철학자 보뎅(J. Bodin)에서 시작되었으며, 몽테스큐 등을 거쳐, 경제학설 중 가장 오랜 역사를 가지고 있어 불사조와 같이 취급된다. 이 이론은 통화량 변동으로부터 물가변동으로의 직접적인 인과관계를 상정하는데, 교환수단으로서의 화폐기능과 화폐의 외생성을 구성요소로 한다. 이 때문에 중상주의, 마르크스, 그리고 케인즈 등은 이 이론을 거부하거나 수정하려고 노력한 데 비해, 고전학파와 신고전학파는 이 학설을 적극적으로 수용해 왔다.

이 같이 중상주의는 무역과 국부에 대한 관점에서뿐만 아니라 화폐에 관해서도 고전학파(및 신고전학파)와 대립하고 있다. 중상주의는 화폐 혹은 금을 국부로 간주하고 화폐가 축재대상으로 퇴장되는 존재임을 강조하면서, 금의 유입을 위한 보호무역을 주장했다. 이에 반해 고전학파는 화폐 혹은 금이 아니라 실물재화가 국부라고 보면서 화폐가 축재의 대상이 아니라 교환의 수단임을 강조하고, 실물재화의 자유로운 유출입을 위한 자유무역을 주장했다. 이 때문에 스미스를 위시한 고전학파는 중상주의를 일차적인 비판의 대상으로 삼았다.

화폐의 가치

화폐에 대한 중상주의의 집착은 상품과 화폐의 가치를 논의한 방식에서도 나타난다. 예로써, 학자와 사기꾼의 양면성을 지닌 로오(J. Law, 1671~1729)는 『척도와 상업에 대한 논고』(*Considerations sur le Numéraire et le Commerce*, 1705)에서 화폐가 중요하며 화폐의 가치가 가상적이 아님을 강조했다. 그는 화폐가 재화와 동일 차원에 있음을 보임으로써 화폐라는 존재를 부각시키려고 했다. 또한 그는 재화가치에 대한 논의를 그 자체로 중시하지 않고 화폐가치를 논의하기 위한 준비단계로 생각했다. 이 점에서는 로크, 스튜어트, 갈리아니(F. Galiani, 1728~87)도 마찬가지였다. 특히, 갈리아니는 『화폐이론』(*Della Moneta; De la Monnaie*, 1751)에서 가치가 효용과 희소성에 의해 결정된다고 보아 주관적 가치이론에 가까운 논리를 제시했고, 가치,

효용, 희소성, 가격, 부 등 모든 중요 개념들을 물체 그 자체나 물체의 속성이 아니라 관계로 파악했다. 여기서 경제현상과 관련된 관계를 인간관계, 물건 사이의 관계, 그리고 인간과 물건 사이의 관계로 나눌 수 있음이 확인된다.

2.2.4 보호무역과 가격정화조정장치

중상주의 사상 중 가장 논란이 되었던 것은 보호무역에 대한 옹호였다. 중상주의는 보호무역을 통해 특정 국가에게 지속적인 흑자 혹은 적자가 가능하다고 주창했다. 이에 대해 고전학파는 지속적인 흑자와 적자가 불가능하다고 반박했다. 이 반박은 스미스와 거의 동시대의 철학자이자 사회사상가인 흄(D. Hume, 1711~1776)의 가격정화조정기제(價格正貨調整機制; price-specie adjustment mechanism)에 함축되어 있다. 흄은 무역이 이루어지는 과정에서 흑자와 적자가 반전되어 균형상태로 되돌아 간다는 견해를 내세웠다. 논리의 골자는 다음과 같다.

교역중인 두 국가 A와 B 중 A가 흑자를 누리는 데 반해, B는 적자를 겪고 있다고 하자. 이렇게 되면 B로부터 A에 금이 유입되고, 금이 유입되면 금본위제도하에서 자동적으로 화폐의 공급이 증가한다. 화폐수량설을 전제할 때 화폐공급의 증가는 A에 물가상승을 초래한다. B에서는 반대방향으로 이와 유사한 일련의 변동이 발생한다. 즉, 금이 유출되고, 금본위제도하에서 화폐의 공급량이 감소하며, 화폐수량설에 따라 물가가 하락한다.

편의상 교역재와 비교역재를 구분하지 않는다면, A의 물가가 상승하고 B의 물가가 하락하면서 교역조건이 A에 불리하게, 그리고 B에 유리하게 바뀌게 된다. 수요의 가격탄력성을 어느 정도 인정하는 경우 A국 제품에 대한 국내외 수요가 줄고, B국 제품에 대한 국내외 수요가 증가한다. 이렇게 되면서, A의 수출이 줄고 수입이 늘며, B의 수출이 증가하고 수입이 감소한다. 결국 국제수지가 원래 상태로부터 반대 방향으로 움직인다. 따라서 A가 계속 흑자를 누리고 B가 적자의 수렁에 빠져 있는 상황이 지속될 수 없다.

흄은 상품가격의 상승뿐만 아니라 노동가격 등 비용상승으로 인한 흑자국가의 경쟁력 상실도 언급했으며, 무역을 통해 인근궁핍화가 발생한다는 주장도 비판했다. 그는 특정 국가가 모범을 제시하고 국가들 사이에 모방과 경쟁이 벌어지면 모두가 부유해진다고 설파했다.

그의 논리는 이후 리카도가 주장한 비교우위이론과 함께 자유무역 이념의 핵심고리를 구성했다. 또한 이것은 경기순환적인 과정이나 누적적인 과정을 부인함으로써 이후 주류경제학에서 말하는 시장의 자기조정능력을 보여주는 표준적인 사례가 되었다.

이 이론은 금본위제도, 화폐수량설, 수요의 가격탄력성 등 세 가지를 핵심요소로 삼고 있다. 중상주의에 대한 흄의 비판을 이해하고 평가하기 위해서는 이 점이 인정되어야 한다. 금본위제도는 금의 유출입이 비례적으로 화폐의 공급량을 변동시킨다는 논리적 고리에 담겨 있다. 또한 화폐수량설은 화폐공급량의 변동이 같은 방향으로 물가변동을 가져온다는 고리에 표현되어 있다. 그리고 수요의 탄력성은 가격이 변동하면 수요가 반대 방향으로 움직인다는 고리에 반영되어 있다.

이 중 금본위제도는 1930년대 케인즈와 함께 관리통화제도가 등장하기 전까지 현실 그 자체였기 때문에 이에 대해 논란의 여지가 없다. 그러나 중상주의 시대에는 경제인의 수요나 욕망이 전근대적인 상태에 머물러 가격변동에 예민하게 반응하지 않았을 가능성이 높으므로 수요가 가격에 대해 비탄력적이었다고 방어할 수 있다. 이미 논의한 바와 같이 무엇보다 화폐수량설이 중상주의에 배치된다. 이에 대해 자세히 논의해 보자.

화폐에 대한 중상주의의 관점에 의하면 화폐는 퇴장될 수 있으므로 화폐공급량 변동이 반드시 같은 비율의 화폐유통량 변동을 의미하지 않으며, 비슷한 비율로 물가를 변화시킨다는 논리도 성립하지 않는다. 나아가 화폐경제가 충분히 발달하지 않은 당시로서는 화폐공급량 변동이 물가변동을 가져오기보다 더 많은 거래를 촉진시킨다고 생각했을 가능성도 있다. 이와 관련해 현재도 흔히 후진국에 대해 화폐적 매개 혹은 금융적 매개의 미성숙이 지적되고 있음을 고려할 필요가 있다.

이 논의를 피셔(I. Fisher, 1867~1947)의 교환방정식을 이용해 종합해 보자.

$$MV=PT$$

M: 통화량

V: 유통속도

P: 물가
T: 거래량

화폐수량설은 V와 T가 고정되어 있어 M의 변동이 P의 변동으로 전달되는 것(transmission)을 의미한다. 이와 달리 중상주의에서 퇴장기능은 M의 변동이 반대방향으로 V의 변동을 가져와 스스로 상쇄되므로, P나 T에 영향이 없거나 상당히 적다는 논리를 제공한다. 여기서 수요의 비탄력성은 M의 변동이 완전히 P의 변동으로 전환되지 않고 적어도 부분적으로 T의 변동을 낳는다는 주장을 가능케 한다.

이 같이 화폐수량설이나 가격탄력성 등에 있어 가격정화조정기제가 중상주의를 제대로 반영하지 못했거나 이해하지 못했다고 말할 수 있다. 같은 이유로 어떤 전제하에서 중상주의에서 보호무역을 주장했는지 이해할 수 있다. 여기서 중상주의의 보호무역이론에 화폐수량설에 대한 거부가 핵심적임을 알 수 있다.

2.2.5 중상주의로부터 고전학파로의 이행

로 크

중상주의로부터 고전학파로의 이행을 이해하기 위해서는 로크, 흄, 칸틸롱 등에 대해 논의할 필요가 있다. 먼저 로크의 경제사상은 『이자율 인하와 화폐가치 인상의 결과에 대한 사려』(*Some Considerations of the Consequences of the Lowering of Interest and Raising of the Value of Money*, 1691)와 『화폐가치 인상과 관련된 추가적인 사려』(*Further Considerations concerning Raising the Value of Money*, 1696) 등에서 읽을 수 있다.

1) 화폐와 무역

전반적으로 로크는 영국의 무역과 국부증대를 염두에 두면서도 이자율이나 화폐가치가 시장에서 결정된다고 주장했다. 우선 로크는 법률 등 인위적 방법을 통해 이자율을 인하하는 것이 불가능하며, 그런 노력이 무역 등 국민경제에 피해를 준다고 주장했다. 또한 화폐명칭의 변경 등 법률을 통해 인위적 방법으로 화폐가치를 끌어올리는 것도 현실적으로 불가능하며, 이 역시 경제에 도움이 되지 않는다고 진술했다. 이자율과 화폐가치는 모두 시장의 수요와 공급에 의해 결정되므로 그것을 인위적으로 결정하는 것이 불가능하며, 그렇게 하면 최악의 경우 유해하며 최선의 경우 무익하다.

중세에는 이자지불 자체에 대한 논란이 있었다면, 근대에 들어서는 이자지불 자체를 인정하면서 이자율의 수준과 결정방식에 대한 논의가 부각되었다. 로크는 이자율이 시장에서 결정되도록 허용하는 방식으로 나아간 셈이다. 이것은 앞서 등장한 베이컨의 이중적인 이자율보다 진일보한 것이며, 차일드와 정반대의 견해이다.

그런데 이익과 손실을 판단하는 기준은 영국의 무역과 국부증대였다. 그에 의하면 이자율을 인위적으로 6%에서 4%로 인하하는 경우 국부의 기초인 무역이 저해되며, 경제주체 중에서 "미망인과 고아들"이 가장 타격을 받는다. 또한 은행가와 상인들이 가장 이득을 보고, 국가에 사기와 범죄가 발생한다.

로크 역시 무역이 국부의 원천이라고 생각했으며, 무역을 수행하기 위해 화폐가 필요하다는 점을 명시했다. 또한 은이나 화폐의 유입을 부의 증대와 동일시했다. 이 점에서 그는 중상주의의 기조를 유지했다. 다만, 그는 화폐의 명칭을 변경함으로써 화폐의 수량을 늘릴 수 있다는 오류를 반박했다.

부연하면, 로크는 이자 및 화폐가치와 관련해 법적 가치와 대비되는 자연적 가치를 개념화했으며, 이를 시장에서 결정되는 가치와 동일시했다. 더불어 시장의 비율이 수요와 공급에 의해 결정되면서도 동시에 모종의 내재적 가치로 규정된다고 생각했다. 이는 로크가 고전학파와 유사한 방식으로 자연적 비율을 규정하면서도, 자연가치와 시장가치를 구분하지 못했음을 시사한다. 시장자체에서 보다 근본적인 그 무엇을 발견하려는 수준에는 아직 이르지 못한 셈이다.

2) 권력과 재산

로크는 『시민정치이론』(*Two Treatises of Government*, 1690)의 첫 번째 논문에서 절대 왕정을 옹호하는 필머(R. Filmer, 1588~1653)의 절대왕권 옹호나 왕권신수설(王權神授說)을 성경책에 대한 주해에 의존해 조목조목 비판했다. 여기서 17세기 말 서양 학자의 치밀한 주해 및 분석능력을 엿볼 수 있다.

필머는 인간이 날 때부터 이미 평등하지 않으며 부권과 사유재산에 의해 특정인이 다른 인간을 지배하게 되어 있다고 주장했다. 이 주장에 대해 로크는 만인이 날 때부터 신 앞에서 평등하다고 반론을 제기했다. 로크는 신이 인간에게 공동으로 하등동물을 지배하도록 명령한 적은 있어도, 한 인간이 다른 인간을 태어나면서부터 지배하도록 허용한 적이 없다고 반박했다.

로크는 통치와 재산을 분리시켜 정치영역과 경제영역을 구분했다. 전자는 만인을 위한 것이고 후자는 각자의 이익을 위한 것이므로, 전자를 통해서만 공동선을 추구할 수 있다. 여기서 재산은 주로 토지 혹은 자연에 의존해 얻은 필수품이나 편의품목들로 구성되어 있기 때문에 시장경제 혹은 자본주의경제의 치부와 거리를 두고 있다.

그는 두 번째 논문을 통해 왕권신수설에 대한 비판을 넘어서 시민정부를 적극적으로 변호했다. 주목되는 부분은 사유재산에 대한 정당화인데, 그 근거는 세 가지 정도이다. 여기서 재산은 소유자와 밀착되어 소유자의 일부로 간주되고 재산의 수준은 소유자에 대한 평가로 이어진다.

우선, 로크에 의하면 원래 자연은 만인의 공동소유물이다. 그런데 각자가 자신의 생계와 편의를 위해 요구되는 만큼의 생산물을 확보하기 위해 필요한 만큼 토지를 자연으로부터 분리시켜 사유재산으로 삼는 것은 정당하다. 만약 이 한도를 넘어서는 경우 재화를 소비하지 않아 썩히게 되므로 신의 섭리에 위배된다. 이 한도를 지키는 한 모든 인간이 서로 상대방의 사유재산을 침해하지 않아도 될 정도로 자연은 풍요로우며 신은 관대하다.

로크의 이런 주장은 소유를 생계나 사용가치와 연관시켜 자본주의의 소유원리와 차이를 드러내고 있다.

둘째, 그는 사용가치 혹은 재화획득에 투입된 노동을 근거로 다시 사유재산을 정당화했다. 즉, 자연에 인간이 노동을 투입하는 경우 해당 부분을 자연에서 분리시켜 사유재산으로 할 수 있다. 이 때문에 각자는 자신이 경작할 수 있는 만큼의 토지와 이 토지에서 노동 혹은 경작의 결과로 나온 것을 소유할 수 있다.

이 논리는 후에 노동가치이론의 근거로 해석되었다. 여기서 로크는 생산을 파악하는 데 인간과 자연의 관계에 초점을 두면서 생산에 전혀 인간관계 혹은 사회관계가 개입되지 않는 것으로 보았다. 그런데 생계유지에 필요하다는 조건과 노동으로 개간이 가능하다는 조건 사이에 상당한 괴리가 있다.

셋째, 자신이 필요하지 않거나 자신이 행한 노동의 산물이 아니더라도, 농산물과 달리 내구성이 있어 썩지 않는 화폐 등은 축적해도 상관없다.

첫 번째 제한이 경제활동 중 주로 소비와, 두 번째 제한이 생산과 연관된 것이라면, 세 번째는 교환과 연관되어 있다. 또한 앞서 제시된 두 가지 제한이 세 번째 기준으로 무의미해지고 사실상 사유재산 소유에 거의 제한이 없어지는 것으로 해석할 수도 있다. 이 같이 사유재산의 범위를 점점 넓혀 가는 로크의 논의 속에서 정치적으로 인간이 동등하다는 전제와 경제적으로는 인간이 동등하지 않을 수도 있다는 논리가 갈등하고 있다.

3) 자 연 법

아리스토텔레스, 아퀴나스, 그로티우스, 홉스뿐만 아니라 로크도 자연법 사상을 이해하는 데 중요한 논자라고 생각된다. 로크는 라틴어와 영어의 대역으로 이루어진 『자연법에 관한 논문』(*Essays on the Law of Nature*, 1676)에서 자연법이 무엇인지 밝히고, 그것의 존재에 대해 논증하려고 시도했다.

그에 의하면 자연법이 인간의 의지가 아니라 신의 의지에 의해 생겼으며, 인간은 '자연의 빛'을 통해 그 존재를 인식할 수 있다. 또한 자연법이 여러 모습을 띠지만 각국의 문화나 전통과 같이 변하는 것이 아니라 보편 타당한 행동준칙이나 윤리강령이다.

이런 맥락에서 그는 아리스토텔레스가 『윤리학』에서 제시한 법률적 정의와 자연적 정의의 구분을 주목했다. 같은 맥락에서 자연법이 성문화되어 있거나 파생되었거나 인간의지에 의해 결정되지 않고, 내재적이거나 타고나며 자연적이라는 그의 주장이 이해된다.

로크는 인간의 지식을 내재적인 것, 전통, 그리고 감각을 통해 얻는 경험 등 세 가지로 나누었다. 네 번째로 신의 계시를 들 수 있으나 이것은 중요치 않다고 논의에서 배제했다. 내재적인 것은 타고난 것이고, 전통은 타인으로부터 구전을 통해 얻은 것이며, 감각을 통한 경험이란 각자 관찰을 통해 획득한 것이다.

전통은 남에게 전해들은 행동준칙이므로 지식의 근원일 수 없다. 이에는 관습을 따르는 것, 타인의 행동을 모방하는 것, 타인의 의견이나 권위자의 조언을 받아들이는 것, 유행을 좇아가는 것 등이 포함되어 있다. 더불어 묵시적이든 명시적이든 합의나 계약 혹은 동의는 자연법을 구성하지 않는다. 그에게서 이성이 자연법과 감각자료를 매개하는 것으로 보인다.

흄

흄(David Hume, 1711~1776)은 인식에 있어 감각을 중시하고 인간의 행동에 있어 감정을 강조한 영국의 대표적인 철학자이다. 대륙의 관념론과 사회계약이론에 대비된다는 점에서 그는 철저하게 영국적이었다. 그는 스미스와 친분을 유지하면서 경제문제에 대해서도 적지 않은 저술을 남겼다.

첫째, 상업 및 제조업의 육성과 국제무역의 장려가 유사시에 대비해 노동을 비축하는 효과를 지니므로 국제무역을 통해 국력과 부를 동시에 배양할 수 있다. 이런 의미에서 국력이나 국방과 부는 배치되지 않고 같이 간다. 이윤을 목적으로 하는 상업과 무역의 발달, 제조업의 발전, 사치품 등에 대한 다양한 욕구의 증대와 기호의 변동, 이에 수반되는 다채로운 생활방식 등이 함께 나타난다. 또한 무역 및 상업이 가져다주는 효과로서 모방에 의한 제조업이나 기술의 확산이 중요하다.

흄은 몽테스큐보다 더 이론적이며 더 적극적으로 자유로운 국내상업과 국제무역을 주창했다. 그는 중상주의에서 고전학파로 이행하는 과정에 있었으므로 국력과 부가 같이 간다는 생각을 방어했다. 그렇지만 각자에게 부여되는 이윤이 비용이나 위험에 비례해야 한다고 주장하면서 부의 과도한 불평등을 경계했다. 스미스가 이윤율 균등화를 시장에서 자원의 이동을 통해 나타나는 결과로 간주했다면, 흄은 이를 비례성이라는 오래된 정의의 원칙에 의거해 정당화했다.

둘째, 사치에는 무구한 것과 사악한 것이 있다. 전자는 욕구와 기술의 정교함을 가져와 사회에 이롭고 덕성스러운 데 비해, 후자는 사회에 해롭고 덕스럽지 못하다. 사악한 사치는 자신의 경비를 모두 소모해 관대함과 의무감을 상실케 한다. 건전한 사치로 상업이나 제조업이 발전하면 중산층이 형성되는데, 이들은 노예이기를 거부하면서 동시에 국왕의 전제에 저항하므로 자유의 간성이다.

호사에 대한 흄의 이 같은 옹호는 베이컨에서 드러나듯이, 봉건경제와 시장경제의 연속성을 유지하거나 자본주의에서 지주나 귀족계급의 부정적 평가를 희석시키는 경향이 있다.

셋째, 화폐는 교역의 수레바퀴가 아니라 윤활유에 불과하며, 그것의 수량에 따라 비례적으로 생필품가격과 노동가격 등 물가가 변동하므로 그 수량이 중요치 않다. 또한 물가는 퇴장된 상품이나 화폐가 아니라 유통되는 상품과 화폐의 공급에 의해 결정된다. 물론 화폐의 공급증가가 전체 산업에 확산될 때까지 중간단계에서 모든 상품의 가격이 비례적으로 상승하지 않으며, 이런 가격상승이 일시적으로 개별주체와 경제 전체에 활력을 불어넣을 수도 있다.

이 같이 흄은 화폐수량설을 신봉해 스미스와 같이 화폐가 아니라 사람과 상품이 국부를 결정한다고 생각했다. 또한 흄은 로크와 달리 이자가 귀금속이나 화폐의 다과와 무관하다고 주장하면서 화폐가치와 구분했다. 더불어 이미 설명한 바와 같이 흄은 교역금지나 무역수지에 대한 집착을 비판하기 위해 지속적인 무역적자나 흑자가 불가능하다고 주장했다. 이와 비슷하게 그는 무역을 통한 인근궁핍화의 논리를 비판하고, 선례의 존재와 국가 사이의 모방이나 경쟁이 모두를 부유하게 만든다고 주장했다.

넷째, 흄은 대부분의 당시 학자들과 마찬가지로 인구를 풍요의 징표로 보고 고대국가보다 근대국가가 풍요롭다는 것을 증명하기 위해 근대국가에 비해 고대국가에 인구가 더 많았다는 주장을 반박했다. 그는 인간의 3대 재앙으로 전쟁, 질병, 그리고 기근을 제시했고, 인구의 결정요인으로 행복, 덕성, 현명한 제도를 들었다. 이 논의를 통해 그는 노예제도 및 신분제도의 철폐, 전쟁의 감소와 상업의 발전을 근대의 강점으로 지적했다.

2.2.6 평가 및 유산

중상주의는 시장과 국가라는 배경 속에서 이해되고 평가되어야 한다. 이런 배경을 놓고 보면, 중상주의의 보호무역이론이나 무역수지에 대한 집착은 독일의 역사학파로 이어지며, 부분적으로 케인즈에 의해 그 의미가 부활된다. 독일의 역사학파는 이론의 보편성과 자유무역을 주장하는 고전학파 등 주류경제학에 비판적이었으며, 케인즈는 자본주의의 안정성을 주장하는 주류경제학을 비판했다.

또한 자본주의에 가장 비판적이었던 마르크스는 중상주의와 그 이전에 나타났던 화폐주의가 국가의 폭력에 의존하는 자본의 본원적 축적 단계에 상응하는 것으로 파악했다. 더불어 마르크스는 화폐에 대한 이들의 집착을 보다 적극적으로 해석해 화폐를 맹목적으로 추구하는 자본주의의 구조적인 병리현상으로 확대시켰다.

물론 경제학계를 지배한 것은 고전학파와 신고전학파였고 이들의 입장은 중상주의에 정면으로 배치된다. 이런 이유로 대부분의 주류경제학자들은 19세기 이래 줄곧 중상주의를 비판하는 입장에 서게 된다. 그렇지만 경제학자들의 이런 입장이 현실세계에서 언제나 호응을 얻은 것은 아니다. 오히려 정치가들과 관료들에게는 19세기 대부분과 20세기 상당 기간 동안 정부의 개입과 보호무역이 보다 매력적이었다. 신중상주의라는 용어는 이런 현실을 반영한다. 더구나 자유무역의 가치가 대세로 여겨지는 20세기 말에 이르러서도 일부 학자들은 국가경쟁력 등을 언급하면서 중상주의의 경향을 완전히 배제하지 않고 있다.

보다 최근의 논의로 중상주의는 지대추구행위(Directly Unproductive Profit-seeking activities)의 이론과 관련이 있다. 여기서 지대는 경제적인 차원을 넘어 기득권이라는 포괄적인 의미를 갖는다. 이 이론은 수입허가나 수량할당 등 중상주의와 연결되며, 과거제도나 관료조직의 움직임을 설명하는 데 유용하다. 더구나 지연/혈연/학연에 의해 움직이는 한국경제에 상당한 함의를 가지고 있다.

한국경제로 좁혀 보면, 70년대와 80년대의 경제성장이 시장경제의 논리보다 중상주의에 가까운 이념에 의해 달성되었다. 독일, 일본, 그리고 한국 등 후발 자본주의에서 등장한 소위 개발독재국가(developmental state)의 경제모형은 이에 가깝다. 국가주도하에 곡물가격 억제, 임금 억제 및 노동자 규율, 이자율 억제 및 금융억압, 선별적인 산업정책, 기술습득과 규모의 경제 획득, 그리고 이런 것들을 함축하는 재벌의 육성 등은 모두 그 증거이다. 더구나 한국자본은 상당 기간 동안 상업자본의 성격을 띠고 있었다.

문제는 이 기간 동안 한국의 경제학계에서 중상주의나 역사학파에 대한 연구가 거의 이루어지지 않았다는 점이다. 당시 한국의 경제학계를 대표했던 학술지 『經濟學硏究』에 실린 논문 중 중상주의나 역사학파에 관한 논문은 한두 편에 불과하다. 주로 이 기간에 학교에서 교육되고 학계에서 연구되었던 주제들은 미국의 경제학계에서 제시한 초보적인 신고전학파 이론이나 개념이었다.

이는 19세기 말부터 20세기 초에 일본에서 자신들의 현실에 비추어 역사학파에 관해 커다란 관심을 기울였던 것과 대조된다. 여기서 한국 사회과학과 경제학의 중대한 문제점이 드러난다. 한국에서는 현실 문제와 경제학 이론 혹은 사회과학 이론이 결합되지 않은 채 따로 움직이는 고질적인 경향이 오랫동안 지속되고 있다.

칸틸롱의 『상업일반의 성격에 관한 연구』

칸틸롱은 영국인으로 프랑스에 장기간 체류했던 학자인데, 중농주의와 고전학파 모두에게 영향을 미쳤다. 그의 주저는 먼저 불어로 출판되었다가 다시 영어로도 발간된 『상업일반의 성격에 관한 연구』(*Essai sur la Nature du Commerce en Général; Essay on the Nature of Commerce in General*, 1755)이다. 이 책은 3부로 구성되어, 상업, 무역, 국제수지, 화폐를 다루고 있다. 영어판을 중심으로 내용을 정리해 보자.

생계품목, 편의품목, 사치품목으로 구성되는 부의 물적인 원천은 토지이고, 노동은 물체에 형태를 부여한다. 인간사회에서 토지가 원래 균등하게 배분되었더라도 자식의 숫자, 검약의 정도, 근면성 등의 차이로 차등이 생긴다. 물론 이렇게 되어 농부나 노동자가 남에게 고용되더라도 이들의 생계는 보장되어야 한다.

물체의 가격 혹은 내재적 가치는 투입된 토지의 양과 노동량에 의해 결정되는데, 여기서 비옥함의 차이나 질적인 차이가 고려된다. 물론 시장에서 수요와 공급이 항상 일치하지 않기 때문에 시장가격이 언제나 내재적 가치와 같아지지는 않는다. 그러나 정돈된 사회에서는 시장가격이 안정되어 행정관이 이를 고정시킬 수 있다. 이같이 시장가격이 내재적 가치에서 크게 벗어나지 않으므로 수요공급에 의존해 시장가격에만 초점을 맞춘 로크는 잘못이다.

특정 노동량과 이 노동량을 지출할 수 있는 노동자나 노예 및 이들 가족의 생계를 유지하기 위해 필요한 토지량은 동일한 가치를 갖는다고 간주할 수 있다. 그렇지만 이질적인 토지와 노동의 가치관계는 화폐를 통해 가장 확실하게 측정된다.

일국의 모든 계급과 개인들은 왕과 지주의 지출로 살아간다. 전체 생산물 중 노동자 및 노예와 농부에게 2/3가 할당되고 왕과 지주에게 1/3이 지대로 할당된다. 또한 전자 2/3 중 1/6을 수공업 제품을 구입하기 위해 도시로 보내고, 후자 1/3을 모두 도시로 보낸다. 이렇게 하면서 농촌과 도시가 전체 생산물을 1/2씩 나눈다. 이런 지출의 비율과 함께 인구도 도시와 농촌 사이에 나뉜다.

수공업자와 사업가 등은 소비자요 고객으로서 상호의존적이면서 동시에 귀족을 떠받친다. 그런데 국가의 모든 계급들은 궁극적으로 귀족과 지주, 특히 토지에 기반을 둔 지주에 의존한다. 수요의 일차적인 결정요인은 왕과 지주의 기호, 유행, 생활방식이다. 왜냐하면 여타 사람들이 이들을 모방해, 이것들이 변하면 수요, 토지의 이용방식, 고용 등이 전반적으로 변하기 때문이다.

노동자가 고정된 임금에 의지한다면, 기업가에게는 고정된 임금이 없다. 또한 지주 이외에 이자를 받는 전주가 있다. 전체적으로 왕과 지주는 자율적이며, 나머지는 모두 사업가에 의존적이거나 고용되어 있고, 사업가는 경제의 순환과 교환을 맡는다.

동식물은 생명을 유지시켜주는 환경 속에서는 최대한 번식하며, 인간은 생계가 유지되는 한 늘어난다. 이 점에서 인간은 쥐와 다를 바 없다. 식량이 부족해지면 만혼이나 혼인포기로 출산이 줄고 인구가 감소한다. 수요를 결정해 사회 전체에 확산시킨다는 점에서 지주계급이 식량의 증가율과 인구의 크기를 결정하는 셈이다. 따라서 인구를 늘리기 위해서는 보다 많은 토지가 식량생산에 활용되도록 해야 한다. 다만, 인구증가와 생활수준의 향상 중 어느 것이 더 나은지는 쉽게 말할 수 없다.

사치품 생산이 아니라 금이나 은 등 영구적인 상품의 채취나 내구재의 생산이 진정으로 부를 늘린다. 금이나 은을 이용해 언제나 필수품을 확보할 수 있다. 또한 금이나 은을 외국으로부터 확보할 때 토지를 기반으로 생산되는 의식주 등 농산물을 대가로 지불하면 주민의 숫자를 줄이기 때문에 공산품을 대가로 지불하는 것이 낫다. 그러나 외국에 일자리를 빼앗기지 않기 위해 사치품을 생산하는 것도 나쁘지 않다. 국제무역에서는 무역수지의 흑자와 화폐유통량에 따라 국력이 결정된다.

이 같이 칸틸롱에는 농업에 대한 강조와 보호무역 및 귀금속에 대한 숭상 등 중상주의적 사고가 공존한다. 특히, 그는 화폐량이 국력을 나타낸다고 생각했다. 풍부한 화폐의 보유가 중요한 이유는 토지와 노동이 많이 포함된 외국제품을 획득할 수 있고, 전쟁이나 분쟁이 발생했을 때 쉽게 자금을 모을 수 있기 때문이다.

우선 화폐수량설의 전제하에 물가가 낮은 국가로부터 물가가 높은 국가로 가치가 이전되어 일종의 부등가교환이 일어난다. 화폐의 유통량이 많으면 상품가격이 상품에 함유된 토지와 노동의 가치 혹은 그것의 내재적 가치를 상회하고, 화폐유통량이 적으면 그 반대가 성립한다. 이 같이 가치론은 무역에서의 가치이전을 설명하는 근거가 된다.

유통되는 화폐의 수량이 늘면 상품가격이 상승한다는 것은 지난 2세기 동안의 경험을 통해 확인된 사실이다. 또한 유통속도의 증가는 어느 정도까지 화폐의 증가와 동일하게 취급할 수 있다. 로크는 물가상승을 주장하면서도 상승의 경로를 제시하지 못했다.

화폐의 유통량이 증가하면 모든 경제주체들이 지출을 늘려 고용이 증대하고, 다시 이것이 새로 고용된 사람들의 지출을 낳는다. 식료를 중심으로 한 지출증가로 농산물가격이 상승하므로 더 많은 농지가 개간되어 다시 지출을 늘린다. 반면 지주와 고정임금 수혜자는 물가상승으로 인해 지출을 줄이고, 임금인상을 요구해 해고당하거나, 타 지역으로 이주한다.

지속적으로 통화량이 늘어나면 지주도 지대를 인상시켜 예전의 생활을 회복하지만, 비싼 국내제품 대신 저렴한 외국제품을 소비해 국내 제조업이 몰락하게 된다. 이런 이유로 무역의 흑자폭이 줄어들고, 토지와 노동이 상대적으로 저렴해진 외국의 제조업이 경쟁력을 갖추게 된다.

풍부한 화폐를 계속 유지하기 위해서는 물가가 과도하게 상승하지 않도록 하고 사치풍조를 억제할 필요가 있다. 화폐를 늘리기 위해 외국으로부터 차입하는 데는 부담이 있으며, 폭력과 정복에 의존하는 것은 멸망을 자초한다. 따라서 해상수송 수단을 확보하고, 행정적으로 제대로 관리하며, 자본을 충분히 하고, 국민을 근면하게 만들어 무역수지의 흑자를 유지하는 것이 중요하다. 로마는 토지를 잃기 전에 화폐를 잃어 멸망했다.

외국과의 교역에서 토지가 적게 투입된 생산물과 노동이 적게 투입된 생산물을 대가로 지불하는 것이 유리하다. 이를 가능케 해 주는 것이 풍부한 국내 통화량이다. 이 때문에 내구성이 있는 은을 되도록 많이 수입하는 것이 중요하다. 그런데 일단 무역수지의 흑자와 통화량 증가로 부유해진 국가는 그것의 자연스런 결과로 다시 가난해질 가능성이 있다. 그러므로 흑자와 풍부한 통화량을 유지할 필요가 있다. 이를 위해서는 외국제품을 소비하지 않고, 해상무역을 장악하기 위해 해군력을 키워야 한다. 결국 국력을 유지하는 데는 국내무역보다 외국무역을 통한 흑자유지가 중요하며, 자국민인 거대상인과 선박 및 선원, 노동자와 제조업자를 육성해야 한다.

이자는 원래 자금이 필요한 사람들이 대부자들을 유인하기 위해 제공한 것이지만, 현재는 이윤에서 파생된다. 이자는 여러 계급에게 다르게 부과되는데, 안정적인 상인에게 부과되는 것이 지배적인 이자율이며, 이는 토지의 가격산정에 활용되는 이자와 일치된다. 그리스 솔론 시대의 이자율은 18%, 로마시대에는 평균적으로 12%였다.

이자율은 통화량에 의해 결정된다. 특히, 귀족이나 지주들이 소비지출을 늘리거나 전쟁비용을 늘리기 위해 빌리는 돈이 늘어나면 이자율이 상승한다. 무역수지의 흑자는 통화량을 늘려 한편으로 상품가격을 상승시키고, 다른 한편으로 이자율을 낮춘다. 국가에서 법으로 이자율을 정하거나 고리대법을 제정하려면 시장의 이자율들 중 가장 높은 것을 기준으로 삼아야 무위로 끝나지 않는다.

여기서 칸틸롱은 흄보다 치밀하게 통화량 증가가 부문간의 연계를 통해 어떻게 지출증가, 물가상승, 고용증대 등으로 나타나는지 보여주었다. 또한 로크와 유사하게 칸틸롱도 통화량이 물가뿐만 아니라 이자율을 결정한다고 생각했다.

베이컨의 『수필집』

당시 사고를 넓게 조망하기 위해 영국 경험주의의 아버지로서 영국의 사회사상이나 경제사상에 적지 않은 영향을 미친 베이컨(Francis Bacon, 1561~1642)을 살펴보자. 『수필집』(*The Essays*, 1625)에서 전반적으로 베이컨은 부에 대해 중용을 권장했다. 또한 축재가 가능하거나 긍정적인 경우를 상세하게 열거해, 축재를 인정하는 방향으로 기울어졌다. 이자율과 관련해서도 그는 종전과 같이 이자지급을 전면적으로 금지하거나 인위적으로 이자율을 책정하기보다 현실에 존재하는 이자율을 인정하는 방향으로 움직였다. 이를 위해 그는 이중적인 이자율을 제안했다. 그러나 근대에 등장하는 무차별적인 부의 축적과는 거리를 두고 있다. 이에 대해 요약하면 아래와 같다.

왕국의 번영을 결정하는 요인은 인민의 용기, 외지인의 귀화에 대한 관대한 허용, 지주층의 규모제한, 해상운송의 장악 등이다. 인민의 용기와 관련해 생업에 다소 태만하더라도 호전성을 유지할 필요가 있으며, 고대에서와 같이 생업을 노예나 외국인에게 맡길 필요가 있다.

식민지개척은 단기이익을 추구하는 상인이 아니라 귀족층에게 맡겨야 한다. 정직한 거래는 인간의 본성에 합당하며, 정직하지 못한 거래는 금과 은에 다른 금속을 섞는 것과 같다. 새로운 시도를 삼가고 특별한 이유가 없으면 과거의 관행에 따르는 것이 타당하다. 화폐가 상품의 척도이듯이 시간은 사업의 척도이다.

부는 쓰라고 있는 것이며 지출은 명예와 선한 행동을 위한 것이다. 부는 미덕이 짊어지고 다니는 짐이다. 여기서 짐은 가지고 다닐 수밖에 없지만 행로에 장애가 되는 존재를 의미한다. 또한 서서히 축적된 부(주피터가 보낸 지하의 광물 플르투스)는 노동 등에 의존한 것으로 정직하지만, 증여나 부정 등으로 급격히 축적된 부(저승의 왕 플루토가 보낸 플르투스)는 급속히 얻어져 수상하다.

부를 늘리는 방법으로 절약이 최선이지만 타인에게 인색하게 굴도록 만든다. 토지개간은 가장 자연스럽고, 생업을 통한 축재는 정직과 거래상의 신용에 근거하므로 올바르다. 그러나 협상이나 흥정을 통한 이익획득은 의심스럽다. 융자에 의한 이자획득은 최악이다. 발명이나 특권에 의한 축재에는 우연이 따르므로 확실성이 보완되어야 한다.

또한 독점이나 매점에 의한 축재에는 예측능력이 필요하다. 서비스에 의한 축재에는 아첨이 따를 가능성이 있으므로 조심해야 한다. 이보다 더 나쁜 것은 유산상속이다. 어떻든 부를 경시하는 자를 믿을 수 없으나 한 푼 두 푼에 신경 쓰는 것도 옳지 않다. 커다란 유산에는 벌레들이 꼬이게 마련이며, 명예로운 기증이나 기금은 소금을 뿌리지 않은 희생양과 같아 썩게 된다.

이자취득은 최악의 축재방법이지만 나쁘기만 한 것은 아니다. 나쁜 점은 상인의 감소, 상인의 실적악화, 이로 인한 왕과 영주의 관세감소, 재산집중, 지가하락, 산업과 혁신의 침체, 그리고 많은 사람의 자산축소 등이다. 긍정적인 면은 자금공급을 통한 상업촉진, 생계비 억제를 통한 가계파탄의 감소, 융자에 있어 이자의 불가피성 등이다.

이자취득의 긍정적 측면을 살리고 부정적 측면을 없애기 위해 이중적인 이자율이 요구된다. 전체적으로는 5%로 이자율을 묶어두되, 특정인이나 특정 지역에 한해 이보다 높은 이자율의 융자를 허용한다.

2.3 중농주의(18세기 중엽): 자유방임주의의 맹아

중농주의는 꼴베르 등의 중상주의에 대해 반발하면서 프랑스에서 17세기 중엽에 등장한 경제사상으로 고전학파에 발판이 되었다. 나아가 꽁도르세(Marquis de Condorcet, 1743~1794)와 마르크스를 포함한 상당수의 학자들은 이미 중농주의에서부터 본격적으로 경제에 대한 과학적인 인식이 시작되었다고 본다.

케 네

중농주의에 속한 학자로는 케네(François Quesnay, 1694~1774), 미라보(M. de Mirabeau, 1715~1789), 라 리비에르(M. de la Rivière, 1720~1794), 르 트론느(Le Trosne, 1728~1780), 뛰르고(A. R. J. Turgot, 1727~1781), 니무어(P. S. Dupont de Nemours, 1739~1817)를 들 수 있다.

당시 프랑스에서 이들은 단순히 "경제학자들"(Les Economistes)로 불리었다. 이 중 중농주의의 대표자인 케네는 노동자계급의 자식으로 루이 15세의 애첩의 주치의가 되었다. 그는 동료나 제자들에게서 "유럽의 공자" 혹은 "근대의 소크라테스"라는 칭송을 들었다.

중농주의자들은 문자 그대로 농업을 중시했다. 농업이 자연을 대변하므로 자연으로의 회귀라는 루소(J. J. Rousseau, 1712~1788)의 명제를 연상시킨다. 또한 농업이 전통적인 산업이므로 봉건시대 혹은 "농자천하지대본"(農者天下之大本)이 연상되기도 한다. 그러나 이들이 말하는 농업은 자본주의적인 방식으로 운영되는 농업이었으므로 자연이나 과거로의 회귀를 내포하고 있지 않다. 오히려 이들은 경제적 자유를 주장해 이념적으로 본격적인 자본주의의 도래를 알리고 있었다.

2.3.1 농업과 자유방임주의

중상주의가 상업을 중시하면서 오로지 상업에 가치를 부여했다면, 중농주의는 토지에 기반을 둔 농업을 중시하면서 오로지 농업 혹은 농업노동에서 잉여나 부가가치가 생긴다고 주장했다. 중농주의에 의하면 수공업 등 여타 산업들은 주어진 가치의 물체를 동일한 가치의 다른 물체로 변형시키는 데 불과하다. 농업에서는 이와 달리 물체가 변형될 뿐만 아니라 가치와 물량이 증가해 순생산물(produit net; net product)이 생긴다.

히그스(H. Higgs, 1864~1940)의 연구에 의하면 이들은 산업 전체를 나무에 비유하면서, 여타 산업은 줄기나 잎에 해당되고 농업은 뿌리에 해당된다고 생각했다. 또한 튀르고는 자신의 저서 『부의 형성과 분배에 대한 성찰』(*Réflexions sur la Formation et la Distribution des Richesses*, 1769)에서 농부는 산업에 일차 동력을 제공하며 농부만이 임금 이상의 가치를 생산한다고 주장했다.

달리 보면, 중상주의가 상업을 강조한 데 비해, 중농주의는 제한적이지만 생산을 강조하기 시작한 셈이다. 오로지 농업에서 순생산물이 생긴다고 보기 때문에 중농주의는 지대를 유일한 형태의 잉여로 삼는다. 이는 고전학파 이후 잉여가 지대, 이윤, 이자 등 다양한 형태로 규정된 것과 대비된다. 이 입장에 충실하게 중농주의는 경제 전체를 위축시키지 않고 조세를 거두어들이기 위해 토지를 유일한 세원으로 삼는 토지단일세를 주장했다.

그런데 이 시대의 농업은 이미 자본주의적으로 운영되고 있었다. 농업을 중시하면서도 실질적으로 자본주의적인 농업을 의도했으며, 토지를 외견상 사랑하면서도 모순적으로 토지에만 조세를 부과하자고 주장했다. 이렇게 보면 중농주의 체계의 겉모습은 봉건주의이지만 그것의 알맹이는 자본주의라는 마르크스의 평가가 설득력을 얻는다.

이에 대한 보다 확실한 증거는 중농주의가 농업을 강조했을 뿐만 아니라 이념적으로 자유주의와 자유무역을 표방했다는 점이다. 이들은 우선 곡물의 자유로운 교역을 주장했다. 보다 넓게 이들은 경제의 운행이 방임되면 경제문제가 자체적으로 해결되리라고 생각했다. 이 때문에 중농주의는 "가는 대로 내버려두어라"(laissez faire, laissez passer)라는 구호로 알려지게 되었다. 중상주의에 대립되는 자유방임주의(laissez faire)라는 구호가 고전학파에 앞서 중농주의에서 등장했던 것이다.[14)]

이 때문에 대륙을 순회하던 스미스가 자유방임주의를 고전학파에 수용할

14) 이 말은 프랑스의 중상주의자이자 재상인 꼴베르(Colbert)와 상인 르장드르(Legendre) 사이의 대화에 기원을 두고 있다. 재상이 "당신들을 돕기 위해 무엇을 해야 하는가?"(Que faut-il faire pour vous aider?)라고 묻자, 상인이 이에 대해 "우리를 그냥 내버려두면 된다"(Nous laissez faire.)라고 대답했다. 다른 한편 케인즈는 『자유방임주의의 종언』에서 아르장쏭(Marquis d'Argenson)이 1751년에 정식으로 이 단어를 사용했다고 주장했다.

수 있었다. 그 이후 *laissez faire*는 세계어가 되어 경제학자뿐만 아니라 지식인 모두의 어휘로 자리잡았다. 이런 배경으로 인해 중농주의는 1776년 미국독립전쟁과 함께 근대적인 부르주아 혁명 혹은 시민혁명으로 알려진 1789년 프랑스혁명의 사상적 배경으로 간주되고 있다.

그렇다면 중농주의자들이 자유방임주의를 어떤 근거에서 주장하게 되었는가? 이들의 자유방임주의는 중세의 아퀴나스 등을 통해 이어진 자연법 사상을 구체화해 사회 및 경제체제에 적용한 결과로 볼 수 있다. 자연법 사상에 의하면 신의 주재로 무생물과 생물을 포함하는 자연계에 스스로 순조롭게 움직일 수 있는 법칙이 내재되어 있다. 그런데 근대로 들어서면서 인간사회에도 이와 같은 법칙이 존재한다고 생각하는 경향이 나타났다.

중농주의는 각 개인의 경제적 자유가 부여되면 이와 같은 경제의 운행이 달성될 수 있다고 주창했다. 중농주의가 사용한 자연법(la loi naturelle), 자연권(le droit natural), 자연질서(l'ordre natural), 자연적 자유(la liberté naturelle) 등의 개념은 모두 이런 생각을 반영한다.

우선 중농주의를 대표하는 케네는 『사회 속에 연합된 인간들의 자연권에 대한 관찰』(*Observations sur le droit naturel des hommes réunis en société*, 1765)에서 자연법이 물리법칙과 이에 상응하는 도덕법칙을 포괄하며, 인간의 자유를 보장하고 인간에게 가장 유리한 법칙이라고 규정했다.[15] 또한 타인에게 피해를 주지 않으면서 인간이 생명보존과 생계유지를 위해 필요한 것을 노동을 통해 획득할 권리로 자연권을 정의했다.

좁게 보면 케네의 사상에서 순수한 자연질서나 자연법과 여러 사람의 관계가 개입된 정의의 질서나 실정법이 구분된다. 그러나 궁극적으로는 자연법과 자연권이 이들 모두를 관통한다. 특히, 실정법은 자연법에 상응하는 부의 주기적인 재생산과 분배에 부합되어야 한다. 뒤퐁 드 니무어(1767)에 의하면 중농주의는 정치사회의 자연질서가 사유재산과 이를 처분할 자유를 부여해 인간과 동식물의 생존 및 증식을 도와준다.

15) 일부 학자들에 의하면, 아리스토텔레스의 자연(自然)은 필연(必然)과 우연(偶然)의 결합이다. 한편으로 자연은 자의적이지 않고 안정적이라는 점에서 필연과 상통하고, 다른 한편으로 자연은 기계적이거나 경직되어 있지 않고 가변적이라는 점에서 우연과 통한다. 이런 해석이 중농주의에서 생각하는 자연에도 부합되는 것으로 보인다.

중농주의에서 자연법이나 자연권이 생명이나 생계, 그리고 노동과 연결되며, 사유재산과도 무관하지 않음을 주목할 필요가 있다. 그런데 중농주의뿐만 아니라 적어도 스미스에 이르기까지 서양의 사회사상에는 이런 자연의 지배 혹은 신정(神政)이 배후에 깔려 있다. 이런 생각은 이후 자연가격이나 자연임금, 혹은 자연실업률 등의 개념을 통해 변형되면서 자본주의경제나 시장경제를 옹호하는 근거로 제시되기도 했다.

2.3.2 케네의 『경제표』

중농주의와 관련해 이론차원에서 가장 주목을 받은 부분은 케네의 『경제표』(*Tableau Économique*, 1766)이다. 『경제표』는 여러 산업과 경제주체들이 상호작용하고 산업들이 상호의존적인 경제의 순환에 대한 최초의 과학적인 분석이다. 케네는 중농주의가 생각하는 경제의 자연적 질서를 이 틀을 통해 보여주려고 했다.

『경제표』는 경제가 어떻게 순환되어 매년 반복해 생산을 수행하는지 보이는 데 주안점을 두고 있다. 의사였던 케네는 평소 혈액순환에 관심을 갖고 있었는데, 이로부터 경제순환을 유추한 것으로 보인다. 또한 중농주의가 중시한 농업에서는 계절에 맞추어 1년 주기로 파종, 육성, 수확, 휴식이 반복되므로, 케네가 생산을 위시한 경제의 반복적인 성격을 쉽게 착안할 수 있었던 것 같다.

『경제표』에서는 산업이 농업과 수공업 두 가지로 크게 분류되고, 경제주체는 농부 혹은 농업 자본가, 수공업자, 지주의 세 계급으로 나뉜다. 이 중에서 농업자본가는 농업을 대표하며, 수공업자는 수공업을 대변하되, 지주는 아무 것도 생산하지 않고 소비하는 존재이다.

고전학파나 마르크스에서는 각 산업에 여러 계급이 개입되어 산업과 계급이 종횡으로 얽히는 행렬식의 양상을 보인다. 즉, 농업과 제조업 등 각 산업에 자본가, 노동자, 그리고 지주가 모두 개입된다. 이에 비해 『경제표』에서는 산업분류와 계급분류가 거의 일치되어 이들보다 훨씬 단순하다. 대체로 아리스토텔레스에서부터 등장한 사회의 계층에 대한 단선적인 분류가 유지된 것으로 보인다.

이미 언급한 바와 같이 농업에서 유일하게 순생산물이 창출되어 지주에게 지대로 지불된다. 지주는 받은 지대로 농업과 수공업 부문에서 생산된 제품들을 구입해 소비한다. 농부 혹은 농업자본가는 무언가 소비할 뿐만 아니라 생산하고 나아가 잉여를 낳는다. 이에 비해 수공업자는 잉여를 낳지 못하지만 무언가 소비할 뿐만 아니라 생산한다. 이와 또 다르게 지주는 잉여를 낳지 못할 뿐만 아니라 아무 것도 생산하지 않고, 다른 계급의 생산물을 소비하는 데 그친다. 농업자본가와 수공업자가 생산하면서 소비한다면, 지주는 단순히 소비하는 데 그친다.

논의는 동일 규모로 생산이 반복된다는 가정하에 진행된다. 마르크스의 용어로 이는 생산규모가 늘어나는 확대재생산이 아니라 단순재생산에 해당된다. 근대에 이르면 잉여 중 일부가 재투자되어 생산규모가 확대된다는 생각이 보편화된다. 그러나 경제의 성장이 처음부터 당연시되지는 않았다. 또한 『경제표』는 경제성장이 아니라 재생산과 관련된 경제주체의 상호작용과 산업의 상호의존성에 초점을 두고 있었다.

보다 구체적으로 『경제표』는 한 해의 생산이 끝나고 그 다음 해 생산을 반복하기 위해 필요한 소비물자 및 생산물자들이 어떻게 교환을 통해 확보되는지 보여준다.

우선 농부는 생산물 중 잉여에 해당되는 부분을 지주에게 지대로 납부하고, 나머지 중 일부는 그 다음 해 생산을 위한 원료와 식량으로 남긴다. 그리고 최종적으로 남는 부분은 다음 해 생산을 위한 농기구 등 공산품 획득에 사용한다. 수공업자는 자신의 생산물 중 일부는 지주에게 팔고, 일부는 농부에게 농산물과 교환해 다음 해 생산을 위해 필요한 식량과 공산품을 확보한다. 끝으로 지주는 지대의 일부를 식량확보에, 나머지를 가구나 장식품 등 공산품 구입에 각기 사용한다.

이렇게 함으로써 농부, 지주, 수공업자는 자신의 소비와 생산에 필요한 물자를 확보한다. 이로써 각 부문에서 그 다음 해의 생산 혹은 재생산이 가능해진다.

여기서 가격은 농산물과 공산품이 교환되는 고정된 비율을 나타내는 데 불과하다. 또한 화폐는 단순히 교환의 매개물로 기능해 능동적인 역할을 담당하지 못한다. 더불어 행동주체의 적극적인 의사결정이나 선택은 여기서 발견되지 않는다. 결과적으로 『경제표』는 교환과 물자의 이동, 그리고 소유권의 변동을 부각시키고 있다.

『경제표』가 경제물량의 순환과 재생산을 파악하는 데 목표를 두었다는 것은 중농주의가 경제의 질서를 재생산(reproduction)으로 파악했음을 의미한다. 이는 나중에 등장한 신고전학파가 경제질서를 균형(equilibrium)으로 규정한 것과 대비된다. 물체들 사이의 균형이 물리적 유추라면, 재생산은 번식이나 증식과 연결

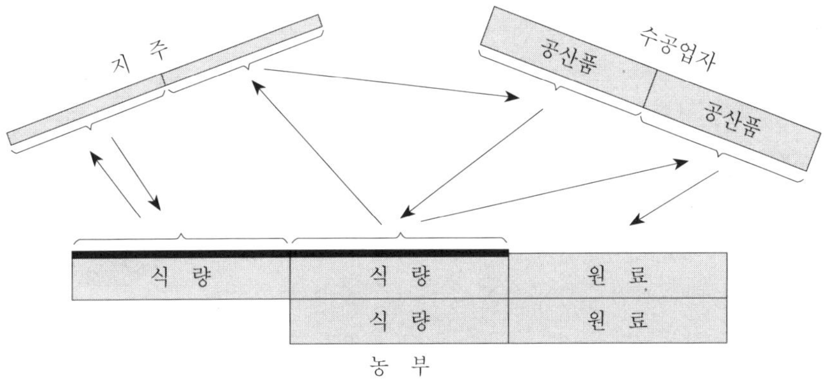

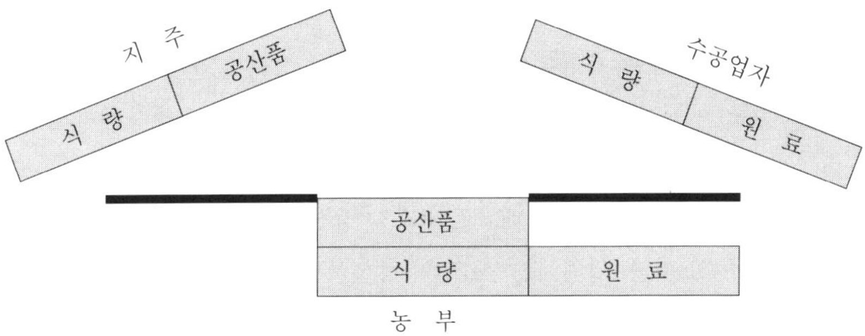

되는 생물적인 유추이다. 경제를 기계같이 생각하면 균형으로 파악하게 되고, 경제를 생명체나 유기체로 간주하면 재생산 개념에 의존하게 된다.

경제학에서 여러 학파들을 관통하는 갈등 중 하나가 물리학적인 유추와 생물학적 유추의 대립이다. 인간이 아니라 신이 만든 "시계"와 신이 빚은 인간이나 동물 사이에 큰 차이가 없다. 또한 현대에 들어 사이보그, 인공지능, 유전자 조작, 배아복제 등으로 인해 예전보다 인간, 동물, 기계 사이의 간격이 훨씬 더 줄었다. 그러나 인간 및 동물과 기계 사이에는 여전히 차이가 적지 않다. 중농주의는 고전학파와 마르크스, 역사학파, 베블렌 등과 같이 주로 생물학적인 유추에 의존했다.

『경제표』는 나중에 등장한 고전학파나 마르크스의 재생산도식(reproduction scheme), 그리고 근대에 들어 등장한 레온티에프(W. W. Leontief, 1906~1999)의 투입산출분석(input-output analysis)의 효시가 되었다.

중농주의를 보다 구체적으로 살피기 위해 뛰르고를 검토해 보자. 중농주의자 뛰르고는 『부의 형성과 분배에 관한 숙고』(*Réflexions sur la formation et la distribution des richesses; Reflections on the Formation and Distribution of Wealth*, 1766)로 알려져 있다. 100여 개의 명제와 이에 대한 설명으로 구성된 이 책에서 그는 토지와 농업을 강조하면서도 상업의 중요성과 화폐의 역할을 부각시켰다.

뛰르고

전체적으로 보면 그의 이론체계에서 토지와 농업을 중심으로 이루어지는 생산활동과 이런 활동의 결과물을 거래하는 상업활동이 완벽하게 연결되어 있지 않다. 그럼에도 불구하고 뛰르고가 경제의 재생산을 농업이나 토지의 차원을 넘어 자본의 관점에서 파악했음을 확인할 수 있다. 그리고 분업과 계급/계층, 그리고 자본 등의 발생과정이나 발전을 다소 가상적인 역사를 상정하면서 설명하는 방법상의 특징을 보이고 있다. 요약하면 아래와 같다.

상업은 토지의 불균등한 분배, 토질의 다양성, 욕구의 다양성 등에서 비롯된다. 또한 최종 소비를 위해서는 토지의 생산물을 기다란 준비과정을 거쳐 가공해야 하므로 수공업 등이 생긴다. 각자 직업에 전문적으로 종사하면 생산성이 높아지므로 분업이 발생한다.

이런 전체 움직임의 견인차이자 근본이 농부 혹은 농부의 노동이다. 농부 없이 제조업자가 존재할 수 없지만 그 역은 성립하지 않는다. 일반적으로 노동자의 임금은 경쟁에 의해 생계를 유지할 수 있는 수준으로 하락한다. 그런데 자연의 풍요로움으로 인해 농부의 노동만이 유일하게 생계수준 이상으로 생산해 내 부의 유일한 원천이 된다.

초기사회에는 지주와 경작자가 구분되지 않다가 사회가 발전해 모든 토지에 소유자가 생기게 된다. 원초적인 경작을 통해 토지를 소유하게 된 사람들이 노동에서 벗어나기를 원하면서 경작자를 고용하게 된다. 또한 인간의 능력이나 근면성, 토질, 자손의 숫자, 지식이나 활동 등의 차이로 인해 불평등이 생긴다. 이런 불평등은 지주와 경작자의 차이를 낳는다. 이렇게 되면서 지주계급은 노동 없이 순생산물을 얻으며 행정이나 사법의 기능을 담당한다.

이어 사회는 다시 농부, 수공업자, 그리고 지주의 세 계급으로 나뉘게 된다.

농부와 수공업자는 자신의 노동에 대한 보상 이상을 받지 못한다는 점에서는 동일하다. 그렇지만 수공업자와 달리 농부가 노동에 대한 대가 이상을 생산한다는 데서 차이가 있다. 토지가 노동 없이 생산할 수 없다는 물리적 질서의 필연성 때문에 지주는 농부를 필요로 하지만, 농부는 인간의 관습이나 법에 의해 지주와 관계를 맺어야 한다. 그렇지만 이제 경제의 견인차는 농부가 된다.

지주가 토지에서 수입을 얻는 방식 혹은 토지를 경작하는 방식은 다섯 가지이다. 우선, 지주가 원료와 임금을 선대하고 고정된 임금을 받는 노동자를 고용해 경작하는 방법이 있다. 여기에는 지주의 세심한 관리가 필요하고 지주가 사기 당할 가능성이 높다. 둘째, 강제로 노예를 확보해 경작케 한다. 그런데 노예는 지속적인 노동력의 공급원이 되기 힘들어 거대사회가 되면 보다 자유로워져 가내노동만을 수행한다. 셋째, 지주가 봉건영주처럼 지대를 받고 토지를 일정기간 동안 혹은 영구히 경작자에게 임대한다. 넷째, 필요한 생산수단을 지주가 제공하고 경작자로 하여금 자신의 농지와 주인의 농지를 함께 경작케 한다. 끝으로, 계약에 의해 일정액을 받고 토지를 임대하고 모든 생산조건을 경작자 스스로 동원하며 증산의 결과를 경작자가 누리도록 한다. 이외에 융자를 통한 이자획득은 노동이나 생산과 무관하게 수입을 올린다.

상업에서는 금과 은이 사용되는데, 상업은 상호간의 욕구로 인해 발생한다. 거래에 있어 가격은 당사자간의 협상에 의해 결정되며, 동일 상품에 대해 시장에 존재하는 여러 가격의 평균치나 중간가격이 그 상품의 진정한 가격이다. 금이나 은은 상품에 불과하며, 어떤 상품도 화폐나 가치척도가 될 수 있다. 그러나 금과 은이 동질성, 분할의 용이성, 내구성, 수송의 용이함, 순수함, 불변성, 희소성 등을 가지고 있기 때문에 현실경제에서 화폐가 된다.

모든 산업에서 유동자본이 요구되며, 모든 경작에 선대가 요구된다. 인류의 원초적인 유동자산은 가축이고, 그 다음은 노예이며, 이들과의 교환을 통해 토지가 교환가치를 가지게 되었다. 토지에서 생산되는 식량과 가축의 가치를 찾고, 이것이 몇 년 동안 생산된다고 가정해 곱함으로써 지가를 계산했다. 이렇게 지가가 환산되면서 절약을 통해 형성된 화폐자본이 토지매입에 처음으로 투입되었다. 다음으로 제조업에 투입되면서 이윤을 받는 기업가와 임금노동자로 계급이 분화되었다. 이어 자본이 농업과 상업에도 투입되었다.

화폐의 순환은 농업, 제조업, 상업에 투입된 자본이 매년 규칙적으로 이윤을 가지고 출발점으로 되돌아 왔다가 반복적으로 투입되는 데 있다. 혈액순환이 신체에 중요하듯이, 화폐순환이 사회경제체제에 중요하다. 화폐가 도입되기 이전에는 제조업과 상업이 제한적일 수밖에 없기 때문에 모든 사업은 노동과 근면뿐만 아니라 자본을 필요로 하게 된다. 이 같이 화폐가 이익을 얻는 수단이므로 사업가는 자본가와 기꺼이 이윤을 나누려고 한다. 이런 이유로 대부가 자본의 다섯 번째 쓰임새가 된다.

이자에 대한 잘못된 생각은 불식되어야 한다. 이자는 이윤에서 파생되는 것이 아니라 수요와 공급에 의존하며, 사유재산 보호와 자발적인 계약의 존중이라는 원리로 정당화된다. 물적인 실체로서는 화폐가 비생산적이지만 각 산업에 투입된 존재로서 화폐는 생산적이므로, 화폐가 비생산적이라는 교부철학의 논리는 부당하다. 교부철학이 성경책에 나와 있는 자발적인 자선의 원리를 강제적인 정의의 원리로 바꾼 것도 문제이다.

다른 모든 상품의 가격과 마찬가지로 이자율도 법이 아니라 상업의 흐름에 맡겨 결정되도록 해야 한다. 화폐는 두 가지 가치를 가지는데, 하나는 다른 상품의 수량과 일상적으로 유통되는 화폐의 수량에 의해 결정되며, 이자는 이와 달리 자본형성을 위해 누적된 재산에 대한 수급에 의해 결정된다. 양자는 서로 다른 원리에 의해 결정되므로 구분되어야 한다.

화폐대부자는 지주계급에 속하나 그의 수입인 이자는 기업가나 지주가 지불하며 지대와 달리 생산의 조건이다. 이 때문에 국가에서 이자에 조세를 부과해서는 안 된다. 국가에서 확실하게 조세를 부과할 수 있는 것은 토지의 생산물뿐이다.

이 책보다 덜 알려진 논문 『가치와 화폐』(*Valeurs et monnaies*, 1769)에서 뛰르고는 화폐를 언어에 비유했다. 그는 여러 언어들이 물체를 지시한다는 점에서 공통적이면서도 모두 자의적인 기호에 불과하다고 생각했다. 이와 비슷하게 화폐들은 모두 가치를 나타내지만, 가치의 단위설정이나 분할방식 등에서 있어 자의적이다.

이 점에서는 여러 가지 도량형들도 마찬가지이다. 여러 언어들이 비교되기 위해서는 번역이 요구되듯이, 화폐들도 비교되기 위해서는 여러 단위들을 상호 환산할 필요가 있다. 이 점에서 금이나 은은 진정한 화폐이고, 각국의 화폐는 가공적 화폐이다.

그는 가치를 욕망에 비추어 본 개인의 주관적인 유용성으로 생각했다. 그에 의하면 동일한 재화에 대한 서로 다른 주관적 평가가 교환을 낳고, 이런 주관적 평가의 중간치가 시장에서 가격으로 나타난다. 그는 두 개의 재화와 두 명의 당사자가 존재하는 상황에서 여러 개의 재화와 여러 명의 당사자가 존재하는 상황으로 논의를 확대하려고 했다.

2.3.3 중농주의의 유산

중농주의는 자유방임을 내세워 자본주의이념의 맹아를 품고 있었고, 『경제표』를 통해 있는 그대로의 경제순환을 최초로 분석했다는 긍정적인 평가를 받고 있다. 그러나 농업에 일차적 의미를 두고 농업을 유일한 부가가치의 근원으로 본 것이 이들의 한계로 평가된다. 달리 보면, 중농주의는 자본주의를 자연적 질서로 개념화하는 과정에서 여전히 토지나 농업 등 자연계에 투박하게 의존했다. 후대의 경제학이 자본주의 질서를 자연스런 존재로 개념화했던 방식에 비추어 이것은 미성숙한 부분으로 평가된다.

신고전학파는 가격이나 경제주체의 행동에 관한 논의가 없다는 점을 중농주의의 추가적인 결점으로 지적했다. 이에 비해 마르크스는 중농주의가 봉건적 외피 속에 부르주아적 내용을 담고 있어 봉건성과 부르주아성의 기괴한 복합이라고 규정하면서, 자본주의경제의 운행을 기술한 이들에게서 숨겨진 근대성을 찾아냈다.

꽁도르세의 『인간정신 진보의 역사적 도식에 관한 연구』

중농주의에 대한 해석으로 꽁도르세(Marquis de Condorcet, 1743~1794)를 참고할 필요가 있다. 꽁도르세는 저서 『인간정신 진보의 역사적 도식에 관한 연구』(*Esquisse d'un Tableau Historique des Progrès de L'Esprit Humain*, 1793~1794)에서 인류의 인식이 발전한 과정을 아홉 단계로 나누고, 근대적인 이성을 강조했다. 그는 지식과 권력의 유착에 주목하면서 역사적으로 특정 계급이 지식을 지배해 권력에 봉사한 점을 지적했다. 그에 의하면 인쇄술의 발달과 상업의 발전 등으로 인해 지식이 모든 인간에게 동등하게 전달되면서 미신과 권위를 뒤흔드는 근대성을 가지게 되었다.

그의 견해로 아홉 번째 단계인 근대의 핵심적인 사상가는 관찰, 경험, 그리고 계산에 의존해 분석했던 데카르트(R. Descartes, 1596~1650)이다. 그 이후에 발전한 수학의 논리는 물체가 필연적인 법칙을 통해 여러 부분의 균형을 창출하고 유지하며, 운동 속에서 규칙성을 생성하고 유지하는 것으로 파악했다. 또한 그는 미국독립전쟁과 달리 프랑스혁명이 경제와 사회의 미세한 부분까지 영향을 미쳤다는 점을 지적했다. 그는 상업이 인간의 폭력을 순화시킨다고 생각하면서, 전제, 보호무역, 그리고 독점을 공격하고 상업의 자유를 주창하는 논리로 정치경제학에 있어 중농주의의 등장에 주목했다. 그는 중농주의가 데카르트의 제자 드 비트(De Witt, 1625~1672)를 통해 데카르트의 정신을 이어받은 것으로 생각했다. 꽁도르세는 기본적으로 자연권이나 인간의 평등 및 국가 사이의 평등을 강조하면서도, 부의 차이, 생계수단의 계승 여부, 교육의 차이 등으로 인한 인간 사이의 차등을 인정했다.

조지의 『진보와 빈곤』

서양의 근대화과정 자체나 경제사상의 흐름을 보면 세 가지 생산자원 중 토지는 노동이나 자본에 비해 그 중요성을 점차 잃어간다. 그래서 자원배분, 분배, 그리고 성장과 관련해 노동과 자본이 주요 관심의 대상이다. 토지의 수량은 물리적으로 제한되어 있고, 그것을 질적으로 개선하는 데도 한계가 있어 산업화가 진행되면서 그 중요성이 떨어진다고 생각한 것 같다. 또한 적어도 근대서양에서는 사회적이거나 경제적인 갈등이 주로 노동/자본과 관련해 발생하고 있다.[16)]

미국의 사회사상가 조지(Henry George, 1839~1897)는 토지의 독점에 따른 폐해를 조명해 이런 흐름의 예외를 이룬다. 이런 이유로 후대의 사상가이지만 토지와 관련해 진보적 지식인 조지를 소개할 필요가 있다.

조 지

조지는 무명의 인쇄업자에서 독학으로 사회이론가의 반열에 오른 사람이다. 그는 『진보와 빈곤』(*Progress and Poverty*, 1879)을 통해 조지주의(Georgism)를 낳았다. 조지는 그와 달리 보수주의자였던 워커(F. A. Walker, 1840~1897)와 함께 미국의 경제사상을 세계수준으로 끌어올리는 데 공헌한 사람으로 알려져 있다. 사상사에서 그를 어떤 부류로 간주해야 할지 분명치 않다. 이론적으로 그는 로크, 케네, 리카도의 혼합이며, 이념적으로 사회주의에 가깝다.

조지는 자신의 주장에 대한 신념으로 가득 차 있었을 뿐만 아니라 독학한 사람이라고 보기 힘들 정도의 박식함과 논리적 명쾌함을 과시하고 있다. 그에 대해 미국의 존 듀이(J. Dewey,

16) 토지 이외에도 화폐, 국제무역 및 해외부문 등을 순수 경제이론에서 부차적으로 취급하는 문제들로 들 수 있다.

1859~1952)는 플라톤 이래 열 손가락 안에 꼽히는 사회철학자로 평가했다. 또한 영국의 버나드 쇼는 그의 책을 보고 자신의 무지를 깨달아 경제학을 공부하게 되었다고 한다. 더구나 소설가 톨스토이는 그의 주장은 우리가 예전에 들어본 적이 없으므로 그저 배우기만 하면 된다고까지 말했다. 그렇지만 워커 등의 비판에서 드러나듯이 조지의 이론은 기존 경제학계에 수용되지 않았다.

조지는 근대자본주의의 성장 및 발전 속에서 빈곤이 발생하는 구조적 원인으로 토지사유로 인한 투기와 생산 장애를 지적하고, 이에 대한 해결책으로 토지단일세를 통한 실질적인 토지공유를 주장했다. 그는 경제가 성장하고 발전하면서 토지독점으로 인해 생산성의 변동이 임금이나 이자의 상승으로 전환되지 않고 오로지 지대와 지가의 상승을 가져왔다고 생각했다. 그에 의하면 임금과 이자는 같은 방향으로 움직이며, 이들 모두가 지대와 반대방향으로 움직인다.

이런 생각의 배후에 토지가 인간의 모든 활동, 적어도 경제활동의 근본이라는 전제가 깔려있다. 이로 인해 노동자가 빈곤에 시달릴 수밖에 없다는 것이 그의 생각이다. 그는 비록 토지사유를 문제삼았고 토지공유를 주장했지만, 민간부문에 대한 충격이나 정부개입의 확대라는 부작용을 이유로 직접적인 토지몰수에는 찬성하지 않았다. 대신 그는 모든 지대를 조세를 통해 환수하고 토지에 대한 조세를 유일한 세금으로 삼는 방안을 제창했다.

문명의 불균등한 발전이 노자관계나 인구증가로 인한 생계의 압박에서 비롯되는 것이 아니라 토지소유의 불평등 때문에 발생한다는 점을 그는 강조했다. 이런 그의 주장은 한편으로 맬더스의 인구이론과 이에 담겨져 있는 사회철학을 비판한 결과이며, 다른 한편으로 마르크스의 사회이론과도 거리를 두고 있다. 이것은 조지가 맬더스와 마르크스의 중간 어디에 놓여 있음을 시사한다.

우선 맬더스의 인구이론은 자연이 주는 제약을 강조하면서 출산을 삼가지 않는 빈곤층이나 노동자층의 무절제를 빈곤의 원인으로 삼았으며, 이를 불가피하다고 보았다. 조지는 맬더스가 빈곤의 원인을 사회제도가 아니라 자연이나 빈곤층 자신에서 찾는다고 비판하면서, 맬더스와 고전학파 경제학을 상세하게 논의했다.

또한 본인이 상세히 논의하지 않았으나 조지의 이런 입장은 부분적으로 리카도와도 대립된다. 리카도는 미시적 차원에서 임금과 이윤의 상충 혹은 노동자와 자본가의 대립을 설정했고, 거시적 차원에서 이윤과 지대의 상충 혹은 자본가와 지주의 대립을 설정했다. 비록 거시적 차원에서 임금 및 이윤과 지대의 상충을 상정했으나 리카도에서는 전반적으로 임금과 이윤의 상충이 주조를 이룬다. 이 점에서 조지는 리카도와 차이를 보인다. 더불어 이윤과 지대의 상충은 차액지대이론에 근거를 두고 있는데, 이는 토지사유 자체가 아니라 비옥함이나 위치의 차이로 인해 발생한다는 점에서도 리카도는 조지와 거리를 두고 있다.

그렇지만 전체 소득 중 지대가 먼저 결정되고 그 나머지가 임금이나 이윤 및 이자가 된다는 논리나 결과적으로 지주계급의 사회적 기여를 부정했다는 점에서 리카도와 조지 사이에 유사성이 있다.

토지의 실질적인 공유라는 결론에도 불구하고, 조지는 누구보다 마르크스와 보다 근본적인 차이를 보인다. 마르크스는 자본주의의 모든 악을 자본에게 돌리며, 자본가계급과 노동자계급의 대립 혹은 보다 좁혀 이윤과 임금의 상충을 핵심으로 보았다. 마르크스는 토지가 생산수단의 일부로 자본에 포섭된다고 보아 자본독점을 문제삼는다. 이에 반해 조지는 문제의 근원을 토지독점에서 찾았다.

마르크스는 토지가 모든 활동의 근원이라는 생각이나 임금과 이자 혹은 노동자와 자본가가 동반 추락한다는 조지의 생각들을 자본주의의 역사성에 대한 인식 부재로 규정할 것이다. 나아가 조지는 사유재산 전체를 부정하지 않았으며, 오히려 노동이나 자본의 경쟁이나 자유무역을 옹호했다는 점에서도 마르크스와 분명한 차이를 가지고 있다.

조지는 경제이론의 차원에서는 케네와 리카도의 결합으로, 사회철학 차원에서는 로크의 자연법을 이어받았다고 규정할 수 있다. 토지에 유일한 생산성을 부여하지는 않았지만 토지단일세를 주장했다는 점에서 케네와 유사하다. 또한 지대가 토지의 비옥도 하락이 아니라 토지에 대한 독점에서 비롯된다고 보았으나 지대발생이 자본주의의 침체를 가져온다고 본 점에서는 리카도와 유사하다. 나아가 그는 로크와 같이 노동을 재산과 동일시하면서 노동에 의한 생산물과 재산의 획득을 정당화했다.

제 3 장

스미스(Adam Smith, 1723~1790): 정치와 도덕으로부터 독립된 경제

중상주의와 중농주의를 거치는 과도기에 아마도 추상적이고 고답적인 철학자와 실용성을 강조하는 속세의 장사꾼 사이에 화학적 결합이 이루어져 경제학이 생겨났다고 볼 수 있다. 이런 결합은 한편으로 추상적인 철학의 개념이 구체화되고 세속화되며, 다른 한편으로 세속적인 장사의 관행이나 기법이 추상화되고 거룩해지는 과정이었다.[1] 이 때문에 하일브로너(H. L. Heilbroner)는 경제학자들을 『세속적인 철학자』(*The Worldly Philosophers*)라고 불렀다.

사회의 구성원리로 보면 이런 변동은 경제영역이 도덕이나 정치 및 법으로부터 해방되어 나름대로 자율적으로 움직인다는 전제를 가지고 있다. 이 변동은 물질이 정신의 수단이라는 기존 관념이 약화되는 세속화의 과정이기도 하다. 물론 이런 세속화가 예전과 다른 그 무엇, 가령, 돈이나 경쟁을 새로이 신성화하는 과정일 수도 있다. 이런 결합이 충실하게 이루어지면서 경제에 대한 사람들의 생각이 고전학파를 통해 비로소 과학으로 거듭나게 된다.

영국을 중심으로 등장한 고전학파는 과학적인 경제분석의 시작으로서 경제사상을 경제학으로 탈바꿈시켰다. 영어로 *classical political economy*로 불리는 고전학파의 등장은 이후 거의 1세기 반 이상 영국인들이 경제학계를 주도하는 계

1) 현재 진행중인 경영학의 확산에도 이와 유사하게 기초학문의 개념들을 나름대로 소화해 몸체로 만드는 과정이 수반되어 있다고 볼 수 있다.

기가 되었다. 고전학파는 아담 스미스(Adam Smith)에서 시작해 리카도(D. Ricardo)와 맬더스(T. R. Malthus) 등을 거쳐 밀(J. S. Mill)에서 종결되었다. 이들은 자본주의 경제이념을 내세우면서, 이에 근거한 이론들을 통해 구체적인 경제현상을 설명하고, 어떻게 경제문제가 해결될 수 있는지를 보이려고 노력했다.

그러나 고전학파는 여러 가지 모순을 안고 있었다. 이념적으로 자본주의 혹은 시장경제를 옹호하면서도, 여기에 여러 가지 유보사항들을 덧붙였다. 이론적으로도 가치이론의 일관성 결여 등으로 내부 갈등을 안고 있었다. 이런 내부의 모순들은 고전학파가 다른 학파들로 대체되는 결과를 가져왔다.

스미스

고전학파의 태두인 스미스는 스코틀랜드의 글래스고우 대학에서 철학, 수사학, 윤리학, 법학, 천문학 등을 강의한 학자였다. 경제학을 이룬 두 가지 줄기 중 하나가 현실 경제에 몸담고 있던 상인이나 정치가들이고, 다른 하나가 사변적인 철학자 혹은 학자들이었다. 스미스는 후자에 속한다.

일찍부터 인간의 본성과 인류의 역사에 깊은 관심을 갖고 있었던 그는 『도덕감정론』(*Theory of Moral Sentiments*, 1759)과 『법학강의』(*Lectures on Jurisprudence*, 1762~1765)를 거쳐 『국부론』(*The Wealth of Nations*, 1776)을 발표함으로써 근대경제학의 기초를 마련했다.

원제가 『제 국가의 부의 성격과 원인에 대한 연구』(*An Inquiry into the Nature and the Causes of the Wealth of Nations*)인 『국부론』은 경제학 형성에 결정적인 영향을 미쳤다. 나아가 『국부론』은 마르크스의 『자본론』이나 케인즈의 『일반이론』과 함께 경제학을 넘어 서양사상 전반을 대표하는 고전의 반열에 올라 있다.

스미스는 중상주의에 반대하고 중농주의의 자유방임주의에 동조해 경제적 자유를 부르짖으면서 자본주의 경제체제가 국부를 어떻게 증대시키는지 보이려고 노력했다. 상식적으로는 영토의 크기나 지리적 조건, 기후, 천연자원의 매장량이나 종류, 바다로의 접근가능성 등 자연조건이 여러 국가의 빈부를 결정한다고 생각하는 경향이 있다. 스미스는 『국부론』을 통해 자연조건과 무관하게 국부를 증대시킬 수 있는 경제체제나 조직원리를 제창한 셈이다.

1776년에는 『국부론』이 발간되었을 뿐만 아니라 미국에서 독립전쟁이 일어났다. 『국부론』이 경제적 자유를 지향했다면, 미국의 독립전쟁은 정치적 자유를 기치로 삼았다. 이에 따라 1776년이 근대서양에 있어 자유주의를 종합적으로 상징한다고 말한 학자도 있다. 사실 스미스는 영미유형 사회체제의 두 기둥인 민주주의와 자본주의 중 하나를 떠받치고 있는 사상가이다. 이런 이유로 스미스의 생각은 여러 차이에도 불구하고 근대의 신고전학파로 이어져 자본주의의 이념으로 기능하고 있다. 이 같이 경제학은 자본주의와 불가분의 관계에 있다.

왜 영국 혹은 스코틀랜드에서 경제학이 생겨나고 발달했는지에 대해서는 산업혁명을 통해 영국이 가장 먼저 자본주의국가가 되었다는 점을 근거로 들 수 있다. 현재 자본주의를 주도하는 미국의 경제학자들이 경제학계를 주도하는 것도 마찬가지라고 말할 수 있다. 경제학의 발전과 경제의 발전 사이에 인과관계를 규명하기는 쉽지 않다. 그러나 경제학의 발전과 경제의 발전이 적어도 정의 상관관계를 가지고 있다는 가설은 유의미하다.[2)]

3.1 도덕과 법률

스미스가 경제학의 영역을 확립하기 이전에 다루었던 주제는 윤리 및 도덕과 법률이었다. 그는 이들을 『도덕감정론』과 『법학강의』에서 논의했다. 『법학강의』는 『도덕감정론』보다는 4~5년 후에 출간되었고 『국부론』보다는 10년 전에 쓰여졌다. 일반적으로 도덕과 법률은 연결되어 있는데, 스미스의 두 저서도 연속성을 갖는다. 스미스 자신이 『도덕감정론』의 말미에 스스로 언급한 "법적인 사려"(Juris-prudence)라는 말에서 『법학강의』가 『도덕감정론』의 자연스런 연장임을 확인할 수 있다.

보다 중요하게 『법학강의』 중 법률이 아니라 행정 및 경찰업무와 관련해 시

2) 물론 단기적으로는 더욱 복잡하다. 한국의 경제학, 그리고 학문 전반은 학문적인 자립도라는 관점에서 보면 경제발전의 수준을 쫓아가지 못하고 있다. 더구나 쎈과 같은 노벨 수상자를 배출할 정도로 인도인 중에는 우수한 경제학자가 많지만, (최근 중국 등과 함께 BRICs로 주목을 받으면서도) 인도의 경제와 사회는 서양 경제학자의 기준으로 보면 낙후되어 있다.

작한 국부에 대한 논의가 『국부론』으로 발전했다. 고대와 중세에 경제가 윤리나 법 혹은 정치의 일부로 논의되었다는 점을 고려한다면, 스미스가 이런 방식으로 점차 국부에 대한 논의를 숙성시켰다는 것은 전통의 속박에서 서서히 벗어나는 위대한 사상가의 경로를 보여준다.[3)]

물론 『도덕감정론』과 『법학강의』는 서로 연관되어 있으면서도 각기 작은 사회와 거대 사회를 지향한다는 점에서 차이가 있다. 전자는 작은 집단에서 나타나는 개인의 행동과 관련된 심리학이나 사회심리학으로 규정될 수 있다. 이에 비해 후자는 국가의 유지와 보존에 중점을 두고 있어 법학, 행정학, 정치학 등과 연관된다. 『국부론』에서 이기적 개인의 존재 등은 전자와 관련되고, 시장에서의 가격형성, 자본축적, 조세부과 등은 후자와 관련된다고 추정할 수 있다.

3.1.1 도 덕

『도덕감정론』에서 스미스는 인간이 규범을 내면화하는 과정을 감정이입(empathy)이나 동정심(sympathy)에 근거해 설명했다. 구체적으로 각 사회구성원은 일상생활 속에서 보거나 겪는 갖가지 상황에서 입장을 바꾸어 가상적으로 타인의 처지에 자신을 대입함으로써 이에 대한 판단력을 쌓게 된다. 이런 역지사지(易地思之)의 과정을 반복적으로 훈련해 자신 속에 공정한 방관자(impartial spectator)나 공정한 심판관이라는 잣대를 갖추게 된다.

이것이 사회구성원의 일상적인 감정표출이나 행동을 결정하는 준거가 된다. 여러 감정들은 각자에게 존재하는 공평한 방관자에 의해 적당 수준에서 둔화되거나 조절된다. 보다 궁극적으로 이들은 신의 보편적 원리에 의해 통제된다. 인간이 파악할 수는 없지만 이런 보편적 원리가 작용해 만물이 이롭게 움직이게 된다. 이 원리는 부분들이 연결되어 전체를 이루거나 원인과 결과가 사슬을 이루는 것을 의미한다.

이렇게 되면 모든 인간은 한편으로 타인의 반응이나 평가를 의식하면서, 다

---

3) 이런 관점에서 스미스의 지적 편력은 마르크스에 버금갈 정도로 커다란 궤적을 그리고 있다. 나중에 설명하는 바와 같이 마르크스는 철학, 정치학, 법학, 사회학, 경제사를 거쳐 경제이론에 당도하게 된다. 차이가 있다면, 스미스의 경우 이런 단계들이 상호 연결되면서도 어느 정도 독립적인 데 비해, 마르크스에서는 모든 앞 단계의 논의들이 뒤에서 하나로 응결된다.

른 한편으로 스스로 판단하는 능력을 내부에 갖추게 된다. 이 때문에 각 개인은 타인 혹은 세인의 판단이라는 법정과 자신 내부의 양심이라는 법정을 갖추게 된다. 이것을 실제의 방관자와 공정하고 추상적인 방관자로 구분할 수도 있다. 칭찬이나 비난과 이에 대한 스스로의 동의 여부가 갈등을 일으킨다는 것은 세인의 판단과 내적인 양심이 갈등을 일으킬 수 있음을 의미한다.

여기서 공평한 방관자는 반신반인의 존재이며, 제삼자와 같다. 인간은 공평한 방관자를 통해 신을 모방하고 신이 시작한 일을 완결지으려 하지만 결코 신과 동등해질 수는 없다. 소크라테스, 알렉산더, 시저 등 위인들도 신에 접근했다고 착각했을 뿐이다. 이렇게 보면 스미스에 있어 심판관은 현실의 방관자, 공평한 방관자, 그리고 신 세 가지이다.

그런데 공평한 방관자라는 기준의 작동은 습관이나 경험을 통해 즉각적으로 손쉽게 이루어지므로 본인은 이런 작동을 의식하지 못하는 경우가 많다. 또한 공평한 방관자는 소극적 인류애나 자비가 아니라 적극적이고 보다 강력한 이성에 근거하고 있다.

현실의 방관자나 공평한 방관자가 가까이 있는 경우에도 인간의 자기사랑이 너무 강해 이에 압도되는 경우가 많다. 이를 방지하기 위해 행위규칙이 존재하는데, 규칙은 경험 속에서 승인과 부인의 누적을 통해 형성된다. 우리는 이미 형성된 규칙을 보기 때문에 마치 이들이 법원의 결정에 의해 일거에 선포된 것처럼 생각하나 이는 잘못이다.

규칙이 습관적으로 작동하고 규칙에 대한 존중이 의무감을 낳으면서, 공감하지 않으면서도 규칙을 준수하는 상황이 생긴다. 물론 순전히 의무감에서 도리를 다하는 친구나 아내는 최상의 인간이 아니지만, 규칙을 따르지 않는 인간을 신뢰할 수 없다는 점에서 차선은 된다.

이 같이 스미스는 도덕을 전적으로 이성이나 옳고 그름에 의존해 규정하지 않고 상당부분 인간의 일상적인 생활이나 감정 혹은 쾌락/고통으로부터 도출한다. 이런 이유로 스미스가 자연윤리학(natural ethics)을 주장했다고 말한다.

전통적인 윤리학과 현실론, 적절성에 의존하는 윤리이론과 결과주의 혹은 쾌락주의, 그리고 자비와 이기심 등의 갈등을 극복하기 위해 스미스가 중간적인 논리로서 동정심이나 방관자 개념을 제시했다고 해석할 수 있다. 이는 한편으로 플라톤, 아리스토텔레스, 제논, 스토아철학 등과, 다른 한편으로 에피쿠로스, 맨더빌, 홉스 사이의 조화였다.

스미스에 의하면 전자는 외적인 상황에 대한 이기적이거나 편파적인 열정을 철저히 배제하고, 인간이 가진 자연적인 정서를 무시하는 결과를 가져왔다. 스미스는 자연의 섭리에 의해 인간이 자신의 주위에 있는 것들, 즉 자기 자신, 가족, 그리고 조국에 대해 일차적으로 관심을 가지며, 이를 관리할 수 있다고 생각했다. 이런 것들은 인류애와 다르지만, 인간이 인간의 능력 내에 있는 대상에 애정을 갖도록 함으로써 사회의 이익이 고양되도록 만든 자연의 섭리이다. 우주 전체를 관장하는 것은 인간의 일이 아니라 신의 일이다.

인간의 활동에 있어 원래 목표가 아니라 수단에 불과했던 것이 행동의 동인으로 작용하는 경우가 많다. 인간은 철학적이거나 추상적으로 생각하지 않고 궁전, 정원 등 쉽게 눈에 띄는 구체적 사례에 집착한다. 이런 것들이 감정이나 공감을 불러일으키기 때문에 공허한 목표가 인간의 근면이나 노력을 이끌어낸다. 『국부론』에서는 이것이 실질가격이나 노동가격이 아니라 화폐가격이나 명목가격에 대한 경제주체들의 집착으로 나타난다.

다른 한편으로 스미스는 에피쿠로스를 비판해 쾌락주의와 거리를 두었다. 그는 미덕과 악덕이 각기 쾌락과 고통을 가져오지만, 쾌락과 고통이 미덕과 악덕의 유일한 속성은 아니라고 주장했다. 따라서 미덕과 악덕은 그 결과나 효과와 무관하게 승인되거나 거부된다. 또한 인간은 단순히 수동적으로 느끼는 존재가 아니라 노력하고 행동하는 존재이다.

스미스가 활용한 스토아 철학에 따르면, 지위상의 차이가 변경 불가능한 것이면 불행을 느끼지 않는다. 이와 달리 하나의 지위에 있다가 낮은 지위로 옮아가게 되면 모든 행복의 기반이 되는 평정을 잃고 불행해진다. 그러다가 일단 새로운 지위로 옮아가 평정을 찾게 되면 과거 지위에서 향유했던 것과 같은 수준의 행복을 되찾게 된다. 인간의 불행은 지속적인 하나의 지위와 지속적인 또 다른 지위 사이의 차이를 과장하는 데서 비롯된다. 이는 최근 행동경제학의 연구에 의해 뒷받침되고 있다.

이에 따라 스미스는 이타심이나 타인에 대한 동정을 인간행위의 근거로 삼았다. 그런데 이로 인해 『도덕감정론』이 인간의 자애(self-love)나 자리(self-interest)를 강조한 『국부론』과 모순된다는 주장이 나오게 되었다. 스미스의 이런 이중성이 윤리나 이타심을 강조하는 독일 역사학파에 이르면 "아담 스미스 문제"(Das

Adam Smith Problem)로 부각된다.

일반적으로 특정 사상가가 일생을 두고 일관된 생각을 가진다고 보아 저술 전체를 관통하는 일종의 질서나 체계를 찾는 것이 사상연구의 보편적인 목표이다. 이 때문에 스미스를 이해하는 데 있어서도 『도덕감정론』과 『국부론』을 어떻게 통일적으로 이해하는가가 중요한 숙제로 남아있다. 또한 이 숙제는 현재까지 윤리나 도덕이 시장과 어떻게 결합될 수 있느냐는 보다 큰 주제에 포함된다.

비슷한 맥락에서 보이지 않는 손(the invisible hand)이 『국부론』에서 가격기구로 구체화된다는 전제를 놓고 보면, 공평한 방관자와 가격기구의 연관성을 분명히 할 필요가 있다. 공평한 방관자가 규칙이 되고 보이지 않는 손이 가격기구가 되어 자본주의체제에서 규칙과 가격이 두 가지 핵심적인 장치로 기능하는 것 같다. 결국 스미스는 개인의 감정을 존중하면서 감정이 규칙과 가격에 의해 여과되고 규제되는 세계를 상정한 셈이다.

그럼에도 불구하고 방관자와 동일시되는 규칙이 작은 집단이나 공동체의 작동원리인 데 비해 가격기구가 거대사회를 지향한다고 보면, 양자간의 모순 혹은 변증법적인 발전이나 상호관계가 여전히 문제로 남는다. 어떤 식으로든 규칙이 보다 거대사회를 지향하는 방향으로 개정되거나 아니면 가격기구가 소집단의 원리로도 유효해야 한다. 그러나 경제가 윤리의 굴레를 벗어버리려는 역사적 흐름 속에서 스미스가 이 논의를 제시했음을 기억할 필요가 있다.

넓게 보면 스미스는 고대에서부터 중세까지 지배적이던 축재와 이윤추구에 대한 경계를 완화시키려고 노력한 셈이다. 이미 논의한 바와 같이 아리스토텔레스는 생계를 위한 삶을 최소한으로 삼고 좋은 삶 혹은 도덕적인 삶을 이상으로 삼으면서, 영리를 위한 삶을 배격했다. 스미스는 영리를 위한 삶이 생계를 위한 삶, 그리고 특히, 도덕적인 삶과 조화될 수 있도록 노력했다.

나중에 설명하는 바와 같이 이 목적을 위해 스미스는 『국부론』에서 개인의 이기적인 활동이 공익에 봉사한다는 논리를 제시했다. 『도덕감정론』에서 그는 도덕을 이성보다 감성에 연결시켜 도덕의 높이를 낮춤으로써 도덕적인 삶과 생계를 위한 삶이나 영리를 위한 삶의 거리를 좁혔다. 이렇게 되면 도덕적인 삶이 그렇게 고상하지도 않으며 상업활동이 그렇게 비속하지도 않다.

끝으로, 사회의 생존원리로 스미스가 제시한 바를 언급할 필요가 있다. 우선 구성원들 사이에 사랑, 감사, 우정, 존경 등이 지배하는 사회는 번성한다. 이런 것이 없더라도 구성원들이 상호 필요해서 합의된 경제적 가치에 따라 거래가 빈번하게 이루어지면 사회가 유지된다. 그렇지만 구성원들이 상호간에 해치려고 들어 정의가 유지되지 않는 사회는 반드시 붕괴한다. 이런 이유로 자비나 자선 없이 사회가 유지될 수는 있어도 정의 없이는 사회가 유지될 수 없다.

3.1.2 법 률

스미스는 『법학강의』에서 재산, 행정, 경찰 등에 관해 논의했고 이 중 경찰 업무의 일부로 국부에 대해 설명했다. 그는 재화의 저렴한 공급을 국가와 경찰의 목표로 간주했다. 이런 관점에서 다이아몬드와 물의 역설을 논의했지만, 『국부론』에서처럼 중요한 문제로 부각시키지는 않았다.

『도덕감정론』에서 윤리의 발생을 논의했다면, 『법학강의』에서는 법의 발생을 논의했다. 예를 들어, 그는 재산권이 어떤 근거에서 발생했는지 상세하게 논의했다. 이런 해석은 제도나 규칙의 발생에 대한 스미스의 전반적인 관심을 확인시켜 준다. 그렇지만 이런 문제의식이 『국부론』으로 이어지는지는 확실치 않다.

분업에 관해 논의하면서, 그는 『국부론』에 앞서 인간의 교환 본성과 시장의 크기를 언급했다. 그런데 이런 것들은 동물과 달리 인간이 합의해서 협동할 수 있는 능력을 갖추고 있음을 전제로 한다. 협동은 상대방의 이익에 호소하는 설득을 필요로 하며, 이 과정에서 상품 및 화폐 제공의 의사표시 등 말이나 신호가 요구된다. 이 과정은 법, 정책, 사려 등이 아니라 자연스런 사물의 진전에 의해 규정된다. 여기서 상품이나 화폐에 대한 제의는 설득을 위한 연설과 동일시된다. 이는 교환/화폐와 토론/언어 사이의 유사성을 드러낸다.

이 저서에서 가장 주목되는 부분은 경제와 법률 및 정치의 상호관계이다. 스미스는 인류의 역사를 수렵, 목축, 농경, 그리고 상업 혹은 문명 등 몇 단계로 나누고, 이런 경제의 변동이 사유재산의 형태나 분배를 결정할 뿐만 아니라 정부의 형태를 규정한다고 생각했다.[4] 구체적으로 사유재산의 형성 정도 및 격차

4) 여기서 스미스는 로마 등 제국이 망하는 경로도 논의했다. 제국이 융성하게 되면 국민이 더 이상 전사로 봉사하지 않으므로 국방을 위해 외국인을 용병으로 기용하게 된다. 그런데 용병은 국민과 달리 애국심이 없어 제국이 아니라 자신의 지휘관에게 충성을 바친다. 이런 이유로 황제가 지휘관을 핍박하면 지휘관이 용병을 이끌고 황제를 공격해 제국이 붕괴된다. 여기서 스미스는 물질적 풍요가 국방에 해가 될 가능성을 지적했다.

가 전제정, 귀족정, 민주정으로 구분되는 정치체제 등을 결정한다.

이런 생각은 스미스가 아니라 그의 선생인 허치슨(F. Hutcheson, 1694~1746), 친구인 흄(D. Hume, 1711~1776), 퍼거슨(A. Ferguson, 1723~1816) 등 스코틀랜드의 철학자들에게서 일관되게 나타난다.

또한 퍼거슨은 주저인 『문명사회의 역사』(*An Essay on the History of Civil Society*, 1767)를 통해 스코틀랜드 계몽주의 혹은 경제학적인 사회이론의 선구자로 알려져 있다. 이런 이유로 이들을 좌파에서는 '스코틀랜드의 유물론'으로, 우파에서는 '스코틀랜드의 계몽주의'라고 부른다.[5)]

퍼거슨

그 때까지 사회를 결정하는 일차적인 계기를 경제가 아니라 정치에서 찾는 것이 일반적이었다. 그 예로 아리스토텔레스와 홉스뿐만 아니라 계몽주의자 몽테스큐(Charles Secondat Baron de Montesquieu, 1689~1755)를 들 수 있다. 그는 『법의 정신』(*De L'Esprit des Lois*, 1748)에서 왕정, 전제, 귀족, 민주 등 정치체제에 따라 관습이나 여타 사회영역이 바뀐다고 생각했다. 이런 관점에서 어떤 정치체제에서 상업이 가장 융성할 수 있는지도 논의했다.

이는 스미스 등 그 이후에 등장한 경제학자들의 견해와 대비된다. 스미스는 정부의 존립을 정당화하는 근거가 권위와 이익 혹은 공익 둘 중 하나라고 주장했다. 그는 전자의 예로 전제주의나 영국의 토리당을, 후자의 예로 민주주의나 휘그당을 들었다. 이런 근거에서 스미스는 로크, 홉스, 그리고 루소 등의 사회계약이론이 비현실적이거나 가상적이라고 비판했다.

이 점에서 스미스는 흄과 같은 견해를 갖고 있었다. 흄과 스미스는 모두 일종의 자연법학(natural jurisprudence)을 주장했다. 혹자는 흄을 철학자가 된 경제학자로, 스미스를 경제학자가 된 철학자로 각기 규정하면서 흄과 스미스와 학문 역정이 서로 교차된다고 주장했다. 이들의 논리는 20세기에 하이에크로 이어진다. 이 논리는 공리주의와 동일하지는 않지만 공리주의에 대항해 사회계약이론

5) 경제사상 연구가인 영국의 미크(R. L. Meek, 1917~1978)는 『경제학과 이념』(*Economics and Ideology and Other Essays*, 1967)에서 스코틀랜드의 유물론에 대해 논평했다. 여기서 미크는 이들이 마르크스와 엥겔스의 유물론과 유사한 주장을 이미 내세웠고 양인에게 적지 않은 영향을 미쳤다고 주장했다. 또한 그는 역사의 변동이 개인이나 정책의 산물이 아니라 맹목적이라는 이들의 입장에 주목했다.

을 복원시키려는 롤즈 등과 대립된다. 끝으로, 경제가 자의적인 법률이나 행정적 구속에서 벗어나야 한다는 결론으로 스미스의 논의가 흘러가고 있음을 지적할 필요가 있다.

3.2 사회철학과 방법론

스미스의 자유주의에 따르면 국가의 개입이나 윤리의 억압에서 해방되어 각자가 자신의 이익 혹은 자기애에 따라 경제활동을 벌이는 경우 보이지 않는 손에 의해 사회와 경제가 질서를 갖추게 되고 또한 발전한다.

우선 그는 이기심이 인간의 본성에 가깝다고 생각했다. 또한 그는 남의 동정에 의존해 생계를 유지하는 자는 거지뿐이라고 말하면서, 자신의 이익이나 처지개선을 위한 각자의 노력을 정당화했다. 예를 들어, 동네 가게의 주인이 이웃에게 이로운 결과를 가져다주는 것은 그에게 희생을 요구했거나 이웃에 대한 사랑을 훈육했기 때문이 아니라 자신에게 이익이 되는 경제활동을 벌이도록 허용했기 때문이다.

근대서양의 경제사상뿐만 아니라 사상 전반에 걸쳐 나타나는 인간의 이기적 행위는 이기적 개인들로 구성된 사회가 어떻게 붕괴하지 않고 유지될 수 있는가라는 과제를 낳는다. 사회학자 다렌도르프(R. Dahrendorf)는 이것이 근대 서양사회에서 모든 사회과학이 맞는 기본과제라고 말했다. 각자가 자신의 이익만을 추구하는 상황에서도 사회질서나 경제복리가 증진될 수 있는 이유는 각자가 이기심에 따라 서로 경쟁하면서 결과적으로 서로 견제하기 때문이다.

비근한 예로 별도의 허가 등 정부의 간섭 없이 누구나 최소요건만으로 개업이 가능하면, 각자 자기이익 때문에 보다 좋은 제품과 기술을 개발하고 제품을 보다 싼 가격으로 시장에 공급하게 된다. 이 과정에서 소비자들은 아무런 노력 없이 후생의 증대와 물질적 풍요를 누릴 수 있다. 또한 정부가 중상주의에서처럼 특정인에게 독점이나 과점을 허용하지 않으면 경제적 풍요가 달성되리라고 그는 생각했다. 이 같이 보이지 않는 손은 정부나 독점 등 보이는 큰손에 반대된다.

이에 대한 증거로 『국부론』에 등장하는 스미스의 발언을 꼼꼼히 살펴볼 필요가 있다. “각 개인이 최선을 다해 자기 자본을 국내산업을 지원하는 데 사용하고 노동생산물이 최대의 가치를 갖도록 노동을 이끈다면, 필연적으로 사회의 연간수입이 가능한 최대치가 되게 노력하는 것이 된다. 사실 개인은 공공의 이익을 증진시키려고 의도하지 않으며 자신이 얼마나 기여하는지 알지도 못한다. 그는 이렇게 함으로써 보이지 않는 손에 이끌려 자신이 전혀 의도하지 않은 목적을 증진시키게 된다.”

이보다 앞서 『도덕감정론』에서는 다음을 그 예로 들었다. 무정한 지주는 주위에 있는 사람들의 생계에 크게 신경 쓰지 않지만, “지주의 배가 자신의 눈보다 작으므로” 자신이 거두어들인 것 중 일부만을 소비하고 나머지를 가사노동 등에 대한 대가로 하인들에게 분배한다. 이런 분배의 결과로 이들이 생계를 유지할 수 있어 자연상태에 가까워진다. 또한 집정자의 제도도입과 도로건설은 공익이 아니라 이런 것들이 보여주는 질서, 조화, 완결성 등의 매력을 동인으로 삼는다.

역사학파의 브렌타노(L. Brentano, 1844~1931)나 현대의 하버마스(J. Habermas, 1929~)가 지적했듯이, 이런 생각은 마키아벨리(N. Machiavelli, 1469~1527)로부터 시작된 근대서양의 혁명적인 사고변화에 뿌리를 두고 있다. 고대나 중세에는 서양에서도 인간을 도덕적으로 만들어야 공동체나 사회를 유지할 수 있다고 생각했다. 그런데 마키아벨리가 나타나 기존 사고를 뒤집으면서 군주가 도덕군자가 아니라 권력욕과 야망에 굶주린 인간이라고 주장했다. 이것이 인간을 도덕이나 윤리에 의존해 관리할 수 없다는 첫 번째 선언이었다.

이후 정치학의 선구자인 홉스가 인간이 자신의 야망 때문에 서로 투쟁하는 존재라고 주장하게 된다. 이런 흐름 속에서 스미스는 경제주체들이 이기적이라는 점을 현실로 인정하고 자애심이나 이기심을 개방해 선용하는 경제체제를 내세운 것이다. 이런 생각은 그 이후 신고전학파로 전달되면서, 정치인, 사업가, 공무원, 성직자, 교수, 노동자 등 각종 사회주체나 경제주체들이 모두 이기심에서 벗어날 수 없다는 논리로 확대되었다.

스미스의 논리를 허쉬만(A. O. Hirshman, 1915~)은 “맞불 놓기”나 이이제이(以夷制夷)에 비유했다. 이기심의 강렬한 불꽃은 오로지 또 다른 이기심의 불꽃으로 제어될 수밖에 없다. 또한 이렇게 하면 사회와 경제에 질서가 조성될 수 있다. 사회에 늑대가 한 마리만 있으면 그 사회가 붕괴되지만, 여러 마리가 있으면 오히려 질서가 생겨나서 유지될 수 있다. 유추하면, 동네에 누가 정부의 허가를 받아 독점적으로 가게를 차리는 경우 이윤추구가 사회문제를 일으키지만, 누구나 가게를 차릴 수 있게 하면 문제되지 않는다.

여기서 기업이 사회에 미친 이로운 결과는 경쟁과 치열한 생존욕구에서 비롯된 것일 뿐 기업의 의도와 무관하다는 점을 강조해야 한다. 하이에크는 이를 인간행위의 의도되지 않은 결과(unintended results of human action)로 칭하면서, 스미스가 우리에게 전하는 가장 중요한 교훈으로 해석했다. 이는 인간의 개인적이거나 집단적인 행위가 반드시 의도한 결과를 낳지 않음을 의미한다. 다시 말해, 선의에서 시작한 일이 사회적으로 나쁜 결과를 가져올 수도 있고, 반대로 악의를 가지고 벌인 일이 사회적으로 좋은 결과를 가져 올 수도 있다.

예를 들어, 프랑스 혁명에 이어 나타난 혁명과 반혁명 등은 원래 혁명가들이 의도한 바가 아니었다. 또한 사회주의 혁명은 원래 의도와 달리 이상사회 건설이나 생활수준의 향상에 기여하지 못했다. 또 다른 예로 2004년에 미국이 이라크에 대해 벌인 전쟁이 반드시 미국이 의도한 결과를 가져오리라는 보장이 없다.

스미스가 내세운 보이지 않는 손은 사익과 공익의 역사적 변동과 주어진 사회의 전체 움직임을 포괄하므로 헤겔의 '이성의 사술'과 비슷하다. 초기에 스미스는 다신 혹은 자연신을 보이지 않는 손의 개입으로 표현했다. 그러나 나중에 제시된 보이지 않는 손은 기독교적 일신교와 과학적 지식이 지배하는 근대사회 혹은 시장경제에 보다 적합하다.

스미스를 이념적으로 이어받은 신고전학파는 보이지 않는 손을 경제의 균형이나 시장의 효율성으로 좁혀 해석했다. 즉, 특정 상품의 가격이 그것의 사회적 가치와 사회적 비용을 반영한다고 본다. 이 때문에 개별 경제주체들이 자신의 이익을 최대로 하기 위해 가격을 고려해 의사를 결정하면 자신도 모르는 사이에 사회적으로 유용한 결과가 나온다는 것이다.

인간의 행위가 의도되지 않은 결과를 낳는다는 논리는 인간이 신의 행위에 수반되는 의미를 완전히 파악하거나 그 결과를 완전히 예측할 수 없고, 나아가 인간이 자신의 행위를 완전히 통제할 수 없음을 의미한다. 스미스에게 영향을 미친 맨더빌(B. de Mandeville, 1670~1733)은 『꿀벌의 우화』(*The Fable of the Bees*, 1705)에서 놀고 먹는 여왕벌이 벌들의 사회에서 나름대로 역할을 발휘한다고 주장했다. 또한 그는 사치가 고용을 창출하고 질투와 허영이 근면함의 근원이라고 말했다. 이것은 사적인 미덕(private virtue)이 반드시 공적인 미덕(public virtue)으로

행위에 대한 통제능력

"아버지시여! 저들이 무슨 짓을 하는지 모르며 무슨 말을 하는지 모르나이다"라는 성경 누가복음의 구절이 세속화되면 이와 비슷하게 해석될 수 있다. 이 안에서 암묵적 지식, 습관적 행동, 본능적 반응 등을 읽을 수 있다. 암묵적 지식은 '김치 담그기'에서와 같이 개념화할 수 없지만 활용되는 지식을 의미한다. 또한 습관적 행동은 '노인 앞에서 일어나기'에서와 같이 규칙이나 관습이 내면화되어 자동적으로 나타나는 행위를 뜻한다. 끝으로, 본능적 반응은 '배고파 밥 먹기'나 '풀 뜯기'와 같이 학습이나 관습과 무관하게 나타나는 동작을 표현한다.

이어지지 않으며, 오히려 사적 악덕이 공적 미덕이 될 가능성을 열어 놓았다.

중상주의에 이미 내포되어 있던 사적인 덕이나 이익과 공익이나 국익의 갈등은 스미스를 거치면서 본격적으로 부각되어 이후 경제학의 발전에서 중요한 디딤돌이 되었다.[6] 이 변화에는 과거 철학자들이 강조했던 덕이 근대 들어 의지나 이익으로 바뀐 것과 영국의 경제학자들이 그 중에서도 의지가 아니라 이익을 강조한 것 등 두 가지 변동이 개입되어 있다. 이 같이 스미스의 보이지 않는 손은 의도되지 않은 인간행동의 결과 중 사회에 이로운 부분을 지적했다고 해석할 수 있다.

또한 이런 생각은 예정조화설과 같은 일종의 낙관주의와 친화력을 가진다. 경제사상에서는 볼테르가 비판한 라이프니츠의 낙관주의가 시장경제에 대한 대책 없는 옹호와 동일시되는 경향이 있다. 이런 이유로 볼테르가 『깡디드』(*Candide or Optimism*, 1759)에서 언급한 "가능한 최선의 세상"이나 "모든 현실이 물질세계와 정신세계에서의 최선을 의도한 것이다"라는 구절들이 경제학자들에 의해 자주 인용되었다.[7]

역사적 맥락에서 해석하면, 스미스는 경제를 정치나 윤리 혹은 종교로부터 해방시켜 그것의 핵심 축을 개인의 이기심과 시장의 가격기구에서 찾았다. 스미

---

6) 가령, 근대 들어 케인즈는 개인의 덕행으로 간주되는 저축이 유효수요를 줄여 오히려 사회적으로 해가 되며, 별로 미덕에 속하지 않는 소비가 유효수요를 늘려 사회적으로 이익이 된다는 점을 지적했다. 이 역시 개인의 미덕과 사회의 미덕 사이의 관계를 나름대로 해석한 것이다.

7) 이외에 "라이프니츠가 잘못되었을 리가 없다. 예정된 조화는 상상할 수 있는 최상의 것이다," "개인적 불행은 공공의 선을 만들어낸다" 등도 들 수 있다.

영화 속의 경제

소설이나 시 등이 알약이라면, 영화는 물약이다. 그만큼 영화는 흡수가 빠르다. 이런 의미에서 "영화 속의 경제"라는 주제를 생각하면, 적지 않은 숫자의 미국 영화에서 시장이나 돈이 권력이나 폭력에 대한 완충이거나 이로부터의 해방을 의미한다. 오래된 영화 "스파르타쿠스의 반란"에서 스파르타쿠스의 부인과 아이를 구출해 주는 자는 이들에 동정심을 가지고 있으나 본인의 의도나 동정심과 무관하게 돈에 움직이는 상인이다. "쇼생크 탈출"에서는 질식할 것 같은 감옥의 폭력 속에서 주인공을 소생시키는 발판이 그가 전직 은행 간부였고 간수장의 '회계'를 보아준다는 것이며, 이것이 사람들을 '회개'하게 하고, 결국 폭력의 수장을 파멸시키는 수단이 된다. 또한 "쉰들러 리스트"에서는 쉰들러의 유태인 회계사가 수용소공장의 유태인들을 구출하는 데 매개역할을 한다. 철학자와 문사까지 격찬한 "Gloomy Sunday"(Das Lied von einem traurigen Sonntag)에서는 어떤가? 나치에 정신적으로 저항하는 연인들의 무대가 돈벌이에 능숙한 유태인의 식당이다. 그들과 복잡한 관계에 있는 독일 장교가 비열하지만 그나마 일부 헝가리 유태인의 목숨을 부지하도록 허용하는 유인도 돈이었다. 이런 영화에 수시로 등장하는 유태인의 의미도 주목거리이다. 유태인은 서양에서 돈과 경제의 상징이다. 이것은 역사적으로 확인되고, 마르크스의 유태인 문제에서도 재확인되었다.

스 이전에는 정치가나 승려뿐만 아니라 경제인도 애국적이며 도덕적이어야 한다는 생각이 지배했다. 이에 비해 스미스는 정치인이 애국적이고 승려는 도덕적이어야 하지만 사업가나 경제인은 자기이익만 추구하면 된다고 주장한 셈이다.[8)]

비슷한 맥락에서 스미스는 시장이 인간을 개화시키고, 인간의 호전성을 둔화시키며, 정치적인 억압이나 윤리적 구속으로부터 인간을 해방시킬 수 있다고 생각했다. 즉, 시장의 자유로운 무역을 통해 사람들은 보다 넓은 세계를 경험할 수 있고, 돈벌이에 열중함으로써 약탈과 점령이라는 호전성과 파괴성을 줄일 수 있으며, 억압적인 권력으로부터 해방될 수도 있다. 이 점에서 스미스는 『법의 정신』에 나타난 몽테스큐와 궤를 같이 한다.

몽테스큐는 『법의 정신』에서 상업을 예속에 의한 수탈이나 전쟁 및 정복에 의한 약탈과 대비시키면서 무역이 가지고 있는 계몽이나 교화의 기능을 강조했

8) 이것이 『군주, 신부, 그리고 이윤』(P. Minowitz, *Profits, Priests, and Princes*, 1993)이라는 책의 흐름이다.

몽테스큐

다. 수탈 등에는 환대라는 예절이, 무역에는 차가운 계산이 수반된다. 그렇다고 상업이 만병통치약은 아니다. 상업이 야만성을 완화시키지만 동시에 모든 것을 사고팔게 만들어 고상한 도덕을 타락시킨다. 이 같이 몽테스큐는 국내상업이 오히려 상호불신이나 경쟁을 낳는다고 보아 국제무역에 의존하는 부분적인 상업화를 염두에 둔 것으로 보인다.

2백 년이 훨씬 넘은 21세기 초의 세계화 과정 속에서는 스미스보다 더 나아가, 거꾸로 경제가 정치나 종교 및 윤리로 파고들면서 이 영역들을 재편하고 있다. 기업가뿐만 아니라 정치가도 애국심이나 도덕보다 경제외교에 치중하고, 심지어 성직자도 종교조직을 경영해야 하는 압박을 받고 있다.

보이지 않는 손은 스미스의 방법론과도 연결된다. 그는『철학적 주제에 관한 논문』(*Essays on Philosophical Subjects*, 1795)과『천문학의 역사』(*History of Astronomy*, 1795)에서 학문의 목적을 제시했다. 자연현상을 보고 갖게 되는 경이, 놀람, 찬사를 정돈해 조화롭고 질서 있는 사고체계로 만드는 것이 그 목표이다. 이를 위해 여러 현상이나 외양을 연결하는 원리나 고리를 찾아내거나 만들어내는 것이 학자의 과제이다. 흥미롭게도 스미스는 이 원리를 보이지 않는 물체라고 불렀다.

미신과 종교에 대한 스미스의 구분이 이와 연결되어 있다. 과학적 사고 이전에 존재하는 미신이나 자연신은 자연현상과 관련해 개인의 특정 목적에 부응한다. 이에 비해 과학적 사고와 부합되는 종교 혹은 기독교는 전체의 보존과 번영이라는 보편적 목적을 가진다. 보이지 않는 손은 두 가지를 포괄하는 모호성을 가지고 있다. 이런 모호성이 자연신이나 주피터 신의 보이지 않은 손, 보이지 않는 연계, 보이지 않는 덕성, 그리고 시장의 보이지 않는 손 등에 표현되어 있다.

원래 보이지 않는 손은 미신이나 자연신에도 부합되었다. 즉, 전근대적인 사회에서 사물의 인과관계를 파악하는 과학이 결여되어 번개나 홍수 등 자연현상 하나 하나에 별개의 신이 개입하는 상황을 표현했다. 그러나 나중에는 보이지 않는 손이 기독교적 일신교와 과학적 지식이 지배하는 근대사회나 시장경제에 결합되었다. 이에 따라 보이지 않는 손은 개별 목적이 아니라 전체 목적에 부응하게 되었다. 만물의 보존과 번영이 신의 의도라면, 인간의 보존과 번영도 신의 목적이며, 또한 자연스럽다.

그런데 과학자가 아닌 일반인들은 자연현상이 형성되는 과정에 대해 과학적이거나 철학적 지식 없이도 일상생활을 영위해 갈 수 있다고 본다. 예를 들어, 장인은 과학적 지식 없이도 습관이나 관습에 의존해 망치를 만들 수 있다.

스미스는 아리스토텔레스 철학이 제시한 지속적인 존재와 일시적인 존재의 구분과 유사하게 자연적 존재와 격렬한 존재를 구분했다. 그는 자연적인 것을 외적인 것과 대립되는 내재적인 것 혹은 지속적인 것이나 장기적으로 유효한 것과 동일시했다. 이는 뉴턴이 『프린키피아』(*Principia Mathematica*, 1687)에서 제시한 절대시간이나 공간과 상대시간이나 공간, 진정한 것 혹은 수학적인 것과 표면적/통상적/감각적인 것, 진정한 수량과 구체적 측정치 등의 구분과 유사하다. 이런 구분이 『국부론』에서 나타난 자연가격과 시장가격의 구분으로 이어진 것 같다.

스미스의 『수사와 문학에 관한 강의』

이와 관련해 『수사와 문학에 관한 강의』(*Lectures on Rhetoric and Belles Lettres*, 1748)에 등장하는 언어형성을 언급할 필요가 있다. 언어는 언어학자가 만든 것이 아니라 인간들이 일상생활 속에서 서로에게 자신의 필요를 전달하는 과정에서 생겨난다. 인간은 구체적인 것을 쉽게 파악하지만 비교, 일반화, 추상화가 수반된 것은 쉽게 파악하지 못한다. 이 때문에 초기에는 언어가 구체적인 사물에 머물러 있다가 현실의 필요에 의해 점차 일반적이며 추상적으로 변화했다. 추상화 등은 인간의 이성에 기반을 두므로, 언어와 이성은 함께 발전한다.

이런 이유로 명사(예, 나무), 형용사(푸른), 그리고 전치사(노예 위의 주인)의 순서로 품사들이 생겨났다. 형용사는 여러 사물들에 담겨 있는 질이나 속성을 나타내므로 일반화를 요구하고, 전치사는 사물 사이의 관계를 전제로 하는 추상화를 요구한다. 형용사가 대변하는 질은 외관으로 포착될 수 있는 데 비해, 관계는 형이상학적이다. 이 때문에 전치사가 형용사보다 나중에 생겼다. 또한 관계를 표현하는 전치사는 추상화를 요구하기 때문에 그 자체로서 이미 일반적이다.

대명사는 추상성이 높아 훨씬 나중에 등장했다. "나"는 말하는 사람, "너"는 말을 받는 사람, 그리고 "그"는 여타 모든 사람들을 지칭함으로써 대단히 일반적이다. 어린아이들이 "나"라고 말하지 못하고 자신의 이름으로 스스로를 지칭하는 것은 같은 이유 때문이다. 숫자도 상당 수준의 추상성을 요구하기 때문에 인류가 하나나 둘의 근처에 오래 머물러 있었다.

여러 민족의 언어들이 뒤얽히면서 격변화가 전치사로 대체되는 등 근대언어로 바뀌게 된다. 격변화 등이 복잡할수록 문장구조는 단순하고, 어미를 활용하기 때문에 단어들의 어순이 중요치 않다. 이에 비해 근대화되어 격변화 등이 단순화되면서 문장이 복잡해지며, 어미나 격변화가 사라지는 대신 어순이 중요해진다. 희랍어나 라틴어 등 고대언어에 등장하는 명사의 어미변화는 전치사 출현에 수반된 추상성을 회피하려는 대용물이었다. 이런 스미스의 생각을 따르면 희랍어와 영어는 양 극단에 놓이며, 그 사이에 라틴어, 독일어, 불어, 이탈리아어 등의 순서대로 놓이게 될 것이다.

스미스의 해석에 의하면 언어와 교환/화폐는 서로 유사점이 많다. 교환 및 화폐가 각자의 이익을 위해 등장하듯이, 언어가 각자의 필요를 상대방에게 전달하려고 노력하면서 발생한다. 멩거가 강조했듯이, 이 점에서 언어나 화폐의 발생과 진화는 모두 자생적이다. 이 같이 스미스에 있어 언어, 교환, 이성은 함께 발전하며 진화한다.

이런 생각은 마르크스의 유물적인 교환이론이나 언어학과도 상통한다. 우선 인칭대명사는 교환 및 계약의 당사자들과 제삼자를 지칭한다. 또한 마르크스는 교환이 추상화를 요구한다는 점을 강조했다. 이와 비슷하게 관계에 대한 인식을 필요로 하는 대명사도 추상화를 요구한다. 더불어 교환이나 화폐가 여타 경제와의 교류를 통해 발전하듯이, 여러 민족의 언어들이 뒤얽히면서 근대언어로 바뀌게 된다. 정작 교환과 관련해서는 이런 논리를 전개하지 않았던 스미스가 언어의 발생과 관련해서는 마르크스와 유사한 논리를 전개한 셈이다.

홉스의 『리바이어던』

스미스에 대한 이해를 돕기 위해 정치학의 시조로 불리는 홉스(Thomas Hobbes, 1588~1679)가 3부작 중의 하나인 『시민론』(*De Cive*, 1642)과 가장 잘 알려진 『리바이어던』(*Leviathan*, 1651)에서 제시한 사상을 살펴보자.

홉 스

첫째, 국가는 아리스토텔레스에서와 같이 자연적이 아니라 인공적이지만 이 체제를 구성하는 원리는 자연법이다. 리바이어던(거대한 바다의 동물) 혹은 정치공동체는 인간이 자연 혹은 신의 기술을 흉내내 만든 가공적인 존재이다. 아리스토텔레스의 주장과 같이 인간이 정치적 동물이기 때문이 아니라 자신의 이익 때문에 사회나 국가를 이룬다. 동물의 공동체는 자연적이지만, 인간의 공동체는 인공적이다.

인간들은 이성이 아니라 신체나 정신 혹은 감성에

있어 자연적으로 동등하며, 이런 동등함이 자신을 보존하려는 욕망의 동등함으로 나타난다. 이로 인해 만인에 대한 만인의 투쟁이 일어나거나 투쟁을 위한 준비에 돌입하게 된다. 인간의 감정 중 죽음에 대한 공포가 인간을 평화로 이끈다면, 이성은 평화유지를 위한 규칙을 알려주는데, 이것이 자연법이다.

자연법은 인간이 자신의 생명과 이를 위한 수단을 보존하는 권리, 즉 자연권을 지켜주는 규칙이다. 이를 위해 자신의 권리를 일부 양도하는 계약과 협약이 요구된다. 계약은 선물주기와 다르며, 신이나 동물과 맺을 수 없다. 각자를 모든 타인과 동일하게 만든다는 조건 아래서 자신의 권리를 리바이어던에게 양도함으로써 정치공동체가 성립한다. 협약은 만인에 대한 만인의 계약으로 여러 개별계약의 복합이며 동시적인 의사표명이다. 자연상태에서 만인에 대한 만인의 투쟁이 나타나므로 이를 방지하기 위한 계약 역시 만인에 대한 만인의 계약이다.

둘째, 국가를 설정하는 원초적인 사회계약은 일상적인 계약을 만인에 대한 만인의 계약으로 확장시킨 것이다. 사회계약은 물건의 매매 등 일상적 계약에서 출발한다. 그러나 양자간의 계약이 아니라 다자간의 계약을 통해 자신의 권리 중 일부를 포기함으로써 국가를 낳는 특수하고 추상적인 계약이다.

현상에 대한 파악은 사물에 대한 이름짓기와 이런 이름들의 연결로 가능하기 때문에 말이나 글이 중요하다. 말 없이는 정치공동체, 사회, 평화, 계약 등 어느 것도 가능하지 않다. 또한 가감승제도 이성의 활동에 속한다. 원인에 대한 지식을 가지지 못하면 사물의 배후에 "여러 가지 보이지 않는 힘"이나 신을 상정하는 미신에 빠지게 된다.

홉스가 인간에서 국가로 나아간 것은 주류경제학이 개인에서 시장으로 나아가는 것과 유사하다. 또한 계약에는 교환도 포함되므로 말의 중요성은 스미스가 언어를 인간과 동물을 구분하는 기준으로 삼은 것과 합치된다. 끝으로 보이지 않는 힘은 스미스의 보이지 않는 손과 비슷하다.

셋째, 공동체가 필요로 하는 영양분은 노동을 통해 토지나 해양으로부터 획득하거나 무역, 전쟁, 노동력 매매 등을 통해 외국으로부터 획득할 수 있다. 의식주 해결이 공동체의 영양공급에 비유된다면, 식민지개척은 공동체의 자식생산이다. 재산은 생명유지의 수단인 의식주를 획득하는 방편이고, 생명과 재산이 각기 목적과 수단이므로, 사유재산은 제한적으로 인정된다. 따라서 의식주의 분배가 사유재산의 시작이다. 법과 정의는 사유재산을 분별하는 데 목적이 있는데, 분배의 첫 번째 대상은 토지이다. 향후 소비를 목적으로 동일한 가치로 물건들을 보관하기 위해 금과 은, 그리고 화폐가 필요하다. 금과 은은 그 자체로 가치를 가지며 그 가치가 변치 않으므로 가치척도이다.

홉스에서 자연법과 이성의 명령이 생명보존으로 이어지고, 생명보존의 수단으로 재산이나 부가 정당화되어, 고전학파가 주창한 자연임금의 개념과 연속성을 보인다.

넷째, 홉스에서 정치체제의 형성이 주제이지만 투박한 경제적 유추도 눈에 띈다. 가령, 권위자의 말에 의탁하는 것이 어리석다고 지적하면서 말이 바보들의 돈이라고 표현했고, 1, 2, 3이라는 숫자의 가치를 운운했으며, 인간의 가치가 그의 가격이라고 했다. 또한 노동을 통해 토지나 해양에서 식량을 획득하는 것을 신이 노동을 받고 식량을 팔았다고 표현했다. 인간이 갈구하는 것이 일단 권력, 부, 지식, 명예로 나뉘나, 궁극적 욕망의 대상은 권력이라고 그는 주장했다. 그런데 부는 관대한 지출이 수반될 때만 권력이 된다. 아리스토텔레스가 재물과 관련해 덕으로 규정했던 것이 홉스에서는 권력으로 이어진다.

3.3 가치이론

가치이론(theory of value)은 가격을 설명하는 데 목표를 두고 있다. 좁게 보면 그것의 대상은 상품이나 재화의 가격이며, 넓게 보면 생산요소의 활동이나 기능에 대한 가격 혹은 소득분배를 포함한다.

가격은 경제의 가장 특징적이고 원초적인 현상이다. 또한 가치이론에서 경제학이 사회철학이나 방법론과 맞닿아 특정 학파나 학자의 세계관이 드러난다. 이런 이유들로 인해 가치이론은 고전학파를 위시한 대부분의 경제학파에서 핵심을 이룬다. 고전학파가 경제사상에 있어 과학성을 인정받은 근거도 가치에 대한 본격적인 분석에서 발견된다. 다만, 케인즈를 위시한 소수의 학파는 가치나 가격에 대한 논의를 다소 경시하고 있다.

신고전학파로 들어오면서 가치이론은 가격이론 혹은 미시경제이론 등으로 불리게 되었다. 넓게 보면 이것도 가치이론의 범주에 포함된다. 그렇지만 가치이론과 가격이론 사이에 차이도 있다. 가치이론은 가격의 결정요인이 가격 그 자체보다 궁극적인 그 무엇이라고 생각하는 데 비해, 가격이론은 가격의 결정요인이 가격과 같은 경험적 수준에서 발견된다고 상정하는 경향이 강하다. 이 점에서 신고전학파는 고전학파를 포함한 과거의 여타 학파와 차이를 보인다.

스미스의 가치이론을 논하기 전에 먼저 고전학파가 인식하지 못했지만 아리스토텔레스, 헤겔 그리고 마르크스가 인식했던 가치이론의 보편적인 요건을 살펴보자. 모든 가치이론은 다양한 상품들에 공통적인 실체나 속성을 상정한다. 이론적으로 수량적인 측정이 가능하기 위해서는 여러 상품들에 동질적인 실체나 속성이 존재해야 한다. 또한 현실적으로 교환이 두 상품의 등치를 의미하는데, 모든 등치에는 동질성이 개입되어 있다. 예를 들어, 한 권의 책과 두 개의 사과가 교환된다면 책과 사과는 동질적인 그 무엇을 나타낸다.

이런 동질화를 흔히 통약(commensuration)이라고 부른다. 이런 동질화가 이루어지면 비로소 수의 장(number field)이 형성되어 양적인 비교, 나아가 가감승제(加減乘除)가 가능해진다.[9)]

이것을 보다 쉽게 이해하기 위해 다른 예를 들어 보자. 책상과 칠판은 그들 사이에 공통적인 속성이나 기준을 세우지 않으면 비교가 불가능하다. 무게든지 길이든지 어떤 기준을 부과해야 비로소 두 물체를 비교할 수 있다. 일단 중량이나 길이라는 기준이 제시되면 칠판이 책상보다 더 무겁다든지 아니면 더 길다든지 하는 수량적 비교가 가능하다. 가감승제는 이보다 더 상세한 수량적인 비교에 불과하다.

다른 예로 두 명의 고등학생이 있는데, 이 학생들을 다양한 세계관을 가진 인간들로 보는 경우, 비교할 필요가 없고 비교도 불가능하다. 그러나 한국의 병적인 현실인 입시경쟁에서는 수능성적에 따라 학생들을 명확하게 숫자로 비교한다. 이런 식의 비교가 상품가치를 논하는 데 전제되어 있다.

그런데 이 공통적인 실체나 성격이 무엇인지에 관해 가치이론마다 견해가 다르다. 크게 보아 고전학파와 마르크스는 이런 실체가 노동이라는 쪽으로 경도되어 있고, 한계효용학파와 신고전학파는 이런 성질로서 효용을 제시했다.

이와 다른 측면으로 가격에 대한 설명은 가격의 역사적 기원이나 가격이라는 사회적 존재 자체와 관련된 부분과 가격의 수량적 크기와 관련된 부분으로 나눌 수 있다. 전자에 대한 관심은 마르크스주의나 오스트리아학파, 그리고 역사학파 등에서만 나타난다. 고전학파와 신고전학파를 위시한 대부분의 학파들은 후자에 초점을 맞추었다.

보다 구체적으로 고전학파 등은 가격 혹은 상품 사이의 교환비율을 결정하는 요인이 무엇인지 밝혀내는 데 중점을 두었다. 여기서 교환비율이란 사과가

---

9) 시장에서 수를 세고 계산하는 것이 수학의 발전을 가져온 것인지 아니면 그 반대인지에 대해서는 논란이 있다.

하나에 2$인데, 책은 권당 20$이면 사과와 책이 10 : 1로 교환되는 것을 의미한다. 이들이 교환비율에 집착하는 경향은 경제현상이 여타 사회현상과 달리 수량적으로 나타난다는 점에서 이해된다. 그렇지만 이런 편향은 가격을 역사적 산물로 보지 않고 있는 그대로 받아들이거나 아니면 적어도 사회적 존재로서 가격을 분석함으로써 얻을 수 있는 여러 가지 통찰을 배제하는 문제를 안고 있다.

이 같이 고전학파는 가격이라는 존재자체를 주어진 것으로 보고, 그것의 수량이나 비율에 대해 초점을 맞추었다는 한계를 안고 있다. 그러나 이런 한계에도 불구하고 고전학파는 가치이론을 처음으로 본격적으로 제시한 학파이다. 고전학파 중에서도 스미스가 이런 작업의 선구자였다.

우선 스미스(와 고전학파)는 전래된 구분에 따라 상품을 필수품, 편의용품, 사치품으로 나누었고, 이들이 모두 사용가치(usc valuc)와 교환가치(exchange value)를 갖는다고 규정했다. 사용가치는 물체의 쓸모를 의미하며, 교환가치는 시장에서 거래될 때 나타나는 가치, 즉 가격을 의미한다. 스미스는 사용가치와 교환가치의 수량적인 불일치를 발견하고 이를 가치론의 출발점으로 삼았다.

이 역설은 원래 질적인 차원에서 아리스토텔레스가 이미 제기했으며, 이후 마르크스가 완전히 재해석했다. 이런 배경 속에서 이 역설은 철학, 사회학, 문화비평 등을 통해 자본주의에 대한 보다 포괄적인 비판의 출발점을 제공했다.[10)] 그런데 스미스(와 고전학파)는 수량적인 측면에 주요 관심을 두었기 때문에 다이아몬드와 물의 역설을 사용가치와 교환가치의 상대적인 수량적 불일치 혹은 비례성의 결여로 이해했다. 이후 전개된 주류경제학에서도 이 역설은 수량적인 차원에서 경제학의 가치이론을 평가하는 시금석이 되었다.

스미스에서 이 같은 불일치는 '다이아몬드와 물의 역설'(paradox of diamonds and water)로 불리었다. 원래 이 역설은 로오(J. Law, 1671~1729)가 앞서 제기했다. 스미스는 이것을 『법학강의』서 간단히 언급했다가 『국부론』에 이르러 본격적으로 부각시켰다. 이 역설에 의하면 사치품인 다이아몬드는 없어도 살 수 있는

10) 이와 관련된 마르크스의 넓은 시각은 루카치나 헬러 등으로 이어졌다. 또한 이 흐름은 사용가치를 자연으로 간주해, 교환가치나 이윤 위주의 자본주의가 생태계 유지에 어려움을 겪는다는 논리로 발전하면서 최근의 생태사회주의(ecosocialism)와 연결된다. 뿐만 아니라 보들리야르(J. Baudrillard) 등에 이르러 베블렌(T. Veblen)과 결합되는 방향으로 사용가치가 재해석되고 자본주의문화에 대한 기호학적인 비판의 기초를 제공했다. 이런 다양한 사고는 사용가치개념을 어떻게 설정하느냐에 달려 있다.

데, 시장에서 비싸게 팔린다. 이에 비해, 필수품인 물은 없으면 살 수 없는데, 시장에서 싸게 팔린다. 즉, 전자는 사용가치가 낮은데 교환가치가 높고, 후자는 그 반대이다.

이 역설을 설명하기 위한 스미스의 가치이론은 두 가지 과제로 구성되어 있다. 우선 스미스는 자연가격과 시장가격을 구분했다. 스미스는 장기적으로 시장을 지배하지만 우리가 관찰하기 힘든 가격을 자연가격(natural price)으로, 단기적으로 우리가 관찰할 수 있는 가격을 시장가격(market price)으로 각기 호칭했다. 스미스는 자연가격이 궁극적이라고 보아 자연가격의 결정요인 규명을 첫 번째 과제로 삼았으며, 자연가격과 시장가격의 관계에 대한 설명을 두 번째 과제로 설정했다.

이 같은 스미스의 문제설정 방식이 고전학파 전체를 지배하게 되었다. 좁은 의미의 가치론은 첫 번째에 국한되며, 고전학파 내의 이견이나 고전학파와 다른 학파 사이의 이견도 주로 첫 번째와 관련되어 있다. 이에 따라 첫 번째부터 설명해 보자.

돕(M. Dobb, 1900~1976)에 의하면 스미스가 제시한 이론은 투하노동가치이론(theory of embodied labour), 지배노동가치이론(theory of labour command), 생산비이론(adding-up theory) 세 가지이다. 이 세 가지 가치이론은 생산에 초점을 둔다는 공통점을 가지지만 구체적인 내용에 있어 상당한 차이를 보인다. 이것은 스미스가 하나의 가치이론을 일관되게 제시하지 못했음을 의미한다.

돕

3.3.1 투하노동가치이론

이 이론은 특정 상품에 투하된 노동량이 그 상품의 가치를 결정하고, 상품들 사이의 교환비율을 결정한다고 주장한다. 여기서 투하노동은 노동자나 생산자가 현재의 생산활동을 통해 직접적으로 투입한 노동에 국한되지 않는다. 생산과정에서 소비된 원료 및 연료, 그리고 도구 및 기계의 소모부분을 생산하기 위해 과거에 (해당 노동자나) 여타 노동자가 투입한 노동을 포함한다.

예를 들어, 사슴을 잡는 데 2시간 걸리고 해리(海狸)를 잡는 데 1시간 걸리면,

시장에서는 사슴 1마리와 해리 2마리가 교환된다. 사슴을 잡는 데 투하된 노동 2시간에는 사냥꾼의 노동 1시간뿐만 아니라 소비된 화살을 만드는 데 투입된 노동 0.5시간을 포함한다. 끝으로 사용된 활을 만드는 데 50시간의 노동이 소요되었고 이 활로 100마리를 잡을 수 있다면, 이 사냥으로 활의 가치 중 감각상각된 50/100 혹은 0.5시간도 투하노동에 포함된다.

투하노동가치이론이 어떤 경로로 스미스 등에서 중요한 이론으로 자리잡게 되었는지에 대해서는 여러 가지 주장이 있다. 재산을 노동으로 정당화한 로크의 논리에서부터 투하노동가치론이 도입되기 시작했다는 주장이 유력하다. 로크는 특정인이 노동으로 개간해서 경작할 수 있는 부분이 그의 재산이 될 수 있다고 주장해 부르주아사회의 기반인 사유재산을 정당화했다. 또한 스미스도 투입된 노동을 경제주체의 재산이나 빈부, 나아가 권력의 척도나 소유를 정당화하는 근거로 활용한 부분이 있다.[11)]

그런데 스미스는 자본이 축적되고 토지가 사유화되면 상황이 달라진다고 주장하면서, 투하노동가치이론의 유효성을 전근대적인 사회에 국한시켰다. 스미스에서 적용범위가 제한적이었던 투하노동가치이론이 하나의 확고한 이론으로 발전한 것은 비로소 리카도에 이르러서이다. 물론 스미스의 투하노동가치이론이 이런 이론적 발전에 시발점을 제공했다.

3.3.2 지배노동가치이론

지배노동가치이론에 의하면 상품의 가치는 투하된 노동량이 아니라 그 상품이 지배하거나 동원할 수 있는 노동량에 의해 결정된다. 노동자의 생계유지를 위해 필요한 사용가치가 존재하고 노동자 1인이 하룻동안에 소비하는 필수품의 수량이 정해져 있다고 하자. 지배노동은 필수품인 상품을 가지고 부릴 수 있는 노동자의 숫자나 노동시간을 의미한다. 그리고 이런 노동시간이 해당 상품의 가

---

11) 스승들이 가치의 주관적 성격을 강조했음에도 불구하고 스미스가 노동가치론으로 기울어진 이유로 그가 불변의 가치척도에 관심을 두었기 때문이라는 해석이 있다. 스미스가 성장이론 등을 포함해 자신의 전 체계를 꿰뚫는 논리를 원했기 때문에 가치척도에 관심을 기울이게 되었다는 것이다. 이것은 리카도에 대해 스라파가 제시한 해석과 동일하다. 또 다른 해석에 따르면 스미스가 잡다한 가치론들을 종합하지 않은 채 제시한 것 역시 그가 가치론 자체보다 가치척도에 관심을 가졌기 때문이다.

치를 결정한다는 것이다.

봉건적인 신분의 구속이나 강제가 없는 상태에서 자본가가 노동자를 지배할 수 있는 방법은 그들의 생계물자를 제공하는 것이다. 대표적인 필수품이 밀이나 쌀 등의 곡식이라면, 지배노동은 1) 사용가치로 보아 특정 수량의 곡식으로 먹일 수 있는 노동자 숫자나 부릴 수 있는 노동시간 혹은, 2) 교환가치로 보아 이 상품의 가격과 임금의 비율이 된다.

가령, 쌀 1가마로 노동자 5명을 15일 동안 먹일 수 있고 노동자가 하루 8시간씩 일한다면, 쌀 1가마의 지배노동가치는 5명 혹은 5(명)×15(일)×8(시간)=600(시간)이다. 혹은 시장에서 쌀 1가마에 20만원이고 시간당 임금이 3백 30원이면, 쌀 1가마의 궁극적인 가치는 지배노동량인 600시간이다.[12)]

우선 스미스 자신이 종종 혼동했지만 지배노동가치와 투하노동가치는 동일하지 않다. 투하노동가치설에 의하면 교환에 앞서 생산과정에 투입된 노동량이 가격을 결정한다면, 지배노동가치설은 사용가치로서 필수품의 성격이나 노동과 상품의 교환에 초점을 둔다. 일반적으로 상품 한 단위에 포함된 노동량은 그 상품이 지배하는 노동량과 같지 않다.

역사적으로 보면 특정 사회의 생산성이 어느 정도 증가하면 잉여생산물이 존재해 사회구성원 중 일부의 노동이 전체 인구를 먹여 살린다. 가령, 10명을 먹일 수 있는 식량이 10명 이하의 직접노동으로 생산된다. 그런데 투하노동을 계산하는 데 추가되는 노동수단이나 원료 등의 노동가치가 지배노동량과 직접적으로 투입된 노동량의 차이와 일치된다는 보장이 없다. 그러므로 지배노동은 투하노동과 별개이다.

둘째, 지배노동가치가 상품의 가격을 단위당 화폐임금으로 나눈 데 불과하다고 해석하면 지배노동가치이론은 동어반복이 된다. 즉, 지배노동가치의 비율은 $(p_1/w)/(p_2/w)$인데, 이는 p_1/p_2과 다를 바 없다. 그러므로 전자를 가지고 후자를 설명한다는 것은 B를 가지고 A를 설명하는 것이 아니라 A를 가지고 A를 설명하는 것과 같다. 이렇게 해석하는 경우 지배노동가치는 그것의 타당성 여부와 관계없이 가치이론으로서의 요건을 갖추지 못한 논리가 된다. 이 점에서 투하노동가치는 지배노동가치와 지위가 다르다. 그렇다면 어떤 문맥에서 지배노동가치

12) 예시된 숫자의 비현실성은 근대에 들어 노동자들이 소비하는 필수품들이 늘어나 식량 이외에 의류 등을 포함하는 것으로 해명할 수 있다.

이론을 보다 긍정적으로 이해할 수 있는가?

스미스를 포함한 상당수의 고전학파 경제학자들은 경제성장 및 발전의 문제를 중시했고 이를 위해 자본축적(capital accumulation)을 우선과제로 생각했다. 그런데 생산적으로 활용될 노동이 자본축적의 원동력으로 중요하다. 이런 관점에서 어떤 상품이 어느 정도 가치 있느냐는 그 상품이 경제발전의 원동력이 되는 노동자 몇 명에게 생계를 제공해 이들을 고용하거나 동원할 수 있느냐로 결정된다.

이런 생각은 스미스에 앞서 칸틸롱이 토지의 가치를 토지의 생산물로 생계를 유지할 수 있는 노동자의 숫자로 정의한 것과 유사하다. 사실 경제의 목표가 보다 많은 구성원의 생계유지에 있다는 생각은 스미스 이전부터 존재했다. 다만, 국민 전체의 생계가 노동자의 생계로 전환된 것이 스미스 등에서 새로운 부분이다.

스미스가 지배노동을 홉스의 권력에 비유한 것도 비슷한 문맥에서 이해할 필요가 있다. 이는 자본주의에서 신분관계에 의탁해 타인에게 명령할 수 없으므로 생필품을 가지고 노동자를 고용할 수 있는 힘이 바로 권력임을 시사한다. 여기서 노동자의 고용은 노동자의 생계유지를 전제하므로 생계유지가 가능한 인구를 의미한다.

또한 특정상품 한 단위가 지배할 수 있는 노동량으로 정의되는 지배노동을 뒤집으면 동질적 노동 한 단위가 획득할 수 있는 상품의 수량을 의미한다. 이것은 노동자의 생활수준을 나타내기도 한다.[13] 그러나 노동자의 임금이 생계수준에서 유지된다는 입장에 집착했기 때문에 고전학파에서 물질적 풍요는 노동자의 생활수준 향상이라기보다 고용증대 및 이로 인한 인구증가로 규정되었다.

이미 언급한 바와 같이 스미스는 이전부터 인정되던 필수품, 편의품, 사치품의 구분을 즐겨 사용했다. 그런데 이 구분은 인간의 욕망과 이를 충족시키는 사용가치의 관점에서 사전적으로 상품들을 차등화한 것이다. 여기서 노동자를 고용하기 위해 요구되는 임금재에는 필수품과 편의품이 포함되나 사치품은 제외된다. 이런 해석에 의하면 다이아몬드는 교환가치가 아무리 높더라도 사치품

13) 이 논리를 따르면 일정기간 동안 노동자가 필요로 하는 필수품들은 고정된 비율에 따라 가치를 부여받는다. 가령, 노동자 가족이 하루에 쌀 1킬로그램과 채소 0.5킬로그램을 필요로 한다면 쌀과 채소의 1킬로그램당 지배노동은 1명과 2명이다. 또한 쌀 10킬로그램과 채소 5킬로그램을 가진 자본가는 노동자 10명을 1일 동안 고용할 수 있다.

으로서 고용, 생계 및 인구증가와 무관하므로 그것의 지배노동가치는 영에 가깝다.

이 같이 지배노동가치설은 단순히 특정 상품의 화폐가격을 화폐임금으로 나눈 기술적인 개념이 아니라 노동자의 고용, 생계유지 및 인구증가, 욕망 및 사용가치의 순서 등과 연계되어 있다. 이렇게 보면 지배노동가치는 동어반복이 아니라, 보다 많은 인간의 생계유지와 인구증가를 경제의 보편적이고 자연스런 목표로 전제하고 이 기준에 따라 상품가치를 따진 것으로 이해할 수 있다.

스미스의 지배노동가치이론에 대해 마르크스는 보편적 차원이 아니라 자본주의의 고유성과 연결시켜 해석했다. 마르크스는 스미스가 투하노동과 함께 지배노동을 주장한 것이 착취와 잉여가치의 존재를 직감한 것이라고 주장하면서, 스미스를 리카도보다 높게 평가했다. 비록 스미스가 착취나 잉여가치를 개념화하지는 못했지만 지배노동과 투하노동의 차이를 제시해 착취의 산물인 잉여가치의 존재를 예감했다는 것이다.

이후의 흐름을 보면 실재론으로 경도된 리카도가 투하노동가치설을 일관되게 적용하면서 지배노동가치이론을 거부한 반면, 명목론으로 기울어진 맬더스는 투하노동가치설보다 지배노동가치이론에 집착했다. 20세기 들어서는 케인즈가 거시경제를 분석하면서 집계변수를 설정할 필요가 있었고, 이 과정에서 물가, 소비, 투자 개념 등의 난점을 지적하면서 이들을 실질변수로 만드는 데 지배노동가치를 활용했다. 가령, 그는 소비를 소비액/임금으로 변형시켰다. 그러나 케인지언 거시경제학은 이를 받아들이지 않았다.

3.3.3 생산비설

생산비설에 의하면 자연가격은 자연임금, 일반이윤율, 그리고 지대로 구성되어 있으며, 나아가 자연가격이 이들에 의해 결정된다. 자연임금, 일반이윤율, 그리고 지대가 어떻게 규정되는지, 그리고 지대가 자연가격에 포함되는지 등에 대해서는 나중에 설명할 것이다. 여기서는 임금, 이윤, 지대를 장기적으로 노동, 자본, 토지 등 생산요소에 주어지는 소득으로 간주하면 자연가격이 이들의 합으로 규정된다는 점을 지적하는 데 그치고자 한다.

생산비설은 투하노동이든 지배노동이든 노동이 아니라 화폐로 표시되는 비용으로 가격을 설명한다. 이 학설은 노동가치이론과 독립적이지만 소비나 수요에 대한 고려 없이 생산이나 공급에 의존해 가격을 설명한다는 점에서 여전히 고전학파의 특징적인 논리이다. 나중에 등장한 신고전학파는 생산이나 공급에 소비나 수요를 추가시켰고 이것에 중점을 두었다는 점에서 고전학파와 구분된다.

생산비설은 리카도에 이르러 고전학파의 가격방정식으로 발전한다. 그렇지만 생산비설은 임금, 이윤, 그리고 지대에 대한 설명, 즉 분배이론이 명확히 제시되지 않는 한 불완전한 가치이론으로 남게 된다. 이후에 설명하는 바와 같이 스미스를 포함한 고전학파는 임금, 이윤, 지대의 결정요인을 설명하는 데 있어 일관되거나 일치된 견해를 제시하지 못했다. 그러므로 생산비설은 고전학파 내에서 다소 불완전한 상태로 남아 있게 된다.

3.3.4 가치이론에 대한 요약

스미스는 자신이 제기했던 물과 다이아몬드의 역설을 가치이론들을 통해 해명했는가? 이에 대해 우리는 긍정적일 수 없다. 다이아몬드 자체에 노동이 많이 투입되어 있지 않지만 다이아몬드를 찾아다니는 데 많은 노동이 지출되었다고 말해 투하노동가치이론에 집착하는 방식의 해명은 다소 궁색하다.

지배노동가치이론에서 다이아몬드와 같은 사치품의 가치는 영에 가깝다. 이렇게 되면 노동자가 필요로 하지 않는 사치품인 다이아몬드가 다량의 노동과 교환되는 현상을 설명할 수 없다. 지배노동가치이론을 가지고 다이아몬드의 가격을 이 같이 높이는 시장을 비판할 수는 있다. 그러나 현상으로서 다이아몬드와 물의 역설을 설명하지는 못한다.

생산비이론은 어느 정도의 설명능력을 가진다. 그러나 소비나 수요의 비합리성을 고려해 고전학파의 사용가치 개념을 재해석해야 비로소 역설에 대한 충실한 해명이 가능하다. 사실 스미스는 지대를 논의하는 과정에서 귀금속 등의 교환가치를 결정하는 요인들로 유용성 이외에 희소성이나 아름다움을 언급했다.

이 같이 스미스의 가치이론은 일관된 체계를 유지하지 못한 채 서로 다른 이론들의 모음으로 구성되어 있다. 그는 가치이론뿐만 아니라 여타 이론분야에서도 이 같은 문제를 안고 있다. 이미 언급한 바와 같이 이론체계의 중요한 미덕이나 평가기준이 일관성이나 정합성인데, 그의 가치이론은 이 점에서 부족함이 있다.

그러나 새로운 이론의 창조과정에 수반된 산고를 무시한 채 선구자에게 정합성이나 일관성까지 요구하는 것은 과도하다. 선구적인 학자는 자신의 사고를 구축해 나가는 과정에서 견고한 전통에 부딪혀 끊임없이 좌절하고 방황하기 때문에 일관성을 유지하기가 힘들다. 이런 문제는 스미스뿐만 아니라 마르크스나 케인즈에도 나타난다. 또한 경제학뿐만 아니라 철학(가령, 아리스토텔레스)이나 예술분야(가령, 고전음악에서 바하) 등 여타 분야에서도 발견된다.

이 같이 학계뿐만 아니라 모든 분야의 선구자에게 이와 같은 어려움이 붙어다닌다. 이런 식의 흔들림은 흔히 특정 학자의 초기사상과 후기사상 사이에 괴리를 낳기도 한다. 더구나 스미스와 같이 새로 학문 자체를 개척하는 경우 그 어려움은 더욱 컸을 것이다.

사실 경제학뿐만 아니라 모든 분야에 있어 선구자에게는 정합성이나 일관성보다 풍요로운 사고가 흔히 강점으로 간주된다. 바로 이런 풍요로움으로 인해 후세의 학자들은 선구자가 제시한 여러 가지 주장들 중 하나를 붙들고 각자의 방향으로 일관된 논리를 전개할 수 있게 된다. 이렇게 보면 일관성이나 정합성은 학자의 사고발전이나 학문의 역사를 놓고 볼 때 초기나 말기가 아니라 중기나 성숙기에 요구되는 제한적인 덕목이다.

3.3.5 자연가격과 시장가격

이제 자연가격과 시장가격의 관계에 대해 논의하자. 이 구분은 로크나 칸틸롱 등이 이미 시사했으나 명확하게 개념화한 학자는 스미스였다. 스미스가 제시한 양자의 관계는 고전학파 전체에 걸쳐 큰 변동 없이 유지되었다. 시장에서 상품(과 생산요소)의 가치를 화폐의 수량으로 표시하면 가격이 된다. 그런데 시장가격은 단기에 수시로 변동하면서 시장에서 나타나는 가격이며, 자연가격은 장기간에 걸쳐 시장가격을 지배하는 배후의 가격으로 설정된다.

우선 국가단위의 시장이 형성되면서 가격은 치열한 경쟁의 촉진제이자 동시에 그 결과가 된다. 사회구성원들이 특정 지역이나 특정 신분에 대대손손 머무는 봉건사회에 대비해 근대사회에서 나타나는 두드러진 외견상 특징이 경쟁이다. 자본주의경제에서 일어나는 여러 종류의 경쟁 중 여기서 중요한 것은 소비자 및 생산자들의 경쟁과 노동, 자본, 토지 등 생산요소들의 경쟁이다. 이런 경쟁은 상품과 생산요소의 이동성(mobility)으로 나타나며, 법적으로는 거주이전이나 여행의 자유가 이에 상응한다.[14)]

상품과 생산요소는 그 종류와 주어진 기간에 따라 이동성에 있어 차이를 보인다. 그런데 상품이나 요소의 이동성이 자연적/물리적/기술적 요인보다 사회/역사적 요인에 의해 규정된다는 점이 보다 중요하다. 구체적으로 교통과 통신의 발전은 경쟁의 전제요건에 불과하며 법적이거나 제도적 여건이 더 중요하다. 또한 상품과 생산요소의 이동성은 물리적 이동보다 소유권의 이전이나 경제적 용도의 변경을 뜻한다. 가령, 토지는 물리적으로 전혀 이동할 수 없지만 그 용도는 얼마든지 바뀔 수 있다. 이렇게 보면 노동이나 자본보다 비록 속도는 떨어지지만 토지도 이동한다고 말할 수 있다.

상품의 이동은 동일 상품에 대해 지역 등과 무관하게 가격이 비슷해지는 일물일가(一物一價; uniform price)의 법칙을 낳는다. 동일 상품에 대해 서로 다른 지역에서 가격이 다르면, 소비자의 수요는 가격이 낮은 지역으로 이동하고, 생산자의 공급은 가격이 높은 지역으로 이동한다. 이렇게 되면 원래 낮았던 가격이 상승하고 높았던 가격이 하락해 양 지역의 가격이 평균적인 수준으로 수렴한다. 이런 의미에서 일물일가의 경향이 존재한다.[15)]

노동이든 자본이든 토지든 생산요소들은 그들에게 주어지는 소득의 차이에 따라 이동한다. 특정 산업에서 어떤 이유로든 수요와 공급이 일치하지 않으면, 시장가격이 변동한다. 이것이 임금, 이윤, 지대를 변동시키며, 이런 변동이 노동, 자본, 토지가 이동하도록 자극한다. 물론 생산요소의 이동은 생산량을 변화시키는 방식들 중 재고조정이나 가동률변동보다 장기적인 조정방식이다. 고전학파는

---

14) 생산자원이나 생산요소라는 표현이 중립적이지 않기 때문에 노동, 자본, 토지를 묶어 어떤 말로 표현해야 할지 애매하다. 노동을 자원이나 요소로 규정하는 것이 부당할 수 있고, 인적자원이나 인적자본이란 표현은 다수의 입장에서 더욱 부당하다. 또한 토지를 자원으로 보는 것도 환경주의자의 입장에서 옳지 않다. 끝으로 마르크스의 시각에서 보면 자본을 자원이나 요소로 표현하는 것은 자본이 현실경제에서 가지는 의미를 축소시키는 오류를 안고 있다. 이런 어려움에도 불구하고 각 학파마다 표현을 달리하는 것이 오히려 혼란을 초래하기 때문에 이후 논의에서는 생산요소라는 용어를 주로 사용하고 있다.

15) 현실적으로 성숙된 시장에서도 상품의 질적인 차이, 고객이나 지역에 따른 가격차별(price discrimination), 시장분할(market segmentation) 등을 간과할 수 없다. 고전학파가 이런 것들을 상대적으로 등한시한 것은 사실이다. 그러나 상품이나 고객의 질적인 차이에 대한 이론적인 분석은 어떤 경제학파에게도 쉽지 않다.

단기적 조정보다 장기적 조정에 초점을 두었다.[16)]

스미스(와 고전학파)에 의하면, 생산요소의 이런 움직임은 다른 조건이 같을 경우 여러 직종간에 시간당 임금을 비슷하게 만들어 자연임금 수준에 이르게 한다. 또한 산업간에 이윤율을 균등화해 일반이윤율(general rate of profit)을 형성하는 경향이 있다. 끝으로, 이런 움직임이 지대가 발생하는 기반을 제공한다.

이렇게 되면서 각 산업에서는 해당 생산물의 수요와 공급이 동일해진다. 이럴 때 시장을 지배하는 가격이 자연가격이다. 이와 대조적으로 시장의 구체적인 상황에서 일상적으로 관찰되는 임금, 이윤 그리고 지대로 구성되는 가격이 시장가격이다.

그렇다면 자연가격은 어떤 의미에서 자연스러운가? 혹은 상업사회와 시장을 강조한 스미스가 시장에서 시시각각 나타나는 시장가격이 자연스럽지 못하다고 생각했는가? 스미스에 의하면 자애심이 인간의 본성이며 이런 본성에서 나온 자연스런 행위가 교환이므로, 경쟁 역시 자연스럽다. 자연가격이나 시장가격이나 모두 인간의 본성에서 우러난 교환과 경쟁의 결과이므로 존재나 범주로 보아 모두 자연스러울 수밖에 없다.

그러나 시장가격은 요소의 이동이 충분히 이루어질 정도로 시간이 부여되지 않아 수량적으로 산업들이 자연스런 비율에 이르지 못한 상황을 나타낸다. 비율의 자연성에 대해서는 이미 그리스 철학자들이 언급한 바 있다. 이와 달리 자연가격은 경쟁이 충분히 진행되어 존재 자체로서뿐만 아니라 적절한 비율이라는 양적인 측면에서도 자연스럽다. 요컨대 스미스에 있어 자연가격과 시장가격은 범주나 존재 자체의 자연성이 아니라 비율과 수량 차원의 자연성으로 구분된다.

후세의 학자들은 스미스 자신의 표현에서 착안해 이런 생산요소의 이동, 보수의 균등화, 그리고 시장가격이 자연가격을 향해 움직이는 과정을 중력운동 혹은 구심운동(求心運動; gravitation)으로 규정했다. 또한 이들은 자연임금과 일반이윤율로 규정되는 자연가격을 구심점(求心點; center of gravity)으로 정의했다.

이와 관련해 고전학파와 신고전학파를 비교할 필요가 있다. 고전학파의 구심운동과 구심점은 신고전학파의 초석인 왈라지언 일반균형 체계(Walrasian

---

16) 이 점에서 케인즈의 단기적 접근은 고전학파와 차이를 보인다. 또한 고전학파를 위시한 주류경제학이 가격조정에 초점을 두었다면, 케인즈는 수량조정에 초점을 두었다.

general equilibrium system)에서 모색과정(tâtonnement) 및 균형에 각기 상응한다. 일반균형이론에서는 모든 재화와 생산요소 시장에서 수요량 및 공급량의 변동과 가격변동에 의해 동시에 균형이 달성된다. 또한 균형거래량과 균형가격으로 규정되는 균형에서 경제는 최적상태를 달성한다.

그런데 신고전학파는 모색과정보다 균형이라는 결과를 강조해 정태적이다. 이와 달리 고전학파는 구심점이라는 결과보다 구심운동이라는 과정을 중시해 동태적이다. 이와 연결된 것으로 고전학파에서 가격과 경제의 변동이 역사적(historical) 시간이나 실제(calendar) 시간 속에서 진행된다면, 신고전학파에서는 이런 변동이 가상적이거나 추상적(abstract) 시간 속에서 진행된다. 왈라지언 체계는 균형을 강조하면서 균형에 이르기까지 조정이 일어날 뿐 거래 등 경제활동이 일어나지 않는다는 가공적인 논리를 필요로 한다. 이 체계에서는 조정도 가상적 시간 속에서 진행되는 셈이다.

뿐만 아니라 가격의 기능에 관해서도 양자 사이에 차이가 있다. 우선 고전학파가 소비나 수요보다 생산이나 공급을 강조한 데 비해, 신고전학파는 전자를 강조하거나 아니면 적어도 양자 모두를 중시한다. 노동자의 임금재 소비비율 등이 고정되어 있어 고전학파에서 수요는 가격변동에 민감하지 않다. 오히려 소득변동에 따라 임금재 전체의 규모가 비례적으로 늘거나 준다. 이에 비해 신고전학파는 마샬 이래로 수요와 공급 양측을 고려하며, 수요측면에서도 소비자가 가격변동에 대해 민감하다고 상정한다.

예를 들어, 고전학파에 의하면 쌀과 옷의 가격이 어느 정도 변하더라도 실질소득이 크게 변동하지 않는다면, 임금재의 구성비율이 가령, [3 4]에서 [4 3]으로 변동하지 않는다. 반면 소득이 변하면 가령, [3 4]에서 [4.5 6] = 1.5[3 4]로 변동해 그 구성비율은 유지한 채 규모가 변동한다. 고전학파가 공급측면에서의 일방적 조정을 강조한다면, 신고전학파는 수요와 공급 양측에서 조정을 허용한다. 이 점은 교과서에 나오는 수요곡선과 공급곡선의 교차에서 쉽게 확인할 수 있다.[17)]

---

17) 앞서 가격정화조정장치를 논하면서 중상주의와 달리 고전학파가 수출품과 수입품의 공급뿐만 아니라 수요에 대해 높은 가격탄력성을 가정했다고 전제했다. 이 경우 가격변동은 수출품이나 수입품 전체에 영향을 주는 물가변동에 가깝다. 이는 평가절하나 평가절상으로 실질소득의 상당한 변동을 초래하므로 상대가격의 변동과 구분된다. 결국 수출입과 관련된 가격탄력성은 물가변동과 이에 수반된 실질소득의 변동으로 인해 발생하는 수출품

이와 관련해 신고전학파는 소비와 생산 양측에서 완벽한 대체(substitution)가 이루어진다고 생각하는 데 비해, 고전학파는 그렇지 않다. 이에 대해 보다 상세히 논의할 필요가 있다.

우선 신고전학파가 강조하는 대체는 소비나 생산에 있어 가격변동에 따라 특정 재화나 생산요소 대신 다른 재화나 생산요소를 활용할 수 있는 가능성을 표현한다. 소비행위를 나타내는 무차별곡선과 가격선에서 알 수 있듯이, 대체는 특정 재화의 가격이 상승하면 이 재화 대신 다른 재화를 구입해 효용의 상실을 최소화하고 보상을 최대화하는 것을 의미한다. 가령, 우리나라에서 교육서비스는 등록금 등 가격변동에도 불구하고 다른 재화로 거의 대체할 수 없다. 그런데 이런 반증사례는 가격탄력성이 낮은 경우로 규정해 수용한다.

또한 등생산물곡선과 생산요소의 가격선 사이에 접점을 통해 표현되듯이, 생산에 있어 대체는 임금이나 이자가 변동하면 생산자들이 노동집약적이거나 자본집약적인 기술을 선택하는 것을 의미한다. 이는 개인이 상당한 선택의 폭을 가지며, 경제가 전체적으로 외부의 충격을 맞아 상당한 적응능력을 가지고 있음을 뜻한다.

다른 예로 에너지와 관련해 석유의 매장량이 정해져 있어 곧 고갈되리라는 비관론이 나오면, 이에 대해 신고전학파는 대체개념에 의존해 반박할 수 있다. 즉, 유가가 상승하면서 이에 대한 소비가 억제되고, 다른 에너지가 활용되며, 궁극적으로는 "대체" 에너지가 개발될 수도 있다. 이런 맥락에서 대체는 신고전학파에 고유한 핵심개념 중 하나이다.

고전학파에 의하면 노동자나 소비자 개인들 사이에 임금재나 소비재의 선호가 크게 다르지 않으며, 특정 시점에서 경제주체가 생계를 위해 필요로 하는 임금재의 종류와 수량이 주어져 있다. 혹은 노동자를 포함한 경제주체의 소비가 각자의 사회적 지위나 품위유지 등에 의해 미리 결정되므로, 이들의 서로 다른 수요가 가격변동에 대해 상대적으로 둔감하다.

고전학파는 재화들 사이에 우선순위를 부여하지만 대체가능성이나 가격탄력성은 별로 인정하지 않았다. 임금재의 종류가 다양해지고 수량이 많아지는 데 상당기간이 요구되므로, 주어진 시점에서 가격변동에 따라 임금재의 구성비율이 크게 변동하지 않는다고 보았다. 이와 비슷하게 생산에서는 특정 시점에 특정

목이나 수입품목 전체에 대한 일률적인 수요변동을 나타낸다.

산업에서 지배적으로 활용되는 기술이 주로 한두 가지로 정해져 있어 노동과 자본의 결합비율에 가변성을 부여하지 않았다. 따라서 고전학파에서는 요소가격의 변동으로 인한 생산요소의 대체도 크게 나타나지 않는다.

3.4 분배이론

먼저 소득분배와 관련된 스미스 및 고전학파의 문제상황을 이해할 필요가 있다. 분배와 관련된 가장 근본적인 문제는 생산요소나 재산자체의 분배이다. 다시 말해, 생산요소들 중 인적 요소인 노동보다 물적 요소인 토지와 자본을 대상으로 공유나 사유를 결정하고, 사유인 경우 사회구성원들 사이에 어떻게 나눌지 결정해야 한다. 생산요소의 분배가 정당하면, 그로부터 나오는 소득도 정당하다. 그러므로 생산요소의 분배에 대한 논의에서 소득범주의 정당성을 도출할 수 있다. 이 점에서 소득범주는 생산요소의 소유자들에게 부여되는 소득의 수량이나 비율보다 근본적이다.

생산요소 혹은 생산수단의 분배나 특정 소득의 정당성 문제를 가장 근원적으로 파고든 사람은 마르크스였다. 그러나 고대 철학이나 로크나 루소 등 근대 정치사상, 그리고 롤즈(J. Rawls)나 노직(R. Nozick)과 같은 현대 사회철학자나 정치학자들이 생산요소나 재산의 분배를 지속적으로 논의하고 있다.

고전학파를 포함한 주류경제학은 사유재산이나 생산요소의 분배를 주어진 것으로 받아들여, 이에 대해 의문을 제기하지 않았다. 같은 이유로 여러 생산요소에서 발생하는 소득들의 정당성을 크게 문제삼지도 않았다.

대신 고전학파는 소득의 수량과 소득들의 상대적인 비율 등 수량적인 문제에 관심을 두었다. 즉, 각종 소득의 결정요인 규명, 현재의 분배상황과 추세에 대한 진단, 그리고 이에 대한 규범적 판단에 초점을 맞추었다. 부차적이지만 대부분 학파와 마찬가지로 고전학파도 인적인 요소인 노동과 관련된 교육 그리고 과도한 소득 및 재산의 불평등을 완화하기 위한 조세정책 등을 다루었다.

보다 구체적으로 스미스를 필두로 고전학파는 노동, 자본, 토지라는 세 가지 생산요소의 기능 혹은 서비스에 대해 이들의 소유자 혹은 소유계급인 노동자, 자본가, 지주에게 대가로 지불되는 임금, 이윤, 지대의 결정요인과 추세를 집중

소득환산의 단위와 동질성

미시차원에서 비용으로 간주될 때 이들 소득은 시간당이거나 1인당 임금 혹은 임금률이나 단순히 임금, 단위 자본당 이윤 혹은 이윤율, 단위 면적당 지대, 단위당 이자 혹은 이자율 등으로 개념화된다. 거시차원에서는 단위당 소득이 아니라 총임금, 총이윤, 총지대 등이 중요하다. 더불어 단위당 소득을 정의하기 위해서는 생산요소들을 동질화해야 한다. 이자의 모체인 화폐(자본)는 이미 동질화되어 있지만, 토지, 노동, 생산자본은 그렇지 않다. 비옥함과 위치에 있어 차이가 나는 토지, 전문직 종사자의 노동과 미숙련노동, 기계, 사무실, 책상 등 자본재들의 이질성 등이 이를 말해 준다. 동양에서 정전제(正田制)나 정약용의 여전제(閭田制)는 이질적인 토지를 놓고 어떻게 백성들에게 나누어 주느냐는 고민의 산물이었다. 서양의 경제사상과 토지를 이차적인 생산요소로 제외하더라도 노동의 이질성은 노동가치이론에 상당한 어려움을 준다. 무엇보다 자본의 이질성과 동질적인 자본수량의 부재가 신고전학파에게 심각한 난제를 던지고 있다는 것이 자본논쟁에서 확인되었다.

적으로 논의했다. 여기서 스미스(와 고전학파)는 노동자-노동-임금, 자본가-자본-이윤, 지주-토지-지대의 일대일 대응을 설정했다. 자본을 생산자본과 은행자본 혹은 금융자본으로 구분했을 때 후자에 발생하는 것이 이자이므로, 생산자본에서 발생하는 이윤과 달리 이차적인 소득으로 간주했다.[18)]

미시적으로 보면, 임금, 이윤, 지대, 그리고 이자 등은 개별상품의 가격을 구성하거나 결정하는 요인이고, 거시적으로 보면 국민소득을 구성하고 결정한다. 개별상품을 생산하기 위해 일반적으로 토지, 노동, 생산자본, 금융자본이 동원되고, 이에 대한 보수로 이런 소득이 지불되므로, 이들이 상품생산에 수반되는 비용을 이룬다. 또한 국민경제 전체로 보면, 이들 네 가지 소득 이외에 다른 소득이 존재하지 않으므로 이들을 계급이나 계층별로 합산하면 총부가가치 혹은 국

---

18) 모든 생산요소의 가치는 저량과 유량의 관점에서 파악할 수 있다. 예상되는 지대를 할인해 합산하면, 토지의 가치가 나오고, 이것이 지가에 상응한다. 또한 예상되는 이윤을 할인해 합산하면, 자본의 가치가 나온다. 더불어 예상되는 이자수익을 할인해 합산하면, 채권가격을 얻을 수 있다. 끝으로, 예상되는 임금을 합산하면 노동자 혹은 노예의 가치가 된다. 노예제도가 법적으로 금지되어 있기 때문에 노동자의 가치나 가격이 법적으로나 시장에서 존재하지 않는다. 그러나 양형(量刑)을 통한 보상액 책정이나 보험금 산정 등에서 현실적으로 이런 계산이 이루어진다. 생산요소와 관련된 두 가지 가격은 화폐와 관련된 물가와 이자뿐만 아니라 내구재에 존재하는 신제품가격과 중고품가격과도 구분된다.

민소득이 된다.

생산요소	토 지	노 동	자 본
계 급	지 주	노동자	자본가
소 득	지 대	임 금	이 윤

19세기 말까지 서양사상에서는 토지를 자연이 부여한 것으로, 노동은 인간이 보유한 능력으로, 자본은 인간이 생산한 생산수단으로 각기 규정해, 이들이 서로 이질적이라고 생각했다. 이는 토지, 노동, 자본이 자연, 인간, 문명 혹은 역사라는 보다 폭넓은 개념들에 상응한다고 보았기 때문이다.

먼저 농업의 기반인 토지는 자연으로, 노동은 자연을 개척하는 인간으로 설정된다. 스미스 이전에 페티가 "토지는 부의 어머니이고, 노동은 부의 아버지"라고 진술한 것은 이런 차이를 증언하고 있다.[19)]

그런데 인간이 만들어 낸 문명 혹은 인공에 상응하는 자본이 자연을 대표하는 토지에 보다 근본적으로 대립된다. 인간이 스스로 일구어 놓은 문명에 의탁하거나 억압되는 것과 인간이 스스로 축적한 자본에 의존해 생산력을 얻거나 구속되는 것 사이에 유사성이 있다. 노동은 인적이고 소유자와 분리할 수 없어 양도가 불가능한 데 비해, 자본은 물적이어서 분리나 법적인 양도가 용이하다.[20)] 또한 토지뿐만 아니라 노동보다 자본의 이동성이 높다. 더구나 근대로 들어오면 토지의 중요성은 줄어들고 자본의 중요성은 늘어난다. 이런 이유들로 자본이 토지와 확연히 대립된다.

전반적으로 토지가 수동적이고 정적이며 중세 봉건주의를 대표한다면, 자본은 능동적이면서 동적이며 근대 자본주의를 대표한다. 또한 토지는 자연, 감성, 여성, 환경 등과 연결되며, 자본은 문명이나 사회, 이성, 남성, 산업화 등으로 연상된다. 프랑스 속담으로 "이 세상에 주인 없는 땅은 없다."(Nulle terre sans

19) 가정을 조화로운 사회로 보는 경우 아버지와 어머니는 남성과 여성으로 서로 다르기보다 부모로 동일해진다. 이렇게 보면 해당 구절을 뒤집어 해석할 수도 있다.

20) 세계화와 더불어 토지와 자본이 상품화될 뿐만 아니라 새로운 금융상품들이 창출되고, 노동자의 부분적인 상품화와 노예화까지 재현되고 있다. 가령, 노예거래나 인신매매, 유아거래 혹은 장기 및 체액/혈액 매매 등이 그 예이다. 법적으로는 근대서양에서 장기매매만이 논란거리이다. 그렇지만 현실적으로 제 3 세계 등에서 노예나 인신매매가 엄연히 횡행하고 있다. 여기서 보수적인 사회과학의 전제인 계승되는 신분이나 노예제도의 폐지, 그리고 생명 및 신체와 재산의 분리가 시장의 자생적인 힘에 의해 위협을 받는다.

생산요소와 성별

인용된 프랑스의 속담들은 나중에 논의할 마르크스의 『1844 수고』 및 『자본론』에 자주 등장한다. 그에 의하면 독일어보다 불어가 생산요소들의 이질성을 표현하는 데 더 적절하다. 독일어에서는 토지(das Land)가 중성이고 노동(die Arbeit)이 여성인 데 비해, 불어에서는 토지(Madame La Terre)가 여성이고 노동이 남성(Monsieur Le Travail)이기 때문이다. 이는 생산요소들을 남성과 여성이나 부와 모에 비유한 것으로 프로이트와 연결된다. 우리말에서는 빈부가 이 대구들과 연결된다. 즉, 부(富, 田)는 중세와, 빈(貧, 貝)은 근대와 각기 연결된다. 다소 억지를 부린다면 부자는 생계물자 확보를 위한 돈뿐만 아니라 밭까지 가진 데 비해, 빈자는 밭뿐만 아니라 생계물자 구입을 위한 돈도 없다는 의미로 해석할 수 있다.

seigneur.)와 "돈에는 주인이 없다."(L'argent n'a pas de maître.)라는 대구들도 (화폐를 자본으로 해석하는 경우) 이런 차이를 반영한다.

현대에 들어서면서 점차 희석되었지만 이런 구분들이 고전학파에 남아 있다. 또한 생산요소들의 이런 차이는 소유자인 지주, 노동자, 그리고 자본가의 행동이나 생활방식에도 차이를 낳는다. 그리고 이들이 받는 소득으로서 지대, 임금, 이윤도 서로 다른 방식으로 결정된다고 고전학파는 생각했다. 이 같이 고전학파는 토지, 노동, 자본 등 생산요소 자체의 성격, 소유자의 행동, 그리고 소득의 결정방식에 차이를 부여했다.

고전학파의 이런 입장은 신고전학파와의 대비 속에서 보다 명확히 드러난다. 생산요소를 노동, 자본, 토지로 나누고 각각에 대한 보수를 임금, 이윤, 지대로 구분하는 데는 양자 사이에 다른 점이 없다. 그러나 신고전학파는 토지, 노동, 자본의 이질성보다 생산에 필요한 요소들이라는 동질성을 강조한다. 또한 이 학파는 지주, 노동자, 그리고 자본가를 모두 사유재산의 소유자로 간주해 엄밀히 구분하지 않는다. 더구나 이 관점에서는 생산요소와 소유자나 계급이 일대일로 대응하지 않는다. 그리고 지대, 임금, 이윤을 한계생산성 개념과 수요/공급의 원리를 통해 무차별적이며 일관되게 설명한다.

이 같이 주류경제학의 역사는 여러 가지 생산요소들의 차이를 점차 없애 동질화하는 과정이었다. 이런 동질화는 상품화와 가격기구의 확산, 그리고 단세포적으로 합리적인 경제인의 전파와 불가분의 관계에 있다.

일반적으로 분배이론은 잉여의 발생과 밀접한 연관을 가지고 있다. 잉여가 발생하지 않으면 적어도 이윤과 이자, 지대 등 임금 이외의 소득을 설명할 수 없다. 고전학파는 중상주의나 중농주의와 비교할 때 산업혁명의 핵심인 제조업을 강조하는 경향이 있으나, 산업의 종류에 따라 잉여의 창출 여부를 크게 구분하지 않고 거의 모든 산업에서 잉여가 발생한다고 보았다. 그러므로 고전학파는 어떤 산업이 보다 생산적인가 혹은 산업에 동원되지 않는 가내노동 등이 생산적인가 하는 것을 주로 문제로 삼았다.

3.4.1 임 금

먼저 임금이라는 소득의 성격을 논의할 필요가 있다. 어떤 학파나 이념의 경제학자도 임금소득의 존재이유나 정당성을 의심하지 않았다. 이는 어떤 구체적인 명칭을 달고 나오든 임금 혹은 이에 상응하는 물자나 화폐가 시대를 넘어 대다수 인간의 원초적인 생존기반임을 의미한다.

앞서 논의된 바와 같이 고대서양의 자연관이나 중세의 자연법사상은 모두 인간의 생명유지와 자손의 생산, 그리고 이를 위한 수단확보가 자연스럽다고 상정해 임금에 보편적인 정당성을 부여했다. 근대에 들어서도 홉스나 로크의 저술을 통해 인간의 자연스런 심성이자 권리가 생명의 보존이며, 이를 위한 물자확보와 생계유지가 자연스런 행위임을 재확인할 수 있다.

이런 이유로 근대서양에서 생명유지 및 생활영위를 위한 제한적 의미의 사유재산 소유가 생명보존과 함께 자연권을 구성했다. 각국 헌법에 생명과 재산이라는 표현이 거의 함께 붙어 다니는 것도 이런 맥락에서 이해된다. 물론 생계확보를 위한 사유재산과 자본축적을 목표로 하는 사유재산은 구분된다.

임금이나 이에 상응하는 사용가치의 공급이 이 같이 확고부동하게 인정받았던 것은 이윤이나 지대, 혹은 이자에 대해 시대상황에 따라 적어도 일부의 학자나 사회구성원이 수시로 정당성을 부인했던 것과 대조적이다. 뒤집어 보면, 특정 경제체제나 이념의 정당성은 임금이 아니라 임금 이외의 소득에 대한 정당성과 밀접하게 연관되어 있다. 스미스도 이런 일반론에서 벗어나지 않는다.

그러므로 임금과 관련된 논의거리는 임금이라는 범주 자체가 아니라 임금의 구성요소나 결정요인과 임금의 비율이나 수준이었다. 그런데 스미스는 가치이론에서와 같이 임금의 결정요인이나 수준과 관련해서도 하나의 일관된 이론이 아니라 여러 가지 가설들을 제시했다. 생계비이론, 임금기금이론, 생산성이론, 협상이론, 그리고 잔여청구이론 등이 그런 것들이다.

임금기금이론은 자본의 크기에 따라 기금의 크기가 먼저 결정되고, 고용되는 노동자의 숫자에 따라 사후적으로 1인당 임금이 결정된다고 본다. 생산성이론은 임금이 노동자의 생산성으로부터 영향을 받는다고 보며, 협상이론은 임금이 노동자와 자본가 사이의 상대적 협상능력에 의해 결정된다고 주장한다. 잔여청구(residual claimant)이론은 임금이 이윤 등 여타 소득을 제외한 나머지가 된다는 소극적인 설명을 제공한다.

그런데 스미스를 위시한 고전학파 이론체계 전체의 핵심을 이룬 것이 생계비이론이다. 생계비이론은 구매력으로 평가한 실질임금이 궁극적으로 노동자 및 노동자 가족의 생계를 유지하는 수준에서 결정된다고 본다.

우선 고전학파는 출산과 양육의 자연스러움에 근거해 노동자 가족의 생계비를 임금에 포함시켰다. 이미 언급한 바와 같이 고대에서부터 중세에 이르기까지 생명유지와 번식은 동물의 가장 자연스런 행위로 인정되었다. 인간에게도 출산과 양육이라는 발전된 모습의 번식이 자연스러우므로 이에 수반된 비용이 자연임금에 포함된다. 이 점에서 생계비이론은 자연법이나 자연권과 연결된다.

그런데 생계에는 생리적으로 요구되는 최소한을 넘어서 사회/문화적 요인이 고려된다는 것이 다수의 해석이다. 각 시대마다 사회/문화적 요소들이 다르며, 시간의 흐름에 따라 노동자의 생활수준이 향상되고 필요한 재화도 바뀌므로, 생계비의 수준이 언제나 일정하게 주어져 있지 않다. 그렇지만 특정 사회에서 생계나 생활의 수준과 이를 유지시켜 주는 물자의 종류와 구성비율은 상당기간 동안 습관이나 관습처럼 안정적이다.

스미스 등 고전학파가 임금이 언제나 생계비 수준에 머문다고 생각한 것은 아니다. 장기적으로 임금이 생계비 수준에 수렴하지만 단기적으로는 이 수준의 위아래로 요동칠 수 있다. 스미스를 위시한 고전학파는 장기적인 임금을 자연임금(natural wages)으로, 단기적인 임금을 시장임금(market wages)으로 규정했다. 이 구분은 상품의 가격을 자연가격과 시장가격으로 나눈 것과 유사하다.

시장임금이 자연임금을 향해 움직이는 과정은 다음과 같다. 시장임금의 변동이 생활수준의 실질적인 변동이나 이런 변동에 대한 기대를 낳아, 출산율이나 사망률을 변화시키고, 이것이 인구에 변화를 가져온다. 식량이나 의식주의 변동이 인구를 변동시킨다는 생각은 고전학파뿐만 아니라 칸틸롱, 몽테스큐 등에서 폭넓게 발견된다. 또한 인구변동은 노동자공급의 변동을 의미하며, 노동자공급의 변동은 주어진 노동시간하에서 노동공급량의 변동을 뜻한다. 이 같이 인구변동이 노동공급의 변동을 가져와 시장임금이 자연임금에 상응하는 방향으로 움직이게 된다

보다 구체적으로 시장임금이 생계비 수준을 넘어서면, 인구와 노동력의 공급이 늘어나 시장임금이 다시 생계비 수준으로 하락한다. 반대로 시장임금이 생계비 수준에 미치지 못하면, 인구와 노동력 공급이 줄어들어 시장임금이 다시 생계비 수준으로 상승하게 된다. 이 같이 고전학파의 임금이론에는 인구이론이 결합되어 있다. 스미스보다 나중에 등장한 맬더스가 이것을 보다 명료하게 만들었다.

고전학파가 생계비이론과 자연임금을 특징으로 한다면, 신고전학파의 균형임금은 노동자의 생계를 고려하지 않는다. 다만, 신고전학파의 일반균형이론은 모든 시장의 동시균형을 내세우므로 재화의 가격과 노동의 임금이 상호의존적이라고 생각한다. 그러므로 재화가격이 균형이 아니면 임금도 균형이 아니다. 가령, 반도체의 가격이 과도하다면 이 산업에 유입되는 대졸자의 과잉임금이나 과도한 교육비를 상정할 수 있다. 이와 달리 고전학파는 시장의 가격변동으로부터 독립적인 규준을 임금에 설정한 셈이다.

시장임금과 자연임금의 구분은 임금에 대해 자연성을 부여하려는 의도에서 나왔으므로 가격을 자연가격과 시장가격으로 구분한 것과 맥락을 같이 한다. 그러나 두 가지 구분 사이에 차이점이 적지 않다.

시장가격이 자연가격을 향해 움직이게 만드는 과정에 수반된 생산요소의 이동은 거의 전적으로 시장에서 일어나는 경제적인 과정이다. 이에 비해 시장임금이 자연임금을 향해 움직이는 과정에는 출산 및 사망 등 인구변동이라는 생물학적인 기제가 개입되어 있다. 생산요소의 이동과 생물학적인 기제를 모두 자연스럽다고 규정하더라도, 그 자연스러움에 차이가 있다. 전자가 경제적 혹은 사회적 자연성이라면, 후자는 원초적인 자연성이다.

상세히 보면 가격과 임금의 자연성을 1) 경제주체의 동기와 행위, 2) 경제주체들의 행위들이 상호작용하는 경제적인 과정, 그리고 3) 경제 전체 수준의 결과

로 나눌 수 있다. 이런 관점에서 자연가격의 형성은 인간의 이기심, 생산요소의 이동, 그리고 그 결과로 나타나는 가격으로 규정된다. 이에 비해 자연임금은 인간의 이기심뿐만 아니라 본능, 출산과 사망이라는 생물적인 과정, 그리고 생계 수준의 임금으로 구성된다. 이렇게 보면 자연가격과 자연임금은 중간과정을 위시해 세 가지 점에서 모두 동일하지 않다.

그런데 만약 가격과 임금에 자연성이 부여된다면 임금과 함께 가격을 구성하는 이윤이나 지대 등에도 당연히 자연성이 부과되어야 한다. 그러나 이후의 논의를 통해 확인되듯이, 스미스를 위시한 고전학파가 이윤이나 지대 혹은 이자에 대해서는 자연개념을 명확하게 적용하지 않았거나 적용하지 못했다.

스미스와 고전학파는 임금이 선대(advance)된다고 보았다. 이는 스미스 등이 임금을 국민소득의 일부가 아니라 비용이나 자본으로 간주했다는 것을 의미한다. 이로 인해 고전학파는 일정 비율의 이윤이 임금으로 지출된 부분에도 발생한다고 생각했다. 또한 이는 스미스가 노동자를 생산의 투입요소로 상정했음을 의미한다. 이는 같은 고전학파이면서도 노동자를 분배의 주체로도 간주했던 리카도나 수요의 창출자로 설정한 케인즈와 대비된다.[21]

부차적인 문제로 스미스는 임금차등을 논의했다. 그는 임금격차의 설명요인들로 직무의 쾌적도, 직업에 요구되는 기술의 획득비용, 직업의 안정성, 노동자에게 부여되는 신뢰와 책임, 수입이 불확실한 경우 기대되는 확률 등을 지적했다. 여기에는 주관적인 요인과 객관적인 요인이 뒤섞여 있다.

3.4.2 이 윤

자본 없는 자본주의나 시장경제를 생각할 수 없고, 이윤 없는 자본이나 자본가를 상정할 수 없으므로, 자본주의에서 이윤만큼 확고한 설명을 요구하는 것은 없다. 그럼에도 불구하고 고전학파는 이윤을 소득으로 명확하게 정당화하지 않았다. 더구나 이윤의 결정요인을 분명히 제시하지도 않았다.

---

21) 수학자 폰 노이만(J. von Neumann, 1903~57)은 "일반경제균형의 모형"(A Model of General Economic Equilibrium, 1937)을 통해 선대임금을 임금생계비이론과 결합시켰다. 셈퍼나운(D. Champernowne, 1912~)은 이 논문에 근거해 고전학파에서 노동자는 노예나 가축이나 다름없다고 해석했다.

이런 맥락에서 고전학파가 이윤의 발생이나 근원 혹은 이윤이라는 범주 자체에 대해 확실하게 설명하거나 정당화하지 않은 것은 자본주의의 자연성이나 보편성을 묵시적으로 인정한 것과 다름없다. 이윤범주가 본격적으로 논의되기 시작한 것은 자본주의를 부정한 마르크스에 이르러서였다. 그 이후 자본주의를 적극적으로 옹호하는 한계효용학파, 그 중에서 오스트리아학파가 이에 대항하면서 반대방향으로 논리를 전개했다.

고전학파의 이런 성향에도 불구하고 스미스에서 이윤이라는 범주에 대한 약간의 논의를 찾아 낼 수 있다. 이런 차이는 스미스가 다른 고전학파 학자들에 비해 화폐나 언어 등 제도의 역사와 기원에 관해 높은 관심을 가지고 있었던 데 기인한다.

먼저 스미스는 이윤이 임금과 다르다는 점을 강조했다. 이는 고전학파 중 스미스의 고유한 주장이다. 당시와 그 이후에 이윤을 감독노동이라는 특별한 노동에 대한 보상으로 정당화하려는 사람들이 많았는데, 이를 스미스가 반박한 셈이다. 그는 나중에 논의될 이윤율 균등화의 경향을 전제로 장기적으로 이윤이 자본의 크기에 비례한다는 견해를 가지고 있었다. 반면 감독노동은 자본의 크기에 비례해 늘어나지 않는다. 이윤이 감독노동에 대한 보상이라면 자본의 크기에 따라 이윤이 부여되는 이윤율 균등화 경향과 배치된다. 이에 따라 그는 감독노동이 이윤의 근거가 아니라는 논리를 펼쳤다.

또한 스미스를 위시한 고전학파는 이윤을 이자와 분명히 구분했다. 이윤은 생산에 투자된 산업자본에 대한 대가이고, 이자는 금융자본에 대한 대가이다. 고전학파는 이자가 이윤에서 파생된다고 생각했다. 이 점에서는 마르크스도 비슷한 견해를 가지고 있었다. 나아가서 고전학파에 의하면 이윤은 생산에 투입되어 나름대로 위험을 안고 있기 때문에 이자와 동일하지 않다. 이런 이유로 고전학파의 이윤은 이자에 위험할증을 가산한 것으로 해석된다. 고전학파와 달리 신고전학파는 시간이 흐르면서 균형이윤율과 균형이자율이 동일하다는 주장에 이르게 된다.

이윤범주 자체에 대해 상대적으로 무관심한 상태에서 스미스를 위시한 고전학파는 이윤율의 변동과 차이라는 수량측면에 초점을 맞추었다. 이런 관점에서 고전학파가 주로 다룬 문제는 산업과 지역 사이의 이윤율 격차, 이윤율의 산업간 균등화 과정, 이윤율의 역사적인 하락추세, 임금과 이윤의 상충 혹은 대립관계 등이다. 이 중에서 스미스는 앞의 세 가지 문제를 주로 다루었다.

우선, 스미스는 리카도만큼 명확치는 않지만 이윤율이 균등화되어 자연가격을 낳는다는 점을 설명했다. 그에 의하면 각 산업에서 수급의 불균형이 발생하면, 시장가격과 자연가격 사이에 격차가 생기고, 지대, 임금, 이윤이 산업들 사이에 차이를 보이게 된다. 이렇게 되면 토지, 노동, 자본은 보다 높은 지대, 임금, 이윤을 좇아 산업 사이에 이동한다. 이에 따라 수요와 공급의 불균형이 해소되고, 이윤율 등 생산요소들의 소득차이가 사라지는 경향이 있다.

이것은 앞서 논의한 흄의 가격정화조정장치와 같이 시장의 자기교정 능력을 나타낸다. 스미스의 이 논리는 몇 가지 수정을 겪지만 리카도 등 이후의 고전학파와 마르크스에 의해 이윤율 균등화 개념으로 계승된다.

또한 스미스는 이윤율의 장기추세에 대해 관심을 기울였다. 스미스는 투자할 기회가 소멸하면서 경쟁으로 인해 상품가격이 하락하거나 임금 등 비용이 상승해 이윤율이 하락한다고 주장했다. 이런 생각은 이자가 이윤에서 파생된다는 또 다른 생각과 겹쳐 이윤율이 하락하면서 이자율도 하락한다는 주장을 낳았다.

스미스뿐만 아니라 고전학파는 전반적으로 장기적으로 이윤율이 하락해 자본주의가 정체상태(stationary state)에 접어들게 되리라고 예측했다. 물론 스미스, 리카도, 밀 등 학자에 따라 이윤율하락의 원인에 대한 견해가 다르다. 그렇지만 고전학파는 이윤율의 장기적인 저하가 불가피하다고 생각했다.

자본주의에 대한 고전학파의 옹호와 정체상태에 대한 이 학파의 강조는 명확하게 연결되지 않는다. 더구나 이윤율 하락추세에 대한 고전학파의 관심은 마르크스에 이르러 자본주의의 붕괴를 예언하는 논리로 확대 발전되었다.

3.4.3 지 대

지대는 전근대적인 사회에서 가장 중요한 소득이었지만 근대에 들어 이윤에 비해 중요도가 떨어졌다. 이는 과거 토지에 부여되던 중요성이 자본으로 이전되었음을 의미한다. 그럼에도 불구하고 지대에 대해서도 스미스를 포함해 고전학파가 공유한 논리가 있었다. 그것은 토지들 사이에 비옥함과 위치에 차이가 있어 지대가 발생한다는 차액지대 혹은 차익지대이론(differential rent)이다. 같은 노동과 자본을 투입해도 토지에 따라 곡물생산량이 다르며, 시장접근이나 교통수단의 이용가능성에서 차이가 있다는 것이다.

토지가 비옥함에 있어 차이를 보인다는 것은 이미 동서양을 통해 오랫동안 자명한 사실로 받아들여졌다. 그리고 이로 인한 수확량의 차이가 토지의 분배나 조세부과와 관련해 고민거리를 안겨주었다. 고전학파는 이런 사실들을 지대에 대한 설명으로 발전시켰다.

마르크스나 신고전학파 등 이후의 이론과 비교할 때 고전학파의 특징은 비옥함과 위치의 차이가 주로 자연요인에 의해 결정된다고 본 데 있다. 또한 고전학파는 지대가 소유권으로 인한 독점에서 발생한다는 측면을 크게 부각시키지 않았다. 더불어 지대를 여러 생산요소 중 토지에 국한시켰다는 점도 두드러진다. 지대이론의 내용에 대해서는 리카도와 맬더스에서 보다 상세히 논의하고자 한다.

3.5 국부·화폐·생산적 노동·투자와 저축

3.5.1 국부와 화폐

스미스를 필두로 하는 고전학파는 중상주의에 대해 국가주의, 경제에 대한 국가개입, 보호무역, 상업 위주의 국부 창출, 화폐와 부의 동일시, 그리고 화폐의 퇴장기능 강조 등을 들어 비판했다. 이 중에서 부와 화폐를 중심으로 논의해 보자.

첫째, 스미스(와 고전학파)는 화폐가 그 자체로 부가 아니라고 주장했다. 중상주의에 있어 부는 개인이나 국가전체 차원에서 귀금속으로 만들어진 화폐이며, 화폐의 축적이 국부의 증대를 의미한다. 이에 비해 스미스에 있어 사적인 부나 국부는 화폐가 아니라 실물인 필수품, 편의용품, 사치품 혹은 오락용품으로 구성된다. 따라서 이들의 증가가 부의 증식이다.

만약 어느 날 신이 인간에게 이 세상의 모든 실물 혹은 상품을 없애는 것과 모든 화폐를 없애는 것 중 한 가지를 선택하라는 가혹한 시련을 내린다면, 인간들은 마이더스와 달리 후자를 택할 것이다. 이 같이 고전학파는 화폐가 인공적이며 실물만이 자연적이고 보편적이라고 생각했다.

둘째, 스미스는 화폐와 상품 사이에 우열이나 비대칭이 없다고 주장했다.

이것은 위에서 지적된 중상주의와 고전학파의 차이와 연결되어 있다. 그는 『국부론』에서 중상주의를 비판하면서 상품이 화폐를 좇아 다니는 것과 비슷한 정도로 화폐도 상품을 좇아 다닌다고 말했다. 또한 스미스는 상품의 판매가 화폐의 "구매"이고 상품의 구매가 화폐의 "판매"라고 말해, 판매와 구매 사이에 비대칭을 인정하지 않았다. 중상주의는 화폐와 상품의 교환이 비대칭적이며 교환관계에 있어 화폐가 상품보다 우위에 있다고 본다. 쉽게 말해, 중상주의는 화폐에 대한 상품의 짝사랑을 상정하는 데 비해, 스미스는 이를 부정한다.

이 같이 스미스를 위시한 고전학파는 화폐를 상품과 동등하게 취급했다. 고전학파에 있어 화폐와 상품의 차이는 두 상품의 차이보다 크지 않다. 또한 국가가 다른 상품보다 금이나 은을 더 조심스럽게 관리할 이유도 없다. 이런 관점에서는 상품과 화폐의 교환이 상품들의 교환으로 쉽사리 대체될 수 있다.

셋째, 스미스는 상품화폐이론을 주장했으며, 화폐를 금이나 은과 거의 동일시했다. 스미스는 상품과 화폐를 분명히 구분하지 않았고, 화폐를 금이나 은과 구분되는 독립적인 사회적 존재로 개념화하지도 않았다. 사실상 스미스를 위시한 고전학파는 상품화폐이론을 주장하면서 화폐와 상품 사이에 특별한 차이가 없다고 생각했다.[22]

이 점에서 그는 중상주의와 동일한 오류를 범했다고 해석할 수 있다. 중상주의는 화폐의 중요성을 인정하면서도 화폐의 존재 자체를 개념화하지는 못했다. 양자 사이에 차이가 있다면 그가 화폐를 경시하면서 화폐를 상품으로 환원한 데 비해, 중상주의는 거꾸로 상품을 화폐로 환원했다고 말할 수 있다.

이런 사고방식을 연장하면, 화폐의 가격이나 가치가 상품의 가치와 동일하며, 화폐의 등장을 n개의 시장에 화폐시장이 "추가"된 것으로 상정할 수 있다. 또한 상품이나 재화와 화폐 사이의 엄밀한 구분에 반대하고 화폐를 측정의 단위로 간주해 버릴 수 있다. 이런 점에서 중상주의와 고전학파는 모두 마르크스, 멩거, 그리고 케인즈와 구분된다.

---

22) 존 스튜어트 밀의 아버지이자 리카도의 친구인 제임스 밀도 이 같은 스미스의 입장을 재현했다. 그는 『정치경제학의 요소』(*Elements of Political Economy*, 1821)에서 스미스의 상품화폐이론을 연장 해석해 지폐의 가치를 설명했다. 밀에 의하면 정부가 발행하는 지폐에 대한 수요도 경제 안에서 결정되고, 그것의 공급이 수요에 부응하므로, 상품화폐와 같은 방식으로 가치가 결정된다. 이 주장을 전개하는 과정에서 밀은 화폐가 상품이며, 화폐와 상품 사이에 차이가 없고, 판매와 구매가 대칭적이라는 논리로 나아갔다.

넷째, 스미스는 화폐가 베일이라고 생각한 것 같다. 고전학파 입장에서 화폐는 실물을 덮고 있는 베일에 불과하기 때문에 중상주의는 내용물이 아니라 포장에 집착한 오류를 범한 셈이다. 이와 관련해 스미스가 자연가격과 시장가격을 구분하기 이전에 실질가격과 명목가격을 구분했음을 주목할 필요가 있다. 이 구분으로부터 실질임금과 명목임금, 실질이자율과 명목이자율의 구분 등 실질변수를 명목변수로부터 추출해 경제의 기초여건을 말해 주는 진정한 변수로 삼는 주류경제학의 오랜 관습이 시작되었다.

이런 관행의 근저에는 화폐가 자본주의경제의 필연적 존재가 아니라 경제 운행으로부터 수시로 분리될 수 있는 존재라는 생각이 깔려 있다. 유통의 수레바퀴라는 표현에서 확인되듯이, 이런 생각에서는 화폐가 단순히 편리한 도구에 불과하다. 그 이후 마르크스와 케인즈의 반박에도 불구하고 이 생각이 주류경제학의 전통으로 정착된 것은 경제현상을 파악하는 데 커다란 장애가 되었다. 중상주의에 반발해 화폐가 아니라 실물을 중시했던 스미스에서는 일반균형에서와 같이 화폐가 뉴메레르로 전락할 가능성이 있다.

다섯째, 그럼에도 불구하고 고전학파 중에서 스미스는 경제제도의 발생이나 변화에 관심을 가졌고, 이런 관점에서 화폐와 언어의 발생에 대해 진지한 의문을 가지고 있었다. 그렇지만 제도가 계약 등과 같이 변동하는 경제구조의 일부인지 아니면 경제를 둘러싼 환경에 불과한지는 분명치 않다. 경제구조의 일부라면, 통상적인 의미의 경제변동과 상호의존적이면서 상호작용할 것이다. 환경이라면, 경제변동과 무관하게 존재하는 테두리가 된다. 이런 문맥에서 제도로서 화폐는 중요하지만 수량적으로 중요치 않다는 피구의 주장이 스미스의 입장과 배치된다고 단언할 수 없다.

개체의 화폐추구와 전체의 실물증대

스미스에 의하면 개인이나 국가 차원에서 부가 화폐로 구성되어 있다는 중상주의의 오해는 화폐가 유통의 매개체이면서 동시에 가치척도라는 이중성에서 비롯된다. 예를 들어, 로크는 화폐가 다른 상품보다 내구성을 갖기 때문에 화폐가 부를 구성한다고 생각했다. 혹자는 교역을 위해 필요하기 때문에 각국이 영토 내에 보다 많은 귀금속을 보유하려고 노력한다고 주장했다. 이런 견해들에 비추어 스미스의 주장을 해명해 보자.

화폐가 교환수단일 뿐 가치척도가 아니라면, 교환의 목표가 화폐가 아니라 상품자체임이 자명해진다. 그러나 화폐가 동시에 가치척도이기 때문에 화폐 자체가 목표이자 부로 오해될 수 있다. 보다 포괄적으로 화폐가 상품 혹은 재화와 어떻게 다른지 살펴보자.[23)]

상품은 소비재든 자본재든 혹은 비내구재든 내구재든 소모될 수밖에 없으며, 이들은 일단 소모되기 위해 교환과정 혹은 시장을 떠나면 다시 돌아오지 않는다. 사과는 팔리면 소비과정에서 소멸되며, 공작기계는 팔리면 오랜 기간이 걸리기는 하지만 공장에서 소모된다. 물론 내구재의 경우 중고품으로 시장에서 다시 거래될 수도 있다. 그러나 결국은 다시 시장을 떠나 소모되기 마련이며, 한두 차례를 넘어서 반복적으로 시장에 유입되거나 시장으로부터 유출되지 않는다.

이에 비해 화폐는 상품같이 소비되지 않는다. 우선 화폐는 비내구재와 분명히 다르지만, 내구재와도 근본적으로 다르다. 내구재는 물리적으로 형체나 외양을 유지하는 경우에도 수명이 다하면 더 이상 본연의 기능을 발휘할 수 없다. 이와 달리 화폐는 법적으로 폐기되거나 물리적으로 완전히 손상되어 그 기능이 정지되지 않는 한 계속 활용된다.

또한 내구재가 소비과정에서 마모되면서 소비된다면 화폐는 유통과정에서 마모되면서 소비된다. 더불어 내구재는 한두 차례 이상 시장으로 돌아오지 않는 데 비해, 화폐는 일단 시장을 떠났다가도 언제든지 다시 돌아와 여러 차례 거래를 매개한다. 영원히 유통과정을 떠나 있는 화폐란 형용모순에 가깝다. 이런 근거에서 화폐는 재화와 다르고 재화 중 내구재와도 다르다.

이 같이 화폐는 교환과정 혹은 유통과정 안에만 머물지도 않고, 그렇다고 유통과정 밖에만 머물지도 않는다. 이런 관찰에서 호주머니 속의 돈이나 은행에 예치된 돈이 그 자체로 목적인가 아니면 구매를 목적으로 일시 보유한 것인가의 문제가 제기된다. 이에 대해 학파들 사이에 견해가 다르다.

중상주의는 화폐축적 자체가 경제활동의 목표라고 보아 화폐가 유통과정에서 벗어나 있는 상황과 이에 상응해 퇴장기능에 초점을 맞추었다. 이와 대조적으로 스미스를 위시한 고전학파, 그리고 특히 신고전학파는 교환을 위시한 모든 경제활동이 궁극적으로 소비를 지향한다고 생각한다. 경제활동이 소비를 지향하므로 경제주체들은 화폐 자체가 아니라 화폐를 통해 구매되는 재화를 목표로 삼으며, 이에 따라 화폐의 주요 기능도 교환수단이나 유통수단이 된다. 신고전학파는 현대경제에서 금융제도의 발전으로 화폐가 최대한 활용되기 때문에 퇴장기능이 무의미해졌다고 주

23) 상품이라는 표현과 재화라는 표현에는 한편으로 고전학파와 마르크스, 다른 한편으로 한계효용학파와 신고전학파를 가르는 개념상의 차이가 담겨져 있다. 이에 대해서는 나중에 논의할 예정이다.

장한다.

스미스를 위시한 고전학파의 입장에서도 화폐가 그 자체로 목적일 수 없으므로 화폐를 소유나 축적의 대상으로 삼는 것은 우매한 짓이다. 이런 이유로 고전학파는 화폐의 퇴장기능을 중시하지 않았으며, 화폐수량설과 친화력을 갖고 있다. 물론 고전학파는 상품화폐(commodity money)이론에 의존했기 때문에 철저하게 화폐의 외생성을 내세운 신고전학파만큼 화폐수량설에 완전히 밀착되지는 않았다.

스미스나 고전학파에 있어 화폐의 국내 유입을 위한 보호무역은 현실적으로 불가능할 뿐만 아니라 무의미하다. 보호무역을 통한 지속적인 흑자의 유지가 불가능하다는 것은 흄의 가격정화조정장치로 설명된다. 그러나 설령 그것이 가능하더라도 화폐의 축적은 부의 내용이 아니라 부의 겉포장을 모아들이는 의미 없는 활동이다.

스미스가 화폐를 이 같이 상정했다는 것은 스스로 제시한 사용가치와 교환가치의 구분과도 연관이 있다. 국부가 사용가치로 구성되어 있고 화폐가 중요치 않다면, 상품의 두 가지 속성 중 교환가치는 근본적으로 중요치 않다. 그렇다면 스미스가 무엇 때문에 교환가치인 가격을 설명하려고 노력했던가? 그는 자본주의경제에서 가격변동에 따라 움직이는 수없이 많은 경제주체들이 허상을 좇는다고 생각한 것인가?

스미스에 있어 상품의 교환가치는 상대가격으로서 수량적인 차원에서 경제전체에 사용가치의 풍요로움을 가져다주는 유인이나 신호로 기능한다. 그러나 교환가치가 상품들과 독립적으로 화폐 등 구체적인 물체에 지속적으로 응결되지 않으며, 그 자체로 의미를 가지지도 않는다.

구체적으로 시장경제에서 교환가치에 따른 개별 경제주체들의 부단한 움직임이 경제전체 수준에서 사용가치 혹은 물질적 풍요를 가져다 준다는 것이 스미스의 입장이라고 해석할 수 있다. 이 해석을 따르면, 스미스에서 교환가치와 사용가치의 역설은 개인 차원의 교환가치 추구가 경제전체 차원의 사용가치 증대라는 결과를 낳으면서 해소된다. 다시 말해, 문제의 역설은 사용가치와 교환가치를 상품의 속성이나 경제주체의 목표로 상정하지 않고 개인의 행위가 경제과정을 거쳐 경제전체의 결과로 나타난다고 보는 경우에 비로소 해소된다. 이는 자본주의가 보편적인 사용가치를 추구한다는 전제를 깔고 있다. 이것이 그가 생각하는 보이지 않는 손의 의미일 수도 있다.

물론 화폐 그 자체를 목적으로 삼지 않는 고전학파의 입장이 아리스토텔레스나 중세철학에 가깝다고 오해해서는 안 된다. 중상주의와 고전학파는 부와 축재의 형태 혹은 이를 위한 체제나 정책에 대해 견해를 달리할 뿐, 모두 부의 축적 그 자체를 중시한다. 축재 혹은 물적인 부에 대해 개방적이라는 점에서 중상주의와 고전학파는 모두 아리스토텔레스나 중세철학에서 나타나는 물질에 대한 경계와 거리를 두고 있다.

3.5.2 분 업

고대나 중세의 분업은 자연적으로 주어진 능력이나 소양에 의해 결정되어 일생동안 천직에 종사한다는 의미를 가진다. 스미스는 능력이나 소양이 상당부분 후천적으로 형성된다고 보았기 때문에 이 같은 고대나 중세의 견해와 거리를 두고 있다. 그의 생각은 근대에 들어 노동자를 포함한 경제주체들이 경제상황의 변화에 따라 수시로 직종이나 소속 산업을 바꾼다는 현실에 보다 합당하다.

스미스의 이론에서 분업이 생산성을 높인다는 주장이 가장 잘 알려져 있다. 그는 핀 제조로 이 점을 예시했다. 그러나 분업에 대한 그의 성찰은 여기에 그치지 않았다. 또한 그는 분업을 생산성 증대라는 결과뿐만 아니라 상호의존성이라는 차원에서도 파악했다. 분업이 발생하면서 특정 생산물이 과거보다 훨씬 더 많은 사람의 손을 거치게 된다는 것이다. 끝으로, 스미스는 분업체계가 일생을 통해 부분적인 일에 장기간 동안 몰두하게 만들어 전인적인 인간육성을 해치고 소외를 가져온다고 지적했다.

분업에 대한 논의는 앞서 아리스토텔레스나 뛰르고 등에서도 발견된다. 또한 1세기 이상 뒤에 사회학자 뒤르껭(E. Durkheim)은 분업이 경쟁이나 생산력증가가 아니라 사회통합의 기제로 작용한다는 논리를 제시했다. 스미스는 이와도 친화력이 있다.

또한 스미스는 기술적 분업뿐만 아니라 사회적 분업, 그리고 지역적 분업을 개념화했다. 기술적 분업은 핀을 만드는 경우와 같이 공장이나 회사 안에서 특정 생산물을 결과로 얻기 위해 여러 공정이나 과정들을 나누어 맡는 것을 말한다. 이에 비해 사회적 분업은 사회구성원의 노동이나 경제활동이 여러 직업이나 업종 혹은 산업별로 나뉘는 것을 말한다. 사회적 분업이 상업사회에서 교환활동의 근거가 된다. 끝으로, 이 두 가지보다 부차적인 지역적 분업은 지역에 따른 경제활동의 배분을 의미한다.

분업에 대한 이 같은 구분은 마르크스 등에 의해 계승되었고, 다국적 기업과 국제적인 하청과 관련해 현재성을 가진다. 예를 들어, 인도네시아에서 벌목된 원목이 한국의 가구회사에 팔려 장롱으로 만들어져 시장에서 판매되는 경우에는 이 세 가지 분업이 모두 개입되어 있다.

경제이론으로 보아 중요한 논의대상은 분업의 발전이 시장의 크기에 의해 결정된다는 스미스의 주장이다. 일차적으로 사회적 분업은 서로 다른 상품에 대한 특화를 의미하므로, 교환과 불가분의 관계에 있다. 또한 교환이 시장을 특징짓는 행위라고 볼 때 분업과 시장은 당연히 연결된다. 여기서 주장하는 바는 이보다 구체적인 내용으로 시장이 커질수록 분업이 세분화되므로 시장이 작기 때문에 분업이 성숙하지 못한다는 것이다. 예를 들어, 개도국의 시골동네에는 여러 종류의 음식을 제공하는 일반음식점들만 영업하는 데 비해, 뉴욕과 같이 큰 도시에는 한 가지만 전문으로 하는 음식점들이 여럿 들어서 있다.

분업의 발전이 생산성을 결정하는데, 시장의 크기에 따라 분업의 발전정도가 결정되므로 결국 생산성 증대가 시장의 크기에 따라 결정된다는 연역이 가능하다. 이 논리는 국내시장이 협소한 경우 해외시장을 목표로 하는 것이 성숙된 분업과 경제성장의 지름길이라는 주장을 낳는다. 후에 이 논리는 칼도어(N. Kaldor) 등을 통해 경제성장이론으로 발전했고, 브렌너(R. Brenner) 등을 통해 소위 자본주의 이행 논쟁으로 이어졌다.

구체적인 이론을 떠나 분업이 서양의 근대화에 있어 특징적인 사실임에 틀림없다. 서양의 모든 부문들은 지난 2세기 동안 끊임없이 세분화되면서 전문화되고 있다. 경제에 있어 여러 산업들이 분화하고, 학문적으로도 철학 속에 묶여 있던 제반 학문들이 각자의 영역을 내세우며 계속 분화하고 있다. 경제학도 스미스 시대에 철학이나 윤리학, 그리고 정치학 등 여타 학문들로부터 독립했다. 더구나 20세기에 들어 주류경제학은 사회과학 중에서 내적으로 가장 분화되어 있고 외적으로 가장 극단적인 독립성을 자부해 왔다.

뒤르껭의 『사회분업론』

뒤르껭(Emile Durkheim, 1858~1917)은 대표적인 프랑스 사회학자로서 『사회분업론』(*The Division of Labour in Society*, 1893)에서 분업에 대해 연대라는 관점에서 사회학적 분석을 제시했다. 연대는 기계적 연대와 유기적 연대로 나뉘어, 각기 법과 분업에 연결된다. 법은 사회구성원들 사이에 존재하는 감정이나 신념의 유사성에 근거해 연대를 유지한다. 이에 비해 분업은 사회구성원들 사이의 차이점에 근거해 연대를 유지한다.

문명의 발전과 함께 개인주의가 발달하면서 기계적 연대가 후퇴하고 유기적 연대가 증가한다. 이런 의미에서 분업에 기초한 유기적 연대가 중요하다. 법적인 유대의 쇠퇴는 형법을 위시한 억압적 법의 쇠퇴를 의미한다. 반면 분업에 의존하는 유대의 번성은 상법이나 행정법 등 보상적 법의 확산에 상응한다.

뒤르껭에 의하면 경제학자의 생각과 달리 교환이 단기적이고 일시적인 데 비해, 분업은 장기적이고 지속적인 인간관계를 형성한다. 유기적 연대로 본 분업이론은 이기적인 인간이 아니라 이기심과 이타심이 공존하는 인간에 부합된다. 여기서는 인류학적 요소와 공리주의 비판이 두드러진다. 이 입장은 조카인 모오스(M. Mauss)로 이어진다.24)

뒤르껭

작은 사회일수록 보다 구체적인 것에 집중하고, 커다란 사회일수록 보다 추상적인 것에 집착한다. 특히, 종교, 법, 그리고 윤리에 있어 사회가 커질수록 추상성과 보편성을 추구한다. 종교에 있어 여러 자연신이라는 구체적 존재들이, 그리스를 거치면서 인간과 별도의 영역에 거주하는 신들로 변했다가, 기독교에서는 더 이상 현세에 존재하지 않는 추상적 존재로 변했다.

이와 비슷하게 법이나 윤리도 초기에는 좁은 사회에서 구체적으로 규정되다가, 점점 더 많은 상황을 포용하기 위해 추상적이고 보편적으로 변했다. 예를 들어, 초기에는 "도둑질하지 말라" 혹은 "침 뱉지 말라" 등으로 규정되던 것이 나중에는 절도에 대한 추상적 개념이나 일상적 도덕에 대한 추상적 규정으로 변했다.

이런 뒤르껭의 착상은 물질세계를 포함해 포괄적으로 적용될 수 있다. 가령, 마르크스가 말하는 상품가치의 추상성은 결국 상품이 추구하는 보편성과 상통한다. 그런데 이런 추상성이 보편성이나 일반성을 자부하면서 변방이나 타자를 포용하거나 정복하려는 서양의 폭력을 내포하기도 한다.

3.5.3 생산적 노동

스미스를 포함한 고전학파가 갖고 있던 문제의식 중 하나가 어떤 종류의 노동이 생산적이냐는 것이다. 스미스 등 고전학파는 중상주의나 중농주의보다 생산성을 인정하는 범위가 넓었다. 그럼에도 불구하고 고전학파는 모든 종류의 노

24) 모오스는 선물(gift)에 대한 분석으로 알려져 있다. 선물주기는 호혜적이고 장기적인 관계에 근거해 즉각적인 반대급부를 요구하는 단기적인 시장의 상품교환에 대비된다. 경제학에서는 아커로프 등이 그의 생각을 반영하고 있다.

동이 동일한 정도로 생산적일 수 없다고 생각했다. 또한 생산물이 시장에 당도하기 전에 노동이나 경제활동에 대해 생산성 여부나 그 정도를 판가름할 수 있다고 보았다.

넓게 보아 이것은 투입되는 산업이나 분야에 따라 노동뿐만 아니라 자본이나 토지가 원초적으로 낭비될 수 있음을 의미한다. 생산적 노동은 교환이전의 사전적인 평가기준이라는 점에서 상품에 대한 필수품, 편의품목, 사치품 등의 구분과 친화력을 가진다. 또한 이 기준은 시장에서 수급상황으로 나타나는 특정 상품에 대한 사후적인 평가와 구분된다.

구체적으로 스미스는 생산적 노동이나 활동을 가르는 데 두 가지 기준을 제시했다. 하나는 유형의 재화를 낳는 노동이나 경제활동만이 생산적이라는 기준이고, 다른 하나는 가치의 증가를 낳으면 생산적이라는 기준이다. 사치품이나 귀족들을 위한 가사노동이 무형의 서비스에 해당되기 때문에 스미스가 전자를 제시했다고 해석할 수 있다. 두 번째 기준에서는 가치의 원천이 반드시 노동인지 분명치 않다. 어떻든 그는 중농주의를 완전히 탈피하지 못했기 때문에 가치증가가 농업에서 가장 크고, 그 다음으로 제조업, 그리고 국제무역 등의 순서라고 생각했다.

이 논의는 부가가치의 근원에 대한 입장으로 해석될 수 있다. 앞서 중상주의가 상업에서 일방적인 가치이전을 상정했고, 중농주의는 농업을 근원으로 생각했다. 생산적 노동에 대한 논의도 마르크스에 이르러 더욱 확대되면서, 유통부문이나 정부부문이 비생산적이라는 논리로 발전했다.

그러나 시장의 교환을 통한 쌍방의 이익증진을 상정하는 신고전학파에 이르러 이 문제는 소멸했다. 신고전학파는 산업이나 노동, 경제활동 혹은 계급관계나 인간관계의 종류에 관계없이 시장에서 가격증가나 소비자/생산자 잉여를 낳는 활동이면 생산적이고 부가가치를 낳는다고 해석한다. 이는 시장의 교환을 유일한 잣대로 삼아 시장에 당도하기 이전에 어떤 경제활동도 평가할 수 없음을 전제한다.

생산적 노동에 대한 고전학파의 이론은 생산에 대한 강조나 가격을 궁극적으로 결정하는 가치개념의 설정과 부합된다. 또한 현대의 실증분석에서도 전방효과나 후방효과 등 산업연관효과나 유발효과를 논의하므로 고전학파의 생각과 무관하지 않다.

3.5.4 저축 · 투자 · 자본 및 조세

스미스를 포함한 고전학파는 저축이 항상 투자되며, 저축과 투자가 일치되고, 저축이 투자를 결정한다고 보았다. 이는 고전학파가 생산능력의 증대에 초점을 맞추어 케인즈 같이 유효수요를 별로 의식하지 않았음을 의미한다. 절약과 저축이 물질적 풍요를 가져다 준다는 신념에 있어 중상주의와 스미스는 유사하다. 이들은 모두 절약이나 저축보다 소비나 지출과 관련된 덕목을 강조했던 아리스토텔레스 등과 구분된다.

또한 스미스는 신고전학파와 달리 저축이 순전히 이자율이나 소득의 함수가 아니라 여러 가지 제도적 요인에 의해 영향을 받는다고 생각했다. 더불어 고용증대효과에 따라 여러 종류의 투자들을 구분하고 그 효과가 큰 투자가 생산적이라고 규정했다.

자본에 대해서는 중농주의에 이미 등장한 유동자본(circulating capital)과 고정자본(fixed capital)의 구분을 보다 명확히 했다. 유동자본은 노동력이나 원료구입에 지출되는 자본을, 고정자본은 설비에 투자되는 자본을 각각 의미한다. 유동자본은 한 번의 생산기간을 거치면서 완전히 소모되는 데 비해, 고정자본은 여러 번의 생산을 통해 활용되면서 조금씩 소모된다. 그렇지만 스미스를 포함한 고전학파는 때때로 자본을 임금 그 자체로 간주하는 경우도 있어 혼선을 일으키고 있다.

조세에 대해서는 공평성, 확실성, 지불의 편의, 그리고 징수비용 최소화 등 과세원칙을 제시했으며, 중농주의에 이어 조세의 전가를 논의했다.

3.6 스미스에 대한 평가

중상주의는 화폐를 부와 동일시하면서 보호무역 등 국가의 관리를 통해 화폐유입을 기조로 유지함으로써 부국강병을 달성할 수 있다고 주장했다. 이에 반해 스미스를 위시한 고전학파는 화폐가 아니라 재화 혹은 실물이 부를 구성한다고 반박하면서 자유무역을 통해 개인의 부가 증대되면 국부가 증가한다고 주장했다. 신고전학파나 신자유주의 같은 극단적인 유형은 아니더라도, 스미스 역시 개인의 경제적 자유와 시장의 가격기구에 대한 믿음에 근거해 자본주의를 설명하고 동시에 이를 정당화하는 경제학을 제시했다.

이런 스미스의 사상은 과학적인 경제분석의 전형이 되어 그 이후에 등장하는 거의 모든 부류의 경제학파에 출발점이나 준거를 제공했다. 가령, 신고전학파는 스미스의 모든 이론에 동의하지는 않지만, 시장경제에 대해 그가 부여한 정당성을 반복해 활용하고 있다. 또한 이와 반대 입장에 서 있는 마르크스도 스미스의 이념을 비판하면서도 그가 제시한 과학적 분석을 높게 평가했다.

제 4 장

리카도(David Ricardo, 1772~1823): 분배의 경제학

리카도

리카도는 스미스를 계승한 고전학파 학자이다. 리카도는 주식중개인인 유태인의 자식 17명 중 세 번째로 태어났다. 스스로 주식중개인으로 활동했던 리카도는 우연히 스미스의 『국부론』을 읽고 자극을 받아 경제학에 입문하게 되었다. 그의 경제학 연구를 독려했던 사람은 그만큼 유명하지는 않지만 경제학자로서 나름대로 발자취를 남긴 그의 친구 제임스 밀(James Mill, 1773~1836)이었다. 이 과정에서 리카도는 제임스 밀의 아들이자 영미사상의 핵심적인 존재인 존 스튜어트 밀에게 경제학을 가르치기도 했다.

리카도는 당시 경제사상에서 이름을 남긴 대부분의 학자들과 달리 유태인이었다. 경제사상을 제외한 근대서양의 철학이나 사회사상에서 유태인은 뺄 수 없는 존재이며, 미국이 주도하는 현대의 신고전학파 경제학에서도 유태인은 거의 절대적인 지위를 차지하고 있다. 그렇지만 미국으로 경제학의 중심이 넘어가기 전인 19세기 영국 중심의 경제학 계보에서 저명한 유태인 경제학자는 거의 리카도와 마르크스뿐이다.

리카도는 주저인 『정치경제학 및 과세의 원리』(*Principles of Political Economy and Taxation*, 1817)를 통해, 분배를 경제의 주요 문제로 삼았으며, 경제분석에 연

> **네 명의 유태인**
>
> 네 명의 유태인이 전 세계를 지배한다는 속설이 있다. 차가운 머리는 모세가, 뜨거운 가슴은 예수가, 허기진 배는 마르크스가, 배 이하는 프로이트가 대표한다는 것이다. 현대에 들어 미국의 경제학계와 월가를 쥐고 있는 사람들은 압도적으로 유태인들이다. 사실 돈을 연구하는 미국의 경제학자뿐만 아니라 돈을 버는 미국의 사업가나 금융자본가도 상당수 유태인이다. 새뮤엘슨과 프리드만이 유태인이고, 소로스가 유태인이다. 그래서 앞으로 유태인과 맞설 종족은 중국화교밖에 없다는 속설이 나돌고 있다. 물론 이런 속설이 인종에 대한 숭배나 차별로 이어져서는 안 된다.

역적인 방법을 본격적으로 도입했다는 특징을 보이고 있다.

우선 취급한 문제로 본다면, 스미스가 가치, 분배, 성장 등 다양한 주제들을 골고루 다룬 데 비해, 리카도는 분배에 집중했다. 20세기 들어 스라파(Piero Sraffa, 1898~1983)를 필두로 분배를 경제연구의 중심에 놓은 영국과 이탈리아의 경제학자들이 신리카도학파(Neoricardians)로 불리게 된 연유가 여기에 있다.

또한 방법에 있어 스미스는 전반적으로 연역과 귀납을 함께 활용했다. 대표적으로 『국부론』에서 그는 거의 매 장마다 연역적 논리와 역사적 해석 및 통계적 기술을 나란히 제시했다. 이에 비해 리카도는 역사에 대한 의식이나 통계자료 없이 거의 일관되게 연역적인 방법만을 구사했다. 그는 일정한 가정을 설정하고 이런 가정으로부터 기다란 논리의 고리들을 구축해 결론에 도달하는 방식으로 논리를 전개했다.

이런 방법상의 차이는 제기하는 문제나 이에 대한 해답에도 차이를 낳았다. 스미스는 경제와 사회의 다양한 문제들을 제기하고, 한 가지 문제에 대해서도 여러 가지 해답을 제시하는 풍요로움을 보였지만, 논리적 정합성에서는 다소 떨어지는 편이다. 이에 반해 리키도는 보다 좁은 범위의 순수 경제문제에 초점을 맞추고, 하나의 문제에 대해 하나의 일관된 답을 제시하려고 노력하면서, 경험적 풍요보다 논리적 일관성에 있어서 돋보인다.

이 같은 차이는 스미스와 리키아도를 읽을 때 받는 인상에서도 확인된다. 『국부론』을 읽을 때는 다소 장황하면서도 재미있다고 느끼는 데 비해, 『정치경제학 및 과세의 원리』에 이르면 본격적인 논문을 읽을 때 만나는 부담을 겪게 된다. 스미스에 등장하던 이기심이나 동정심 등 인간본성에 대한 고민이나 인류의 역사발전에 대한 담론 등이 리카도에 이르러 더 이상 등장하지 않는 것도 이런 차이와 무관하지 않다. 신고전학파는 이론의 내용에 있어 전반적으로 리카도와 대립하나, 연역적 방법이나 수리적 사고에 의존한다는 점에서는 리카도와 상통한다.

4.1 상품가치와 소득분배

리카도에서도 핵심은 가치이론이다. 또한 리카도도 가격을 설명하는 데 있어 장기가격으로서 자연가격과 단기가격으로 시장가격을 구분하고, 전자를 일차적인 분석대상으로 삼았다. 스미스와 차이가 있다면, 앞서 언급한 바와 같이 리카도가 보다 일관성을 유지했으며 가치이론도 분배와 결합시켜 논의했다는 것이다.

4.1.1 가치이론

자연가격에 대한 설명에 있어 스미스가 세 가지 서로 다른 논리를 제시한데 비해, 리카도는 이 중에서 투하노동가치설을 일관되게 밀고 나갔다. 특히, 리카도는 스미스의 지배노동가치설을 가치의 결정요인, 가치의 표현방식, 부의 척도라는 세 가지 관점에서 논의하고 비판했다.

우선 투하노동가치이론에 대한 리카도의 집착에서 그가 현실성보다 일관성에 치중했음을 확인할 수 있다. 또한 노동이 경제학에서 중요한 축으로 완전히 자리잡았음을 발견할 수 있다. 원래 노동은 인간의 원초적 활동으로 규정되거나, 로크 등에서 사유재산을 정당화하는 근거로 등장했다. 스미스는 상품가치를 결정하는 기준으로 투하노동이론을 언급했지만, 이를 자본이 축적되거나 토지가 사유되기 이전의 상황에 국한시켜 제한된 의미만을 부여했다. 그런데 리카도에 이르러 투하노동은 본격적인 자본주의경제에서 상품가치를 결정하는 포괄적인 논리로 격상되었다.

투하노동가치설을 보다 명확하게 규정해 보자. 이 규정은 상당 부분 마르크스의 노동가치이론에도 통용된다. 우선, 생산과정을 있는 그대로 살피면 다음과 같이 표시할 수 있다.

원료 및 보조자료 ⊕ 도구 ⊕ 노동 ⟶ 상품
(나무, 페인트, 못) (톱, 망치) (목수의 활동) (탁자)

위의 도식은 생산과정에 대한 일차적인 관찰에 불과하다. 이 도식을 노동가치의 덩어리로 바꾸고, 이를 투입물과 산출물의 수량과 단위가치로 분해한 뒤, 생산된 산출물의 숫자로 나누어 표준화할 수 있다. 이렇게 하면 우리는 투입산출계수(a_{ij}, l_i)를 포함해 투하노동가치의 방정식을 얻을 수 있다.

$$\textstyle\sum_j \Lambda_j + L_i \Longrightarrow \Lambda_i \rightarrow \Lambda_i = \sum_j \Lambda_j + L_i \rightarrow q_i\lambda_i$$
$$= \textstyle\sum_j q_{ij}\lambda_j + L_i \rightarrow \lambda_i = \sum_j (q_{ij}/q_i)\lambda_j + (L_i/q_i), \quad \lambda_i = \sum_j a_{ij}\lambda_j + l_i$$

$\Lambda_i(\lambda_i)$: i산업에서 생산된 총가치량(단위가치)
Λ_j: i산업의 생산에 투입된 요소들의 가치량
L_i: i산업에 투입된 총노동량
q_i: i산업의 생산량
q_{ij}: i산업에 투입된 j생산물 수량
a_{ij}: i산업 단위 생산물에 투입되는 j의 수량
l_i: i산업 단위 생산물에 직접 투입된 노동량

시장에는 현실적으로 가격이 존재하므로 가격을 통해 생산과정이 가감승제의 연산이 가능한 방정식으로 바뀔 수 있다. 현실적으로 발견되는 이런 가격방정식과 별도로 노동가치의 방정식이 제시되는 것은 노동가치를 통해 가격을 근본적으로 설명할 수 있다고 리카도가 믿었기 때문이다.

그런데 리카도 자신이 명시하지는 않았으나 노동가치의 방정식을 얻기 위해서는 다음과 같은 여러 전제나 가정이 필요하다. 경제가 자연조건, 기술, 조직 등에 배태되어 있으면서도, 상품이나 활동이 모두 노동으로 동질화되면서 나름대로 자율성을 갖게 된다는 점을 이들은 구현하고 있다.

첫째, 경쟁이 존재해 동일 상품에 동일 가격이 부여된다는 일물일가의 법칙은 일물일가격뿐만 아니라 일물일가치로도 해석된다. 이는 여러 기업이나 지역을 통합하는 시장의 공간적인 통일뿐만 아니라 시간적인 통일을 전제한다. 이에 따라 동일 상품이 생산조건에 관계없이 동일 가치를 가질 뿐만 아니라 과거가치

가 현재가치로 전환된다. 다시 말해, 과거에 생산된 특정 상품이 현재의 생산조건이 부과하는 가치를 갖는다.

예를 들어, 1년 전에 생산된 책상 하나에 100시간이 투입되었으나, 생산성 증가로 인해 현재 생산되는 동일한 책상에 50시간이 소요된다고 하자. 여기서 과거에 생산된 책상이든 현재 생산된 책상이든 모두 50시간이 소요된 것으로 취급한다.[1)]

둘째, 산업들과 경제주체들이 상호의존적이다. 분업체계가 발전해 경제주체들과 경제의 여러 분야들이 자율적이면서 동시에 상호의존적으로 변한다. 이는 경제가 발전하면서 신고전학파가 일방적으로 강조하는 경쟁이나 대체뿐만 아니라 협동과 보완이 심화된다는 것을 의미한다. 이런 상황이 모든 생산자와 산업에 적용되어 모든 산업들이 상호의존적인 투입산출관계에 놓인다. 즉, 특정 생산자나 기업이 생산한 원료나 도구 등을 다른 생산자가 시장에서 구입한 후 자신의 산업에 투입해 소비한다.

이는 한편으로 특정 산업의 전체 생산량이 한 경제의 산업 전체에 투입된 동종 사용가치의 수량과 같거나 그보다 크다는 것을 뜻한다. 여기서 남는 부분은 최종소비로 유출된다. 다른 한편으로 동일 상품이 특정 산업의 산출물이나 이와 다른 산업의 투입물로서 동일 가치를 갖는다. 가치방정식에서 투입물로 생산과정에 투입되었든 산출물로 나온 것이든, 혹은 방정식의 우변과 좌변 중 어느 쪽에 등장하든, 동일 상품이면 단위당 동일한 노동시간을 체현했다고 본다.[2)]

셋째, 여러 구체적인 형태의 노동들이 동질화된다. 투하노동가치설은 생산과정에 투입되고 산출되는 다양한 물체나 사용가치를 투입된 노동의 관점에서 파악한다. 이 관점에서는 생산에 들어가는 다양한 투입물과 거기서 나오는 산출물을 투하된 노동의 수량으로 환산한다. 노동이 투입물과 산출물의 공통속성으로 간주되면서 생산과정 혹은 투입산출관계가 가치방정식으로 발전한다. 좀더 포괄적으로 생산과정을 노동으로 표현하기 위해 여러 다양한 구체적 노동들이

1) 그러나 논의의 차원이 높아지면, 특히 자본재와 관련해 역사적 비용(historical cost)과 갱신비용(replacement cost) 중 어느 것이 진정한 가치를 나타내느냐에 관해 논란이 있다.

2) 이 지점에서 생산이나 교환에 시간이 소요되므로 모든 상황이 변동하는 자본주의경제의 역동성을 가치방정식 및 가격방정식이 사상했다는 비판이 제기되기도 한다. 프리만이나 클리만 등의 마르크스주의, 후기 케인즈주의, 그리고 하이에크나 미제스 등 오스트리아학파 등 폭넓은 범위의 학자들이 이런 비판을 내세웠다.

하나의 단위로 동질화되어야 한다. 가령, 재단사의 노동과 이발사의 노동이 서로 비교 가능해야 한다.

이런 동질화는 다음과 같은 논리들로 설명되고 정당화될 수 있다. 시장에서 다양한 상품들이 서로 교환된다는 사실에서 이들에 투입된 다양한 노동들도 간접적으로 교환된다고 볼 수 있다. 또한 현실적으로 노동자들이 특정 산업이나 부문에 묶여 있지 않고 여러 산업이나 부문 사이를 이동한다. 더불어 특정 상품을 생산하기 위해 공장에서 여러 종류의 노동들이 결합되고 있다. 이런 요인들이 모두 노동의 동질성을 제고한다.

뿐만 아니라 가치방정식은 숙련노동, 반숙련노동, 미숙련노동 등이 서로 수량적으로 비교 가능해 환원될 수 있다는 전제를 깔고 있다. 가령, 여러 가지 교육을 받은 숙련공의 1시간 노동은 갓 고용된 인부의 미숙련노동으로 따져 1시간 이상으로 계산된다.

넷째, 투하노동은 특정 상품에 직접적으로나 간접적으로 투입된 노동의 합이다. 가령, 탁자를 생산하는 데 투입되는 노동은 나무를 탁자로 변형시키는 데 투입된 목수의 노동뿐만 아니라 나무를 위시한 원료, 톱, 망치 등 도구를 생산하기 위해 투입된 노동을 포함한다. 후자는 과거에 투입되었다가 생산과정에서 탁자로 이전되는 노동이다. 이들을 각기 직접노동과 간접노동으로 부를 수 있다.

일반적으로 원료나 도구는 목수 자신의 노동이 아니라 타인의 노동에 의해 생산된다. 또한 목수의 노동이 현재 진행되는 노동인 데 비해, 이 노동은 과거에 수행된다. 그런데 가치방정식이 성립되기 위해서는 원료나 도구에 담겨 있는 노동과 현재 진행되는 노동을 하나의 척도로 환산할 수 있어야 한다. 즉, 위 식에서 과거 원료나 도구에 투입된 노동과 목수의 노동이 동일하게 취급된다.

원료는 자연이 부여한 그대로 투입되는 것이 아니라 인간이 가공했다고 보아야 한다. 자연이 부여한 상태로 원료가 생산에 투입되는 경우에도 이를 채취하는 데 직접·간접으로 노동이 투입된다. 이 점에서 원료를 인간노동이 가미되지 않은 순수 자연의 일부로 보는 것은 오류이다.[3] 또한 도구는 자연이 부여한

3) 폴라아니, 하이에크, 알뛰쎄르(L. Althusser, 1918~1990) 등 좌우 양측의 학자들이 생산 등 경제활동과 인식 등 지적인 활동의 유사성을 지적했다. 폴라아니와 하이에크는 특정 상품과 지식에 대한 승인이나 여과라는 관점에서 상품시장과 토론장 혹은 "지식시장"의 유사성을 강조했다. 이에 비해 알뛰쎄르는 상품과 지식의 생산이라는 관점에서 양자의 유사성을 파악했다. 인식의 대상이 원료에 상응하고, 인식활동이나 지적인 생산이 노동이나 생산

감가상각의 경제적 측면

감가상각은 주류경제학자나 경제주체들이 사용하는 용어로서 가치보다 가격과 연결되고, 가치상실(devaluation)은 파인(B. Fine) 같은 마르크스주의 경제학자들이 가치개념을 강조하기 위해 사용했다. 물론 후자는 평가절하(devaluation)와 구분된다. 어떻게 표현하든 감가상각은 내구재나 자본재의 저량(stock)을 파악하는 데 반드시 고려할 요인이다. 무엇보다 자본재의 감각상각은 물리적이거나 기계적이라기보다 경제적인 현상이다. 기계는 사용함으로써 가치가 줄어들고 적정수준 이상으로 사용하는 경우뿐만 아니라 적정수준 이하로 사용하는 경우에도 급격하게 가치를 상실한다. 더구나 시장 자체에서 기계에 대한 평가가 변동할 수도 있고 공황 등 경제변동으로 급격하게 가치를 잃을 수도 있다. 끝으로, 컴퓨터산업에서와 같이 기술혁신으로 인해 만들어진지 얼마 안 된 자본재가 순식간에 가치를 상실하기도 한다. 인간의 수명뿐만 아니라 기계의 수명을 설명하는 데 있어서도 물리적인 요인보다 사회경제적인 요인이 더 중요하다. 그러므로 기계의 가치상실을 쇠에 녹이 스는 것과 동일하게 생각하는 것은 이윤의 발생을 포도나무에서 포도가 열리는 것처럼 생각하는 것과 마찬가지로 오류이다. 이런 이유로 경험적으로 감가상각된 부분을 측정하는 데 커다란 어려움이 있다. 그런데 논의상 편의를 위해 가치방정식을 위시한 이하의 논의에서 감가상각을 고려하지 않는다.

자원을 인간이 변형시켜 만들었으므로 당연히 인간의 노동을 담고 있다.

원료와 도구에 응축된 노동은 이전되는 방식에 있어 서로 다르다. 원료는 한번 생산에 투입되면 소멸하면서 거기에 응축된 노동을 완전히 이전한다. 이에 비해 도구는 여러 차례 생산에 동원되면서 농축된 노동을 조금씩 생산물의 특정 단위에 옮긴다. 이런 점진적인 소멸을 가치상실이나 감가상각이라고 부를 수 있다.

다섯째, 수확불변을 상정했다고 보아야 한다. 위 식은 상품 한 단위를 기준으로 생산과정을 재구성한 것인데, 이런 조작은 생산량이나 생산규모와 투입물의 비례적인 수량변동을 전제한다. 즉, 2일의 노동과 20킬로그램의 나무로 탁자 1개가 생산된다면, 탁자 2개를 생산하는 데 4일의 노동과 40킬로그램의 나무가 소요된다. 다시 말해, 규모에 따른 경제 및 비경제나 한계생산물체감이 배제되었

에 해당된다. 알뛰쎄르의 해석을 적용하면, 원료에 이미 인간의 노동이 담겨 있다는 것은 인식의 대상이 그대로 주어지지 않는 것 혹은 원초적인 분석자료(raw data)나 원초적인 해석대상(raw text; Urtext)이 존재하지 않는 것과 동일하다.

다. 여기서 톤이나 미터 등 상품의 단위는 상품의 자연적 속성이나 관습에 의해 결정되어 경제적 의미를 가지지 않으므로 임의의 어떤 단위를 택하든 일관성만 유지하면 된다.

여섯째, 특정 산업 내에 지배적인 기업과 기술이 존재한다고 상정한다. 특정 산업에 여러 기업이 존재하고 이 기업들의 생산조건은 다르다. 이렇게 되면 노동가치로 따져 동일한 상품 한 단위를 생산하는 데 기업마다 투입하는 노동량이 달라진다. 논의의 편의를 위해 여러 기업들로 구성되는 특정 산업에 지배적인 기술이 있고 이에 따라 평균적인 하나의 노동가치만이 존재한다고 가정한다.

이렇게 되면 위에서 목수는 가구업자나 가구산업에 종사하는 노동자 전체 혹은 생산자 전체를 대표한다. 마찬가지로 λ_i나 q_i도 산업 전체의 지배적인 노동가치와 산업 전체의 생산량으로 간주할 수 있다.

이런 점들을 고려해 우리는 연립방정식 체계로 구성된 가치체계(value system)와 이에 상응하는 수량체계(quantity system)를 얻을 수 있다.

(i) 두 개의 상품과 산업이 존재하는 단순한 경우에서 소거법으로 풀면,

$$\lambda_1 = a_{11}\lambda_1 + a_{12}\lambda_2 + l_1$$
$$\lambda_2 = a_{21}\lambda_1 + a_{22}\lambda_2 + l_2$$
$$\lambda_1 = [(1-a_{22})l_1 + a_{12}l_2]/[(1-a_{11})(1-a_{22}) - a_{12}a_{21}]$$
$$\lambda_2 = [a_{21}(1-a_{22})l_1 + (1-a_{11})(1-a_{22})l_2]/$$
$$[(1-a_{11})(1-a_{22}) - a_{12}a_{21}](1-a_{22})$$
$$y_1 = q_1 - a_{11}q_1 - a_{21}q_2$$
$$y_2 = q_2 - a_{21}q_1 - a_{22}q_2$$

(ii) n개의 상품과 산업이 존재하는 일반적인 경우를 상정하고 역행렬을 구해 풀면,

$$\lambda_i = \textstyle\sum_j a_{ij}\lambda_j + l_i \quad \text{혹은} \quad \lambda = A\lambda + l \qquad \lambda = (I-A)^{-1}l$$
$$y_j = q_j - \textstyle\sum_i a_{ij}q_i$$

λ_i: i산업에서 생산되는 i상품 한 단위의 노동가치
a_{ij}: i상품 단위생산을 위해 투입되는 j상품의 수($a_{ij} \geq 0$)

l_i: i상품 단위생산을 위해 직접 투입되는 노동량
λ: 단위 노동량의 행 벡터
A: 투입산출 행렬
l: 직접 투입되는 노동량의 행 벡터
I: 단위 행렬
q_j: j상품의 총생산물
y_j: j상품의 순생산물

윗식에서 우선 $[a_{ij} \ \ l_i]$ 혹은 $[A \ \ l]$이 상수이며, λ_i 혹은 λ가 미지수이다. $[a_{ij} \ \ l_i]$ 혹은 $[A \ \ l]$은 주어진 기술 및 조직 등 생산조건을 나타내며, 특정 시점에 고정되어 있다. 결과적으로 n개의 독립적인 방정식으로부터 n개의 노동가치를 구한다. 물론 시간이 흐르면서 기술이 변동하면, $[A \ \ l]$이 변하므로 이에 상응해 노동가치도 변동한다.

이 같이 결정된 각 상품의 노동가치가 이들 상품들 사이의 교환비율을 결정한다는 생각이 노동가치이론이다. 그리고 이런 노동가치와 교환비율은 $[A \ \ l]$의 변동으로 표현되는 기술변동 등으로 생산성이 변하는 경우에만 변한다. 여기서 생산성은 해당산업뿐만 아니라 이 산업과 직접·간접으로 연관된 여타 모든 산업들의 생산성을 포괄한다.

이에 따라 리카도는 가격, 보다 정확하게 자연가격이 노동가치에 의해 결정되며, 기술변동으로 인해 노동가치가 변하는 경우에만 자연가격이 변동한다는 견해를 피력했다.4)

이런 입장에서 리카도는 가치가 사용가치와 무관하다는 점을 분명히 했다. 골동품이나 고급 포도주와 같은 상품의 가격이 노동가치가 아니라 희소성에 의해 결정된다는 반박에 대해 그는 이런 상품들은 일부에 불과하다고 답변했다. 그에 의하면 자본주의경제에서 유통되고 소비되는 상품 대부분이 공장에서 쉽게 재생산되거나 복제될 수 있다.

이후에 등장한 한계효용이론은 가격과 사용가치, 그리고 가격과 희소성의 관계를 리카도와 같이 간단히 처리하지 않았다. 한계효용학파는 사용가치를 주

4) 현실 속에서 기술변동은 주어진 제품의 생산성 변동이나 과정(process) 혁신뿐만 아니라 제품(product) 혁신으로도 나타난다. 그런데 전반적으로 경제학은 노동가치이론을 주장하든 그렇지 않든 제품 자체의 변동이나 질적인 변화를 쉽게 이론화하지 못하고 있다. 따라서 여기서 말하는 기술변동은 생산성의 변동에 국한된다.

관적인 (총)효용으로 해석해, 가격과 밀접하게 연결시켰다. 더구나 희소성은 두고두고 리카도(와 마르크스)의 노동가치이론에 대한 반박근거로 활용되었다.

그런데 리카도 자신이 노동가치이론의 난점으로 인정한 것은 이와 달리 분배상의 변동이 가격에 미치는 영향이었다. 그는 노동가치의 변동과 독립적으로 임금과 이윤의 변동이 생산성이나 가격에 영향을 미칠 수 있음을 발견했다. 분배문제에 대한 그의 관심이 이 문제를 인식하게 만든 것이다.

분배상의 변동이 어떻게 가격변동을 가져오는지 살펴보기 위해, 먼저 가치체계에 대칭이 되는 가격체계(price system)를 제시할 필요가 있다. 수량체계는 가치체계뿐만 아니라 가격체계와도 결합될 수 있다.

(i) 두 개의 상품과 산업이 존재하는 단순한 경우를 상정하고 소거법으로 풀면,

$$p_1=(1+r)(a_{11}p_1+a_{12}p_2+wl_1)$$
$$p_2=(1+r)(a_{21}p_1+a_{22}p_2+wl_2)$$
$$y=p_1y_1+p_2y_2=p_1(q_1-a_{11}q_1-a_{21}q_2)+p_2(q_2-a_{21}q_1-a_{22}q_2)$$

(ii) n개의 상품과 산업이 존재하는 일반적인 경우를 상정하고 역행렬을 구해 풀면, 일반적으로

$$p_i=(1+r)(\textstyle\sum_j a_{ij}p_i+wl_i) \quad \text{혹은} \quad p=(1+r)(Ap+wl)$$
$$y=\textstyle\sum_j p_jy_j=\sum_j p_j(q_j-\sum_i a_{ij}q_i)$$
$$p=(1+r)w[I-(1+r)A]^{-1}l$$

p_i: i산업에서 생산되는 i상품의 단위 가격
a_{ij}: i상품 단위 생산을 위해 투입되는 j상품의 수(가치체계와 동일)
l_i: i상품 단위 생산을 위해 직접 투입되는 노동량(동일)
w: 단위당 임금
r: 일반이윤율
p: 단위 가격의 행 벡터
A: 투입산출 행렬(동일)
l: 직접 투입되는 노동량의 행 벡터(동일)

가격방정식에도 고전학파가 묵시적으로 받아들였던 몇 가지 전제들이 있다.

이 전제들은 후대의 경제학자들에 의해 명시되었다. 이 전제들도 경제활동이 화폐로 환산된다는 관찰에 근거해 경제가 자연조건, 기술, 조직 등에 묻혀 있으면서도 나름대로 자율성을 가진다는 입장을 구체화하고 있다.

첫째, 상품시장의 경쟁으로 인해 동일 상품에 대해 하나의 가격이 성립한다. 이는 국가경제 수준의 단일시장이 형성되어, 지역간에 경제/사회적 장벽이 제거되고, 교통통신시설이 발전해 동일 상품이 근본적으로 상이한 가격을 갖지 않는다는 것을 의미한다. 이런 조건하에서는 가격에 차이가 생기면 차익거래(arbitrage)가 발생해 그 차이가 다시 해소된다.

물론 가격과 관련해서도 경쟁이나 대체뿐만 아니라 협동이나 보완이 인정되어야 한다. 일물일가의 원리가 산업의 보완성 혹은 상호의존성과 결합되어 동일 상품이 산출물과 투입물로서 동일가격을 갖는다는 결과도 나온다. 더불어 가치방정식에서와 마찬가지로 가격방정식에서도 산업별로 대표기업이나 지배적인 기술을 상정해 여러 다양한 기업의 존재를 편의상 일단 사상한다.

둘째, 고전학파는 생산비용 등 공급측면을 강조하며, 수요나 소비측면을 가격의 중요한 결정요인으로 생각하지 않았다. 무엇보다 신고전학파와 달리 고전학파는 소비에 있어 가격변동 등에 따른 대체가능성을 별로 인정하지 않았다. 나아가 수요변동이 있더라도 이로 인한 시장가격의 변동, 이에 따른 생산량의 조정, 그리고 이를 통해 나타나는 자연가격에 초점을 두었다. 위 식은 이를 표현하고 있다.

특정 시점에서 기술수준이 정해져 있으며, 생산요소 사이의 대체 역시 별로 가능하지 않다고 보기 때문에, 생산조건이 고정계수로 표현된다. 또한 가격방정식에도 수확불변을 상정하고, 특정 산업 내에 지배적인 기업과 기술이 존재한다고 본다. 이에 따라 가치방정식과 비슷하게 생산과정을 상품 한 단위로 표준화해 가격으로 동질화한 가격방정식을 설정할 수 있다. 결과적으로 고전학파의 가격방정식은 수요변동과 무관하게 생산구조와 분배에 의해 결정된다.

셋째, 가격방정식에서 임금은 1인당 혹은 단위 시간당으로 환산되며, 이 임금이 노동시장의 경쟁으로 인해 동질화된 모든 단위 노동에 동일하게 적용된다. 물론 구체적인 상황에서는 수요자의 인종이나 소속지역에 따른 가격차별이나 상품의 질적인 차등뿐만 아니라 노동의 숙련도 차이에 따른 분단시장 등을 논의할 수 있다.

보다 중요하게 고전학파에서는 원료나 도구의 구입비용뿐만 아니라 임금도 선대되므로 임금비용에도 이윤이 요구된다. 일반적으로 노동자 역시 생산, 분배, 소비의 세 가지 측면에서 파악되는데, 학파에 따라 강조하는 측면이 달라진다. 고전학파는 노동자를 주로 생산요소로 보고 노동자의 생활을 생산활동에 필요한 생계유지로 축소시키는 경향이 있다. 이 관점에서는 임금이 생계수준에 머물고 노동자가 노예나 가축과 크게 다르지 않다. 리카도에는 노동자가 생산요소와 분배주체라는 두 가지 모습으로 나타나고, 임금도 생계유지와 투쟁이나 협상의 결과라는 두 가지 측면을 가지고 있다.

넷째, 자본시장의 경쟁으로 인해 이윤율이 여러 산업 사이에 균등해지는 경향이 있다. 스미스가 설명한 바와 같이, 이윤율균등화는 어느 정도의 시간이 부여되면 자본이 산업 사이에 지속적으로 진입하거나 퇴출함으로써 여러 산업의 이윤율이 비슷한 수준으로 다가가는 경향을 말한다. 여기서 나타나는 이윤율이 일반이윤율이다.

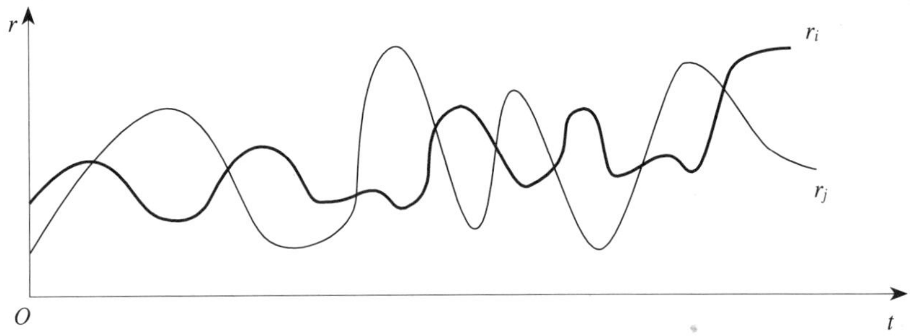

r_i: i산업의 이윤율
r_j: j산업의 이윤율

특정 시점에서는 임금이나 이윤이 직종이나 산업 사이에 차이를 보이므로, 동일 노동에 대한 동일 임금뿐만 아니라 일반 이윤율도 장기적인 추세에 불과하다. 이런 이유로 일부 경제학자들은 동태적인 경제현실을 반영하기 위해서 (차등임금은 아니더라도) 차등이윤율을 가격방정식에 고려할 것을 주장한다.

넓게 보면 이윤율균등화는 고대로부터 서양의 가치로 간주되었던 동등함과 비례성을 자본에 적용하고 있다. 우선 자본의 크기에 따라 이윤이 분배된다는 점에서 균등화는 동등함을 의미한다. 또한 자본의 이동으로 인해 여러 산업 사이에 적절한 비율로 자본이 배분되고 산업들의 규모가 적절한 비율에 이른다는 점에서 균등화는 비례성을 뜻한다. 물론 여기서 동등함과 비례성은 주어진 직책에 만족하는 고정된 분업을 통해서가 아니라 자본가의 사익추구와 이를 위한 자본이동에 의해 달성된다는 특수성을 가지고 있다.

다섯째, 리카도는 임금이나 이윤과 달리 지대는 가격의 구성요소나 비용이 아니라고 생각했다. 나중에 논의되는 바와 같이 그는 지대가 가치의 근원이나 구성요소가 아니라 가격형성의 결과라고 주장했다. 그의 입장에서는 지대가 변동해 가격이 변하는 것이 아니라 가격이 변동해 지대가 변한다. 물론 이 같은 생각에 신고전학파는 동의하지 않는다. 그러나 리카도에 동의하지 않더라도 지대가 임금이나 이윤보다 부차적이라고 생각해 논의대상에서 일단 제외시키는 경향이 있었다.

여섯째, 스미스와 달리 리카도는 생산과정의 차이로 인해 발생하는 가격결정의 여러 가지 복잡한 문제를 충분히 인식하고 있었다. 무엇보다 그는 산업이나 부문에 따라 노동과 "자본"의 결합비율에 차이가 있음을 잘 알고 있었다. 상식적으로 말해 이런 차이는 노동집약적 산업(예, 봉제산업)과 자본집약적 산업(정유산업)의 구분을 나타낸다.

이론적으로 가격방정식이 상품들이나 사용가치들의 차이와 이들의 생산과정에서 나타나는 구체적인 차이를 있는 그대로 담아낼 수 없다. 따라서 노동/자본의 비율이 여러 산업을 정의하고 표현하는 유일한 방법이다. 또한 산업에 따라 자본재의 내구성이나 자본의 회전기간이 다를 수 있음을 그는 충분히 인식했다. 산업간의 이런 차이로 인해 투하된 노동량이 자연가격이나 생산가격과 단순비례하지 않는 현상이 발생한다.

위의 가격방정식에서 미지수는 (p, w, r)이다. p는 상대가격으로서만 의미를 가지므로 임의의 뉴메레르를 정하면, 미지수의 숫자는 $(n+2)$에서 $(n-1+2)=(n+1)$이 된다. n개의 방정식이 독립적이면 가격방정식 체계는 자유도가 1이므로 과소결정 상태에 있다.[5] 만약 임금 w가 생계를 유지하는 고정된 임금재의 묶

5) 자유도는 자유롭게 결정될 수 있는 정도로서 흔히 통계학에서도 쓰인다. 과잉결정(overdetermination)은 방정식체계의 미지수에 비해 제약조건이 더 많은 경우에 발생한다. 이와 반대로 과소결정은 주어진 정보나 제약조건보다 미지수가 더 많아 방정식체계에 자유도 혹은 비결정성이 존재하는 부정(不定)의 경우이다. 넓게 보면 이 논의 역시 필연과 자

음으로 구성되어 상수로 주어지므로, 이 체계는 자유도 없이 완전히 결정된다. 이렇게 되면 분배의 갈등은 원초적으로 배제된다.

그런데 고전학파 중에서 리카도는 노동자와 자본가의 대립 혹은 임금과 이윤 사이의 상충이 경제의 중요한 현실이라고 보아 이를 본격적인 문제로 설정했다. 리카도의 문제를 보다 명확히 파악하기 위해 스라파의 가격방정식을 활용하자.

스라파

스라파는 영국으로 이주한 이탈리아의 경제학자이다. 그는 신고전학파를 비판하면서 리카도의 입장을 복원하기 위해 두께는 얇지만 밀도는 대단히 높은 『상품에 의한 상품 생산』(*Production of Commodities by Means of Commodities*, 1960)이라는 책을 펴냈다.

이 책에서 그는 고전학파의 가격방정식을 리카도의 생각을 강화하는 방식으로 변형했다. 즉, 임금이 선대되지 않고 나중에 지불된다고 수정해, 노동자를 생산과정의 참여자가 아니라 분배주체로 부각시켰다.[6] 이에 따라 노동자는 분배의 몫을 놓고 자본가와 협상, 투쟁 혹은 타협을 벌이는 존재가 되었다. 결과적으로 그는 임금의 사후 지급을 고려해 다음과 같은 가격방정식을 제시했다.

$$p_1=(1+r)(a_{11}p_1+a_{12}p_2)+wl_1$$
$$p_2=(1+r)(a_{21}p_1+a_{22}p_2)+wl_2$$
$$p_1=[1+(1+r)(a_{12}-a_{22})]/[1-(1+r)(a_{11}-a_{21})]$$
$$p_2=1$$

일반적으로 $p_i=(1+r)(\sum_j a_{ij}p_i)+wl_i$
혹은 $p=(1+r)Ap+wl,\quad p=w[I-(1+r)A]^{-1}l$

위의 가격체계에서 미지수는 여전히 (p, r, w)이다. 임의의 상대가격 하나를

유(necessity and freedom)라는 고전적인 주제와 무관하지 않다. 예를 들어, 마르크스는 박사학위논문에서 에피쿠로스의 자연철학을 논의하면서 원자의 이탈을 의식의 자유와 연결지었다.

6) 첨언하건대, 후기 케인지언은 노동자가 분배의 주체라는 사실을 놓치지 않으면서도 높은 소비성향을 가진 유효수요의 주체라는 측면을 더 강조한다.

뉴메레르로 삼으면, 이 체계는 방정식 숫자보다 미지수가 하나 더 많아 과소결정되어 있다. 이는 r이나 w 중 하나 혹은 분배의 비율이 결정되어야 비로소 가격이 결정된다는 것을 의미한다.

구체적으로 산업마다 노동과 "자본"의 결합비율 혹은 인건비와 물건비의 비율이 다르다. 앞서 지적한 바와 같이 노동/자본비율의 차이는 산업마다 존재하는 생산과정의 차이를 나타낸다. 예를 들어, 봉제공장은 노동집약적인 데 비해 정유회사는 자본집약적이므로, 동일한 임금변동에도 봉제공장이 정유회사보다 더 큰 비용상승 압력을 받게 된다. 이 같이 각 산업에서 노동/자본비율이 다르기 때문에 동일한 이윤율이나 임금변동이 각 산업의 가격에 차등적인 영향을 미쳐 상대가격의 변동을 가져온다.

자본집약도로 인한 이런 효과뿐만 아니라 경제 전체의 여러 가격들로부터 복합적으로 영향을 받는 가격효과도 있다. 이런 이유로 분배상의 변동이 상대가격에 미치는 영향의 방향을 일반적으로 예측할 수 없다. 어떻든 분배상의 변동이 상대가격에 영향을 미친다는 사실은 부인할 수 없다.

이 논의를 통해 투하노동량뿐만 아니라 분배상의 변동도 가격을 변화시킨다는 리카도의 발견을 이해할 수 있다. 이런 발견에 따라 그는 일단 자신의 입장인 투하노동가치설이 반박될 여지가 있음을 인정했다. 그렇지만 그는 투하노동가치이론을 방어하기 위해, 경험적으로 분배변동이 가격에 미치는 영향은 경미한 데 비해, 생산성이나 기술의 변동이 미치는 영향은 대단히 크다고 주장했다.

그러나 그가 이론상의 정합성과 관련된 질적 문제를 경험적인 수준에서 양적인 문제로 처리한 것은 적절한 방어책이 아니었다. 이로 인해 리카도는 맬더스의 공격에 노출되었을 뿐만 아니라 나중에 "93% 노동가치설"을 내세웠다는 스티글러(G. Stigler)의 냉소를 자초했다. 반면 노동가치설을 혁명의 논리로 확대 발전시킨 마르크스는 리카도의 이 같은 상황을 전형문제(transformation problem)로 재구성했다.

가격방정식 체계는 고전학파뿐만 아니라 마르크스에 있어 자본주의경제의 가격형성 및 결정을 표현하므로 궁극적으로 가치이론을 통해 설명되어야 한다. 이런 이유로 리카도와 마르크스에 있어 가치방정식과 가격방정식은 쌍을 이룬다. 그러나 노동가치이론이 부인되는 경우에도 가격방정식은 가격과 분배에 관한 고전학파 고유의 이론으로 남는다. 대표적으로 스라파는 투하노동가치이론이 잘못되었고 리카도에 있어 이 이론이 중요치 않다고 주장하면서, 가격방정식을 고전학파의 핵심으로 간주했다.

4.1.2 분배상의 갈등

리카도는 일찍부터 노동자의 임금이 증가하면 자본가의 이윤이 줄어들 수밖에 없고, 그 역도 성립한다고 생각했다.[7] 스라파의 극단적인 해석에 의하면 리카도가 집착했던 것은 투하노동가치이론 자체가 아니라 노동자와 자본가 사이의 분배상 갈등, 혹은 임금과 이윤 사이의 상충관계였다. 리카도의 이런 생각은 곡물모형(corn model)에서 비롯되었다.

곡물모형은 곡물 한 가지만을 생산하고 소비하는 단순한 경제를 상정한다.[8] 여기서 유일한 산출물이자 투입물은 곡물이다. 투입물은 종자로 쓰이는 곡물이다. 예를 들어, 투입물이 50만 석이고 산출물이 80만 석이면, 잉여(surplus)는 30만 석이다. 여기서 잉여율 혹은 이윤율은 가치나 가격과 무관하게 정의되고 결정된다는 점에서 물적인 이윤율(material rate of profit)이다. 이 경우 30만 석을 놓고 노동자와 자본가가 투쟁한다면 총량이 확연히 고정되어 있으므로 임금과 이윤의 상충이 투명하게 드러난다. 이는 마치 식탁 위의 피자 파이를 놓고 여러 명이 다투는 상황에 가깝다.

이 같이 곡물모형에서는 노동자와 자본가의 대립이나 임금과 이윤의 상충이 자명하게 드러난다. 이 같이 투명성이 확보되는 이유는 생산물이 하나밖에

7) 노동자-노동력-임금, 자본가-자본-이윤, 그리고 지주-토지-지대라는 고전학파의 일관된 고리에 따라 노동자와 자본가가 각기 임금과 이윤만을 받는다는 전제를 가지고 있다. 그러나 신고전학파는 상당부분 현실경제의 변화를 지적하면서 이런 고리를 희석시켰다. 예로써, 노동자가 저축해 이자소득을 얻을 수도 있고, 주식에 투자해 배당을 받을 수도 있다. 그러므로 이 부분에 대해 고전학파의 전제가 어느 정도 타당한지 보다 진지한 방어가 요구된다.

8) 리카도의 생각을 담고 있는 모형이 단일 상품이나 재화 모형이라면, 과거의 자본주의 경제사상에서부터 현재의 신고전학파에 이르기까지 보수적인 입장에서 자주 활용한 모형이 로빈슨 크루소의 일인 경제이다. 모두 현실을 단순화하지만 그 목적이 대조적이다. 로빈슨 크루소 모형은 분석단위를 개인으로 보아 극대화를 위해 여러 재화의 생산과 소비를 대상으로 삼는 선택에 초점을 둔다. 이에 비해 곡물모형은 동질적인 상품 혹은 재화를 놓고 노동자와 자본가가 벌이는 투쟁에 착안했다. 전자가 경제관계 혹은 사회관계를 배제한 데 비해, 후자는 인간을 개인으로 상정하지 않고 특정의 사회관계를 부각시키는 데 목표를 두었다.

없어 상대가격이 존재하지 않아, 분배상의 변동과 상대가격의 상호의존이나 상호작용으로 인한 복잡성이 원초적으로 배제되기 때문이다.

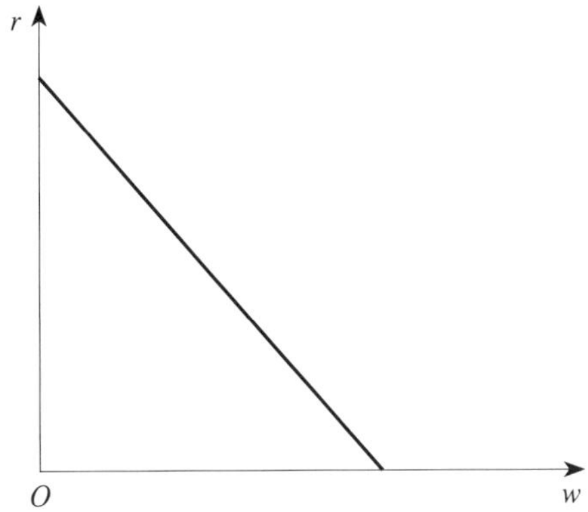

r: 이윤율(rate of profit)
w: 임금(wage)

문제는 곡물모형에서 확연하게 드러나는 이 같은 상충관계가 여러 부문에 존재하고, 투입물과 산출물이 서로 다르며, 여러 상품들이 생산/소비되는 현실 경제에서도 여전히 성립하느냐이다. 스라파에 따르면 리카도는 이와 관련해 명확한 답변을 제시하지 못했다. 이 문제를 이해하기 위해서는 위의 가치체계나 가격체계의 배후에 쌍으로 존재하는 수량체계를 함께 고려할 필요가 있다.

$$q_1 > a_{11}q_1 + a_{21}q_2$$
$$q_2 > a_{12}q_1 + a_{22}q_2$$

일반적으로 $q_i > \sum_i a_{ij}q_i$ 혹은 $q > Aq$

노동자와 자본가가 나눌 잉여생산물 혹은 순생산물은 물량으로 $[q_1-(a_{11}q_1+a_{21}q_2)]$와 $[q_2-(a_{12}q_1+a_{22}q_2)]$이다. 그런데 경제전체의 순생산물을 수량으로 표현하려면 두 물량을 합해야 하는데, 두 가지 서로 다른 물량은 가격으로 환산해야 비로소 합산이 가능하다.

가령, 쌀 100가마와 자동차 50대의 합은 있는 그대로가 아니라 가격 등을 가중치로 삼을 때 비로소 가능하다. 이는 거시경제학에서 국민총생산물을 계산할 때 여러 다양한 물량들을 가격으로 표현해 합하는 것과 비슷하다. 그러므로 단순한 물량이 아니라 경제량으로서 순생산물은 아래와 같이 된다.

$$p_1[q_1-(a_{11}q_1+a_{21}q_2)]+p_2[q_2-(a_{12}q_1+a_{22}q_2)] \quad \text{혹은} \quad p(q-Aq)$$

일단 일반적인 상황에서 순생산물을 정의하는 경우 분배의 변동이 가격변동을 가져오고, 가격변동이 주어진 기술수준 하에서도 순생산물의 수량 혹은 순생산물과 투입물 사이의 비율을 변화시킨다. 이렇게 되면 임금과 이윤의 상충관계가 분명하게 드러나지 않는다. 이는 앞서 제시된 곡물모형에서 순생산물의 총량이 고정되어 임금과 이윤의 상충이 확연했던 것과 대비된다. 스라파의 해석에 따르면, 여러 상품이 존재하는 현실경제에서 가격변동에도 불구하고 여전히 분배상의 대립이 존재한다는 것을 보여주는데, 리카도의 이론적 목표가 있었다.

그런데 리카도는 이 목표를 달성하지 못했다. 스라파는 리카도의 '이루지 못한 꿈'을 자신의 과제로 삼았다. 즉, 스라파와 그를 추종하는 신리카도학파는 여러 부문이 투입산출의 상호의존관계에 있는 현실경제에서도 엄연히 이윤율과 임금이 상충관계에 있음을 논증하려고 노력했다.

스라파는 이 목적을 위해 모든 부문에서 잉여율($R_j=(q_j-\sum_i a_{ij}q_i)/q_j$)이 동일한 표준체계와 표준상품, 그리고 그 비율을 나타내는 표준비율(standard system, commodity, ratio) 등의 개념을 고안했다. 표준상품으로 표시하면, 이윤율과 임금의 대립이 명확하게 드러난다는 것이 그의 주장이다. 이에 대해서는 아직까지도 논란이 많으나, 스라파는 리키아도와 경제학 전반에 있어 분배상의 갈등이 핵심적인 문제임을 일깨우는 데 공헌했다.

노동가치설 포기, 선대임금 무시, 기술변동 배제 등의 차이를 잠시 접어둔다면, 이념적 지향에 있어 리카도와 신리카도학파는 모두 중도좌파로 마르크스와 신고전학파의 중간에 놓인다. 이런 위치로 인해 이들은 잉여가치나 소비자/생산자 잉여가 아니라 잉여 혹은 잉여 생산물에 집착한다. 또한 노동자와 자본가의 소득분배상 갈등에 깊은 관심을 가지면서도 전면적인 생산수단의 공유나 계급투쟁을 주장하지 않는다.

스라파의 표준상품은 불변의 가치척도와 유사하다. 스미스와 리카도를 위시한 다수의 고전경제학자들은 불변의 가치척도(invariable measure of value)를 마치 '철학자의 돌'과 같이 갈구했다. 불변의 가치척도에 대한 갈망은 두 상품의 교환비율이 변동할 때 어느 쪽의 가치가 얼마만큼 변해서 이런 변동이 발생했는지 확정할 수 없는 어려움에서 생겨났다.

가치척도는 상품에 내재된 실체를 구체적으로 측정해 준다. 불변의 가치척도는 자신의 가치가 변동하지 않아 이에 대비시키면 즉각 해당 상품의 가치가 어느 정도 변동했는지 확인시켜 주는 존재이다. 길이, 무게, 시간, 온도 등 물리적 값어치 혹은 '가치'를 측정하는 데 일반적으로 합의된 척도가 존재하므로, 상품가치에 대해서도 이에 상응하는 척도를 찾을 수 있으리라는 기대가 있었다.

그러나 불변의 가치척도를 찾거나 만드는 일은 물리적인 척도를 정하는 일보다 훨씬 더 어렵다.[9] 스미스는 완벽하지는 않지만 가치가 크게 변동하지 않는다는 점에서 곡물, 금, 노동 등이 불변의 가치척도에 가깝다고 생각했다. 이에 비해 리카도는 가치가 변치 않는 척도란 현실적으로 존재할 수 없음을 강하게 의식하고 있었다. 그 이유는 앞서 말한 바와 같이 생산성의 변동으로 노동가치가 변하면 모든 상품의 가치가 변할 수밖에 없기 때문이다.

더구나 스미스로부터 리카도로 이행하면서 각 산업의 요소결합비율 등이 달라 생산성뿐만 아니라 분배비율이 변동하더라도 상품가격이 변한다는 사실이 밝혀졌다. 어떤 경우에도 생산성 변동으로부터 자유로운 상품은 존재하지 않으므로 리카도의 이론에 있어 불변의 가치척도는 분배상 변동으로부터 자유로운 상품으로 압축되었다. 이에 따라 그는 요소결합비율에 있어 사회적 평균을 유지하는 상품이 있으면, 이것이 가치척도라고 주장했다. 현실적으로 그는 금이 이에 근사하다고 생각했다.

스라파는 이런 사회적 평균을 쉽게 얻을 수 없다고 주장하면서, 리카도의 논리를 확장시켜 표준상품을 척도로 삼자고 주창했다. 스미스와 리카도가 현실경제 속에서 불변의 가치척도를 모색했다면, 스라파는 이것이 아예 불가능하다고 보면서 가공적 존재로서 표준체계와 표준상품을 제시한 셈이다.

---

9) 무게, 길이, 온도, 혈압 등 물리적이거나 생물학적인 가치의 척도도 여러 자연요인들로부터 영향을 받기 때문에 완벽하게 불변성을 유지하지 못한다. 더구나 물리적 가치의 척도도 순전히 내재적이거나 자연적이라고 단정할 수 없다. 과학철학자들은 물리적 가치의 척도가 상당 부분 관습이나 합의에 의존해 자의적임을 인정한다. 예를 들어, 우리가 탁자와 책의 길이를 비교할 때 습관적으로 자를 들이대고 그것을 센티미터나 미터로 나타내면서 길이라는 속성이 상품가치보다 훨씬 정확하게 측정되었다고 안심한다. 그러나 센티미터나 미터 역시 습관적으로 활용되거나 합의된 단위에 불과하기 때문에 쉽사리 보편타당성을 부여할 수 없다. 경제적 가치와 관련해서는 추가적으로 어느 정도 불변성을 유지하는 척도가 존재하는지조차 의심스러우며 특정 척도에 합의하기가 쉽지 않다.

우리는 노사협상 등을 통해 분배상의 갈등을 일상적으로 관찰하기 때문에 일견 리카도나 스라파의 착상을 당연시할 수도 있다. 그러나 생산에 대한 자발적인 참여와 조화로운 분배를 믿는 신고전학파는 이런 생각을 거부한다.

신고전학파의 분배이론에 의하면 임금이나 이윤 등 모든 소득은 수요공급의 원리에 따라 움직이며, 근본적으로 노동이나 자본 등 생산요소의 한계생산물(가치)에 의해 규정된다. 쉽게 말해, 신고전학파는 각 생산요소의 마지막 한 단위가 생산에 공헌한 (가치)만큼을 요소의 소유자가 자신의 몫으로 가져간다고 본다.[10] 이 논리에 따르면 각자가 총생산물을 늘리면서 그만큼을 자신의 소득으로 챙기므로 다른 생산요소와의 갈등이나 대립이 존재하지 않는다.

리카도적인 분배상 갈등은 신고전학파뿐만 아니라 이것의 정반대 편에 있는 마르크스의 입장과도 대비된다. 마르크스는 속류경제학이나 신고전학파의 입장을 삼위일체 공식이라고 비판하면서, 분배상의 갈등을 중요한 사회현상으로 다루었다. 그러나 마르크스는 주어진 것을 나누는 분배상의 투쟁보다 나눌 것이 어디서 나오느냐를 결정하는 생산과정의 착취와 투쟁에 더 관심을 가지고 있었다. 이에 비추어 보면 리카도는 착취나 생산보다 나누기 위한 협상이나 나뉘는 비율에 주로 관심을 두었다.

4.1.3 지대이론

스미스, 리카도, 그리고 맬더스에 관계없이 고전학파는 차익지대이론을 공유하고 있었다. 차액지대이론은 앤더슨에 의해 먼저 발견되었으나 잊혀졌다가, 20년 후 다시 리카도, 맬더스, 그리고 웨스트 3인에 의해 동시에 재발견되었다. 그 중에서도 리카도가 이 이론을 가장 체계적으로 제시했다. 리카도의 지대이론은 그 자체로서도 의미를 지니지만 가치이론을 마무리짓고 자본축적을 논의하기 위해서도 논의될 필요가 있다.

차액지대이론에 의하면 지대는 토지의 비옥도나 위치상의 차이로 인해 발

10) 한계생산성이론에 대한 해석이나 믿음에 있어 시장주의자 내부에 갈등이 있다. 프리드만 같은 왈라지언은 경제의 불확실성을 배제하기 때문에 시장의 소득분배에 대해 확고한 도덕성을 부여한다. 이에 비해 하이에크는 불확실성이나 운을 적극적으로 인정하면서 소득분배가 정당하다는 입장이 아니라 불가피하거나 통제 불가능하다는 입장에 매달린다. 대부분의 시장주의자들은 전자로 경도되어 있는 것 같다.

생한다. 고전학파에서 임금이나 이윤은 노동이나 자본이 투입된 개별 산업이나 노동의 종류, 그리고 개별자본의 특징과 관계없이 전반적으로 생산에서 발휘하는 기능을 통해 설명되거나 정당화된다. 이에 비해 지대는 토지가 생산에 필요하다거나 생산과정에서 무언가 기능을 발휘한다는 사실에 근거해 정당화되거나 설명되지 않고 여러 토지의 차이로 설명된다.

그런데 이런 토지의 차등은 경쟁이 제한된 상태가 아니라 경쟁으로 인한 동질화를 전제로 한다. 자본주의의 경쟁 등 고전학파의 지대이론이 가지고 있는 몇 가지 전제를 먼저 확인할 필요가 있다.

첫째, 지대는 주로 농업이나 광업에 발생하는데, 이들 산업도 제조업과 마찬가지로 토지뿐만 아니라 노동, 자본 등 세 가지 요소를 활용한다. 특히 자본주의의 농업에는 토지나 노동뿐만 아니라 자본이 투입된다. 이 같이 고전학파의 지대는 순전히 토지가 아니라 노동 및 자본과 함께 결합되어 토지에 발생하는 소득이다. 노동이나 자본이 서로 경쟁하고 이동하므로 이와 결합되어 토지도 시장의 변화에 노출된다. 따라서 고전학파의 지대는 시장과 경쟁을 배제하거나 제한한 상태에서 발생하는 것이 아니라 오히려 시장과 경쟁을 전제로 한다.

보다 구체적으로 지대이론은 자유경쟁의 원리에 따라 동질적 곡물에 대한 일물일가, 자본에 대한 평균이윤율, 노동에 대한 동일한 자연임금 등을 전제로 삼는다. 우선 고전학파는 국가경제 수준의 시장을 상정하므로 모든 동질적인 상품에 대해 일물일가 혹은 균등가격의 원칙이 성립한다고 생각했다. 공산물뿐만 아니라 농산물에 대해서도 국가경제 수준의 시장이 형성되어, 여러 토지에서 생산되는 곡물에 동일한 가격이 적용된다. 또한 노동에도 동일 임금이 적용되고, 이 임금은 자연임금 혹은 생계비 수준에 귀착된다. 따라서 임금총액은 토지에 고용되는 노동자의 숫자에 비례적으로 증가한다.

무엇보다 자본은 제조업에 투입되든 농업에 투입되든 높은 이윤을 좇아 다닌다. 자본은 보다 높은 이윤을 추구하기 때문에 투입된 토지에서 일정한 이윤을 획득하지 못하면 그 토지에서 이탈한다. 자본 없이 경작이 불가능하다고 보면, 퇴출가능성은 우등한 토지에 투입된 자본과 열등한 토지에 투입된 자본이 동등한 수준의 이윤을 누리게 된다는 것을 의미한다. 결과적으로 자본에 대한 이윤은 투입된 토지의 우열과 무관하게 평균수준을 유지한다.

뒤집어서 만약 이런 것들이 전제되지 않으면 차익지대 대신에 가격차별이나 차등가격, 차등이윤율, 혹은 차등임금 등이 나타날 것이다. 이런 관점에서 보면, 지대가 주로 토지에 발생하며 토지가 봉건시대의 기반이었다는 이유로 자본주의의 지대가 경쟁과 무관하게, 혹은 경쟁이 토지나 농업에 삼투되지 않아서 발생한다고 생각하는 것은 오해이다.

둘째, 차액지대이론은 토지가 우등한 부분에서부터 열등한 부분으로 옮아가면서 순차적으로 경작된다고 보는 경향이 있다. 이 경향에는 토지의 비옥함이나 위치가 자연적으로 주어져 인위적으로 변경할 수 없으며, 이에 대해 농부들이 충분한 지식이나 정보를 가지고 있다는 생각이 담겨 있다. 또한 여기에 노동자나 자본가와 달리 지주는 적극적으로 토지사용의 대가를 요구하지 않거나 보상이 제대로 이루어지지 않더라도 토지의 용도를 즉각 바꾸지 않는다는 생각이 내포되어 있다.

물론 차액지대는 경작되는 토지의 면적이 늘어나는 외연적인 확대뿐만 아니라 동일한 토지에 자본과 노동이 추가로 투입되는 내포적인 확대에도 적용된다. 이 두 가지 경우에 모두 생산성이 하락해 지대가 발생한다. 다만, 논의의 편의를 위해 외연적인 확대에 중점을 둔다.

셋째, 여러 토지의 우열은 생산되는 곡물의 질적인 차이(가령, 통일벼와 캘리포니아 쌀)가 아니라 동질의 곡물의 수량 차이(같은 통일벼 100섬과 200섬)에 의해 가려진다고 상정한다. 모든 생산자가 동질의 상품을 생산한다고 보거나 이들의 생산성이 순전히 양적 측면으로 나타난다고 간주하는 것은 현실이 아니라 논리적인 어려움 때문에 상정하는 가정이다. 그렇지만 이런 가정이 비단 농업이나 고전학파에만 국한되지 않는다.

이제 차액지대이론을 설명해 보자. 토지는 비옥함이나 위치에 있어 우열이 있는데, 이런 우열은 생산성의 차이로 나타난다. 즉, 동일한 수량의 노동 및 자본을 투입한 결과로 얻는 수확량이 토지에 따라 다르다. 경제가 성장하면서 자본이 축적되어 보다 많은 노동자가 고용되면 보다 많은 식량이 요구된다. 우월한 토지가 먼저 경작되고 열등한 토지가 나중에 경작되므로, 식량의 증산을 위해 보다 열등한 토지가 개간되는 결과가 나온다. 따라서 동일한 자본과 노동을 추가로 투입해 추가로 얻는 수확량은 점점 줄어든다.

이렇게 되면 곡물가격은 상승할 수밖에 없다. 만약 곡물가격이 상승하지 않으면, 열등한 토지에서 생산에 종사하는 자본가와 노동자에게 평균이윤율과 자연임금을 보상할 수 없다. 낮은 곡물가격이 장기간 유지되면, 생산요소들이 다른 산업으로 이동하므로, 경제에서 요구되는 수량만큼 식량이 공급되지 않는다. 바꾸어 말해, 필요한 만큼 식량이 공급되기 위해서는 곡물가격의 상승이 불가피하다. 따라서 식량에 대한 수요와 이에 상응하는 공급이 이윤율과 임금을 끌어올린다. 반대로 이 토지에 평균이윤율과 자연임금을 상회하는 보수가 주어지면, 자본과 노동이 유입되어 이윤율과 임금을 다시 평균적이고 자연적인 수준으로 끌어내린다.

이 같이 경쟁을 통해 동일 가격, 평균이윤율, 그리고 자연임금이 경제를 지배한다면, 최후로 경작된 가장 열등한 한계토지에 투입된 자본과 노동에도 평균이윤과 자연임금이 부여된다. 또한 경작되는 가장 열등한 토지의 생산비가 곡물가격을 결정하며 그러한 곡물가격이 경쟁원리에 의해 여타 산업의 경우와 마찬가지로 다른 모든 토지에도 일률적으로 적용된다.

결과적으로 경작되는 토지 중 가장 척박한 부분을 제외한 다른 모든 경작지에 생산비용과 가격 사이에 차이가 생긴다. 이 차액이 경작되는 토지 중 최열등지를 제외한 나머지 토지에서 지대로 전환된다. 또한 우열에 따라 토지마다 이런 차이가 다르므로 지대도 차등적으로 나타난다.

예를 들어, 면적은 동일하지만 우열이 있는 토지 A, B에 자본 100단위, 노동 50단위를 공통적으로 투입해, 동일한 곡물 100가마와 50가마를 각각 생산했다고 하자. 이 경우 B에서 생산된 50가마는 자본가에 대한 이윤과 노동자에 대한 임금으로 분배되면 완전히 소진된다. 그런데 일물일가, 평균이윤, 자연임금이 지배한다면, A에 발생한 이윤과 임금도 50가마가 된다. 이에 따라 A지의 수확 중 나머지 50가마가 지대로 전환되어 이 토지의 지주에게 지불된다.

우등한 토지의 높은 생산성으로 인해 생기는 추가적인 생산물이 지주의 지대가 아니라 자본가의 초과이윤이나 노동자의 차등임금으로 귀속될 수도 있다. 그렇지만 이미 언급한 상품이나 노동 및 자본의 경쟁이 이런 가능성을 배제한다. 만약 고전학파의 생각과 달리 이들이 독점적인 요소를 가지게 되면, 이런 가능성이 현실이 될 수 있다. 이 점에 유의하면서 지대의 발생을 간단한 식으로 표시하면 다음과 같다.[11)]

---

11) 이 지점에서 몇 가지 세부적인 문제들을 짚고 넘어가자. 이윤을 자본 한 단위당 이윤율로

$$(wL+rK) \rightarrow q_1 > q_2,\ p=(wL+rK)/q_2=w(L/q_2)+r(K/q_2)$$
$$R_c=q_1-q_2=q_1(1-q_2/q_1) \qquad r_c=1-(q_2/q_1)$$
$$R_m=p(q_1-q_2)=q_1[p-(wL+rK)/q_1] \qquad r_m=p-[(wL+rK)/q_1]$$

q_1, q_2: 두 개의 차등적인 토지 1, 2의 생산량
p: 균등가격
R_c, R_m: 단위 토지당 현물지대 및 화폐지대
r_c, r_m: 단위 생산물당 현물지대 및 화폐지대

여기서 단위 생산물로 따지면 마치 임금과 이윤이 토지에 따라 차등적으로 지급된 것처럼 보인다. 그러나 실상 동일 임금과 동일 이윤이 지배하는 상황에서 우등한 토지는 생산성이 높아서 단위 생산물에 보다 적은 노동과 자본이 투입되었기 때문에 임금과 이윤이 적게 나타난다. 즉,

$$L/q_2 > L/q_1 \rightarrow w(L/q_2) > w(L/q_1), \quad K/q_2 > K/q_1 \rightarrow r(K/q_2) > r(K/q_1)$$

A, B 토지에 동일하게 100단위의 자본과 50단위의 노동이 투입되었으나, 단위 생산물에 투입된 자본과 노동은 100/100=1과 50/100=0.5가 아니라 100/50=2와 50/50=1이다.

이미 언급한 바와 같이 고전학파는 임금률, 이윤율, 그리고 상품가격이 모든 경제주체들에게 동일하게 적용되는 경쟁논리를 전제한다. 차액지대이론에 의하면 곡물가격은 가장 열등한 토지의 생산조건에 의해 결정되며, 앞서 논의한 가격방정식이 이 토지의 상황을 나타낸다.

이런 논리에 따라, 지대를 지불해야 하기 때문에 곡물이 비싼 것이 아니라 곡물이 비싸기 때문에 지대가 발생한다고 그는 주장했다. 다시 말해, 증가한 식량수요를 충족시키기 위한 식량의 공급증가는 열등한 토지의 경작을 통해 가능하다. 그런데 이를 위해서는 가격상승이 불가피하며, 그런 가격상승의 결과로 지

정의하고 임금을 시간당 혹은 1인당으로 표시해 임금률이라고 부른다. 이와 마찬가지로 토지에서 발생하는 지대도 토지를 단위로 표시할 수 있다. 동시에 제조업에서든 농업에서든 공통적으로 생산물 한 단위에 임금, 이윤, 지대가 얼마만큼 포함되어 있느냐로 따지는 것이 표준적이다. 그런데 자본이나 노동은 단위 생산물로 따지나 단위 요소로 따지나 차이가 없다. 이에 비해 토지의 경우에는 수확체감으로 인해 차이가 있다. 또한 임금이 화폐임금과 실질임금(혹은 현물임금)으로 표시되듯이 지대도 화폐지대와 현물지대로 표시될 수 있다.

대가 발생한다. 이 같이 리카도에 있어 지대발생이 가격상승의 원인이 아니라 그것의 결과이다.

같은 이유로 지대는 최열등지를 제외한 여타 토지에서 곡물의 일부를 '구성' 하나 어떤 토지에서도 가격을 '결정'하지 못한다. 임금과 이윤이 노동이나 자본의 생산성에 의해 발생한다면, 지대는 토지 자체의 생산성이 아니라 경제의 상황변동으로 인해 발생한다. 이와 유사하게 지대는 부의 증상이지 부의 근원이 아니다. 리카도에서 지대가 가격이나 가치를 결정하지 못한다는 것은 소득범주로서 지대의 정당성이 확고하지 않다는 함의를 가진다. 이 점에서 지대는 임금이나 이윤과 다르다고 그는 생각했다.

전반적으로 고전학파는 경제전체 차원에서 지대라는 소득의 존재를 설명대상으로 받아들이면서 이에 대한 이론으로 차액지대이론을 수용했다. 이들은 모두 가치를 자연가격과 동일시하면서 미시차원에서 지대가 가격의 결정요인이나 구성요인인지 여부를 따져 경제전체 차원에서 등장하는 지대 등 여러 가지 소득에 대한 판정기준으로 삼았던 것 같다. 그렇지만 고전학파는 차액지대이론의 구체적인 내용에 있어 견해가 갈라져 있었다.

리카도는 개별상품의 가격에 지대가 포함되지 않는다고 보았으나, 스미스는 애매한 입장을 취했고, 맬더스는 지대가 가격에 명시적으로 포함된다고 생각했다. 특히, 맬더스는 토지가 충분히 생산적이며, 이런 생산성으로 인해 지대가 발생하고, 지대가 자연가격의 일부를 구성해 정당한 소득이라고 리카도를 정면으로 반박했다.[12] 이런 이유로 리카도와 맬더스는 토지의 생산성 여부, 지주계급의

---

12) 스미스는 가치론에서 생산비설을 주장하면서 지대를 가격의 결정요소나 구성요소로 포함시킨 것처럼 보인다. 물론 고정자본 문제를 해결했다고 가정할 때 이런 해석이 가능하다. 그렇지만 가치 및 가격이론에서 그가 개별상품과 부 전체를 명확히 구분하지 않아 모호하다. 단위상품의 가격을 구성하는 요소와 국부나 전체가치의 구성요소가 반드시 일치하지 않기 때문이다. 우선, 곡물 한 단위로 보면 경작지 중 최하급 토지뿐만 아니라 모든 토지에서 지대는 가격의 구성요소가 아니다. 반면 최하급토지를 제외한 나머지 토지에서 생산된 곡물전체를 보면 그 중 일부는 지대이므로 지대가 전체가치의 구성요소가 된다. 국가전체 수준에서도 지대는 생산물의 구성요소이다. 이렇게 보면 스미스의 생산비설은 가격과 소득간의 항등식을 나타낸다. 또한 이 관점에서 스미스의 생산비설과 차익지대이론은 모순 없이 결합될 수 있다. 이 같이 스미스에서는 지대가 경제전체에서는 엄연한 소득범주이면서도 개별상품의 가격을 구성하거나 결정하는 요소가 아닐 수 있다. 이런 맥락에서 스미스가 아니라 맬더스가 보다 선명하게 리카도와 대립한다.

성격, 그리고 지대소득의 정당성 등에 있어서도 견해를 달리했다.

지대이론과 관련해 경작되는 토지 중 가장 열등한 부분에도 지대가 발생하지 않느냐는 의문이 제기될 수 있다. 가장 열등한 토지에 지대가 발생한다면, 이는 지대가 가치와 가격의 구성요소라는 논리나 토지독점 및 소유만으로 창출된 가치 중 일부를 획득할 수 있다는 논리를 낳는다. 마르크스는 후자를 차액지대 이론의 한계로 지적하면서 절대지대(absolute rent)를 주장했다. 절대지대는 고전학파와 달리 마르크스가 자연가격 혹은 생산가격을 가치와 분리시켰기 때문에 가능한 이론이다. 리카도든 맬더스든 고전학파는 자연가격과 가치를 동일시했기 때문에 이런 이론을 상정할 수 없었다.

끝으로, 신고전학파는 리카도가 토지에 국한해 지대를 설명하기 위해 적용한 논리를 모든 생산요소에 확대해 한계생산성이론이라는 분배이론을 정립했다. 신고전학파의 창시자인 마샬과 분배이론의 초석을 마련한 클라크 등에서 우리는 명시적으로 이 점을 확인할 수 있다. 그렇지만 리카도의 지대이론과 신고전학파의 한계생산성이론을 몇 가지 점에서 구분해 둘 필요가 있다.

첫째, 리카도에 있어 수확체감은 노동이나 자본이 아니라 토지에 국한되어 있다. 그는 노동에 주어지는 임금이나 자본에 부여되는 이윤에 평균개념을 적용한 데 비해, 토지에 발생하는 지대에는 한계개념을 활용했다. 신고전학파는 토지에 국한되어 있던 차등적인 비옥함과 생산성의 하락을 토지뿐만 아니라 모든 생산요소의 한계생산물체감으로 확대시켜 포괄적인 분배이론을 구축했다.

보다 넓혀 신고전학파는 경제활동을 교환으로 환원하고 경제활동으로부터 얻는 것을 교환의 이익으로 규정한다. 그런데 교환의 이익인 소비자/생산자잉여의 발생은 한계효용체감이나 한계생산물체감의 법칙에 의존한다. 이 같이 신고전학파는 그 이전에 존재하던 잉여나 잉여가치를 주로 개인의 심리나 주관의 관점에서 개념화했다. 나아가서 노동의 한계생산성이나 자본의 한계생산성 등을 통해 한계가 강조되면서, 자본, 노동, 토지의 구분이나 이질성이 부차적으로 변했다.

둘째, 한계개념의 적용범위뿐만 아니라 생산성하락의 원인도 양자에 있어 다르다. 리카도는 임금이나 이윤과 달리 지대는 요소 자체의 생산성이 아니라 자연적인 요인과 경제의 상황변동으로 인해 발생한다고 보았다. 한계생산 개념은, 이 보다 더 나아가, 모든 생산요소를 반드시 여타 생산요소와의 대체관계나 보완관계를 통해 고려한다.[13] 이런 해석은 아브라모위츠(M. Abramowitz, 1912~)와 솔로우(R. M. Solow, 1924~)가 활용한 경제전체 수준의 생산함수에 구현되어 있다.

리카도에서 생산성은 자연요인과 경제발전의 결과로 하락한다. 신고전학파에서는 자연의 제약이 아니라 생산요소가 투입되는 상황 혹은 생산요소의 결합비율이 주는 제약으로 인해 생산성이 하락한다. 구체적으로 노동이 추가 투입되는 데 자본의 양이 고정되어 있다든지, 노동과 자본의 투입량이 늘어나는 데 토지가 고정되어 있다든지, 혹은 이 모든 생산요소들이 증가하는 데 조직이 경직되어 있다든지 하는 것이 포괄적으로 생산성체감의 원인이다.

셋째, 리카도는 이런 생산성의 하락을 동태적인 경제의 변화 속에서 발생하는 비가역적인 상황으로 규정한다. 그의 모형에서는 역사적 시간 속에서 경제성장과 인구 및 고용노동자의 증가, 그리고 그로 인한 식량증산이 상정된다.

이에 비해 신고전학파는 생산함수를 설정해 노동과 자본의 투입량이나 비율들을 정태적인 경제 속에서 경제주체나 경제전체가 선택할 수 있는 대안들로 규정해 가역성을 부여한다. 생산함수는 시간의 흐름이 정지된 상태에서 노동 및 자본과 토지의 결합비율이 여러 가지 존재하고 개별 경제주체 수준이나 사회전체 수준에서 임금, 이윤, 지대에 따라 이들 중 적정한 결합비율을 선택할 수 있다고 상정한다.

넷째, 리카도는 생산성의 차이를 불연속적이라고 보는 데 비해, 신고전학파는 연속적이며 미분이 가능하다고 본다. 그런데 이 차이는 수학적으로 볼 때 증분(增分)을 어떻게 설정하느냐와 관련된 것으로 근본적 의미를 가지지 않는다. 더구나 경제전체 차원에서 보면 이런 불연속적인 차이가 얼마든지 연속적인 변화로 바뀔 수 있다.

4.2 자본축적과 소득분배

앞서 리카도는 분배문제를 미시적인 차원에서 가치 및 가격과 결합시켰다. 앞선 논의에서 그는 지대에 대해 미시적으로 파고들면서 정당성이 박약하다는

13) 여기서 실질비용(real cost)에서 기회비용 등 명목비용(nominal cost)으로의 이행이 확인된다.

결론에 도달했다고 해석할 수 있다. 그런데 그는 『이윤론』(*Essay on Profits*, 1815) 등을 통해 소득분배를 거시적인 차원의 자본축적 혹은 경제성장과도 연결시켰다.

미시차원에서는 지대가 개별가격의 구성요소가 아니지만 거시차원에서는 총이윤이나 총임금과 함께 총지대로 국민총생산의 구성요소가 된다. 더구나 거시차원의 소득분배에서는 이윤과 임금의 상충보다 이윤과 지대의 상충이 더 부각된다.

우선 이미 논의된 차액지대이론은 경제가 발전해 보다 열등한 토지가 개간되면 될수록 지대총액이 늘어날 수밖에 없다는 거시적인 함의를 담고 있다. 또한 추가적으로 열등한 토지가 개간되면 이미 개간되던 모든 토지에 지대가 늘어나기 때문에 지대의 총액은 가속적으로 증가할 수밖에 없다. 이렇게 되면 임금이 생계비수준에서 비례적으로 증가한다는 전제하에서 이윤이 압박을 받아 줄어들고, 이윤에 따라 움직이는 투자가 감소하며, 장기적으로 자본축적이 위축된다는 줄거리를 제시할 수 있다.

이 흐름에 따라 리카도는 자본축적이 소득분배와 어떤 관계에 있는지 논의하면서, 궁극적으로 토지의 비옥도가 하락해 자본주의경제의 이윤율이 영에 접근하는 장기적인 정체상태를 예측했다. 이 논리를 간단히 수식으로 표현하면 다음과 같다.

1) 경제의 기본성격

$$Y=F(N) \quad F'(N)>0 \quad F''(N)<0 \quad W+\Pi=NF'(N)$$
$$R=Y-(W+\Pi)=F(N)-NF'(N)$$
$$W=\underline{X}N \quad \Pi=NF'(N)-W=NF'(N)-\underline{X}N$$

2) 도출되는 결과

$$r=\Pi/N=F'(N)-\underline{X} \quad r'=F''(N)<0 \quad r=0 \text{ if } F'(N)=\underline{X}$$
$$W'=\underline{X}>0 \quad R'=F'(N)-[F'(N)+NF''(N)]=-NF''(N)>0$$
$$\Pi/W=F'(N)/\underline{X}-1 \quad (\Pi/W)'=F''(N)<0$$

Y: 총생산물
$F(N)$: 생산함수

N: 투입노동량 혹은 자본량

W: 임금총액

Π: 이윤총액

R: 지대총액

$\underline{X}$: 1인당 생계비 혹은 자연임금률

r: 평균이윤율

1)에서 우선 가장 열등한 토지에는 지대가 발생하지 않는다. 더불어 균등가격, 자연임금, 평균이윤율이 작용하기 때문에 개간되는 토지 중 최하급지의 생산조건이 모든 토지에서 자연임금과 평균이윤을 확보하는 수준을 지정한다. 이에 따라 총지대는 각 토지의 생산물에서 가장 열등한 토지의 생산량을 공제한 부분의 합으로 정의된다.

또한 노동 한 단위당 임금은 생계를 확보하는 수준에서 일정수량의 곡물로 고정되어 있기 때문에 지대를 공제한 총생산량에서 임금총액을 빼면 이윤총액이 된다. 끝으로 노동과 자본이 동일 비율로 일정하게 추가로 경작되는 토지에 투입된다고 보았기 때문에 노동량이 자본의 수량 및 개간되는 토지의 수량을 대리한다.

2)에서는 경작지가 넓어지면서 이윤율이 하락하며, 가장 열등한 토지의 생산량이 임금으로 소진될 때 정의에 따라 이윤이 영이 된다. 또한 총액으로 임금과 지대가 늘어나지만, 이윤은 총액으로 상황에 따라 하락할 수도 있음을 확인할 수 있다. 끝으로 이윤/임금의 비율이 하락한다.

이 같이 자본이 축적되고 경제가 성장하면서, 지대가 가속적으로 증가하고, 임금이 비례적으로 증가하는 데 반해, 이윤이 체감적으로 증가하다가 궁극적으로는 절대적으로 감소한다. 이에 따라 전체소득 중 이윤이 차지하는 몫과 이윤율이 점차 하락하며, 궁극적으로 이윤과 이윤율이 영에 가까워지면서 경제가 정체상태에 빠져든다.

그런데 이윤율의 하락은 일반적으로 실질임금의 하락, 기계도입이나 농업기술의 혁신, 새로운 시장의 발견을 통해 상쇄될 수 있다. 이 중 실질임금은 장기적으로 생계비보다 낮은 수준에 머물 수 없으며, 새로운 기계나 기술의 도입에는 한계가 있다고 그는 생각했다. 결과적으로 그에게서 경제의 침체를 지연시키

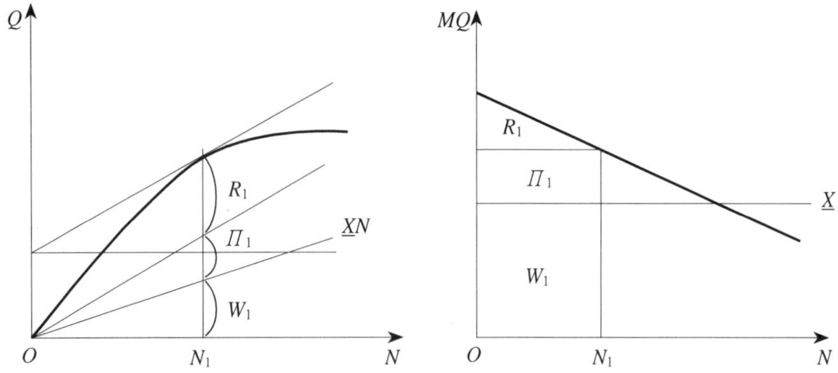

Q : 총생산량($W+\Pi+R$)
MQ : 한계생산물
W : 총임금
Π : 총이윤
R : 총지대
N : 노동량, 자본량 혹은 생산요소의 투입량
$\underline{X}$: 단위당 현물 임금

기 위한 지속적인 방책은 새로운 시장이나 수입경로의 발견뿐이었다.

리카도의 이런 생각은 당시의 현실적인 문제로 곡물법(Corn Laws, 1815~1846)의 찬반에 대해 이론적 근거와 정책적 함의를 낳았다. 영국의 곡물법은 곡물가격에 따라 수입을 제한한 법으로, 18세기부터 대륙으로부터의 곡물수입을 억제하거나 금지하는 효과를 가지고 있었다. 그런데 이 법이 19세기 초부터 치열한 논쟁의 대상이 되었다.

리카도는 정체상태가 다가온다는 이유로 곡물법을 폐지해 곡물의 수입을 자유화하자고 주장했다. 값싼 외국의 곡물을 자유롭게 수입하면, 곡물가격을 낮은 수준으로 유지할 수 있으므로, 영국 내의 열등한 토지를 경작할 필요가 없어진다. 이렇게 되면 곡물가격의 상승압박과 임금이 이윤에 가하는 압박 그리고 특히 지대가 이윤에 가하는 압박을 완화시킬 수 있다고 그는 생각했다. 이 논리는 리카도 자신을 포함한 고전학파의 자유무역이론에 부합된다.

리카도에 있어 토질의 차이가 신 혹은 자연이 부과한 제약이라면, 지대에 의존해 사는 지주계급은 자본주의의 발전을 저해하는 사회적 장애였다. 사실 그는 지주가 사회전체의 이익에 반한다고 명시적으로 주장했다. 나아가 그는 곡물법의 존속이 농업부문의 기술혁신을 억압하는 결과를 가져올 것이라고 경고했다.

이후 설명하는 바와 같이 맬더스는 리카도의 논리에 일관되게 대립되는 논리를 구축했다. 다만, 이런 논쟁이 곡물법의 개정이나 폐지에 커다란 영향을 미치지는 못한 것으로 알려져 있다.

그런데 리카도의 이론은 현대에 들어 신리카도학파의 임금/이윤압박이론(wage/profit squeeze)으로 정리되었다. 이 이론은 임금의 과도한 상승이 이윤을 압박해 투자를 위축시키면서 자본주의경제가 불황에 빠지고, 반대로 임금상승의 둔화로 이런 압박이 약화되면서 호황이 되돌아온다고 주장한다. 이 이론은 실질임금이 상승하지 않은 상태에서 이윤의 하락이 수리적으로 불가능하다는 일본 경제학자 오끼시오(置鹽)의 증명에 근거하고 있다.

이윤율저하라는 결론을 놓고 보면 리카도는 스미스와 크게 다르지 않다. 그러나 리카도에서 이윤율저하는 훨씬 더 큰 비중을 차지한다. 더구나 스미스가 경쟁의 심화와 투자기회의 고갈을 원인으로 제시한 데 비해, 리카도는 토지의 비옥도 하락에서 그 원인을 찾았다.

이윤율저하의 법칙은 마르크스에 이르러 더욱 확대되고 정교해지면서 자본주의 붕괴의 논리로 발전했다. 리카도에서 주로 체제 외적이고 자연적인 요인이 자본주의의 질곡이 되는 데 비해, 마르크스에서는 경제/정치적인 자본주의 내적 요인이 붕괴의 원인이 된다. 리카도와 마르크스 사이의 이 같은 차이는 리카도가 마르크스만큼 경제학의 사회과학적인 성격에 대해 깊은 성찰을 가지지 못했다는 증거가 될 수 있다. 그러나 반대로 마르크스가 자본주의의 생산력이나 산업화를 과장했고 오히려 리카도가 자연이 경제에 가하는 제약을 제대로 인식했다고 해석하는 학자도 있다.

경제와 법

경제학설사에서 논란이 되었던 영국의 실정법들을 열거하면, 곡물수입과 관련된 곡물법 이외에 항해조례(Navigation Act, 1651~1849), 구빈법(Poor Law, 1601~1929), 통화조례(Currency Act, 1844~1845), 공장법(Factory Act, 1833) 등이 있다. 항해조례는 국제무역에 대한 수송권한 등 해상권과 관련된 법이며, 구빈법은 빈민을 구제하고 관리하기 위한 법이다. 통화조례는 화폐발행 및 화폐가치의 유지와 관련된 법이며, 공장법은 노동자의 노동시간 및 노동조건과 관련되어 있다.

4.3 부차적인 문제들

4.3.1 자연가격과 시장가격

리카도는 스미스와 비슷하게 자연가격과 시장가격을 구분했다. 또한 리카아도 역시 시장임금과 자연임금, 차등이윤율과 평균이윤율을 구분했으며, 이들을 수요/공급의 차이로 설명했다. 자연임금이 생계비에 의해 결정되며, 생계의 수준이나 생계물자의 구성요소들은 순전히 생존을 위해 요구되는 부분과 문화/관습에 의해 규정되는 부분으로 구성된다고 그도 생각했다.

그럼에도 불구하고 리카도는 몇 가지 점에서 스미스의 논리를 보다 정교하게 만들었다. 그의 설명을 간단한 기호로 표시하면 아래와 같다.

$$D>S \rightarrow p>p^* \rightarrow r>r^* \rightarrow dK>0 \quad (dL,\ dT>0) \rightarrow dS>0$$
$$\rightarrow D=S,\ p=p^*,\ r=r^*$$
$$D<S \rightarrow p<p^* \rightarrow r<r^* \rightarrow dK<0 \quad (dL,\ dT<0) \rightarrow dS<0$$
$$\rightarrow D=S,\ p=p^*,\ r=r^*$$

D: 수요
S: 공급
p: 시장가격
p^*: 자연가격
r: 차등이윤율
r^*: 평균이윤율
$dK(dL, dT)$: 자본(노동, 토지)의 이동

위 식에서 스미스와 리카도 사이에 존재하는 두 가지 차이가 드러난다. 이 두 가지 점에서 리카도는 스미스의 논리를 발전시켰으며, 마르크스는 이런 발전을 더욱 증대시켰다.

첫째, 스미스는 토지, 노동, 자본이 각기 독립적으로 이동한다고 생각하는 경향이 있었다. 이에 비해 리카도는 토지, 노동, 자본의 이동이 상호 연결되어 있다고 생각했다. 또한 그는 자본의 움직임이 가장 신속하고 우선적으로 이루어지고, 노동과 토지가 그 뒤를 따른다고 주장했다.

구체적으로 특정산업이 번성할 때 이를 가장 빨리 간파해 움직이는 존재가 임금을 목표로 하는 노동자나 지대에 의존하는 지주가 아니라 이윤을 추구하는 자본가이다. 자본이 이 산업에 진입하면서 노동자들을 고용함으로써 노동이 다른 산업으로부터 빠져나와 이 산업에 투입된다. 또한 공장부지 등에 대한 수요로 토지의 용도가 바뀌게 된다. 물론 생산요소가 퇴출하는 경우에는 마찬가지 논리가 반대방향으로 작동한다.

이는 자본주의경제에서 자본 혹은 자본가가 생산요소들의 이동을 전반적으로 선도한다는 것을 의미한다. 생산요소들 중 자본이 가장 능동적이며, 그 다음은 노동이고, 토지가 가장 수동적이다. 비록 자본주의에서 모든 생산요소들이 상품화되지만, 이동성의 정도에 있어 생산요소들 사이에 차이가 있다.

둘째, 리카도는 기계화가 이루어지면서 전체자본 중 고정자본의 비중이 증가해 산업이나 부문들 사이에 자본이 이동할 때 시차나 마찰이 수반될 수 있음을 지적했다. 더불어 그는 은행자본이 있어 이 같은 이동성의 둔화를 보완해 준다고 덧붙였다.

자본의 진입이나 퇴출을 위해서는 원료구입이나 매각, 노동자 고용이나 해고, 장비 및 구조물 설치나 처분, 부지매입이나 매각, 자금상환이나 확보 등이 요구된다. 그런데 이들 중에서 구조물 및 장비 등 고정자본 구성요소들의 설치와 처분은 속성상 상당 시간을 요하므로 진입이나 퇴출을 지체시키거나 마찰을 낳는다. 이 같이 고정자본이 늘수록 자본의 이동은 둔화된다. 마르크스의 용어를 빌면, 생산자본을 화폐자본으로 바꾸고 화폐자본을 다시 다른 형태의 생산자본으로 바꾸는 데 상당한 어려움이 있으며 상당 시간이 걸린다.

예를 들어, 요식업에 진입하거나 거기서 빠져나오는 것은 정유산업에 진입하거나 거기서 이탈하는 것보다 훨씬 용이하고 신속하다. 그런데 특정 산업에서 다른 산업으로 이동하기 위해 기존 생산시설이나 구조물 매각 등 자본형태를 바꾸는 데 걸리는 시간이 은행의 융자를 통해 단축될 수 있다. 이런 지체나 마찰은 노동자의 마찰적 실업에 상응한다.

4.3.2 부와 사용가치

스미스와 마찬가지로 리카도에서도 사용가치는 물체의 쓸모이고, 교환가치는 시장에서 나타나는 가치이다. 부(riches, wealth)는 인간의 생활에 필요한 필수품, 편의품, 사치품 등 여러 사용가치들의 집적이다. 또한 교환가치는 노동가치 등 가치(value)의 뒷받침을 받는다. 이런 의미에서 스미스가 지적한 사용가치와 교환가치의 불일치나 갈등 속에는 부와 가치의 갈등이 내포되어 있다.

리카도는 이런 갈등을 보다 명확히 인식하고 양자가 서로 무관하다고 주장했다. 이에 대한 근거로 그는 생산성이 변동하면 노동가치와 사용가치의 수량이 같은 방향이나 같은 정도로 변동하지 않는다는 점을 지적했다. 혹은 교환가치의 변동이 개인의 부에 변동을 가져올 수 있으나 국가전체로 보면 주어진 부의 분배에 영향을 줄 뿐 부 자체의 크기에 변동을 가져오지 못한다. 이와 같이 가치나 교환가치의 변동이 적어도 경제전체 차원에서는 국부와 무관하다고 그는 주장했다.

스미스와 달리 리카도는 가치가 투하노동량에 의해 결정된다는 입장을 유지했기 때문에 사용가치와 교환가치, 그리고 부와 가치를 일관되게 구분할 수밖에 없었다. 리카도는 스미스와 마찬가지로 부를 보편적 의미의 물적인 기반으로 생각하면서도 일관되게 투하노동가치이론을 유지함으로써 가치와 교환가치를 독특한 존재로 만들었다. 리카도는 스미스가 제기한 사용가치와 교환가치의 역설을 더욱 밀고 나가 사용가치(및 부)와 교환가치(및 가치)가 무관하다는 입장에 다다른 셈이다.

이와 관련해 과연 이런 엄밀한 구분이 가능한지, 그리고 이런 구분이 어디까지 의미 있는지 의문을 제기할 수 있다. 우선 리카도의 논리는 분배에 대한 강조와 연결된 것 같다. 분배에 초점을 맞춘다면 물적인 집적으로서 부를 논외로 한 채 가치개념만을 활용할 수 있다. 그러나 경제성장이나 물질적 풍요에 초점을 둔다면 부나 사용가치를 고려하지 않을 수 없다. 예를 들어, 리카도에서 기술혁신과 제도개혁으로 생산성이 증가하는 경우 국부는 증가하지만 인구가 증가하지 않는 한 국가전체 차원의 가치는 변하지 않는다.

더구나 그 자신이 인정했듯이 교환을 통해 사용가치를 획득하는 상황에서 부와 가치는 분명히 구분되지 않는다. 가령, 농부가 쌀을 경작해 생계를 유지한다고 하자. 농부가 돈벌이나 가치증식이 아니라 생계유지를 목표로 하는 경우에도 자신의 쌀이 어떤 가격에 팔리느냐가 반드시 고려된다. 마찬가지로 외국과 무역하는 특정 국가는 물적인 부의 증식을 위해 보다 높은 가격에 수출하는 데 관심을 가질 수밖에 없다.

보다 큰 문제로 사용가치와 교환가치, 보편적 의미의 부와 가치가 그가 생각하는 것처럼 명확히 구분된다면, 자본주의경제의 정당성이나 효율성에 대한 의구심으로 이어질 수 있다. 사용가치가 보편적 의미의 부이며, 자본주의에서 경제주체들이 교환가치 혹은 가치를 좇아 움직인다고 보자. 그렇다면 사용가치와 교환가치의 괴리는 경제주체의 행위나 경제의 운행이 보편적 의미의 물질적 풍요로 이어지지 않음을 뜻한다.

보기에 따라 이는 자본주의가 보편성을 갖지 않거나 맹목적인 체제임을 뜻할 수도 있다. 이미 언급했듯이 이 같은 문제의식은 이미 아리스토텔레스에게서 발견된다. 리카도가 자본주의체제에 상당 부분 수긍했다면 이런 의미에서 사용가치와 교환가치에 대한 엄격한 구분은 그에게 부담이 되지 않을 수 없다. 단순히 말해, 그의 가치이론이 낳는 귀결이 자신의 사회철학과 충돌된다.

이런 충돌은 여러 가지 가치이론을 제시했던 스미스에서는 두드러지지 않는다. 스미스가 교환가치를 사용가치로부터 완전히 분리시키기를 주저한 이유가 여기 있었다고 볼 수도 있다. 더욱이 마르크스에게는 이런 모순이 존재하지 않는다. 마르크스는 리카도보다 더욱 포괄적으로 사용가치와 교환가치의 모순을 지적했지만, 이를 일관되게 자본주의의 모순으로 몰아갔기 때문이다.

그렇다면 스미스, 그리고 특히 리카도는 이 문제를 어떻게 처리할 것인가? 사용가치와 교환가치의 갈등이 자본주의에 대한 옹호와 배치되지 않기 위해서는 자본주의의 경제주체들이 궁극적으로 교환가치를 추구하지 않는다고 주장해야 한다. 실제로 이들이 이 같이 생각한 부분들을 발견할 수 있다. 혹은 보다 복잡하게 개별 경제주체들이 교환가치를 추구하지만 경제주체들의 교환가치 추구가 보이지 않는 손을 통해 사회전체의 결과로 사용가치 혹은 보편적 물질을 증대시킨다는 논리로 나갈 수밖에 없다.

4.3.3 순수입과 총수입, 그리고 기계화

리카도는 총수입(gross revenue)이나 총생산물(gross produce)과 순수입(net revenue)이나 순생산물(gross produce)을 구분했다. 순수입은 지대와 이윤의 합이고, 총수입은 여기에 임금이 가산된 것이다. 여기서 임금은 자본가가 노동자에게 선대했다가 노동자의 노동을 통해 회수하는 부분이다. 이런 의미에서 리카도의 순수입은 중농주의의 순생산물에 상응한다. 그런데 리카도는 지주계급과 자본가계급이 총수입이 아니라 순수입에 관심을 둔다고 주장했다.

예를 들어, 자본가계급이 200$의 이윤을 낼 수 있다면 노동자 10명을 고용하기 위해 500$를 투자하든, 20명을 고용하기 위해 1,000$를 투자하든 상관없다고 그는 말했다. 두 경우 총수입은 각기 700$와 1,200$이지만, 순수입은 모두 200$이기 때문이다.[14)]

총수입에 대한 자본가들의 무관심은 이들이 노동자의 고용 및 생계에 무심하다는 것을 의미한다. 이에 비해 순수입이 같더라도 총수입이 달라지면서 고용되는 노동자의 숫자가 달라지므로, 노동자는 총수입에 무관심할 수 없다. 이는 경제주체의 행동과 그 사회적 결과에 대한 논의로 이어지는데, 앞서 언급한 사용가치와 교환가치의 갈등과 유사한 성격을 보인다.

리카도는 『정치경제학』에서 순수입과 총수입의 구분에 근거해 기계화로 인해 해고된 노동자들이 반드시 다시 고용된다는 보장이 없다고 주장했다. 이는 그가 기계화가 노동자에게 피해를 줄 가능성을 열어 놓았다는 의미가 된다.

그는 원래 기계화가 모든 계층에게 골고루 혜택을 줄 수 있는 중립적인 변동이라고 생각했었다. 기계화로 인해 상품가격이 하락하므로 모든 계급이 이익을 보리라고 속단했다. 일부 자본가계급은 일시적으로 초과이윤까지 얻을 수 있고, 노동자계급도 일시적인 전업의 불편만 겪으면 된다고 그는 생각했다.

그런데 그는 나중에 기계화로 노동자계급이 불리해질 가능성이 있다고 생각을 바꾸게 되었다. 지주계급과 자본가계급은 확실히 이익을 얻지만 노동자계급은 일자리를 잃어 상황이 나빠질 가능성이 있다는 것이었다. 이런 입장의 변화는 앞서 지적한바, 지주와 자본가가 총수입이 아니라 순수입에 관심을 둔다는 데 근거하고 있다. 지주계급이나 자본가계급이 순수입에 관심을 두고 기계를 도입하는 경우, 노동자들이 실직하며, 새로운 일자리가 곧 창출된다는 보장도 없

14) 보다 현대적으로 이윤 총량이 아니라 이윤율을 따지면, 같은 200$를 얻기 위한 1,000$의 투자와 500$의 투자 중 후자를 택한다. 리카도는 양자가 무차별하다고 주장한 셈이다. 이미 스미스와 자신이 앞서 이윤율을 중시했다는 사실에 비추어 보면, 리카도의 주장을 해명할 필요가 있다. 왜냐하면, 이윤 총량을 기준으로 투자하는 상황은 공황이나 붕괴직전에서나 발견되기 때문이다. 그러나 이런 주장을 고려할 경우 기계화와 관련된 리카도의 논리는 약화되지 않고 오히려 강화된다.

다는 것이다.

리카도는 실직의 가능성을 제시했을 뿐 그것의 필연성을 주장한 것은 아니다. 무엇보다 그는 이런 문제 때문에 기계화가 억제되어서는 안 된다고 생각했다. 기계화를 억제하는 경우 자본의 해외유출이나 국제경제력의 저하로 인해 가치가 이전된다는 점을 지적했다. 또한 기계화로 인해 자본가계급의 소비재가격이 하락하면, 순수입의 실질가치가 증가하면서, 순수입 중 일부가 저축되어 자본을 늘리므로, 고용이 창출될 가능성이 없지 않다고 생각했다.

4.3.4 비교우위이론

리카도의 비교우위이론(comparative advantage)은 그의 주장 중 가장 잘 알려진 부분이다. 특히, 신고전학파는 자유무역의 논리를 제시하기 위해 그의 비교우위이론을 대대적으로 선전해 왔다. 스미스가 절대우위(absolute advantage)를 주장한 데 비해, 리카도는 이보다 포괄적인 비교우위를 주장했다고 알려져 있다. 일단 이들에 대해 간단히 설명해 보자.

두 국가에 두 산업이 있고 각국이 서로 다른 산업에 우위를 가지고 있다고 상정하자. 절대우위이론은 각국이 두 가지 산업 모두에 자원을 투입하기보다 우위에 있는 산업에만 특화하고 필요한 것을 상대방 국가에서 수출입하는 것이 쌍방 모두에 이롭다는 논리이다. 리카도의 비교우위이론은 이 보다 더 넓은 범위의 특화와 무역이 가능하다는 것을 보이려고 한다. 구체적으로 한 국가가 다른 국가보다 두 산업에서 모두 우위에 있더라도, 이 국가는 상대적으로 우월성이 더 높은 산업에 특화하고, 두 산업 모두에서 열등한 국가도 상대적으로 덜 열등한 산업에 특화하는 것이 유리하다.

비교우위이론은 자유무역의 논리로 국제무역이 모든 산업에 있어 지속적으로 특정 국가에 유리하고 또 다른 국가에게 불리하다는 제반 논리들과 대립된다. 이런 논리들로는 선진국과 후진국의 관계, 중심국과 주변국의 논리, 제국주의와 종속이론 혹은 부등가 교환 등이 있다. 이 점에서 비교우위이론은 가격정화조정장치와 함께 자유무역이론의 쌍두마차를 이룬다.

그런데 리카도가 자신의 노동가치이론에 근거해 노동가치로 생산성과 비교우위를 따졌다는 점을 주목할 필요가 있다. 또한 리카도는 자신의 이론을 자본이 국적을 의식해 쉽사리 이동하지 않는 상황에 한정했다. 만약 자본이 손쉽게 이동하면 특정 국가가 다른 국가를 모든 분야에서 압도하는 상황을 리카도가 배제하지 않았다고 해석할 수 있다. 신고전학파는 이 점을 간과하고 있다.

대부분의 경제학자들은 리카도가 다양한 착상으로 혼란스러운 스미스를 나름대로 정리하고, 연역적인 방법으로 분석해, 일관된 체계를 구축함으로써 경제학의 과학성을 드높였다는 데 동의한다. 그러나 그가 제시한 이론의 내용에 대해서는 관점에 따라 평가가 달라진다.

마르크스는 리카도에 우호적인 데 비해, 신고전학파는 적대적이다. 특히, 가치 및 가격과 관련된 노동가치이론과 계급간의 분배상 갈등에 대한 강조, 그리고 수요와 효용에 대한 경시 등에서 좌우의 평가가 엇갈린다. 리카도에 대한 이런 평가는 좌우 양측이 모두 스미스에 대해 나름대로 긍정적으로 해석하면서 지지를 보낸 것과 대비된다.

마르크스는 노동가치이론과 분배상의 갈등을 강조한 것 등으로 리카도가 스미스와 함께 고전학파의 최고봉을 이루었다고 평가했다. 이런 이유로 마르크스는 자신의 사상사 연구서인 『잉여가치 학설사』에서 스미스와 리카도에 가장 많은 지면을 할애했다. 그렇지만 마르크스는 리카도가 잉여가치 개념에 도달하지 못했고, 자본주의체제 자체에 대한 인식을 갖추지 못했다는 점을 한계로 지적했다.

이에 반해 신고전학파는 리카도의 방법이나 과학성을 칭송하면서도 가치이론이나 분배이론 등 내용에 있어 전반적으로 비판적이다. 특히, 신고전학파는 스라파가 해석하는 방식의 리카도를 거의 마르크스와 동일시하면서 적대적인 입장을 견지하고 있다. 다만, 한계생산성 개념의 맹아인 지대이론이나 자유무역을 뒷받침하는 비교우위이론 등은 신고전학파가 계승한 부분이다.

제 5 장

맬더스와 밀

5.1 맬더스(Thomas Robert Malthus, 1766~1834): 고전학파 내의 이단

맬더스

맬더스는 리카도와 비슷한 시대에 활약한 경제학자인데, 리카도와 방법, 이론, 정책 등에서 대립했다. 그는 고전학파의 전반적인 흐름에서 상당히 벗어나 있었기 때문에 고전학파의 주류가 아니라 지류로 분류된다.

가장 많이 알려진 맬더스의 저서는 『인구론』(*An Essay on the Principle of Population*, 1798)이다. 그렇지만 『정치경제학의 원리』(*The Principles of Political Economy*, 1820)나 『정치경제학에서의 정의』(*Definitions in Political Economy*, 1827) 등도 중요하다. 주로 이 두 저작을 통해 맬더스는 리카도에 반대되는 견해를 피력했다.

5.1.1 인구와 임금

인구는 사회의 목적과 수단이라는 두 가지 차원에서 파악된다.[1] 먼저 전통

1) 19세기 말의 마샬은 마르크스와 같이 노동자계급의 해방으로 나아가지 않고, 노동이 노동자와 불가분의 관계에 있으며 노동자가 경제성장의 수단이자 목표라고 말했다.

적으로 인구는 영토와 함께 국가의 번영을 가늠하는 기준이었다. 중상주의와 그 이전 시대에는 영토확장과 더불어 인구증가가 국가의 목표였다. 고전학파는 영토에 대해 별로 관심을 가지 않은 채 인구증가에 집착했다. 고전학파는 경제적 풍요가 인구를 결정한다고 보아 인구의 크기나 증가를 경제적 풍요의 지표나 결과로 간주하는 경향이 있었다. 이런 생각들에 따르면 인구나 주민은 경제사회의 목표이다.

다른 한편으로 고전학파는 노동, 자본, 토지를 경제규모의 결정요인으로 들었다. 이 생각은 현대의 신고전학파에 이르기까지 크게 변하지 않았다. 고전학파의 이런 특징은 노동과 관련해 인구변동에 대한 관심으로 나타났다. 고전학파에 있어 인구의 증감은 노동자의 증감, 그리고 노동공급의 증감과 거의 동의어였다. 이런 생각은 인구를 자원이나 수단으로 간주했을 때 부각된다.

요약하면 고전학파는 인구변동을 한편으로 생활수준의 변동과 함께 부의 변동으로 인한 물적 풍요의 지표로 파악했고, 다른 한편으로 노동이라는 자원의 공급변동으로 간주했다. 즉, 고전학파는 경제변동 → 인구변동, (그 반대로) 인구변동 → 경제변동의 두 가지 인과의 경로를 모두 고려했다.

이런 전반적인 관심이 맬더스의 『인구론』에 집적되어 있다. 맬더스는 자신의 아버지와 지속적으로 벌인 논쟁의 결과로 이 책을 저술하게 되었다. 『인구론』의 내용은 다음과 같다.

인구는 항상 인간의 본능 때문에 기하급수적으로 증가할 잠재력을 가진 데 비해, 식량은 단지 산술급수적으로 증가한다. 이에 따라 인구의 잠재적 증가세는 언제나 장기적으로 식량부족이라는 장애에 부딪히게 된다. 여기서 기하급수(1, 2, 4, 8, 16 …)나 산술급수(1, 2, 3, 4, …)라는 비율들은 구체적인 자료에 의해 검증되었다고 볼 수 없다. 그러므로 그의 논리는 단순히 인구의 성장속도가 식량의 증가속도를 압도한다는 의미로 해석된다.

구체적으로 맬더스는 인구증가의 억제요인들을 예방적인 억제와 적극적인 억제로 나눴다. 예방적 억제책은 사전적인 출산의 억제요인들로 교육에 의한 금욕이나 만혼 등을 포함한다. 적극적 억제책은 사후적으로 사망률을 높이는 질병, 살인, 유아방기, 전쟁, 과잉노동, 기후변동, 그리고 식량을 위시한 생필품의 부족 등 갖가지 천재 및 인재들이다. 이들은 상호작용한다.[2)]

2) 세부적인 차이를 무시한다면 맬더스의 인구이론에 대한 설명으로 시니어(W. N. Senior)의

그런데 이들 중 예방책은 인구의 대다수를 구성하는 노동자에게 적용되지 않으며, 적극적인 방책 중 식량부족 이외의 요인들도 궁극적인 억제책이 되지 못한다고 그는 생각했다. 인구의 증가속도보다 식량의 증가속도가 느린 이유는 토지에 나타나는 수확체감의 법칙 때문이다.

결과적으로 맬더스는 인간의 합리적 계산이 아니라 본능이라는 생물학적인 법칙과 토지에 작용하는 물리적 법칙에 의존한 셈이다. 다시 말해, 인간 내부에 있는 인적인 자연 혹은 생명체의 '자연'과 인간활동의 대상인 자연 혹은 물적인 자연과 관련된 두 가지 자연법칙이 인구이론의 구성요소이다. 여기서 맬더스 등 고전학파가 자연주의에 지배되고 있음을 확인할 수 있다.[3)]

맬더스의 인구이론은 여러 가지 측면에서 고전학파와 연결되어 있다. 우선 이 이론은 식량이 있는 곳에는 어디서나 인구가 늘게 되어 있다고 말한 스미스에서 이미 그 모습을 드러냈다. 뿐만 아니라 인구이론의 골격을 이루는 수확체감이나 이로 인해 발생하는 차액지대 등을 고전학파의 여러 학자들이 공유하고 있다. 무엇보다 맬더스의 인구이론은 고전학파의 임금생계비이론에 근거를 제공했다.

먼저 의식주 중에서 식량이 가장 중요하다고 생각하면, 식량의 증감을 (실질) 임금의 증감으로 간주할 수 있다. 또한 고전학파는 인구증감을 노동공급의 증감과 동일시했다. 그렇다면 식량의 증감이 인구의 증감을 가져온다는 것은 임금의 증감이 노동공급량의 증감을 가져온다는 논리와 동일하다. 이에 따라 임금증가(감소) = 식량증가(감소) → 인구증가(감소) = 노동공급량의 증가(감소) → 임금의 하락(상승)이라는 동학을 설정할 수 있다. 물론 이런 움직임의 구심점은 생계비수준의 임금이다.

이런 인구의 동학은 경제의 자기교정이나 자기조정을 반영한다는 점에서 흄의 가격정화조정장치와 외형상 유사하다. 물론 양자는 인구와 국제수지라는 대상 자체에서 차이가 있다. 또한 흄에서는 모든 조정이 시장을 통해 이루어지는 데 비해, 맬더스에서는 생물학적인 영역의 조정이 개입된다는 차이도 인정되

『인구에 대한 두 개의 강의』(*Two Lectures on Population*, 1829)가 유용하다.

3) 그렇다면 고전학파가 일견 이해하기 힘든 이 같은 명제들에 집착한 이유는 무엇일까? 단순히 당시 현실이 실제로 그러했기 때문인가 아니면 고유한 방법이나 이론으로 인해 이런 방향으로 유도되었는가? 이 문제에 대해서는 추가적인 연구가 필요하다.

어야 한다.

맬더스의 인구이론은 여러 가지로 비판을 받았다. 우선 임금이 보장하는 생계비수준을 빈곤상태로 보면 그의 이론은 노동자나 빈곤층이 스스로 본능을 가누지 못해 가난을 자초했다는 함의를 갖는다. 다시 말해, 노동자나 빈곤층의 가난이 사회나 제도 혹은 자본주의체제의 탓이 아니라 본인들의 탓이 된다. 이에 근거해 맬더스는 당시 빈곤층을 부조하는 제도로 존재하던 구빈법을 폐지해야 한다고 주창했다. 이 때문에 그는 경제학자들 중에서 극단적인 보수주의자로 평가받고 있다.

또한 이론적으로 인구변동을 사회경제적 요인이 아니라 생물학적 요인으로 설명했다는 점에서 마르크스로부터 극렬한 비판을 받았다. 마르크스는 소위 산업예비군이론을 통해 인구변동을 자본축적과 연결시켜 자본주의의 내적 현상으로 파악했다. 이 입장에서 보면 인간의 본능에 의존하는 인구이론은 인간을 여타 생물과 구분하지 않는 오류를 범하고 있다.

반대편의 신고전학파도 모든 것을 선택이라고 보기 때문에 맬더스의 이론과 거리를 두고 있다. 신고전학파 중에서도 극우적인 시카고학파의 베커(G. Becker)에 의하면 노동공급을 위시한 통상적인 경제현상과 마찬가지로 결혼이나 출산도 손익을 따진 개인의 선택대상이다. 그러므로 맬더스의 인구이론이 개인의 선택이나 합리성을 배제해 결정주의에 빠져 있다는 비판이 가능하다.

이런 여러 가지 약점에도 불구하고 맬더스의 인구이론은 인구에 대한 논리적인 사고의 준거로 인정받고 있다. 또한 여타 근대주의자들이 무제한적인 산업화나 근대화를 믿은 데 비해, 맬더스는 자연이 경제에 가하는 제약을 충분히 인식했다는 점에서 긍정적으로 평가되기도 한다.

나아가 최근 생태계와 경제의 유추나 생물학과 경제학의 교류가 빈번해지면서, 맬더스가 이런 흐름의 선구자로 꼽히고 있다. 이런 교류의 중심에 생물학자 다윈(C. Darwin, 1809~1882)이 놓여 있다. 그런데 다윈 자신, 마샬, 그리고 하이에크가 지적했듯이, 다윈의 진화이론은 맬더스로부터 영향을 받아 형성되었다. 맬더스가 인간들에게 적용했던 논리를 다윈이 동/식물계 전체에 적용한 셈이다.

넓게 보면, 신고전학파를 위시한 주류경제학은 전반적으로 균형이나 안정성 등 물리학적 유추에 의존한다. 또한 정도는 덜 하지만 고전학파 자체가 뉴턴의 물리학으로부터 많은 영향을 받은 것으로 알려져 있다. 심지어 미로우스키(P. Mirowski) 같이 경제학이 일정 시차를 두고 물리학의 개념과 틀을 모방해 왔다고 주장하는 학자도 있다.

역사나 방법에 있어 자연과학을 대표하는 학문은 물리학이다. 물리학에 비하면 생물학은 나중에 등장했으며, 방법에 있어서도 물리학과 다르다. 물리학은 대상의 성격으로 보아 쉽게 일반화되고 수리적 방법에 의존해 엄밀한 검증을 추구한다. 이에 비해 생물학에서는 일반화나 엄밀한 검증이 쉽지 않아 사례연구에 의존한다. 이는 마치 사회과학에서 사회학이 경제학보다 나중에 생겨났고, 경제학과 다른 방법을 활용하는 것과 비슷하다.

주류경제학, 특히 신고전학파는 주로 물리학적인 유추에 의존해 왔다. 맬더스, 역사학파, 마르크스, 제도학파 등은 이런 흐름에 예외적인 존재들이다. 그렇지만 최근에는 생물학적인 유추를 강조하는 입장이 부상하고 있다. 현재는 진화이론, 기업이론, 일부 게임이론 등에서 생물학적인 유추가 두드러진다.

고드윈의 『정치적 정의에 관한 연구』

인구 및 빈부격차와 관련해 맬더스의 비관주의에 반대되는 입장을 가졌던 사람이 고드윈(W. Godwin, 1756~1836)이다. 『정치적 정의에 관한 연구』(*Enquiry Concerning Political Justice*, 1793)에서 그는 정치제도와 윤리를 연결시켜, 사회의 악이 인간의 숙명이 아니라고 강조하면서, 정치제도를 개선해 이를 치유하자고 주장했다. 인간과 사회가 개량될 가능성은 인간이 유동적이어서 외적 환경, 특히 정치체제에 의해 특정 방향으로 교육될 수 있다는 데 있다.

고드윈

고드윈도 인간에게 생명뿐만 아니라 재산이 신성하다고 생각했다. 또한 그 역시 자기보존 욕구나 자애심 등이 인간의 본성이라고 보았으며, 쾌락/고통의 원리와 결과주의 윤리학을 신뢰했다. 예로써, 최대다수의 최대행복이 사유재산의 분배기준이었다.

그러나 그는 재산의 불평등, 사치, 부자의 과시 및 전횡 등을 당시 유럽의 해악으로 지적하고, 부유함이 유일한 가치로 자리잡은 것을 비판하면서 평등주의를 갈구했다. 그는 정치적 자유를 우선시하면서, 인간의 평등을 유지하기 위한 초기조건으로서 사유재산의 평등을 주창했다. 여기서 로크에 이미 등장했던 정치적 자유와 경제적 자유의 대립이 인간의 평등과 재산의 불평등이라는 갈등으로 부각된다.

좋음은 생계, 지적이고 도덕적인 발전의 수단, 저렴한 추가 욕구의 충족, 노동과 노력이 소모되는 사치성 욕구의 충족으로 구성되어 있다. 또한 사유재산의 결정원리는 각자에게 더 많은 쾌락이나 행복을 주는 것, 자신의 생산물을 스스로 소유하는 것, 타인의 생산물을 차지할 능력을 갖게 되는 것 등이다. 귀족은 좋음 중 네 번째 욕구를 충족시키기 위해 하인을 부리려고 한다. 그런데 이것과 연관된 세 번째의 사유재산획득이 논란의 대상이다.

사유재산의 불평등이 가져다주는 사회구성원 상당수의 예속, 이기적 인간들의 탐욕과 이로 인한 교육적 악영향, 탐욕으로 인한 하향 평준화와 지적 욕구의 상실 등이 문제이다. 사회구성원의 예속과 관련해 상품매매가 곧 인간매매로 이어지며, 전쟁이 부의 축적으로 인해 발생한다.

고드윈은 맬더스와 같이 노동자의 임금이 생계수준으로 저하되는 경향이 있음을 인정했다. 그러나 맬더스와 반대로 그는 이런 경향을 재산이 불평등한 당시 사회의 탓으로 돌렸다. 그는 당시에 지구의 1/5밖에 개간되지 않았기 때문에 당시 인구의 5배를 유지할 수 있다고 주장했다. 평등사회가 인구과밀을 낳는다는 주장에 대해서도 같은 방식으로 비판하고 인구과밀이 먼 훗날의 문제라고 답변했다. 고상한 취미나 예술 등 문명의 발전이 사치를 자양분으로 한다는 주장에 대해 사치가 문명의 전주곡이지만 그것의 버팀목일 수는 없다고 반박했다. 이 점에서도 그는 맬더스와 견해를 달리했다.

그는 평등사회에 대해 제기된 반박논리들로 인간의 박약함, 근면함 등에서의 차이, 인간의 나태함, 사치가 가져오는 사회적 이익, 평등사회의 획일성과 경직성, 인구이론 등을 열거하고 이들을 비판했다. 그에 의하면 부자의 사치스런 욕망이 얼마나 많은 사람들의 생계를 희생시키는지 부자들이 인식하도록 만드는 등 사회정의를 전파시키면 인간의 박약함이 극복될 수 있다. 기타 주장의 허구성에 대해서도 그는 폭력이나 강압이 아니라 이성에 의존해 설득할 것을 강조했다.

고드윈은 평등사회로 이행하는 방법으로 혁명, 강제, 법과 규칙이 아니라 이성을 통한 지식확대, 설득, 그리고 의식개혁 등 점진적인 방법을 주창했다. 또한 그는 배움과 상업의 파급효과를 강조했다. 이런 점에서는 그는 상업으로 인한 불평등의 심화를 고려하지 않은 것 같다. 그렇지만 그는 분업의 과도한 진전이 하층민에 대한 학대와 부유층의 우월감을 낳는다고 주장하면서 이를 반대했고, 결혼제도가 초래하는 독점과 속박도 비난했다. 끝으로 밀과 같이 그는 습관으로 인해 목표와 수단이 뒤바뀐다는 논리를 통해 화폐자체가 경제활동의 목표가 되는 상황을 해명했다.

5.1.2 가치와 가격

인구이론에서와 달리 순수 경제이론에서 맬더스는 고전학파의 전반적인 흐름에서 벗어나는 여러 가지 주장들을 내세웠다. 이런 주장들을 통해 맬더스는 리카도와 팽팽한 대립을 유지했다. 그런데 맬더스의 주장 중에는 스미스가 언급했지만 리카도가 받아들이지 않았거나 주목하지 않는 것들이 많았다. 이렇게 보면 리카도와 맬더스가 각기 스미스의 특정 측면을 강조했다고 해석할 수 있다. 그렇지만 현재까지 맬더스가 아니라 리카도가 고전학파의 적자로 평가되고 있다.

가치이론과 관련해 우선 맬더스는 『원리』와 『정의』에서 리카도와 반대로 지배노동가치를 일관되게 내세웠다. 이 점은 기존 학설사 논의에서 강조되지 않은 부분이다. 맬더스는 자신이 『정의』에서 강조한 학계의 권위라는 판단기준을 동원해 일차적으로 이 이론을 정당화했다. 그는 리카도의 투하노동가치가 아니라 지배노동가치가 스미스를 진정으로 계승한다고 주장했다. 다른 한편으로 그는 이윤이 투하된 노동으로 분해되지 않는다는 점을 지적하면서 투하노동가치설을 비판했다.

투하노동가치가 가격의 궁극적인 결정요인을 찾는다면, 지배노동가치는 보다 표면적인 가격현상에 초점을 맞춘다. 맬더스는 가치의 결정요인이라기보다 가치척도로서 지배노동가치를 주장한 셈이다. 달리 보면 그는 가치의 근원을 찾아내는 일이 불가능하므로 가치척도를 찾는 데 만족한 것으로 해석할 수 있다.

그러나 그는 지배노동량을 근대 가치론에서처럼 자의적으로 선택된 뉴메레르로 생각하지 않았다. 그는 지배노동량이 화폐보다 장기적으로 상품가치의 변동을 반영하는 진정한 척도라고 생각했다. 나중에 케인즈가 물가지수문제로 고민하다가 지배노동개념을 활용하게 된 것은 이런 생각과 상통한다.

맬더스와 리카도의 더 큰 차이는 맬더스가 미시와 거시 두 차원에서 수요를 강조했다는 점이다. 우선 가치나 가격의 결정에 있어 맬더스는 수요를 가격의 추가적인 결정요인으로 강조했다. 리카도는 수요가 단기적으로 시장가격에 영향을 주지만 장기적으로 자연가격의 결정요인이 아니라고 생각했다. 이에 비해 맬더스는 자연가격을 결정하는 데도 수요가 영향을 미친다고 주장했다.[4] 이 점은

4) 맬더스는 『원리』의 가치론에서 스미스나 현대경제학의 용어로 '유효수요'(effectual demand; effective demand)를 수요에 대한 의지(will)와 능력(power)으로 표현했다. 의지는 '수요'를

분명히 맬더스가 고전학파의 대세에서 벗어나 있음을 보여준다.

특히, 맬더스는 『현재 식량가격의 높은 수준에 대한 원인 연구』(*An Investigation of the Cause of the Present High Price of Provisions*, 1800)에서 수요곡선을 연상케 하는 논리까지 전개했다. 그는 당시 곡물가격이 비정상적으로 상승한 원인을 구빈법을 통해 빈자들의 생계를 보조하는 자선이 베풀어지기 때문이라고 진단했다.

여기서 맬더스는 지불의사나 능력에 따라 가격이 변동하며, 소비자 사이에 존재하는 지불가능 액수의 차이가 식량의 배분을 결정한다고 주장했다. 이에 따라 빈자에게 생활비가 관대하게 지불되는 한 수요증가로 인해 곡물가격이 계속 상승하게 된다. 결과적으로 빈자들은 탄탈루스(tantalus, 餓鬼)와 같이 곡물을 좇아다닐 뿐 이를 획득하지 못한다. 같은 맥락에서 그는 높은 수준의 식량가격이 독점이나 매점매석에서 비롯되지 않으며 투기가 사회적 이익에 합당하다는 점을 강조했다.

5.1.3 자본축적

거시차원에서도 맬더스는 수요부족으로 인해 자본주의가 불황에 빠질 수 있다고 주장해 리카도와 대비된다. 그는 수요부족 혹은 수요격차(demand gap)의 가능성을 내세운 과소소비이론(underconsumption theories)의 선구자들 중 하나로 평가된다. 과소소비이론은 자본주의의 문제를 수요부족에서 찾으므로 저축 및 자본축적(고전학파 일반), 소득분배 및 빈부격차(리카도), 불안정성이나 무질서(일부 사회주의자), 혹은 착취(마르크스)에 중점을 두는 논리들과 구분된다.

맬더스는 과소소비이론을 주장하면서 리카도를 위시한 고전학파 전통과 결정적으로 대립하게 되었다.[5] 이를 둘러싼 맬더스와 리카도의 논쟁은 전반적인

나타내고, 능력은 '유효'를 대리한다. 미시경제학에서 전자는 예산선에 의해 주어지는 소비자의 제약조건이다. 개인의 이익, 효용, 이윤 등으로 표현될 것을 맬더스가 의지로 규정해 공리주의 및 경제학과 대륙의 계몽주의 및 관념론을 조화시키고 있다.

5) 블리니(M. Bleaney)의 『과소소비이론』(*Underconsumption Theories*, 1976)에 의하면 시스몽디, 맬더스, 홉슨, 마르크스, 룩셈부르그, 칼레츠키, 그리고 케인즈 등이 과소소비이론의 주창자들이다. 그러나 구체적인 내용에 있어 이들 사이에 커다란 차이가 있다. 뿐만 아니라 이들에는 자본주의의 비판세력, 옹호세력, 그리고 중간적인 세력이 섞여 있다. 이로부터 유효수요의 문제가 특정 이념과 선명하게 연결되지 않거나 중간적인 입장과 연결된다고 추정할 수 있다.

과잉생산 논쟁(general glut controversy)으로 불리었다.

전반적인 과잉생산은 부분적인 과잉생산과 구분된다. 부분적인 과잉생산이 경제의 특정 산업이나 부문의 과도한 생산을 의미한다면, 전반적인 과잉생산은 경제전체 차원에서 발생하는 과잉생산을 뜻한다. 맬더스뿐만 아니라 리카도와 고전학파 전반, 그리고 거의 모든 경제학자들이 특정 산업이나 부문에서 발생하는 수급의 차이 혹은 과소/과잉생산의 가능성을 부정하지 않았다. 같은 이유로 주류 고전학파도 부분적인 과잉생산 혹은 마찰적 실업을 인정했다.

이런 점들은 이미 논의한 고전학파의 가격기구에서 단적으로 드러난다. 이 학파가 부정한 것은 경제전체 차원에서 과잉생산이 발생할 가능성이다. 이들은 기본적으로 자본주의를 신뢰했기 때문에 거시경제수준에서 지속적으로 과잉생산 등 불안정성이 나타난다는 생각을 가질 수 없었다. 이 때문에 맬더스와 리카도의 대립은 전반적인 과잉생산에 대한 찬반으로 압축된다.

전반적인 과잉생산은 유효수요의 부족을 의미하며 수요의 부족은 노동자의 해고를 초래한다. 따라서 상품시장에서의 전반적인 과잉생산은 노동시장에서의 전반적인 실업을 의미한다. 이런 이유로 이 논쟁은 자본주의에서의 지속적인 실업 가능성을 놓고 1백여 년 후에 케인즈와 피구가 벌인 본격적인 논쟁의 전초전과 같은 양상을 띠고 있다.

보다 구체적으로 맬더스는 경제에 농부, 자본가, 그리고 노동자 세 계급이 있다고 보았다. 이 중 노동자와 농부는 자신의 소득을 모두 소비하지만, 자본가는 그렇지 않다. 이런 이유로 생산된 모든 상품이 판매되지 않는 수요격차가 발생해, 경제가 전반적으로 침체의 늪 속에 빠져 들 수 있다. 여기서 그는 어떤 한 부문이나 산업이 아니라 경제전체 차원에서 유효수요가 부족해져 과잉생산이 발생할 가능성을 제시했다.

전반적인 과잉생산을 완화하기 위한 대책으로 맬더스는 새로운 욕구의 창출과 함께 생산하지 않으면서 소비하는 계급이나 계층의 역할을 강조했다. 지주 혹은 연금생활자가 이런 계급에 속한다. 이런 주장은 적어도 결과에 있어 지주계급을 옹호하는 발언이 되었고, 당시 현안이었던 곡물법에 대한 (제한적인) 방어로 이어졌다.

그는 지주계급의 소득보전이 총수요 창출에 유리하다고 보았으므로 이들의 수입인 지대를 제고하기 위해 곡물가격을 유지해야 한다고 생각했다. 이를 위해 그는 곡물수입을 제한하는 곡물법을 완전히 철폐해서는 안 된다는 정책적 입장을 견지했다. 결과적으로 그는 자유무역을 지지하면서도 곡물법에 대해 우호적인 입장을 취하게 되었다.

곡물법 유지라는 입장을 통해 맬더스는 지대에 의존해 사는 지주계급의 사회적 유용성을 주장했다. 반면 노동자계급이나 빈곤층의 수요는 수요격차를 메우는 데 도움이 되지 못한다. 더구나 그는 앞서 구빈법 폐지라는 입장을 통해 빈곤층의 사회적 해악까지 지적했다. 이 논리는 수요에 있어 필수품과 사치품의 엄격한 구분과 소득 및 소비에 있어 계층들의 확연한 차이를 가정한다.

맬더스의 설명에 의하면, 지주층은 사치품에 대한 수요창출을 통해 적극적으로 사회전체의 이익에 부응하는 데 비해, 빈곤층은 출산과 필수품에 대한 가격인상 등을 통해 사회에 해악을 끼친다. 결과적으로 지주층은 응분의 몫을 넘어서는 수준으로 사회에 공헌하는 데 비해, 빈곤층은 그 반대이다.

그러므로 맬더스의 입장에서는 교회의 십일조나 성당의 교의금을 빈곤층 구제가 아니라 지주나 승려의 사치를 위해 사용하는 것이 사회적으로도 이롭다. 이로써 그는 빈곤층 억압과 지주계급 옹호를 겸비하고 있다는 최악의 평판을 얻게 된다. 문제는 토지는 소유만 하면 그로부터 지대를 얻으므로 지주가 노동자, 심지어 자본가와 동등하지 않다는 점이다.

리카도를 위시한 고전학파는 맬더스와 달리 전반적인 과잉생산의 가능성을 부정했다. 이 입장은 현재까지 세이의 법칙(Say's Law)으로 알려져 있다. 세이(J. B. Say, 1776~1832)는 스미스의 이론을 대륙에 전파시킨 프랑스의 경제학자인데, 고전학파의 생각 중에서 전반적인 과잉생산의 가능성을 배제하는 논리를 정식화했다.

세 이

구체적으로 세이는 『정치경제학 논고』(*A Treatise on Political Economy*, 1803)에서 모든 상품이 생산되면 스스로 판매처를 찾게 되어 있다고 주장했다. 우선 그는 노동가치이론을 주장하지는 않았지만, 가치가 생산과정에서 창출되며, 일단 창출된 가치는 이전되거나 교환되더라도 변치 않는다고 생각했다. 또한 그는 특정 부문에서 생산된 가치가 다른 부문에서 생산된 가치에 의해 대응되면 판매에 문제가 없다고 주장했다.

이 같이 그는 생산이 생산을 촉진하고 뒷받침하는 경제를 설정했다. 그는 특정 부문의 일시적인 생산과잉이나 생산부족을 용인하면서도, 경제전체의 생산, 분배, 지출이 수요나 화폐공급과 무관하게 순조롭게 진행될 수 있다고 믿었다. 특히, 그의 입장에서 화폐는 생산물의 교환을 일시적으로 매개하는 존재에 불과하므로, 경제를 위해서는 검약, 지식, 활동, 그리고 자유가 중요할 따름이다.

고전학파는 자본주의의 문제가 수요차원이 아니라, 생산능력이나 공급차원에서 발생한다고 생각했다. 물론 리카도도 이런 생각을 공유하고 있었다. 세이는 이런 생각을 정확하게 표현했다. 나아가서 세이의 법칙은 고전학파와 신고전학파를 관통해 주류경제학이 믿는 거시경제의 안정성을 대변하고 있다. 이런 이유로 세이의 법칙은 맬더스뿐만 아니라 마르크스와 케인즈의 노골적인 공격에 노출되었다.

리카도는 자본주의의 침체가 곡물가격과 지대의 상승으로 인한 이윤압박에서 비롯된다고 보아 곡물의 수입을 자유화하기 위해 곡물법을 폐지하자고 주장했다. 또한 그는 지대상승이 이윤율을 압박한다는 자신의 이론에 따라 지대로 살아가는 지주계급을 자본축적의 장애로 규정했다. 이에 반해 맬더스는 자본주의의 침체가 총수요 부족으로 인해 발생한다는 자신의 이론에 따라 지주계급을 옹호하고, 곡물법 폐지에 유보를 표시했다. 이렇게 보면 맬더스는 이론과 정책 양면에서 리카도와 대립한 셈이다. 그런데 전반적인 과잉생산 논쟁에서 승리한 것은 맬더스가 아니라 리카도였다.

5.1.4 지대이론

이미 언급한 바와 같이 고전학파는 지대가 비옥도나 위치 등 토지의 주어진 속성상 차이에서 비롯된다고 보았다. 맬더스와 리카도는 이 같은 차액지대이론의 골격을 공유하고 있다. 그렇지만 구체적인 해석으로 들어가면 양자 사이에 차이가 적지 않다.

먼저 리카도는 지대가 잉여생산물의 일차적인 모습이 아니라고 생각했다. 또한 그는 생산된 잉여 중 일부가 토지나 자연의 척박함으로 인해 지주계급에게 이전된 것이 지대라고 주장했다. 이에 비해 맬더스는 지대가 1차적인 잉여의 모습이라고 생각했다. 또한 그는 지대가 토지나 자연의 척박함 때문이 아니라 반대로 그것의 풍요로움 때문에 발생한다고 주장했다.

나아가서 리카도가 토지의 생산성과 무관하게 단순히 토지에 대한 지주계급의 독점적 소유로 인해 지대가 발생한다는 견해에 대해 우호적이었던 데 비해, 맬더스는 이를 강력히 거부했다. 결과적으로 리카도에서 지대는 가치의 근원이나 구성요소가 아니므로 자연가격을 구성하지 못하는 데 비해, 맬더스에서는 지대가 자연가격의 구성요소로 인정된다.

맬더스는 『지대의 성격』(*The Nature of Rent*, 1815)에서 이런 식으로 지대를 해석했다. 구체적으로 이 논문은 지대의 본질 및 기원과 지대를 결정하는 수량적인 법칙으로 구성되어 있는데, 전자에 중점을 두고 있다. 우선 지대의 본질 및 기원과 관련해 세 가지 원리가 제시된다. 1) 토지는 여기서 직접 일하는 노동자의 생계를 유지하고도 남을 정도로 생산적이다. 2) 토지에서 생산되는 생필품의 공급변동은 인구의 증감을 통해 이에 상응하는 생필품의 수요변동을 낳는다. 3) 양질의 토지는 희소하다.

고전학파가 세 번째 원리를 공유했으므로, 맬더스를 구분짓는 요소는 첫 번째 그리고 특히, 두 번째이다. 두 번째 원리에 근거해 그는 공급독점 등으로 수량이 제한되어서가 아니라 공급이 수요를 창출하기 때문에 생필품의 가격이 생산비용보다 높은 수준에 머문다고 주장했다. 이 논리는 앞서 『식량가격』에도 등장했었다.

이 같이 맬더스는 리카도보다 철저하게 인구이론을 적용했다. 결과적으로 맬더스는 식량 혹은 필수품에 대한 수요가 갖는 특수성에 근거해 빈곤층이 가난을 자초했다고 규정했을 뿐만 아니라 지대의 발생 자체를 정당화했다.

맬더스에 의하면 경제발전의 초기에는 우등한 토지에만 투자가 이루어져 이윤과 임금이 존재할 뿐 지대는 발생하지 않는다. 그러다가 한 나라의 부가 어느 정도 형성되면, 자본이 열등한 토지에 투입되어, 생계를 유지하기가 어려울 정도로 인구가 증가하는 경향이 생긴다. 이렇게 되면 이윤율과 임금이 하락해 생산비용이 줄어들면서도 생산물의 가치는 오히려 증가한다. 결과적으로 지대가 별도의 존재로 독립한다. 이윤율 하락과 임금 하락 중에서는 후자가 더욱 불가피하다.

지대의 수량적인 증감과 관련해 맬더스는 1) 자본축적으로 인한 이윤의 하락비율, 2) 인구증가로 인한 임금의 하락비율, 3) 농업부문의 노동생산성 증가율,

4) 농산물가격의 증가율 등 네 가지 요인을 제시했다. 지대는 농산물가격과 생산비용의 차이인데, 앞의 세 가지가 후자와 관련된다.

자본축적 및 인구증가와 더불어 이윤과 임금이 하락하고 노동생산성이 증가하면서, 생산물가격과 생산비용의 차이가 벌어진다. 즉, 단위 토지당 지대나 실물로 따진 지대의 절대량은 늘어난다. 그렇지만 투입된 자본의 증가로 인해 생산물은 더 크게 증가하기 때문에 농업부문의 전체 수확 중 지대가 차지하는 비중은 점차 줄어든다.

이에 따라 맬더스는 곡물가격의 상승과 지대의 증가가 소비자 혹은 노동자에게 이롭지는 않지만, 경제적 번영이나 부유함의 자연스럽고 필연적인 결과라고 해석했다. 물론 지대의 감소는 그 반대로 해석된다. 이 역시 리카도와 대립된다.

5.1.5 방 법 론

이론과 정책뿐만 아니라 경제학의 방법에 있어서도 맬더스는 리카도와 차이를 드러냈다. 리카도가 기다란 논리적 사슬을 즐겨 사용한 데 비해, 맬더스는 기다란 논리적 사슬에는 어딘가 잘못되거나 현실로부터 유리될 위험성이 내포되어 있다고 보아 경계했다. 리카도가 연역의 줄거리를 연장시키려고 했다면, 맬더스는 현실과의 접촉을 유지하는 논리를 중시했다.

맬더스의 이런 방법론을 학술용어에 대한 평가기준에서도 확인할 수 있다. 그는 『정의』에서 경제학의 제반 개념들을 정립하는 기준을 제시했고, 여러 학자들의 정의를 이 기준에 비추어 평가했다. 통상적인 생각과 달리 맬더스는 학계의 권위에 대한 의존과 일상적인 용어나 상식과의 합치를 강조했다. 권위에 대한 의존은 맬더스의 보수성을 드러내지만 상식에 대한 강조는 이론의 현실성과 연결된다.

맬더스가 지배노동을 가치척도로 강조한 것도 지배노동이 투하노동보다 관찰하기 쉽고 일상적이라는 점에서 일상용어나 상식에 대한 강조와 부합된다. 같은 이유로 리카도의 방법은 투하노동가치와 친화력을 갖는다. 또한 맬더스의 방법론은 그가 리카도에 비해 표면에 드러나는 수요와 공급을 강조했던 점과도 친화력을 가진다. 나아가 이런 입장은 식량수요의 특수성을 강조했다는 점에서 지대이론에 대한 맬더스의 해석과도 간접적으로 연결된다.

맬더스와 리카도에 대한 마르크스와 케인즈의 평가에서도 이런 차이가 확인된다. 케인즈가 방법에서 리카도에 부정적이면서 맬더스에 동조했던 것은 현실성과 구체성에 대한 믿음 때문이다. 이런 구체성이나 현실성에 대한 집착으로 맬더스나 케인즈는 경험주의나 상식의 철학과 친화력을 가지고 있다. 이 점에서 맬더스가 리카도보다 더 영국적이라고 말할 수도 있다.

반면 구체와 추상 혹은 일상성과 과학성이 연결되어 있으면서도 대립 속에 있다고 생각했던 마르크스는 맬더스의 방법론에 적대적일 수밖에 없다. 마르크스는 스미스에 대해 심층과 표층의 결합되지 않은 공존을 지적했고, 심층과 표층을 각기 리카도와 맬더스에 연결지었다. 그리고 이들을 각기 고전경제학과 속류경제학으로 규정했다. 이런 이유로 마르크스는 기다란 연역의 고리에 의존했던 리카도에 대해 우호적이었다.

넓게 보면, 스미스, 맬더스, 마샬, 케인즈 등을 통해 본 영국적 사고의 특징은 여러 개의 작은 동산을 만드는 노력에 비유될 수 있다. 이에 비해 칸트, 헤겔, 마르크스, 그리고 역사학파를 포괄하는 게르만적 사고는 커다란 하나의 산을 쌓기 위한 부단한 노력에 가깝다. 작은 동산을 쌓기 위해서는 그 기초가 그다지 튼튼하지 않아도 되지만, 큰산을 쌓아 올리기 위해서는 그 기초를 깊게 파고들어야 한다.

그렇기 때문에 게르만적인 사고에서는 사물의 근원이나 발생 등에 대한 질문이 흔히 등장한다. 이에 비해 영국적인 사고에서는 일상적이거나 상식적인 질문이 보다 빈번하다. 가령, 가치, 화폐, 혹은 국가란 "무엇이며 어디서 발생하는가?" 그리고 이들이 "어떻게 변해 가는가?" 등은 게르만적 사고에 어울리는 질문이다.

영국적인 사고에서는 당연히 시장, 화폐, 국가, 역사 등의 시작과 종말 등 가장 근본적인 질문들을 회피하는 경향이 있다. 역사와 사회의 알파와 오메가에 대한 질문들은 신의 영역이어서 인간의 한계를 넘어서는 것으로 간주된다. 게르만적 사고가 인간의 인식능력을 과신한다고 비판받는다면, 영국적인 사고는 피상적이라고 비판받을 것이다.

맬더스, 마샬, 케인즈 등에 나타나는 상식의 철학이 리드(T. Reid, 1710~1796) 등을 통해 영국에서 등장한 것은 우연이 아니다. 또한 포퍼가 『과학적 발견의 논리』에서 자유주의 인식론을 전개하면서 인간의 지식을 땅에 뿌리박지 않은 기초위에 세워진 건물에 비유한 것도 영국적 사고와 밀접하게 연결되어 있다. 포퍼에 의하면 인간의 과학활동은 한편으로 뿌리를 더욱 깊게 내리고 다른 한편으로 건물의 층을 높이는 쌍방의 움직임이다.

5.1.6 맬더스에 대한 평가

일반적으로 리카도가 맬더스보다 우위에 있으며 리카도가 고전학파의 정통이라고 평가된다. 가장 극단적으로 마르크스는 리카도의 우위를 주장할 뿐만 아니라 맬더스에 대해 학자적 소양의 결여나 표절을 들어 혹평했다. 더구나 마르크스는 맬더스를 시대에 역행한 자로 규정했다. 지주계급을 옹호해 곡물법을 방어하고, 빈곤을 빈자와 노동자의 탓으로 돌리면서 구빈법에 반대하며, 투기를 사회적 이익에 합당하다고 주장한 것 등이 근거가 되었을 것이다.

케인즈 이전에 유효수요의 부족이나 과잉생산의 가능성을 가장 예민하게 의식했던 마르크스였지만 맬더스에 대해 품고 있던 이념적 적개심으로 인해 이 부분에서 자신과 맬더스가 최소한의 유사성을 가지고 있었음을 의식하지 못했다. 그렇기 때문에 마르크스와 이후 좌파 경제학자들에게 맬더스는 부정적인 존재로만 부각되어 있다. 또한 마르크스는 현실에 대한 감각을 중시해 구체적 현상에 집착하는 맬더스보다 리카도의 추상성에 손을 들어 주었다.

그렇지만 이런 평가에 대해 모두가 동의하는 것은 아니다. 맬더스에 대해 마르크스와 정반대의 평가를 내리고 있는 학자가 케인즈이다. 주지하듯이 근대거시경제학의 시조인 케인즈는 대공황이라는 시대적 배경 속에서 유효수요의 부족이 자본주의의 가장 큰 문제라고 생각했기 때문에 맬더스를 옹호했다. 케인즈는 만약 리카도가 아니라 맬더스가 주류경제학계를 지배했다면 세상은 크게 달라졌을 것이라고 애석해 했다. 더구나 케인즈는 리카도가 논리적으로 치밀하면서도 현실감각에 있어 맬더스에게 뒤진다고 생각했다.

뿐만 아니라 최근 들어 맬더스가 리카도에 비해 과소평가되었다고 생각하는 학자들이 늘어나고 있다. 특히, 공해 등 생태계 파괴나 생물학과 경제학 사이의 연계와 관련해 맬더스에 대한 관심이 높아지고 있다. 물론 아직까지 경제학자로서 맬더스의 지위가 리카도와 같은 수준에 이르지는 못했다.

5.2 밀(John Stuart Mill, 1806~1873): 고전학파의 절충적 종합

밀

밀은 경제학뿐만 아니라 철학, 정치학 그리고 사회학에 걸쳐 영미사상의 핵심인물로 꼽힌다. 천재형의 학자로 알려진 밀은 역시 경제학자인 아버지(James Mill)로부터 유년기부터 라틴어와 희랍어를 배우는 등 엄격한 귀족교육의 환경 속에서 자라났다. 또한 그는 아버지의 지시에 따라 리카도로부터 경제학을 배우기도 했다.[6)]

그는 경제학 저술인 『정치경제학 원리』(*Principles of Political Economy*, 1848)뿐만 아니라 『논리체계』(*Systems of Logic*, 1843), 『자유론』(*On Liberty*, 1859), 『대의정부론』(*Considerations on Representative Government*, 1861), 그리고 『공리주의』(*Utilitarianism*, 1861) 등으로도 유명하다.

이 책들을 통해 밀은 영국식의 자본주의, 민주주의, 그리고 사고체계가 무엇인지를 보여주었다. 특히, 밀은 벤담(J. Bentham, 1748~1832), 그리고 시즈위크(H. Sidgwick, 1838~1900)와 함께 공리주의의 계보를 이어간 인물이다.[7)] 공리주의는 현재까지 영미식 사고의 저류를 형성하며, 주류경제학과 뗄 수 없을 정도로 결합되어 있는 사상이다.

경제학으로 좁혀 밀의 『정치경제학 원리』는 전체적으로 새로운 이론을 제시했다기보다 그 이전의 논리들을 정리한 책이다. 이런 이유로 이 책은 스미스의 『국부론』에 이어 상당 기간 동안 유럽에서 경제학 교과서로 사용되었다. 밀은 이론들을 정리하면서 전반적으로 절충적인 태도를 보였으며, 이념적으로도 자본주의에 사회주의를 가미하려고 노력했다.

밀의 절충적인 태도는 고전학파의 기존 이론을 정리하면서 동시에 고전학파를 수정하는 방식으로 나타났다. 또한 고전학파에 대한 그의 수정은 나중에

---

6) 당시 대륙에서 비슷한 방식으로 교육을 받은 또 다른 천재가 작곡가 멘델스존(F. Mendelssohn, 1809~1847)이다.

7) 고전학파에도 공리주의적인 요소가 있지만, 명시적으로 경제학이 공리주의와 결합한 것은 한계효용학파에서부터이다. 그러므로 공리주의는 한계효용학파와 관련해 논의하는 것이 낫다. 다만, 밀이 "배부른 돼지보다 배고픈 소크라테스가 더 낫다"고 해, 욕망에 차등을 두었다는 점을 지적할 필요가 있다.

등장한 한계효용학파나 신고전학파와 친화력을 가지고 있다. 이 때문에 고전학파의 주요 학자 중 밀이 신고전학파적 요소를 가장 많이 지니고 있다. 더구나 독창적인 부분에서 그는 더욱 신고전학파에 가까워졌다. 가장 독창적인 국제무역이론에 이르면 밀의 신고전학파적인 성향은 절정에 이른다.[8)] 이런 이유로 비판적인 학자들은 밀을 고전학파를 붕괴시킨 인물로 파악한다.

밀은 보편적 법칙을 먼저 제시하고, 시장에서만 적용되는 교환과 화폐의 원리를 논의한 후, 시장에서 보편적 법칙이 관철된다는 것을 보여주는 구도를 택했다. 세 번째 부분에서는 보편적 법칙이 수정되거나 변형되는 모습을 제시하기보다 그런 법칙이 여전히 작동하지만 가격이나 화폐에 의해 어떻게 은폐되는지 설명했다.

그는 보편적 법칙을 강조하고, 이를 우선 논의하며, 교환/가격/화폐의 의미를 축소했다. 그는 이런 구성체계를 통해 시장에서 나타나는 현상이 이상스런 것이 아니라 보편적 법칙이 관철된 결과임을 보여줌으로써 자본주의 경제체제를 옹호한 것으로 보인다.

5.2.1 가치와 가격

보다 구체적으로 우선 밀은 스미스나 리카도에 비해 가치나 가격의 역할을 축소시켰다. 밀에 있어 가치 및 가격은 생산과 무관하고, 분배를 결정하는 데 있어서도 그 기능이 제한되어 있다. 또한 가격 혹은 적어도 가치는 교환이 등장하는 시장경제에 국한된 현상이다. 더불어 그는 사용가치 개념에서 철학적이거나 윤리적인 요소를 세척하자고 주장했으며, 가치개념이 교환가치개념과 중복된다는 점을 지적했다. 이 점에서 그는 스미스나 리카도로부터 멀어지고 있었다.

그 이전의 고전학파 경제학자들이 일관되게 노동가치이론을 주장했다고 말할 수는 없다. 그러나 이들은 생산비이론까지 부인하지는 않았다. 이에 비해 밀은 생산과 연결되는 획득상의 난이도뿐만 아니라 소비와 연결되는 효용이 가격

8) 신고전학파 국제무역이론의 대표적인 이론가로 알려진 미국 미네소타 대학의 취프만(J. Chipman, 1926~)은 밀에 이미 신고전학파이론의 초석인 일반균형체계가 존재한다고 주장한 것으로 전해진다. 이런 주장은 밀이 어느 정도 신고전학파에 근접했는지 알려주는 증언이다.

에 영향을 미친다고 주장했다. 물론 효용과 난이도가 모든 경우에 동등하게 영향을 미친다고 생각한 것은 아니다. 그는 상황에 따라 이들의 상대적인 중요도가 달라진다고 주장해, 생산비이론의 적용범위를 축소시켰다.

밀은 공급이 완전비탄력적인 경우, 완전탄력적인 경우, 그리고 양자의 중간 등 세 가지로 상품 혹은 산업을 나누었다. 또한 첫 번째를 독점, 두 번째를 자유경쟁, 세 번째를 양자의 혼합으로 규정했다.

첫째, 골동품이나 고급 포도주와 같이 공급량이 완전히 제한된 경우에는 가격이 수요에 의해 결정된다. 둘째, 이와 달리 제조업에서 생산되는 공산품의 경우에는 비용상승 없이 공급량을 늘릴 수 있다. 이 경우에는 그 이전의 고전학파에서 생각한 대로 평균적인 생산비용에 의해 가격이 결정된다. 셋째, 농산물은 그 공급량을 늘릴 수 있지만 비용상승이 수반되어, 가격이 수요와 공급 양 측면에 의해 결정된다.

리카도 등이 희소성을 재화의 객관적 성격으로 규정하고 영구적인 희소성에 집착한 데 비해, 밀은 시장가격이 문제되는 모든 상황에서 등장하는 상품의 일시적인 희소성에 주목했다. 이 같은 밀의 논리는 고전학파의 가치이론, 특히 리카도의 이론을 제한하는 한편, 신고전학파의 논리로 나아가려는 조짐을 보이고 있다.[9)]

그는 결합생산물이나 윤작되는 농산물의 가치에도 수요공급의 비율이 생산비와 같은 수준으로 영향을 미친다고 생각했다. 결합생산물은 생산법칙에 의해 생산비율이 결정된다. 그런데 이 비율이 시장수요의 비율과 일치하지 않을 경우 이런 비율이 일치되도록 시장의 가격이 조정된다. 윤작되는 농산물의 가격도 이와 유사하게 결정된다.

또한 수출입 상품의 국제가치가 수요와 공급에 의해 결정된다는 점을 그는 상세히 논의했다. 여기서 그는 국제가치 결정의 기본 논리로 '국제수요 방정식'을 일관되게 활용했다. 끝으로 밀은 화폐상품의 가치가 생산비가 아니라 수요량과 공급량에 의해 결정된다는 점을 거의 전면적으로 내세웠다. 상품에 대한 수

9) 밀 이전에 신고전학파와 비슷한 입장을 드러냈던 학자로 베일리(S. Bailey, 1791~1870)를 들 수 있다. 저서 『가치의 성격, 척도 및 원인에 관한 비판적인 논문』(*A Critical Dissertation on the Nature, Measure and Causes of Value*, 1825)에서 베일리는 리카도의 투하노동가치이론을 비판했다. 그는 가치가 절대적이 아니라 상대적이며 수요공급에 의해 결정된다고 주장했다. 마르크스는 이런 부류의 생각을 속류경제학으로 규정했다.

요가 각자의 욕망에 의해 결정된다면, 화폐에 대한 수요는 자신의 상품을 팔아야 하는 압박에 의해 결정된다. 나아가 금속화폐는 수입의 대상으로 국제가치의 결정방식을 따른다.

이 같이 밀은 고전학파의 노동가치론이나 생산비이론을 논리적으로 반박하는 대신, 이 이론들이 적용되지 않는 경우들을 열거해, 이론의 적용범위를 축소시켰다. 이 과정에서 그는 부지불식간에 고전학파에서 벗어나고 있다.

화폐와 관련해 밀도 경제활동의 목표가 소비에 있고 화폐는 이런 목표로 가는 중간과정에 불과하다는 점을 천명했다. 이 때문에 정상적으로 움직일 때는 화폐가 경제에 중요한 영향을 미치지 않으며 단지 고장이 났을 때만 (악)영향을 미친다. 그러면서도 밀은 목표와 수단의 전도를 긍정적으로 평가했다. 특히, 행복의 수단에 불과한 화폐가 행복의 구성요소로 돌변하는 것을 적극적으로 옹호했다.

화폐추구는 모든 가치들을 화폐로 단순화시켜 환원한다는 점에서 공리주의와 친화력을 갖는다. 즉, 모든 행위를 외형상 화폐로 환원시키는 것은 내면적으로 덕, 의무, 자주, 자기희생, 심지어 금욕 등 모든 인간의 가치를 즐거움이나 행복으로 환원하는 것과 통한다.

5.2.2 분 배

분배에 관해서는 무엇보다 밀의 문제설정 방식을 주목할 필요가 있다. 밀은 『원리』에서 먼저 분배를 교환이나 가격과 무관하게 논의하고 나서, 교환 및 가격을 논의했고, 끝으로 분배를 교환 및 가격과 결합시켜 다시 논의했다.

밀에 의하면 생산은 물리법칙에 의해 지배되는 보편적인 현상이므로 이를 인위적으로 변경할 수 없는 데 비해, 분배는 법이나 제도 등을 통해 인간이 변경할 수 있다. 그는 생산과 분배를 분명히 구분하지 않아 사회적 법칙이 보편적 법칙으로 둔갑하거나 거꾸로 보편적 법칙이 사회적 법칙으로 둔갑했다는 점을 지적했다.

넓게 보아 생산은 순전히 보편적이고, 교환은 순전히 역사적이며, 분배는 보편성과 역사성을 함께 가진다는 것이 밀의 생각인 것 같다. 생산과 분배에 대한 밀의 구분은 이미 언급한 고대 그리스 사상에서 자연과 인공의 이분법에 상응한다. 이에 따라 그는 자본주의에 대한 교정이 분배상의 개혁을 통해 이루어질 수 있다고 보았다.

이런 생각은 밀뿐만 아니라 주류경제학을 포함해 대다수 경제학자들이 공유하고 있다. 이는 생산을 순전히 기술적으로 규정해 생산과정에 어떤 사회성이나 사회관계도 개입되어 있지 않다고 단정한 데서 비롯된다. 예를 들어, 이 입장에서는 포도주 생산을 포도가 물리적/화학적/생물학적인 법칙을 통해 포도주로 바뀌는 과정으로 이해한다. 또한 생산에 동원된 인간의 노동도 단순히 특정 능력을 가진 유용한 활동으로 파악한다.

이런 사고방식에서는 같은 포도주를 생산하더라도 여러 인간의 노동이 여러 시대와 체제에서 다른 방식으로 결합되거나 조직될 가능성을 고려하지 않는다. 특히, 신고전학파가 상정하는 생산함수는 투입량과 생산량의 관계를 기술적으로 파악해 생산과정을 기계적으로 파악한다. 이에 대한 예외는 마르크스나 현대 제도학파에서 찾을 수 있을 뿐이다.

고전학파를 위시한 영국의 사상에는 분배상의 개선을 경제 및 사회개혁의 지렛대로 삼으려는 저류가 흐르고 있다. 특히, 영국의 좌파 사상가들에게 이런 흐름이 강하다. 밀뿐만 아니라 버나드 쇼(B. Shaw, 1856~1950), 신 리카도학파, 후기 케인즈학파 등이 모두 이런 부류에 속한다. 이런 입장은 생산체제 자체를 변혁하려는 사회주의보다는 보수적이지만 신고전학파보다는 진보적이다.

기존 논의에서 별로 지적된 적이 없으나 분배와 교환에서 밀이 관습이나 관행의 영향을 강조했다는 것도 주목할 점이다. 우선 그는 소매가격을 결정하는 데 관습이 중요하다는 점을 지적했다. 소매상들 사이에 경쟁이 생기는 경우 해당 상품의 가격이 하락하지 않고 그대로 유지되면서, 대신 주어진 가격에서 얻는 이익이 보다 많은 소매상 사이에 나뉜다. 또한 변호사와 같은 전문직에서 경쟁이 발생하는 경우 수임료가 낮아지는 대신에 변호사 1인당 고객수가 줄어든다.

보다 중요하게 밀은 이윤, 그리고 특히, 지대를 결정하는 데 관습이나 관행의 영향이 크다는 점을 지적했다. 이 같이 그는 분배가 순전히 경제 내적인 원리에 의해 결정되지 않는다는 것을 대부분 경제학자들보다 폭넓게 인정했다. 물론 관습이나 관행을 밀보다 더 중시했던 것은 역사학파와 제도학파이다.

지금까지 드러난 밀의 특징을 정리해 보자. 우선 생산과 분배를 분명히 구분했다. 또한 가치/가격이 생산과 무관하고 심지어 분배에 있어서도 그 기능이

제한되어 있다. 더불어 가격 혹은 적어도 가치는 교환이 등장하는 시장경제에 국한된다. 그리고 시장경제에서조차 가치/가격이 무제한적으로 작동하지 않고 관습에 의해 제한을 받는다.

밀은 이윤의 근원에 대해서도 절충적인 입장을 취했다. 그는 시니어(N. Senior, 1790~1864) 등과 마찬가지로 이윤을 이자, 보험, 그리고 감독노동에 대한 임금으로 분해했다. 이에 따라 이자는 제욕(abstinence)에 대한 대가로서, 보험은 위험에 대한 보상으로, 감독노동임금은 감독 및 경영에 필요한 기술과 노력에 대한 대가로 각기 규정했다. 그는 이 세 가지를 결합시키지 않은 채 단순히 이윤을 구성하는 요소들로 나열했다. 다만, 그는 이윤결정에 있어서도 관습이 중요하다는 점을 일관되게 주장했다.

이 중 이자와 관련해 밀은 시니어의 제욕설을 연장해 주관적 요인을 강조했다. 이 역시 밀과 한계효용학파 혹은 신고전학파 사이의 친화력을 보여준다. 이자는 일반적으로 고전학파에서 크게 중시되지 않았으며, 그것의 결정요인으로 이윤 이외에 일상적인 관행이 중시되었다. 이에 대해 밀은 주관적 요인을 보다 강조한 셈이다. 물론 시니어나 밀이 언급한 주관적 요인은 나중에 한계효용학파, 특히 오스트리아학파의 뵘바베르크에 의해 보다 확고한 이론으로 정립된다.

경제사상의 흐름 속에서 임금을 제외한 여타 소득형태들 중 어떤 것이 강조되느냐는 경제나 경제학의 발전과 밀접한 관계가 있다. 중세에는 지대를 당연시하면서 이자를 문제시했다. 중농주의도 이자가 아니라 지대를 강조했으나, 뛰르고 등 후기에 이르면 이윤이 가격의 구성요소로 개념화되어 부각되기 시작했다. 나아가 고전학파에 이르러 지대의 비중이 주는 대신 이윤과 임금이 부상했으며, 동시에 이자는 이윤의 일부로 간주되었다.

한계효용학파, 그 중에서도 오스트리아학파가 등장하면서 이윤이 아니라 이자를 강조하고, 이윤을 이자와 비슷하게 바라보는 반대경향이 생겨났다. 더구나 신고전학파에 이르면 균형에서 이자와 이윤 사이에 차이가 없어진다. 이는 생산자본에 대해 금융자본이 우위를 점하기 시작한 20세기 초부터 최근까지의 경제현실에 상응하는 것처럼 보인다.

그런데 20세기 말부터 빠른 속도로 확산되고 있는 신자유주의 체제에서는 금융자본 중에서도 은행자본이 아니라 주식자본이 중요해지고 있다. 여기에 주식과 채권의 결합형 자산들이 수없이 등장해 이자나 이윤으로 단순화시킬 수 없는 복합적인 형태의 소득이 급격히 늘고 있다. 전체적으로 보면, 자본주의로 들어서면서 토지보다 자본의 역할이 강조되었지만, 자본 중에서 생산자본인가 금융자본인가, 그리고 어떤 종류의 금융자본인가가 중요해지고 있다.

5.2.3 공 황

밀은 마르크스나 케인즈를 연상시키는 공황이라는 주제도 다루었으며, 이에 대해 이들보다는 못하지만 나름대로 정책적인 견해를 제시했다. 절충주의자 밀에게조차 공황이 생경한 현상이 아니었기 때문이다. 밀은 농산물의 흉작으로 인한 수지악화와 생필품에 대한 투기를 공황의 주요원인으로 간주했다. 전자는 스미스, 맬더스 및 리카도로부터 이어 받았다고 생각된다. 그렇지만 밀은 후자를 더 중시했다. 밀에 의하면 전반적으로 이윤율이 하락하는 자본주의의 상황을 피하기 위해 사람들이 투기에 의존한다.

공황의 진행과정은 다음과 같다. 가격상승에 대한 기대→기대에 근거한 투기→투기를 뒷받침하는 신용팽창→임계를 지나면서 일거에 발생하는 기대의 붕괴와 불신(panic)의 전염→신용압박→경제 붕괴. 불신이 경제 전체에 번지면서, 현금에 대한 집착이 확산되고, 이자율이 치솟으며, 대출이 불가능해져, 건전한 기업들까지 휩쓸려 붕괴된다. 또한 이 과정에 수반해 금이 유출된다. 금의 유출을 달러의 유출로 바꾸면, 당시 상황은 1997년 한국의 공황과 흡사하다.

밀은 공황을 상업공황(commercial crisis)으로 좁게 표현했다. 이 표현에는 공황이 재화에 대한 투기적 거래에서 비롯되었다는 의미와 공황이 생산부문이나 화폐 및 금융부문에서 발생하지 않았다는 의미가 함께 포함되어 있다. 특히, 그는 상업공황의 원인이 전반적 과잉생산이 아니라 투기적 구매에 있다는 점을 보이려고 했다.

다른 한편으로 밀은 공황을 통해 자본이 제거되어(abstraction of capital) 이윤율이 회복되므로, 공황이 자본주의에 해롭지만은 않다고 주장했다. 더구나 그는 리카도와 마찬가지로 전반적인 과잉생산의 가능성을 부인했다. 밀은 상업공황을 투기 및 신용팽창과 연결시켜 전반적인 과잉생산으로 이어지지 않는다고 주장했다. 이 점에서 밀은 마르크스와 근본적으로 차이가 있다.

밀의 견해로는 공황에서 벗어나기 위해 가격하락과 이자율상승이 불가피하다. 가격이 하락해야만 국내상품들이 대외경쟁력을 회복해 수출이 촉진되고 수입이 감소하므로 경상수지가 개선될 수 있다. 또한 이자율이 상승해야만 자본수지가 개선되고 투자가 촉진된다. 동시에 건전한 기업을 살리기 위해 동시에 여신을 늘리는 방책도 피할 수 없다. 이런 맥락에서 통화조례는 잘못된 것이다. 통화조례가 호황국면에서 투기를 억제하는 효과를 가지고 있지만, 불황국면에서는 건전한 기업마저 도산시키는 결과를 가져온다. 이 점에서 그의 입장은 나중에 등장한 배지홋(W. Bagehot)과 비슷하며, 1997년 한국의 공황에 대한 IMF의 처방과 다르다.

밀은 이윤율의 저하를 인정하면서 그 이전의 학자들이 그 원인을 제대로 파악하지 못했다고 주장했다. 우선 그는 자본의 경쟁으로 인해 이윤율이 하락한다는 스미스의 주장을 반박했다. 밀에 의하면 특정 시점과 공간에서 최소한의 이윤율이 존재하며, 이윤율이 이 수준 이하로 떨어지면 경제가 정체상태에 진입한다. 최소한의 이윤율은 축적욕구와 투자된 자본의 안전성에 의해 결정된다. 또한 문명이 발전할수록 축적욕구와 안전성이 높아지므로 요구되는 최저 이윤율은 낮아진다.

밀은 이런 이윤율저하 추세에 대한 반대경향으로 상업적 격변이나 공황, 생산방법의 개선, 저렴한 생필품이나 도구의 수입, 자본의 국외이동 등을 열거했다. 반대경향을 제시했다는 점에서 밀은 스미스나 리카도와 차이가 있으며 마르크스와 유사하다. 그러나 마르크스와 달리 밀은 반대경향들을 보다 적극적으로 해석해, 이들이 이윤율하락을 현저히 둔화시킨다고 주장했다. 심지어 밀은 정체상태를 경제적 풍요가 극대화된 열반의 상태로 간주했다.

밀도 이윤율저하 경향이나 경제의 정체상태가 궁극적으로 토지의 비옥도 하락과 인구증가의 두 가지 요인에 의해 발생한다고 생각했다. 이 점은 고전학파 전반에 걸쳐 공통적으로 나타난다. 이 같이 고전학파에서 토지의 생산성하락과 인구증가라는 두 가지 명제는 끊임없이 문제와 해법을 낳았다.

고전학파에 이런 자연요인 이외에 사회적이거나 경제 내적 요인이 없는 것은 아니다. 밀에도 투기나 자본 및 노동의 수출 등이 등장한다. 그렇지만 이런 사회경제적 요인들은 자연요인에 의해 발생하는 효과를 완충시키거나 보상하므로 근원적이 아니다. 토지의 척박함으로 인해 발생한 이윤율하락을 투기가 완충하며, 비옥도 하락과 인구증가가 가져온 문제를 생산요소의 수출이 둔화시키고 있을 뿐이다.

밀은 맬더스의 『인구론』에 근거해 당시 시행되던 몇 가지 제도에 대해 부정적으로 평가한 후, 낮은 임금을 해소하기 위한 방책으로 놀랍게도 국내외의 식민지 개척을 주창했다. 룩셈부르그, 레닌, 그 후에 바란 및 스위지 등이 비판했던 현상이 밀에서는 긍정적으로 제시되었다. 밀과 마르크스주의 사이에는 세 가지 정도의 구체적인 차이가 있다.

첫째, 마르크스주의가 자본주의의 문제점을 자본과잉으로 본 데 비해, 밀은 노동과잉으로 본다. 이 점에서 마르크스주의자가 케인즈에 가깝다면, 밀은 여타 고전학파 학자와 친화력이 있다. 따라서 맬더스가 자본과잉이나 부족을 노동부족이나 과잉으로 오해했다는 마르크스의 비판은 밀에게도 적용된다.

둘째, 마르크스주의가 식민지개척을 자본주의의 필연적 귀결이자 문제로 설정했다면, 밀은 이것을 문제에 대한 해결책으로 제시했다. 마르크스주의는 식민지개척이 자본과잉에 대한 궁극적 해결책이 될 수 없다고 생각한다. 밀에게는 이것이 노동과잉에 대한 진정한 해결책이다.

셋째, 마르크스주의가 문제의 근원을 제조업에서 찾는 데 비해, 밀은 리카도를 좇아 농업에서 문제를 찾았다.

5.2.4 계약: 공장법과 교육

순수 경제이론의 영역을 벗어나 밀이 지적한 중요사항으로 공장법에 대한 이론적 해명과 교육에 대한 경제학적 설명을 들 수 있다.

1833년에 제정된 공장법은 노동시간 및 노동조건 등 노동자 권익과 관련된 전환점이었기 때문에, 많은 학자들의 연구대상이었다. 이 법은 성인 남자의 노동시간을 하루 14시간으로 제한하고, 부녀자의 노동을 규제하는 것을 골자로 한다. 밀은 공장법이 과연 계약의 존중이라는 자본주의 원칙과 어떻게 조화될 수 있는지 고민했다.

우선 서양의 근대이념에 따르면 자본주의의 모든 경제활동은 계약에 대한 존중을 기반으로 한다. 경제주체들은 사기나 강박이 없는 상태에서 자신의 의지와 이익에 따라 계약을 체결하는 것으로 되어 있다. 이를 위해서는 사회구성원들이 자신의 이익에 대한 판단능력을 가지고 있어야 한다.

서양에서는 근대 들어 계몽주의(啓蒙主義; The Enlightenment)를 거치면서 대다수 성인들이 판단능력을 갖추게 되었다고 생각한다. 따라서 이런 능력을 갖추지 못한 미성년자나 성년 중 금치산자 등은 계약당사자가 될 수 없고, 이들과 맺은 계약은 법적 효력을 가지지 못한다. 이렇게 보면 미성년자와의 노동계약이나 여성으로서 특수성을 가진 부녀자와의 노동계약에 부과되는 제한은 근대이념에 어긋나지 않는다.

문제는 성인 남녀와의 노동계약에 대한 공장법의 제한이다. 가령, 노동자와 자본가가 상호이익에 따라 하루 20시간씩 일하기로 계약을 맺었다고 하자. 이 법에 의하면 당사자들의 자발적인 의사에도 불구하고 이 계약은 무효이다.

이에 대해 밀은 노동자 개인의 이익과 노동자계급 전체의 이익 사이에 괴리가 생길 수 있으며, 계급전체의 이익을 위해 공장법이 요구된다고 해석했다. 즉, 노동자 개개인이 자신의 단기적인 금전적 이익 때문에 앞을 다투어 경쟁을 벌일 경우, 노동자들은 소수 자본가에 의해 분할되고 지배되어 자신들의 장기적인 전체이익을 확보할 수 없다.

물론 영국의 근대사상에서 중심이 되는 행동이나 분석의 단위는 개인이며, 개인이 자신의 이익을 추구하면 전체이익도 고양된다는 생각이 지배적이었다. 밀은 노동계약을 이에 대한 수정사항으로 인정한 셈이다.

사실 신고전학파도 이런 문제를 안고 있다. 교과서에 명시되어 있지 않지만, 사적인 이익이 있는 그대로의 사익인지 아니면 계몽된(enlightened) 사익인지 추궁한다면, 신고전학파도 후자를 택할 수밖에 없다. 예로써, 술을 구입하려는 욕구는 있는 그대로 존중되지 않고 음주와 관련된 여러 가지 부작용이나 타인에게 줄 수 있는 가능한 피해를 당사자들이 고려한 경우에 존중된다. 바꾸어 보면, 기존 경제학에서 계몽된 사익을 인정하지 않으면 않을수록, 외부비경제와 시장경제의 불완전함은 그만큼 더 커진다.

일반적인 재화나 서비스와 달리 교육은 그것의 진정한 가치를 사람들이 미리 판단할 수 없으므로 이에 대한 진정한 수요가 표출되지 않을 수 있음을 밀이 지적했다. 교육의 수혜자 혹은 학생들이 교육을 받은 이후에야 교육의 진정한 가치를 파악할 수 있기 때문에 교육의 가치를 과소평가할 가능성이 있다. 이 논리에서 밀은 공교육이 필요한 근거를 찾게 된다.

익히 알려진 바와 같이 신고전학파는 이를 교육 서비스에 연루된 외부효과로 해석하고 이에 대한 정부보조금이나 장학금의 필요성을 강조한다. 노동계약과 유사하게 이 경우에도 단기적인 이익에 대한 개인의 판단이 전체차원에서 올바른 방향을 제시하지 못한다.

메인의 『고대법』

계약의 의미에 대해 부연할 필요가 있다. 메인(H. S. Maine, 1822~1888)이 서양의 근대를 '신분에서 계약으로'로 규정했을 정도로, 계약은 근대서양에서 중요하다. 메인은 『고대법』(*Ancient Law*, 1861)을 통해 법학의 관점에서 근대성을 추적했다.

고대사회는 개인이 아니라 가족이나 가정을 단위로 하며, 가정에서는 아내나 여자, 자식, 그리고 노예가 모두 가장의 전제적인 지배하에 있었다. 고대에는 이렇게 유지되는 가정들이 여럿 모여 공동체를 형성했는데, 가정들 사이의 관계는 가정 내의 관계에 비해 부차적이다. 이에 비해 근대사회는 개인을 단위로 하며, 개인들 사이에 합의를 통해 맺어지는 계약이 여러 가지 인간관계를 형성한다.

구체적으로 고대사회의 단위는 개인이 아니라 가정이며, 이들이 모여 가문을 이루고, 다시 가문이 모여 종족을 이룬다. 그리고 종족들이 모여 국가를 이루었다. 이런 신분제 사회의 대전제는 구성원들이 자신의 이익을 판단하지 못한다는 것이다. 서양사회의 발전이 보이는 일률적인 특징은 이렇게 가정에 묶여 의존적인 인간들의 신분이 자유로운 동의에 의존하는 개인들의 계약으로 대체되었다는 것이다.

가정이 개인으로 용해된다는 것은 개인과 가정의 관계나 가정과 가정의 관계가 개인과 개인의 관계로 대체된다는 것을 의미한다. 가정에 묶여 가장에게 의존적이던 여자, 자식, 노예들이 점점 더 독립적이며 개인적으로 변하면서 서양의 근대사회가 가능해졌다.

메인의 생각은 아리스토텔레스가 상정하는 가정중심의 여러 인간관계와 근대시장경제나 자본주의에서 등장하는 여러 인간관계 사이에 연결고리를 제시한다.

칸트의 계몽주의

계몽주의에 대해서도 약간의 부연설명이 필요하다. 서양의 근대는 신 중심에서 인간 중심으로의 변동을 특징으로 삼는데, 이런 변동은 계몽주의로 대표된다. 계몽주의는 인간이 지닌 이성의 '빛'(Les Lumières) 혹은 합리성에 대한 믿음에 근거한다. 칸트(I. Kant, 1724~1804)가 "계몽에 대한 해명"(*Beantwortung der Frage: Was ist die Aufklärung?*, 1784)에서 역설했듯이, 근대 이전의 인간은 이성이 발달하지 못해 미성년과 같다. 이 때문에 전근대적인 인간에게는 계약의 권리가 주어지지 않는다. 이들은 자신의 진정한 이익이 무엇인지에 대해 계몽되어 있지 않다.

이는 『훈몽자회』(訓蒙字會)라는 책의 제목이나 칸트가 죽을 때 "더 많은 빛을"(Mehr Licht) 원했다는 속설에서도 확인된다. 이와 관련 서양인들이 동양인이나 여타 문명권의 사람들을 이성이 충분히 발달하지 못한 근대 이전의 서양인과 동일시한다는 혐의를 하이에크나 롤즈 등의 저술에서 적발할 수 있다.

이 같이 근대서양은 중세 이후의 인간이 진정한 성인이라는 생각과 이들이 계약의 주체라는 생각으로 뒷받침된다. 경제영역의 사적인 계약뿐만 아니라 왕권신수설을 비판한 사회계약이론에서도 이를 알 수 있다.

시니어의 『정치경제학』

밀과 함께 언급할 만한 학자로 시니어(W. N. Senior, 1790~1864)를 들 수 있다. 먼저 시니어는 시기와 내용에 있어 맬더스와 밀의 중간에 놓여 있다. 그는 경제학설사에서 스미스, 리카도, 맬더스보다 덜 알려져 있지만 정교한 논리의 보유자였다. 그는 옥스퍼드대학에 재직한 보수적인 경제학자로서 고전학파를 승계하면서도 이에 대해 여러 가지 변형을 가했다.

시니어는 주로 1829~30년에 일련의 논문을 발표했는데, 경제학 개관, 화폐, 노동, 인구 등을 주제로 삼았다. 또한 그는 『정치경제학』(*Political Economy*, 1854)에서 경제학을 조망했다. 전체적으로 중상주의를 비판하고 경제적 자유와 자유무역을 주창했다는 점에서 그는 고전학파를 추종했다. 그런데 그는 고전학파의 특정 경제학자를 따르지 않고 스미스, 리카도, 맬더스를 적절히 뒤섞으면서 고전학파의 논리를 보다 명확히 하려고 노력했다.

특히, 그는 투하노동가치이론, 지대이론, 임금과 이윤의 관계 등에 관해 리카도를 비판했다. 반면 전반적인 과잉생산, 이윤율저하, 그리고 곡물수입과 관련해서 그는 리카도의 입장을 수용했다. 또한 그는 맬더스로부터 지배노동이나 지대이론 등을 이어 받으면서도, 인구이론에서는 맬더스와 달리 낙관론을 전개했다. 더구나 전반적 과잉생산과 곡물수입에 관해서는 완전히 견해를 달리했다.

그의 논리 속에 몇 가지 새로운 점을 발견할 수 있다. 이들 새로운 점을 통해 그가 대체로 한계효용학파나 근대경제학에 가깝거나 보수적인 방향으로 흘러가고 있음을 확인할 수 있다.

첫째, 그는 경제학의 네 가지 원칙으로 최소한의 희생을 통해 최대한의 부를 획득하려는 인간의 본성, 인구법칙, 자본의 무한한 생산성, 그리고 농업노동의 수확체감을 제시했다. 첫 번째 원칙은 스미스 등에 잠재된 논리를 극대화나 극소화 등 보다 근대적인 개념으로 개량한 것으로 보인다.

네 가지 원칙을 전체적으로 보면, 한편으로 그는 자신의 처지를 개선하려는 인간의 합리성이나 이성을 끌어들여 출산욕구 같은 본능을 상쇄시켰다. 다른 한편으로 그는 무한한 생산성을 갖는 자본을 끌어들여, 토지의 척박함이나 농업노동의 생산성하락을 중화시켰다. 본능이나 농업이 자연이라고 본다면, 인간이 이성이나 자신의 생산물인 자본을 통해 자연을 제어할 수 있다고 주장한 셈이다. 결과적으로 그는 고전학파의 틀을 보다 보수적인 방향으로 변형시켰다.

둘째, 그는 노동이 임금의 근거가 되는 것과 같은 차원에서 이자의 근거로 욕망절제를 주창했다. 그는 이윤을 임금과 이자의 총합으로 규정하며, 이자수혜자와 이윤수혜자를 각기 비활동적인 자본가와 활동적인 자본가로 규정했다. 자본에 대한 보수를 이자로 보면서, 이에 대한 근거로 욕망절제를 주장한 셈이다. 제욕은 현재의 소비를 연기하거나 직접적인 생산을 간접적인 생산으로 전환하는 것을 의미한다. 그는 욕망절제의 가능성을 문명단계로의 진입과 동일시했다. 이 논리는 뵘바베르크 등을 통해 주관적인 이자이론의 모태가 되었다.

그는 토지를 노동 및 자본으로부터 차별화하고 지대가 임금 및 이윤과 다르다고 생각했다. 또한 노동과 자본을 동질화한 것과 같은 맥락에서 임금과 이윤이 유사하다고 주장했다. 그는 지대와 달리 임금과 이윤에 상한과 하한이 있으며 과도한 상승이나 하락이 반전을 불러오는 장치가 이들에게 내재되어 있다고 말했다. 그의 논리는 세 가지 소득을 일일이 구분한 초기의 고전학파와 세 가지를 모두 지대와 비슷하게 처리해 동질화한 마샬이나 클라크의 중간에 걸려 있다.

현대의 인적 자본(human capital) 이론은 마샬이나 클라크보다 더 나아가 노동을 자본으로 환원한다. 이 이론은 자본과 이윤을 각기 노동과 임금에 빗대어 정당화하려는 경제학 초기의 노력과 정반대 방향으로 나아가고 있다. 조금 비약하자면 이 이론은 초기 자본주의와 비교해 세계화시대의 특징을 담고 있다. 또한 이런 변동은 경제학이 다른 사회과학 속으로 파고드는 과정과 적어도 상관관계, 혹은 인과관계를 가지고 있다.

셋째, 시니어는 노동시간의 단축과 관련해 "마지막 한 시간"(the last hour)의 상실이 모든 이윤을 앗아간다는 입장을 내세우며 노동시간 단축에 완고하게 반대함으로써 논란을 불러 일으켰다. 이에 대해 마르크스는 『자본론』에서 가치와 잉여가치에 대한 잘못된 설명이라고 비판한 바 있다. 또한 시니어는 노동자를 노예와 구분하면서 구빈법을 비판하고 노동자의 도덕적 해이를 지적했다.

이외에 시니어는 인구이론에서 식량부족이라는 요인을 그 자체로 인정하지 않고 주관적으로 해석해 식량부족에 대한 사람들의 예상으로 대체했다. 또한 개인의 행위를 극대화나 극소화로 규정했다. 이런 것들은 고전학파보다 밀이나 한계효용학파와 친화력을 갖는다. 뿐만 아니라 중상주의나 기계화와 관련해 소수가 얻는 이익이나 손실은 눈에 보이는 데 비해, 다수가 얻는 손실이나 이익은 눈에 보이지 않기 때문에 경제이론이나 정책에 대해 객관적인 평가가 이루어지지 않는다는 그의 논리는 시장주의에 부합된다. 끝으로 그는 행복이나 미덕, 그리고 제도에 대한 논의를 경제학에서 제외하고, 경제학자를 정치가나 도덕주의자와 구분함으로써 정태적인 실증경제학의 형성에 일조하고 있다.

케언즈의 『정치경제학의 성격과 논리적 방법』

케언즈(J. E. Cairnes, 1823~1875)는 밀의 추종자로서 『정치경제학의 성격과 논리적 방법』(*The Character and Logical Method of Political Economy*, 1857)을 통해 당시 주류경제학의 방법에 대한 표준적인 입장을 제시했다. 경제학이 물리학의 방법을 상당부분 배워야 한다고 주장했고 가치중립성을 내세웠다는 점에서 케언즈는 신고전학파의 방법과 유사하다. 그러나 수리화 등에 있어 경제학이 자연과학의 방법을 일방적으로 모방해야 하거나 모방할 수 있다고 보지 않았다는 점에서 그는 신고전학파나 포퍼와 거리를 두고 있다.

그는 고전학파의 이론체계가 인간의 심성, 자연의 속성, 그리고 사회의 제도 및 기술의 삼자로 구성된다는 점을 분명히 했다. 구체적으로 인간의 본성은 생계와 이를 위한 수단을 확보하려는 욕망, 노동회피나 높은 이윤 및 임금추구 등 합리성이나 이기심, 그리고 번식본능 등을 의미한다. 자연의 속성은 토지의 비옥도 감소 등 토지 및 식물의 속성을 말한다.

이 같이 인간과 자연 및 사회제도를 명확하게 분리시켜 이들 사이의 상호관계나 작용을 심각하게 고려하지 않는 것이 고전학파나 주류경제학의 특징이다. 이런 입장은 마르크스나 제도학파와 대비를 이룬다.

이외에 서로 다른 비용을 들여 생산된 상품에 대한 동일가격 적용, 최열등지의 비용조건에 의한 가격결정, 지주들의 치열한 경쟁 등이 지대이론에 전제되어 있다는 점을 그는 명확히 했다. 또한 경제학 용어가 풍부한 의미를 갖기 위해서는 구체적인 물체와 연결되어 있는 일상용어에 되도록 근접해야 한다고 그는 주장했다. 끝으로,

지대가 가치현상이며 수요/공급이나 독점과 무관하게 생산성 하락에 근거한 지속적인 잉여가치(surplus value)라고 주장해, 내용은 다르지만 마르크스와 동일한 표현을 사용했다.[10)]

10) 이와 관련해 마르크스가 잉여가치를 정의하면서 독일어 원본에서조차 영어표현을 첨가했다는 것을 상기할 필요가 있다.

제 6 장

독일의 마르크스(Karl Marx, 1818~1883): 근대 사회주의

근대서양에 있어 사회주의의 등장은 독일인 마르크스와 엥겔스로 인해 가능했다. 경제학에서는 이들로 인해 신고전학파 등 자본주의경제학에 대항해 사회주의경제학이 생기게 되었다. 사회주의는 자본주의에 대항해 주창된 이념과 체제로서 19세기 동안 자본주의 사회에 비판을 가하고, 20세기의 70년 동안 전 세계를 확실하게 갈랐다. 또한 사회주의는 자본주의와 사회주의의 복합으로 사회민주주의나 시장사회주의 등의 이념과 체제를 뒷받침했다. 더욱이 사회주의 체제는 자본주의체제 내에서 독일이나 일본과 같이 미국과 구분되는 유형의 자본주의에 간접적으로 후원자 같은 역할을 했다.

그러나 90년의 소련과 동구 몰락 이후 전 세계는 신자유주의와 세계화로 치닫고 있다. 모두가 장사꾼이 되고 정신 없이 뛰어다니며, 문화든 사람의 장기든 가릴 것 없이 모두 상품이 되고, 빈국과 부국 그리고 빈자와 부자의 격차가 무한히 벌어지고 있다. 수시로 해고되고 채용되어 불안한 일생을 보내는 노동자들이 대다수를 이루는 세상, 돈 많은 외국 자본가를 유치하고 국내 자본가가 외국으로 떠나지 않도록 하기 위해 세제니 뭐니 애걸복걸해야 하는 세상이 우리가 사는 현재이다.

또한 미국의 패권주의 앞에 한 나라가 초토화되어도 아무런 저항이 없는 세상, 주거, 의료, 교육, 자연과 환경이 시장원리에 따라 관리되는 세상이 바로 작금의 현실이다. 더구나 이런 모든 것들에도 불구하고 자본주의 이외에 다른 대안이 없다는 생각이 더욱 더 많은 사람들의 머리에 자리잡고 있다. 제 3 의 길을 주장하는 기든스(A. Giddens)나 구조주의의 붕괴를 외치는 들뢰즈(G. Deleuze), 느림의 철학을 외치는 사람들 모두 대안을 제시하는 데 아직 역부족이다.

그럼에도 불구하고 우리는 꿈을 꾸어야 한다. 언제나 하나는 위험하기 때문이다. 자본주의가 하나이고, 미국이라는 초강대국이 하나이고, 달러가 하나이고, 영어가 하나이기 때문이다. 사회주의의 몰락에도 불구하고 현 시점에서 마르크스에 대한 관심은 여기에서 시작된다.

6.1 공상적 사회주의와 리카도적 사회주의: 사회주의의 전사(前史)

그런데 마르크스에 앞서 준비단계가 있었다. 근대 사회주의의 전사는 두 부류의 사회주의로 규정된다. 하나는 공상적 사회주의(utopian socialism)이고, 다른 하나는 리카도 사회주의(Ricardian socialism)이다.

6.1.1 공상적 사회주의

공상적 사회주의자로 우리는 생시몽(H. de Saint-Simon, 1760~1825), 푸리에(C. Fourier, 1772~1837), 오엔(R. Owen, 1771~1858), 꺄베(E. Cabet, 1788~1856), 바이틀링(W. Weitling, 1808~1871) 등을 꼽을 수 있다. 이 중에서 생시몽, 푸리에, 꺄베는 프랑스인이고, 오엔은 영국인이며, 바이틀링은 독일인이다. 이들 중에서 생시몽, 푸리에, 오엔의 3인이 대표격이다.

공상적 사회주의는 자본주의의 발달과 더불어 나타난 빈부의 격차, 노동자의 근로조건 악화 등에 대한 반발에서 시작된 인본주의 운동이다. 공상적 사회주의자들은 자본주의의 역사를 연구하고, 자본주의를 극복하기 위해 사회주의를 내세웠다. 이들은 구체적인 대안으로 수백 명 정도로 구성되는 자주적이고 자립적인 협업농장이나 생산조합을 제시했다.

공상적 사회주의자들 사이에는 동질적인 사상이나 행동강령이 존재하지 않았다. 구체적으로 이들은 사유재산, 종교, 과학, 폭력혁명, 그리고 국가 등에 관해 엇갈리는 견해를 가지고 있었다.

우선, 사유재산에 대해 부분적으로 반대하는 입장도 있었지만, 전반적으로 개량해 용인하는 쪽으로 기울었다. 또한 종교에 대해서는 생시몽과 같이 신뢰하는 사람도 있었지만, 과학성과 배치된다고 보아 반대하는 사람들이 많았다. 과학에 대해서는 산업화와 연결되어 찬반이 엇갈렸으나, 폭력혁명에 대해서는 바이틀링 정도를 제외하고는 반대가 압도적이었다. 끝으로 사회주의하에서 국가의 존속 여부에 대해 일치된 견해가 생겨나지 않았다.

이들은 노동자와 빈곤층에 대한 동정에서 시작해 노동자와 빈곤층을 위한 운동을 내세웠지만 노동자계급의 주체적 운동을 부르짖은 것은 아니다. 또한 이들이 주창한 운동에는 노동자뿐만 아니라 지식인, 장인 등이 함께 참여하고 있었다. 예를 들어, 영국의 오엔(R. Owen)을 보면 이런 흐름을 확인할 수 있다. 오엔은 『사회에 관한 새 견해』(*A New View of Society*, 1813) 등을 통해 새로운 사회를 건설하기 위한 자신의 입장을 피력했다.

오 엔

먼저 그는 빈곤층과 노동자계급을 무지, 가난, 그리고 범죄 속에 방치하지 말고, 이들에게 교육을 통해 건전한 습관과 감정을 키워주며, 새로운 법령을 통해 이들을 선도하자고 제안했다. 그는 인간에게 본성이 존재하고 인격이나 감정을 각자 스스로 결정할 수 있다고 보는 종전의 견해를 비판했다.

그는 인간의 속성으로 이기심과 번식의 본능 등 자연적 성향, 습관에 따른 행동, 사고력 및 지식습득 능력 등을 제시했다. 고전학파와 같이 이기심과 자연적 본성을 인정하면서도, 그는 사회환경과 가정의 전통이 개인에게 내면화되어 인격이나 감정을 형성함으로써 자연스럽게 습관으로 변한다는 점을 역설했다.

오엔에 있어 인간을 궁극적으로 규정하는 것은 자기 자신이 아니라 가정교육, 학교교육, 그리고 법률이며, 이를 담당하고 있는 부모, 교사, 그리고 입법자이다. 이런 사실이 이해되면 부자와 빈자, 지배자와 피지배자, 배운 자와 못 배운 자, 선인과 악인, 영국인과 외국인 사이의 불화나 반감, 사익과 공익의 갈등, 단기이익과 장기이익의 부조화, 국가 사이의 갈등 등이 사라진다. 이런 관점에서 그는 기독교정신을 강조했다.

특별히 그는 이기심을 억제하는 교육을 주장했다. 여기서 교육과정은 새로 배우는 과정이기에 앞서 과거의 습관에서 벗어나는 과정이기 때문에 학습이면서 탈학습이다. 그는 당시 교육의 실상을 폭로하면서 스스로 논리적으로 연결시킬 수도 없는 주의주장을 암기하는 것이 바로 아이들의 지적 능력을 상실시키는 계기라고 비판했다. 교육을 통한 새로운 인간의 육성이 경제적으로 빈곤층 자신뿐만 아니라 지배층에게도 이익이 된다. 물론 교육에 대한 의존은 점진주의를 낳는다.

또한 그는 노동법 혹은 공장법을 통해 아동노동을 억제하고 노동시간을 제한함으로써 빈곤층과 노동자가 겪는 가난, 비참함, 범죄 등을 해결할 수 있다고 생각했다. 이렇게 하면 빈곤층이 더 이상 구빈법에 의탁하지 않게 되고 범죄도 예방할 수 있다. 더불어 그는 노동수요의 변동과 이로 인한 임금하락이 범죄의 원인이라고 보면서 이에 대한 방책으로 공공사업 등을 통한 지속적인 고용창출과 통상적인 수준의 임금유지를 주창했다.

상업사회에서는 축적유인이 무한히 발동해 지속적으로 기계화가 이루어지는데, 기계화로 인해 노동에 대한 수요가 급변하면서 실직이 발생하고 임금이 하락한다. 기계화보다 더 중요한 원인은 일종의 과소소비이다. 그는 증대된 생산량에 소비가 미치지 못하는 수요부족 때문에 실업자가 생긴다고 생각했다. 그런데 그는 다시 수요부족이나 수요변동의 근본원인을 화폐에서 찾았기 때문에 노동자의 권익을 위해 어떤 종류의 화폐가 적절한지 모색했다.

기존 화폐는 인간들이 합의를 통해 만들었다는 의미에서 인공적이며, 인간의 이기심에 따른 경쟁과 보상, 여기서 발생하는 사기 등의 범죄와 형벌에 연결되어 있다. 자연적인 화폐는 노동뿐이고 노동 혹은 노동의 가치가 자연적 척도이므로, 현실경제에서 노동증명서가 교환과 분배의 기준이 되어야 한다고 그는 주장했다. 이 같이 화폐를 노동으로 바꾸는 경우 수요부족과 이로 인한 실업 및 임금저하가 발생하지 않는다.

최종적으로 오엔은 5백 명에서 1천 명 정도로 구성되는 공동체를 통해 교육을 통한 인간개조, 자립갱생, 그리고 지속적인 고용 등이 실현될 수 있다고 주장했다. 이 같은 구상은 영국 뉴 라나아크(New Lanark)의 공장에서 겪은 자신의 경험에 토대를 두고 있다. 그는 여기서 공동체 구성원들이 과학의 발전을 충분히

활용하면서도 이기심을 억제하고 공동목표를 위해 노력했다고 술회했다.[1)]

그는 인구가 식량공급에 상응해 증가할 가능성을 인정하면서도, 자신의 공동체에서는 노동생산성이 크게 증가할 수 있다고 보아 맬더스에 비판적이었다. 이 공동체는 경제적인 면에서 우수할 뿐만 아니라 장기적으로 장로로 구성된 위원회를 통해 정치적 자치를 갖는 지역정부를 구성한다. 이 때문에 법이나 조세 등 중앙정부의 지배에서 벗어날 수 있다고 그는 갈파했다.

오엔에서 확인되듯이 공상적 사회주의의 근본적인 약점은 경제이론이나 경제학적인 분석이 결여되어 있다는 데 있다. 이들의 논의는 철학, 역사, 정치학 개념들로 압도되어 있다. 이 점은 마르크스주의와 신고전학파 모두가 인정하고 있다. 그렇지만 마르크스는 이들의 이념적 지향에 동정적이다. 반면 신고전학파는 이들의 이념적인 지향에도 동의할 수 없으므로, 이들을 논의에서 아예 제외하는 경향이 있다.

6.1.2 리카도 사회주의

리카도 사회주의는 리카도의 영향을 받아 영국에서 형성된 사회주의로서, 공상적 사회주의와 달리 상당 부분 경제분석에 근거하고 있다. 이 사조의 대표자는 출생신원미상의 레이븐스톤(P. Ravenstone, 1830 전후), 아일랜드가 낳은 최초의 사회주의자 톰슨(W. Thompson, 1775~1833), 호지스킨(T. Hodgskin, 1787~1869), 그레이(J. Gray, 1799~1850), 브레이(J. F. Bray, 1809~1895) 등이다.

리카도 사회주의의 특징을 확인하기 위해 호지스킨을 살펴보자. 호지스킨은 『자본의 요구에 대한 노동옹호』(*Labour Defended against the Claims of Capital*, 1825)에서 분배의 근거를 생산에 대한 공헌에서 찾고 궁극적으로 노동이 모든 생산물을 차지해야 한다고 주장했다.

우선 그는 과거 노예나 노동자의 임금보다 당시 노동자의 임금이 높아졌다거나 다른 국가들에 대비해 영국 노동자의 임금이 높다는 것이 분배의 논의기준이 될 수 없다고 반박했다. 그는 생산에 대한 공헌만이 정당한 기준이라고 주장했다. 이어 그는 생계물자의 확보나 저축의 필요성에 근거해 자본에 대한 이자

1) 규모는 차이가 있지만 외형이나 의도에 있어 오엔의 공동체는 플라톤의 계획도시나 정약용의 여전제와 비교될 만하다.

나 이윤을 정당화한 논리들도 비판했다.

자본에 대한 옹호논리 중에서 유동자본의 필요성을 강조하는 주장은 분업이 상호의존적이어서 산업들 사이에 상대방의 물자를 필요로 한다는 점을 잘못 해석한 것이다. 그는 생계물자를 대변하는 유동자본의 필요성을 부정하기 위해 현실경제에서 생계물자가 미리 준비되는 경우가 없음을 지적했다. 상호의존적인 노동의 분업체계에서 생필품 등 생산물이 공급되리라는 예상과 신뢰가 중요할 뿐이다. 또한 고정자본이 생산적이라는 주장은 숙련노동의 생산성을 오인한 것이다. 기계나 도구는 그 자체로 생산적이 아니라 이들을 활용하는 숙련노동을 통해 생산적으로 된다.

그의 입장에서는 망치나 톱이 없으면 목수가 아무 일도 할 수 없다고 생각하기보다 목수가 없으면 망치나 톱이 아무런 의미가 없다고 보아야 한다. 물론 고정자본의 생산에 투입된 발명가 등의 노동은 나름대로 인정되어야 한다. 그렇지만 자본가는 기계나 도구를 만든 노동도 아니고 이들을 사용하는 노동도 아니면서, 중간에 끼어 들어 양자를 분리시킴으로써 모두의 우상으로 변해 많은 몫을 챙긴다. 이 같이 자본가는 소비재가 아니라 생산재의 흐름에 개입한 중간상인이다. 이 점에서 자본가는 교회나 국가와 비슷하다고 그는 생각했다.

이 논의를 통해 유동자본은 공존하는 노동으로, 고정자본은 숙련노동으로 각기 전환되므로, 결국 자본 전체가 노동으로 환원된다. 이런 논리에 근거해 그는 보다 비옥한 토지에 발생하는 지대와 생계유지를 위한 임금 이외의 모든 생산물을 자본가가 챙기는 것이 부당하다고 주장했다. 이에 따라 그는 노동자가 모든 생산물을 차지해야 한다는 결론에 이르게 된다.

공상적 사회주의가 생산체제의 개혁을 목표로 삼았다면, 리카도 사회주의는 리카도의 영향 때문에 분배나 재산권에 초점을 맞추었다. 다만, 그레이는 스미스로부터도 적지 않은 영향을 받았다. 이들의 입장은 근대적 의미에서 시장사회주의나 사회민주주의에 가깝다.

신고전학파 입장에서는 리카도 사회주의 역시 이념적 지향이나 리카도와의 친화력으로 인해 주요 논의대상이 아니다. 이들은 주로 사회주의자나 마르크스주의의 관심을 불러 일으켰다. 그러나 마르크스는 리카도뿐만 아니라 리카도 사회주의에 대해서도 생산체제와 무관하게 분배에 집착한 점을 비판했다.

노동화폐와 인장화폐

자본주의경제에서 현실화되지 않은 채 이론적으로만 논의된 화폐로 노동화폐(labour money)와 인장화폐(stamped money)가 있다. 인장화폐는 부르주아 사회주의자로 불리는 게젤(S. Gesell, 1862~1930)과 케인즈가 화폐에 대한 집착을 약화시키는 방책으로 제안했다. 노동화폐는 마르크스 이전의 사회주의자들이 고안한 제도이다. 공상적 사회주의자 오엔뿐만 아니라 리카도 사회주의자 그레이, 그리고 프랑스의 또 다른 사회주의자 프루동(J. P. Proudhon, 1809~1865) 등이 이런 착상을 공유하고 있었다.

이들은 화폐가 빈부의 격차를 낳기 때문에 자본주의에 문제가 발생한다고 생각했다. 이에 따라 이들은 사회의 형평을 유지하는 방안으로 노동증명서를 노동자들에게 나누어 주며, 이에 따라 배급이 이루어지도록 하자고 제안했다. 이들은 노동증명서가 충분히 화폐를 대신할 수 있다고 보았다. 이에 대해 마르크스는 자본주의 생산체제는 그대로 둔 채 화폐를 없앰으로써 자본주의를 변혁할 수 있다고 생각하는 것은 오류라며 이들 모두를 비판했다.

6.2 마르크스 등장의 역사적 의미

대부분의 경제학자들이 영국인인 데 비해, 마르크스는 독일인이었고 유태인이었다. 그는 룩셈부르그와의 접경지대인 독일의 트리어(Trier)에서 변호사이자 지방유지의 장남으로 태어났다. 평범한 유년기를 보낸 그는 베를린 대학과 본 대학에서 수학했으며, 에피쿠로스와 데모크리투스에 대한 비교를 주제로 박사학위를 받았다.[2)]

그다지 특별하지 않은 청년이었던 마르크스가 변하기 시작한 것은 교수직을 얻지 못하고 신문사에 취직해 사회에 눈을 뜨면서부터이다. 신문에 비판적인 글을 쓰면서 과격한 민주주의자가 된 그는 차차 각국에서 기피인물로 추방되었으며, 이 과정에서 점차 공산주의자로 변하게 되었다. 이런 그가 최종적으로 안

2) 트리어는 독일의 여러 지방 중에서는 일찍부터 로마제국의 지배를 받아 다른 지역보다 먼저 개화되었다. 마르크스가 세계적인 사상가로 부상하면서, 이 지역은 공산주의자들의 명소가 되었다. 1990년대 이전에는 동구권에서 많은 방문객들이 찾아 왔으나, 현재는 주로 중국인 방문객들이 줄을 잇고 있다.

착할 수 있었던 곳은 자본주의의 온상인 영국이었다. 여기서 마르크스는 가난한 배를 주려가면서 공산주의 혁명을 위한 집필에 전념했다.

아무리 낮추어 보더라도 경제사상에 있어 마르크스는 서너 사람의 가장 중요한 학자로 꼽힌다. 나아가서 그는 경제사상의 관점에서는 물론이고 근대 서양사상 전체를 놓고 볼 때도 가장 중요한 인물이다. 더구나 그의 영향력은 이론과 현실 두 가지 차원에서 여지없이 드러난다. 그의 영향력은 여러 가지 방식으로 비추어 볼 수 있다.

마르크스

우선 현실적으로 마르크스는 20세기 대부분의 기간 동안 레닌(V. I. Lenin, 1870~1924), 모택동(毛澤東, 1893~1976), 카스트로(F. Castro, 1926~) 등을 통해 자본주의와 맞서는 이념과 체제를 제공했다. 이론적으로 그는 철학, 정치학, 경제학, 사회학, 예술, 종교, 문학비평 등에서 비판적인 시각의 중추를 이루었다. 특히, 철학, 정치학, 경제학, 그리고 사회학 등에서는 현상을 설명하는 두세 가지의 시각 중 하나였다.

철학에서는 칸트 등의 관념론에 대립되는 유물론을 제시했다. 그리고 정치학에서는 다알(R. Dahl) 등이 정식화한 다원주의 국가관에 대해 계급국가이론을 정립했다. 또한 경제학에서는 자본주의경제학에 대립되는 사회주의경제학을 이루었다. 끝으로, 사회학에서는 꽁뜨(A. Comte, 1798~1857)나 베버에 대립되는 비판적 사회이론(critical theory)을 형성했다.

이런 이유로 공산주의체제뿐만 아니라 자본주의체제에서조차 마르크스에 대해 어느 정도 알지 못하면, 지식인으로 행사할 수 없었던 것이 20세기 말까지의 상황이었다. 특히, 유럽과 일본에서 이런 경향이 두드러지게 나타났다. 같은 맥락에서 갈브레이스 같은 미국의 경제학자는 마르크스를 예수, 공자, 석가에 견주었다.[3] 물론 소련과 동구의 공산주의가 용해된 1990년 이후로는 마르크스에 대한 관심이 크게 퇴조하고 있다.

---

3) 신고전학파의 대부라고 볼 수 있는 미국의 경제학자 새뮤엘슨은 마르크스를 리카도주의자 혹은 발라스보다 열등한 존재로 규정했다. 그렇지만 이런 평가를 내리는 사람들은 마르크스를 단순히 경제학자로 보면서 동시에 그의 입장에 동조하지 않는 소수에 국한되어 있다. 이 같이 미국 그리고 미국의 경제학계에서는 마르크스나 공산주의에 대한 동정이나 관심이 훨씬 박약하다.

마르크스가 처음부터 경제학을 공부한 것은 아니다. 그 역시 철학과 종교에 대한 연구로부터 시작했으나, 사회현실에 눈뜨면서 정치와 사회에 대한 분석으로 나아가게 되었다. 최종적으로 그가 당도한 지점이 경제학이었으며 경제사와 경제이론에 대한 연구를 통해 앞선 자신의 생각을 완결했다. 이렇게 마르크스가 자신의 생각을 집대성한 저서가 바로 『자본론』(*Das Kapital; Capital*, 1867)이다. 또한 마르크스는 『자본론』에 이르기까지, 그리고 그 이후로도, 수없이 많은 저서, 논문, 논평을 남겼다. 그 중 주요 저작은 다음과 같다.

『경제학철학 초고』(*Ökonomisch-Philosophische Manuskripte*, 1844)는 임금노동을 취급하면서도 소외 문제에 초점을 두고 있어 사회학 저서로 분류되고 있다. 『독일이념』(*Die Deutsche Ideologie*, 1844~45)은 헤겔 우파와 좌파의 여러 철학자들을 비판하고 있다. 『포이에르바하에 관한 명제』(*Thesen über Feuerbach*, 1845)는 유물론자 포이에르바하를 평가하면서 사적 유물론을 구축하고 있다.

『공산당선언』(*Das Kommunistische Manifest*, 1847~48)은 유럽을 휩쓸고 있는 사회주의 물결에 주목하면서 공산주의사회의 밑그림을 그리고 있다. 『철학의 빈곤』(*La Misère de la Philosophie*, 1847)은 사회주의자 프루동(J. P. Proudhon, 1809~65)의 저서 『빈곤의 철학』(*Philosophie de la Misère*, 1846)에 대해 변증논리와 가치이론 등 철학과 이론의 결핍을 지적하고 있다. 이 책에서부터 리카도 등 고전경제학에 대한 마르크스의 관심이 두드러진다.

『프랑스의 계급투쟁』(*Class Struggles in France*, 1848~50)과 『루이 보나빠르뜨의 부뤼메어 달 18일』(*The 18th Brumaire of Louis Bonaparte*, 1852)에서 그는 18세기 프랑스의 계급투쟁을 기술하면서 투쟁과 사회경제의 객관적 조건의 관계에 대해 논의했다.

『정치경제학 비판』(*Zur Kritik der politischen Ökonomie*, 1859)은 『자본론』에 앞서 가치와 화폐를 논의한 저서이다. 『그룬트리쎄』(*Die Grundrisse*, 1857~58)는 『자본론』의 초고인데, 사변적이면서 난삽하지만, 『자본론』으로 변형되면서 희석된 여러 통찰들을 담고 있다. 끝으로, 『잉여가치 학설사』(*Theorien über den Mehrwert*, 1862~63)는 경제학자들을 중심으로 과거와 당시의 주요 사상가들을 평가하고 비판한 사상의 역사이다.[4)]

---

4) 마르크스의 주요 저작은 대부분 독일어로 쓰여졌다. 다만, 『철학의 빈곤』은 원래 불어로 저술되었고, 영국에 체류하는 동안 생계를 위해 미국의 *New York Tribune*지에 기고한 시평

마르크스의 수사

마르크스는 여러 논쟁을 통해 다의적인 수사법과 높은 수준의 문장력을 구사했다. "비판의 폭력보다 폭력의 비판이 더 낫다" 혹은 "아리스토텔레스는 희랍철학의 알렉산더 대왕이다" 등은 전자의 예이다. 후자의 예로 『루이 보나빠르뜨』에 있는 나폴레옹 I세와 그의 조카 나폴레옹 III세의 대비를 들 수 있다. 마르크스에 의하면 역사는 반복되고, 그것도 정확히 한번 되풀이되며, 더구나 첫 번째는 비극으로 두 번째는 희극으로 끝난다. 나폴레옹 I세가 "프랑스여, 영원 하라!"를 외쳤다면, 나폴레옹 III세는 "포도주여, 영원 하라! 소시지여, 영원 하라!"를 외쳤다고 한다.

마르크스의 주저인 『자본론』은 지극히 난해하다. 독일의 존-레텔(A. Sohn-Rethel, 1899~1990) 같은 학자는 『자본론』의 처음 200쪽을 해독하기 위해 몇 년을 소모하는 과정에 정신병에 걸릴 뻔했다고 고백했다. 이 책의 난해함은 가장 일상적인 경제문제를 가장 철학적이고 추상적인 수준으로 끌어 올렸다는 데 있다.[5]

이 같이 마르크스의 이론체계는 한편으로 세속적인 경제문제를 모르는 고답적인 철학자를 배격하며, 다른 한편으로 숫자 놀음에 열중하는 경제학자들에게 철학자의 추상성을 요구한다. 이런 의미에서 마르크스의 자본주의분석은 여타 경제학자들의 설명과 달리 지극히 철학적이면서, 동시에 여타 철학자의 논리와 달리 지극히 세속적이다. 경제학자가 보기에는 너무 철학적이고 철학자가 보기에는 너무 경제학적이라는 것이 마르크스 해독의 어려운 점이다.

통상 어려운 책은 인기가 없으며, 인기가 있는 책은 내용이 심오하지 않다. 『자본론』은 지극히 어려우면서도 그것이 가진 현실적 의미 때문에 다수의 지식인과 노동자들 사이에서 오랫동안 성경책과 같은 필독서로 군림해 왔다. 누구든 한번 보면 제대로 이해는 못하면서도 빨려 들어가는 마법을 이 책은 지니고 있었다.

또한 마르크스의 사상은 특정 학문분야로 한정할 수 없는 방대한 체계성을 지니고 있다.[6] 그는 서양의 중요한 지식들을 섭렵하면서도 이런 방대한 지식을

들은 영어로 되어 있다. 이후의 논의에서는 대부분의 독자들이 독일어보다 영어에 익숙하기 때문에 주요 개념들을 영어로도 병기하거나 표기하고자 한다.

5) 『자본론』의 대표적인 주해서로 로스돌스키(R. Rosdoldsky, 1898~1967)의 『자본론 형성사』(*The Making of Capital*, 1968)를 참고할 필요가 있다.

6) 이미 언급한 바와 같이 20세기 중반 이후로 모든 학문은 급속하게 분화되고 있다. 그러나

나름대로 해석하고 비판해 독자적인 이론체계와 변혁의 논리를 제시했다. 흔히, 과도한 지식 섭취가 독창성을 해친다고 하나 그는 이런 진단에서 벗어나는 인물이었다.

특히, 마르크스 이전의 중요 사상가치고 마르크스의 비판을 받지 않은 사람이 없었다. 예들 들어, 총 2천여 쪽에 3부로 구성된 『학설사』는 경제학자로 분류되는 스미스나 리카도에서부터 아리스토텔레스나 루터에 이르기까지 실로 다양한 사상가들을 유물론이나 경제학의 관점에서 나름대로 분석하고 평가했다.

뿐만 아니라 마르크스의 영향력으로 인해 마르크스 이후의 중요한 사상가치고 그를 수용하거나 아니면 극복해야 한다는 압박을 받지 않은 사람이 거의 없다. 우선 지난 1 세기 반 동안 각 국가별로 계보를 형성할 정도로 많은 마르크스주의자와 마르크스 연구자가 쏟아져 나왔다. 소련이나 중국은 말할 것도 없고, 독일, 프랑스, 오스트리아, 이탈리아, 영국, 일본 등에서 이런 현상이 나타났다. 당연히 『자본론』은 수없이 많은 언어로 번역되었다.[7)]

또한 대표적인 사회학자 베버는 마르크스를 의식하고 대안을 제시하는 데 일생을 바쳤다. 뿐만 아니라 한계효용학파의 뵘바베르크는 마르크스의 착취이론을 대체할 이론의 생산을 필생의 작업으로 생각했다. 더불어 자유주의자 포퍼와 하이에크는 20세기 내내 마르크스(와 프로이트) 비판을 업으로 삼았다.

『자본론』 등을 통해 마르크스는 자본주의에 대한 과학적 분석을 시도했고, 이에 근거해 자본주의의 붕괴를 예언했다. 그는 자본주의의 대안으로 공산주의를 주창하면서, 이를 위해 노동자의 전 세계적인 단결과 혁명을 부르짖었다. 노동자의 폭력혁명을 부르짖음으로써 마르크스는 그 이후 1세기 이상 가장 위험한 인물이 되었고, 『자본론』을 위시한 그의 저작들은 장시간 동안 불온문서로 분류

19세기에는 아직도 학문이 분화되지 않았으며, 당시의 학자들은 요즘 분류로 보면 여러 학문에 걸쳐 있었다. 가장 폐쇄적인 부류에 속하는 영국의 경제학자들도 이 점에서 크게 다르지 않았다. 스미스나 맬더스는 물론이고 밀, 시즈위크, 케인즈(그리고 슘페터)도 현재 기준으로 보면 순수경제학의 범위를 넘어선다. 이런 상황은 영국이 아니라 대륙으로, 경제학이 아니라 여타 학문으로 옮아가면 더욱 심해진다. 마르크스는 이런 부류의 학자들 중에서도 가장 깊고 가장 넓다는 것이 저자의 판단이다.

7) 『자본론』을 진정으로 이해하기 위해서는 적어도 1권은 독일어로 읽을 필요가 있다. 그렇지만 전공자가 아니라면 영어판도 나쁘지는 않다. 영어판은 직역인 International Publishers Edition과 의역인 Vintage Edition이 있는데, 마르크스의 고유한 사유방식을 이해하는 데 후자가 낫다.

되었다. 이런 상황은 6·25 전쟁 이후 남한사회에서 특별히 투박하게 그 모습을 드러냈다.

마르크스와 일생을 같이 하면서 그를 독려하고, 그의 사상을 전파하며 선동에 활용하고, 여러 영역에 적용한 사람이 엥겔스(F. Engels, 1820~1895)이다. 흔히 마르크스의 사상이 마르크스-엥겔스주의로 불리는 이유는 여기에 있다. 엥겔스 역시 사상가였고 행동가였다.

엥겔스

그는 마르크스의 유고를 편집해 『자본론』 3권을 출판했다. 또한 그는 마르크스의 사상을 적용해 다음과 같은 책들을 펴냈다. 『반듀링론』(*Anti-Dühring*, 1878), 『공상적 사회주의와 과학적 사회주의』(*Der Entwicklung des Sozialismus von der Utopie zur Wissenschaft*, 1880), 『자연변증법』(*Die Dialektik der Natur*, 1883), 『가족, 사유재산, 국가의 기원』(*Der Ursprung der Familie, des Privateigentums und des Staats*, 1884), 『포이에르바흐와 독일고전철학의 종언』(*Ludwig Feuerbach und der Ausgang der Klassischen Deutschen Philosophie*, 1886) 등이 그것이다.

엥겔스는 마르크스를 해석하고 적용하는 과정에서 그의 사상을 왜곡했다는 비판을 받기도 했다. 그렇지만 엥겔스는 마르크스를 시기하지 않고 어려운 상황에서 끝까지 물심양면으로 도와주는 진정한 지적 동반자이자 동지였다.[8)]

6.3 마르크스 체계의 사상적 근원

엥겔스와 레닌이 정리한 바에 따르면 마르크스에게 영향을 미친 사상은 독일의 철학, 프랑스의 사회주의, 그리고 영국의 정치경제학이다. 당시의 독일철학은 서양철학을 대표했으며, 프랑스는 혁명 등을 통해 정치운동이나 이념으로 명망이 높았고, 영국은 경제학을 자랑했다.

---

8) 마르크스도 독일어, 불어, 영어 등을 구사하는 실력을 가지고 있었지만, 엥겔스는 그야말로 20여 개 국어를 해독하는 언어의 달인으로 알려져 있다. 엥겔스의 유작에는 한 가지 상황을 4개 국어로 이어가며 서술하는 장난스런 글도 들어 있다.

이런 의미에서 마르크스는 당시 최상의 지적인 자산을 이어받았다고 볼 수 있다.[9] 더구나 마르크스는 이들 사상을 그대로 받아들이지 않고 나름대로 비판해 자신의 독창적인 체계를 마련했다.

6.3.1 독일의 철학

마르크스는 아리스토텔레스 등 고대희랍 철학에 조예가 깊었으며, 이로부터 많은 영향을 받았다. 그가 박사학위 논문에서 에피쿠로스의 원자이론으로부터 자유와 자의식을 읽어 냈고, 이후 저작들에서 아리스토텔레스를 수시로 활용한 것 등이 그 증거이다. 그렇지만 그에게 가장 큰 영향을 준 것은, 독일의 철학이었다.

마르크스가 스스로 말한 대로 자본주의의 후진국인 독일에서 정치운동이나 경제학의 발전을 기대할 수는 없었다. 독일이 자랑한 것은 역시 철학이었다. 칸트로부터 시작되는 독일 관념론은 영국의 경제학에 음양으로 영향을 미친 경험주의에 대립된다는 점에서 게르만적인 특징을 가진다. 그에게 직접 영향을 미친 독일의 철학자는 칸트를 잇는 헤겔(G. W. F. Hegel, 1770~1831)과 헤겔 좌파에 가까웠던 포이에르바하(L. Feuerbach, 1804~1872)였다.

마르크스는 헤겔의 변증법을 이어 받으면서도, 그의 관념론(idealism)을 비판했다. 또한 포이에르바하의 유물론적인 기조를 받아들이면서도, 그의 유물론이 지닌 생물학적인 편향이나 역사성 및 사회성의 결여를 마르크스는 비판했다. 이와 같은 비판의 결과로 마르크스가 도달하게 된 입장이 변증법적 유물론(辨證法的 唯物論, dialectischer Materialismus)과 사적 유물론(史的, historischer)이다.

우선 헤겔의 변증법은 인식과 역사를 주어진 상태나 물체로 보지 않고 정반합(These, Antithese, Synthese)의 운동으로 파악한다. 구체적으로 특정 사물은 외견상 드러나는 현재의 모습만으로 파악될 수 없으며, 그것이 잠재적으로 가진 힘에 의해서도 규정된다. 전자는 정으로, 후자는 반으로 해석된다.

---

9) 최근 마르크스주의에 대한 새로운 극복을 부르짖고 있는 네그리(A. Negri) 등은 독일의 철학을 프랑스의 철학으로, 프랑스의 정치운동을 이탈리아의 정치운동으로, 그리고 영국의 정치경제학을 미국의 경제학으로 바꾸자고 주장했다. 프랑스의 정치를 이탈리아의 정치로 바꾸는 데는 이의가 있을 수 있으나, 프랑스의 철학이나 미국의 경제학은 현재 분명히 그럴 만한 위치에 있다.

그런데 정과 반은 서로 모순/대립관계에 있으며, 모순과 대립이 합으로 이어지면서 지양된다(aufgehoben). 그리고 이렇게 성립된 구조가 새로운 정이 되고 이에 모순되는 반, 그리고 합이 다시 나타난다. 이전보다 발전된 상태로 간주되는 합에 도달하는 과정에는 양적 변동뿐만 아니라 질적 변동이 수반된다. 이것은 끓는 물이 임계치를 지나면 더 이상 액체상태에 머물지 않고 순식간에 기체인 수증기로 변하는 이치와 같다.

이런 관점에서는 사물을 인식할 때는 외양이 아니라 본질을 함께 파악해야 한다. 이에 의하면 특정 사물이 A이거나 non-A일 뿐, A이면서 동시에 non-A일 수 없다는 형식논리의 공준이 깨진다. 예를 들어, 형식논리를 따르면 달걀은 달걀일 뿐이며 닭이 아니다. 그러나 변증논리를 따르면 수정된 달걀은 달걀이면서 동시에 달걀이 아니라 닭이다. 다시 말해, 그것은 현실적으로 달걀이지만 잠재적으로 닭이다. 마찬가지로 끓는 물은 현실적으로 물이지만 잠재적으로 수증기이다.

여기서 사물의 외양은 현실이자 과거에 진행된 과정의 결과이며, 본질은 그것의 잠재성이나 미래를 나타낸다. 유사한 논리로 인류의 역사를 놓고 보면 특정 단계는 그 자체로 규정될 수 없으며 이전 단계의 결과이자 다음 단계의 맹아이다.

마르쿠제

이런 입장에 서면 관찰 가능한 것에 집중하는 경험주의나 행동주의 등이 사물의 본질이나 변동을 파악할 수 없다고 비판하게 된다. 이런 맥락에서 마르쿠제(H. Marcuse, 1898~1979)는 형식논리나 분석철학이 존재(Sein; being)의 철학인 데 비해, 헤겔의 철학은 생성(Werden; becoming)의 철학이라고 주장했다.

프랑크푸르트학파

마르쿠제는 호르크하이머(M. Horkheimer, 1895~1973), 아도르노(T. Adorno, 1903~1969), 프롬(E. Fromm, 1900~1980), 벨머(A. Wellmer), 그리고 현존하는 하버마스(J. Habermas) 등과 함께 서구 마르크스주의의 큰 흐름인 프랑크푸르트학파를 이루며 비판이론을 제시했다. 내부 이견이 없지 않았지만, 이 학파는 헤겔, 마르크스, 그리고 프로이트를 결합해, 개인, 가족, 사회 및 경제 등 미시적 단위와 거시적 단위에 대한 통일장적인 설명을 모색했다. 여기서 자본가/중산층/노동자, 아버지/어머니/자식, 초자아/자아/이드 등의 유추가 활용된다. 이렇게 보면 이들이 신고전학파의 철학적 기반인 비판적 합리주의의 포퍼와 치열하게 방법론 논쟁을 벌인 것은 당연하다. 마르크스와 프로이트의 결합이나 연결은 프랑스 구조주의(structuralism)의 알뛰세르 및 발리바르(E. Balibar)나 구조주의 이후의 들뢰즈(G. Deleuze) 등에서도 다른 방식으로 나타난다.

마르크스는 이 같은 헤겔의 변증법을 수용하면서도 헤겔의 관념론을 거부했다. 관념론은 계몽주의를 이어받아 인간중심의 세계관을 제시했다는 의의를 가진다. 그렇지만 마르크스는 사유(Bewußtsein)가 존재(Sein)를 규정하는 것이 아니라 존재가 사유를 규정한다고 믿었다. 이런 이유로 그는 인간이 사회/경제적 관계와 구조 속에 존재하며, 관계와 구조를 인식하고 극복해야 진정으로 인간적인 세상을 이룰 수 있다고 생각했다.

이런 마르크스의 생각은 추상적인 수준의 이성에 대한 계몽주의의 믿음을 붕괴시켰다. 이 생각은 사회에 대한 새로운 시각을 제시해, 경제학을 포함한 사회과학 전체에 혁명적 변화를 가져왔다. 특히, 이념이나 지식이 보편적 이성의 소유자로서 사상가의 머리 속에서 나오는 것이 아니라 역사적으로 규정되는 사회 속에서 생긴다는 그의 생각은 지식사회학이라는 학문분야를 촉발시켰다.[10)]

포이에르바하

둘째로, 마르크스는 포이에르바하로부터 유물론을 계승하되, 그의 생물학적이고 비역사적이며 탈사회적인 속성을 비판했다. 헤겔 사후에 계승자로 헤겔 좌파와 우파가 등장했는데, 헤겔 우파는 종교나 의식에 의존하는 데 비해, 좌파는 이에 대해 비판적이었다. 포이에르바하는 헤겔 좌파에 가까운 사상가로서 "불타는 시내"(Feuer-bach)라는 별명 아닌 별명을 지닐 정도로 당대의 이름난 논객이었다.[11)]

---

10) 지식사회학(sociology of knowledge)은 마르크스와 베버를 거쳐 만하임(K. Mannheim, 1893~1947)의 『이념과 유토피아』(*Ideologie und Utopie*, 1929) 등에 의해 계승되었다. 지식사회학도 포퍼의 비판적 합리주의나 신고전학파 경제학과 결합되기 힘들다.

11) 여담이지만 시내에 대한 말장난은 음악가 바하(J. S. Bach)와 관련해서도 발견된다. 바하는 가장 아끼는 제자를 두고 "내 시냇물(das Bach)에서 놀 수 있는 유일한 가재"라고 표현

그는 『기독교의 본질』(*Das Wesen des Christentums*, 1841) 등 저서를 통해 "인간은 자신이 먹는 것이다"(Man ist was er ißt)라는 명제를 제시하고, 인간이 먹는 것에 의해 규정된다는 의미의 유물론을 주장했다.

마르크스는 포이에르바하의 유물론을 수용하면서도 인간에 대한 생물학적인 규정을 비판했다. 또한 마르크스는 이런 종류의 유물론이 역사적으로 변동하는 생산양식이나 생산관계를 포착할 수 없으며, 생산양식의 변동이 계급투쟁을 통해 이루어진다는 점도 간과했다는 문제를 지적했다.

마르크스에게 인간은 사회적 존재이며, 인간의 사회성은 역사적으로 변한다. 포이에르바하가 인간의 존재가 사유를 규정한다고 생각하면서도 그 존재가 역사적이고 사회적이라는(gesellschaftliches Sein) 점을 간과했다고 마르크스는 비판했다. 이런 입장은 『포이에르바하에 대한 명제』에서 "지금까지 철학자들은 단순히 세상을 해석하는 데 그쳤다. 이제 세상을 바꾸는 것이 철학자들의 임무"라고 역설했던 것에 부합된다. 또한 철학자를 위시한 학자는 의식을 갖춘 노동자계급의 혁명운동과 연계되어야 한다.

이런 관점에서 그는 전통적 의미의 교육을 통해 인간을 개조하고 개조된 인간들로 사회를 채우면 사회가 자연스럽게 개선된다는 생각에 반대했다. 그는 교육을 통한 사회개혁에 대해 "그렇다면 과연 교육자는 누가 교육할 것인가?"라고 반문했다. 이 같이 그는 인식과 운동의 일체성 있는 결합이 가능하다고 보았다. 그에게서 진정한 인식은 반드시 운동으로 발현되고, 인식은 운동을 통해 충만해진다. 반면 인식이 수반되지 않는 운동은 타율적이고 무모하다.

6.3.2 프랑스의 사회주의

앞서 논의한 바와 같이 마르크스에 앞서 18세기 말부터 19세기 초에 공상적 사회주의자들이 활동했다. 이들 중 생시몽과 푸리에는 프랑스인이고 오엔은 영국인이었지만, 엥겔스는 이들을 프랑스의 사회주의로 뭉뚱그렸다.

마르크스는 이들이 인본주의 입장에서 사회주의 이념을 부르짖고 사회의 역사적 변천에 대해 연구하면서도, 자본주의에 대한 과학적 분석을 소홀히 했다

했다. 또한 카잘스(P. Casals)는 서양고전음악의 모든 것이 바하에 담겨 있다는 의미로 "바하는 시내가 아니라 바다"라고 했다.

고 비판했다. 이런 이유로 엥겔스는 이들을 공상적 사회주의로, 이와 구분해 마르크스를 과학적 사회주의로 각기 규정했다.

또한 마르크스와 엥겔스는 이들이 노동자계급의 주체적 운동을 이론화하지 못한 채 노동자를 단순히 동정이나 도움을 받아야 하는 수동적 존재로 간주했다고 비판했다. 마르크스는 노동자계급을 위한, 노동자계급에 의한, 노동자계급의 운동을 주장했다.[12] 이에 비해 공상적 사회주의는 노동자계급을 위한 운동을 내세웠지만 노동자계급의 주체적 운동을 부르짖지는 않았다.

6.3.3 영국의 정치경제학

마르크스는 자본주의의 과학적 분석이 노동운동의 필수요건이라고 보았으며, 이런 분석을 위해 스미스와 리카도를 위시한 고전경제학의 개념들을 비판적으로 수용했다. 핵심적으로 마르크스는 이들에게서 노동가치이론을 발견하고 이를 변형해 변증법적/사적 유물론 및 사회주의 이념과 결합해 자신의 사상으로 정립했다. 물론 이 과정에서 고전경제학의 개념들은 마르크스 고유의 독창적 개념들로 환골탈태했다.

마르크스는 영국을 중심으로 발전한 경제학을 고전정치경제학과 속류경제학(vulgar economics)으로 나눴다. 그는 전자의 과학성을 인정하는 한편, 후자를 자본가계급에게 이념을 제공하는 사이비과학으로 규정했다. 그에 의하면 속류경제학은 자본주의의 표면에 집착해, 본질을 파악하지 못하거나 파악하지 않으려고 노력한다. 속류경제학은 현대의 신고전학파와 여러 가지 유사성을 지니고 있다.

그런데 마르크스는 과학성을 어느 정도 유지한 고전경제학마저도 근본적으로 부르주아의 한계를 벗어나지 못했다고 비판했다. 부르주아라는 표현은 고전경제학이 자본주의의 역사성을 인식하지 못함으로써, 자본주의에 보편성을 부여했다는 의미를 갖는다. 그는 자본주의가 사회주의, 그리고 공산주의로 이행한다고 생각했기 때문에 자본주의의 영구성을 암묵적으로 전제하는 고전경제학에 대해 비판적이었다.

마르크스의 해석에 의하면 중세의 신학자들은 과거의 여러 가지 종교가 변

12) "국민에 의한, 국민을 위한, 국민의 정치"라는 링컨의 구호는 국민을 노동자나 민중 등으로 대체할 때 일반적으로 운동의 주체성을 표현하는 방식으로 해석될 수 있다.

천해 기독교에 이르게 되었다고 주장하면서도, 일단 기독교가 정착된 후에는 더 이상의 변화가 없어져 종교의 역사가 종결되었다고 강변한다. 이와 유사하게 부르주아계급은 과거 다른 경제체제로부터 자본주의로의 변화를 인정하면서도, 자본주의가 다른 체제로 변할 가능성은 배제했다는 것이다.

6.4 유 물 론

6.4.1 마르크스의 역사관: 사적 유물론

마르크스의 사적 유물론은 인간의 역사가 지속적으로 변동하는 경제영역에 의해 지배된다고 본다. 경제체제의 성격에 따라 의식, 종교, 정치, 과학, 문화 등이 규정된다는 것이다. 이들 제반 영역들이 경제영역에 거꾸로 영향을 미치지만, 이 영향은 이차적이며 경제가 이들 부문에 미치는 영향이 궁극적이다. 이에 따라 그는 경제와 여타 부문을 하부구조와 상부구조로 나누었다.[13)]

마르크스의 유물론적 사회인식은 생산력과 생산관계로 구성되는 생산양식(mode of production)으로 파악된다. 생산력은 기술수준이나 생산조건 등에 의해 규정되고, 생산관계는 인간들 사이의 관계로 정의된다. 생산양식은 생산력과 생산관계의 조응 속에 유지되므로, 일정수준의 생산력이 특정의 생산관계에 수반된다. 또한 생산력이 증가해 더 이상 기존 생산관계에 상응하지 않을 때 생산양식이 바뀌게 된다. 그렇지만 생산양식이 자동적이거나 기계적으로 이행하는 것이 아니라 착취계급에 대한 피착취계급의 투쟁을 통해서만 가능하다.

이런 의미에서 인류역사는 생산양식의 변동으로 규정되며, 자본주의도 그런 생산양식 중 하나이다. 구체적으로 그는 원시 공산체제 → 고대 노예제 → 중세 봉건제 → 근대 자본주의 → 사회주의 및 공산주의라는 역사발전의 도식을 제

13) 20세기 서구 마르크스주의 흐름 중 하나인 구조주의의 알뛰쎄르나 빨랑짜(N. Poulantzas, 1936~1979)는 여타 부문이 경제에 미치는 영향을 강조하면서, 이를 상대적 자율성(relative autonomy)이라고 불렀다. 특히, 국가는 대기업과 중소기업을 차별화해 자본에 대해 상대적으로 자율성을 갖는다. 그런데 후기 구조주의에 이르면 상대적 자율성은 그냥 자율성으로 변질된다.

시했다.[14] 유물사관에 의하면 자본주의는 중세 봉건제에 이어 등장한 생산양식이다. 다른 한편으로 자본주의도 영원히 지속되는 것이 아니라 사회주의를 거쳐 공산주의로 이행한다. 이미 언급한 바와 같이 이 같은 생산양식의 이행에는 치열한 계급투쟁이 수반된다.

그런데 원시공산체제 혹은 원시공동체 이후로 인류는 지속적으로 계급관계에 의존하는 착취에 허덕였다. 이런 계급착취가 비로소 공산주의에 이르러 사라지게 된다고 그는 생각했다. 또한 생산양식마다 계급관계와 착취의 방식이 다르다. 이는 특정 생산양식이 고유한 생산력, 그리고 특히 고유한 생산관계에 기반을 두고 있다는 사실에서 비롯된다.

보다 구체적으로 고대 노예제는 주인과 노예의 계급관계, 중세 봉건제는 영주와 농노의 관계, 그리고 근대 자본주의는 자본가와 노동자의 관계에 기초하고 있다. 여기서 주인, 영주, 자본가는 착취계급으로, 노예, 농노, 노동자는 피착취계급으로 규정된다. 착취계급은 피착취계급이 생산한 잉여에 기식하며, 피착취계급은 자신의 생계 이외에도 착취계급의 생계와 사치를 받쳐준다. 유물론에 따라 마르크스의 계급관계는 경제적인 착취관계이면서 동시에 정치적인 지배관계이다.

그런데 자본주의는 노동자/자본가의 계급관계에 기초한 착취 이외에 생산의 무정부성이라는 특징을 가진다. 생산의 무정부성은 자본주의에서 생산활동이 분권화되어 이를 사전적으로 조정하고 관리하는 중앙권력이 없다는 것을 의미한다. 이는 자본주의가 상품생산을 위주로 하기 때문에 생산자들이 나름대로 생산활동이나 투자활동을 벌이고, 교환과정에서 이들 활동이 사회적으로 승인(validation)받는다는 것을 뜻한다.

여기서 모든 생산물이 적절한 수량의 화폐와 교환되어야 하며, 이를 통해 생산물에 투입된 사적 노동이 사회적 노동으로 전환되어야 한다. 사회적 승인을 판가름해 상품들에 점수를 부여하는 화폐는 자본주의경제에서 불가결한 사회적

---

14) 물론 역사의 단계나 시대를 설정하는 사고방식이 마르크스에만 나타나는 것은 아니다. 다수의 역사학자, 독일의 역사학파, 그리고 미국의 로스토우 같은 경제학자가 이런 저런 내용의 단계이론을 주장했다. 그렇지만 보수적인 사회과학이나 신고전학파는 역사발전에 대해 느슨한 질적인 변동이나 양적 변동을 상정한다. 이들에게는 전근대와 근대의 구분이나 시장의 확산 정도가 중요할 뿐이다. 현재 유행하는 탈근대(Post-modernism)도 경제학에서 나온 개념이 아니다.

존재이다.

마르크스에 의하면 노동자와 자본가의 계급관계는 생산의 무정부성을 전제로 하기 때문에 여타 생산양식의 계급착취와 달리 시장에 등장하는 개인의 이기심이나 합리성, 그리고 형식적인 평등을 외피로 삼는다. 이는 자본주의에서 착취라는 차등적인 관계가 교환이라는 등등한 관계로 위장되어 있음을 의미한다. 특히, 표면적으로 노동자가 자신의 이익을 위해 자발적으로 노동력을 판매하는 것으로 나타나기 때문에 노동자가 공장에서 착취된다는 본질이 은폐된다.

이런 이유로 자본주의의 착취는 노예나 농노에 대한 착취만큼 쉽게 포착되거나 인식되지 않는다고 그는 주장했다. 그러면서도 자본주의의 착취는 오히려 그 이전의 생산양식에서보다 더 철저하다. 그러므로 흔히 신고전학파가 강조하는 개인의 합리적 행동이나 계약의 자유 및 자발성 등은 모두 자본주의의 외양에 불과하다. 진정으로 자본주의를 파악하기 위해서는 이와 함께 착취라는 본질을 포착해야 한다고 그는 웅변하고 있다.

주로 생산관계와 관련된 이런 특징으로 인해 자본주의에서는 잉여 혹은 잉여생산물이 잉여가치(der Mehrwert; surplus value)로 나타난다. 그는 자본주의이든 다른 생산양식이든 그것의 보편성이 아니라 고유성이 사회과학의 대상이라고 보았기 때문에, 자본주의에 대해서도 가치와 잉여가치 분석을 핵심으로 삼았다. 동시에 자본주의가 자연과학과 산업의 연계를 통한 기술발전에 의존해 과거 어느 생산양식에서보다 커다란 생산력을 갖는다는 통찰을 마르크스는 보여주었다.

마르크스의 역사관은 마르크스주의자에게 금과옥조이고 사회주의와 공산주의의 도래를 확신시키는 신앙과 같다. 그렇지만 제대로 인식하지 못하는 경우, 이 입장은 노동자의 계급투쟁을 무의미하게 만드는 결정주의로 변질될 수 있으며, 기계적인 목적론이나 종말론으로 전락할 가능성을 내포하고 있다.[15] 현실적으로는 자본주의가 성숙되지 않았던 러시아나 중국 등에서 공산주의혁명이 일어났다. 또한 1990년부터 공산주의체제가 거꾸로 자본주의체제로 이행하는 역류가 발생했다.

15) 결정주의(determinism)와 주의주의(voluntarism)의 갈등은 좌파진영 내에서 난제 중 하나였다. 이론의 과학성과 객관성을 강조하다 보면 노동자계급의 역할이 무의미해지고, 노동자계급의 정치투쟁을 강조하다 보면 자본주의의 객관적 조건이 의미를 상실할 수 있다. 이는 이론과 실천의 갈등이나 필연과 자유의 오랜 갈등을 나타낸다.

물론 이에 대해 소련이나 동구의 사회주의체제가 진정한 의미의 사회주의가 아니었다거나, 거꾸로 현재의 세계화를 마르크스가 말하는 자본주의의 때늦은 성숙이나 확산으로 해석할 여지도 있다. 그러나 현실적으로 사회주의의 몰락 → 마르크스의 역사관 부정 → 유일한 체제로서의 자본주의라는 연상이 확산되고 있다. 사회과학의 당면과제가 세계화나 신자유주의 분석이나 이에 대비되는 다른 유형의 자본주의 모색으로 좁혀지고 있는 것도 이에 대한 증거이다.[16]

6.4.2 마르크스의 인식론: 변증법적 유물론

마르크스를 파악하는 데 있어 그의 역사관만큼 인식론도 중요하다. 그는 사물에 외양(appearance)과 본질(essence) 혹은 표층(the exoteric)과 심층(the esoteric)이 존재한다고 생각했다. 사물은 본질과 외양 혹은 심층과 표층의 일면이 아니라 본질과 심층을 실체로 하되 외양과 표층을 형태로 하는 실체(substance)와 형태(form)의 결합으로 규정된다. 심층이 우리의 감각에 포착될 수 있을 정도로 구체적으로 표현되어 표층을 이룬다.

실체와 형태의 구분은 경제학이 아니라 고대그리스의 철학에서부터 시작되었으며, 사회, 자연, 예술 등 다양한 방면에 적용되어 왔다. 헤겔이나 마르크스의 특징은 실체와 형태의 필연적이고 불가분한 결합을 주장했다는 데 있다.[17] 그에게서 외양이나 표층은 본질이나 심층과 필연적인 관계에 있으면서도 사물의 존재를 유지하고 재생산하는 데 있어 어느 정도 자율적으로 기능한다. 그러므로 외양인 표층은 올바른 인식을 위해 단순히 제거해야 할 외피와 다르다. 이 점에서 그는 누구보다 헤겔로부터 영향을 받았다.

자본주의에 대한 파악에 있어도 개인의 선택, 가격, 경쟁이 지배하는 교환과정은 표층을 이루고, 사회구조와 계급, 가치, 착취 등이 지배하는 생산과정은

16) 현재 진행되고 있는 자본주의 유형에 대한 논쟁은 영미형 자본주의와 독일/일본형 자본주의의 비교를 기본과제로 삼는다. 이 논의에는 당연히 제도가 중요한 줄거리여서 마르크스, 역사학파나 제도학파, 그리고 폴라아니의 경제사회학이 중요해진다.

17) 이에 관해서는 루빈(I. I. Rubin)이 상세히 설명했다. 후기구조주의나 탈근대 등은 실체의 포기나 상실을 주장하며, 이는 본질이나 자아에 대한 부정이다. 달리 말해, 어떤 구조나 자아로 압축할 수 없는 다양한 형태들의 산재가 구조주의나 근대주의에 대한 현재의 비판을 낳는다.

심층을 이룬다. 생산과정이 교환과정을 압도하지만 교환과정은 생산과정이라는 실체와 결합된 표층을 구성한다.

이런 그의 생각은 비판이론, 구조주의, 비판적 실재주의 등으로 나타난다. 이 이론들은 일상적으로 관찰되는 사물의 배후에 존재하는 구조나 실체 혹은 경향이나 힘을 강조한다. 이와 대립되는 신고전학파와 이를 뒷받침하는 비판적 합리주의는 통계학과 계량경제학의 방법을 위주로 하면서, 감각으로 포착할 수 있는 것만을 자료나 분석대상으로 인정한다.

6.5 노동가치이론

앞서 언급한 바와 같이 가치이론은 19세기 경제사상의 핵심이다. 이 주장은 다른 사상가보다 마르크스에 더욱 적절하다. 대다수 다른 학자들의 가치이론은 상대가격이나 소득분배의 비율을 설명하는 데 그친다. 이에 비해 마르크스의 가치이론은 양적인 문제뿐만 아니라 자본주의의 고유성, 화폐의 발생, 잉여가치의 근원 등을 파헤치므로 보다 근원적이다.

또한 그의 가치이론은 단순히 경제영역에 머물지 않고 사회전체를 설명하는 논리임을 자부한다. 이 때문에 가치이론은 그의 사상체계 구석구석에 스며들어 있다. 조금 과장한다면, 그의 사상은 가치이론을 중심으로 물샐틈 없이 얽혀 있어 실오라기 하나라도 잡아 올리면 전체가 들려 올라오는 일관성을 가지고 있다. 이런 의미에서 마르크스에 있어 경제적 가치는 아리스토텔레스의 윤리적 가치에 상응하는 위치를 점하고 있다.

가치이론과 관련해 마르크스는 스미스, 그리고 특히 리카도로부터 많은 영향을 받았으나, 자신의 역사철학이나 인식론과 결합될 수 있도록 이들의 가치이론을 완전히 바꾸어 놓았다. 이런 이유로 그의 가치이론은 진위를 떠나 그의 사상 중 가장 핵심적이면서, 가장 난해하고, 또한 가장 독창적인 부분이다.

6.5.1 가치실체 · 가치량 · 가치형태

마르크스는 리카도의 투하노동가치이론을 변형하고 확대시켜 가장 정교하고 현실적 함의를 갖는 노동가치이론을 제시했다. 후대에 노동가치이론하면 리카도보다 마르크스를 떠올리게 되는 이유도 여기에 있다.

마르크스의 노동가치이론에 의하면, 노동이 상품가치를 낳으며, 그런 가치가 화폐를 통해 구체적으로 표현되어 가격으로 나타난다. 전자는 가치실체로, 후자는 가치형태로 각기 규정된다. 그런데 양자 모두 질적 차원 이외에 양적 차원을 지니고 있다. 즉, 가치실체는 노동량으로 규정되는 가치량의 차원을 지니며, 가치형태는 교환비율 혹은 상대가격이라는 차원을 가진다.

그러므로 가치이론의 구성요소는 한편으로 가치실체 및 가치량, 다른 한편으로 가치형태 및 교환비율이 된다. 헤겔의 영향으로 이 같이 마르크스의 이론은 리카도의 이론과 근본적으로 다르다. 리카도는 거의 전적으로 가치의 수량과 교환비율에 초점을 맞추어, 가치실체를 충분히 논의하지 못했고, 가치형태를 개념화하지 못했다.

첫째, 가치실체는 이질적인 상품들이 어떻게 서로 교환될 수 있는가 라는 질문을 통해 설정된다. 예를 들어, 책과 우산은 물리적이거나 화학적인 속성을 놓고 볼 때 완전히 이질적이다. 그런데 책과 우산의 교환은 x권의 책$=y$개의 우산이라는 등식이나 수량적인 비교를 의미하며, 이는 양자 사이의 동질성을 요구한다.

이 같이 교환비율 등으로 두 물체에 수량이 부여되고 양자가 수량적 관계에 놓이기 위해서는 이들이 무언가 질적으로 동일해 같은 평면 위에 놓일 수 있어야 한다. 이런 공통분모의 설정이 통약(commensuration)이다. 통약은 인식과 존재의 두 가지 차원에서 파악되고, 개인과 사회의 두 차원에서 상정된다.

교환을 통해 상품이 통약된다고 할 때 이는 존재를 나타내지만, 관념 속에서 상품들이 동질화되는 경우 인식과 관련된다. 가령, 이윤을 계산하는 기업가는 원료, 도구, 노동력을 모두 투입물로 생각하고, 다시 이런 투입물을 산출물과 동질적인 것으로 환원하거나 환산하는 성향이 있다. 이런 환산은 관념 속에서 진행된다. 또한 소비자가 시장에서 물건을 살 때 개인차원의 통약이 이루어진다. 이에 비해 청계천 복원이나 남북의 통일을 결정할 때는 여러 목표들의 우선순위를 정하는 등 사회차원에서 통약이 진행된다.

이 같이 통약은 모든 비교, 특히 모든 수량적인 비교의 선결요건이다.[18] 예

18) 쿤 등은 통약을 서로 다른 사고틀이나 연구계획의 비교가능성을 나타내는 용어로 사용했

를 들어, 칠판과 형광등은 어떻게 비교될 수 있는가? 길이나 무게 등 양자가 가진 공통적인 속성들이 비교를 가능케 해 준다. 또한 원과 삼각형은 넓이라는 공통분모를 통해 비교가 가능하다. 또 다른 예로, 한국사회의 고질병인 수능시험은 무엇을 목표로 하는가? 그것은 학생들이 공통적으로 가진 속성을 찾아내 모든 학생들을 하나의 척도로 수량화하는 데 있다. 통약을 전제로 하고 양적인 표현을 결과로 낳는다는 점에서 상품가격과 수능성적은 유사하다.

넓게 보면 순전히 경제적인 계산에서뿐만 아니라 윤리나 심리, 법, 그리고 물리적 차원에서도 통약이 요구된다. 가령, 인생의 진로를 정해야 하는 상황에서 공리주의에 입각하지 않더라도 여러 대안에 대해 공통의 기준을 설정해야 최종적인 결정에 이를 수 있다. 또한 버스 안에서 서 있는 노인에게 자리를 양보하는 경우에도 종종 특정 기준을 세워 비교하거나 계산하게 된다. 페리(R. Perry, 1967)가 지적했듯이 윤리적인 행위를 결정하기 위해서도 여러 개입요인들을 동질화할 필요가 있다.

더불어 헤겔이 『법철학』(1942)에서 지적했듯이, 사회가 전근대적인 동해보복형의 법리에서 벗어나면, 범죄(예, 구타)와 형벌(예, 벌금 5백만원)을 비교할 필요가 생긴다. 끝으로, 카르납(R. Carnap)의 『과학철학입문』(1995)에 의하면, 길이, 넓이, 중량, 기온, 에너지 등 특정 차원에서 여러 물체들 사이의 관계를 표현하기 위해 이들에게 공통의 가치 혹은 값어치를 부여할 필요가 생긴다.

결론적으로 통약은 경제학, 윤리학, 물리학, 법학 등을 관통해 일반적인 가치론의 요건이다. 마르크스는 상품에 대해 이 같은 논리를 전개했고, 이질적인 두 상품의 동질적 속성을 가치실체로 규정했다. 앞서 논의한 바와 같이 마르크스보다 앞서 아리스토텔레스가 같은 문제를 제기했으나 정작 무엇이 통약을 가능케 하는지에 대해 궁극적인 답변을 회피했다. 이에 비해 마르크스는 가치실체를 두 상품 모두에 투입된 동질적인 노동으로 규정했다. (고전학파와) 마르크스는

다. 가령, 쿤은 뉴턴의 중력법칙과 아인슈타인의 상대성이론은 상호 통약이 불가능하다고 보았다. 이는 포퍼가 모든 학문에서 과거와 현재의 이론이 언제나 비교 가능하다고 본 것과 대조된다. 이런 대립은 경제사상을 정리하는 데도 의미가 있다. 그런데 이 경우 통약은 반드시 수량적으로 표시되지 않거나 수량적으로 표시되더라도 서수적인 수준에 머물 수 있다. 경제현실에서도 이와 유사한 예를 찾을 수 있다. 개인의 선택이나 애로우의 사회적 선택 등에서 단순히 대안 A가 대안 B보다 낫다는 정도의 판단으로 충분한 경우가 많다. 사실 환경과 성장을 비교하는 데는 질적인 차원과 양적인 차원이 교차한다.

노동을, 나중에 설명할 한계효용학파는 효용을 통약의 기준으로 삼았다고 말할 수 있다.

형벌과 가치

헤겔에 의하면 동해보복이 형벌의 기본원칙이었던 전근대적 사회에서는 "눈에는 눈, 이에는 이"와 같이 특정의 구체적인 가해를 동일한 종류의 구체적인 벌칙으로 단죄했으므로 양형(量刑)이 간단했다. 그러나 근대 들어 특정의 구체적 가해에 대해 이와 다른 종류의 형벌을 고려하면서, 가해와 형벌 혹은 피해와 보상이 서로 이질적으로 되어 양자 사이에 동질성을 확보하는 가치개념이 요구된다. 가령, 다리를 다치게 한 것에 대해 징역형이나 벌금형을 선고할 때, 신체의 부상과 형기 혹은 화폐의 수량 등 서로 이질적인 것들에서 동질적인 그 무엇을 찾아 수량화하는 작업이 요구된다.

둘째, 가치실체가 교환의 가능성과 관련된다면, 가치의 크기는 두 상품의 교환비율을 결정하는 요인과 관련되어 있다. 두 물체가 사상되어 동질성을 획득할 때 비로소 양적 비교가 가능하므로 수량의 존재는 통약과 가치실체를 전제한다. 마르크스는 가치든 그 무엇이든 수량의 기반으로 본질이나 실체를 추구했다. 이런 이유로 그는 수량이 실체에 비해 부차적이라고 생각했다.

가치실체가 설정되면서 상품들은 가감승제가 가능한 수량으로 규정되어, 상호연관을 통해 수의 장을 형성하면서 비로소 가치공간을 이룬다. 여기서 리카도와 관련해 제시되었던 가치방정식 혹은 가치체계(value system)가 마르크스에도 적용된다.

$\lambda_1 = a_{11}\lambda_1 + a_{12}\lambda_2 + l_1$

$\lambda_2 = a_{21}\lambda_1 + a_{22}\lambda_2 + l_2$ 일반적으로, $\lambda_i = \Sigma_j a_{ij}\lambda_i + l_i$ 혹은 $\lambda = A\lambda + l$

λ_i: i산업에서 생산되는 상품 한 단위의 노동가치
a_{iji}: i상품 단위 생산을 위해 투입되는 j상품의 단위 수
l_{ii}: i상품 단위 생산을 위해 직접 투입되는 노동량
λ_i: 단위 노동량의 행 벡터
A: 투입산출 행렬
l_i: 직접 투입되는 노동량의 행 벡터

앞서 리키아도가 마르크스와 달리 가치실체와 가치형태를 논의하지 않았다는 점을 지적했다. 그러나 가치량으로 좁히더라도 마르크스는 리카도보다 명확한 논리를 제시했으며, 여러 지점에서 노동가치이론을 개선했다. 마르크스에서 가치량은 상품에 주어진 생산조건 속에서 직접/간접적으로 투입된 사회적으로 필요한 추상적인 단순 노동량이다. 이를 보다 상세히 논의해 보자.

1) 마르크스의 노동가치이론에는 한 시점에 존재하는 여러 노동자들의 다양한 노동이 동질화되고 서로 다른 시점에 투입된 노동이 동일하게 취급된다는 전제가 있다. 이는 다양한 구체노동(concrete)이 동질적 추상노동(abstract)으로 취급된다는 것을 의미한다. 예를 들어, 목수의 노동과 재단사의 노동이 인간의 동질적인 추상노동으로 환산된다. 또한 과거에 투입된 노동과 현재에 투입된 노동이 동일 평면에서 취급된다.

구체노동이 책이나 사과 등 특정 상품의 독특한 생산과정과 연계된 노동이라면, 추상노동은 노동의 구체적 성격이 사상될 때 부각되는 일반적인 인간노동이다. 구체노동과 추상노동은 특정 노동의 두 가지 측면으로서, 각기 사용가치와 가치로 연결된다. 마르크스는 리카도를 위시한 고전학파에 이 같은 구분이 결여되어 있음을 강조했다.

2) 리키아도에 대한 논의에서 언급한 바와 같이, 직접/간접은 상품을 생산하기 위해 노동자가 투입한 노동뿐만 아니라 원료나 도구를 생산하기 위해 그 이전에 다른 노동자들이 투입한 노동도 가치로 환산됨을 의미한다. 마르크스는 이를 보다 극적으로 산 노동과 죽은 노동으로 표현했다. 이 표현은 과거에 축적된 자본이 현재의 노동을 억압하고 지배한다는 의미를 함축하고 있다. 또한 현재의 노동이 새로 창출되었다면, 과거의 노동은 새로 창출되지 않고 단순히 투입물에서 산출물로 이전된다.

3) 노동가치이론에서 노동의 표준적인 단위는 단순노동이다. 동일한 시간의 노동이지만 숙련노동은 반숙련 노동이나 미숙련 노동보다, 반숙련 노동은 미숙련 노동보다, 더 많은 시간의 단순노동으로 환산된다. 노동자의 숙련이나 기술이 정규교육이나 현장학습 및 훈련을 통해 형성되므로, 환산계수는 공식적이거나 비공식적인 교육의 수준으로 결정된다. 여기서 선생이나 현장 선임자의 노동

력과 교육 기자재 등에 담겨진 가치도 그것에 직접/간접적으로 투입된 노동량에 의해 결정된다.

교육을 노동자의 생산성이라는 관점에서 파악하므로 마르크스가 교육을 신고전학파와 동일하게 취급하는 것처럼 보인다. 그러나 신고전학파, 특히 베커 등의 인적 자본이론은 노동과 자본의 구분이나 노동자와 자본가의 착취관계를 인정하지 않는 논리라는 점에서 근본적인 차이를 보인다. 나아가 마르크스에 있어 교육은 순전히 가치량으로 환산될 수 없는 별도의 차원을 가지고 있다.[19)]

그에 의하면 자본주의의 교육이 자본주의이념을 주입시켜 자본주의의 역사성과 한계를 인식할 수 없게 만든다. 이런 이유로 이미 언급한 바와 같이 그는 자본주의의 공식적인 교육이 사회변혁의 주체들을 육성할 수 없다는 입장을 견지했다. 그렇지만 여기서는 교육과 가치의 관계에만 초점을 맞추고자 한다.

4) 사회적으로 필요한(socially necessary) 노동은 기업과 산업 두 가지 차원으로 나누어 볼 수 있다. 먼저, 산업 내에서 여러 개별자본이나 기업이 서로 다른 생산조건 아래서 유사한 상품을 생산하는 경우, 지배적인 기술을 갖춘 개별자본의 노동가치가 산업전체의 노동가치를 규정한다. 이것이 첫 번째 의미이다.[20)] 산업들에 적용되는 경우, 이 개념은 특정 산업에 대한 수요가 공급과 일치되지 않을 때 투입된 노동량이 완전히 가치로 인정되지 않거나 그 이상으로 인정되는 것을 의미한다. 특히, 수요가 공급에 미치지 못할 때 투입된 노동량 중 일부가 가치로 실현되지 않는다.

이 경우 마르크스는 특정 산업에서 다른 산업으로 가치가 이전된다고 생각했다. 리카도의 투하노동가치이론이 사회적 필요노동을 간과했다는 점이 가치의

19) 물론 교육학자도 교육을 신고전학파와 다르게 본다. 교육학자는 원론적으로 참여나 평등의 이념, 인격이나 시민으로서의 소양 등을 강조한다. 이에 비해 신고전학파는 교육을 전적으로 산업사회와 연결시켜 경쟁력과 효율성의 제고라는 관점에서 파악한다. 2003년 전반기에 교육개방과 관련해 한국에서 벌어진 재정경제부와 교육인적자원부의 대립에는 이런 학문적 배경에 부처와 전공 이기주의 등 한국의 현실이 겹쳤다. 사실 교육부가 교육인적자원부로 개칭되면서부터 상황이 재경부에 유리하게 기울었다. 옳든 그르든 경제학자와 재경부가 일관된 입장을 가지고 있다면, 상당수 교육학자와 교육인적자원부는 자가당착에 빠져 있는 것 같다.

20) 넓게 보아 마르크스는 모든 산업에서 생산성의 우위로 인해 특별 잉여가치가 발생해 초과이윤이 존재할 가능성을 제시했다.

크기와 관련해 마르크스를 리카도와 구분짓는 중요한 차이이다. 그러나 이 개념은 생산에 투입된 노동량이 가치를 결정한다는 마르크스 자신의 생각과 배치될 가능성이 있다.

5) 투입되는 노동량은 궁극적으로 기술조건이나 생산조건에 의해 결정된다. 특정 기계를 생산하는 데 요구되는 노동량은 기계를 생산하는 데 활용되는 기술에 따라 달라진다. 그러므로 노동가치는 생산조건이 주어진 상태에서만 특정 수량으로 정해진다. 마르크스는 다른 어떤 경제학자보다 자본주의의 기술발전을 강조했는데, 기술발전이 투입되는 노동량을 줄이는 기계화의 모습을 띤다고 생각했다. 또한 산업별 차이는 있지만 투입 노동량을 줄이는 기술들이 끊임없이 개발되어 전반적으로 자본주의가 역동성을 유지한다. 이는 일단 기술이 발전한 후에도 여전히 열등한 기술을 사용함으로써 보다 많은 노동이나 비용을 들인 상품이 시장에서 노동가치나 비용 전체를 가격으로 환수하지 못하는 상황을 내포한다.

셋째, 가치형태는 가치실체 혹은 특정 수량의 가치실체가 교환과정에서 가격 혹은 특정 수량의 화폐로 표현되는 현상을 나타낸다. 가치실체 및 가치의 수량이 각기 교환의 가능성 및 교환비율에 연결된다면, 가치형태는 교환을 통한 가치표현과 관련된다.

예로써, 한 권의 책이 열 병의 우유와 교환된다면, 한 권의 책이 가진 가치가 열 병의 우유로 표현된 셈이다. 나아가 한 권의 책이 시장에서 10,000원에 팔렸다면, 그 책의 가치는 10,000원으로 표현된 셈이다. 보다 일상적인 예로 어떤 사람이 자신의 연인에게 생일선물을 주었다면, 그 생일선물은 자신이 간직한 추상적인 사랑의 구체적인 표현이다. 가치이든 감정이든 생각이든 표현방식은 구체적일 수밖에 없다.

이 같이 마르크스는 가치가 추상적이면서도 동시에 경제주체들이 일상생활에서 만나는 구체적인 표현방식을 필연적으로 차지하게 된다고 생각했다. 경제주체들이 일상적인 생활을 통해 항상 만나는 구체적인 사회적 존재가 가격과 화폐이다. 이에 따라 가치형태는 시장에서 나타나는 가격과 가격을 표현하는 화폐를 포괄한다.

마르크스는 가치실체를 통해 현실의 구체적인 상황을 추상화했다면, 가치형태를 통해 다시 구체화하면서 현실로 되돌아가고 있다. 구체성을 띠는 가치형태가 그에게서 가지는 의미는 가치가 단순히 자본주의의 구조를 구성하는 본질에 머물지 않고 유인이나 제약으로 경제주체의 활동을 지배한다는 데 있다.

가치는 자본주의의 본질을 이루면서 개별주체들의 의지나 의도와 독립적인 자율성을 가지므로 개별주체들은 자율적인 가치 앞에서 무력하다. 마르크스는 가치형태를 통해 경제주체들의 행위가 자신도 모르는 사이에 가치의 운동법칙에 의해 지배된다는 점을 보여주려고 했다. 물론 가치형태도 질적인 차원뿐만 아니라 양적인 차원을 가지므로 구체적인 숫자로 나타난 가격이 경제주체의 행위를 특정 방향으로 유도하거나 제약한다.

경제주체의 행위를 결정하는 구체적인 존재가 가격과 화폐이므로 가치형태에 관한 논의를 통해 마르크스는 가격과 화폐의 의미, 발생, 존재를 설명했다. 그에 있어 가치는 자본주의의 구조나 관계를 나타내므로, 가격이나 화폐는 이런 구조나 관계의 구체적인 모습이다.

대부분의 영미 경제학자들은 사회경제적 존재를 있는 그대로 받아들여 그것의 발생이나 진화 등에 대해 무관심하다. 리카도, 맬더스, 발라스, 제본스 등이 모두 이 같은 부류에 속하며, 스미스가 불완전한 예외일 뿐이다.[21] 이에 비해 마르크스는 자본주의의 역사성을 강조했기 때문에 자본주의의 모든 존재와 범주에 대해 근본적인 의문을 제기했다. 가격과 화폐를 가치형태로 파악한 것도 그런 관점의 산물이다. 따라서 그는 사회주의와 공산주의로 이행하면서 이런 사회적 존재들이 소멸한다고 주장했다.

마르크스는 이 같은 자신의 가치론에 의존해 리카도를 포함한 고전학파의 가치이론이 가치량과 교환비율에 중점을 둔다고 비판했다. 또한 고전학파가 불완전하게나마 가치실체를 인식했으나, 가치형태에 대해서는 전혀 관념이 없었다는 점을 지적했다. 이는 마르크스가 고전학파보다 넓고 깊었음을 의미한다.

21) 이미 언급한 바와 같이 스미스는 교환이나 가치가 아니라 언어의 형성과 관련해 비교, 일반화·추상화를 논의했다. 스미스의 이런 논리를 마르크스의 가치개념과 연관지으면, 명사-사용가치, 형용사-가치실체, 전치사-가치형태로 연결할 수 있다. 마르크스의 가치이론에 수반된 인식론적 혹은 존재론적인 추상화나 현재 많은 학자들이 연구하는 언어와 화폐의 유사성을 고려할 때, 이런 유비가 터무니 없는 공상만은 아닐 것이다.

6.5.2 생산의 무정부성과 화폐

가치형태로 파악되는 화폐는 자본주의의 고유성에서 도출되는 필연적 존재이다. 마르크스는 자본주의의 고유성을 두 가지로 나누었는데, 그 하나는 생산의 무정부성이고 다른 하나는 노자관계에 기초한 착취이다. 먼저 가격 및 화폐와 관련되는 무정부성을 논의하고, 다음 절에서 착취를 논의하자.

정부는 중앙권력에 근거하므로 생산의 무정부성은 자본주의 생산이 집중된 권력에 의해 사전적으로 조정되지 않고 개별 생산주체나 경제주체에 맡겨진다는 것을 의미한다. 원론적으로 자본주의에서는 자본가, 노동자, 소비자 등 경제주체의 활동이 각자에게 맡겨지며, 경제활동의 결과에 대해서도 각자 책임을 진다. 이 점에서 자본주의 생산체제는 분권화되어 있다. 물론 개별주체들은 나름대로 미래를 예측하고, 이에 근거해 계획을 세우며, 이 계획을 실행한다. 그런데 이런 계획과 실행을 각 생산단위가 자율적이며 상호 독립적으로 수행한다.

이와 대조적인 생산방식은 원시공산체제와 사회주의체제이다. 중앙집권적인 이들 경제체제에서는 생산되는 사용가치나 재화의 종류와 수량, 생산방식, 그리고 생산물의 분배가 미리 구성원들 사이에 조정되고 결정된다. 그리고 이후의 경제활동도 이 같이 미리 세워진 계획에 따라 수행된다. 물론 계획이 진행되는 과정에 오차가 생길 때 이를 조정하며, 심각한 차질에 대해 공동체나 경제전체가 책임진다. 이런 경제체제는 중앙집권화되어 있다. 현실의 사회주의경제에서 이런 계획을 수립하는 기관이 중앙계획국(Central Planning Board)이다.

자본주의생산이 무정부적이고 분권화되어 있으므로 여러 생산계획들에 대한 사후적인 평가와 추후 생산에 관한 자발적인 조정이 불가피하다. 여기서 평가는 생산의 결과인 상품, 상품에 투입된 노동과 생산활동, 상품을 생산한 자본가를 대상으로 한다. 다시 말해, 상품에 대한 직접적인 평가를 통해 이 상품에 투입된 노동이 사회적으로 필요했는지, 보다 포괄적으로 이를 위한 생산 및 투자활동이 사회적으로 유용했는지가 간접적으로 판정된다. 이런 평가는 마르크스의 용어로 교환과정 혹은 유통과정에서, 그리고 (일반적인 표현으로) 시장에서 이루어진다.

시장의 평가는 일종의 사회적 승인과정이다. 넓게 보면 사회적 승인은 사업가의 활동이 시장에서 평가될 때뿐만 아니라 미술가가 전시회를 열 때, 음악가가 공연을 가질 때, 소설가가 신작을 세간에 내놓았을 때, 그리고 학생들이 입학시험을 칠 때 등에서 나타나는 사회 혹은 근대사회의 보편적 현상이다.

그런데 상품에 대한 승인은 화폐라는 단일 척도의 개입으로 표준화되고 단순화된다. 자본주의에서 모든 상품이나 물체가 특정 수량의 화폐로 전환되고 환산되며, 그렇게 되지 않을 경우 상품이나 물체는 사회적으로 무가치하다. 이런 이유로 상품이 화폐로 전환되는 과정은 무정부적인 자본주의에서 필연적이며, 이 전환은 상품의 생사가 걸린 필사적 도약이다. 시장 이외의 영역에서는 모든 교육의 결과를 하나의 숫자로 전환해 전국의 모든 학생들을 완벽하게 줄 세우는 한국의 수능시험이 이에 가장 근접한 예이다.

이런 이유로 화폐의 발생과 화폐라는 존재는 마르크스에서 핵심적인 주제가 된다. 구체적으로 마르크스에서 화폐발생은 (a) 사용가치가 아니라 가치의 표현이나 실현과 연관되고, (b) 기술적인 문제가 아니라 자본주의 생산의 무정부성에서 비롯되는 문제이며, (c) 개인의 관계에 앞서 상품관계나 사회관계 속에서 설명된다.

주류경제학은 화폐의 발생이나 진화에 관심을 기울이는 경우에도 설명방식과 내용에 있어 마르크스와 여러 가지 차이를 보인다. 주류경제학은 화폐의 발생을 (a) 사용가치 혹은 재화의 획득과 연관지으며, (b) 욕망의 이중적인 불일치로 인한 기술적인 불편함에 근거 지우고, (c) 개인과 물건 사이의 관계나 개인들 사이의 관계 속에서 설명한다. 이들 중 앞의 두 가지는 수 백년 동안 서양의 사상가들에 의해 화폐의 존재이유로 제시되었다. 여기에 방법론적인 개체주의를 결합시킨 신고전학파는 거래비용(transaction cost)이론에 의존한다.[22]

마르크스의 견해로 상품이 화폐로 전환되어야 한다는 것은 상품과 화폐의 지위가 비대칭적이라는 것을 뜻한다. 화폐에 대한 상품(소유자)의 갈구는 필사적인 데 비해, 상품에 대한 화폐(소유자)의 갈구는 그렇지 않다. 물건을 팔려는 상인의 노력은 적극적이며 능동적인 데 비해, 물건을 사는 소비자는 소극적이고 수동적이다.

---

22) 우리는 현실경제에서 책과 빵의 교환이 아니라 책이나 빵과 화폐의 교환을 관찰한다. 물물교환은 자본주의가 침투하지 않은 지역이나 비공식부문에서, 혹은 공황과 같은 자본주의의 병리현상에서 관찰된다. 그런데 마르크스는 교환의 발전에 근거해 화폐를 도출했으므로 일단 단순한 형태의 교환을 출발점으로 설정했다. 신고전학파는 화폐의 존재 자체를 경시하므로 출발점의 차원을 넘어 지속적으로 실물의 교환이나 거래를 상정한다.

상인은 여러 가지 선물이나 만남을 제안해 구애하는 사람과 비슷한 반면, 소비자는 구애를 귀찮아 하면서도 우쭐해지는 상대방과 같다. 전자는 구체적인 제안(가령, 극장관람)들을 부단히 궁리해서 던지는 적극적인 행위자이며, 후자는 이에 대해 단순히 긍정이나 부정의 반응만을 표시하는 수동적인 행위자이다. 이 점에서 상품과 화폐의 관계는 짝사랑에 가깝다.[23)]

좌파 경제학자들은 신고전학파가 자본주의의 무정부성 및 동태성과 이와 관련된 화폐의 필연적인 역할을 이론에 반영하지 못했다고 비판해 왔다. 우선 고전학파와 관련해 언급했듯이, 신고전학파의 초석을 이루는 왈라지언 일반균형이론에서는 경매인의 가격변동에 따른 모색과정을 통해 여러 주체들의 경제활동이 사전에 조정되어 각 시장에서 수요와 공급이 일치된다. 이 이론에서 화폐는 뉴메레르로서 계산의 단위에 불과하다. 이런 점들로 인해 일반균형이론은 자본주의의 동태성과 화폐를 배제한다.

이와 관련해 서양사상 중에서 만물을 주관하는 유일신이 존재한다는 생각을 언급할 필요가 있다. 기독교에 나타난 유일신은 여러 사물을 주관하는 개별적인 자연신들을 총괄하는 추상적인 신이다. 그런데 자연법사상 등을 통해 알 수 있듯이, 정치와 경제 등 사회에 대한 관심이 높아지면서 이런 신은 세속화되었다. 거슬러 올라가 홉스의 리바이어던, 스미스의 공정한 방관자와 보이지 않는 손, 헤겔의 절대정신, 그리고 마르크스의 가치와 자본은 모두 그런 부류에 속한다. 앞서 지적한 가공성을 논외로 한다면 왈라지언 경매인도 이와 비슷하다.

물론 이 개념들은 대상 자체나 대상에 대한 해석에서 차이를 보인다. 리바이어던은 사회통합의 주체이며, 공정한 방관자는 행동방식의 심판관이고, 보이지 않는 손은 인간의 행동이 자연스럽게 사회에 이로운 결과를 낳게 만드는 존재이다. 또한 헤겔의 절대정신이 우주와 역사를 주관한다면, 가치와 자본은 자본주의 세속의 신이다. 끝으로, 경매인은 수요와 공급에 따라 가격을 변동시키는 존재이다. 그럼에도 불구하고 이들은 모두 추상적이어서 현실에서 구체적으로 포착되지 않으며, 특정 인식체계 및 현상체계에 질서를 부여하는 역할을 발휘하

---

23) 이런 논리는 교환이라는 하나의 행위를 상품소유자와 화폐소유자의 입장에서 각기 달리 해석함으로써 가능하다. 우리의 한자말 매매(賣買)에서는 능동/수동의 구분을 읽어내기 힘들다. 그렇지만 (선물이나 뇌물의) 수수(授受) 혹은 매도(賣渡)나 매수(買受)에서는 이런 해석이 가능하다. 그러나 매매와 수수에 있어 사는 것(買)과 받는 것(受)이 파는 것(出+買)과 주는 것(手+受)보다 원초적이다.

고 있다.

그런데 마르크스에 있어 화폐는 자본주의에서 가장 적절한 재산축적의 형태이기도 하다. 이 상황은 자본가가 화폐를 맹목적으로 무한정 추구하며, 화폐가 그 자체로서 목적이 되는 자본주의사회의 배금주의와 합치된다. 축재는 일상적인 의식주, 여행, 노후대비, 자식교육 등 특정 목적을 위한 저축과 근본적으로 다르다. 특정 목적의 소비뿐만 아니라 특정 목적의 저축도 자본주의의 생리에 부합되지 않는다. 아리스토텔레스가 윤리를 통해 속박하려고 했던 위험이 마르크스가 보는 자본주의체계에서는 이 같이 일상철학으로 구조화된다.

마르크스는 화폐의 이런 기능을 넓게는 '그 자체로서의 화폐'(Geld als Geld)로, 보다 좁게는 퇴장(hoard)으로 규정했다. 그는 상품화폐를 상정했으며, 이에 근거해 화폐의 기능들을 가치척도, 유통수단, 퇴장 혹은 가치저장, 지불수단, 세계화폐로 나누었다. 이 중 퇴장, 지불수단, 그리고 세계화폐는 유통수단 기능의 (일시적인) 정지를 의미하므로 모두 그 자체로서의 화폐라는 큰 범주에 포함된다.[24)]

가치척도는 화폐가 계산단위로서 매매나 투자 등에 있어 모든 것을 하나의 척도로 환산하는 역할이며, 유통수단은 상품의 순환을 매개하는 역할이다. 이에 비해 퇴장은 가치를 저장하는 축재기능을 의미한다. 지불수단은 유통수단과 마찬가지로 상품과 화폐의 거래와 관련되어 있다. 그러나 유통수단이 상품과 화폐의 인도가 동시에 일어나는 상황에서 등장하는 화폐의 역할이라면, 지불수단은 화폐가 상품보다 나중에 인도되는 경우에 나타나는 기능이다. 쉽게 말해, 지불수단은 외상이나 신용판매에 상응한다. 끝으로 세계화폐는 화폐가 금으로서 국가 내에서가 아니라 국가 사이에 무역결제나 자산이동에 활용되는 상황을 나타낸다.

그는 여러 가지 화폐의 기능 중 그 자체로서의 화폐나 퇴장을 강조함으로써 자본주의의 화폐가 무엇보다 축적의 형태임을 강조했다. 또한 그는 유통수단이나 지불수단과 관련해 소비자와 생산자 혹은 노동자와 자본가의 거래보다 생산

24) 화폐에 관한 한 마르크스는 리카도보다 스미스에 가깝다. 우선 화폐의 기능과 관련해 스미스의 분류가 마르크스의 구분과 유사하다. 보다 중요하게 『국부론』과 『자본론』이 모두 화폐의 발생과 기능을 분리시켜 두 군데에서 취급했으며, 화폐의 발생을 가격이나 가치형태와 연결시켜 논의했다. 뿐만 아니라 경제이론이나 사상에 대한 비판을 자본주의 분석의 일부로 상정했다는 것도 양자의 공통점이다. 스미스가 중상주의와 중농주의에 대한 비판을 『국부론』(제 4 권)에 포함시켰다면, 마르크스는 별도의 책이지만 『학설사』를 『자본론』의 연장으로 간주했다.

자들 혹은 자본가들 사이의 거래에 중점을 두었다.

보다 중요하게 이런 거래에 있어 생산자들이 상품을 구하러 다니는 상황보다 자신의 상품을 팔러 다니는 상황을 상정했다. 이는 자본주의가 엄청난 생산력을 향유하므로 공급부족이 아니라 수요부족에 시달린다는 것을 시사한다. 여기서 수요부족은 특정 부문에서 일시적으로 발생하는 과잉생산과 구분된다.

마르크스에 의하면 자본주의에서는 생산이 소비를 위해 존재하는 것이 아니라 그 반대이며, 생산은 자본축적에 의해 지배된다. 이 같이 소비는 자본축적을 위해, 소비자는 자본가를 위해 존재한다. 소비자가 콜라를 마시고 싶어 마시는 것이 아니라 기업의 갖가지 선전과 판매전략에 휘말려 마시며, 마시고 싶은 것보다 더 많이 마시고, 심지어 얼마나 마시고 싶은지조차 모른다.

그의 관점에서 소비자의 화폐를 획득하기 위한 기업가의 노력이 돈을 주고 상품을 얻으려는 소비자의 노력보다 훨씬 강력하고 정교하다. 이런 문맥에서 신고전학파는 물자가 부족한 저개발국가나 현실의 사회주의에 보다 합당하며, 마르크스(와 케인즈)는 주로 성숙한 자본주의에 합당하다는 역설적인 주장이 나올 수 있다.

상품의 인도와 화폐의 인도가 시점상 일치하지 않는 경우로 화폐가 상품보다 먼저 인도되는 선대나 선급과 그 반대인 외상이나 후불을 들 수 있다. 그런데 자본주의에서는 막대한 생산력으로 인해 상품의 가치실현이 문제되므로, 상품부족으로 인한 선급보다 거꾸로 화폐부족으로 인한 후불이 보편적이라고 마르크스는 생각했다.

항상 자금을 효율적으로 활용해야 한다는 압박에 시달리는 자본가들 사이의 거래에 있어 후불은 엄연한 현실이기도 하다. 이런 상황에서 상품이 인도된 사실을 기록해 채권채무관계의 근거를 마련하고 현금을 절약하는 수단으로 어음이 발행되면서 신용화폐가 발생한다.

넓게 보아 화폐의 퇴장기능은 잠재적으로 경제의 구매력을 감소시켜 자본주의 운행에 장애를 일으킬 가능성이 있다. 또한 지불수단기능으로 인해 어음에 대한 결제가 일거에 몰리면서 자본주의에 공황이 발생할 위험이 상존한다. 경제학의 역사에서 중상주의, 마르크스, 케인즈 등이 퇴장을 중시했는데, 이 중 마르크스와 케인즈는 화폐로 인한 불확실성이나 공황의 가능성을 폭넓게 인정했다. 이와 대조적으로 화폐수량설을 수용하는 신고전학파는 이 가능성을 배제하거나 축소시켰다.

화폐에 관해 마르크스와 고전학파 및 신고전학파를 비교하면, 우선 마르크스는 자본주의에서 화폐가 필연적 존재라고 보고, 화폐의 발생에 대해 나름대로 설명했다. 뿐만 아니라 그는 화폐의 기능과 관련해 상품이 화폐로 전환되는 상황과 화폐가 축적의 대상임을 명시했다. 이는 소비가 아니라 자본축적과 가치증식이 자본주의경제의 목표라는 전제를 가지고 있다.

이에 비해 주류경제학은 화폐가 가장 일상적인 존재임에도 불구하고 최근까지 이를 논의에서 배제해 왔다. 또한 화폐는 언제나 유통을 위해 존재하므로 오랫동안 보유할 필요가 없다고 본다. 비슷한 이유로 상품과 화폐는 대칭적이다. 이런 견해에는 소비가 경제활동의 목표라는 전제가 깔려 있다. 고전학파에서부터 등장한 화폐 베일관이나 화폐수량설, 미국의 시카고학파가 주도하는 통화주의 등은 모두 이런 흐름을 이어받고 있다.

화폐와 언어

화폐와 언어 사이의 유사성에 주목할 필요가 있다. 이들의 유사성은 "화폐가 말을 한다"(Money talks)는 구절에 압축되어 있다. 마르크스뿐만 아니라 정반대의 이념을 갖고 있는 오스트리아학파의 멩거 등도 언어의 발생과 화폐의 발생을 동일한 논리로 설명해 이와 같은 유사성을 강조했다.

우선 화폐와 언어는 모두 의사소통의 수단이다. 화폐를 주면 인간은 말을 할 필요가 없다는 의미로 위 구절을 해석할 수 있다. 다시 말해, 화폐와 언어가 모두 의사소통의 수단이어서 서로를 대신해 줄 수 있다. 일반적으로 말을 하지 않아도 돈을 가진 사람에게는 모든 문제가 절로 해결된다. 혹은 외국을 여행할 때 현지 언어를 몰라도 돈만 있으면 만사형통이다. 물건을 사려는 사람보다 물건을 파는 사람이 말을 많이 할 수밖에 없다는 상황도 이 사실을 입증한다.

하나의 상품이 다른 상품과 교환되기 위해 소유자들의 이해가 이중적으로 일치되고 교환비율에 대해 합의해야 하는데, 화폐가 이 어려움을 해소시켜 준다. 이는 두 명의 이방인이 의사소통을 위해 통역관이나 세계언어를 필요로 하는 상황과 비슷하다. 끝으로, 역사상 언어의 힘과 화폐의 힘은 인과관계, 혹은 적어도 상관관계를 가진다. 과거 파운드화와 영어의 힘, 현재 달러화와 미국 영어의 힘이 그 예이다. 다만, 화폐는 수량적 차원도 가지고 있어 일상적인 자연언어뿐만 아니라 수학과 같은 인공언어의 속성도 가지고 있다.

6.5.3 사용가치와 교환가치

아리스토텔레스에 이미 등장했지만 스미스가 명시적으로 제기한 다이아몬드와 물의 역설을 마르크스는 더욱 확대시켜 다른 방식으로 개념화했다. 마르크스에 있어 사용가치 개념은 원래 위치에 놓여 있으면서도 그 의미가 확대된 데 비해, 교환가치는 가치로 변형되고 다시 가치는 실체, 수량, 형태로 구분된다. 고전학파에 불완전하게 존재하던 가치실체가 명확히 개념화되고, 교환가치는 고전학파에 전혀 존재하지 않던 가치형태로 다시 규정되었다.

그러므로 스미스가 제기한 사용가치와 교환가치의 역설은 마르크스에 있어 사용가치와 가치 아니면 가치형태의 역설로 설정된다. 여기서 마르크스가 파악한 가치와 사용가치의 관계가 고전학파가 파악한 교환가치와 사용가치의 관계와 어떻게 같고 다른지 논의할 필요가 있다.

스미스는 교환가치와 사용가치의 역설을 수량적인 관점에서 파악해 사용가치와 교환가치의 상대적인 비율문제로 설정했다. 이에 비해 마르크스는 이 역설을 사용가치와 교환가치 혹은 가치형태의 모순이라는 질적이고 근본적인 문제로 제기했다. 이 점에서 그는 스미스보다 아리스토텔레스에 가깝다.

그에 있어 사용가치는 생산양식과 독립적이고 인간의 보편적인 경제활동과 체제를 나타내며, 교환가치는 자본주의에 고유한 활동과 체제를 나타낸다. 다시 말해, 자본주의경제는 인간의 보편적인 의식주 해결이 아니라 교환가치의 획득과 확대재생산을 일차적인 목표로 삼고 의식주 해결을 이에 대한 수단으로 종속시킨다.

그런데 마르크스는 자본주의의 고유성을 강조했고, 가치개념을 통해 이것을 파악했다. 그에 있어 고유성을 파악하기 위해 요구된 개념이 가치라면, 보편적인 경제체제를 대표하는 개념이 사용가치이다. 가치가 인간들 사이의 생산관계나 사회관계를 포착한다면, 사용가치는 인간과 자연의 보편적인 관계 혹은 보편적인 신진대사로서 생산과 소비를 대변한다. 자연법칙을 활용한 기술혁신과 기계화, 종자개량 등 농업혁명, 이런 것들을 통한 자연정복, 이 과정에서 발생하는 자연파괴와 공해 등은 모두 사용가치와 연결된다.[25)]

---

25) 마르크스가 이런 차원이 아니라 생활양식 등 소비나 문화의 차원에서 사용가치를 파악한 부분도 적지 않다. 『정치경제학비판』 등에서 그는 사용가치의 형태가 문명의 발전과 함께

이렇게 보면 마르크스에서 사용가치와 교환가치의 모순은 자본주의의 운행 방식과 인류의 보편적인 의식주 해결이 부딪쳐 발생하는 갈등이다. 예로써, 훌륭한 내용을 담고 있는 책이 팔리지 않는 상황이 이런 갈등을 표현한다. 자본주의의 이 같은 특징으로 인해 작가들은 책의 내용보다 책의 판매에 관심을 둔다. 루카치(G. Lukacs, 1885~1971)나 헬러(A. Heller, 1929~) 등은 사용가치와 교환가치의 모순으로 인해 자본주의가 인간의 진정한 필요나 가치를 배제한다고 비판했다.

그런데 교환가치도 가치형태로 정착하면서 사용가치와 유사하게 자연적 성격을 띠게 된다. 먼저 사용가치는 자연과 인간의 관계로 규정되는데, 다시 자연은 인간이 마주하게 되는 물적 자연으로서 일차적 자연을 지칭한다. 사용가치나 물적 자연이 일차적 자연과 연결된다면, 가치형태는 이차적 자연으로 규정된다.

과거 다수의 철학자들이 교육을 통해 인간에게 형성되는 습관을 이차적인 자연으로 규정했다. 마르크스는 자본주의에 고유한 형태를 이차적인 자연으로 설정한 셈이다. 그런데 마르크스에 있어 사용가치가 물체 자체로 해석되면서 사용가치는 가치형태에 구체적 모습을 부여하는 물체로 기능한다. 따라서 사용가치는 일차적 자연이면서 이차적 자연의 물적 기반이 된다.

구체적으로 화폐 중 적어도 상품화폐는 특정 상품의 사용가치로, 자본은 공장의 기계로 나타난다. 그는 자본주의에 있어 사회적 관계나 사회적 존재가 물체의 모습을 띠기 때문에 자본주의에 고유한 사회성이 자연성으로 둔갑한다고 주장했다. 이렇게 되면서 자본주의의 구성원들은 자본주의의 경제 및 사회활동이 자연스럽다고 오해하고, 자본주의를 자연적이며 보편적인 체제로 오인하게 된다.

마르크스에 의하면 이런 오인은 자본주의의 고유성에서 비롯된다. 자본주의가 교환관계에 근거하므로 구성원들은 교환을 통해 상품을 판매함으로써 삶을 영위한다. 그런 교환관계는 최종적으로 여타 상품이나 화폐와의 교환으로 나타난다. 이 때문에 모든 구성원들은 자신이 소유한 상품에 사활을 걸게 된다. 이런 사회구조로 인해 자본주의의 경제인들은 상품이라는 물체를 신으로 떠받든다. 그는 이것을 상품물신성(commodity fetishism)이라 불렀다.

바뀐다고 보면서 원시인과 근대인이 고기 먹는 방식을 비교했다. 이 논의에서는 사용가치에도 자연성이나 보편성이 아니라 문화성이나 특수성이 부여된다. 이 부분은 마르크스와 베블렌의 친화력을 보여준다.

상품의 신격화에는 자본주의를 영구불변으로 착각하는 오인이 수반된다. 자본주의의 인간관계나 사회관계가 상품들의 물적인 관계에 압도되므로 자본주의에 고유한 역사적인 사회관계가 항구적인 물적인 관계나 물체자체로 오해된다. 나아가 이런 사회관계에 근거한 자본주의에 보편성을 부여하게 된다.

그런데 이 같은 오인은 자본주의 사회관계나 사회구조 자체에서 나온다. 따라서 상품물신주의는 자본주의를 정당화하는 이념에 대한 유물적인 설명이기도 하다. 물론 구체적인 차원에서는 교육기관, 방송매체, 대기업 연구소나 홍보처 등을 통해 이런 이념이 생성되고 전파된다.

상품물신은 화폐물신과 자본물신으로 발전하며, 금융자본에 대한 물신에 이르러 절정을 이룬다. 각종 물신주의는 사회관계와 사회경제구조 등을 물체로 둔갑시켜 자본주의의 본질과 역사성을 은폐하는 사회적 기능을 지니고 있다. 이런 은폐기능에 있어 금융자본이 가장 성숙해 있다. 여기서도 자본주의이념이 자본주의 생산관계 속에서 자생적으로 발생하고 재생산된다는 유물론적인 입장이 유지된다.

요약하면 마르크스에 있어 사용가치는 가치와 대립해 인간과 자연의 보편적 관계를 나타내는 측면과 가치형태의 담당자로서 자본주의의 고유한 사회관계를 자연의 일부처럼 만드는 이념적 측면을 가진다.

6.5.4 자본과 잉여가치

가치에 대한 마르크스의 논의는 상품으로부터 시작해 화폐로 이어지지만 이들 모두를 포괄하는 자본에 이르러 종결된다. 자본개념을 통해 자본주의에 대한 마르크스 사상의 기본골격이 마련된다. 사실 자본이 자본주의를 규정하기 때문에 그의 주저가 『자본론』이라는 명칭을 얻게 되었다.

일반적으로 자본은 가치의 반복적이며 확장적인 자기재생산으로 개념화된다. 쉽게 말해, 반복해서 자신의 크기를 늘려 가는 가치가 자본이다. 그런데 여러 가지 형태의 자본들 중에서도 상품의 생산과 판매를 기본요건으로 삼는 산업자본이 자본주의에 가장 전형적이다. 이런 의미에서 자본의 운행은 교환과정과 생산과정의 결합이다. 생산과정에서는 착취를 통해 가치가 창출되고, 교환과정에서는 상품이 사회적으로 승인을 받아 가치가 실현된다.

그러므로 보다 특정적으로 본격적인 의미의 자본인 산업자본은 노자착취관계에 근거해 생산되고 교환과정에서 실현되는 가치의 반복적이며 확장적인 자기재생산으로 규정된다. 이렇게 보면 자본의 재생산은 노동력과 생산수단을 시장에서 구입하는 과정, 구입된 노동력과 생산수단을 가지고 상품을 만들면서 노자계급관계에 근거해 착취하는 과정, 그리고 이렇게 생산된 상품을 화폐와 교환해 판매함으로써 이윤을 남기는 과정으로 구성된다. 마르크스의 도식을 가지고 자본을 표현하면 다음과 같다.

$$M --- (LP/MP) \cdots\cdots\cdots P \cdots\cdots\cdots C --- M'$$

M: 화폐(money)
M': 증가된 화폐, $M'=M+dM$
LP: 노동력(labour-power)
MP: 생산수단(means of production)
C: 상품(commodity)
$\cdots P \cdots$: 생산과정(production process)
$--$: 교환과정 혹은 순환과정(circulation process)

독일어 원문으로 표시하면,

$$G --- (Ak/Pm) \cdots\cdots\cdots P \cdots\cdots\cdots W --- G'$$

G: 화폐(das Geld)
G': 증가된 화폐, $G'=G+dG$
Ak: 노동력(die Arbeitskraft)
Pm: 생산수단(die Produktionsmittel)
W: 상품(die Ware)
$\cdots P \cdots$: 생산과정(der Produktionsprozeß)
$--$: 교환과정 혹은 순환과정(der Zirkulationsprozeß)

이에 대해 좀더 상세히 설명해 보자.

1) 자본은 상품이나 화폐와 구분되면서도, 이와 분리되어 존재하지 않고 이들을 매개로 삼으면서 동시에 이들을 포괄한다. 자본의 포괄성은 상품, 화폐, 그리고 기계를 관통하는 가치개념을 통해 유지된다. 이런 의미에서 자본은 물체가 아니라 가치가 상품, 화폐, 기계 등을 통해 자신의 모습을 탈바꿈하면서 벌이는

운동이다.

이 같이 자본은 상품이나 화폐 그 자체는 아니지만 그것을 매개로 생존한다. 이런 의미에서 자본은 상품도 아니고 화폐도 아니면서 동시에 상품이자 화폐이다. 이는 마치 헤겔의 절대정신이 현실의 구체적인 현상들을 통해 역사를 지배하는 것과 유사하다. 다시 말해, 자본은 서양의 전지전능하고 편재(遍在)하는 신과 비슷하다. 가치나 자본이 운동의 알파이자 오메가라는 점에서 자본은 자본주의에 내재되어 있고 시장에 출현하는 세속의 신이다.

자본과 귀신

여기서 잠깐 쉬어가자! 자본은 서양 영화 *The Exorcist*에서 귀신이 여러 인간에 침입해 여러 가지 모습으로 나타나지만 본질적으로 하나인 것과 비슷하다. 서양의 신이나 귀신은 기독교 수준에 이르면 분명히 어떤 구체적 물체로 환원될 수 없는 추상성을 띠게 된다. 이에 비해 종래의 자연종교에서는 구체적인 물체들과 동일시되는 다신주의가 지배적이다. 이와 같이 구체적인 물체나 자연신에게 자연현상을 맡기지 않는다는 점에서 과학적 지식에 대한 믿음이 일신교와 합치된다는 것이 아담 스미스의 해석이다. 이렇게 보면 한국의 납량특집을 장식했던 귀신으로 칼을 입에 물고 피를 흘리며 '월하의 공동묘지'에 출몰하는 '미녀'는 근대적인 서양의 귀신이 아니라 자연종교에 합치되는 귀신이다. 사실 '여고괴담'으로 넘어와도 한국의 귀신은 변동이 없다. 자본은 월하의 미녀보다 엑소시스트의 귀신에 가깝다.

2) 자본은 물체가 아니라 반복된 운동을 통해 재생산되고 확대되는 생산관계들이며, 이런 생산관계와 사회관계들로 구성된 사회구조이다. 마르크스에 의하면 자본주의는 커다란 수레바퀴와 같이 구조적이며, 노동자뿐만 아니라 자본가도 그런 커다란 수레바퀴에 끼어 수동적으로 끌려 다니는 존재를 크게 넘어서지 못한다.

이런 의미에서 그의 입장은 방법론적으로 개체주의가 아니라 전체주의나 구조주의이다. 그는 자본가 개인이 근면이나 검약이라는 미덕을 통해 저축하고, 자신의 의지에 따라 자신의 이익을 위해 투자하며, 그 결과 이윤을 얻는다는 통상적인 해석이 동화에 불과하다며 반박했다.

사회구조는 여러 가지 사회관계들(social relations)의 복합적인 결합이다. 자본에 담겨진 사회구조는 기본적으로 노자계급의 착취관계와 교환관계의 상호의존적이며 상호 삼투된 결합이다. 전자가 후자를 압도하지만, 후자는 전자로 삼투되어 그 형태를 규정한다. 흔히 전자는 좁은 의미의 생산관계로, 양자의 결합은 넓은 의미의 생산관계로 불리기도 한다. 그리고 이런 생산관계에 의존해 성립되는 통치관계나 부부, 부자, 교우 등 여타 인간관계들까지 포괄해 자본주의의 사회관계로 정의할 수 있다.

비판적 실재주의가 강조하는 바와 같이, 자본이 기계 같은 물체가 아니라 사회관계라는 것은 자본이 재생산과정을 거쳐야만 생존할 수 있다는 점을 통해 확인된다. 구체적으로 기계는 원료를 투입해 제품이 생산되는 과정 없이도 상당기간 기계로 존속한다. 물론 기계도 원래 의도된 쓰임새대로 활용되지 않으면 쉽게 망가지지만, 생산활동과 독립적으로 존재한다. 이에 비해 자본은 상품을 생산해 판매하는 과정 없이는 존재할 수 없다.

이와 유사한 예로 선생과 학생은 그 자체로서가 아니라 양자 사이의 사회관계를 매개로 존재한다. 선생과 학생의 사회관계는 강의, 질문, 과제제출 및 시험, 그리고 평가로부터 독립적으로 존재할 수 없다. 마찬가지로 돈을 가지고 원료와 기계를 사들이고 노동자를 고용해 착취하며 상품을 생산하고 이 상품을 시장에 파는 과정을 통해 자본은 생존한다. 물론 여기에 개입된 자본가와 노동자의 계급관계 및 생산관계와 교환관계도 반복되는 재생산과정을 통해 확인되고 갱신된다.

3) 자본의 운동은 가치의 자기운동이다. 이는 운동의 동력이 외부로부터 주어지는 것이 아니라 내부에 있음을 의미한다. 자본은 그리스 신전의 삼발이나 사이보그와 같이 자기 스스로 운동한다. 특히, 자본은 인간의 의지나 이익을 매개로 하면서도 이로부터 어느 정도 독립적으로 움직인다. 달리 보면 이는 운동의 목표가 내부에 존재하기 때문에 외적인 규제를 받지 않고 오로지 스스로를 규정한다는 의미이다.

가령, 아리스토텔레스가 예시했듯이 의사의 수술은 그 자체가 목적이 아니라 환자의 생명을 구한다는 외적인 목표에 의해 한정된다. 또한 생계를 위한 경제활동은 의식주의 확보라는 외적인 목표에 의해 규정된다. 마르크스의 견해로 자본의 운동은 이와 달리 자기증식이라는 내적인 목표를 가지고 있다.

이런 운동을 통해 자본은 자신의 크기를 늘린다. 일반적으로 생명체가 자기보존을 위한 생계획득과 일정 수준의 번식에 만족한다면, 자본은 자기보존의 차원을 넘어 자기증식을 목표로 삼는다. 그 자체로 목적이 되는 최고선이 수량으로서만 의미를 가지듯이, 자본주의의 "최고선"인 가치도 양적인 증가를 통해 존재한다. 또한 이렇게 증식된 가치는 원래 가치와 동질적이기 때문에 원래 가치와 자연스럽게 합쳐지면서, 다시 생산과정에 투입되어 같은 방식으로 더욱 늘어난다.

운동의 목표가 내재적이므로 이런 증식이 무한히 반복되며, 자본의 크기는 무한히 커지려는 내적 경향을 가진다. 자본이 이윤과 가치증식을 목표로 끊임없이 커지므로 여러 지역으로 확산되는 팽창주의, 세계주의, 제국주의의 경향을 가진다. 이는 작은 것이 아름답다는 불교적인 생각뿐만 아니라 자신의 생명을 보존하고 유지하며 적정 수준의 자손을 낳는다는 근대 이전 서양의 자연개념과도 배치된다.

물론 이런 가치증식은 자본주의가 정상적으로 운행될 경우를 전제로 한다. 나중에 논의되는 바와 같이 자본주의는 이런 가치증식에 있어 주기적인 성쇠를 겪으며 궁극적으로 붕괴할 필연성을 내포하고 있다는 것이 마르크스의 견해이다.

4) 마르크스는 착취를 본질적인 개념이라고 생각했기 때문에 고전학파보다 생산과정을 강조했고 기계화 등으로 인한 생산과정의 사회경제적 성격을 상세히 논의했다. 계급간의 착취는 착취계급과 피착취계급을 전제로 하는데, 계급은 생산수단의 소유여부로 결정된다. 자본주의에서 생산수단을 소유한 계급이 자본가이고, 생산수단 없이 노동력으로 살아가는 계급이 노동자이다.

자본주의의 구성요소가 자본가계급과 노동자계급의 대립 및 착취이므로 자본주의는 이들 양대 계급으로의 분화과정을 거쳐 형성된다. 마르크스는 역사적으로 이런 계급의 분화를 자본의 본원적 축적(die ursprüngliche Akkumulation des Kapitals)이라 불렀다.

그에 의하면 중상주의시대에 속하는 이 과정 속에서 국가는 대내외적으로 폭력을 통해 일정 수준 이상의 규모를 갖춘 자본의 형성을 조장하고 노동자계급을 육성했다. 이 과정에서 자작농이나 자영업자들이 자본가와 노동자로 변화되어, 전체적으로 소수의 유산자 혹은 자본가계급과 다수의 무산자 혹은 노동자계급으로 사회가 양분되었다.

이 과정을 본원적이거나 원시적이라고 부른 이유는 자본주의의 태동기에 이루어지는 축적이 자본주의가 일단 성립된 이후에 진행되는 축적과 다르기 때문이다. 본원적 축적은 본격적인 자본축적을 위한 기반을 조성하는 과정이다. 본원적 축적 단계의 자본가들은 학교에 기부하고 대통령과 만나며 세계의 정상들과 회담하는 점잖은 기업가가 아니라 밀수, 폭력, 부패, 유착 등을 통해 돈을 만드는 졸부나 천민에 해당된다.

자본가와 노동자로 규정되는 자본주의의 계급관계는 고대노예제나 중세봉건제의 계급관계와 구분되는 특징을 지닌다. 자본주의의 계급구분은 생산의 무정부성으로 규정되는 시장을 포용한다. 부르주아적인 자유와 평등이 지배하고 모두 이기심을 충족시키지 위해 노력한다는 점이 시장의 특징이다. 보다 포괄적으로 시장에서는 자기의 의사나 이익에 따라 자유롭게 직업을 선택하고 투자하며 계약을 맺는다는 의미에서 경제주체들이 교환과 계약의 당사자로서 평등하다.

이 같이 자본가뿐만 아니라 노동자도 일종의 자유와 평등을 누린다. 이 점에서 자본가가 주인이나 영주와 다를 뿐만 아니라 노동자도 노예나 농노와 구분된다. 자본가는 주인이나 영주와 달리 시장에서의 경쟁으로 인해 부단히 업종이나 투자계획을 바꾸고 그 결과에 대해 책임을 지는 자율성 혹은 자유를 갖는다. 보다 중요하게 노동자는 노예나 농노와 달리 거주이전과 직업선택의 자유를 누리고 있어, 거주지역, 직업이나 업종, 그리고 고용주를 선택할 수 있다. 이 점에서 외견상, 그리고 형식상, 노동자는 자본가와 동등하다.

그러나 마르크스에 있어 이런 자유나 평등은 착취와 충돌하지 않고 오히려 결합되며, 나아가 착취를 은폐한다. 자본가는 시장에서의 경쟁으로 인해 주인이나 영주와 달리 일정수준의 착취에 만족하지 않고 무한히 착취의 정도를 높이기 위해 노력한다. 또한 노동자는 직업이나 고용주를 선택할 수는 있어도 생산수단을 가지고 있지 않기 때문에 무노동을 선택할 수는 없다. 그리고 자본이 생산과정을 장악하므로 노동은 자본의 움직임에 소극적으로 적응한다. 이런 이유로 인해 계급은 마르크스 이론체계의 핵심이다.

이 관점에서는 미국의 노예해방이 노예를 인간답게 살도록 허용한 것이 아니라 노예들을 "자유로운" 노동자로 변화시켜 자본의 이동에 순응하게 만든 것이 된다. 같은 맥락에서 근대국가의 헌법에 명시되어 있는 거주이전이나 직업선택의 자유는 노동자의 진정한 자유가 아니라 자본의 논리에 영합하고 있다. 세계화과정에서 각국에서 진행되고 있는 노동시장의 유연화로 인해 현재 자본의 논리는 빠르게 확산되고 있다.

이와 같이 자본주의에서는 실질적으로 계급과 착취가 존재하면서도 표면적으로는 이런 계급이나 착취가 은폐되고 있다. 같은 맥락에서 자본가와 노동자는 부르주아사회의 개인과 계급의 구성원이라는 양면성을 지니고 있다. 특히, 개인적으로 부르주아적인 자유를 누리면서 동시에 계급으로서 생산수단을 가지고 있지 않다는 이중성을 가지고 있다. 이 때문에 노동자는 두 가지 점에서 자유롭다고 일컬어진다. 즉, 노동자는 자유롭게 직업을 선택할 수 있으며, 동시에 생산수단으로부터 자유롭다.[26)]

5) 마르크스는 자본주의의 착취를 파악하는 개념으로 잉여가치를 내세웠다. 전적으로 노동자계급이 새로운 가치 혹은 "부가가치"(value added)를 창출하는데, 이 중에서 노동자에게 노동력의 가치(value of labour power)를 지불하고 남은 부분이 잉여가치이다. 착취는 여러 생산양식에 걸쳐 나타나지만 자본주의의 착취는 생산된 상품이 교환과정을 거쳐 가치를 실현한다는 고유성을 지니고 있다. 잉여가치는 이런 상황을 포착하는 개념이다.

마르크스에 있어 노동력의 가치와 잉여가치는 각기 임금과 이윤/지대/이자의 보다 근본적인 개념들이다. 전자가 후자를 근본적으로 규정하며, 후자가 전자의 구체적인 형태이다. 마르크스는 가치와 가격 사이에 실체와 형태라는 지위를 부여했던 것과 동일한 방식으로 이 개념들에 층위를 부여했다.

우선 노동력가치가 임금을 보다 근본적으로 규정하며, 임금은 노동력가치를 화폐라는 구체적인 형태로 표현한다. 잉여가치는 이윤, 지대, 이자 등 여러 가지 임금 이외의 소득들을 포괄하는 보다 근본적인 개념이다. 잉여가치가 일차적으로 산업자본가에 대한 이윤으로 변형되고, 이윤 중 일부가 지주에 대한 지대나 금융자본에 대한 이자로 지불된다. 마르크스는 지대에 대해서도 사회성을 강조하면서, 토지소유에 근거한 절대지대를 부문별 잉여가치와 이윤의 차이로 규정했다.

---

26) 같은 이유로 마르크스에 대한 보수적인 비판은 주로 개인의 자유와 사회적 이동성으로 인한 계급의 붕괴나 부재를 앞세운다. 우리 사회에서 입시경쟁을 통한 외견상의 이동성이 학벌주의자의 상투적 논리임은 이와 유사하다.

노동력 가치는 노동력의 재생산이나 회복을 위해 요구되는 가치이다. 이에 따라 노동력 가치는 고전학파의 생계비이론과 유사하게 노동자와 노동자의 가족이 일정기간 동안 생계를 유지하기 위해 요구되는 임금재의 종류와 수량을 임금재의 단위당 노동가치로 곱하고 더해서 얻는다. 즉, $\lambda_L = \Sigma_i b_i \lambda_i$ (λ_L: 노동력의 가치, b_i: 특정 임금재의 수량, λ_i: 특정 임금재의 단위 노동가치).

노동력의 가치에 노동자뿐만 아니라 노동자 가족의 생계가 구성요소로 포함되는 이유는 취사 및 청소 등 주부의 가사노동이 노동력을 회복시키는 데 요구되며, 자식의 양육이라는 가사노동이 미래의 노동자를 배출하기 때문이다.[27) 이 같이 가사노동은 현재의 노동력 재생산과 미래의 노동력 창출에 기여한다. 이 점에서 노동력의 재생산과정은 일반 상품의 재생산과 달리 시장에 완전히 흡수되지 않는다.[28)]

노동자는 노동력가치에 해당되는 임금을 노동의 "대가"로 받아 자본가들이 생산한 임금재를 구입해 소비함으로써 다음 시기의 생산활동을 위해 요구되는 노동력을 회복한다. 위의 자본공식에서 노동력을 구입하기 위해 자본가가 지불한 화폐임금이 임금재에 지출되면서 형성되는 *C-M-C*가 이것을 나타내준다. 이 회로는 자본회로에 부착되며, 노동력의 재생산 역시 자본축적이라는 큰 톱니바퀴에 종속된 작은 톱니바퀴이다. 이 회로를 통해 노동자는 한편으로 자신의 임금을 지출함으로써 생계를 유지하며, 다른 한편으로 자본가가 주도해 생산한 임금재 상품의 가치를 실현한다.

노동력의 재생산 혹은 노동자의 소비는 착취와 가치실현이라는 두 가지 고리를 통해 자본축적과 연결된다. 한편으로 자본축적이 이루어지기 위해 반복적으로 이윤이 생겨야 하는데, 이윤의 원천인 잉여가치를 창출하기 위해 노동자가

---

27) 이미 언급한 바와 같이 고전학파도 가족의 생계비를 임금에 포함시키나 미래의 노동자라는 관점보다 출산과 양육의 자연스러움에 근거해 이를 정당화한다.

28) 프랑크푸르트학파는 노자관계와 부부관계 혹은 공장노동과 가사노동을 동일시하는 경향이 있다. 그러나 이런 착상이 어느 정도 과학적인지 확실치 않다. 사실 주부의 가사노동이 자본이나 시장에 완전히 흡수되지 않는다는 생각은 좌우양측에서 발견된다. 미시경제학에서 외부효과에 상응해 거시경제학에서는 가사노동이 GDP 측정의 한계로 지적되는 것이 단적인 예이다. 참고로 가사노동의 경제적 가치가 2004년 한국에서 월 110만원 정도로 추계되었다. 이런 추계는 통상 여성의 활동이 갖는 경제적 가치를 부각시켜 여성의 지위를 향상시키려는 목적을 담고 있으나, 동시에 경제주의나 자본주의에 대한 순종을 내포하고 있다.

반복적으로 생산과정에 투입되어 착취되어야 한다. 이를 위해서는 노동자가 생계를 유지해야 한다. 다른 한편 노동자가 노동력을 재생산하기 위해 상품을 구입하면서 자본가의 생산물이 가치를 실현한다. 어떤 경로로든 노동자의 소비는 자본가의 이윤추구와 자본축적에 봉사한다.

고전학파와 마찬가지로 마르크스도 특정 시점에서 임금재의 종류와 수량이 주어져 있다고 보았다. 또한 임금재 혹은 소비재에 대한 노동자의 선택범위가 넓지 않으며 노동자 개인별 선호의 차이도 의미가 없다고 생각했다. 이는 신고전학파가 소비자선택을 이론의 기반으로 삼은 것과 대비된다. 대체로 그 역시 고전학파와 마찬가지로 "가격효과"보다 "소득효과"를 강조해 임금변동이 모든 소비재나 임금재의 구매수량을 비례적으로 변동시킨다고 생각했다.

마르크스의 이런 설명이 지닌 사회과학적인 의미는 고전학파를 위시한 거의 모든 경제학자들이 기술적이거나 주어진 것으로 간주했던 생산과정에 착취를 설정하면서 생산에 대해 사회경제적 의미를 부여했다는 데 있다. 자본가계급은 생산과정 속에서 잉여가치율 혹은 착취율(rate of exploitation)을 높이기 위해 부단히 노력하며, 노동자계급은 이에 저항한다.

주어진 임금에서 노동시간을 늘릴수록, 그리고 주어진 노동시간에서 노동자에게 지불되는 몫 혹은 임금이 줄어들수록 잉여가치율은 늘어나며, 그 역도 성립한다. 마르크스는 이들을 절대잉여가치와 상대잉여가치라는 두 가지의 착취방법으로 규정했다.

보다 구체적으로 상품이 사용가치와 가치의 모순적 결합이며, 노동이 구체성과 추상성을 가지는 것과 마찬가지로, 상품생산은 사용가치 생산과 가치창출의 모순적 결합이다. 마르크스는 생산과정(production process)을 구체노동에 의존해 사용가치를 생산하는 노동과정(labour process)과 추상노동에 의존해 가치를 창출하고 증가시키는 가치창출과정(valorization process)으로 파악했다.

노동과정은 원료를 변형해 새로운 사용가치를 만들어 내는 질적 변동으로 규정되며, 가치증식과정은 투입가치보다 산출가치가 큰 양적 증가로 규정된다. 따라서 가치와 관련해서는 단순한 창출이 아니라 증식이 내장되어 있다. 이는 상품이 사용가치와 가치의 두 가지 차원에서 이해되고 상품생산이 노동과정과 가치창출과정의 두 가지 차원에서 파악되는 논리적 흐름에 상응한다.

사용가치와 마찬가지로 노동과정이 모든 생산양식에 보편적으로 적용된다면, 가치와 마찬가지로 가치증식과정은 자본주의의 특징을 나타낸다. 자본주의에서 사용가치가 가치를 담고 있다는 데서 존재근거를 찾을 수 있듯이, 가치를 창출하고 증식시키는 것이 자본주의의 목표이며 사용가치의 생산은 이런 목표를 달성하는 수단에 불과하다. 이런 관점에서 마르크스의 자본주의는 아리스토텔레스가 설정한 자연스런 경제체제의 정반대이다.

가치증가와 사용가치증가

노동과정에는 수량증가가 드러나지 않는 데 비해, 가치증식과정에는 수량증가를 논의해 양자 사이에 비대칭이 있는 것처럼 보인다. 그러나 리카도와 마르크스에 적용된 수량체계에서 특정 산업이 아니라 경제전체로 따지면 사용가치도 늘어나므로 이런 비대칭이 해소된다. 예를 들어, 탁자를 만드는 데 투입되는 목재와 탁자의 수량을 비교하거나 증감을 측정할 수는 없다. 그러나 경제전체 차원에서 각 산업에 투입된 목재의 수량을 합하고 이를 목재산업에서 생산된 목재의 수량과 비교할 수 있으며, 일반적으로 후자가 전자보다 같거나 크다. 다만, 산업이나 기업차원의 생산흐름에 초점을 맞추고 주로 가치 및 가격의 관점에서 자본의 운동을 파악한 마르크스에서는 이런 독해가 쉽지 않다. 이와 관련해 거꾸로 제기될 수 있는 문제는 경제전체 수준에서 가치증식이 과연 지속적으로 가능한가이다. 기술발전을 통한 상대잉여가치 증가와 인구증가가 그런 가능성이다. 이 같이 사용가치와 가치차원에서 자본주의경제는 팽창하는 경향을 지닌다. 그러므로 사용가치 및 가치증가에 생태계의 파괴나 축소로 상쇄되는 넓은 의미의 보존법칙 혹은 불변의 법칙을 상정하지 않은 한, '에너지 보존의 법칙'을 자본주의경제에 적용하기는 힘들다.

가치증식과정에서 생산을 주도해 계획하고 조직하는 주체는 생산수단을 소유한 자본가이며, 노동자는 이런 계획과 조직에 흡수되어 착취된다. 헤겔이나 마르크스는 인간을 인간답게 만드는 활동이 철학적 사색이나 소비 혹은 쾌락이 아니라 인간 본연의 노동이라고 생각했다. 그러나 자본주의에서의 노동은 노동자가 생산수단을 가지고 있지 않아 상품을 생산하는 데 동원되기 때문에 자아를 실현하는 자연스런 노동이 아니라 생계를 유지하기 위한 노동이고 소외된 노동이다.

무엇을, 어떻게, 어떤 관계나 조직 속에서, 어느 정도의 속도로 생산할지가 노동자의 의사나 이익과 무관하게 결정되며, 생산의 결과가 노동자의 소유물이 아니라는 것이 소외된 노동의 특징이다. 이는 앞서 언급한 사용가치와 가치의 모순이 사용가치생산과 가치창출의 모순으로 이어졌음을 의미한다.

사용가치를 생산하기 위한 노동과정은 원료 및 보조재료, 도구 및 수단, 그리고 노동의 결합이다. 예로써, 탁자라는 사용가치의 생산에서는 목재가 원료이고, 페인트, 전기, 못 등은 보조자료이며, 망치, 톱 등이 도구이다. 또한 노동자가 소비하는 의식주도 간접적으로 생산에 투입된다고 볼 수 있다.

이에 반해, 가치창출과정은 가치관점에서 파악된 생산과정으로서 가변(variable)자본과 불변(constant)자본을 구성요소로 삼는다. 마르크스는 오로지 노동자만이 잉여가치를 창출한다고 보았다. 이처럼 잉여가치를 창출해 그 수량이 변동하거나 커질 수 있다는 의미에서 노동자의 임금재에 상응하는 가치를 가변자본으로 이름지었다. 또한 수량적인 변동의 잠재력을 가지지 못한 여타 자본의 구성요소들을 모두 묶어 불변자본으로 호명했다.

가치로 따져 생산과정의 결과는 [가변자본+불변자본+잉여가치] 혹은 $[C+V+S]$이다. 가변자본은 사용가치로 임금재에 상응하며, 불변자본은 원료 및 보조자료, 그리고 도구나 기계에 해당된다. 또한 마르크스는 고전학파로부터 전래된 개념에 따라 원료, 보조자료 및 임금재로 구성된 유동자본과 도구 및 기계 등으로 구성된 고정자본을 구분했다. 그렇지만 이 구분은 유통과 관련된 것으로 그에 있어 가변/불변자본의 구분보다 부차적이다.

여기서 가변/불변자본은 자본의 유기적 구성($q=C/V$)으로 정의되는데, 생산조건이나 기술발전의 정도를 나타낸다. 또한 착취율은 잉여가치/가변자본($e=S/V$)인데, 하루의 노동시간으로 따져 잉여(surplus)노동/필요(necessary)노동 혹은 부불(unpaid)노동/지불(paid)노동으로 표시할 수도 있다.

이렇게 해서 생산과정에서 투입된 노동과 그 중 임금으로 노동자가 가져간 가치, 즉 노동력의 가치가 구분된다. 쉽게 말해, 노동자가 임금으로 가져가는 가치가 돈으로 환산해 100$라면, 실제 생산과정에서 투입되는 노동의 가치는 100$ 이상이다. 이와 같이 노동시장에서 노동자와 자본가가 맺은 계약서에 명기된 임금보다 노동자가 창출하는 가치는 더 크다. 더구나 생산과정에서 노동자를 어떻게 "관리"하느냐에 따라 창출되는 가치가 200$가 될 수도 있고 500$가 될 수도 있어 가변적이다.

이윤율은 일반적으로 총자본에 대비된 이윤으로 정의된다. 즉, $r=\Pi/K$(r:

이윤율, Π: 총이윤, K: 총자본). 착취율이 노동시간 혹은 가치의 비율로 표시된 데 비해, 이윤율은 화폐의 비율로 표시된다. 가치와 가격의 이런 차이를 잠시 도외시하고 수량적인 측면에 초점을 맞추면, 총자본은 [가변자본+불변자본]($K=C+V$)이고 이윤은 잉여가치($\Pi=S$)이다. 이렇게 보면, 착취율은 가변자본에 대비한 비율인 데 비해, 이윤율은 총자본에 대비한 비율이다.

이윤율에 대한 정의는 이윤이 상품을 생산하기 위해 투입된 자본 전체로부터 발생한다는 생각을 바탕으로 한다. 이런 이윤율 개념은 일상적인 자본가의 관념이자 속류경제학의 생각에도 부합된다. 마르크스에 의하면 이윤이 자본전체로부터 창출된다는 인식은 현상의 표층에 불과하고, 본질적으로 이윤은 잉여가치로서 오로지 가변자본으로부터 창출된다. 이윤율에 대비되는 착취율에 이 입장이 반영되어 있다.

그런데 마르크스는 이윤율에 대한 일상적인 사고가 잘못되었지만 동시에 자본주의의 엄연한 현실이나 현상임을 강조했다. 이런 생각이 생산에 참여한 모든 생산요소가 각자 생산에 공헌한 바에 따라 분배받는다는 부르주아이념을 재생산하기 때문이다. 이에 따라 그는 통상적인 이윤율의 정의 자체를 자본주의 현실로 보아 설명대상으로 간주했다.

나아가서 그는 이윤율 개념 등에 담겨 있는 이런 피상적인 인식이 생산과 분배를 사회관계로 파악하지 않고 물적으로 이해하면서 생겨나는 오류라고 비판하면서, 이를 노동, 자본, 토지의 삼위일체 공식(Trinity Formula)으로 규정했다. 삼위일체 공식은 토지와 노동을 각기 부의 어머니와 아버지로 불러 비슷하거나 조화롭게 만들고, 여기에 자본까지 포함시켜, 각각이 나름대로 생산적이라고 보는 속류경제학의 논리이다. 모든 생산요소들을 무차별하게 취급한다는 점에서 삼위일체의 공식을 한계생산성이론의 전신으로 간주할 수 있다.[29]

마르크스에게서는 토지, 노동, 자본이 생산에 필요하다는 사실로부터 이들이 각기 가치를 생산한다는 논리가 나올 수 없다. 그에게는 임금뿐만 아니라 이윤, 이자, 지대도 모두 노동자계급이 창출한 가치이며, 이 중 임금 이외의 소득들은

---

29) 삼위일체의 공식과 한계생산성이론의 관계는 당시의 수요공급이론과 신고전학파의 수요공급이론 사이의 관계와 유사하다. 신고전학파의 한계생산성이론과 수요공급이론은 모두 개인의 선택을 중시하는 등 방법론적 개체주의에 근거하고 있지만, 삼위일체의 공식과 당시의 수요공급이론은 모두 개체주의에 철저하지 않았다.

착취의 결과가 일차적이거나 이차적으로 변형된 것이다.

이렇게 보면 마르크스에서 자본주의의 모든 사회구성원은 돈의 노예이며, 노동자는 이와 더불어 자본가의 노예이다. (권력과 마찬가지로) 돈에 대해서는 노동자와 같이 부족한 사람뿐만 아니라 자본가와 같이 풍부한 사람조차 노예가 될 수 있다. 노동자계급은 신 앞의 평등, 법 앞의 평등, 교환의 당사자로서 시장에서 누리는 평등에도 불구하고 이 같이 이중적으로 예속되어 있다. 나아가 이런 평등들이 이중적인 예속을 은폐한다. 아리스토텔레스의 노예는 주인에게 예속되나 돈에는 예속되지 않을 수 있으므로 노동자보다 낫다.

이에 비해 신고전학파는 신 앞의 평등과 법 앞의 평등을 소중히 여기면서 자본가에 대한 노동자의 예속을 부정한다. 그리고 타인에게 노예가 되는 것보다 비인격적인 돈에 노예가 되는 것이 낫다고 주장한다. 다시 말해 신고전학파 입장에서는 수전노(샤일록)가 고전적인 의미의 노예(스파르타쿠스)보다 낫다.

이제 마르크스의 착취이론이 가치창출 및 증가에 대한 여타 학파의 견해와 어떻게 다른지 비교할 필요가 있다. 중상주의가 무역에서의 일방적인 가치이전을 상정했고, 중농주의가 농업이나 농업에 투입된 노동에서 가치의 근원을 찾았다. 이에 비해 고전학파는 보다 넓혀 대부분의 산업 혹은 산업에 투입된 노동에서 부가가치가 발생한다고 보았다. 이들과 달리 마르크스는 산업의 종류가 아니라 사회관계 및 계급관계를 기준으로 착취를 통해 부가가치가 발생한다고 보았다.

신고전학파는 산업이나 노동 혹은 사회관계나 계급관계의 종류에 관계없이 시장에서 가격의 증가를 가져오는 모든 경제활동이 부가가치를 낳는다고 생각한다. 좁히면 생산보다 교환 및 무역에서 부가가치가 발생한다고 생각한다. 나아가 신고전학파의 잉여는 개별적인 교환에 의존하고 주관적인 요소에 압도되는 개인과 재화 사이의 관계에서 발생한다. 이에 비해 마르크스의 잉여가치는 생산관계에 의존하는 객관적인 존재이며 사회구조에서 발생한다.

6) 산업자본이 자본주의의 전형적인 자본형태이지만 유일한 형태는 아니다. 자본주의에는 산업자본 옆에 상업자본과 금융자본이 공존한다. 상업자본은 백화점이나 대리점과 같이 유통과정에 자리잡은 자본으로 생산과정의 매개 없이 상품의 매매를 통해 이윤을 얻는 자본형태이다. 나아가 금융자본은 생산과정뿐만 아니라 상품의 매개조차 없이 이윤 혹은 이자를 획득하는 형태이다. 따라서 상

업자본은 $M\text{-}C\text{-}M'$으로, 금융자본은 $M\text{-}M'$으로 각기 표현된다.

힐퍼딩

역사적으로 금융자본은 고리대자본이라는 원시적 모습으로, 상업자본은 초기 자본주의에 등장했다. 산업자본이 지배하는 성숙된 자본주의에서도 이들이 사라지는 것이 아니라 변형된 모습으로 공존한다. 마르크스가 산업자본을 전형적인 자본형태로 규정한 이유는 상업자본의 이윤이나 금융자본의 이자가 궁극적으로 산업자본에서 창출되는 잉여가치와 그것의 구체적인 모습인 이윤에서 파생된다고 생각했기 때문이다.

오스트리아의 마르크스주의자 힐퍼딩(R. Hilferding, 1877~1941)은 『금융자본론』(*Das Finanzkapital; Finance Capital*, 1910)을 통해 자본주의가 발달하면서 산업자본에 비해 금융자본의 비중이 증가하는 모습을 분석했다. 그런데 이것은 지난 19세기 말부터 현재까지의 상황을 웅변하고 있다. 특히, 1990년 이후 본격적으로 진행되고 있는 세계화와 함께 금융자본의 활동이 급증하고 있음은 주지의 현실이다.

이 지점에서 앞서 논의한 아리스토텔레스와 스미스를 마르크스와 대비시켜 보자. 아리스토텔레스는 삶을 기초로 좋은 삶을 추구하면서 영리를 위한 삶을 배격했다. 이에 비해 스미스는 좋은 삶을 위한 도덕의 고상함을 낮추고 상업활동의 공공성을 제시해 양자의 거리를 좁혀 공존할 수 있게 했다.

마르크스는 아리스토텔레스의 이상에 어느 정도 동조하면서 그것의 정반대가 자본주의 현실이라고 주장한다. 그에 의하면 자본주의에는 좋은 삶은커녕 삶 자체도 어려우며 이들이 모두 영리를 위한 삶에 봉사하도록 견고한 구조가 자리잡고 있다. 이런 이유로 그는 윤리나 도덕, 교육, 정책 등에 의한 개혁이나 개량이 아니라 노동자계급의 투쟁에 의한 구조의 타파를 주창했다.

헤겔의 『법철학』

이 지점에서 헤겔(Georg Wilhelm Friedrich Hegel, 1770~1831)을 살펴볼 필요가 있다. 그의 『법철학』(*Hegel's Philosophy of Right*, 1820)은 윤리학이나 사회철학을 다루고 있어 사회과학의 지평을 연 마르크스와 밀접한 연관이 있다. 헤겔은 개인의 추상적 권리, 도덕, 윤리적 생활의 순서로 논리를 전개했으며, 윤리적 생활에서는 가정, 시민사회, 그리고 국가의 차례로 논의했다.

헤 겔

익히 짐작할 수 있듯이, 관념론자인 그는 개인의 의지, 주관, 보편적 의지, 개념, 그리고 관념이나 정신 혹은 자의식 등을 핵심으로 삼았다. 개인의 의지가 보편적 의지로 실현되면서 정당성과 선이 결합되어 비로소 윤리적 삶의 수준에서 이데아를 형성한다. 그는 윤리적 삶이 가정, 시민사회, 그리고 최종적으로 국가에서 실현된다고 보았다. 헤겔은 아리스토텔레스나 마르크스와 같이 앞선 논리가 뒤의 논리에 의해 포용되는 발생론적인 접근에 의존했다.

그는 재산이나 계약, 심지어, 자본 등의 존재를 인식하면서 근대 시민사회의 등장을 부각시켰다. 구체적 내용은 다르지만 헤겔도 홉스나 스미스 등과 같이 근대적 개인을 염두에 두었다. 그러나 그의 논리는 개인, 가정, 시민사회, 그리고 국가의 순서로 이어져, 경제나 시민사회 자체에 궁극적 의미를 두지 않고 국가에서 최종적인 이상을 찾았다. 이 때문에 헤겔의 철학에는 시민사회와 국가의 갈등이 자리잡고 있다.

아리스토텔레스와 비교해 헤겔은 추상적인 인간이나 개인을 부각시켰고 가정과 국가 사이에 시민사회를 삽입시켰다는 차이를 가지고 있다. 개인과 시민사회를 삽입시킨 것은 모두 근대적이다. 욕망을 가진 현실의 개인들이 협력하고 경쟁하며, 사회적 분업과 전면적 교환이 존재하고, 계층이나 계급이 유동적이라는 점에서 헤겔의 시민사회는 고대희랍의 시민사회와 다르다.

헤겔에 의하면 근대시민사회에서 특수성이나 개별성이 극단적으로 팽창하면서 동시에 보편성이 추구된다. 물론 현실적으로 이런 시민사회가 마찰 없이 윤리적 질서 속으로 포섭될 수 있는지는 논란거리이다. 그는 구체성이 발현되는 시민사회가 보편성이 지배하는 국가에 의해 제압될 수 있다고 보았다.

보다 중요하게 헤겔에 있어 윤리적 질서는 윤리적 삶에 의해 형성되고, 교육을 받은 인간들의 도덕을 매개로 재생산된다. 그는 교육을 통해 내면화된 도덕이 습관이 되어 인간에게 제 2 의 자연으로 작용한다는 점을 지적했다. 플라톤이나 아리스토텔레스 등은 인간과 사회에 대한 정태적 평가와 방향 제시에 초점을 두었다. 이에 비해, 헤겔은 인간과 사회를 동적인 움직임으로 보아 이들의 재생산을 강조했다는 차이가 있다.

구체적으로 아리스토텔레스는 도덕과 정의를 규정하고, 이를 통해 지배관계 및 교환관계 등 각종 인간관계를 평가하는 기준이나 이들이 지향해야 할 이상적인 상태를 제시했다. 헤겔은 인간이 교육을 받아 도덕이 내면화되면서 자연스럽게 사회에 윤리적 질서가 생겨나고 재생산된다고 주장했다.

이런 외형으로 보면 헤겔은 마르크스뿐만 아니라 하이에크와도 유사성이 있다. 헤겔의 사고틀은 마르크스의 이론에서 자본주의 구조가 가치형태를 매개로 경제주체에 의해 재생산되는 것이나 하이에크에 있어 자생적 질서가 가격과 규칙을 매개로 개인에 의해 갱신되는 것과 유사하다. 마르크스의 사회구조와 하이에크의 자생적 질서 대신에 헤겔에는 윤리적 질서가 자리잡았고, 마르크스의 가치형태나 하이에크의 규칙 및 가격 대신에 도덕이 자리잡은 형상이다. 이런 유사성은 아마도 케인즈의 화폐적 생산경제와 불확실성의 관계나 프로이트의 개인과 무의식의 관계에도 연장될 수 있을 것이다.

나아가서 헤겔은 추상적 권리, 도덕, 윤리적 삶 혹은 가정, 시민사회, 국가를 관통하는 논리로서 이데아를 상정했다. 달리 보면, 그는 개인, 가정, 시민사회, 그리고 국가를 통해 이데아가 나름대로 실현된다고 보았다. 이런 관점에서 보면, 헤겔의 과제는 일상적으로 발견되는 인간이나 가정, 시민사회, 국가에 대한 통상적인 규정을 정신이나 이데아의 실현이라는 관점에서 재해석해, 이들 사이에 연속성과 차별성을 제시하는 것이었다.

이는 마르크스가 (노동)가치를 상품, 화폐, 자본 등을 관통하는 통일적 원리로 제시하고, 상품, 화폐, 자본 등을 차별화한 것과 유사하다. 이렇게 보면 헤겔의 이데아나 절대정신은 마르크스의 가치에 상응하고, 인간, 가정, 시민사회, 국가 등은 상품, 화폐, 자본 등에 상응한다. 다만, 하이에크에서는 이데아나 정신에 상응하는 것을 찾기 힘들다. 예상했던 바와 같이 헤겔은 마르크스에 상당히 근접되어 있다.

헤겔에 있어 정념이나 욕망이 아니라 의지가 중요한 것은 마르크스의 가치와 마찬가지로 이것만이 능동적인 운동의 주체가 될 수 있기 때문이다. 또한 재생산되는 것이 헤겔의 체계에서 윤리적 질서라면, 마르크스에서는 자본주의 사회구조나 사회관계이다. 더불어 개체와 사회를 매개하는 고리로 헤겔에서는 도덕이 작동하는 데 비해, 마르크스에서는 가치형태가 작동한다. 이에 따라 개체는 헤겔에 있어 궁극적으로 도덕적 존재로, 마르크스에 있어서는 이기적 인간으로 등장한다.

이런 원리, 질서, 그리고 매개고리를 통해 생겨나는 차등적인 사회적 존재로 헤겔이 가정, 시민사회, 국가 등을 제시했다면, 마르크스는 상품, 화폐, 자본 등을 제시했다. 가정과 시민사회는 헤겔에 있어 이데아가 구체적으로 나타나는 모습이며, 상품과 화폐는 마르크스에 있어 가치가 구체적으로 나타나는 모습이다.

물론 양자에 있어 이데아나 가치는 추상성이나 객관성을 가지면서도, 구체적인 모습을 통해 자신을 드러내는 존재이다. 또한 헤겔에 있어 가정, 시민사회를 포괄하면서 윤리적 질서를 완결하는 것이 국가라면, 마르크스에 있어서 상품, 화폐를 포괄하면서 자본주의를 완결하는 것은 자본이다.

이와 같은 논리적 틀이 각자의 체계를 압도하지만, 이들의 배후에 이들과 모순을 일으키면서 결합되어 있는 또 다른 체제가 각기 존재한다. 헤겔에서는 정념이나 욕망에 의해 지배되는 시민사회가 국가의 배후에 도사리고 있다. 마르크스에서 자본은 현실일 뿐 이상은 아니다. 이상은 자본의 타파 혹은 사회주의라고 말할 수 있다. 헤겔에서는 국가의 존재가 상당히 현실에 가까운 데 비해, 마르크스에서 사회주의는 현실과 적대적으로 대립되는 이상이다.

이런 주장의 단서는 각각에 있어 인간과 사회가 이중적이라는 데서 발견된다. 헤겔에 있어 인간이 도덕적이면서도 동시에 감정이나 욕망에 의해 좌우되며, 이런 양면이 국가와 시민사회를 이룬다. 따라서 도덕이 감정이나 욕망을 제압하거나 이것을 포용하면서도 자신의 모습을 잃지 않듯이, 국가가 시민사회를 수용하면서도 시민사회를 압도한다. 이 점에서 헤겔적인 인간은 도덕과 감정의 결합체이며, 헤겔적인 사회는 국가와 시민사회의 복합이다.

이와 유사하게 마르크스에 있어 인간은 이기적인 경제인이면서도 노동자계급의 일원으로서는 자본주의를 극복하는 존재이다. 또한 사회는 현실적으로 자본주의이면서도 잠재적으로 사회주의이다. 마르크스에 있어 노동자계급은 자본주의 안에서 착취되고 소외된 인간이지만 계급의식을 형성해 착취를 극복할 수 있는 잠재력을 가진다. 이와 같은 계급사회의 극복은 사회주의의 건설을 결과로 가져온다.

물론 이런 유사한 외형이 담고 있는 내용은 양자에 있어 크게 다르다. 헤겔은 도덕, 윤리, 국가에 의존해 이상사회를 상정하며, 마르크스는 노동자계급의 인식과 운동을 통해 사회주의 사회를 상정한다. 헤겔에 있어서 도덕, 윤리, 국가는 보편성을 가질 수 있는 데 비해, 마르크스에 있어서 도덕, 윤리, 국가 등은 모두 자본주의의 고유한 한계를 벗어나지 못하는 역사성을 갖는다.

헤겔이 아리스토텔레스 등에 비해 그 중요도를 높여 놓은 시민사회를 마르크스는 아예 근대의 중심에 놓으면서 그것의 운동법칙을 탐구한 셈이다. 이런 변화는 헤겔이 강조한 가정이나 국가가 마르크스에서는 배후로 후퇴한다는 것을 의미한다.

이와 관련해 가정, 시민사회, 국가 등 헤겔의 범주와 상품, 화폐, 자본 등 마르크스의 범주가 보여주는 차이를 지적할 필요가 있다. 헤겔은 사회적 존재나 사회관계를 단순히 인간들의 관계나 모임으로 보는 데 비해, 마르크스는 물체들 사이의 관계나 물적인 구조로 파악했다. 이런 차이로 인해 헤겔에 있어 사회관계나 구조는 개인의 노력이나 집단적 개입을 통해 관리 혹은 변경 가능한 데 비해, 마르크스는 그와 같은 변혁의 가능성을 배제하고 노동자계급의 혁명을 유일한 방책으로 제시했다.

6.5.5 노동가치 · 생산가격 · 시장가격

마르크스에 있어 가치와 가격은 본질과 형태의 관계에 있으면서도 두 개 층이 아니라 세 개 층으로 구성되어 있다. 우선 그는 고전학파의 자연가격을 생산가격(price of production)으로 바꾸어 생산가격과 시장가격을 구분했다. 보다 중요하게 그는 이들 가격들의 심층에 노동가치를 확고히 설정했다.[30] 고전학파의 이론이 자연가격과 시장가격의 두 개 층으로 이루어진 데 비해, 마르크스의 이론은 이 같이 노동가치, 생산가격, 시장가격의 세 개 층으로 구성되어 있다.

구체적으로 심층에는 노동가치/잉여가치/노동력가치가 자리잡고, 중간에 생산가격/평균이윤/(평균)임금이 설정되며, 표층에는 시장가격/차등이윤/(차등)임금이 놓인다.[31] 이런 이유로 마르크스는 가치의 결정요인, 그리고 생산가격과 시장가격의 관계뿐만 아니라 가치와 생산가격의 관계를 설명해야 하는 과제를 안게 되었다.

생산가격과 시장가격의 관계는 고전학파와 마르크스 모두에 있어 경쟁이론에 속한다. 또한 마르크스에 고유한 가치와 생산가격의 관계는 전형문제로 규정된다. 그의 이론체계에서 전형문제가 경쟁이론보다 논리적으로 앞선다.

전형이론은 현실적으로 관찰되는 가격을 노동가치가 결정하며, 이윤이 잉여가치와 착취의 산물임을 보여주는 데 주안점을 두고 있다. 시장가격이 생산가격의 지배를 받고 차등이윤율이 일반이윤율에 규제된다고 보면, 이런 입장은 노동가치와 잉여가치가 본질을 유지한 채 외형을 바꾸어 생산가격과 평균이윤이 된다는 해석을 낳는다. 따라서 전형이론은 생산가격과 이윤이 노동가치와 잉여가치의 변형이라는 입장을 유지하기 위해 가치/잉여가치와 가격/이윤의 수량적인 정합성을 논증하는 데 목표를 두고 있다.

---

30) 마르크스가 고전학파의 자연가격을 생산가격으로 표현한 이유는 경쟁에 의해 생겨나고 이윤을 구성요소로 하는 자연가격이 자본주의에서 자연스러울 뿐 결코 보편적인 자연성을 갖지 않는다고 생각했기 때문이다.

31) 그런데 노동가치, 생산가격, 시장가격의 세 가지 층은 본질과 외양 혹은 심층과 표층이라는 구분과 쉽게 결합되지 않는다. 마르크스 체계 안에 고전학파와 헤겔이 말끔하게 연결되지 않은 부분이 아닌가 추측해 본다. 또한 차등이윤이나 차등임금은 보다 구체적인 차원에서 논의된다. 그리고 생산가격과 시장가격은 이윤의 차등 여부로 구분되나, 생산가격과 시장가격이 각기 평균임금과 차등임금으로 이어지는지는 확실치 않다.

보다 구체적으로 경제에 여러 부문을 상정할 때 각 부문의 유기적 구성이 다르기 때문에 특정 부문에서 창출된 노동가치와 잉여가치가 해당 부문의 생산가격과 이윤으로 전환되지 않는 상황이 논의의 출발점이다. 마르크스는 먼저 이 상황이 노동가치이론에 대한 반박으로 이어지지 않는다고 주장했다. 비록 각 부문의 노동가치와 잉여가치가 그 부문의 생산가격과 이윤으로 전환되지 않지만, 다른 부문으로 이전되어 경제전체의 노동가치와 잉여가치는 그대로 유지된다는 것이 그의 해석이다. 이는 에너지보존의 법칙과 유사한 가치보존의 법칙으로 이해할 수 있다.

이를 정식화하면, 1) 총가치와 총가격이 일치되며, 2) 총잉여가치가 총이윤과 일치된다는 두 가지 총계명제가 나온다. 스스로 제시한 두 개의 총계명제는 마르크스 전형이론의 타당성을 판정하는 내재적인 기준이 되었다. 그는 이 기준에 따라 원하는 수량적 정합성을 자신의 틀 속에서 성취했다고 생각했다.

그런데 보르트키에비츠(L. v. Bortkiewicz, 1868~1931)가 마르크스의 해법에서 중대한 문제점을 찾아냈다. 이는 마르크스가 산출물의 가치를 가격으로 전환했을 뿐, 투입물의 가치를 가격으로 전환하지 않았다는 점이다. 일단 이를 인정하게 되면 기존 틀에서는 마르크스가 기준으로 제시한 두 개의 총계명제 중 하나는 충족시킬 수 없다. 이 지적은 이후 전형이론이 해결해야 할 과제가 되었다.

수학적으로 보면, 미지수는 n개의 가치변형계수와 이윤을 합해 $(n+1)$인데, 제약조건은 n의 독립적인 방정식과 2개의 총계명제를 합해 모두 $(n+2)$가 된다. 투입물을 전형하지 않은 마르크스의 원래 모형에서는 두 개의 명제가 하나의 독립적인 식에 불과하므로, 실질적으로 제약조건의 숫자가 미지수의 숫자와 같다. 그러나 보르트키에비츠가 주장한 대로 투입물을 전형하면, 두 개의 명제가 독립적으로 되어 과잉결정에 봉착하게 된다.

임금재, 자본재, 사치재의 세 부문으로 구성된 경제를 통해 이 문제를 예시하면 아래와 같다.

$$\lambda_1 = C_1 + V_1 + S_1 \quad \varphi_1\lambda_1 = (1+r)(\varphi_1 C_1 + \varphi_2 V_1) \cdots\cdots 1)$$

$$\lambda_2 = C_2 + V_2 + S_2 \quad \varphi_2\lambda_2 = (1+r)(\varphi_1 C_2 + \varphi_2 V_2) \cdots\cdots 2)$$

$$\lambda_3 = C_3 + V_3 + S_3 \quad \varphi_3\lambda_3 = (1+r)(\varphi_1 C_3 + \varphi_2 V_3) \cdots\cdots 3)$$

가치와 가격의 총계 일치: $\sum_i (C_i + V_i + S_i) = (1+r)\sum_i (C_i + V_i)$ ⋯⋯ 4)

잉여가치와 이윤의 총계 일치: $\sum_i S_i = r\sum_i (C_i + V_i)$ ························ 5)

주어진 자료: λ_i, C_i, V_i, S_i
미지수: φ_1, φ_2, φ_3, r
조건: 1), 2), 3), 4), 5)

최근 논의는 투입과 산출 모두를 가격으로 전환시키는 경우에도 두 개의 명제를 충족시키는 수정안이 존재해 과잉결정을 해소할 수 있는지에 초점을 두고 있다. 이 문제는 마르크스의 논의 중 가장 수리적이고, 가치와 가격이 맞닿는 부분이어서 마르크스주의뿐만 아니라 신리카도주의와 신고전학파까지 개입했다. 논의에 아직도 결말이 나지 않았다.

우선 새뮤엘슨(P. A. Samuelson, 1915~) 같은 신고전학파 경제학자는 이 문제를 해결할 수 없으므로 노동가치이론이 반박되었다고 결론지었다. 신고전학파에 속하지만 보멀(W. Baumol)은 이보다 마르크스에 긍정적이었다. 또한 스티드만(I. Steedman) 같은 신리카도주의자는 신고전학파보다 우호적이면서도 여전히 부정적인 결론을 도출하면서 마르크스의 노동가치이론 대신 스라파의 생산모형을 주창했다.[32]

이에 비해 듀메닐(G. Duménil)이나 폴리(D. Foley) 등은 첫 번째 총계명제를 총생산물이 아니라 순생산물 혹은 부가가치로 재해석하는 새로운 해법(New Solution)을 제시하면서 두 개의 명제를 변형시켜 마르크스를 옹호했다. 즉, 가치와 가격을 연결하는 방정식을 종전과 달리 불변자본을 제외하고 [가변자본과 잉여가치]=[임금+이윤]으로 만들어 두 방정식이 모두 충족될 수 있도록 만들었다. 이에 대해서는 스라파의 논리를 다시 포장한 것이라는 비판 등이 있어 아직 평가가 정리되지 않았다.

보다 포괄적으로 마르크스의 가치이론 전반과 관련해 신리카도학파의 생산가격 모형이 왈라지언 체계와 마찬가지로 정태적이라는 주장이 제기되고 있다. 프리만(A. Freeman)이나 클리만(A. J. Kliman) 등에 의하면 마르크스가 지속적인 기

32) 스라파로부터 시작되는 현대의 신리카도학파는 리카도를 계승함으로써 이념적으로 중간적인 입장을 취한다. 이에 따라 이들은 한편으로 신고전학파를 비판하면서, 다른 한편으로 마르크스주의로부터의 차별성을 모색해 왔다. 후자의 입장을 이론적 차원에서 전개한 대표적인 학자가 영국의 스티드만이다. 그는 자신의 저서 『스파라 이후의 마르크스』(*Marx after Sraffa*)를 통해 마르크스의 노동가치이론을 내적으로 비판했다.

술변동으로 인한 경제의 동태적 움직임을 강조한 것에 비추어 볼 때 투입시점의 상품가치나 가격이 산출시점의 동일 상품과 같은 가치나 가격을 갖는다는 주장이 타당하지 않다. 또한 모든 부문에서 동일한 이윤율이 지배한다는 (고전학파 및) 마르크스 자신의 전제도 재고할 필요가 있다.

생산가격과 시장가격의 관계에 관해서는 고전학파와 마르크스의 이론이 유사하다. 그러나 마르크스의 경쟁이론은 신고전학파는 물론이고 고전학파보다 동태적이어서 자본의 이동이나 개별자본 사이의 가격경쟁뿐만 아니라 품질경쟁이나 기술경쟁을 강조했다. 또한 마르크스는 자본이 상품자본, 생산자본, 금융자본 등으로 부단히 그 모습을 바꾸어 간다는 점을 명확히 인식했다. 이에 따라 그는 금융자본이 압도적인 위치를 차지하리라는 점을 다른 어떤 경제학자보다 명시적으로 예상하고 있었다.

뿐만 아니라 마르크스는 경쟁을 주도하는 것이 지주나 노동자가 아니라 자본가임을 리카도보다 더 확고하게 보여주었다. 마르크스에 있어 노동자는 잠재적으로 계급의식과 계급투쟁의 주체가 될 수 있다. 그렇지만 일상적인 경제활동에서 개인으로서는 지주뿐만 아니라 노동자도 자본가가 선도하는 움직임에 따라갈 수밖에 없다. 예를 들어, 어떤 지역에 기업가가 높은 이윤을 예상하고 투자함에 따라 자본이 투입될 뿐만 아니라, 토지의 활용방식이 결정되고, 노동자도 이 지역으로 이동한다.

6.6 공황이론

공황이론(crisis theory)은 자본주의의 단기적 변동과 장기적 병리현상을 과학적으로 설명해 노동자계급의 투쟁과 혁명의 객관적 조건을 파악하고 이에 이론적 토대를 제공하려는 목적을 가지고 있다. 자본주의의 붕괴와 사회주의의 도래, 그리고 이를 위한 투쟁을 염두에 두었던 마르크스가 자신의 연구를 다락방에 가두어 두지 않고 현실에 대한 변혁과 연결시킨 것은 처음부터 예정된 일이었다.

자본주의의 병리를 규명한다는 점에서 마르크스의 공황이론은 당시 주류경제학의 흐름과 확연히 대립된다. 밀 같은 당시의 주류경제학자들도 현실경제에서 경기변동이나 공황이 수시로 발발한다는 점을 인정하고 있었다. 그러나 주류 경제학은 이념적으로 자본주의를 신뢰했고, 그 운행에 근본적인 문제가 있다고 생각하지 않았다. 이 때문에 경기변동이나 공황을 자본주의의 고질적이거나 근본적인 문제가 아니라 특정 시점의 정황이나 외적인 요인에 의해 발생하는 우발적인 현상으로 처리해 이론차원으로 승화시키지 않았다. 또한 이에 대한 처방도 그다지 심각하게 고려하지 않았다.

이런 경향은 그 이후 한계효용학파의 제본스를 거쳐 신고전학파의 실물경기변동이론으로 이어진다. 나아가 이들과 달리 자본주의 운행의 심각한 문제를 지적한 20세기의 케인즈조차 재정정책을 위시한 국가의 정책을 통해 이 문제가 해결될 수 있다고 보는 데 그쳤다.

이에 비해 마르크스는 공황이 외재적 요인이 아니라 자본주의의 본질에 근거한 내재적 요인에 의해 발생하며, 주기적으로 반복되고, 궁극적으로 자본주의의 붕괴를 초래한다고 예측했다.

그는 자본주의가 자신의 병을 스스로 치유할 힘을 가지고 있지 않다는 입장을 제시해, 자유방임주의, 통화주의, 합리적 기대가설 등의 흐름과 대립된다. 나아가서 그의 입장은 케인즈나 케인즈주의자의 생각과 달리 국가의 경제정책을 통해 공황을 해소하거나 완화하는 것이 궁극적으로 불가능하다는 견해를 낳았다.

마르크스의 입장에서 자본주의의 공황은 자연적으로 치유될 수 없을 뿐만 아니라 정부정책을 통해서도 해결될 수 없다. 오로지 노동자의 계급투쟁을 통해 자본주의를 타파하고 사회주의로 이행함으로써 문제가 해결된다고 그는 확신했다. 이 같이 그의 노동가치이론이 신고전학파의 가격이론뿐만 아니라 리카도와 거리를 둔 것처럼, 그의 공황이론은 시카고학파의 경기변동이론뿐만 아니라 케인즈와도 거리를 두고 있다.

마르크스의 공황이론은 주류경제학과 외견상 몇 가지 유사성도 가지고 있다. 우선 신고전학파 경제학이 미시경제학과 거시경제학으로 구성되어 있다면, 마르크스의 이론은 가치이론과 공황이론으로 구성되어 있다. 또한 거시경제학이 단기적인 경기변동과 장기적인 성장을 포함하는 것과 유사하게 공황이론도 단기적인 경제변동과 장기적인 자본축적을 포괄한다.

신고전학파의 미시경제학이 근본적이지만 수리적이고 추상적인 데 비해, 거시경제학은 느슨하면서도 현실에 밀착되어 있다. 마르크스에서도 가치이론은 정교하고 추상적인 데 비해, 공황이론은 가치이론에 근거하면서도 논리의 느슨함과 현실성을 겸비하고 있다.[33] 끝으로, 신고전학파나 케인즈의 거시경제학이 현실과 밀착된 경제정책을 낳는다면, 마르크스에 있어 공황이론은 노동자계급의 정치나 투쟁을 낳는다.

이 같이 마르크스의 공황이론은 가치이론만큼 정교하지 못하며, 그 자신에 의해 완벽하게 마무리되지도 않았다. 그러므로 여기서는 후대의 학자들이 정리한 마르크스주의 이론들에 초점을 맞추고자 한다. 그의 공황이론은 불비례이론(disproportionality theory), 과소소비이론(underconsumption theory), 임금/이윤압박이론(wage/profit squeeze theory), 그리고 이윤율저하의 법칙(theory of falling rate of profit) 등 네 가지로 정리되어 있다.

첫째, 불비례이론에 의하면 자본주의의 고유성인 생산의 무정부성으로 인해 개별 자본가들이 각자의 판단에 따라 투자하고 생산하므로 경제의 여러 부문 혹은 산업간에 불균형이나 불비례가 발생할 수 있다.

마르크스는 자본주의를 분석하는 데 있어 산업보다 범위를 넓게 잡아 자본재와 임금재의 이 부문 혹은 여기에 사치재를 추가해 세 부문으로 경제를 나누었다. 그런데 사전조정 없이 각 경제주체가 나름대로 생산을 위시한 경제활동을 벌이기 때문에 수시로 이들 부문 사이에 불균형이 발생한다. 오스트리아의 힐퍼딩과 러시아의 투간-바라노프스키(M. I. Tugan-Baranovsky, 1865~1919) 등이 이 이론을 주장했다.

불비례이론은 마르크스가 강조한 생산의 무정부성에 의존한다는 점에서 분명히 자본주의의 중요한 현실을 포착하고 있다. 또한 비례성은 이미 언급한 바와 같이 고대 그리스시대부터 윤리, 정의, 미를 가늠하는 포괄적인 기준이었다.

그렇지만 이 이론은 자본주의의 일상적인 특징을 공황의 궁극적인 원인으로 몰아 갔으며, 공황에 대해 어떤 필연성을 부여하지 않았다는 점에서 마르크

---

33) 미시와 거시 혹은 부분과 전체 사이의 복잡한 관계는 이미 아리스토텔레스의 『형이상학』에서부터 중요한 문제로 취급되었다. 더구나 개인이나 개체가 부각되기 시작한 근대에 들어서는 이 문제가 모든 사회과학이 해결해야 할 숙제가 되었다. 신고전학파에서는 이것이 거시경제학의 미시적 기초라는 만만치 않은 문제로 등장한다. 마르크스 경제학에서도 가치이론과 공황이론의 관계는 흔히 생각하는 것과 달리 그다지 견고하지 못하다. 나중에 설명하는 바와 같이 이런 불완전함이 방법론적인 개체주의에 기초해 마르크스를 개량하겠다는 분석적 마르크스주의의 출현을 가져왔다.

스에 충실치 못한 것으로 평가되고 있다. 사실 힐퍼딩 같은 경우 자본주의에서 스스로 독점이 발생해 불비례로 인한 무질서가 둔화되며, 궁극적으로 국가의 개입을 통해 불비례가 지양될 수 있다고 보았다.

이 같이 불비례이론은 노동자의 계급투쟁이나 자본주의의 필연적 몰락을 제시하지 않아 마르크스의 입장과 거리를 두고 있다. 이런 이유로 불비례이론은 공황이론에서 커다란 비중을 갖고 있지 않다.

둘째, 과소소비이론은 좁게는 소비수요의 부족, 넓게는 유효수요의 부족이나 수요격차를 자본주의의 고질적인 문제로 간주하는 광범위한 학자들의 이론을 통칭한다. 이런 의미의 과소소비이론은 맬더스에서부터, 시스몽디(J. C. L. Simonde de Sismondi, 1773~1842), 마르크스, 홉슨(J. A. Hobson, 1858~1940), 그리고 케인즈에 이르기까지 다양한 이념의 학자들을 포괄한다. 물론 케인즈가 지적했듯이, 총수요의 부족이라는 자본주의의 문제를 부인한 고전학파나 신고전학파가 경제학의 무대를 장악했기 때문에 이들의 영향력은 크지 않았다.

이 중 마르크스는 자본주의가 기술발전으로 엄청난 생산능력을 갖추게 되면서, 생산되는 막대한 상품들의 가치를 실현하거나 이들을 판매하는 데 어려움을 겪게 된다는 점을 일찍부터 지적했다. 당연히 그는 세이의 법칙을 부정했다. 이에 따라 수요의 부족이 매출을 하락시키고, 실업을 증가시키며, 이것이 수요의 격차를 더욱 벌려, 매출이 더욱 하락하고, 실업을 더욱 증가시키는 악순환이 생긴다.

룩셈부르그

마르크스의 관점을 가지고 과소소비이론을 주장한 학자는 룩셈부르그(Rosa Luxemburg, 1870~1919), 칼레츠키(M. Kalecki, 1899~1970), 스위지(P. M. Sweezy, 1910~) 등이다. 물론 이들은 주류경제학과 연결되면서 유효수요의 부족을 자본주의의 문제로 지적한 케인즈와 이런 저런 방식으로 친화력을 가지고 있다. 특히, 칼레츠키는 마르크스와 케인즈를 결합시킨 것과 같은 이론을 제시해 주목을 받았다.[34)]

34) 룩셈부르그는 폴란드 출생의 여류 마르크스주의자로서 『자본축적이론』과 『반비판』 등을 통해 마르크스의 논리를 과소소비이론으로 발전시킨 학자이다. 또한 그녀는 여기저기서 선동을 일삼았던 치열한 운동가로서 거리에서 최후를 맞았다.

마르크스주의 과소소비이론과 여타 과소소비이론 사이에 중요한 차이가 있다. 우선 맬더스를 위시한 상당수 과소소비이론이 수요의 구성요소 중 압도적으로 소비에 초점을 둔 데 비해, 마르크스는 케인즈와 함께 투자수요를 강조했다. 마르크스에 있어 투자가 중요한 이유는 생산과정과 연관된 자본가의 활동이 자본주의 운행에 있어 주도적인 역할을 발휘하기 때문이다. 그에 있어 소비는 노동자가 노동력의 재생산을 위해 필요로 하는 생계형 소비와 자본가(및 지주)의 사치성 소비로 구성된다. 그런데 이들은 모두 자본가의 투자로 시작되는 생산과정의 착취를 뒷받침한다는 의미에서 이차적이다.

보다 중요하게 마르크스는 노동자와 자본가를 지출이나 저축의 관점에서도 구분했다. 노동자의 임금은 노동력의 회복 혹은 생계유지를 위해 필요한 수준에 있으므로 모두 소비된다. 이에 비해 착취를 통해 얻는 잉여 혹은 자본가 이윤은 부분적으로 사치품 등에 소비되지만 대부분 확대재생산 등을 위해 투자된다. 그런데 이윤은 투자될 곳을 찾지 못하면 지출되지 않을 수도 있다.

이에 따라 그는 소비가 아니라 투자의 부족이 수요격차의 핵심이라고 생각했다. 또한 그는 노동자의 소비성향은 1이고 저축성향은 0인 데 비해, 자본가의 이윤과 관련된 지출성향은 1보다 작고 저축성향은 0보다 크다고 주장했다. 이 같이 잉여가 흡수되지 않는 경향은 자본주의가 독점화하면서 더욱 심해진다.

그가 이 같이 저축이나 소비를 계급별로 달리 설정한 것은 행위 일반 그리고 인식에 있어 이들이 전반적으로 드러내는 차이와 합치된다. 이 구분은 완화된 모습이지만 칼레츠키나 후기 케인지언에도 나타난다. 마르크스와 칼레츠키 등은 모두 신고전학파와 달리 계급이나 계층에 따라 소비나 저축행위가 달라진다는 점을 강조한 셈이다.

수요격차로 인해 발생하는 불황의 해결책으로 좌파의 과소소비이론은 국가에 의한 수요진작과 가격 및 생산통제 등을 주장한다. 수요진작과 관련해 주류 거시경제학이 흔히 언급하는 재정정책이나 금융정책 이외에 소득재분배정책 등이 추가되어 있다. 소득분배정책은 노동자의 소비성향이 상대적으로 높기 때문에 이윤을 줄이고 임금을 늘리면 총수요가 증가한다는 논리에 근거하고 있다.

이 이론에 의하면 선진자본주의 국가들은 유효수요 부족을 해결하는 방편으로 식민지 개척에 나서게 된다. 식민지를 통해 값싼 원료와 노동력을 얻고 상품시장과 투자시장을 확보할 수 있다는 것이다. 이런 이유로 선진국들이 제국주의의 길을 걷게 된다는 것이 이 이론의 귀결이다.

이 같이 과소소비이론은 경제요인에 근거해 제국주의를 설명하는 하나의 방식이기도 하다. 이 논리는 제1차 세계대전에 이르기까지의 상황에 일차적으로 부합되지만 성숙된 자본주의에 적용될 수 있다. 제1차 세계대전 이전의 식민지 개척이 정치적 외피를 쓰고 있었다면, 제2차 세계대전 이후에는 정치적 독립이 유지된 상태에서 제국주의가 진행되어 그 경제적 본질이 여지없이 드러났다.

과소소비이론은 불비례이론에 비해 자본주의의 본질을 포착하고 있다. 그렇지만 이 이론 역시 유효수요창출과 가격통제를 통해 국가가 공황을 완화하거나 해결할 수 있다고 보기 때문에 공황의 필연성을 설정하지 않는다. 공황의 필연성과 혁명에 의한 사회주의의 도래를 주창하지 않았다는 점에서 과소소비이론도 마르크스의 정치적 입장과 거리가 있다.

셋째, 임금/이윤압박이론은 분배상의 갈등에 초점을 맞춘다. 이 이론에 따르면 임금이 지나치게 상승해, 이윤을 압박하면 투자가 이루어지지 않고, 자본축적이 제대로 진행되지 않기 때문에, 자본주의가 공황에 진입하게 된다.

마르크스는 『자본론』 I권에서 맬더스의 인구이론을 생물학적이라고 비판했다. 그는 대안으로 실업률, 임금, 자본축적을 연결시켜, 인구이론 겸 자본축적이론으로 임금/이윤압박이론을 제시했다.[35] 마르크스가 실업자를 산업예비군(industrial reserve army)이라 불렀기 때문에 이 이론은 산업예비군이론이라는 별칭을 가지고 있다.

이 이론의 주창자로 영국의 글린(A. Glyn)과 서트클리프(B. Sutcliffe)와 미국의 크로티(J. Crotty) 등을 들 수 있다. 이들의 논리는 간단한 수식을 통해 보다 명확하게 설명될 수 있다.

$$r = \Pi/K = (Y-W)/K = (1-W/Y)/(K/Y)$$
$$= [1-(W/L)/(Y/L)]/(K/Y) = (1-w/y)/k$$

r: 이윤율 Π: 총이윤

35) 마르크스의 산업예비군이론이 장기적인 인구이론으로 활용될 수 있을지는 분명치 않다. 장기적인 인구이론은 자연과 인간의 관계나 생태계와 경제의 관계에 대한 마르크스의 생각을 연장 발전시켜야 구축될 수 있다. 이에 대해서는 환경에 초점을 맞춘 *Capital, Nature, Socialism*이라는 좌파 학술지를 참조할 필요가 있다.

K: 자본저량	Y: 순생산량
W: 총임금	$W/L=w$: 단위당 임금
$Y/L=y$: 노동생산성	$K/Y=k$: 자본산출계수

일단 수리적 조작의 결과인 $r=(1-w/y)/k$를 보면, 이윤율은 임금률, 노동생산성, 자본산출계수에 의해 결정된다. 그런데 현실적으로 생산성과 함께 항상 고려되는 물가상승을 논의할 여지가 없으므로 임금을 실질임금으로 간주할 필요가 있다.[36] 또한 근대서양의 경제성장과 관련된 정형화된 사실 중 하나는 자본산출계수가 크게 변동하지 않았다는 점이다. 끝으로 자본주의에서 기술발전으로 인해 노동생산성이 증가하고, 기술발전은 지속적으로 이루어진다고 볼 수 있다.

이런 점들을 고려하면 이윤율은 임금과 노동생산성에 따라 변동한다고 말할 수 있다. 구체적으로 이 이론에 의하면, 이윤율은 임금이 노동생산성보다 더 크게 증가하면 하락하고, 같은 비율로 증가하면 일정하며, 노동생산성보다 더 느리게 증가하면 상승한다. 이로부터 임금이 노동생산성보다 크게 증가하는 경우에만 이윤율이 하락해 공황이 발생한다는 결론이 나온다. 그러므로 위에서 언급한 지나친 임금상승은, 보다 정확히 표현하면, 노동생산성의 증가를 상회하는 임금증가를 의미한다.

그런데 마르크스의 입장에서 경제의 특정 국면에서 임금의 상승률은 산업예비군의 비율에 의해 결정된다. 산업예비군의 비율이 높으면 자본가에 비해 노동자의 세력이 상대적으로 약화되어 임금이 상승하지 않거나 상승률이 낮아진다. 이렇게 되면 이윤율이 회복되어 자본축적이 순조롭게 진행된다. 반대로 산업예비군의 비율이 낮으면 이윤율이 하락하고 자본축적이 둔화되어 공황이 발생한다.

어느 정도의 기술발전이 이루어진다는 전제하에서, 이 논리는 임금이 상승하지 않거나 크게 상승하지만 않으면 임금과 이윤율이 동시에 상승할 수 있는 타협의 여지를 부여한다. 또한 이 이론에 의하면 정부가 개입해 노자간의 분배상 갈등이 심각한 수준에 이르지 않도록 조정할 수 있다. 이런 의미에서 임금/이윤압박이론은 상당히 현실적이며, 유럽형의 노사정 모형과 친화력을 가지고 있다.

그런데 이 이론은 분배상의 갈등과 이에 대한 해결에 초점을 둔다는 점에서 생산과정과 착취에 가장 근본적인 의미를 부여했던 마르크스의 생각과 어느 정

36) 여기에 총수요의 변동과 물가변동 등 거시변수와 이에 대한 여러 가지 유형의 기대를 결합시킬 수 있을 것이다.

도 거리를 두고 있다. 리카도가 분배상의 갈등을 더 강조했다는 점에서 사실상 이 이론은 리카도에 가깝고 실제로 신리카도학파의 이론으로 불리기도 한다.[37)]

이와 연결된 것으로 마르크스에 있어 노동자의 투쟁은 경제에 국한되지 않고 정치 및 이념 등 다면성을 지니는데, 이 이론은 경제에 국한되어 있다. 더구나 국가의 개입에 의한 공황의 완화를 상정하고 있어 이 이론에서도 공황의 필연성과 사회주의 혁명의 중요성이 희석되는 경향이 있다. 결론적으로 마르크스가 스스로 제시했음에도 불구하고 이 이론에 마르크스의 주요 사상을 모두 담기는 힘든 것 같다.

넷째, 이윤율저하의 법칙도 임금/이윤압박이론과 마찬가지로 이윤율의 하락으로 자본축적이 둔화되어 자본주의가 공황에 진입하게 된다고 주장한다. 그러나 분배상의 투쟁이나 갈등이 아니라 생산과정 내의 착취와 기술발전 등에서 이윤율하락의 원인을 찾는다는 점에서 이 이론은 다르다. 또한 그런 저하가 장기적으로 여러 가지 정황에 의해 반전되기 힘든 경향성을 지닌다고 상정한다.

이 이론은 마르크스가 『자본론』 III권을 통해 가장 정교하게 전개한 공황이론인데, 야페(D. Yaffe), 파인(B. Fine), 쉐이크(A. Shaikh) 같은 학자들이 계승하고 있다. 이에 대해서도 이미 언급된 개념과 기호를 사용해 간단한 수식으로 표시해 보자.

$$r = \Pi/K = S/(C+V) = (S/V)/(C/V+1) = e/(1+q)$$

r: 이윤율	Π: 이윤
K: 자본저량	S: 잉여가치
C: 불변자본	V: 가변자본
$S/V=e$: 착취율	$C/V=q$: 자본의 유기적 구성

이윤율저하의 법칙에서 이윤율은 가치로 표현되며, 최종적으로 착취율과 자본의 유기적 구성으로 분해된다. 착취율은 절대잉여가치 및 상대잉여가치를 통해 상승하는데, 착취율의 상승에는 24시간이라는 절대시간 등 제약이 있다. 이에

37) 일본의 마르크스 연구자 중 수리적 방법을 구사하는 대표적인 학자로 『마르크스 경제학』(*Marx's Economics*, 1973)의 저자인 모리시마(M. Morishima, 1923~)가 있고, 그보다 앞선 사람으로 오끼시오를 들 수 있다. 이미 언급한 바와 같이 오끼시오는 1961년의 논문을 통해 임금이 상승하지 않는 한 이윤이 감소할 수 없음을 수리적 방법으로 논증해 신리카도학파의 입장을 뒷받침했다. 이후 그의 주장은 오끼시오 정리로 호명되었다.

비해 자본주의의 기술발전이 기계화 쪽으로 편향되어 있기 때문에 자본의 유기적 구성은 지속적으로 고도화된다. 결과적으로 착취율이 상승하는 데는 한계가 있는 데 비해, 자본의 유기적 구성은 무한정 늘어나므로, 장기적으로 이윤율이 하락한다.

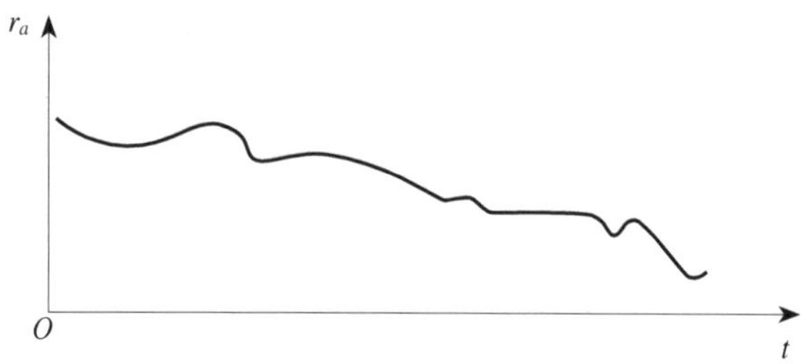

r_a: 평균이윤율

이윤율저하의 법칙은 생산과정과 관련된 변화에 초점을 두며, 이로 인한 이윤율의 저하추세가 계급타협이나 국가정책에 의해 완화될 수 없다고 상정한다. 이런 특징으로 인해 이 이론은 계급투쟁을 통한 사회주의의 도래도 필연적이라고 주장한다. 이윤율저하의 경향이 정치경제학의 가장 중요한 법칙이라는 마르크스의 진술에서도 확인되듯이, 네 가지 공황이론 중 이 이론이 마르크스의 생각에 가장 가깝다고 평가된다.

마르크스와의 근접성에도 불구하고 이윤율저하의 법칙에 대해 여러 가지 의문이 제기되었다. 우선 이론적 차원에서 기술발전이 반드시 기계화의 경향을 보이는가? 이 의문의 근거는 자본가 개인 수준에서는 기계화 자체가 아니라 보다 많은 이윤이 목표이며, 이 목표로 인해 경우에 따라 노동자를 더 고용하는 방향의 기술발전이나 기술채택이 이루어질 수도 있다는 것이다.

또한 자본주의의 기술발전 역사에 비추어 이런 반박을 거부하더라도 기계화가 과연 자본의 유기적 구성을 고도화시키느냐는 보다 근본적인 의문이 제기될 수 있다. 기계화는 일인당 장비율 등 물적으로 규정되는 데 비해, 유기적 구성은 정의에 따라 가치로 측정되기 때문이다. 만약 기계산업의 기술발전으로 기계자체의 가치가 크게 떨어지면 1인당 장비율의 증가가 반드시 가치로 따진 유기적 구성의 상승을 의미하지 않는다.

이에 대해서는 논란이 지속되고 있어 단언할 수는 없으나, 적어도 유기적 구성의 고도화가 마르크스가 원래 생각했던 것보다 더 제한적이고 자명하지 않음을 확인할 수 있다. 경험적인 차원에서도 자본저량에 대한 추정과 이윤율에 대한 정의에 따라 이윤율이 하락한다는 확고한 결론을 끌어내는 데 어려움이 있다. 마르크스 경제학뿐만 아니라 일반적으로 자본저량에 대한 추정은 감가상각 계산 등 여러 가지 어려움을 안고 있다. 또한 이윤율의 정의 방식에 따라 이윤율 저하 여부가 예민하게 바뀔 수도 있다.

이미 언급한 바와 같이 스미스, 리카도, 그리고 밀도 이윤율저하의 법칙을 논의한 바 있다. 물론 이들에게 있어 이윤율저하의 원인이나 저하가 가진 함의가 다르다. 무엇보다 마르크스는 이윤율저하를 철저하게 자본주의에 내재된 착취나 기술변동에서 찾은 데 비해, 이들은 이 같은 내재적이고 필연적인 근거를 제시하지 않았다. 또한 이들은 마르크스 같이 자본주의의 붕괴라는 파괴적인 결론으로 치닫지 않는 조심성을 가지고 있었다.

6.7 제국주의이론

제국주의는 한 국가가 다른 국가에게 힘을 통해 그 국가의 의지나 이익에 상반되게 행동하도록 강제하는 것을 의미한다. 제국주의의 발생에 대해서는 일반적으로 정치, 경제, 이념, 민족, 종교 등 여러 가지 근거가 제시되고 있다. 마르크스주의 제국주의이론은 경제적 근거, 그 중에서도 자본주의 발전단계와 연결시켜 선진자본주의 국가가 제국주의의 길을 걸을 수밖에 없는 필연성을 보인다. 물론 앞서 지적한 바와 같이 룩셈부르그 등은 자본주의의 지속적인 수요부족을 제국주의의 원인으로 제시했다. 그러나 이보다 더 많은 영향을 미친 논리는 현실 속에서 러시아 혁명을 주도한 레닌의 제국주의이론이었다.

레닌은 소책자의 형식을 띠고 있는 『제국주의, 자본주의의 최고단계』(*Imperialism, The Highest Stage of Capitalism*, 1916)에서 자본주의 역사적 단계들를 논하고, 독점단계에서 발생하는 이윤율저하로 인해 제국주의가 발생한다고 주장했다. 그에 의하면 자본주의 국가들이 낮은 가격의 원료와 낮은 임금의 노동력을 획득해 높은 이윤율을 달성할 수 있는 투자지역으로 식민지를 개척해 왔다.

레 닌

레닌의 이론은 영토점령이 보편화되어 있던 19세기 말~20세기 초를 논의의 대상으로 삼았다. 그러나 제2차 세계대전 이후에도 그의 이론은 정치적 주권이나 영토의 침탈 없이 경제적 차원에서 식민지를 만드는 신제국주의의 논리로 변형되어 현실에 적절한 설명방식으로 인정받았다. 이 이론은 주로 70~80년대에 학계의 주목을 끌었던 임마누엘(A. Immanuel)의 부등가교환이론이나 프랑크(A. G. Frank) 및 에반스(P. Evans)의 종속이론과 친화력을 가지고 있다.

물론 현 시점에서 여러 가지 반박이 가능하다. 그러나 월러스타인(I. Wallerstein)의 세계체제이론, 언어학자 촘스키(N. Chomsky)의 미국외교 비판, 빈곤의 세계화를 주창하는 초스토프스키(M. Choussudovsky)의 논리 등은 여전히 제국주의이론을 계승하고 있다. 이와 관련해 우리는 20세기 말부터 진행되고 있는 세계화에 가장 근접한 상황을 1세기 전의 제국주의 시대에서 찾는 것이 학계의 중론임을 지적할 필요가 있다.

6.8 평가와 계승

보수주의에 대항하는 이념으로 전 세계를 뒤흔들었던 마르크스의 사상은 90년대 소련 및 동구의 몰락, 그리고 이와 함께 거세게 몰아치고 있는 세계화 및 신자유주의의 파도 속에서 퇴조하고 있다. 사회과학 및 경제학에 국한하더라도 다원주의 국가론, 신고전학파 경제학, 그리고 보수적인 사회학에 대항하는 논리로서 마르크스주의 사상은 그 영향력을 크게 상실했다. 이로 인해 소련이나 동구, 서구, 일본 및 영미, 그리고 우리나라 등 각국 학계에서 마르크스에 대한 관심이 크게 줄고 있다.

현재 경제학과 사회과학에서 오랫동안 지속됐던 좌, 우, 중간이라는 세 가지 입장의 이념적 대립은 두 가지의 대립으로 축소되고 있다. 경제이론에서는 신고전학파와 신리카도/후기 케인즈학파의 대립만이 부각되며, 국가이론에서는 다원주의와 조합주의의 차이만이 강조되고, 사회철학에서는 공리주의와 롤즈/쎈의 비교가 논의의 중심을 이루고 있다. 심하게 말하면, 신고전학파 경제학과 자유방임주의가 거의 유일한 관점이나 체제로 변해 가고 있다.

이런 상황에서 마르크스주의자들은 중도적인 입장을 표방하거나 지역연구나 문화연구라는 가면을 쓰고 지하로 숨어버린 것 같다. 마르크스의 역사철학에 대해서는 종말론적인 성격, 자본주의의 역사성에 대한 강조, 그리고 사회주의 지향성 등이 비판의 대상이 되었다. 방법론에서는 개인의 자율성을 허용하지 않는다는 비판을 받았으며, 이론적으로 노동가치론에 대한 불신이 대두되었다.

근대 들어 현재와 같이 보수주의와 시장주의에 대한 대안이나 보수적인 사회과학이나 경제학에 대한 대안적 시각이 부진한 시기는 없었다. 그렇기 때문에 마르크스에 동정적인 독일의 사회학자 하버마스(J. Habermas) 같은 사람도 "우리는 마르크스로부터 많은 것을 배웠다"고 고백하는 데 그치고 있다.

그러므로 현 상황에서 좌파 경제학과 사회과학은 대안의 모색보다 보수적인 경제학과 사회과학에 대한 비판에 주안점을 둘 수밖에 없다. 그럼에도 불구하고 마르크스가 남긴 자취와 계승의 방향을 다음과 같이 제시할 수 있다.

첫째, 노동가치이론을 재해석하기 위해 사회관계의 관점과 노동추출의 관점을 고려할 필요가 있다. 마르크스의 노동가치설에는 가치량을 중심으로 한 수량적인 관점과 가치형태를 중심으로 한 사회관계의 관점이 공존하며 가치실체는 양자의 가교와 같다. 가치량과 관련해, 가치공간의 설정을 위해 모든 상품에 공통적인 그 무엇이 존재해야 한다는 마르크스의 문제제기는 노동이라는 그의 답변과 무관하게 의미 있다.

그렇지만 수량주의의 관점보다 그가 강조한 가치형태에 중점을 두면서 가치를 사회관계로 재해석할 필요가 있다. 이를 위해 가치실체도 사회관계의 관점에서 조망되어야 한다. 이렇게 되면 가치이론은 상품가격의 결정요인을 찾는 논리가 아니라 경제관계를 개념화하는 논리로 설정된다.

가치형태는 자본주의에 고유한 생산관계나 사회관계를 담고 있다. 생산이 분권화되어 모든 것이 시장에서 판매된다는 자본주의경제의 특징이 사용가치, 노동, 노동수단, 그리고 경제주체의 성격을 구조적으로 바꾼다는 생각이 가치형태에 담겨 있다. 고립된 개인이 아니라 사회관계가 경제와 사회를 구성하는 기본단위라면 가치형태가 여전히 의미 있다. 대표적인 가치형태로 가격은 단순히 두 상품의 교환비율이 아니라 배후의 여러 가지 사회관계가 중첩되어 나타난 결과가 된다.

가격이 가치형태가 되는 경우 가격이론의 문제자체가 바뀐다. 생산가격이든 시장가격이든, 균형가격이든, 혹은 불균형가격이든 가격에 대한 종전의 논의는 구체적으로 나타나는 개별가격들을 가격으로 간주해, 상대가격(p_i/p_j)의 결정요인과 그 변동을 설명하는 가격결정에 초점을 둔다. 이에 비해 가격을 가치형태로 보는 경우 이런 구체적인 가격들을 일반화시킨 가격(p) 그 자체가 설명대상이 되면서 가격현상이 어떻게 나타나는지를 규명하는 가격형성이 중요해진다.

가치가 사회적 실체라는 마르크스의 진술에 의존해 가치실체도 재해석할 필요가 있다. 투하노동은 '사회적'이 아니며 사회적 필요노동은 '실체성'이 부족하다. 그러므로 자본주의 사회관계는 상품관계에 의해 매개되고 이에 의해 압도되는 인간관계이므로, 배후에 존재하는 실재를 실체로, 일상적인 수준에서 표출된 모습을 형태로 각기 규정한다. 그 자신이 제시한 내면화/외부화, 관념화/실현의 구분이 실체와 형태를 재구성하는 데 유용하다.

잉여가치와 관련해서도 수량적인 노동가치설 및 노동력 가치에 근거한 지불/부불노동의 구분과 이에 따른 착취개념을 유지하는 데는 어려움이 있다. 그러나 신고전학파가 강조하는 평등한 교환관계나 신리카도학파가 강조하는 세력관계와 구분되는 상호의존적인 수탈관계는 현실적으로 엄연히 존재한다.

이런 관점에서 가능한 논리를 고려하면, 분석적 마르크스주의자 중 경제학자인 로우머(J. E. Roemer)는 다양한 종류의 사회에서 개인들의 선택이 허용되는 가운데 착취가 존재할 수 있음을 보이려고 노력했다. 로우머가 설정하는 착취는 생산보다 분배와 연결되며 균형개념에 의존해 왈라지언적이라는 한계도 있다.

이에 비해 보울즈(S. Bowles)와 긴티스(H. Gintis)는 노자관계를 정치/경제적인 관계로 파악하면서 착취를 노동과정과 연결시켰다. 이들도 고용지대(employment rent) 개념 등을 활용해 방법론적인 개체주의로 기울어져 있지만 왈라지언적인 틀을 거부하고 있다.

최근의 기업이론도 기업을 생산함수와 동일시하는 신고전학파의 기술적인 결정론을 거부하고 기업 속에서 지속적인 인간관계를 찾아내고 있다. 이런 관계 중 노동자와 기업주의 관계가 '노동이나 노력추출(labor/effort extraction)'을 목표로 한다는 점을 기업이론은 인정하고 있다.

노동추출을 노동가치에 근거한 마르크스의 착취와 동일시할 수는 없다. 그러나 노동추출 개념은 주어진 임금하에서도 노동자로부터 끌어낼 수 있는 노동량이나 노동강도가 다양하다는 사실을 수용하고 있다. 이렇게 볼 때 기업이론은 생산과정에 대한 마르크스의 강조를 공유하며, 노동추출은 노동력과 노동에 대한 마르크스의 구분에 근접한다.

둘째, 화폐의 발생과 가치저장기능에 대한 마르크스의 강조를 긍정적으로 수용할 필요가 있다. 주류경제학과 달리 그는 자본주의적인 교환을 소비재의 획득과정이 아니라 기업가가 이윤을 남기기 위해 자신의 상품을 파는 과정으로 간주한다. 이런 관점에서는 화폐도 소비재를 획득하는 수단이 아니라 상품을 사회적으로 승인해 주는 존재가 된다.

또한 그는 소비재 획득이 아니라 화폐추구 및 축재가 경제의 동인이라고 보기 때문에 화폐의 퇴장기능을 강조했다. 자본주의의 인간들에게 화폐나 이윤획득이 본능에 해당되는 식량획득과 동일한 수준에서 내면화되어 있다는 신경경제학의 최근 연구결과는 마르크스를 뒷받침한다.

뿐만 아니라 그는 화폐의 공급이 내생적이라고 생각했다. 그가 강조한 지불수단기능과 신용화폐의 자생적인 등장은 이에 상응한다. 이는 칼레츠키나 데이비드슨(P. Davidson) 등 후기 케인지언적인 생각과 상당부분 일치한다. 더불어 드브로이(M. de Vroey) 같은 프랑스의 마르크스주의자는 이에 근거해 프리드만의 화폐수량설에 대안이 되는 인플레이션이론을 제시했다.

마르크스의 화폐이론에서 무엇보다 주목할 부분은 화폐의 발생에 대한 논의이다. 그는 화폐가 금속의 자연적인 속성이나 법적/정치적 과정과 무관하게 순전히 경제 내적으로 자연스럽게 형성된다고 생각했다. 교환/생산관계를 가치로 규정하면서 그는 가격과 마찬가지로 화폐도 가치형태로 규정했다. 화폐의 가치가 상품의 가치량과 연관되어 있다면 화폐의 발생은 가치형태와 연관되어 있다.

대부분의 경제학자들은 화폐가 자본주의경제에서 중요치 않다고 생각하거나, 중요하다고 생각하면서도 화폐를 상품이나 재화로부터 분명히 구분하지 않았다. 설령 구분하더라도 화폐가 자본주의경제로부터 분리될 수 있다고 생각하거나, 이에 대해 적극적으로 설명하려고 노력하지 않았다. 이들은 화폐의 기능과 가치, 그 중에서도 화폐의 가치에 초점을 맞춘다. 나아가 화폐의 발생을 다루는 경우에도 화폐의 성격을 귀금속의 자연적인 속성이나 정치 및 법적인 과정의 결과로 처리하는 경향이 강하다.

이에 비해 마르크스는 자본주의경제에서 화폐가 상품과 분명히 구분되고, 경제와 분리될 수 없는 불가결한 제도이며, 수량적으로도 중요하다고 생각했다.

셋째, 경쟁이론에서 마르크스가 강조한 경제의 동태성과 기술변화를 수용할 필요가 있다. 그가 생산의 무정부성을 자본주의경제의 특징으로 삼아 경쟁이론과 연결시킨 것은 올바른 방향이었다. 생산의 무정부성을 고려한 산업내경쟁과 산업간경쟁은 구심점을 찾는 운동으로 규정되며 기술변동을 기반으로 삼는다.

과정보다 결과를 중시하는 정태적인 왈라지언 일반균형에 대해 과정을 중시하는 동태적인 가격이론을 제시했다는 점에서 그의 설명은 의의가 있다. 물론 이런 생각은 상당부분 스미스나 리카도에서도 발견되지만 이들은 기술변동 등 경제구조의 변화를 마르크스만큼 일관되게 고려하지 못했다.

넷째, 공황이론을 계승하기 위해 조절학파(Régulation School)와 사회적 축적학파(Social Structure of Accumulation)를 고려할 필요가 있다. 우선 프랑스의 조절학파는 아글리에타(M. Aglietta), 오를레앙(A. Orléans), 부와이에(R. Boyer) 등이 마르크스에 칼레츠키, 케인즈, 그리고 폴라아니 등을 결합시켜 만든 사회경제분석의 틀이다. 이들은 마르크스의 생산양식이나 역사단계이론의 경직성을 완화시켜 50년 주기의 축적체제나 조절양식이라는 개념을 제시했다.

조절양식이나 축적체제는 상품관계와 임노동관계에 의해 규정되나 소비양식이나 기술체계를 포함해 사실상 경제관계 전체를 포괄한다. 이들은 축적체제의 변동에 따라 자본주의를 테일러리즘, 포디즘, 후기 포디즘 등으로 나누었다. 이들은 마르크스에서 벗어나 제도뿐만 아니라 관습을 강조하고, 후기 케인즈의 입장에 보다 접근해 금융의 중요성 등을 부각시키고 있다.

미국의 사회적 축적구조학파는 보울즈, 긴티스, 고어든(D. M. Gordon), 와이스코프(T. Weisskopf), 라이히(R. Reich) 등이 주창하는 접근방법이다. 조절학파와 유사하게 이들 역시 마르크스의 단계이론을 완화하고 50년 주기의 콘드라디에프 경기파동이론을 확대 해석했다. 이들은 기술과 제도를 포괄하는 사회적 축적구조가 50년 정도 사이에 생성, 번영, 침체, 소멸한다고 주장했다.

이들은 노동가치이론에 집착하지 않으면서도 노동자계급에 대한 착취와 이에 저항하는 정치투쟁을 강조했다. 하나의 축적구조가 다른 축적구조로 바뀔 때 노동자의 계급투쟁이 요구된다는 것이 이들의 주장이다. 이들은 마르크스주의의 이념적 지향을 유지하면서도 분석방법에 있어 수리적이거나 계량경제학적인 방법을 적극적으로 도입함으로써 종전의 마르크스주의 경제학이 안고 있던 지나친 사변이나 추상성 등 난점을 보완하려고 노력했다. 그리고 이들도 마르크스에 집착하지 않고 후기 케인즈학파 등의 논리를 상당부분 수용했다.

정도의 차이는 있으나 이 두 학파는 공통적으로 다음과 같은 점에 있어 마르크스를 계승한다. 1) 자본주의경제의 주기적인 변동을 사회경제의 내적인 요인에 의존해 설명한다. 2) 자본축적을 규정하는 기본 제도들로서 임노동관계와 상품관계를 강조함으로써 공황을 구조적으로 설명한다. 3) 양적으로 확산되는 보편적인 시장의 존재를 인정하지 않고 종말론을 부인하면서도 단계구분에 의존해 구체적이고 역사적인 분석을 시도한다. 4) 노동가치이론으로부터 상당히 벗어나 있지만 생산의 무정부성이라는 특징과 생산과정을 경제학의 중요한 분석대상으로 보면서, 여기서 일어나는 착취와 정치투쟁에 초점을 맞춘다. 이런 점에서 경기변동의 외생성, 개인의 극대화, 시장의 보편성, 정태적인 시장의 상정 및 생산과정에 대한 경시라는 특징을 가진 신고전학파와 맞선다.

시기구분에 있어서 느슨하며 여러 시기의 연속성에 대해 인과적인 설명이 부족하다는 약점이 보완된다면, 이들에 의존해 상품관계 및 임노동관계를 기반으로 내생적/구조적/역사적으로 설명하는 마르크스주의적인 공황이론을 발전시킬 수 있을 것이다.

다섯째, 철학적이거나 방법론적 차원에서는 비판적 실재주의(critical realism)가 의미 있다. 비판적 실재주의는 바스카아(R. Bhaskar)라는 영국의 철학자를 시발점으로 삼으며, 로슨(T. Lawson), 런드(J. Runde), 플리트우드(S. Fleetwood) 등의 경제학자들을 포괄한다. 이들은 사회 및 경제에 대한 마르크스의 방법인 변증법적/사적 유물론을 수정해 '사회행위의 변형적 모형'(Transformational Model of Social Action)을 제시했다.

이에 따르면 사회에는 표면에 드러나지 않는 심층이 존재하며 이러한 구조가 구체적인 형태로 나타나 사회현상을 이룬다. 이 심층구조는 경향이나 힘으로 규정되기도 하는데, 제반 사회관계들 혹은 인간관계들과 이들 관계들 사이의 연관으로 구성된다. 이를 드러내는 것이 사회과학의 목표이며, 이 목표를 위해 개연적 삼단논법(abduction)을 활용한다.

이들은 실증주의를 비판하고 방법론적 개체주의와 구조주의의 갈등을 의식하면서 마르크스가 강조한 사회관계와 사회구조라는 개념을 나름대로 계승한다. 이 모형에서 행동단위는 개인이지만 개인들은 사회관계나 구조를 파악할 수 없다고 본다. 그렇기 때문에 개인은 자신이 인식하지 못하는 상태에서 사회관계를 재생산하고 또한 변형한다.

이런 생각은 개인들이 생산관계를 인식하지 못하면서도 이것을 재생산한다고 주장한 마르크스의 통찰에 기반을 두고 있다. 또한 이 논리는 마르크스의 가치실체와 형태, 그리고 심층과 표층의 구분에 근거하며, 가치를 투하된 노동량이 아니라 사회관계로 해석한다.

비판적 실재주의는 이런 방식으로 사회와 개인의 고질적인 환원문제를 해결할 수 있다고 주장한다. 이런 관점에서 이들은 마르크스뿐만 아니라 케인즈, 제도학파 등 다수의 경제사상을 포용해 하나의 관점을 마련하려고 노력하고 있다. 이들은 조절학파나 사회적 축적구조학파에 비해 수리적 방법이나 계량적 방법을 구사하지 않으며, 아직은 추상적인 담론수준에 머물러 있는 것 같다.

여섯째, 방법론과 관련해 경제의 법칙성을 논의할 필요가 있다. 마르크스는 경제 및 사회관계를 기반으로 (이미 언급한 대로) 개인들이 인식하지 못할 뿐만 아니라 자연계와 정치/법으로부터 독립적인 경제법칙을 제시하려고 노력했다.

가치 및 사유재산과 구분되는 상품, 귀금속 및 계약의 산물과 구분되는 화폐, 기계나 이자 낳는 물체와 구분되는 자본, 소득을 생산요소에 고유한 생산성으로 파악하는 삼위일체이론과 대비되는 잉여가치이론, 태양의 흑점과 무관한 공황이론, 맬더스의 생물학적인 인구이론과 대비되는 산업예비군이론, 그리고 비옥도에 의해 결정되는 리카도의 차액지대에 대한 절대지대 등에서 이것이 확인된다.

그런데 상품물신주의를 통해 마르크스는 역사성을 갖는 자본주의체제를 자연스럽고 보편적이라고 생각하게 만드는 이념이 자본주의에 내재되어 있다고 주장했다. 이러한 이념은 모든 자본주의 현상들을 자연적으로 만들어 변혁의 의지를 무산시킨다. 그의 이런 논리는 사회관계를 자연적인 속성으로 생각해 변하지 않거나 변경할 수 없다고 보는 오류를 지적한 것으로 불후의 해방적 가치를 갖는다.

반면 경제법칙을 설정하는 데서 그가 정치 및 법적인 과정을 부차적으로 만든 것은 이와 반대되는 생각에서 비롯된다. 만약 경제법칙이 정치적인 합의나 법에 의해 형성되고 변경될 수 있다면 언제든지 이런 과정을 통해 자본주의의 모순을 극복할 수 있다는 결과가 나온다. 그는 자본주의의 법칙이 영구불변이라고 생각하지 않았지만, 그렇다고 해서 국가의 정책을 통해 변경할 수 있을 정도로 연약하다고 생각하지도 않았다. 객관적인 조건이 형성될 때를 기다리고 개인이 아니라 계급이 봉기할 경우에만 타도할 수 있을 정도로 자본주의의 법칙성은 견고하다. 이 주장에는 섣부른 정책주의나 법률주의에 대한 경고가 담겨 있다.

끝으로, 20세기 말부터 현재까지 가속화되고 있는 세계화와 신자유주의는 제국주의를 다시금 상기시키고 있다. 신고전학파나 신자유주의에서는 세계화를 통해 세계 모든 지역이 잘 살게 할 것이라고 장담하나, 각국 내에서, 그리고 여러 국가 사이에, 빈부의 격차가 벌어지며 금융불안정이 심화되고 있다. 특히, 노동시장의 유연화는 자본의 자유를 극대화하면서도 동시에 노동자의 희생을 극대화하고 있다. 또한 소련의 붕괴 이후 등장한 미국의 패권주의는 심각하다. 예를 들어, 초스토프스키는 촘스키의 정신적 후원 속에서 미국이 주도하는 세계화가 풍요가 아니라 빈곤을 세계화하는 과정이라고 비판했다.[38] 계속 고민할 문제이다.

38) 비록 경제학자는 아니지만 20세기 언어학계의 최고 석학인 미국의 촘스키는 몇 가지 점에서 비판적인 사회과학자들이 주목해야 할 인물이다. 우선, 그는 자신의 전공 이외에 미국의 제국주의에 대해 지속적으로 비판해 온 사람이다. 또한 그의 변형문법 등 인식론은 실재주의나 비판적 실재주의와 상당한 친화력을 가지고 있다는 것이 푸코(M. Foucault) 등과의 대화 속에서 드러나고 있다.

제 7 장

한계효용학파(19세기 말~20세기 초): 신고전학파의 시작

한계효용학파는 1871년에 한계효용(marginal utility) 개념을 중심으로 가치이론을 다시 구축함으로써 현대경제학을 지배하고 있는 신고전학파에 초석을 제공한 경제사상이다. 이런 중요성 때문에 신고전학파는 한계효용학파의 등장을 한계혁명(The Marginalist Revolution)으로 칭송하고 있다.[1)]

고전학파 안에서 스미스의 이론이 두 개의 작은 원을 그리며 리카도와 맬더스의 대립을 낳았다면, 고전학파 전체가 다시 더 큰 원을 그리다가 마르크스주의와 한계효용학파로 분해되었다. 이 같이 경제사상이 마르크스주의와 한계효용학파로 양분되면서 경제학과 사회과학은 본격적인 이념대립에 접어들게 된다. 다만, 두 학파가 거의 같은 시기에 등장해, 두 학파의 '1세대는 상대방을 의식하지 않은 채 독자적인 논리를 전개했다.

영국의 제본스(William Stanley Jevons, 1835~1882), 프랑스의 발라스(Léon Walras, 1834~1910), 오스트리아의 멩거(Carl Menger, 1840~1921)가 한계효용학파의 시조로 평가된다. 학문적 교류가 현재같이 활발하지 않았던 당시에 놀랍게도 서로를 모르는 상태에서 제본스, 발라스, 그리고 멩거는 서로 다른 언어로 같은 시기에 거

1) 혁명으로 불리든 그렇지 않든, 객관적으로 볼 때 경제학설사에서 혁명적 변화로 꼽을 만한 것은 스미스, 마르크스, 한계효용학파, 그리고 케인즈 등이다. 주류경제학은 한계혁명과 케인즈혁명을 강조한다. 물론 좌파 경제학자들은 한계효용학파의 등장을 경제학이 자본주의에 완전히 흡수된 상황으로 평가하며, 케인즈의 등장에 대해서는 제한적인 의미를 부여한다.

의 같은 이론을 제창했다.

제본스는 영어로 『정치경제학이론』(*The Theory of Political Economy*, 1871)에서, 발라스는 불어로 『순수경제이론』(*Éléments d'Économie Pure; Elements of Pure Economics*, 1874)에서, 그리고 멩거는 독일어로 『정치경제학의 원리』(*Grundsätze der Politischen Ökonomie; Principles of Economics*, 1871)에서 유사한 이론을 제시했다.

주관적 가치이론 자체는 철학자 겸 경제학자인 꽁디약(E. B. Abbé de Condillac, 1714~1780)의 『상업과 정부』(*Le Commerce et Le Gouvernement considérés relativement l'un à l'autre*, 1776)로 거슬러 올라간다. 또한 제본스, 발라스, 멩거에 앞서 독일에서 튜넨(J. H. v. Thünen, 1780~1850), 고쎈(H. H. Gossen, 1810~1858), 만골트(H. K. E. v. Mangoldt, 1824~1868), 그리고 프랑스의 꾸르노(A. A. Cournot, 1801~1877)와 뒤삐(A. Jules E. Dupuit, 1804~1866) 등이 투박하게나마 한계효용이론을 제시했다.

그렇지만 제본스, 발라스, 멩거가 이 이론을 체계화하면서 한계혁명의 주역이 되었다. 제본스와 멩거는 1871년에 저서들을 발표했으며, 발라스는 이 보다 3년 뒤인 1874년에 주저를 세상에 내놓았다. 물론 이들은 저작을 발표한 후 서로의 존재를 확인하고 몇 차례 편지를 주고받았다.

이들은 전반적으로 한계효용이라는 개념을 주창했다는 점에서 동질적인 사상으로 분류된다. 그러나 세부적인 이론이나 방법의 차이, 언어 및 국적의 차이로 인해, 완전히 통합되지 않은 채 어느 정도 독자적으로 발전했다. 특히, 수학적 방법을 강조했던 제본스와 발라스가 서로 밀착되어 신고전학파에 흡수된 데 비해, 수학적 방법에 대해 부정적이었던 멩거는 별로 흡수되지 않은 채 독자적인 계보를 형성했다.

제본스는 시즈위크(Henry Sidgwick, 1838~1900)와 마샬(Alfred Marshall, 1842~1924)로 이어져 신고전학파로 발전했다. 한계개념으로부터 한계생산성이론을 착안해 신고전학파의 분배이론을 확립한 미국의 클라크(John Bates Clark, 1847~1928)도 이 흐름에 포함되어야 한다.

발라스는 파레토(Vilfredo Pareto, 1848~1923)와 바로네(Enrico Barone, 1859~1924) 등으로 이어진다. 발라스는 프랑스 사람이었지만 프랑스에서 교수직을 얻지 못해 스위스의 로잔느 대학(Lausanne)에 정착하면서 로잔느학파를 창시했다. 이들도 신고전학파의 형성에 확실하게 기여했다.

이에 비해 독립성이 강해 신고전학파에 흡수되지 않은 것이 멩거로부터 시작해 현재에 이르고 있는 오스트리아학파이다. 오스트리아학파는 한편으로 사회과학 고유의 방법을 추구하면서 수리적이거나 계량적 방법에 반대해 왔고, 다른 한편으로 제본스나 로잔느학파보다 이념적으로 훨씬 더 철두철미하다.

오스트리아학파는 멩거에서 시작해, 뵘바베르크(Eugen von Böhm-Bawerk, 1851~1914)와 비이저(Friedrich von Wieser, 1851~1926)를 거쳐, 미제스(Ludwig von Mises, 1881~1973), 하이에크(Friedrich August von Hayek, 1889~1992)와 맥클럽(F. Machlup, 1902~1983)을 통해 발전했다. 현재는 미국의 경제학자 커즈너(I. Kirzner)나 로스바스(K. Rothbath) 등 신오스트리아학파(the Neo-Austrian School)가 기업가의 활동, 불확실성, 정보와 조정 등의 주제들을 통해 이 전통을 계승하고 있다.

7.1 공리주의

한계효용학파의 핵심 개념은 한계효용이다. 우선 효용은 원래 상품이나 물체가 가진 객관적인 유용성으로도 이해되다가 한계효용학파에 이르러 재화를 소비함으로써 얻는 주관적인 쾌락으로 그 의미가 정착되었다. 이 개념은 거슬러 올라가 에피쿠로스(Epicurus, 기원전 341~271) 등의 쾌락주의와 친화력을 갖지만, 보다 직접적으로는 19세기 초 벤담(Jeremy Bentham, 1748~1832)의 공리주의(utilitarianism)와 밀접한 연관을 갖고 있다.[2)]

공리주의는 발라스나 멩거보다 제본스에서 두드러지지만, 한계효용학파 전체의 저류를 이루고 있다. 사실 한계효용학파와 신고전학파로 이어지는 주류경제학은 현재까지 사회철학 중에서 공리주의를 가장 절친한 반려자로 삼고 있다. 영미지역의 보수적인 사회과학을 경제학이 대변해 왔듯이, 영미권의 보수적인 사회철학을 공리주의가 대표해 왔다.

이런 이유로 정치적 자유주의(*Political Liberalism*, 1993)를 부르짖은 롤즈(J.

2) 이와 관련해 공리주의의 한문표기가 "功利"와 "公利" 중 어느 것인지 생각할 필요가 있다. 작고한 한 철학자가 "公利主義"로 소개한 것이 우리 학계에 지금까지 통용되고 있는 것으로 전해진다. 그러나 각자의 이익을 측정해 합산한다는 의미로 보면, "功利"가 맞다. 무엇보다 "公利"라는 번역은 사익과 독립적인 공익의 존재가능성을 시사해 공리주의의 기본정신이나 이와 친화력을 갖는 주류경제학의 입장을 제대로 반영하지 못한다.

Rawls, 1921~2002)는 『정의론』(*A Theory of Justice*, 1971)을 제시하면서 공리주의를 본격적인 비판의 대상으로 삼았다. 약간 이례적으로 노벨상을 수상한 쎈(A. K. Sen, 1933~)이 공리주의에 대한 대안모색에 골몰한 것도 보수적인 사회과학에서 공리주의가 차지하는 비중을 반증한다.

벤 담

벤담은 저서 『윤리와 법의 원리』(*Introduction to the Principles of Morals and Legislation*, 1781)에서 각 개인이 느끼는 쾌락과 고통을 사회 전체적으로 합산해 윤리 및 도덕, 법, 그리고 정책 등 개인의 행위나 사회적인 조치의 기준으로 삼아야 한다고 주장했다. 여기서 쾌락은 양(+)으로, 고통은 음(-)으로 계산된다. 이런 이유로 공리주의는 쾌락과 고통의 산술(calculus of pleasure and pain)이라는 별칭을 갖게 되었다. 쾌락의 대상은 자동차나 아파트에서부터 국방이나 마음의 평온함 등 갖가지이며, 고통의 대상 역시 노동, 공해, 질병, 이별 등 다양하다.

롤즈와 쎈

롤즈는 20세기의 대표적인 사회철학자로서 공리주의와 경제적 자유주의를 비판하고 대안적인 사회정의이론을 제시했다. 그러나 하싸이니(J. Hasarnyi, 1920~) 등 공리주의자의 비판도 만만치 않으며, 후기작인 『정치적 자유주의』에 이르면 스스로 공리주의에 함몰되는 부분도 적지 않다. 그런데 경제적 자유주의를 부르짖은 하이에크가 공리주의에 대해 비판적이었다는 것과 자신의 논리가 롤즈와 다르지 않다고 말한 것은 공리주의와 주류경제학의 친화력에 일견 대립되므로 해명을 요구한다. 하이에크가 공리주의를 구성주의로 비판한 것은 공리주의가 개인의 행동이 아니라 법이나 정책을 판정하고 결정하는 기준으로 사용된다는 데 방점을 두고 있다. 롤즈와 하이에크는 모두 개인의 다양성이나 다원주의를 신뢰한다는 점에서 유사하다. 그러나 분배에 대한 롤즈의 방향제시는 재분배정책을 강력히 비판했던 하이에크와 합치되지 않는다.

쎈은 인도출신으로서 영국 캠브리지에서 교육을 받았고 미국 하버드 등에서 가르치고 있는 경제학자이다. 그는 애로우의 사회선택이론에 대한 해석과 비판에서 출발했으나, 현재는 스스로 경제학자이기에 앞서 철학자임을 자부하면서, 경제학과 사회철학을 넘나들고 있다. 시인 타고르에게서 쿠마르(Kumar)라는 중간 이름을 부여받은 그는 모국인 인도의 현실에 대해 애정을 가지고 빈곤문제 등을 자신의 이론이나 철학적 입장에서 해석하는 바람직한 학자이다. 마르크스주의자가 아니면서도 쎈은 제도권 내에서 신고전학파와 공리주의를 일관되게 비판해 왔다. 최근 들어 노벨상이 미국의 신고전학파 경제학자들에게 수여되는 경향이 강하기 때문에, 일각에서는 그의 노벨상 수상을 의아하게 생각했다. 예를 들어, 경제현상을 신고전학파이론을 사용해 정교하게 분석하기로 정평이 나 있고 이념적으로 철저하게 시장경제를 옹호하는 영국의 유서 깊은 경제지 이코노미스트(*The Economist*)는 쎈의 노벨상 수상을 "Sen-sational"하다고 서술했다.

노동가치이론이 객관적인 가치이론이라면, 공리주의와 한계효용이론은 주관적인 가치이론이다. 그런데 이런 근본적인 차이점을 잠시 접어두면, 가치이론으로서 공통점이 있다. 노동가치이론이 모든 생산물을 노동으로 동질화한 것처럼, 공리주의와 효용이론은 다양하고 이질적인 재화들과 악재들을 개인들과의 관계 속에서 효용으로 동질화했다.

또한 노동이론이 노동시간뿐만 아니라 숙련도나 노동강도 등을 따지는 것과 비슷하게, 효용이론은 쾌락과 고통의 크기뿐만 아니라 강도, 지속성, 근접성 등을 고려한다. 더구나 노동이론이 개별노동이나 자본의 차이를 고려하는 것과 유사하게, 효용이론은 사회 전체적으로 쾌락과 고통의 합산을 위해 개인들의 다양한 속성을 처리해야 한다. 여기에 개입된 어려움은 노동가치이론에서 숙련도나 강도가 다른 노동들을 동질화하기 위해 겪는 어려움보다 더 심각하다.

공리주의와 전통적인 윤리의 가장 큰 차이는 쾌락이나 고통에 우선하는 선험적이고 보편적인 도덕이나 덕성의 존재를 공리주의가 거부한다는 점이다. 공리주의는 인간의 보편적 가치나 미덕 혹은 도덕 등을 옳고 그름이 아니라 쾌락과 고통이라는 감정들로 환원해 선험적인 도덕률의 존재를 부정한다. 고대로부터 이성과 감성, 윤리와 본능 등의 복합으로서 다층적이고 다면적이라고 상정되었던 인간의 자아를 공리주의는 감성 중심으로 단순화하거나 평면화했다. 이런 이유로 알레비(E. Halévi, 1926)가 지적했듯이, 공리주의는 당시에 '철학적 급진주의'로 평가되었다.

가령, 공리주의에 의하면 노인에게 자리를 양보하는 것이 노인에 대한 공경이라는 도덕률 때문에 바람직한 것이 아니다. 노인과 젊은이의 쾌락과 고통을 합했을 때 자리를 양보하는 것이 양보하지 않는 것보다 적어도 장기적으로 낫기 때문에 바람직하다. 다른 예로 노예제도의 폐지를 들 수 있다. 모든 인간이 평등하며 노예도 인간이기 때문이 아니라 노예제도하에서 주인과 노예가 얻는 투입물과 생산물, 나아가 이로부터 얻는 쾌락과 고통을 합했을 때 열등하기 때문에 노예제도가 폐지되어야 한다고 공리주의는 주장한다.

쎈이 지적했듯이 공리주의의 또 다른 특징은 결과주의(consequentialism)이다. 결과에 대한 중시는 행위의 의도를 고려하지 않는 입장과 문화나 역사를 고려하지 않는 획일주의 및 보편주의를 낳는다.

예를 들어, 교통규칙의 준수가 사회질서를 유지하기 위해 필요하다는 각자의 인식에서 비롯된 것인지, 각자의 생명을 지키기 위한 것인지, 혹은 단순히 벌금을 내지 않기 위한 것인지 공리주의는 개의하지 않는다. 또한 노인 앞에서 담배를 삼가는 예절을 문화의 차이로 인식하기보다 쾌락 및 고통의 합이라는 기준에 비추어 해석한다. 공리주의는 사회구성원에게 각자가 자신의 예상되는 쾌락과 고통을 명확히 알고 계산할 수 있는 능력을 요구할 뿐이다.

공리주의의 이 같은 특징은 주류경제학과 부합된다. 우선 합리성 중 도구적 합리성을 강조한다는 점에서 공리주의는 효용이론이나 신고전학파와 친화력을 갖는다. 도구적 합리성은 주어진 목표에 대한 효율적인 수단의 강구를 의미하므로, 이에 대한 일방적인 강조는 목적이나 목표에 대한 고민이나 논의를 배제한다. 이런 의미에서 도구적 합리성은 이성에 대한 전반적인 신뢰보다 범위가 좁으며, 베버의 가치합리성(die Wertrationalität)과 구분된다.

긍정적으로 보면 도구적 합리성은 가치의 사전적 서열을 거부하고 귀족주의를 배제한다. 가령, 누구나 대중음악보다 고전음악을 좋아해야 할 이유가 없다. 이런 이유로 신고전학파 바이너(J. Viner, 1892~1970)는 배고픈 소크라테스가 배부른 돼지보다 낫다는 밀의 주장을 불완전한 공리주의라고 비판했다. 그러나 부정적으로 보면 도구적 합리성으로의 편향은 몰가치론이나 불가지론을 낳아 개인의 행위나 사회의 질서에 대한 책임회피를 가져 올 수 있다.

이는 신고전학파가 실증경제학을 자부하면서 가치판단이나 정책을 과학적 분석이나 이론으로부터 엄밀히 구분해 경제학의 영역 밖으로 밀어낸 것과 연결된다. 그런가 하면 신고전학파는 자아를 단순하게 파악하면서 모든 가치가 시장에서 판정되어 화폐가치로 환산된다고 본다. 이 입장에서는 시장의 수요만 있으면 매춘도 상관없다. 이런 이유로 신고전학파의 도구적 합리성이 가치를 완전히 배제하는지 아니면 특정 가치를 가치의 배제로 위장하는지 분명치 않다.

적어도 경제학에서 강조하는 합리성은 정치적 의사결정에서 요구되는 합리성보다 그 범위가 좁다. 예를 들어, 투표행위와 구매행위는 한편으로 비슷하지만, 다른 한편으로 요구되는 정보 및 지식과 판단능력 등에 차이가 있다. 나아가 이런 차이는 1990년대 러시아와 중국의 비교에서 예시되듯이, 민주주의와 자본주의 혹은 정치발전과 경제성장 사이의 우선순위나 속도차이로 나타난다.

선험적 도덕률을 거부하는 공리주의는 인간의 덕성스럽거나 행복한 삶과 분리시켜 부의 생산, 분배, 소비를 연구하려는 경제학의 흐름과 궤도를 같이 한다. 스미스 등의 노력에도 불구하고 여전히 벌어져 있는 개인의 이익과 공동선 사이의 괴리는 한계효용학파에 이르러 인문과학으로부터 독립된 사회과학의 가능성을 제시한다. 그러나 다른 한편으로 이 괴리로 인해 경제학이 도덕이나 행복 등 전통적 가치로부터 가일층 멀어지게 되었다. 이것이 행위의 근원적 동력이나 의도와 무관한 결과주의로 이어지면서 공리주의와의 친화력을 강화시켰다.

둘째, 쾌락이나 고통이 개인차원에서 규정되므로 시장경제의 개인주의를 상정하는 주류경제학과 상통한다. 공리주의에서 전체의 복지는 개인들의 복지를 합산한 것이다. 이는 공리주의와 주류경제학이 모두 사회현상을 설명하는 데 개인을 단위로 하며 감정차원에서 개인의 주관을 강조한다는 것을 의미한다.

또한 효용이든 후생이든 일차적으로 각 개인의 느낌과 관련된다는 점에서 공리주의는 경제학과 밀착되어 있다. 이는 생계나 기본적인 필요 및 필수품에 대한 고전학파의 강조, 선험적이고 보편적인 가치에 대한 철학의 일반적인 집착, 그리고 롤즈의 '사회적 일차재'(social primary goods) 등과 같이 재화나 가치들 사이의 우선순위 부여와 대비된다.

인간의 행동이나 실천과 관련해 신고전학파는 막연히 개인주의라기보다 근본적으로 공리주의를 기반으로 삼는다. 또한 공리주의는 영미사회사상의 핵심으로서 자유주의 중 정치적 자유주의보다 경제적 자유주의와 밀착되어 있다. 더불어 주관적 측면에 대한 강조로 인해 공리주의와 효용이론은 모두 인간관계보다 재화와 개인 사이의 관계에 초점을 둔다. 공리주의에서 사회관계나 사회구조는 규칙이나 규범에 축약되어 있다.

뿐만 아니라 쾌락과 고통의 산술은 수량으로 나타나는 경제현상과 이에 근거한 경제학의 수량주의와 상통한다. 앞서 말한 바와 같이 모든 가치이론이나 가격이론은 통약이나 측정의 단위를 필요로 한다. 그런데 한계효용학파의 가치론과 신고전학파의 가격이론은 여기서 더 나아가 모든 사회현상이나 경제현상을 수량으로 파악하고 표현할 수 있다고 생각한다. 심지어 수량으로 표현되지 않는 현상은 부정확하거나 중요치 않다고 논의에서 배제하는 경향마저 있다.

공리주의는 제본스의 이론에 직접적인 영향을 미쳤으나 한계효용개념 등을 통해 여타 한계효용학파와도 분명히 친화력을 보이고 있다. 이런 의미에서 벤담의 공리주의는 한계효용학파에서 만개했다. 물론 현대의 신고전학파 미시경제학, 그리고 특히 그것의 응용분야인 후생경제학은 공리주의에 근거하고 있다. 20세기 들어 전개된 신고전학파의 논리를 기대효용이론(expected utility theory)으로 규정하는 다수의 견해는 이 점을 말해 준다.

나아가서 경제학의 특성상 공리주의가 이미 스미스와 맬더스, 그리고 리카도 등에서 그 모습을 드러냈다고 주장하는 사람들이 적지 않다. 우선 제도학파의 창시자인 베블렌은 경제학이 고전경제학 시절부터 이미 공리주의와 인연을 맺고 있었다고 주장하면서 이를 근본적인 한계로 지적했다.

또한 이만큼 부정적이지는 않지만 노벨상 수상자인 스웨덴의 경제학자 미르달(G. Myrdal, 1898~1987)은 경제학의 가치전제나 이념에 관해 논의하면서, 고전학파의 근저에서 공리주의를 찾아내고 있다. 그는 스미스가 노동을 주관적 고통으로 규정한 것을 공리주의로 간주했다. 이 점은 마르크스도 지적한 바 있다.

더불어 슘페터 같은 학자는 긍정적인 입장에서 공리주의가 이미 고전학파에서부터 경제학과 밀접한 연관을 맺고 있다고 주장했다. 그리고 고전경제학이 개별적인 차원이나 사회적인 차원에서 의지보다 이익을 경제활동이나 정책 혹은 법령의 판단기준으로 삼는 경우가 많았는데, 이 역시 공리주의로 이어질 수 있다.

공리주의와 경제학의 이 같은 친화력에도 불구하고 경제학의 한계효용학파와 철학의 공리주의 사이에 차이가 없지 않다. 공리주의는 도덕이나 법 및 정책과 관련된 사회의 선택에 중점을 두며, 시장의 가격을 일차적인 대상으로 삼지 않았다. 이에 비해 한계효용학파는 윤리나 법보다 경제문제에 관심을 가졌으며, 도덕이나 정책 등 당위가 아니라 현상자체에 초점을 맞추었고, 사회가 아니라 개인차원에서 분석했다. 경제적 계산과 공리주의적인 계산이라는 시즈위크나 에지워스의 구분이 이런 차이를 반영하고 있다.

7.2 한계효용 개념

한계효용학파의 핵심개념인 한계효용은 한계와 효용이라는 두 요소로 구성되어 있다. 이 두 개념에 대한 이해가 한계효용학파와 신고전학파를 이해하는 첫걸음이다. 간단히 말해, 한계는 이들의 방법을 함축하고 있으며, 효용은 이들의 내용을 지시한다.

우선, 익히 알려진 바와 같이 한계는 마지막 한 단위를 의미하며, 평균이나 총계와 구분된다. 한계개념을 적용하기 위해서는 미적분이 요구되기 때문에 이때부터 수학이 경제학의 방법으로 도입되었다. 당시로서 자연과학에 대비되는 정신과학(moral science)에 속해 있던 경제학에 수학을 도입한다는 것은 파격적인 일이었다.[3] 그렇지만 소비자행동의 기반으로 효용과 연결되어 등장했던 한계개념이 한계생산성으로 확대되어 생산 혹은 공급이나 분배에 적용되면서, 한계개념과 수학적 방법의 중요성은 점점 증가했다.

그런데 한계개념은 무언가 체감하거나 체증하는 경우에만 의미를 갖는다. 이에 따라 주류경제학에서는 한계효용이나 한계생산물이 체감하는 상황에서의 효용극대화나 이윤극대화가 준칙으로 자리잡았다. 그런데 한계효용체감이나 한계생산물체감의 법칙은 확고한 근거를 갖고 있지 않다.

한계효용체감은 심리학의 베버-훼히너법칙(E. H. Weber, G. T. Fechner, 19세기 중엽)에서 비롯되었다. 그러나 이 법칙이 어느 정도 타당한지 확실치 않다. 또한 한계생산물체감은 자원과 조직의 대체성과 보완성 등 결합된 여러 요소들 사이의 상호압박으로 생겨나는 것으로 짐작된다. 그러나 이에 대해 확고한 이론적 근거를 제시하기 힘들다.

한계개념의 채택이나 이를 위한 수학의 도입은 여타 사회과학에서는 쉽게 찾아볼 수 없는 현상이었다. 그러나 폭넓게 해석해 줄 필요가 있다. 한계적 변화는 외부의 변동이나 충격에 대해 개인이나 체제가 미세하고 점진적으로 반응하고 적응할 필요가 있고 또한 그렇게 할 수 있음을 표현해 준다. 이렇게 보면 그

---

3) 당시만 해도 인간과 자연에 대한 구분과 인문과학과 자연과학의 구분만이 명확했을 뿐, 인문과학과 자연과학 모두로부터 구분되는 사회과학이라는 개념은 정착되지 않았다. 더구나 사회과학 안에서 정치학, 경제학, 사회학의 구분도 명확치 않았다.

근거의 불완전성에도 불구하고 한계개념이 경제학에서 더없이 중요한 기능을 발휘하는 이유를 이해할 수 있다.

둘째, 철학에서 효용이 미덕이나 정의 혹은 이성과 대립된다면, 경제학에서 효용은 노동에 대립된다. 노동이 생산과 연결된다면, 효용은 일차적으로 소비와 연결된다. 노동이나 생산이 인간의 동적인 활동이라면, 효용은 인간의 주관을 형성하는 감정이나 느낌이므로 정적인 상태이다.

이런 의미에서 노동가치와 효용가치를 각기 객관적 가치와 주관적 가치로 부르는 것이 타당하다. 같은 맥락에서 고전학파와 마르크스가 경제의 재생산을 강조하고 가격을 재생산의 매개로 규정하는 데 비해, 효용이론은 가격이 특정 상황에서 나타난 인간들의 평가라는 점을 강조한다.

일반적으로 경제학설사에서 상품이나 재화의 속성으로 유용성, 노동의 산물이라는 성격, 희소성의 세 가지가 지적된다. 고전학파와 마르크스는 유용성을 물체의 객관적 실재로 보아 사용가치라고 불렀으며, 희소성보다 노동의 생산물이라는 점을 강조했다. 이 입장에서는 생산의 결과 혹은 소비의 대상을 재화(goods)가 아니라 상품(commodity)으로 호칭했다.

이에 비해 한계효용학파는 물체의 유용성을 강조하되 이것을 개인이 물체에 부여하는 주관적 감정으로 파악했다. 이 학파는 고전학파의 사용가치도 주관적으로 해석해 한계효용을 적분한 총효용으로 규정했다. 또한 노동의 생산물이라는 특징을 경시하면서 희소성에 역점을 두었다. 노동뿐만 아니라 자본과 토지의 투입을 통해 대다수의 재화가 생산되며, 반대로 어떤 생산요소도 투입되지 않은 재화가 있음을 이 학파는 강조했다. 결과적으로 희소한 쾌락의 대상이라는 의미에서 상품보다 재화라는 용어를 주로 사용했다.

재화라는 말의 어원

영어권의 재화는 독일어의 das Gut의 번역이다. 독일어, 영어, 불어의 gut, good, bien 등은 모두 윤리학의 선이 경제학으로 이전된 흔적을 보인다. 이는 한계효용이론이 물체를 교환이나 화폐와 독립적으로 규정할 수 있음을 시사한다. 이 관점에서 재화(財貨)라는 한문 번역은 화폐(貝)가 들어가 있기 때문에 오해의 소지를 안고 있다. 상품(商品)이라는 번역 역시 분석해 보면 오류의 가능성을 안고 있다. 원래 영어 commodity, 불어 la commodité 나 독일어의 die Ware에는 편리하다는 의미가 매매의 대상이라는 의미보다 더 강하다. 그런데 한문으로 상품은 무엇보다 매매를 상정한다. 이렇게 보면 상품은 영어 merchandise, 불어 la marchandise에 보다 부합된다. 정리하면 한편으로 재화에 해당하는 good, bien, gut와 다른 한편으로 매매의 대상에 해당되는 merchandise, la marchandise 등이 있으며, commodity, la commodité, die Ware 등은 두 가지 성격을 겸비한 것으로 보인다.

여기서 재화는 상품과 달리 주관적으로 해석된다는 점에서 윤리학의 대상인 선이나 좋음(good)과 통한다. 그러나 경제학자들이 점차 행복에 대한 추상적인 논의를 도외시하면서, 재화는 점점 철학적 의미의 선 중 수단에 해당되는 외적인 선, 그 중에서도 물질적 수단을 대표하게 되었다. 이 점에서 재화는 상품과 마찬가지로 넓은 의미의 선과 구분된다.[4)]

또한 노동가치이론이 인간의 경제활동 중 생산을 강조했다면, 효용이론은 경제활동 중에서 소비에 중점을 둘 수밖에 없다. 이에 따라 한계효용학파에 이르면 인간의 근본적인 경제활동이 노동이나 생산에서 소비로 바뀐다. 이미 고전경제학도 소비를 경제활동의 최종목표로 생각했다. 그런데 한계효용학파가 등장하면서 소비가 경제활동의 목표일 뿐만 아니라 경제활동의 출발점이며, 점차 적정량의 소비가 아니라 최대의 소비가 목표라는 생각이 자리잡게 되었다.[5)]

이 같이 소비가 핵심적인 활동이기 때문에 효용이론에서는 소비자주권(consumer sovereignty)이라는 개념도 등장한다. 경제영역에서 소비자가 보이는 합리적 행동이 정치영역에서 시민이 주권을 획득하고 행사하는 것과 같은 차원에서 중시된다. 또한 현명하고 똑똑한 소비자가 현명하고 똑똑한 시민과 비슷하게 중요해진다.

---

4) 가령, 윤리학과 경제학이 만나는 롤즈에서 재화와 선의 이 같은 유사성과 차이점은 중요해진다. 그의 사회적 1차재는 경제학의 재화와 윤리학의 선을 뭉쳐 놓은 것으로 볼 수 있다.

5) 문제는 과연 자본주의의 운행이 소비를 목표로 하는지 아니면 이윤이나 자본축적을 목표로 하는지(마르크스), 소비 그 자체가 인간의 목표인지 아니면 소비를 수단으로 삼아 자아실현 등 이보다 높은 목표를 인간이 지향하는지 혹은 지향해야 하는지(칸트, 롤즈, 센), 자연을 완전히 인간의 전유물로 만들면서까지 소비를 늘리는 것이 이상적인지(환경주의자), 그리고 계급이나 계층 사이의 소비상 불평등이나 선전광고에 휘둘리는 소비자를 방관해야 하는지(베블렌) 등이다. 공리주의와 이에 근거한 신고전학파는 미국인의 소비에서 보듯이 이런 고민 없이 소비지상주의로 흐르는 경향이 있다.

이는 소비자가 스스로 무엇을 원하는지, 특정 재화가 어떤 품질과 기능을 갖는지, 그리고 자신의 소득이나 재산의 제약이 어느 정도인지 등에 대해 필요한 정보와 판단능력을 갖추고 있다는 것을 의미한다. 또한 이를 위해 소비자를 보호하고 기업을 감시하는 정부기구, 소비자단체, 그리고 소비자의 판단을 도와주는 정보 및 지식 매체도 요구된다.

생산이나 노동이 계급이나 계층과 주로 연결되는 데 비해, 소비나 효용은 개인 이외의 다른 사회적 주체와 연결되기 힘들다. 물론 소비나 효용이 집단적일 수도 있다. 그러나 개인주의적인 근대서양에서는 이런 집단성이 쉽게 용인되지 않는다. 결국 공리주의와 마찬가지로 효용이론도 개인주의와 밀착될 수밖에 없다.

이와 같이 경제학에서 명시적으로 개인이 중심에 놓이기 시작한 것은 고전학파가 아니라 한계효용학파에서부터이다. 정치적 존재로서 개인이 시민으로 등장한 후 상당시간이 흐른 뒤 비로소 경제영역에서 개인이 경제인으로 등장한 셈이다. 효용이론이 등장한 이후, 치밀하게 개인의 행동이나 활동을 분석하고 이에 근거해 경제현상을 설명하려는 노력들이 경제학에서 끊임없이 생겨나게 되었다.

그런데 효용개념은 신고전학파로 넘어오면서 점점 희석되는 경향을 보이고 있다. 이미 교과서에 등장한 내용으로 원래 기수적(cardinal)으로 해석되던 효용이 파레토 등을 거치면서 무차별곡선을 통해 서수적(ordinal) 효용으로 변형되었다. 가령, 원래 첫 번째 사과와 두 번째 사과에서 얻는 효용이 각기 20단위이냐 10단위이냐를 따졌다. 그러다가 첫 번째 사과와 두 번째 사과의 효용 중 단순히 어느 쪽이 더 큰지, 작은지, 같은지를 따지는 방향으로 나아갔다.[6)]

이에 따라 개인의 선택과 사회의 선택을 연결시키는 사회적 선택이론에서 애로우(K. J. Arrow, 1921~)는 순서를 정하는 데 만족하고 있다. 더구나 행동주의의 영향으로 새뮤엘슨이 수요를 심리적인 움직임이 아니라 관찰된 선택으로 파악하는 현시선호이론(revealed preference)을 제시하면서, 서수적 효용마저 약화되었다.

이런 흐름 속에서 폰 노이만과 모르겐스터언(J. von Neumann & O. Morgenstern)

---

6) 아리스토텔레스의 『형이상학』에서 확인되듯이, 원래 크기라는 개념은 더한지 덜한지 혹은 큰지 작은지를 규명하는 데서 시작되었고, 이것은 같음 혹은 동일가치(equivalence)에 대한 규정으로 압축된다. 이 점에서 경제학의 무차별곡선은 수량화의 일반적인 사례이다.

이나 세비지(L. Savage) 등은 선호의 불변성이나 안정성 등 거의 형식논리에 의존해 기대효용이론을 제시했다.7) 이 모형이 게임이론을 포함해 신고전학파 경제이론을 현재까지 장악하고 있다.

폰 노이만

이 같이 효용개념은 현재까지 상당히 희석되었다. 이런 이유로 한계효용 개념 중에서 효용보다 한계가 더 부각되는 경향이 있다. 한계효용학파의 등장이 효용혁명이 아니라 한계혁명이라는 것이다.

과학철학자 카르납(R. Carnap, 1891~1970)은 『과학철학입문』(*Philosophical Foundations of Physics,* 1966)을 통해 물리학에서 순서만을 따지는 비교가 수량으로 표시할 수 있는 비교로 나아간 것을 발전으로 규정했다. 이에 비추어 보면, 한계효용학파와 신고전학파의 가치이론은 오히려 거꾸로 가고 있다. 수량화에 대한 과욕이 자초한 후퇴이거나 인간에 대한 내용이 빈약해지는 경향으로 해석할 수 있다. 초기에는 앞의 해석이 우세했으나 최근 연구는 뒤의 해석으로 기울고 있다.

먼저 후생경제학은 여러 개인들의 효용을 합산해야 한다는 숙제를 안고 있으며, 이 숙제로 인해 기수적 효용을 완전히 저버릴 수 없다. 보다 중요한 것으로, 최근 20~30년 사이에 행동(behavioral)경제학, 실험(experimental)경제학, 신경경제학(neuroeconomics) 등을 중심으로 신고전학파 주변에서 서수적 효용이론이나 기대효용이론의 빈약함과 비현실성에 대해 반발이나 반성이 일고 있다.

7.3 고전학파와의 비교

이미 지적한 바와 같이 리카도 등 고전학파의 차액지대이론이 발전해 신고전학파의 한계생산성이론을 형성했다. 또한 고전학파에도 공리주의적인 발상이 없지 않다. 따라서 다같이 주류를 형성했던 고전학파와 한계효용학파가 무관하

7) 폰 노이만은 20세기 최고의 수학자로 오스트리아 출신이지만 나치스가 오스트리아를 합병하기 전부터 미국에서 활약했다. 그의 천재성은 경제학에 성장률과 이윤율을 동시에 고려하는 생산모형을 제시하고 고정점 정리를 적용해 균형을 얻어낸 논문으로 잘 알려져 있다.

다고 말할 수 없다.

그러나 고전학파에서 한계개념은 토지와 지대에 국한되어 있다. 보다 근본적으로 경제를 바라보는 시각에서 고전학파와 한계효용학파는 여러 가지 차이를 드러낸다. 그러므로 고전학파와 비교해 한계효용학파의 특징을 부각시킬 필요가 있다.

그런데 여기서는 고전학파를 왈라지언 일반균형체계(Walrasian General Equilibrium System)와 비교하고자 한다. 그 이유는 한계효용학파의 최종적인 귀결이 신고전학파이며, 신고전학파의 초석이 왈라지언 일반균형이기 때문이다.

물론 한계효용학파의 모든 측면이 왈라지언 일반균형에 수용되지는 않았다. 우선 오스트리아학파의 논리는 여러 가지 면에서 일반균형이론과 다르다. 또한 제본스는 개별시장의 거래에 초점을 맞추었고, 마샬은 일반균형이 아니라 부분균형을 강조했다. 더구나 최근 신고전학파는 게임이론을 중시한다. 그럼에도 불구하고 한계효용학파 중 현실적으로 가장 영향력을 발휘해 온 학자가 발라스이고, 적어도 1970년대까지 왈라지언 일반균형이 신고전학파를 지배했으므로, 일반균형이론을 기준으로 삼는 것이 타당하다.

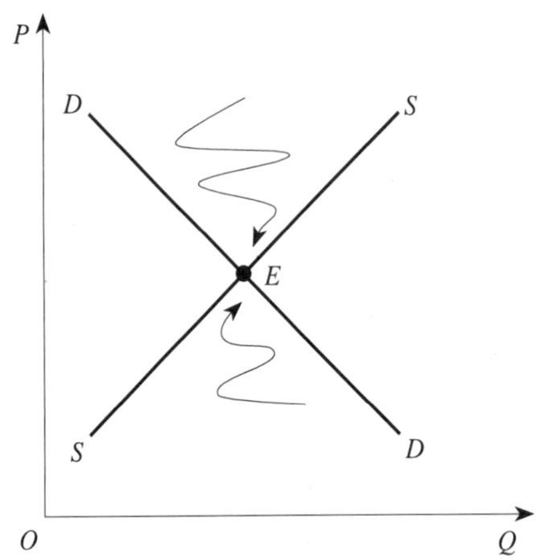

DD: 수요곡선
SS: 공급곡선
E: 균형(equilibrium)
~: 모색과정(tâtonnement)

먼저 일반균형이론을 개괄하자. 모든 경제주체들이 자신의 제약조건 아래서 효용이나 이윤을 극대화하기 위해 여러 재화와 생산요소의 적정량을 수요하거나 공급한다. 또한 경제주체들의 극대화 행위가 여러 시장으로 분류되고 시장별로 종합되어 시장의 수요와 공급으로 나타난다. 그런데 개별시장의 수요와 공급이 일치되지 않으면, 왈라지언 경매인(Walrasian auctioneer)이 가격을 변화시킨다. 또한 이런 가격변동에 따라 경제주체들이 여러 재화와 생산요소에 대한 수요와 공급을 조정한다.

이와 같은 가격변동과 개별주체들의 조정이 반복되면서, 모든 시장에서 수요와 공급이 일치되어 더 이상의 변동이나 조정이 필요 없는 고정점(fixed point)에 이르러 균형이 성립된다. 모든 시장이 동시에 균형을 달성한다는 점에서 시장은 일반균형에 도달한 셈이다. 이런 논리는 거시경제체계에도 비슷하게 적용된다. 이에 근거해 고전학파와 일반균형이론이라는 모습으로 성숙한 한계효용학파를 비교해 보자.

첫째, 다루는 문제에서 고전학파가 자본축적과 경제발전에 초점을 두었다면, 한계효용학파는 자원배분을 우선과제로 삼는다. 한계효용학파의 이런 문제의식은 교과서에 '희소한 자원의 적정한 배분'으로 표현되어 있다. 신고전학파를 이같이 정식화한 사람이 영국의 경제학자 로빈스(L. Robbins, 1898~1984)였다. 여기서 자원이나 재화의 희소성이 신고전학파의 기본전제임을 확인할 수 있다.

이런 문제의 차이로 고전학파는 생산이나 공급, 그리고 분배를 중요 경제활동으로 규정한 데 비해, 신고전학파는 소비나 수요, 그리고 교환을 논의의 중심에 놓았다. 자본축적이라는 고전학파의 문제설정은 생산에 대한 강조와 연결되어 있다. 또한 분배에서 계층이나 계급의 대립이 생산구조와 연결되어 고전학파의 사고틀을 이룬다. 이에 비해 자원배분이라는 신고전학파의 문제는 소비나 수요측면에 대한 강조와 연계되어 있다. 소비자선택이 시장수요로 나타나고, 시장수요가 각 산업에서 생산량이나 투자에 대한 신호로 작용해, 자원의 산업간 배분을 결정한다.

신고전학파가 공급측면을 무시하지는 않으나 궁극적으로 수요측면에 중점을 둔다. 또한 이 학파는 수요측면에서든 공급측면에서든 개인의 자발적 선택과 이런 선택의 결과로 나타나는 여러 개인들 사이의 교환이나 거래를 논의의 출발점으로 삼는다. 이 때문에 교환활동과 이로부터 얻는 이익을 중시한다.

둘째, 이런 차이로 인해 고전학파가 기호, 인구, 제도 등이 변동하는 동태적인 경제를 염두에 두는 데 비해, 왈라지언은 이런 요인들이 주어진 시점에서 고정되어 있는 정태적 상황을 상정한다. 신고전학파는 고전학파가 가변적이라고 생각한 제반 요인들을 '다른 조건이 같다면'(ceteris paribus)의 가정에 묶어 정태적 성격을 유지하고 있다. 또한 고전학파는 경제가 도달하는 최종상태나 균형이 아니라 그런 상태로 향해 가는 과정을 중시한 데 비해, 왈라지언은 과정보다 균형상태에 초점을 둔다.

물론 신고전학파는 이런 정태적인 상황을 보다 현실적으로 만들기 위해 비교정태분석을 시도하지만, 동태적 분석에는 인색하다. 단지, 나중에 설명하는 바와 같이 하이에크 등 오스트리아학파는 이런 왈라지언의 입장을 일관되게 거부했다.

셋째, 고전학파가 평균이나 총량에 중점을 두는 데 비해, 한계효용학파는 한계 혹은 마지막 한 단위에 역점을 둔다. 이에 따라 신고전학파는 한계효용이나 한계생산성뿐만 아니라 한계대체율, 한계기술대체율, 한계비용, 한계수입 등을 핵심개념으로 활용한다.

이런 차이는 고전학파와 달리 한계효용학파나 신고전학파가 개인의 선택이나 적정화를 일차적인 관심사로 삼기 때문에 발생한다. 고전학파는 주어진 시점에서 소비활동이나 생산활동 등에 있어 경제주체에게 부여된 선택의 범위가 넓지 않다고 본다. 이에 비해, 신고전학파는 넓은 범위의 선택집합이 경제주체들에게 열려 있다고 상정한다. 같은 이유로 인해 고전학파는 재화나 생산요소 사이의 대체를 거의 인정하지 않고 고정계수를 상정하는 데 비해, 신고전학파는 완벽에 가까운 대체를 인정하면서 거의 무한한 결합비율의 변동을 허용한다.

가령, 고전학파는 노동자가 한 달 동안 필요로 하는 소비재가 쌀 두 말과 지하철 표 50장으로 고정되어 있으며, 주어진 시점에서 탁자를 생산하는 데 노동자와 기계는 10 : 1로 결합되어야 한다고 본다. 이에 비해 신고전학파는 쌀값이 떨어지면 쌀 소비를 세 말로 늘리고 지하철 표를 30장으로 줄이며, 임금이 오르면 탁자생산에 있어 노동자와 기계가 8 : 1로 결합될 수도 있다고 보는 셈이다.

이와 같이 한계개념만큼이나 대체개념도 신고전학파에 고유하다. 그런데 이론을 교육하는 교실에서는 한계대체의 비율에 초점을 맞추면서, 대체나 대체성 자체가 얼마나 중요하고 왜 중요한지가 부각되지 않는 경향이 있다. 대체개념은 일차적으로 개인에게 부여되는 선택의 폭이나 외적 충격이나 환경변화에 적응할 수 있는 능력을 나타내며, 이에 근거한 경제체제 전체의 안정성을 표현한다.

이 같이 신고전학파는 고전학파보다 개인이나 개인들의 합으로 규정되는 경제가 가격이나 기타 환경의 변화에 대해 훨씬 더 많은 적응능력이나 융통성을 가진다고 생각한다. 달리 보면, 전통적으로 윤리나 규범 혹은 정치제도가 사회에서 발휘하던 기능을 신고전학파는 대체개념에 맡긴다. 이런 생각은 자본주의경제가 현재까지 여러 가지 변화에 적응하면서 번성한 이유를 그것의 유연성에서 찾으려는 신고전학파의 입장과 상통한다.

7.4 주요 학자

7.4.1 제본스

제본스

제본스는 영국의 학자로서 한계효용이론이 벤담의 공리주의에 의존하고 있음을 가장 명시적으로 보여주었다. 또한 그는 영국인으로서 다른 한계효용이론가들보다 훨씬 더 고전학파를 의식하고 있었다. 자부심으로 가득 차 있었던 그는 자신의 논문이나 저서가 세상에서 예상한 만큼 반향을 일으키지 못하면 크게 실망하는 유형의 학자였다. 자연과학적인 배경이 강했던 그는 한계효용이론을 전개하면서 지렛대의 원리 등 여러 가지 물리학적인 유추에 의존했고 경제학의 방법으로 수학의 도입을 부르짖었다.

제본스는 한계효용이론을 통해 스미스가 제기했던 가치론의 숙제, 즉 다이아몬드와 물의 역설을 해명했다. 그는 고전학파의 사용가치를 총효용으로 해석하고, 교환가치가 한계효용에 의해 결정된다고 주장함으로써, 이 역설을 해소하려고 시도했다.

물의 사용가치가 다이아몬드의 사용가치보다 더 크다는 것은 물의 소비량이 다이아몬드의 소비량보다 많아 그 총효용이 더 크다는 것을 의미한다. 소비량이 많다는 동일한 이유로 물의 한계효용이 적고, 소비량이 적기 때문에 다이아몬드의 한계효용은 높다. 한편으로 물의 사용가치가 다이아몬드의 사용가치보다 크다는 것은 양자의 총효용에 의해 설명된다. 다른 한편으로 물의 교환가치(혹은 가격)가 다이아몬드의 교환가치(혹은 가격)보다 낮다는 것은 양자의 한계효용에 의해 설명된다.

여기서 제본스가 명시하지 않은 것은 교환당사자들의 소득이나 재산의 차이이다. 만약 물의 소비자와 다이아몬드의 소비자 사이에 소득이 크게 차이나면, 효용과 무관하게 그 자체만으로 다이아몬드의 가격은 물의 가격보다 높아질 수 있다. 이는 현재 신고전학파 미시이론에도 여전히 남아 있는 숙제이다. 교과서에서 수요곡선의 배후에 있다고 말하는 지불의사의 차이는 선호나 효용뿐만 아니라 구매력의 차이를 포함하고 있다.

제본스는 효용이론에 의존해 2개의 재화와 2명의 당사자로 구성된 교환을 설명한 후, 이를 *n*개 재화와 *n*명의 당사자가 존재하는 상황으로 확대시키려 했다. 또한 그는 여타 한계효용이론가들보다 앞서 노동을 효용이론에 끌어들여 고통으로 규정하고, 노동공급곡선의 후방굴절(後方屈折) 가능성을 언급했다.

그는 이 같은 논리전개를 위해 경제학에서 수학을 활용할 것을 역설해, 발라스와 견해를 같이 했다. 제본스는 자신의 주요 저작이 발표된 후 발라스와 몇 차례 서신을 주고받으면서 이 점을 서로 확인했다.

제본스는 상품이 화폐이고 화폐가 상품이라고 진술해 화폐와 재화 혹은 상품을 명확하게 구분하지 않았다. 이 점에서 그는 고전학파와 크게 다르지 않다. 대부분의 학자들과 마찬가지로 그가 그나마 화폐를 재화나 상품으로부터 구분하기 위해 채택한 방식은 두 가지였다. 한편으로 운반의 편의성, 동질성, 분할의 용이성 그리고 식별가능성을 화폐상품의 속성으로 지적했다. 다른 한편으로 악화가 양화를 구축한다는 그레샴의 법칙 때문에 화폐발행을 민간에 맡길 수 없다고 보아 국가가 화폐를 찍어내도록 하는 화폐국정설을 주장했다.

이 같은 이론작업 이외에 그는 통계자료를 분석해 경기변동이론으로 태양흑점설을 제시했다. 그는 태양흑점의 증가 및 감소가 경제의 불황 및 호황과 시기적으로 일치하는 데서 태양흑점설을 착안해 냈다. 그는 태양흑점이 농업의 풍년과 흉년을 결정하고 농업이 전체산업에서 커다란 비중을 차지했던 당시 상황에서 태양흑점의 증감이 경제전체의 호황과 불황을 결정한다고 생각했다.

과학발전이나 농업의 비중 감소에 비추어 현 시점에서 태양흑점설이 설득력을 가지지는 않으나 상징적인 의미를 지닌다. 신고전학파에서 제기한 소위 태양흑점균형이론(sunspot equilibrium)에 의하면, 태양흑점이든 어떤 정보나 소식이든 과학적으로 아무런 근거가 없더라도 시장참여자들이 그 영향력을 믿고 이에 따라 행동하면, 믿었던 바가 경제에서 현실화될 수 있다.

구체적으로 다수의 시장참여자가 태양흑점이 늘어나 불황이 오리라고 예상해 주식을 매도하면 주가가 하락해, 실제로 실물경제에 불황이 발생할 수 있다. 현대의 흑점이론에서는 주식시장이 농산물시장을 대신하고, 군중심리와 집단행동이라는 사회적 심리가 물리적 법칙을 대신한다.

긍정적으로 보면 이런 착상은 자연현상과 구분되는 사회현상의 특징을 나타내 준다. 사회 속의 행동주체들은 기계와 같이 움직이지 않고 자료나 상황에 대한 자신들의 기대나 해석에 따라 움직여, 행위에 있어 어느 정도 자율성을 갖는다. 사회과학이론에서 이런 현상을 흔히 '예언의 자기실현'(self-fulfilling prophecy)이라 부른다.

7.4.2 마샬과 클라크

영국적 전통에서 제본스는 마샬과 에지워스(F. Y. Edgeworth, 1845~1926)로 이어지면서 19세기말에서 20세기 초에 신고전학파로 정착된다. 단순화시키면, 발라스가 방법상에서 신고전학파의 기초를 닦은 데 비해, 마샬은 그 내용을 채웠다. 여기에 미국인 클라크의 분배이론도 빼놓을 수 없다. 이렇게 형성된 신고전학파는 세부 내용에서 지속적인 변동을 겪으면서도 지난 1세기 동안 주류경제학을 대표하고 자본주의경제학을 대변해 왔다.

우선 마샬은 『경제학 원리』(*Principles of Economics*, 1890)를 통해 제본스의 이론을 변형시켜 신고전학파의 기반을 마련했다. 마샬이 여기서 제시한 틀이 현재까지 미시경제학의 기본골격을 이루고 있다. 이 때문에 『경제학 원리』는 스미스의 『국부론』, 밀의 『정치경제학 원리』에 이어 대표적인 경제학 교과서로 상당 기간 군림했다. 케인즈의 선생인 그는 제본스와 달리 자신의 저작 발표나 출판에 대해 겸손함과 자제심을 갖춘 훌륭한 학자로 알려져 있다.

경제학 교과서의 소사

마샬의 『경제학 원리』는 스미스의 『국부론』, 밀의 『정치경제학 원리』를 잇는 대표적인 경제학 교과서였다. 이어 20세기 중반 이후에 미국인 새뮤엘슨의 『경제학』(*Economics*, 1948)이 일세를 풍미했다면, 현재는 미국인 맨큐의 『경제원론』이 유행하고 있다. 물론 이들은 각기 이념이나 내용을 달리하는데, 맨큐에서는 배우의 사진을 넣는 등 어려운 경제학이론을 대중화하려는 노력이 돋보인다.

마샬에게도 일차적으로 중요한 문제는 가치와 가격이었다. 그는 무엇보다 초기의 한계효용이론이 수요측면을 일방적으로 강조해, 공급측면을 일방적으로 강조했던 고전학파와 마찬가지로 불완전하다고 평가했다. 그는 수요와 공급을 종이를 자르는 가위의 양날에 비유하면서, 수요와 공급 양자가 가격에 영향을 미친다고 주장했다. 신고전학파라는 명칭이 시사하듯이, 이 같은 논리에는 고전학파와 한계효용학파를 순조롭게 연결시키려는 의도가 담겨 있다.[8)]

마 샬

이런 입장에 근거해 마샬은 수요를 뒷받침하는 개념으로 한계효용뿐만 아니라 공급을 뒷받침하는 개념으로 한계생산성을 제시했다. 그는 리카도가 토지에 국한시켜 적용했던 한계개념을 모든 생산요소들에 일관되게 적용할 수 있다고 생각했다.

이와 관련해 그는 "종전에 같게 보였던 것이 다른 것으로 드러나거나 다르게 보였던 것이 같은 것으로 드러나는 것이 과학의 발전"이라고 말했다. 이렇게 마샬은 초기의 한계개념을 확장시켰다.

마샬은 자신이 고전학파와 그다지 멀리 떨어져 있지 않다고 생각했지만, 그의 원류가 고전학파가 아니라 한계효용학파임은 부인할 수 없는 사실이다. 이런 흐름 속에서 그는 종래 경제학자들이 생산, 분배, 교환, 소비로 나누었던 경제활동을 모두 수요와 공급의 원리로 일관되게

---

8) 이것은 『경제학 원리』의 초판에 대해 독일 역사학파의 바그너(A. Wagner)가 쓴 서평에서도 드러난다. 바그너는 한계효용학파의 한계효용이론과 생산비용이론의 관계를 규명한 것이 경제학설사에서 마샬의 의미라고 지적했다. 이것은 마샬을 고전학파와 근대 신고전학파를 이어주는 가교로 간주하는 전통적인 해석과 일치된다.

묶어 내려고 했다.[9] 같은 맥락에서 그는 경제학의 명칭으로 종전에 사용되던 political economy보다 economics가 더 적절하다고 주장했다. 이런 변동은 경제를 정치, 사회, 문화로부터 분리시키려는 신고전학파나 주류경제학의 경향으로 발전한다.

이런 입장에 서서 마샬은 발라스의 일반균형과 구분되는 부분균형(partial equilibrium)을 제시했고, 정학과 동학을 개념화했다. 또한 그는 현재 미시경제학에서 활용되는 탄력성과 대체, 내부효과와 외부효과, 준지대, 소비자 잉여와 근로자 잉여 등 여러 가지 개념들을 만들었다. 이 중에서 지대와 준지대에 대한 구분은 리카도의 지대이론이 영원한 진리임을 보여준 것으로 평가되었다.[10]

이 중 잉여개념에 대해서는 별도의 설명이 필요하다. 우선 마샬은 공급자의 잉여를 현재와 같이 생산자 잉여가 아니라 근로자 잉여로 표현했다. 어떤 이론적이거나 이념적인 근거에서 표현이 바뀌게 되었는지 생각해 볼 필요가 있다. 그런데 잉여개념이 이후 신고전학파에서 시장경제를 옹호하는 핵심적인 근거로 활용되었다는 사실이 보다 중요하다.

경제학 교과서를 살펴보면, 신고전학파에서 교환으로부터 얻는 이익은 소비자잉여와 생산자잉여로 구성되며, 이들은 한계효용체감의 법칙과 한계생산물체감의 법칙에 의존한다. 이는 신고전학파가 그 이전에 존재하던 잉여나 잉여가치를 개인의 심리나 주관, 그리고 기술적인 것으로 탈바꿈시켰음을 의미한다.[11]

---

9) 예를 들어, 맥컬럭(J. R. McCulloch, 1789~1864)은 자신의 저작 『정치경제학원리』(*The Principles of Political Economy*, 1825)를 4부로 나누고, 각각의 주제를 부의 생산, 가치와 가격, 부의 분배, 그리고 부의 소비로 삼았다. 또한 시니어는 주저 『정치경제학』(*Political Economy*, 1850)에서 경제학의 범위를 부의 성격, 생산, 분배로 규정하고, 교환을 분배에 포함시켜 논의했다.

10) 에지워스(F. Y. Edgeworth)가 마샬의 『원리』 2판에 대한 서평에서 이 같이 말했다. 여기서 에지워스는 마샬의 책에서 5권이 가장 중요하다는 점, 마샬의 경제에서는 균형으로의 움직임과 균형 자체의 움직임이 동시에 일어나므로 정태적이지 않다는 점, 마샬이 사회학 등에 대비해 경제학의 독자성을 주장했다는 점 등도 지적했다.

11) 호텔링(H. Hotelling)과 하버거(A. Harberger)에 의하면, 한계효용학파의 잉여개념은 마샬 이전의 기술자 겸 경제학자(engineer-economist)인 프랑스의 뒤삐(J. Dupuit)로 거슬러 올라간다. 토목기사로서 교량이나 도로건설의 가치를 따져야 하는 상황에 자주 처하게 되었던 뒤삐는 가격변동에 따른 잉여와 손실의 발생에 대해 논문을 발표했다. 이 논문에서 그는 재화의 가치가 지불된 가격보다 높으며 사람마다 다르다는 점과 가격변동이 기존 소비자의 후생에 영향을 미칠 뿐만 아니라 구매 가능한 소비자의 숫자를 변동시킨다는 점을 주장했다.

마샬은 이러한 개념들 중 상당수를 물리학에서 차용하였다. 그렇지만 그는 물리학적 유추와 수학의 사용에 대해 대단히 조심스러웠다. 그는 제본스와 달리 그림표나 수학을 꼭 필요한 경우에 한정해서 사용했으며, 언제나 부차적인 도구로 취급했다. 이러한 이유로 그의 주저에서 그림표 등은 부록으로 처리되어 있다.

나아가 초보적인 경제분석에서는 물리학적 유추로 충분하지만, 성숙한 분석에서는 동학이나 진화를 고려해야 한다고 그는 주장했다. 특히, 기업과 조직에 관한 논의에서 진화개념과 생물학적 유추를 강조했다. 대체개념이 기술뿐만 아니라 조직의 변경과도 관련되어 현대 경제학에서보다 그 적용범위가 넓었다는 점은 그의 입장을 반영한다. 그래서 호지슨(G. Hodgson) 등 상당수의 학자들은 경제제도를 강조한 학자로 마르크스, 베블렌, 하이에크뿐만 아니라 마샬을 꼽고 있다.

이 같이 마샬이 신고전학파의 창시자였지만, 현재의 신고전학파와 달리 진화를 강조하고, 수학적 방법의 활용에 대해 조심스러웠음을 기억할 필요가 있다. 물리학적 유추나 수학적 방법은 오히려 20세기 중반 이후 새뮤엘슨 등 미국의 신고전학파가 부상하면서 포괄적으로 채택되었다.

전체적으로 보면 마샬은 경제학의 방법에 관해 연역과 귀납의 병용, 이론과 역사의 조화, 추상적 추론과 상식 및 본능의 결합, 기계적 유추와 생물학적 유추의 역할분담, 수리적 방법의 한계 등을 지적했다.

마샬의 방법론

마샬의 방법에 대해 보다 자세히 논의해 보자. 우선 마샬은 독일 역사학파의 논리에 근거해 연역적 방법에 대한 일방적인 의존을 비판하고 귀납법의 병용을 강조했다. 연역법이 추상적인 논리전개에 의존한다면, 귀납법은 관찰이나 사실수집에 근거한다. 또한 연역이 보편적이고 지속적인 것을 목표로 삼는다면, 귀납은 변동이나 차이에 관심을 둔다. 특히, 역사학파가 실제로 보여주었듯이, 귀납법에 의존하는 경우, 역사적 변동, 그 중에서도 경제의 조건과 인간행동의 유인이 변동하는 데 주목하게 된다. 근대 경제학에서는 이를 흔히 구조적인 변동으로 부른다.

세금의 부과 등으로 인해 누구에게도 이전되지 않은 순손실을 뒤삐가 인식하고 있어 사중손실(deadweight loss) 개념에 근접했다. '사중'이라는 표현은 뒤삐에게서 무게나 길이 등의 비유와 친화력을 갖지만 그 어원은 여전히 알쏭달쏭하다.

이에 따라 연역은 조건이나 유인이 주어진 상태에서 활용되는 방법이다. 이 점에서 연역과 귀납의 결합은 이론과 역사의 결합과 유사하며, 전략과 전술의 결합에 비유된다. 뿐만 아니라 연역은 경제학자가 주로 구사하는 추상적 논리전개와 연결되는 데 비해, 귀납은 기업가나 은행가와 같은 경제주체들의 본능 및 상식과 연결된다. 그는 이 차이를 병리학자와 간호사 혹은 공학자와 건축기사의 차이와 비슷하게 생각했다.

또한 그는 경제학자와 달리 관료가 갖춘 능력을 훈련된 상식 혹은 편견 없는 상식으로 규정했다. 경제주체들이 현실 속에서 쉽사리 관찰하고 이에 근거해 사실을 수집할 수 있으며, 상식이 현실문제를 해결하는 데 있어 궁극적인 역할을 한다. 경제이론을 포함한 이론의 역할은 일상용어나 대화가 압축적으로 처리하거나 생략한 사물의 이면이나 숨겨진 복잡성을 드러내는 데 있다고 그는 생각했다.

이 같은 맥락에서 그는 경제학자가 물리학자와 달리 정확하고 경직된 용어들을 만들어 내기보다 일상용어들을 제한적으로 사용하는 데 만족해야 한다고 주장했다. 구체적으로 경제학자는 경직된 정의를 사용하기보다 일상적 용어에 해석상의 주석을 부가하는 방식을 택해야 한다. 예를 들어, 정상가격 개념은 일상생활에서 상식적으로 가격이 이례적으로 높거나 낮다는 표현 등을 통해 활용되나, 경제이론에서는 기간을 명확히 제시해 문맥을 확실히 할 때 제대로 활용될 수 있다.

결국 마샬은 훌륭한 경제학자가 되려면 추상적인 논리전개와 함께 본능이나 상식을 갖추어야 한다고 주장했다. 이 입장은 드브뢰(G. Debreu) 등 왈라지언 일반균형체계의 엄밀한 용어정의와 대조된다.

그는 수리적 방법이 경제적 변화들 사이의 상호작용을 설명하는 데 유효하다고 생각했다. 또한 경제학이 화폐의 존재 등으로 인해 행위를 측정할 수 있어 보다 정확해질 수 있기 때문에 다른 사회과학보다 더 발전할 수 있었다. 그는 이 같이 경제학에서 수리적 방법을 경시하지 않았으면서도 그것의 사용을 절제하도록 경고했다. 단적으로 그는 수학을 이용해 논리를 전개한 후 수식을 불태우라고 촉구하면서, 말로 표현할 수 없으면 엉터리라고 주장했다. 그에게 수리적 방법은 연역과 연결되므로 연역이나 수리적 방법이나 모두 제한적으로 구사될 때 유용하다.

연역과 귀납의 차이는 다시 기계적 유추와 생물학적 유추의 차이로 이어진다. 마샬은 연역적 방법이 마치 생산활동에서 기계와 같이 세대 사이에 전승되며 반복적인 작업에 활용되는 사고체계라고 생각했다. 또한 마치 척추동물과 같이 경제체제에도 어느 정도의 안정성이나 경직성이 존재하며, 그런 한도 내에서 연역이 유용하다는 점을 강조했다.

이와 관련해 그는 기계학과 화학을 구분하고 연역이 기계학에 가깝다는 점을 지적했다. 즉, 요인 하나 하나의 결과를 개별적으로 연구해 합산하면 전체적인 결과를 얻을 수 있는 경우 연역이 유용하다. 그러나 화학현상에는 이런 경우가 별로 없다. 이 부분은 여러 요인들이 복합적인 효과를 나타내는 경우나 편미분의 결과가 영이 되지 않는 경우 수리적 방법에 한계가 있다는 케인즈의 지적과 상통한다.

마샬에서 생물학적 유추와 물리학적 유추가 어떤 관계에 있으며, 각기 어떤 역할을 하는지는 분명치 않다. 그는 보다 발전된 연구에 생물학적 유추나 진화개념이 요구되나, 일차적인 연구에서는 기계적 유추나 균형개념이 필요하다고 생각한 것 같다. 기계적 유추가 그의 저작을 지배하나, 산업조직과 관련해 생물학적 유추가 강하게 등장한다. 또한 수시로 생물학적 유추의 궁극적인 중요성이 강조되고, 생물학적 유추나 진화와의 연계가 끊기지 않고 있다. 이는 균형분석이 궁극적인 과제가 아니라 진화를 연구하기 위한 선결과제임을 의미한다.

결과적으로 경제학은 경제현상의 복잡성이 증가하면서 점차 물리학적 유추, 화학적 유추, 그리고 생물학적 유추의 순서로 이동해야 한다. 물리학적 유추는 여러 요인들로 인한 결과가 단순히 합산될 수 있을 때, 화학적 유추는 여러 요인들의 상호작용이 중요할 때, 그리고 생물학적 유추는 진화를 논의할 때 각기 적용된다.

마샬의 방법과 관련해 언급할 개념이 대표기업(representative firm)이다. 개별기업들의 행동이 종합된 결과가 산업이나 경제전체의 역사이지만 개별기업의 역사와 산업전체의 역사가 반드시 일치하지 않기 때문에 이 개념이 요구된다. 성장하는 기업도 있고 쇠퇴하는 기업도 있으나 산업수준에서는 이런 것들이 평균적으로 나타난다. 특히, 특정 기업이 경쟁의 여파로 소멸되는 과정을 통해 해당 산업이 성장할 수도 있다.

근대사회가 유연성에서는 신분사회와 다르지만 급변하는 사회의 상황에 적응하기 위해 개체를 희생시킨다는 점에서 과거로 회귀했다는 지적은 그의 관점을 여실히 드러낸다. 대표기업은 이런 개체와 전체 사이의 갈등을 배제하고 내부경제와 외부경제에 있어 해당 산업전체를 대표한다. 내부경제는 해당 기업 자체의 조건으로 규정되지만 외부경제는 산업전체의 상황을 고려해야 하므로, 대표기업은 산업전체의 상황을 이미 내포하고 있다.

그런데 그는 대표기업에 대한 논의와 연결시켜 정태적 균형에 의존한 경제분석의 한계를 지적했다. 대표기업은 기업의 생존과 산업의 성쇠와 관련된 동태적이고 복합적인 논의를 기계적인 것으로 환원시켰을 가능성이 있다. 혹은 케인즈가 강조했던 자본주의의 불확실성이나 하이에크가 부각시켰던 인간 행동의 의도되지 않은 결과를 배제하는 결과를 가져왔을 것이다. 이에 따라 마샬은 정태적 균형의 관점에서 경제를 파악하는 일은 1차분석에 불과하며, 보다 근본적으로 유기적 성장을 연구해야 한다고 주장했다.

종합적으로 마샬은 경제학이 상식과 완전히 유리된 출발점을 설정하고, 일상용어와 분리시켜 학술용어를 정의하며, 이런 정의들을 사용해 기다란 논리의 사슬로 구성된 논리체계를 이룩하는 데 반대한 것이다. 그는 경제이론이 일상생활에서 출발하고 또한 이것으로 되돌아가야 한다고 생각했다. 또한 그는 상식으로부터 벗어난 이론이 아니라 전제나 결론에서 상식의 도움을 받는 경제이론을 주창했다. 이론의 출발점이나 결론에 가치가 개입된다고 볼 때, 그에게 상식은 가치연관이나 가치판단과 관련되어 있다. 이 점에서 마샬은 가치와 추론을 분리시키는 실증주의자와 구분된다.

이런 방법에서는 마샬과 케인즈 사이에 연속성이 유지되었다. 특히, 상식에 대한 강조, 거대담론에 대한 의구심, 수학적 방법에 대한 조심성에서 이들은 견해를 같이 했다. 나아가 이들의 방법론상 연속성은 다분히 영국적인 경제사상 혹은 사상 일반의 단면을 드러낸다. 문제는 유사한 방법을 사용하면서도 마샬과 케인즈가 어떻게 서로 다른 이론과 사회철학을 가지게 되었는가 이다. 이런 점에서 양자를 비교해 이론, 사회철학, 그리고 방법 사이의 상호 연관성과 독립성을 구체적으로 제시할 필요가 있다.

특히, 『경제학 원리』의 앞 부분과 부록에서 마샬도 케인즈와 마찬가지로 경제학에서 "기다란 연역적 사슬"에 의존하는 것이 위험하다는 의견을 표명했다. 그 역시 경제학은 여러 개의 "짧은 연역적 사슬"에 만족해야 한다고 역설했다. 또한 케인즈만큼 마샬도 기다란 연역의 장본인으로 리카도를 지목했다고 추정된다. 그렇지만 마샬은 리카도가 자신의 논리를 전개하면서 많은 부분을 생략하거나 여러 차례 강조하지 않음으로써 후대의 학자나 독자들에게 혼란을 안겨주었다고 지적해 리카도에 대해 보다 우호적이었다. 이 때문에 마샬은 리카도에 대한 제본스의 비판을 완화시켰으며, 케인즈와도 어느 정도 거리를 두고 있다. 또한 마샬이 이런 주장을 내세운 근거는 다양하며, 명확하게 이해하기도 힘들고, 케인즈의 근거와 완전히 일치하지도 않는다.

마샬과 동시대인인 케인즈의 아버지(John Neville Keynes)는 『경제학의 범위와 방법』(*The Scope and Method of Political Economy*, 1891)에서 경제학적 정의와 일상용어의 조응을 그다지 강조하지 않아 마샬과 차이를 보였다. 그렇지만 맬더스 등 영국의 경제학자들이 전통적으로 경제학 용어가 일상언어와 일치해야 한다고 생각했다는 것을 인정했다. 이는 한국의 경제학자들이 경제학 용어와 일상용어의 괴리를 당연시하거나 심지어 과장하는 것과 대비된다.

클라크는 독일 역사학파의 크니스(K. Knies)에게 사사했으며 미국에서 처음으로 배출된 국제적인 수준의 신고전학파 경제학자였다. 그는 『부의 분배』(*The Distribution of Wealth*, 1899) 등을 통해 한계이론에 근거해 현재 교과서에서 보는 바와 같은 신고전학파 분배이론을 완성했다. 이것은 그의 이름이 달린 상이 유망한 주류경제학자에게 수여되고 있다는 데서도 확인된다.

클라크

경제학 가문

클라크의 아들도 입장은 다르지만 경제학자였다. 경제학의 역사에는 부자가 나란히 유명 경제학자의 반열에 오른 경우가 몇 차례 있다. 밀(James, John Stuart), 발라스(Auguste, Léon), 케인즈(John Neville, John Maynard), 그리고 클라크(John Bates, John Maurice) 부자 등이 그 예이다. 대부분 아들이 더 유명한 경제학자로 평가되었으나, 클라크 부자의 경우에는 그 반대이다.

총 24장으로 구성된 이 책은 입장에 관계없이 그가 명석한 경제논리와 철학적 조망을 겸비했음을 보여준다. 보다 실감나게 표현해 현대의 신고전학파 경제학자들이 그를 닮았으면 얼마나 감사할까 하는 생각이 든다.

이 책의 목표는 한계이론에 근거해 신고전학파의 분배이론을 정립하는 데 집중되어 있다. 달리 말해, 토지, 노동, 자본의 한계단위가 생산에 공헌한 만큼 보수를 획득한다는 의미에서 시장에서 결정되는 지대, 임금, 이자의 소득분배가 정당함을 보여주려고 노력했다.

보다 구체적으로 그는 한계효용과 한계생산성을 이용해 임금, 지대, 이자를 일관되게 설명하는 논리를 구축했다. 이를 통해 그는 자유경쟁이 이루어지는 시장에서 노동자, 자본가, 지주 모두 생산요소가 생산에 공헌한 만큼 자신의 보수로 가져간다는 논리를 명확히 했다. 그는 생산한 것만큼 가져가는 것을 정의의 원칙으로 전제했기 때문에, 분배의 관점에서 자본주의경제를 가장 명시적으로 옹호한 셈이다.

리카도의 지대이론을 모든 생산요소에 확장시킨 것이 신고전학파의 분배이론이라는 점이 클라크에서 재확인된다. 그는 농업지대뿐만 아니라 임금이나 이자도 넓은 의미에서 지대 혹은 차등적 이익이라고 규정했다. 그는 리카도의 지대이론이 분배이론의 발전에 장애였지만, 바로 그 안에 분배이론을 포괄하는 논리가 숨어있다고 말했다.[12)]

원래 지대이론은 특정 생산요소에 국한해 적용되었다. 더구나 이미 지적한 바와 같이 토지는 노동이나 자본보다 부차적이고 전근대적이다. 상당히 제한적으로 적용되던 이론이 모든 생산요소들을 설명하는 포괄적인 논리로 순식간에 격상된 것이다. 이는 중농주의가 농업을 중시하면서 토지단일세를 주장한 것보다 더 역설적이다.

클라크는 이 논리를 소비자의 주관적 잉여뿐만 아니라 생산요소의 객관적 생산성에도 적용하면서, 양자를 모두 주관적으로 해석했다. 그는 노동을 고통으로, 자본을 시니어와 같이 절제로 규정하고, 이들이 모든 가치측정을 가능케 하는 두 개의 주관적 척도라고 선언했다.

그는 노동과 자본을 동등하게 놓으면서 놀랍게도 양자 모두 구체적 측면과 추상적 측면을 지닌다고 주장했다. 자본은 기계 등 생산재로서 구체적인 면을 지니고, 사회적 차원에서 자금으로서 추상적인 면을 지니고 있다. 이런 자본의 양면성은 노동의 양면성에 대응한다. 노동도 한편으로 이질적이면서, 다른 한편 사회적 차원에서 인간의 에너지로서 동질적이다.

그는 자본과 노동의 이 같은 유사성이 핵심고리임을 강조했다. 이렇게 상정하면서 그는 모두가 사회적 가치에 따라 분배받는다고 주장해, 소득분배의 관점에서 시장을 옹호했다. 또한 그는 이런 분배이론이 동시에 생산이론임을 명시했다.

이 같은 생각은 임금, 이윤 및 이자, 그리고 지대에 대해 각기 별개의 논리를 적용했던 고전학파와 구분된다. 또한 이런 논리는 모든 소득을 하나의 범주로 묶었다는 점에서 형식상 마르크스와 같은 목표를 가지고 있었다. 그러나 내용에 있어 잉여가치가 아니라 지대를 포괄적인 범주로 삼았다는 점에서 차이가 있다.

클라크는 지대, 임금, 이자가 정태적 상황에서 발생하는 데 비해, 순수이윤은 동태적 상황에서 발생한다고 생각해 이들과 분리시켰다. 그에게 정태와 동태는 사회적 욕구, 생산공정, 산업의 조직방식, 노동과 자본의 배분, 노동과 자본 규모 등의 변동 여부로 구분된다. 고전학파가 지대를 미리 제거하고 임금과 이

12) The law of rent has become an obstacle to scientific progress; it has retarded the attainment of a true theory of distribution. Yet it is itself capable of affording such a theory.

윤의 결정원리를 제시한 반면, 그는 이윤을 먼저 제거한 뒤 나머지 소득의 결정요인을 찾았다. 이는 이윤과 이자의 관계에 대한 그의 고민을 보여준다. 이 점에서 그는 슘페터와 유사하다. 그의 논리 중에서 주목할 점들을 다시 정리해 보자.

우선, 그는 고전학파의 소득분배이론을 비판하면서도 리카도의 지대이론을 확장시킨 것이 자신의 분배이론이라고 밝혔다. 또한 그는 고전학파의 자연개념을 달리 해석해 자신의 분배이론에 의해 결정되는 임금, 이자, 지대가 자연적인 수준임을 강조했다. 자연적인 기준을 추구했던 그는 가치의 절대적인 단위를 모색했다. 이를 보면 그는 고전학파와 본격적인 신고전학파 사이의 가교였다.

그는 자유경쟁으로 빚어지는 균등화와 자신이 생산한 실적이나 공헌에 따른 분배를 자연스런 근거로 삼았다. 이 중 두 번째는 고전학파의 자연임금이 담고 있는 생계나 필요라는 기준과 구분된다. 또한 그는 자연적인 것을 정태적인 것과 동일시하면서, 이것이 고전학파의 생각이라고 주장했다. 그러나 고전학파가 생각한 자연성은 동태적이므로 이 해석에는 오해의 소지가 있다.

둘째, 그는 구체적인 물체로서 자본재와 추상적인 자금으로서의 자본을 엄밀히 구분했고, 이에 근거해 오스트리아학파의 자본이론, 시니어의 절제, 마샬의 기다림 등 기존 이론들을 비판했다. 모스(S. Moss)가 오래 전에 지적한 바와 같이, 자본과 자본재에 대한 그의 엄밀한 구분과 유동/고정자본에 대한 명확한 해석은 신고전학파에서 흔치 않은 논리로서 마르크스를 방불케 한다. 물론 내용면에서 그는 마르크스의 착취이론을 반박했다. 이런 이유로 클라크는 멩거나 뵘바베르크와 다른 측면에서 마르크스와 대비될 만한 인물이다. 추정컨대, 그의 이런 생각은 독일 역사학파의 크니스에게 사사한 사실과 무관하지 않을 것이다.

셋째, 자본, 지대, 그리고 부와 관련해 고전이론 등 기존 경제학을 비판하고 이에 대한 대안적 시각을 제시하는 과정에서 그는 경제주체들이 일상적으로 가지는 생각이나 행동에 의존했다. 이는 경제학 발전의 특정 시점에서 일상용어가 경제학 용어보다 과학적일 수 있고, 상식이 경제이론보다 진실에 가까울 수 있음을 확인시켜준다. 또한 경제주체들이 전통적인 이론에 얽매여 있는 경제학자보다 때때로 경제를 더 잘 파악할 가능성이 있음을 시사한다.

넷째, 그는 분배이론에서 자연적인 것을 정태적인 것과 동일시하면서 정학에 중점을 두었고 동학에 대해 새로운 점을 별로 제시하지 못했다. 그렇지만 그는 동학이나 진화가 경제현상을 설명하는 데 대단히 중요하다는 점을 놓치지 않았다. 동학이나 진화에 대한 그의 관심이 베블렌, 케인즈, 그리고 하이에크의 수준에 이른 것은 아니지만 마샬에 근접한 것으로 보인다.

여기서 비록 입장의 차이는 있었지만 베블렌, 케인즈, 슘페터, 하이에크뿐만 아니라 마샬과 클라크까지 모두 정학과 동학 및 진화 사이의 갈등을 의식했다는 결론이 나온다. 이는 현대의 신고전학파 경제학자들과 달리 19세기 말에서부터 20세기 중엽의 경제학자들이 정학을 자리매겨야 하는 부담을 공통적으로 안고 있었음을 시사한다.

7.4.3 발라스와 파레토

발라스는 처음부터 경제학에 뜻을 두었다기보다 공학, 문학 등 다양한 분야를 건드리다가 큰 성공을 거두지 못한 후, 경제학자인 아버지(A. A. Walras, 1801~1866)의 권유로 비로소 경제학에 입문했다. 그는 당시 경제학의 대세에서 벗어나 수학을 대대적으로 도입함으로써 경제현상을 새롭게 설명했다.

발라스

이런 점에서 그는 같은 한계효용학파인 제본스와 동조하면서, 멩거와 거리를 두고 있었다. 더구나 여러 시장이 존재하는 상황에서 수학적 방법을 구사했다는 점에서 발라스는 제본스보다 앞서 있었다. 수학적인 방법의 사용 때문에 당시 학계에서 그의 이론체계는 쉽게 수용되지 않았다. 이런 이유 등으로 그는 프랑스 인이면서도 프랑스에서 교수직을 얻지 못하고, 스위스의 로잔느(Lausanne)에 정착해 로잔느학파를 이루게 된다.

마지막 글인 『경제학과 역학』(*Economique et méchanique*, 1909)을 보면 수학적 방법에 대한 그의 집착을 확인할 수 있다. 그에 의하면 물리현상과 경제현상은 모두 수량적이다. 그런데 전자는 외적 현상이기 때문에 물리-수학의 대상이고, 후자는 내적인 현상이므로 심리-수학의 대상이다.

그는 이런 전제 위에서 각 경제주체의 한계효용 비율이 가격에 일치되는 균형이 인력이나 중력에 근거한 역학 및 천문학의 균형과 유사하다는 것을 논증하려고 노력했다. 이를 통해 그는 경제학이 역학만큼이나 수학적일 수 있다고 주

장했다.[13)]

발라스는 익히 잘 알려진 순수경제 이외에도 생산경제와 사회경제 등 3부작을 출판했다. 그의 순수경제이론은 주로 교환과 관련되며, 생산경제는 기술을 고려해 생산부문을 논의하고, 사회경제는 분배를 포함해 사회정의나 평등 등을 논의했다. 이념적으로 그는 사회주의에 가까웠다.

이런 구분은 발라스가 사회의 부를 유용성과 희소성으로 정의한 후, 다시 이것을 가치를 가지며 교환될 가능성, 산업생산의 가능성, 그리고 사적인 획득의 가능성의 세 가지로 특징지은 것과 일치된다. 그러나 주로 순수경제에 대한 논의가 그의 공적으로 후세에 평가되었고, 현재까지 생산경제와 사회경제에 대한 저서들은 크게 인정받지 못하고 있다.

발라스는 『순수경제이론』을 통해 한계효용학파 중 현재의 신고전학파에 가장 커다란 영향을 미쳤다. 그의 이름을 달고 나오는 왈라지언 일반균형이 미국의 신고전학파의 초석을 이루었기 때문이다. 일반균형이론에서 왈라스법칙(Walras' Law)의 등장은 이런 점에서 당연하다. 새뮤엘슨은 경제학에 미친 영향으로 따져 발라스가 마르크스보다 더 우위로 있다고 판정했다.

구체적으로 발라스는 『순수경제학』(11장, 21장)에서 연립방정식 체계를 통해 여러 재화시장과 요소시장에서 어떻게 동시에 균형이 달성되고 가격이 결정되는지 보이려고 했다. 그는 시장의 수요와 공급의 변동에 따른 가격변화와 이에 따른 개인들의 조정이 반복되어 균형에 이르게 된다고 생각했다. 또한 시장이 균형을 찾아가는 과정을 익히 알려진 바와 같이 모색(tâtonnement)으로 호명했다.

현재의 일반균형이론과 달리 생산부문에 대체를 허용하지 않았던 그의 모형에서 균형조건은 세 가지였다. 우선, 모든 경제주체가 시장의 상대가격과 각 재화의 마지막 한 단위로부터 얻는 만족의 비율을 동일하게 함으로써 자신의 만족을 극대화한다. 두 번째로 각 재화시장과 요소시장에서 총수요와 총공급이 일치된다. 세 번째로는 특정 재화나 생산요소의 상대가격이 제 3 의 재화로 표시된 가격과 일치된다.

---

13) 흥미롭게도 정작 수학자인 뿌앵까레(H. Poincaré, 1854~1912)는 발라스에게 보낸 편지에서 개인의 만족에 대해서는 순서를 매기는 것만이 가능할 뿐 이런 만족을 개인들 사이에 비교하는 것은 가능하지 않다고 반박했다. 더구나 그는 발라스가 인간에게 무한정한 이기심과 통찰력을 부여한 것에 대해 강한 유보를 표시했다.

세 번째 조건에서 가령, A, B, C의 세 재화가 있는데, A와 B의 교환비율이 1 : 2이고, B와 C의 교환비율이 1 : 3이면, A와 C의 교환비율은 1 : 6이다. 세 번째 조건은 차익거래의 가능성이 더 이상 존재하지 않음을 의미하며, 뉴메레르(numéraire)를 설정함으로써 미지수인 가격의 숫자를 재화 및 생산요소의 숫자보다 하나 적게 만드는 결과를 낳는다.

발라스는 한계효용개념에 앞서 균형개념을 착안했을 정도로 제본스보다 더 수리적인 방법을 강조했다. 이런 관점에서 그는 자신보다 앞서 수리적 방법으로 경쟁과 독점을 분석했던 꾸르노의 추종자임을 자부했다. 물론 그의 수학은 현대 경제학에서 보면 초보적이었으며 기호표시 등에 있어서도 간결하지 못했다. 무엇보다 그는 고정점 정리 등을 활용하는 현대의 일반균형이론보다는 낮은 수준의 풀이법에 의존했다.

화폐와 관련해 발라스도 제본스와 비슷한 입장을 취했다. 우선 화폐도 효용과 가치를 가진다고 주장한 뒤, 화폐상품의 특징으로 동질성, 높은 희소성, 분할의 용이성 그리고 불변성을 들었다. 그런데 그는 자연이 우리에게 화폐를 만들어준다는 식으로 말해 제본스보다 더 자연주의적 경향을 드러냈다.

나아가 그는 금이 화폐의 역할과 상품의 역할을 수시로 교체할 수 있다고 보아 화폐라는 존재에 안정적이거나 독자적인 지위를 부여하지 않았다. 어떻든 그는 제본스와 마찬가지로 화폐의 발생에 대해 무관심하고 화폐의 독자성이나 중요성을 크게 의식하지 못했다는 점에서 멩거와 차이를 보인다.

파레토

발라스에 이어 로잔느학파의 차세대를 이룬 사람이 이탈리아인으로 프랑스에서 공부했던 파레토이다. 발라스와 달리 파레토는 수리적 방법을 구사해 상당한 호응을 얻기 시작한 것으로 보인다. 고전과 수학 모두에 능했던 파레토는 기수적 효용개념을 극복하기 위한 무차별곡선이론의 형성에 공헌했다.

또한 파레토는 경제학과 사회과학의 방법으로 진화나 역사적 방법 대신에 수학적 방법을 강조하면서, 일상언어의 모호함을 극복해 현상의 복잡한 상호의존성을 밝혀내는 것을 수학의 강점으로 규정했다. 더불어 그는 수학적 방법을 활용하면서 추상적 이론에서 출발해 조금씩 현실의 구체적 내용을 늘리는 점진적인 근접방법(successive approximation)을 내세웠다.

그는 파레토최적(Pareto optimality) 혹은 파레토개선이라는 개념을 후대에 남겼다. 이 기준에 따르면 당사자 모두가 좋아지거나 혹은 한 쪽이 좋아지면서 다른 쪽은 나빠지지 않으면 전체적으로 좋아진 것으로 판정한다. 특히, 교환을 통해 경제는 파레토적으로 열등한 상태에서 파레토적으로 우월한 상태로 이동한다. 파레토최적은 신고전학파 미시경제학 혹은 후생경제학에서 경제전체의 후생상태를 비교하는 중요한 기준이다.

이 기준은 경제주체들이 모두 독립성을 가지며 이들이 존중되어야 하는 다원화된 개인주의 사회경제에서 전체적으로 상황이 개선되었는지 판정하는 데 쓰인다. 그런데 이 개념은 개인들의 후생을 합산하는 어려움을 피하기 위해 마련되었기 때문에 그만큼 적용범위가 제한적이다. 구체적으로 교환이론이 상정한 것과 달리 한 개인이나 집단의 상태가 좋아지면서 다른 개인들이나 집단의 상태가 나빠지는 변동이 사회경제에는 비일비재하다. 이 경우 파레토최적은 적용될 수 없다. 그러므로 이 기준의 쓰임새는 만장일치 제도만큼이나 제한적이다.

그는 흥미롭게도 사회주의의 기준에 비추어 자본주의를 정당화했다. 그는 생산요소 및 투입물의 비율과 관련해 자본주의의 자유경쟁하에서도 사회주의에서 명령으로 정하는 것과 같은 결과에 도달하게 된다고 주장했다. 이는 당시 사회주의의 조류가 어느 정도 강한 영향을 행사했는지를 보여준다.

그는 사회학자로도 잘 알려져 있다. 사회학자로서 그는 엘리트층의 변동에 대해 연구했는데, 그의 사회학이론이 경제에 대한 논의와 어떤 연관을 가지는지 쉽게 파악할 수 없다. 또한 그는 『사회주의 경제학자』(*Les Economistes Socialistes*)에서 19세기 경제학자들이 갖고 있었던 자연에 대한 광신을 언급해, 로크의 자연법과 함께 당시의 사회경제사상을 이해하는 데 도움을 주고 있다. 말년에 그는 무솔리니에게 찬사를 보내 무솔리니에게 이용당했다는 오명도 얻었다.

7.4.4 멩거와 하이에크

멩거로부터 시작되는 오스트리아학파는 한계효용학파 중에서 가장 일관되고 깊이 있게 자유주의와 시장경제를 옹호해 온 사조이다.[14] 이 목표를 위해 이 학파는 이론적이며 철학적인 논쟁을 치열하게 펼쳐왔다. 논쟁의 지속적인 과녁은 역시 마르크스주의였다. 오스트리아학파와 달리 제본스분파나 로잔느학파는 마르크스주의에 관해 일관된 관심을 보이지 않았다.

오스트리아학파는 이념논쟁에 개입해 사변적이거나 추상적인 논리전개에 집중하면서, 경제학과 사회과학에서 수리적 방법을 사용하는 것에 대해 부정적인 입장을 취했다. 이 점에서도 오스트리아학파는 제본스분파와 로잔느학파에 대립했다. 이 때문에 오스트리아학파는 신고전학파 이론체계에 완전히 흡수되지 않은 채 현재까지 독자적인 학파로 남아 있다. 다만, 오스트리아학파는 구체적인 이론이나 방법의 차원이 아니라 인식론이나 사회철학 차원에서 신고전학파를 뒷받침하고 있다.

멩 거

우선 멩거는 제본스나 발라스에 비해 보다 개념적으로 한계이론을 주창했다. 전형적인 예로, 사용가치와 교환가치의 문제에 대해 멩거는 제본스 같이 수량적으로 접근하지 않고 개념적으로 접근해 반대편에 있는 마르크스와 유사하게 거의 가치형태 개념에 도달했다.

또한 그는 소비가 경제활동의 목표임을 분명히 하면서, 생산요소에 대한 수요가 소비재에 대한 수요에서 비롯된다는 의미에서 파생수요임을 강조했다. 같은 맥락에서 그는 소비단계에서 얼마나 떨어져 있느냐에 따라 재화들을 1차재, 2차재, 3차재 등으로 구분했다.

그는 『사회과학 방법론』(*Untersuchungen; Problems of Economics and Sociology*, 1883)에서 자연과학과 구분되는 사회과학의 방법을 제시했다. 그의 시도는 한편으로 독일 역사학파에 대항해 이론경제학의 지평을 열고, 다른 한편으로 사회과학의 방법이 자연과학의 방법과 다르다는 것을 보이려는 이중의 목적을 지니고 있었다.

그는 같은 독일어권에 있는 쉬몰러(G. Schmoller, 1838~1917) 등의 역사학파

14) 멩거가 죽은 후 멩거의 부인이 멩거의 원저서와 원고 등을 일본인들에게 팔아 넘기고 영국으로 도주한 것으로 알려져 있다. 일본인들은 학설사에 대해 높은 관심을 가지고 있을 뿐만 아니라 『자본론』 등 고전의 초판본을 모으는 데 열성적인 것으로도 유명하다.

로부터 영향을 받았다. 그러나 역사학파가 이론의 보편성을 부정하고 역사의 특수성을 강조한 것을 비판하면서, 그는 고전학파와 같이 보편적 이론의 가능성을 고집했다. 이런 이유로 그는 쉬몰러와 연역 및 귀납과 관련된 방법론 논쟁(die Methodenstreit)에 돌입했다. 이것이 경제학뿐만 아니라 사회과학 전체에서 방법론과 관련된 최초의 논쟁으로 기록되어 있다.

비록 멩거가 역사학파에 대해 비판적이었지만 흔히 말하는 것과 같이 양자가 단순히 적대관계에 있었던 것은 아니다. 예를 들어, 그는 쉬몰러에게 감사를 표시하면서 게르만적인 철저함을 공유하고 있음을 자랑스럽게 생각했다.

멩거에게서 특별히 주목되는 부분은 제도의 발생과 진화이다. 이 부분 역시 여타 한계효용이론에서 발견되지 않아, 오스트리아학파의 특징을 이룬다. 그는 경제이론의 차이에도 불구하고 사회철학에서 스미스의 보이지 않는 손에 의존해 제도를 보다 명료하게 설명했다. 이와 관련해 오스트리아가 대륙에서 영국에 가장 가까운 분위기를 가지고 있었다는 하이에크의 지적을 되새길 필요가 있다. 멩거에 의하면 화폐, 언어, 법, 기업 등 사회제도와 규칙들은 현실경제와 사회 속에서 구성원들이 자신의 이익을 추구하는 과정을 통해 자연스럽게 형성된다.

구체적으로 구성원들 중 일부 선도자가 특정의 제도(나 기술)를 채택하면, 다른 구성원들이 이를 모방하면서 확산되고, 이 과정이 임계를 넘어서면 관행으로 정착된다. 이런 생각은 제도가 인위적 명령이나 사회구성원의 합의 혹은 공공이익에 대한 고려 등에 의해 추진되고 정착된다고 보는 중상주의, 역사학파, 사회계약이론 등 일련의 사상들과 대립된다.[15] 멩거의 이런 생각은 하이에크 등으로 이어져 오스트리아학파의 전통을 이루게 된다.

멩거에 이어 등장한 오스트리아학파의 계승자 뵘바베르크와 비저는 처남매부 사이로 멩거가 비엔나 대학에서 주재했던 세미나에 참여하면서 오스트리아

15) 물론 제도에 대한 관심은 멩거뿐만 아니라 스미스, 마르크스, 베블렌 등에도 존재한다. 더구나 같은 독일어권에 있는 마르크스와 멩거는 상당한 유사성을 보인다. 이것은 폴라아니나 코르나이(J. Kornai, 1928~) 같은 학자가 마르크스와 멩거 모두에게서 영향을 받았다는 사실로도 확인된다. 이 중 코르나이는 헝가리의 경제학자로서 왈라지언 체계에 대해 충분한 지식을 가지고 있으면서도 『반균형』(*Anti-Equilibrium*)을 통해 이에 대해 비판적 입장을 제시했다. 이로 인해 그는 경제체제 및 이행경제와 관련해 강력한 발언권을 행사하고 있다.

학파의 이론을 계승 발전시켰다.[16] 그리고 이들에 의해 마르크스에 대한 체계적인 비판이 이 학파의 핵심의제로 부상했다.

뵘바베르크

뵘바베르크는 역작 『자본과 이자』(*Kapital und Kapitalzins*, 1890)를 통해 정반대의 입장에서 마르크스에 버금가는 치밀함과 깊이를 가지고 마르크스를 비판했다. 1권에서 그는 한편으로 잉여의 발생을 가치이론에 근거해 설명해야 한다는 점에서 마르크스에 동의했다. 그리고 그 이전에 존재했던 시니어나 래(J. Rae) 등의 이자이론에 대해 전반적으로 가치론의 결여를 지적했다.

보다 구체적으로 기존 이론들에 대해 다음과 같은 점들을 지적했다. 1) 물적 생산성과 가치생산성을 동일시하거나 양자를 제대로 연결하지 못한 것, 2) 자본의 마모부분을 제외한 상태에서 존재하는 순이자가 이자문제의 핵심인데, 마모부분을 포함한 총이자에 중점을 둔 것, 그리고 3) 이자의 본질이나 근원이 아니라 이자율이라는 양적인 측면에 중점을 둔 것 등이다.

그러나 그는 다른 한편으로 마르크스의 가치이론이 잘못되었다고 주장했다. 보다 직접적으로 그는 마르크스주의자 힐퍼딩과 논쟁을 벌여 노동가치이론을 조목조목 반박하는 정교함을 보여주었다.

부카린

마르크스와 뵘바베르크의 이론적 대립에 관해서는 부카린(N. Bukharin 1888~1938)의 『유한계급의 경제이론』(*Economic Theory of the Leisure Class*, 1917)을 참고할 수 있다. 부카린은 마르크스주의 입장에서 뵘바베르크 등 오스트리아학파를 자본주의의 변천으로 인해 생겨난 유한계급과 이들의 생활방식에 근거한 사상으로 평가했다. 불균등결합 발전이론을 주장한 트로츠키(L. Trotsky)와 함께 혁명초기의 대표적 이론가로 알려진 부카린은 스탈린에 의해 처형되었는데, 미망인의 초인적인 인내로 페레스트로이카 이후 복권되었다.

---

16) 이 세미나에는 이들뿐만 아니라 마르크스주의자 힐퍼딩, 그리고 나중에 미국으로 건너간 슘페터 등도 참여했다. 또한 이 경제학자들은 프렌타노(F. Brentano, 1838~1917)나 에렌펠스(C. v. Ehrenfels, 1859~1932) 같은 심리학자나 윤리학자, 슐레징거(K. Schlesinger, 1889~1938) 등의 수학자, 마흐(E. Mach, 1838~1916)와 같은 물리학자와도 교류했다. 특히, 프렌타노나 에렌펠스는 오스트리아학파의 가치이론을 윤리학이나 심리학과 접목시키려고 시도했다.

2권에서 그는 이런 비판들을 발판으로 멩거가 제시한 주관적 가치이론을 연장해 착취이론에 대안이 되는 자본이론과 이자이론을 제시했다. 특히, 이자를 주관적인 의미에서 모종의 가치증가로 상정했다. 결과적으로 그는 시간간 선호와 우회생산 개념을 이용해 이자를 설명했다. 그의 논리는 미국인 피셔(I. Fisher)의 이론과 함께 시간간 선호에 근거한 신고전학파의 이자이론을 형성하는 데 크게 공헌했다.[17)]

입장은 정반대였지만 깊이와 정교함에 있어 뵘바베르크는 마르크스에 버금간다. 이 때문에 그는 부르주아 마르크스로 불릴 만하다. 사실 뵘바베르크와 마르크스 사이에 몇 가지 유사성이 있다. 이들은 모두 일관되게 가치론에 근거해 타인에 대한 비판과 자신의 논리를 수립했다. 또한 실재론적인 입장에서 이자나 이윤의 근원이나 성격에 대해 물었으며, 수량적인 측면을 부차적으로 취급했다. 그리고 양자 모두 주어진 질문에 대한 답변뿐만 아니라 문제설정 자체에 대해 의문을 제기해 근본을 파고들었다.

비저는 『자연가치론』(*Der natürliche Wert; Natural Value*, 1889)을 통해 효용이론의 관점에서 과연 어떤 가치가 자연가치인지를 논의했다. 그의 결론에 의하면 모든 사람이 동일한 소득과 재산을 가진 상태에서 자신의 기호를 표현하는 경우 나타나는 가치가 자연가치이다. 이 개념은 소비자의 부존자원이나 예산제약상의 차이를 배제한 상태에서 설정되는 가치를 시장에서 형성되는 가격의 평가기준으로 삼고 있다. 이 때문에 철학적으로나 이론적으로 신고전학파와 배치될 수 있다.

그는 마르크스의 잉여가치에 상응하는 초과가치(der Überwert; overvalue) 개념도 제시했는데, 마샬의 잉여와 비교될 만하다. 더불어 그는 뵘바베르크와 한계가치 및 총가치에 대해 논쟁을 벌이기도 했다. 여기서 특정 재화 마지막 한 단위의 효용을 그 이전 모든 단위들에 곱한 가치와 적분한 가치 중 어느 것이 총가치인가가 문제였다.

---

17) 나이로 멩거보다 10년 이상 차이가 나지 않았던 뵘바베르크는 멩거와 별로 사이가 좋지 않았다. 멩거가 뵘바베르크의 자본이론이 자신의 논리를 제대로 반영하지 못했다고 불만을 표시했는가 하면, 뵘바베르크는 본인 없이는 멩거의 이론이 크게 발전될 수 없었을 것이라고 주장했다. 더구나 멩거는 자신보다 먼저 세상을 떠난 뵘바베르크에게 망자에게 마땅히 표시해야 할 최소한 찬사마저 자제한 것으로 알려져 있다.

이들에 이어 등장한 미제스 역시 자유주의 입장에서 시장경제를 옹호하려고 노력했다. 먼저 그는 화폐와 신용에 대해 논하면서, 건전한 화폐를 유지하기 위한 통화량을 제시했다. 그는 이 논의에서 화폐의 공급량 변동이 경제에 미치는 영향에 관해 각자의 합리적 행동이 사회 전체적으로 어떤 결과를 낳을지 알 수 없다고 주장했다. 그는 이것을 인간이 안고 있는 인식능력의 원초적 한계로 규정했다.

미제스

철저하게 개인주의자였던 미제스는 "일부 국민을 지속적으로 속일 수 있고, 모든 국민을 일시적으로 속일 수는 있지만, 모든 국민을 지속적으로 속일 수 없다"는 링컨의 경구를 프리드만에 앞서 활용했다. 그렇지만 미제스는 통화주의자와 달리 화폐의 가치변동이 아니라 보다 근본적으로 화폐의 가치 그 자체를 규명하려고 노력했다.

그 역시 주관적 가치이론에 의존했기 때문에 화폐가치를 설명하기 위해 다음과 같은 순환논리를 타개하려고 시도했다. 모든 가치는 재화를 소비해서 얻는 효용으로부터 나오므로, 화폐의 가치도 화폐를 가지고 구입할 수 재화의 종류와 수량에 의해 결정된다. 즉, 재화 → 효용 → 화폐가치. 그런데 특정 수량의 화폐로 구입할 수 있는 재화의 종류와 수량은 화폐의 가치나 물가가 결정되지 않으면 결정되지 않는다. 즉, 화폐가치 → 재화 → 효용.

미제스는 무엇보다 사회주의에 대한 과학적 비판과 경제학의 인식론적인 기초에 대한 논의로 잘 알려져 있다. 먼저 그는 사회주의 계산 논쟁(socialist calculation)에서 사회주의의 효율성을 내세운 랑게(O. Lange) 등을 비판했다.[18] 더불어 그는 『경제학의 인식론적 문제』(*Epistemological Problems of Economics*, 1932)와 『인간행동: 경제학에 대한 논고』(*Human Action: A Treatise on Economics*, 1949) 등을 통해 경제학과 사회과학의 기초로서 인간행동학을 제시했다. 방법론에 있어서는 미제스뿐만 아니라 맥클럽도 잘 알려져 있다.

18) 랑게(1904~1965)는 폴란드 출신의 사회주의 경제학자인데, 마르크스주의뿐만 아니라 경제학에 고유한 수리적인 방법이나 사회학 등에도 능통한 학자였다. 사회주의자였지만 학문적인 역량, 객관성, 인간성 덕분에 프리드만 이전에 나이트나 바이너와 함께 시카고대학을 이끌었다.

미제스는 주관적 가치이론에 근거한 경제학이 단순히 경제활동이 아니라 인간행동 전반에 관한 보편적인 이론을 제시했다고 자부했다. 여기서 그는 제본스나 발라스와 달리 쾌락주의나 공리주의에서 벗어난 것으로 보인다. 물론 이 모든 논의는 마르크스주의를 겨냥하고 있다. 그는 나중에 미국에서 활동하면서 현존하는 신오스트리아학파(The Neoaustrian School)의 효시가 되었다.

하이에크

그런데 20세기 말부터 현재까지 가장 관심의 대상이 되고 있는 오스트리아학파의 계승자는 하이에크이다. 게르만계 대학의 전통에 따라 경제학과 함께 법학을 공부한 그는 좁은 의미의 경제학을 넘어서 사회과학 전체를 섭렵한 대륙형의 학자였다.

그의 저서로는 사회주의의 멸망을 예고한 『예종에의 길』(*The Road to Serfdom*, 1944), 『자유헌정론』(*The Constitution of Liberty*, 1960), 『철학, 정치학 및 경제학 연구』(*Studies in Philosophy, Politics and Economics*, 1967)를 들 수 있다.

또한 자유주의와 시장질서를 옹호한 3권 짜리 저서 『법, 입법 그리고 자유』(*Law, Legislation and Liberty*, 1973~1979), 『철학, 정치학, 경제학 및 사상사의 새로운 연구』(*New Studies in Philosophy Politics, Economics and the History of Ideas*, 1978) 등도 뺄 수 없다. 그는 최후작인 『치명적 자만심』(*The Fatal Conceit*, 1988)에 이르기까지 자유주의 수호와 사회주의 비판이라는 자신의 입장을 놀라울 정도로 일관되게 부르짖었다.

하이에크는 사회주의 붕괴의 선지자로 평가받는다. 그의 사상은 2단계 혹은 3단계로 나뉘어지지만, 후기 사상이 특징적이어서 세인의 관심을 끌고 있다. 그는 자신이 술회했듯이 자유주의국가인 오스트리아에서 태어나 파시즘과 볼세비키즘에 시달렸다. 이런 배경으로 인해 그는 일생을 두고 같은 오스트리아 출신의 철학자 포퍼와 함께 자유주의를 옹호하기 위해 마르크스와 프로이트를 비판하는 데 혼신의 힘을 쏟았다.

철학자 포퍼는 인식론과 사회철학 분야에서 활약한 데 비해, 경제학자 하이에크는 경제학을 위시한 사회과학과 사회철학 분야에서 자유주의를 방어했다. 이런 이유로 이들은 마르크스와 프로이트, 그리고 헤겔을 접목시켜 사회인문의 통일장을 추구했던 아도르노, 호르크하이머, 하버마스 등 프랑크푸르트학파와 팽팽하게 대립했다. 이런 맥락에서 포퍼가 하버마스와 사회과학의 방법론 논쟁을 벌인 것은 우연이 아니다. 포퍼와 하이에크는 자유주의와 시장경제를 옹호하기 위해 여러 가지 논리를 고안했는데, 다른 시장주의자들의 주장보다 깊이가 있고 적용의 폭이 넓다.

하이에크는 멩거를 좇아 사회의 규칙(rule)과 제도가 정부의 개입이나 사회 전체 차원의 개혁 혹은 혁명을 통해 만들어진 것이 아니라 사회와 경제 안에서 스스로 발생하고 진화한 자생적 질서(spontaneous order)라고 주장했다. 특히, 시장과 시장의 제반 규칙들이 이 같이 형성된다. 자생적이기 때문에 이런 질서의 발생, 유지, 진화는 인간행동의 의도되지 않은 결과(unintended results of human action)로 나타난다. 이런 점에서 그의 입장은 일종의 문화적 진화주의(cultural evolution)로 규정된다.

이 주장에는 자생적으로 발생했고 진화하는 질서와 규칙, 그리고 여기서 파생되어 나타나는 사회현상에 대한 존중이 담겨 있다. 이 때문에 그는 철두철미한 보수주의자로 평가된다. 특히, 그는 자생적인 힘의 결과로 빚어진 소득분배에 대해 사후적으로 교정하는 재분배정책을 비판했다. 그렇지만 그는 자유방임주의자이면서도 시장질서에 항시 불확실성이나 운이 따른다고 생각해 시장의 결과에 대해 윤리성을 부여하려는 시장주의자들과 거리를 두고 있다.

이와 관련된 하이에크의 핵심적인 진술은 다음과 같다. 우선 『법, 입법 그리고 자유』를 보면, "자생적 질서는 각각의 구성요소가 그들의 일부에게만 직접적으로 영향을 주거나 어느 누구에게도 그 총체가 알려질 필요가 없는 수없이 많은 상황에 스스로 적응한 결과이다." 또한 『치명적 자만』에는 "경쟁은 발견의 절차이다. 경쟁은 모든 진화와 관련된 절차이다. 경쟁은 무의식적으로 인간을 새로운 상황에 반응하도록 만든다. 우리는 일치가 아니라 경쟁을 통해 점진적으로 효율을 늘려간다"고 쓰여 있다.

이런 생각은 서양사상 전반에 대한 나름대로의 해석에 바탕을 두고 있다. 하이에크는 서양의 합리주의를 대륙적인 것과 영국적인 것 두 가지로 나누어, 전자를 비판하고 후자를 옹호했다. 전자에는 플라톤, 데카르트, 루소, (부분적으로) 칸트, 헤겔, 그리고 누구보다 마르크스가 포함된다. 후자에는 스미스, 퍼거슨, 버크(E. Burke, 1729~1797), 밀 등이 손꼽힌다.

그에 의하면 대륙의 합리주의는 인식과 사회를 근원적으로 규정하고 근본적으로 변혁할 수 있다고 생각하는 구성주의(constructivism)이므로, 영국의 합리주의만이 진정한 의미의 합리주의이다. 두 가지 합리주의의 이 같은 차이는 인간의 인식능력에 대한 입장의 차이로 나타난다. 그의 해석에 따르면 영국의 합리주의는 인식능력에 대해 근본적인 한계를 인정함으로써 인간의 사회개조능력에 관해 자만심을 갖지 않는다. 반면 구성주의는 인간의 인식에 대해 한계를 두지 않기 때문에 근본적인 사회개혁을 맹신하게 된다.

지식과 권력

인식이나 지식이 권력의 근거가 되거나 사물에 대한 통제능력을 부여한다는 생각은 하이에크뿐만 아니라 마르크스, 푸코, 케인즈, 루카스 등 다양한 사상에서 발견된다. 단지 이들은 어느 정도의 인식능력을 누가 갖추었다고 보느냐에 관해서 차이를 보인다. 하이에크는 인간이 누구도 본질에 대한 인식능력을 갖출 수 없다고 보았기 때문에 혁명적 변혁이나 정부개입에 대해 반대했다. 이와 대조적으로 마르크스는 노동자계급이 사회와 역사의 본질을 인식할 능력을 갖추었다고 보기 때문에 이들이 사회주의 혁명을 통해 새로운 사회를 건설할 수 있다고 주장했다. 또한 국가의 이성이라는 용어에서 드러나듯이, 푸코는 근대국가가 사회전체에 대한 인식능력을 국가에 부여함으로써 자신의 통치를 정당화했다고 말한다. 끝으로 케인즈는 노동자가 물가변동을 쉽게 감지하지 못하거나 예측하지 못해 화폐환상에 빠진다고 보았다. 이에 비해 루카스는 경제주체들이 상대가격의 변동과 물가변동을 분해하지 못할 가능성을 언급했다.

두 가지 합리주의에 대한 구분과 같은 맥락에서 하이에크는 제정되어 문자화되지 않은 법의 존재를 주장해 대륙의 성문법을 비판하고 영국의 불문법을 옹호했다. 이런 입장은 프로이트의 본능과 대륙적인 이성 사이에 존재하는 계약법, 재산법, 손해배상 등의 규칙, 윤리, 관습, 도덕과 이런 것들로 구성되는 자생적 질서로 구체화된다.

하이에크에서 총체적 인식과 근본적인 변혁의 불가능성은 지식이 분산되어 있다는 주장으로 이어진다. 그에 의하면 경제운행과 사회혁신을 위한 지식은 여러 경제주체들에게 흩어져 있어 중앙권력에 집중시킬 수 없다. 또한 지식이 암묵적인(tacit) 경우가 많아 문자로 전달할 수도 없다. 여기서 암묵적 지식은 삶의 현장에서 활용할 수는 있지만 언어로 개념화할 수 없는 지식을 의미한다.

예로써, 자전거를 잘 타는 사람은 원심력과 구심력을 효과적으로 활용한다. 그런데 이 사람이 자전거를 잘 타기 위해 반드시 원심력과 구심력의 원리를 과학적으로 개념화할 필요가 없다. 경제주체가 경제활동을 벌이면서 이용하는 지식도 상당 부분 이 같은 성격을 띠기 때문에, 각자에게 분산되어 있으며 중앙에 집중시킬 수 없다.

시장·광장·토론장

서양에서 시장은 정치의 장이고 동시에 토론장이다. 그리스어로 아고라(agora)와 라틴어로 포룸(forum)은 모두 시장이면서 광장이고, 물건이 교환되는 장소이자 의견의 교환장소이다. 하이에크 자신과 그가 인용한 폴라아니(Michael Polanyi, 1891~1976)의 『자유의 논리』(*The Logic of Liberty*, 1950)에도 이런 생각이 면면히 흐르고 있다. 이 점에서 슘페터, 애로우 등 다수의 경제학자들이 정치의 장과 시장, 혹은 투표와 구매, 1인1표와 1달러1표를 비교한 것은 당연하다. 마이클 폴라아니는 카알 폴라아니의 동생으로 형과 달리 자연과학자이자 자유주의자였다.

하이에크의 견해에 따르면 자본주의는 경제주체들이 각자 자신의 지식을 이용하도록 허용하는 데 비해, 사회주의는 지식과 정보를 한 군데에 모을 수 있다고 생각해 근본적인 오류를 범하고 있다. 이 같이 지식에 대한 그의 생각이 자본주의의 성공과 사회주의의 실패를 판정하는 기준이다. 이에 따라 하이에크는 사회를 집단적인 힘을 통해 바닥부터 완전히 개조할 수 있다고 보는 구성주의를 '치명적 자만심'이라고 비판했다.

이런 입장에서 그는 계획경제로의 이행을 주장하는 혁명주의, 사회주의, 전체주의뿐만 아니라 일반의지 혹은 총체적 의지에 의존하는 사회계약이론, 케인즈의 거시경제정책, 전체이익을 정의할 수 있고 이를 도모해야 한다고 보는 공리주의, 그리고 정태적인 왈라지언 일반균형에 대해 비판적이었다.[19)]

19) 한계효용학파 중에서 오스트리아학파는 공리주의와 가장 연관이 적다. 우선, 뵘바베르크는 자신의 이론이 쾌락주의와 다르다는 것을 강조했다. 더불어 미제스는 가치와 함께 의미를 강조했다. 또한 하이에크도 공리주의에 비판적인 롤즈의 견해와 자신의 견해가 비슷하다고 주장했다. 하이에크가 공리주의에 동의하지 못하는 부분은 규칙이나 관습 등을 모두 쾌락과 고통으로 환원해 언제든지 근본적으로 변경할 수 있다고 보는 점이다. 그렇지

특히, 경제학 내에서 하이에크는 마르크스뿐만 아니라 케인즈와 왈라지언에 대해서도 비판적이었다. 먼저 일찍부터 영미권에 진출했던 하이에크는 영국에서 케인즈나 스라파와 논쟁을 벌였고, 미국으로 건너가 경기변동분석에 관심을 쏟았다. 특히, 케인즈주의에 대해 전체주의로 변할 위험성을 경고했다.

뿐만 아니라 초기에 왈라지언에 가까웠던 하이에크는 사회주의 계산논쟁을 통해 왈라지언 균형이론이 자본주의뿐만 아니라 사회주의의 효율성을 정당화하는 데도 활용될 수 있음을 확인하게 되었다. 그는 이 때부터 왈라지언 일반균형에 등을 돌리게 되었다.

하이에크는 자본주의경제의 이념적 기반을 제시했고, 신고전학파, 특히 시카고학파에 철학적 기반을 제공했다. 이는 프리드만(1912~2006)이 『자본주의와 자유』(*Capitalism and Freedom*, 1962)를 통해 보다 구체적인 수준에서 자유주의를 주장하면서 그를 자주 인용한 데서도 확인할 수 있다. 그러나 그는 프리드만을 포함한 왈라지언에 대해 비판적이었다.

그는 인간이 안고 있는 인식의 한계로 인해 사회현상에 대한 예측에도 한계가 있다고 생각했다. 이에 따라 그는 사회현상을 대상으로 하는 경제학 등 사회과학의 예측에 대해 대단히 유보적이었다. 같은 이유로 하이에크는 정교한 예측을 자부하는 계량경제학적 방법에 대해서도 비판적이었다.

이 같이 하이에크가 포퍼와 입장을 달리 하는 부분도 존재한다. 하이에크는 자유방임주의의 입장에 있으면서도, 신고전학파의 초석인 왈라지언 일반균형이론에 대해 동의하지 않았으며, 사회과학의 특수성을 강조하면서 수리적 방법이나 계량경제학적 검증에 대해서도 비판적이었다. 이에 반해 포퍼는 비판적 합리주의의 입장에서 가설의 반박 가능성 혹은 검증 가능성과 이론에 대한 엄격하고도 반복된 시험을 강조했다. 이런 관점에서 포퍼는 계량경제학이 모범적인 방법이라고 생각했다.

나아가 진화개념 등에서 알 수 있듯이 하이에크의 생각은 상당 부분 생물학적 유추에 의존한다. 그는 균형 등 물리학적 유추에 의존하는 신고전학파, 특히 일반균형이론에 대해 지속적으로 비판했다. 그는 동태적인 진화를 강조함으로써 정태적인 일반균형이론에 반대한 것이다. 무엇보다 균형을 끌어내기 위해 일반균형이론이 설정하는 "다른 모든 것이 일정하다면"이라는 정태적인 가정을 그는

만 오스트리아학파가 공리주의와 무관하다고 보면 이 역시 지나치다.

반복해서 문제 삼았다.

이렇게 본다면, 하이에크의 진화는 마르크스의 혁명, 기독교의 창조, 왈라지언 경제학의 균형, 그리고 케인즈의 정부개입과 대립된다. 전체적으로 하이에크는 시장주의와 점진주의에 있어서는 왈라지언 일반균형에 근거한 신고전학파와 차이가 없다. 그러나 균형이 아니라 진화를 강조한다는 점, 이론의 목적을 예측이 아니라 설명에 둔다는 점, 그리고 공리주의를 구성주의로 간주해 비판한다는 점 등에서 신고전학파에서 벗어난다.

이런 여러 가지가 겹쳐 하이에크는 수학적인 방법에 대한 오스트리아학파 고유의 불신을 더욱 강하게 드러냈다. 그는 대상의 성격에 있어 사회과학과 자연과학을 구분하고 이에 근거해 양자의 방법상 차이를 강조했다. 그러므로 그는 사회철학에서 신고전학파와 유사하지만, 방법에 있어서는 자연과학을 모방하려는 신고전학파와 거리를 두고 있다.

하이에크에 대해서는 관심도 다양하고 견해도 다양하다. 그의 결론과 무관하게 현재 다양한 이념의 학자들이 그의 사상을 분석하고 있다. 이 중에는 하이에크의 방법이 놀랍게도 마르크스와 동일하게 비판적 실재주의에 가깝다고 보거나 그의 논리 속에서 변증법을 읽어내는 사람도 있다.[20]

꽁디약의 『상업과 정부』

철학자 겸 경제학자인 꽁디약(E. B. Abbé de Condillac, 1714~1780)은 주관적 가치이론의 선각자로 간주된다. 그는 저서 『상업과 정부』(*Le Commerce et Le Gouvernement considérés relativement l'un à l'autre*, 1776)의 1부에서 경제적 자유와 상업을 강조하고 부의 재생산에 중점을 두며, 역사적 관점을 유지해 중농주의 등 당시 프랑스의 경제학자들과 기조를 같이 했다. 그러나 그는 이들과 달리 주관적 가치이론과 이에 근거한 교환의 논리를 제시해 한계효용학파를 예견했다. 또한 그는 농업이 직접적인 부의 근원이지만 공업이나 상업도 우회적으로 부의 원천이 된다는 점을 인정했다.

꽁디약

20) 저자도 두 편의 논문과 한 권의 책을 통해 마르크스와 하이에크, 그리고 마르크스주의와 오스트리아학파 사이에 무시못할 유사성이 있다고 주장한 바 있다.

우선 꽁디약은 물체의 가치가 물체 자체가 아니라 인간이 물체에 대해 가지는 의견이나 주관적 평가에 의존한다는 점을 명시했다. 가치는 유용성과 희소성에 대한 사회구성원들의 견해에 의해 결정된다. 가령, 물은 아주 흔하면서도 매우 필요한 존재이기 때문에 가치를 가진다. 비용이 가치를 낳는 것이 아니라 가치가 있기 때문에 비용이 든다.

과거에는 소비가 생산에 맞게 조절되었으나 현재는 생산이 소비에 맞게 조절된다. 인구는 토지가 제공할 수 있는 식량에 의해 규정되는데, 사람들의 기호가 토지가 부양할 수 있는 인구를 결정하는 또 다른 요인이다. 기호의 발전과 관련해 부유해진 상인이나 장인이 지주의 소비를 모방한다.

남는 물건을 교환하는 과정에서 교환당사자들이 상대방의 소유물에 비추어 자신의 소유물을 평가한 것이 가격이다. 가격은 각자의 필요에 대비되고 서로 다른 재화의 가격에 대비되었다는 의미에서 상대적이므로 절대적인 가격이란 존재하지 않는다. 자유로운 역내 교역과 역외 무역이 허용되어 재화가 자유롭게 이동할 때 성립되는 가격, 특히 인구와 곡물공급량의 비율을 유지하는 가격이 진정한 가격이다.

상인들이 자기이익에 따라 자유롭게 활동할 수 있도록 허용하면 밀이 부족할 리 없으며, 인공적인 가격인상이 사라지고 자연스런 가격변동만이 남게 된다. 이런 상황을 그는 자유가 전면적이고 완벽하며 영원히 허용되는 경우 자연스럽게 나타나는 현상 혹은 질서로 규정했다.

그는 주관적 가치이론에 따른 등가교환의 논리를 반박하면서, 교환의 당사자들이 주관적으로 쌍방 모두 항상 덜 주고 더 받는다는 점을 지적했다. 그렇지 않다면 왜 각자가 자신의 재화를 보유하지 않고 판매하는지 설명할 수 없다고 주장했다. 이는 나중에 멩거가 활용한 논리이다.

또한 그는 가격변동을 통해 생산과 소비의 비율이 조절된다고 보았다. 화폐가 등장하면서 가격을 절대적이라고 생각하는 오류가 생겨난다. 그리고 진정한 부가 소비재에 있으므로 귀금속을 유일한 부로 간주하는 것은 잘못이지만 귀금속이 부가 아니라고 주장하는 것도 오류이다. 그런데 귀금속이 화폐가 되면서 가격이 절대화될 뿐만 아니라 가치척도가 어떤 관계로부터도 독립해 그 자체로 존재하는 것처럼 보이게 된다.

나아가 귀금속 화폐의 등장과 더불어 등가교환이 존재한다는 오해가 생겼다. 특히, 화폐를 절대적인 척도로 간주하는 오류와 등가교환의 오류가 결합되어 있다. 화폐가 절대적인 척도로 간주되면서 교환되는 두 재화가 동일한 가격으로 환산된다는 것이 교환당사자들의 주관적 가치로 보아 덜 주고 더 받는다는 사실을 은폐한다.

부등가교환을 주장한 중상주의와 등가교환의 주창자들은 공통적으로 주관적 가치를 배제했다. 중상주의는 교환을 통해 전체가치가 증가한다고 보지 않으므로 가치의 이전이나 수탈을 강조한다. 그렇지만 전체가치의 불변을 내세운다는 점에서 중상주의는 이론적으로 등가교환과 동일한 출발점을 가지고 있다. 이에 비해 꽁디약이나 이후 한계효용학파에 의하면 교환당사자 모두가 주는 것보다 더 많은 것을 받는다.

7.4.5 슘페터

오스트리아학파로 분류할 수는 없지만 이와 연관을 맺고 있는 중요한 경제학자로 슘페터(J. A. Schumpeter, 1883~1950)가 있다. 슘페터는 오스트리아 출신으로 미국으로 이주해 새뮤엘슨이나 스위지 등 미국의 유명한 경제학자들을 길러낸 20세기의 대표적인 경제학자이다.

슘페터

슘페터는 비엔나에서 고등학교를 졸업하고, 비엔나대학에서 당시 게르만계 학문적 전통에 따라 경제학과 함께 법학을 공부했다. 오스트리아학파의 1세대인 비저와 뵘바베르크로부터 가르침을 받았고, 오스트리아학파의 비조인 멩거가 주관하는 세미나에 마르크스주의자 힐퍼딩 등과 함께 참여함으로써 폭과 깊이를 함께 갖춘 경제학자로 성장했다.

그는 전반적으로 주류경제학의 입장에 서 있으면서도 좁은 의미의 경제이론에 머물지 않고, 경제발전, 경제사상, 경제체제, 그리고 경제학뿐만 아니라 철학, 사회학, 정치학, 심리학 등 인접 학문, 그리고 수학과 물리학에 걸치는 폭넓은 시각을 갖추고 있었다. 거대한 시야를 지향하는 대륙적인 학자의 마지막 세대이자 오스트리아학파의 개방성을 갖춘 학자였다.

달리 보면 그는 엄청난 박식함에 정교함을 결합시켜 박식함이나 정교함이 방만함이나 편협함으로 전락하지 않게 했다는 점에서 최상급의 이론가임에 틀림없다. 또한 그는 한편으로 왈라지언 일반균형과 이에 수반된 수학적 방법을 칭송하면서도, 다른 한편으로 일반균형이론의 정태적 성격과 수학의 도구적 성격을 지속적으로 지적했다.

전반적으로 왈라지언에서 시작해 동학이나 진화로 이행한 슘페터의 행보는 하에에크와 유사하다. 그렇지만 일반균형체계에 나름대로 의미를 부여했다는 점에서 슘페터는 이 체계에서 완전히 이탈한 하이에크와 차이가 있다. 더구나 하이에크가 자본주의의 경기변동에 대해 과도기적으로 관심을 가진 데 불과하지만, 슘페터는 콘드라티에프 등 장기파동이론을 수용해 끝까지 그 관심을 유지했다. 하이에크가 정학과 동학을 거쳐 자생적 질서로 이행했다면, 슘페터는 정학과 동학의 강점을 부분적으로 수용하면서 자본주의의 질서에 대한 논의로 나아갔다. 끝으로, 자본주의에 대한 입장에서는 말할 나위 없이 양자 사이에 커다란 차이가 있다.

왈라지언체계의 한계를 인정하고 진화를 강조했다는 점에서 슘페터는 마샬과 유사하다. 또한 베블렌이 시장이나 교환과 분리된 기술자를 강조했다면, 슘페터는 기술자 자신이 아니라 기술 등을 시장에 도입하는 기업가(entrepreneur)에 기대를 걸었다. 슘페터는 베블렌보다 시장과 경쟁을 긍정적으로 보았다. 그러나 무엇보다 자본이나 잉여가치 논의 등 여기저기서 발견되는 마르크스의 그림자는 쉽게 불식되지 않는다.

슘페터를 알기 위해 『경제발전이론』(*The Theory of Economic Development*, 1934 [1911])을 살펴보자. 이 책은 초기 슘페터의 여러 가지 독창적인 통찰로 가득 차 있다. 여기서 혁신적 기업가가 슘페터에게 처음부터 핵심이었음을 확인할 수 있다. 기업가는 새로운 결합방식을 도입하는 존재로 정의된다. 새로운 결합방식이란 제품, 생산방식, 시장, 원료나 반제품, 산업조직을 포괄해 지극히 다양하다.

그에게 새로운 결합방식을 도입하는 기업가는 자본주의 발전의 동력을 만들며, 발전과 진화를 시작하는 존재이다. 여기서 발전은 외부로부터 삽입되는 것이 아니라 자생적으로 생겨나는 불연속적인 변동이므로, 일상적인 경제순환이나 균형과 무관하다. 가치가 희소성에서 비롯된다면, 이윤은 새로운 결합방식이 빚어내는 체제의 개선 가능성이나 불완전성에서 비롯된다.

구체적으로 기업가가 새로운 결합방식을 도입하면 이것이 기업가에게 일차적으로 이윤을 가져다 준다. 이 결합방식이 여타 경영자의 경쟁을 불러일으켜 모방을 통해 확산되면 원래의 이윤은 사라진다. 이 과정에서 이윤이 지대로 변형된다. 이윤이 일시적인 것처럼 이윤의 수혜자인 기업가도 일시적으로만 존재한다. 이 때문에 기업가라는 존재는 특정인에 고착되거나 지주, 자본가, 노동자와 같이 하나의 계층으로 정착되지 않는다.

기업가 개념은 왈라지언적인 자본주의 파악에 대한 유보를 담고 있으며, 자본과 자본가 그리고 이윤에 대한 독창적인 정의를 낳는다. 기존 생산함수와 생산조직을 파괴하는 기업가를 인정한 슘페터로서는 일반균형체계를 고수할 수 없다.

그에 의하면 기업가는 혁신가로 통상적인 경영자나 자본가와 구분된다. 습관이나 관습에 의해 지배받으면서 반복되는 일상활동에서는 행위가 즉각적이며 이성적이라는 가공적인 생각이 어느 정도 타당하다. 그러나 기업가의 활동은 이 생각에서 완전히 벗어난다. 기업가는 지도자로서 이들과 달리 대세에 역행하며, 경영자가 통상 주어졌다고 받아들이는 자료나 행동방식에 의존할 수 없다. 그는 자신에게 자리잡은 습관을 극복해야 하고, 주위환경이 부과하는 저항을 이겨내야 한다.

이 같이 한편으로 일상적인 경제순환 및 균형, 정학, 그리고 경영자와, 다른 한편으로 불연속적이며 자생적인 변동, 동학, 그리고 기업가가 구분된다. 기업가는 이미 주어진 것들을 결합해 도입하는 역할을 담당하므로, 결합의 대상자체를 만드는 사람들과도 구분된다. 이런 의미에서는 기업가는 새로 만드는 사람이 아니라 의지를 가지고 새로운 것을 도입하는 지도자에 가깝다. 그는 지성이나 독창적 생각보다 의지나 권위 혹은 행동으로 말한다.

기술혁신으로 좁히더라도 기업가는 발명가 자신이 아니라 이런 발명을 도입하는 사람이다. 기업가의 행위에는 자기 파괴적이고 비합리적인 부분이 내포되어 있기 때문에 습관에 따라 자신의 이익을 따지는 공리주의 논리에서 벗어난다. 기업가는 오히려 근대인에게 전승된 중세영주의 모습, 정복욕, 성취욕구 등으로 규정된다.

자본가는 기업가와 다르다. 자본이 생산조건 전체를 구입할 수 있는 자금으로 자본재라는 물적 측면과 독립적으로 규정되며, 자본가도 이런 자본의 소유자로 정의된다. 여기서 자본가의 소득은 이자이며, 기업가의 소득은 기업가이윤이다. 따라서 이윤은 일시적인 존재이며, 통상적인 개념으로 보면 초과이윤이나 초과잉여가치에 상응한다. 이 같이 이윤은 다른 소득과 같이 한계생산성에 따라 결정되지 않는다.

슘페터는 혁신적인 기업가에 주어지는 이윤이 자본축적과 경제성장의 주요 원천임을 확신했다. 또한 그는 기업가가 사회의 상층부를 변경시키는 개혁을 수행한다고 주장했다. 이런 차원에서 그는 기업가의 재산이 3대를 가지 못한다고 했다.

여기서 자본가는 혁신을 위한 자금의 공급자이다. 또한 발전이나 혁신이 없는 경제에서 등장하는 경영자는 과거의 흐름에서 자동적으로 재화에 의해 뒷받침되는 생산계획을 세운다. 기업가는 그렇지 않으므로 기본적으로 채무자일 수밖에 없다. 그러므로 슘페터에서 근대적 신용창출의 핵심은 기존 구매력의 이전이 아니라 새로운 결합을 시도하는 기업가에게 구매력을 창출하는 데 있다.

그런데 자본주의에서 이런 신용창출은 유동성증가를 통한 물가상승과 기존 구매력에 대한 압박, 그리고 이를 통한 자원용도의 변경을 초래한다. 기업가가 성공하면 이런 채무는 미래에 발생하는 재화의 사회적 흐름이나 가치증가로 상환되거나 보전된다. 이렇게 되면 신용인플레이션의 위험은 존재하지 않는다. 그의 이런 논리는 후기 케인지언의 입장에 부합된다.

이런 의미에서 슘페터는 자본을 기업가에게 생산요소가 이동하게 만드는 지렛대 혹은 사업가에 제공되는 수단으로 규정했다. 그는 자본을 구체적 재화나 생산재 전체와 동일시하는 견해가 자본주의 경제조직에 합당하지 않다고 반복해서 역설했다. 이 점에서 그는 자본이 기업가(혹은 생산)와 재화세계 사이에 존재하는 제 3 의 인자라고 했다. 여기서 마르크스와의 유사성이 돋보인다.

그는 이윤과 관련지어 이자를 설명했다. 이윤은 생산을 통해 기업가에게 주어지는 일시적인 소득인 데 비해, 이자는 화폐시장을 통해 자본가에게 주어지는 지속적인 소득이다. 그는 여섯 가지 원리를 동원해 생산수단에 대한 현재의 구매력이 미래의 구매력보다 높이 평가되는 데서 이자가 발생한다고 설명했다. 이윤으로부터 지속적으로 자본가에게 인출되는 부분이 이자이므로 이자가 일종의 장애로 작용한다. 화폐시장에서 구매력에 대한 기업가의 수요와 자본가의 공급이 만나 한계상황에서 이자율이 결정된다.

동시에 그는 이자에 대한 고대와 중세의 부정적 견해가 근대의 긍정적 견해로 바뀌게 된 과정을 역사적으로 해명했다. 그에 의하면 고대와 중세에는 소비자금융이 지배해 채무자가 약자였으나, 근대에는 생산자나 기업가 금융이 압도해 채무자가 강자로 바뀌었다. 이런 변동에는 이자를 순전히 화폐현상으로 보느냐 아니면 생산과 연결짓느냐의 갈등이 숨겨져 있다고 그는 생각했다.

그에게서 경기변동이 없는 자본주의는 본격적 의미의 자본주의가 아니다. 기업가의 활동은 자본주의에서 경쟁뿐만 아니라 경제변동의 설명요인이기도 했다. 그런데 새로운 결합방식이나 혁신이 조금씩 이루어지는 경우 불연속적인 변동을 수반하는 호황과 불황이라는 격변을 설명할 수 없다. 그러므로 그는 새로운 결합방식이나 혁신이 뭉쳐서 발생한다고 주장했다. 이에 따라 그는 왜 혁신이 한 시점에 몰려 나타나는지 설명해야 하는 과제를 안게 되었다.

우선 혁신이 뭉쳐 나타날 때 그 효과를 지속시키는 상황으로 다수의 혁신이 과거의 기업과 상당기간 공존한다는 사실을 들 수 있다. 또한 혁신을 위한 기업가의 수요에 수반된 구매력증가가 경제전체에 확산되어 제 2 의 호황을 일으킨다. 더불어 이에 대한 착오가 상당한 영향력을 발휘한다.

혁신이 뭉쳐 나타나는 보다 근본적인 이유는 혁신적 기업가가 하나 등장하면 그를 모방하면서 그보다는 못하지만 여전히 혁신이라고 불릴 만한 것들을 도입하는 기업가들이 다수 배출되기 때문이다. 또한 호황을 가져오는 교란이나 불황은 생산수단의 가격상승, 신제품의 등장으로 인한 가격하락, 신용 디플레이션, 신용에 대한 새로운 수요자 부재 등에서 비롯된다.

경쟁이론에서와 마찬가지로 호황과 불황 역시 혁신에 의해 발생한 잉여가치나 이윤을 소멸시키고 새로운 균형으로 움직이는 과정이면서, 혁신을 흡수하거나 소화하는 과정이기도 하다. 따라서 그는 불황으로 인한 교란은 일시적이며 불황이 지나면 항구적인 효과가 나타난다고 보아 불황의 긍정적인 측면을 찾아냈다.

보다 구체적으로 재화의 흐름이 풍요로워지고, 생산이 부분적으로 재조직된다. 또한 생산비용이 하락하고, 원래 기업가 이윤으로 등장했던 것이 여타 계급의 영원한 소득으로 자리잡게 된다. 이런 의미에서 그는 균형을 위한 투쟁을 통해 호황의 결과를 경제전체에 확산시키는 과정으로 경기변동 전체를 기술했다.

요약하자면, 그는 경기변동 과정을 정상적인 흐름과 비정상적인 흐름으로 나누어 절충적인 입장을 취했다. 경제가 겪어야 할 여과과정을 내포하고 있다는 점에서 호황과 불황은 정상적인 흐름을 갖고 있다. 그렇지만 불황의 원인이 아닌 건전한 기업이나 노동자 등을 희생시킨다는 점에서 비정상적이다. 이에 대한 해결책으로 그는 신용정책을 제안했다.

이 입장에서 그는 호황의 이윤이나 불황의 손실에서 어떤 사회적 기능도 찾을 수 없다고 본 케인즈를 비판했다. 또한 그는 경기변동에 대한 논의가 경제의 안정성을 전제로 한 기존 논의보다 훨씬 더 중요하다는 것을 강조했다.

슘페터의 『자본주의, 사회주의, 그리고 민주주의』

슘페터가 쓴 책 중 가장 많이 알려진 것이 『자본주의, 사회주의, 그리고 민주주의』(*Capitalism, Socialism and Democracy*, 1942)이다. 이 책에서 슘페터는 방대한 지식과 경제학자가 지니는 정교한 분석능력 및 절제력을 결합시켜 놓았다. 이 때문에 이 책은 읽고 난 후 독자에게 소화불량의 불쾌감을 안겨준다. 이 책을 통해 그는 자본주의의 안락사와 사회주의의 자연스런 도래를 점쳤다. 그는 여기서 노동가치이론을 위시한 마르크스의 이론을 비판하면서도 마르크스의 예언에는 동의했다.

슘페터에 의하면 폭력혁명을 통한 자본주의 타도가 불필요하며, 이미 자본주의 내부에 사회주의로의 점진적 이행을 가능케 하는 요인들이 등장했다. 기업활동의 표준화로 인한 기업가와 유산계급의 소멸, 주식회사와 전문경영인의 등장으로 인한 사유재산의 희석, 대기업의 등장과 이에 수반된 관료화, 자본주의의 확산으로 인한 정치적 보호계층이나 장인 및 농민 등 외곽계층의 파괴 등이 그런 것들이다. 이 과정에서 그는 경영자의 보수가 완전히 임금으로 전환되리라고 예언했다.

중소기업이나 농민층의 붕괴는 정치적인 문제가 된다. 더구나 주주와 전문경영인의 등장은 소유 및 계약의 신성한 권리를 침해함으로써 자본주의가 스스로 자신의 기반을 붕괴시키는 결과를 가져온다. 관료화와 비인격화된 계약으로 인해 개인은 주는 대로 받든지 아니면 받지 않든지의 이분법적인 선택을 강요받아 실질적으로 선택의 자유를 잃는다.

이 상황에서 사유재산은 물질적 구체성을 박탈당하고 그 기능을 잃어, 부재소유의 성격을 지니게 되므로, 경제활동의 유인으로서 매력을 상실한다. 이 같이 재산의 실체가 증발된 상황과 결합되어 자본주의가 스스로에게 비판적인 지식인을 키우며 가족이 해체되어 이윤의 동인이 약화된다.

특히, 그는 이윤추구를 중산층 가족의 존재와 밀접하게 연결시켰다. 과거의 가족유대가 가장으로 하여금 부인과 지식을 위해 장기적인 이윤을 추구하게 만들었다. 그렇지만 자본주의가 부상하면서 사회에 전반적으로 합리화가 진행되어 더 이상 이런 가정이 존재하지 않기 때문에 이윤추구의 유인이 약화된다. 그에게 합리성은 공리주의와 동의어로서, 이익과 손해를 계산할 수 있는 능력을 의미한다. 사람들이 더 이상 인간본연의 모습이나 사회적 유기체의 필연성을 인정하지 않고 이런 계산에 의존함으로써, 피임기술이 발전하고 출산욕구가 감소해 전통적인 가정생활이 소멸한다.

여기서 그는 기업가가 장기적인 이익을 추구하는 것이 정상적인 자본주의이며, 전통적인 가정의 존재가 이런 장기주의를 요구한다고 생각했다. 그가 말하는 장기주의는 현재로 보면 독일식 자본주의에 부합된다.

이런 이유로 자본주의의 제도적 기반뿐만 아니라 이에 대한 사람들의 신념 자체가 붕괴되고 있다. 그는 마르크스와 마찬가지로 개인들이 자신의 행위가 낳는 결과를 완전히 예측하거나 통제할 수 없으며 자본주의가 스스로를 파괴한다는 점을 인정했다. 그렇지만 그는 이렇게 되는 이유로 순수 경제적 요인보다 사회와 심리의 복잡한 요인들을 고려했다. 이 점에서 그는 마르크스와 다르며, 베버나 좀바르트에 가깝다.

슘페터는 합리성이나 이기심이 보편적이지만 자본주의에서는 이들이 나름대로 특징을 갖는다고 말했다. 그는 복식부기 등을 통해 화폐라는 단위를 칭송하는 것, 이윤추구라는 경제활동이 성취의 지름길이 되면서 인간과 인간이 가진 수단의 성격이 바뀐 것 등을 지적했다. 그는 화폐단위에 대한 칭송이 15세기에는 수학의 성격을 결정했다고 첨언했다. 또한 그는 자본주의가 합리적으로 변하면서 중세의 영웅주의를 배제하며 평화주의를 제창한다는 전통적 해석을 반복했다. 이 같은 생각은 베블렌과 대비된다.

논의과정에서 그는 이윤추구가 사회의 공익이나 생계추구 등과 무관하거나 이에 반한다는 논리를 반박하면서, 이에 대한 이론적 근거를 고전학파에서 찾았다. 또한 그는 자본주의의 진화를 낳는 핵심기제로 기업가의 기술혁신을 강조했고, 기업가의 기술혁신이 창조적 파괴(creative destruction)를 낳는다는 너무나 잘 알려진 논리를 전개했다.

혁신은 기존 제품을 생산하는 신기술의 발명이나 품질경쟁 등 주어진 틀 내에서의 경쟁이 아니라, 신제품, 판로개척, 새로운 산업조직이나 제도의 등장 등을 의미한다. 이런 경쟁은 그것이 실제로 존재하는 경우뿐만 아니라 그것의 가능성이나 위협만으로도 효과를 발휘한다. 여기서 그는 통상적인 왈라지언에서 벗어나 자본주의의 동태성을 강조하고 진화를 분석하면서 마르크스의 타당성을 인정했다.

그에 의하면 당시 현실에서 독점이나 과점이 일반적인데, 이들이 보이는 제한적 관행이 창조적 파괴에 수반되는 격변을 완충하는 긍정적인 역할을 발휘한다. 가격의 경직성이 실제보다 과장되어 있지만 실제로 존재하며 체제를 안정시키는 기능을 가지고 있다. 더불어 제조업에서의 독점적 지위는 편히 쉴 수 있는 종착점이 아니며 과잉시설 감축에 긍정적 효과를 가진다.

그는 사회주의와 자본주의를 비교하는 과정에서 사회주의 계산논쟁을 언급하고, 사회주의에 효율성 문제가 없다고 주장했다. 또한 사회주의 사회에서 분배가 노동증명서 등 증명서 형태로 이루어진다는 점을 지적했다. 더불어 같은 효율을 가진다면 상업주의 사회보다 사회주의 혹은 평등주의 사회가 더 높은 후생을 가져온다고 보았다. 이것은 한국의 수능성적과 같이 효율성이나 성장이 수반되지 않고 단순히 선별의 결과만 있는 경쟁이 아무런 의미가 없음을 시사한다.

뿐만 아니라 그는 경쟁적 자본주의보다 당시의 상황을 대변하는 대기업 위주의

·자본주의가 우월하고, 대기업 위주의 자본주의보다 사회주의가 더 우월하다고 주창했다. 여기서는 그는 힐퍼딩과 비슷한 생각을 보여준다.

사회주의의 구성이나 운영과 관련된 인적 청산에서 가장 큰 문제는 이미 관료화된 기업과 사회전체의 경영인과 공무원이다. 그의 입장에서는 이들의 역할이 그대로 유지되어야 하며, 이들을 순전히 이타심이나 의무감에 호소해 활용할 수 없다. 그러므로 금전은 아니더라도 표창이나 명예 혹은 약간의 편의를 부여해야 한다.

자본주의에서 사회주의로의 이행기에서 국유화의 1차 대상으로 그는 금융, 보험, 운송, 광산, 전기를 들었다. 그리고 그 다음으로 철강, 건설, 군수, 영화, 조선, 식품을 열거했다. 상업주의경제에서는 수출이 목표이고 수입이 이를 위한 수단이다. 이에 비해 사회주의경제에서는 수출이 희생이며 수입이 목적이다. 이는 생계를 목적으로 하는 아리스토텔레스의 자립적인 경제와 비슷하다.

21세기 초에 서서 이 책을 바라보면 금석지감을 느끼게 된다. 이만큼 정교한 논리로 결론을 도출하는 경우에도 여전히 빗나갈 수 있다면, 이론이 가지는 예측능력에 원초적 한계가 있지 않은지 다시 생각해 볼 일이다.

슘페터의 『경제분석의 역사』

『경제분석의 역사』(*History of Economic Analysis*)는 1954년에 발간된 경제학설사 책이다. 이 책은 슘페터 자신이 칭송을 아끼지 않았던 마르크스의 『잉여가치 학설사』에 이어 경제학설사 분야의 고전으로 간주되고 있다. 이 때문에 현재 경제사상에 대해 새로운 의견을 내세우려고 할 때 대부분의 학자들이 이 책을 준거로 삼는다.

이 책은 깨알같은 글씨로 쓰여진 1천 3백 쪽의 방대한 분량을 통해 저자가 경제학뿐만 아니라 사회학, 철학 등 서양사상에 정통했음을 여지없이 보여준다. 이 책은 경제사상을 그 자체로 논의하는 것이 아니라 서양사상 전체 속에 그 자리를 매기고 있다. 이렇게 볼 때 『경제분석의 역사』는 서양의 경제사상뿐만 아니라 서양사상 전체에 대한 조망을 가능케 해 주는 책이다. 다만, 이 책에서 슘페터는 왈라지언의 관점을 강하게 드러내고 있다.

7.4.6 스웨덴학파의 빅셀과 미르달

스웨덴학파는 19세기 말에서 20세기 초에 활약한 빅셀(Knut Wicksell, 1851~1926), 카셀(Gustav Cassel, 1866~1945), 린다알(Erik Lindahl, 1891~1960), 미르달(Gunnar Myrdal, 1898~1987), 올린(Bertil Ohlin, 1899~1979), 룬드버그(Erik Lundberg, 1907~87), 린드벡(Assar Lindbeck) 등 스웨덴 출신의 학자들로 구성되어 있다.

이 중 빅셀은 스웨덴학파의 선구자이자 이들 중 영미지역에 가장 많이 알려진 학자이다. 그는 멩거나 뵘바베르크 등 오스트리아학파로부터 영향을 받았으면서도 화폐와 자본에 대해 독자적인 이론을 개척해 케인즈나 하이에크에 영향을 미쳤다.

빅셀은 『이자와 물가』(*Interest and Prices*, 1898)에서 이자율과 물가의 관계에 관해 논의했다. 그의 공헌은 이자율과 물가를 연결시켜 물가변동을 자연이자율과 시장이자율의 차이와 이런 차이의 변동으로 설명한 데 있다. 자연이자율은 실물부문의 검약과 생산성에 의해 결정되며, 시장이자율은 화폐의 수요공급에 의해 결정된다.

빅 셀

구체적으로 시장이자율이 자연이자율보다 높으면 물가가 지속적으로 하락하며, 반대로 시장이자율이 자연이자율보다 낮으면 물가가 지속적으로 상승한다. 이 때문에 자연이자율의 변동여부에 따라 높은 시장이자율이 물가상승과 공존할 수도 있고, 반대로 낮은 시장이자율이 물가하락과 공존할 수 있다.

빅셀의 이론은 물가 혹은 화폐가치와 이자율의 관계를 문제로 설정해 이에 답하고 있다. 높은 이자율이 물가하락과 상관관계를 갖지 않으며 그 반대도 성립하지 않는 현실이 자연이자율과 시장이자율의 관계를 통해 설명된 셈이다. 이 문제는 이미 로크나 흄에서 묵시적으로 등장했고, 근대에 들어 보다 명시적으로 케인즈의 『화폐이론』(*Treatise on Money*)이나 프리드만 등에서 깁슨의 역설(Gibson's paradox)로 재등장했다. 물론 자연이자율은 관측 불가능하며, 경험적으로 시장이자율의 평균치로 대신할 수밖에 없다.

빅셀의 이론은 이자율과 물가를 실물과 연결시켰다는 점에서, 물가변동을 화폐공급의 변동으로 설명하고 이자율과 무관하게 처리하는 화폐수량설과 대비된다. 이 이론은 화폐공급을 이자율과 물가 모두를 변동시키는 공통요인으로 처리하는 논리와도 구분된다. 이런 논리는 화폐가치 혹은 "돈 값"의 변동을 물가변동뿐만 아니라 이자율변동으로 측정해 혼란을 낳았다.

보다 중요한 의미는 자연이자율의 변동이 즉각적으로 실질임금의 변동을 가져오지 않고, 물가변동과 소득재분배 등의 과정을 거치게 되며, 비로소 그 결과로 실질임금이 변동한다는 데 있다. 화폐수량설에 대한 비판에서도 그는 화폐공급량의 변동이 물가변동을 가져온다는 점을 용인하되, 물가변동이 직접 나타나지 않고 중간과정을 거친다는 의견을 개진하고 있다. 자연이자율과 대부이자율의 차이가 물가를 변동시키고 이 과정에서 소득이 재분배되면서 결과적으로 실질임금이 결정된다고 빅셀은 주장했다.

물가변동이냐 고용변동이냐의 차이를 도외시하면 이 점에서 케인즈도 비슷하다. 케인즈도 마샬의 가치론을 받아들이면서 고용이 증대되기 위해서는 실질임금이 하락할 수밖에 없다는 점을 인정했다. 그렇지만 마샬(이나 피구)와 달리, 케인즈는 다른 경제부문의 움직임과 독립적으로 노동시장에서의 고용변동이 직접적으로 실질임금의 변동을 가져오지 않는다고 주장했다. 케인즈에서도 유효수요의 변동과 이에 따른 고용 및 소득변동, 그리고 이에 수반되는 물가 및 화폐임금의 변동 등 중간과정의 결과로 실질임금이 변동한다.

부언할 것은 자연이자율에 대한 논의가 자본이론으로 이어진다는 점이다. 일단 상식적인 수준에서 기술변동이나 검약수준의 변동이 자연이자율을 변화시키는 요인이다. 자본에 관한 그의 논의는 제자인 아커만에 이르러 하나의 근본적인 문제(Dr. Åckerman's problem)로 부각되었다.

또 다른 스웨덴의 경제학자 미르달은 상당히 폭넓은 시야를 유지하면서 『경제사상의 발달에 있어서 정치적 요소』(*The Political Element in the Development of Economic Theory*, 1930)나 『아시아 드라마』(*Asian Drama*, 1968) 등을 통해 주류경제학의 한계를 지적했다.

미르달은 앞의 책을 통해 경제이론에서 가치가 배제될 수 있느냐는 문제를 다루었다. 그는 여기서 가치를 과학활동에서 배제될 수 없다는 입장을 피력했다. 이에 따라 주류경제학이 이론에서 마치 가치를 배제할 수 있고 배제해 왔던 것처럼 착각했다고 비판했다. 특히, 그는 경제학의 가치론을 중심으로 가치의 개입을 논의해 가치론과 흔히 말하는 가치관의 관계에 대한 논의근거를 마련해 주고 있다.[21)]

21) 미르달은 하이에크와 함께 노벨상을 받았는데, 이때 그는 극우적인 하이에크와 함께 수상한다는 사실에 대해 심한 불쾌감을 표시했다고 전해진다. 그러나 그 이후의 세계는 정반대로 전개되고 있다. 다만, 하이에크 역시 회고하면서 자신의 이론이 가치중립적이지 않았다고 고백했다.

제 8 장

역사학파와 제도학파: 시장주의 비판

8.1 독일의 역사학파(19세기 초~20세기 초): 역사와 정책

역사학파는 경제학과 사회과학에서 역사적 관점을 강조했던 독일의 사상으로, 마르크스와 달리 보수주의와 민족주의의 입장에서 주류경제학에 대해 비판을 제기했다. 역사학파는 19세기 초에서부터 20세기 초에 걸쳐 전기와 후기로 나뉘어 나타났다. 역사학파의 효시는 리스트(Friedrich List, 1789~1846)의 『국가경제의 체제』(*Das System der Nationalökonomie; The National System of Political Economy*, 1841)이다.

전기 역사학파로 힐데브란트(Bruno Hildebrand, 1812~1870), 로셔(Wilhelm Roscher, 1817~1894), 크니스(Karl Knies, 1821~1898) 등을 꼽을 수 있다. 그리고 후기 역사학파에는 바그너(Adolf Wagner, 1835~1917), 쉬몰러(Gustav von Schmoller, 1838~1927), 브렌타노(Lujo Brentano, 1844~1931), 좀바르트(Werner Sombart, 1863~1941), 약간 변형된 형태로 베버(Max Weber, 1864~1920) 등이 속해 있다.

전기 역사학파는 고전경제학을 비판했고, 후기 역사학파는 한계효용학파를 비판했다. 이들은 고전학파와 한계효용학파가 공통적으로 역사의 발전이나 각국 경제의 고유성을 고려하지 않고 무리하게 보편적 원리를 추구했다는 것을 비판의 초점으로 삼았다.

우선, 역사학파는 인류 역사에 여러 단계가 존재하며 서로 다른 단계에 있는 여러 국가마다 고유한 문화나 생활양식이 있다고 주장하면서, 고전학파와 한계효용학파가 내세운 이론의 보편성을 부인했다.

이런 이유로 역사학파 학자들은 세 단계나 다섯 단계 등 발전단계이론을 즐겨 제시했다. 예를 들어, 크니스는 자연단계, 화폐단계, 신용단계로 역사를 구분했다.[1] 이 같이 역사학파가 시간과 공간에 따른 이론의 특수성이나 상대성에 집착했기 때문에 보편적 이론을 추구했던 고전학파 및 한계효용학파와 정면으로 충돌했다.

당초 역사학파는 자유무역이 독일경제의 발전에 저해가 된다는 생각에서 출발했다. 역사학파의 시조인 리스트는 자유무역이 당시 선진국이었던 영국에 적절한 논리일 뿐 후진국이었던 독일에 적용될 수 없다는 점을 주창했다. 리스트의 생각이 확장되면서 경제와 사회에 역사적인 발전단계가 있으며 서로 다른 역사단계에 있는 국가마다 경제법칙이나 경제이론이 달라진다는 논리로 발전했다.

쉬몰러 대 파레토

한 학술대회에서 한계효용학파의 파레토가 발표하는데, 역사학파의 쉬몰러가 만인들 앞에서 끼어 들며 반복해서 "경제학에 보편적 법칙은 없다"라는 야유를 보냈다. 그 다음날 파레토의 복수전이 전개되었다. 평소부터 행색이 초라했던 파레토는 길거리에서 쉬몰러를 발견하고 얼굴을 숨긴 채 거지로 행세하면서 쉬몰러에게 접근해, "이 근처에 공짜로 밥을 얻어 먹을 수 있는 데가 있느냐?"고 물었다. 이에 대해 쉬몰러가 "공짜로 먹을 수는 없지만 저 길모퉁이를 돌아가면 싸고 맛있게 먹을 수 있는 데가 있다"고 했다. 그러자 파레토가 가면을 벗고 고개를 들며 "거봐 경제학에는 보편적인 법칙이 있어"라고 환호했다. 아마도 파레토는 인간의 합리성을 주창한 것으로 보이는데, 서양인들의 집요한 토론근성을 보여준다.

둘째, 역사학파는 역사에 대한 관심으로 인해 방대한 사료를 수집하고 정리하는 작업에 열중했다. 이들은 자료를 수집하는 과정에서 자연스럽게 일반화가 이루어지면서 경제이론을 얻을 수 있다고 생각했다. 이런 이유로 역사학파의 연구는 압도적으로 귀납적이다. 주류경제학이 주로 연역이나 내적 성찰을 통해 이

1) 역사를 강조한 사상가로 마르크스 이외에도 고전학파의 스미스를 들 수 있다. 이미 언급한 바와 같이 그는 『법학강의』 등 초기작에서 인류의 역사를 수렵, 목축, 농경, 그리고 문명단계로 나누었다. 그러나 이 구분이 『국부론』의 경제이론과 결합되어 있지 않으며 단순히 야만적이거나 원시적인 사회로부터 문명화되거나 발전된 사회를 차별화하는 데 중점을 두었다는 한계를 가지고 있다. 이런 관점에서 스미스의 논의는 역사학파의 단계이론보다 느슨하다.

론이 만들어진다고 생각했기 때문에, 역사학파는 방법론에서도 고전학파, 그리고 특히 한계효용학파와 대립했다.

쉬몰러

이런 대립은 이미 언급한 바와 같이 후기 역사학파의 쉬몰러와 오스트리아학파의 멩거 사이의 방법론 논쟁으로 드러났다. 그런데 이론이 어떤 선험적 요소를 가지지 않고 자료의 축적을 통해 저절로 형성된다는 생각은 옳지 않다는 판정을 받아 쉬몰러의 입장이 패퇴했다.

현대에 들어 쉬몰러의 논리는 이론을 현실의 복사로 규정하는 모사이론(die Abbildstheorie)이나 빈 양동이에 물을 붓는 것과 같이 자료를 모으면 이론이 형성된다는 양동이이론(bucket theory) 등으로 표현된다. 이런 주장에 반해 모든 이론에는 주어진 현상이나 자료에 대한 특정 방식의 추상화가 필연적으로 개입되어 있다. 현실에 대한 추상화가 필연적이라면, 백지(tabula rasa)에 글을 쓰듯이 현실의 모습이 학자의 머리에 그려진다고 보기 힘들다.[2)]

결과와 관계없이 이들의 논쟁은 사회과학의 방법론 논쟁에 시발점을 제공했다. 이 평가는 70년대에 하버마스와 포퍼 사이에 벌어진 방법론 논쟁에서 확인되었다. 물론 20세기의 방법론 논쟁은 구조와 개인의 갈등을 위주로 하는 등 쉬몰러와 멩거의 논쟁보다 더 다면적이다.

셋째, 이런 역사학파의 입장은 민족의 고유성이나 민족정신에 대한 강조로 이어진다. 원초적으로 역사학파는 아담 뮐러(Adam Müller, 1779~1829) 등 독일 낭만주의 및 민족주의로부터 크게 영향을 받은 것으로 알려져 있다. 19세기의 낭만주의(Romanticism)는 공리주의나 경제주의를 포함해 이성 위주로 움직여지는 합리주의에 대한 저항으로 감성과 자연을 강조했다.

막스 뮐러(Max Müller, 1823~1900)나 영국의 워즈워쓰(W. Wordsworth, 1770~1850)에 드러나 있는 이런 낭만주의는 유년기, 과거, 공동체 등을 부각시킨다.[3)]

2) 이 점에서는 예술도 마찬가지이며, 사진도 사물 자체에 대한 복사가 아니다. 이에 대해서는 칸트, 마르크스, 포퍼, 하이에크 등 넓은 범위의 학자들이 동의한다. 다만, 미국의 신고전학파는 이런 문제의식을 거의 결여하고 있다.

3) 언어학자이자 인문학자인 뮐러가 쓴 『독일인의 사랑』과 시인 워즈워스가 쓴 "무지개를 보면 내 가슴이 뛴다"에는 모두 유년기에 대한 회상이나 동경이 담겨 있다. 공동체는 나와 남의 공유뿐만 아니라 현재, 과거, 미래 혹은 조상, 자신, 자식의 연속성을 강조한다고 보아

이에 따라 역사학파는 민족정신과 민족공동체를 강조하는 경향을 보인다. 이런 경향은 영국의 정치경제학이나 경제학이 독일에서는 국민경제(die Nationalökonomie)나 민족경제(die Volkswirtschaftslehre)로 불린다는 데서도 확인된다.

한국소설 속의 경제사상

한국의 근대사뿐만 아니라 근대 문학에서도 무언가 통찰을 얻기는 쉽지 않다. 더구나 소설에서 우리의 경제사상을 끄집어 내겠다는 야무진 꿈은 쉽사리 좌절을 겪는다. 이효석의 『메밀꽃 필 무렵』이나 김유정의 『봄봄』은 그래도 나은 편이었다. 춘원 이광수의 『유정』에 이르면 절망적이다. 그 기다란 소설책에서 경제와 관련된 이야기는 거의 단 한 줄 정도밖에 발견할 수 없다. 주인공이 질투가 심한 딸에게 비싸지만 피아노를 사주겠다는 결심 정도밖에 경제학적으로 해석할 수 있는 문장을 찾아 낼 수 없다. 이 소설을 읽은 후, 부끄러워 얼굴을 붉힌다는 의미의 "홍훈"(紅薰)이라는 옛 표현을 배운 것과 여주인공의 이름이 나중에 유명한 영화배우 남정임(南貞妊)의 예명으로 차용되었음을 확인한 것을 위안으로 삼을 수밖에 없었다. 그럼에도 불구하고 저자는 왠지 모르게 아직도 이 꿈을 접지 못하고 있다.

공동체를 강조하는 역사학파에게는 경제인의 윤리성이나 가격 등 경제적 존재의 사회적 정당성이 큰 관심사가 되었다. 우선 경제활동의 윤리성에 대한 관심은 주류경제학에서 윤리나 도덕과 무관하다고 본 이기적 인간이나 경제인(homo economicus)에 대한 회의를 낳았다. 특히, 브렌타노는 『역사 속의 경제인』(*Der Wirtschaftende Mensch in der Geschichte*, 1923)을 통해 주류경제학이 생각하는 것처럼 인간이 일방적으로 이기적이기보다 이타심도 함께 지니고 있다고 주장했다.

브렌타노

스미스 등 고전학파가 보다 감성에 의존하는 윤리를 주장함으로써 윤리와 감성의 거리를 좁혔다면, 역사학파에서는 이런 거리가 그대로 유지되어 견고한 윤리의 벽이 남아 있었다. 이런 이유로 중세에 주로 논의되었다가 고전학파의 등장과 더불어 무대에서 사라졌던 정당한 가격이라는 주제가 역사학파에 이르러 부활하게 된다.

야 한다.

말할 나위 없이 역사학파에서는 민족이나 국가가 하나의 의미 있는 단위로서 개인을 압도한다. 이런 이유로 국가가 경제를 관리하기 위해 보호무역을 위한 조치뿐만 아니라 갖가지 개입정책들을 구사한다. 이 개입은 현대의 거시정책 수준을 넘어서 산업정책, 가격정책, 노동정책, 사회보장정책 등을 포괄한다. 또한 이런 정책을 집행하는 사람들이 관료들이었으므로, 행정공무원의 청렴함이 사회경제의 발전에 필수적이라는 논리도 파생된다.

단적인 예로 후기 역사학파의 대표적인 학자 쉬몰러는 사회경제의 관습과 국가의 정책적인 개입이 중요하다는 점을 주창했다. 그는 영국이나 프랑스에서도 훌륭한 관습이 경제활동에 상당한 영향을 미쳤다고 주장하면서, 독일에게도 관습의 형성이 중요하다는 점을 역설했다. 그는 관습의 육성을 위해 규범이나 제도를 가능케 하는 교육이나 계몽의 사회적 기능을 부각시켰다. 또한 관습이 제대로 정착되지 않으면 부정부패가 발생한다고 보아 법적인 규정뿐만 아니라 관습에 어긋나는 것도 부정에 포함시켰다. 물론 이런 논리 속에는 관습과 법이 상호 침투되어 있다는 생각이 깔려 있다.

이런 입장의 귀결로 후기 역사학파의 쉬몰러나 브렌타노 등은 1873년 사회정책학회(Verein für Sozialpolitik)를 창립했다. 이 학회의 설립목적은 한편으로 만체스터주의(das Manchestertum)로 불리는 영국의 자유방임주의에 저항하고, 다른 한편으로 사회주의에 대비하는 데 있었다.

이 학회를 통해 브렌타노는 노사가 하나라는 주장을 내세우면서, 경제의 공동체적 성격을 강조했다. 이는 온정주의(paternalism)를 통해 사회주의를 잠재우려는 노력이었다. 또한 알베르트(H. Albert)가 지적했듯이, 정책의 역할을 강조하는 이들의 입장에서는 권력이나 힘이 경제법칙을 변경시킬 수 있다는 논리도 파생된다.[4]

이런 관점에서 볼 때 역사학파는 고전학파 이전에 존재했던 중상주의와 친화력을 갖는다. 실제로 쉬몰러 같은 학자는 중상주의를 긍정적으로 해석하는 글도 발표했다. 이 같은 흐름은 분명히 자유방임적인 자본주의와 거리를 두고 있다.

4) 경제학은 좌우를 막론하고 경제의 법칙성을 강조하는데, 이런 강조가 많은 경우 일상적인 경제의 운행에 있어 권력이나 힘의 역할을 부차적으로 만드는 경향을 낳는다. 한편으로 후기 역사학파의 쉬톨츠만(R. Stolzmann, 1852~1930)이 경제운행에서 힘의 중요성을 강조해 뵘바베르크와 논쟁을 벌였다. 반대 편에서는 듀링이 힘을 강조해 엥겔스의 비판을 받은 바 있다. 반대로 정치학에서는 이를 경제주의(economism)의 오류라고 부른다.

전반적으로 역사학파는 19세기에 민족국가들이 형성되면서 보편과 특수 혹은 세계주의와 민족주의의 갈등이 투박하게 드러난 형태이다. 좌우이념이 공히 보편성을 표방하므로, 어느 이념을 취하더라도 이런 갈등이 생길 수 있다. 이 갈등은 독일뿐만 아니라 다른 국가나 민족에서도 나타났고, 경제나 정치 및 사회뿐만 아니라 문화나 예술 등에서도 등장했다.

우선 볼세비키 혁명 전의 민족주의 논쟁이나 일본이 명치유신 이후 겪어 온 보편성과 민족성의 갈등은 또 다른 예들이다. 일본의 이런 갈등은 모리시마(M. Morishima, 1923~)의 저서 『일본은 왜 성공해 왔는가?』(*Why has Japan succeeded?*)에 상세히 서술되어 있다. 모리시마는 이 책에서 수리경제학자로서의 위치에서 벗어나 순전히 자연언어를 통해 중수필 형식으로 일본이 겪어 왔던 민족주의와 보편주의의 갈등을 역사적으로 기술하고 있다.[5)]

역사학파는 독일과 같이 후발 자본주의 국가였던 일본에 명치유신 이후 많은 영향을 미쳤다. 일본이 개화의 길로 접어들면서 제일 먼저 받아들인 경제학이 독일의 역사학파였다. 이렇게 된 이유는 후발 자본주의 국가로 일본이 독일과 비슷한 처지에 있었기 때문이다. 이 때문에 리스트에 대해서는 현재 독일학자보다 일본학자들이 훨씬 더 많은 업적을 남긴 것으로 알려져 있다.[6)] 같은 이유로 미국과 달리 일본에서는 상당기간 동안 경제정책이 경제학의 전공과목으로 교육되었다.

해방 이후 산업화의 길에 들어선 한국의 제 3 공화국에서도 "한국적 민주주의"나 "유교 자본주의" 등의 명칭을 달고 보편과 특수의 갈등이 투박하게 제기되었다. 민족모순(남북분단)과 계급모순(노자관계)의 우선순위에 관한 논쟁도 이와 무관하지 않다. 또한 역사학파가 강조한 관습의 형성은 한국의 경제발전 과정에도 적용된다. 그리고 한국 등 제 3 세계의 음악이나 문학 등에 있어 민족예술과 서구중심의 보편적인 예술의 갈등도 이와 같은 맥락에서 이해할 수 있다.

---

5) 내용상 그다지 감동적이지는 않지만 경제이론 및 수리경제학에 근거한 명성 때문인지 이 책은 유럽에서 상당한 반향을 일으켰다.

6) 독일에서 열린 리스트 탄생 2백 주년 기념 학술대회에서 독일 학자가 아닌 일본 학자가 리스트의 최고 연구가로 인정받았다는 것이 후문이다. 물론 일본학계에서 역사학파에 대한 관심은 곧 마르크스 경제학(마르껭)에 대한 관심으로 바뀌어 상당기간 동안 학계를 지배하게 된다. 동구 몰락 이후로는 다시 이런 흐름이 반전되어 미국의 신고전학파가 득세하고 있다.

리스트 대 리스트

독일에서는 여성편력이 많았던 음악가 리스트(Franz Liszt, 1811~1887)의 딸과 결혼한 바그너(Richard Wagner, 1813~1883)가 게르만의 민족정기를 강하게 드러냈다. 그러나 음악가 리스트나 바그너를 역사학파 경제학자 리스트나 바그너와 혼동해서는 안 된다. 또한 러시아 음악에서는 "쉐헤르자데"의 보로딘(A. P. Borodin, 1833~1897), "전람회의 그림"의 무소르그스키(M. P. Musorgsky, 1839~1881), "싸드코"의 림스키-코르사코프(N. Rimsky-Korsakov, 1844~1908) 등 국민주의 음악과 차이코프스키(P. I. Tchaikovsky, 1840~1893)의 차이가 특수성과 보편성의 대립을 보여준다. "몰다우" 혹은 "불타바"의 스메타나(B. Smetana, 1824~1884)를 좋아하면 애국자이고 드보르작(A. Dvorak, 1841~1904)을 좋아하면 음악가라는 체코의 속설도 비슷한 맥락에서 이해된다. 더불어 "핀란디아"의 작곡가인 핀란드의 시벨리우스(J. Sibelius, 1865~1957)도 국민주의 음악에 속한다. 한반도에서는 과거 민족문학과 카프문학의 갈등, 서양 고전음악과 국악의 우열 등이 이와 유사하다.

후기 역사학파와 상당히 관련되어 있는 베버는 경제학자라기보다 사회학자로 분류되어 있다. 그러나 마르크스의 사회이론에 대안적인 시각을 마련하려는 노력 속에서 베버는 경제사나 사회과학의 방법 등과 관련해 경제사상으로 간주될 만한 여러 주장들을 제시했다.

베 버

우선 그는 『사회과학 방법론』(*The Methodology of the Social Sciences*, 1949)을 통해 역사학파의 방법을 수정하고 오스트리아학파의 입장을 부분적으로 수용해 이념형(ideal type)이라는 개념을 제시했다. 다소 애매하지만 이념형은 역사학파가 생각한 것처럼 구체적 현실의 단순한 누적을 통해 형성된 이론이 아니라 학자의 가치나 선험이 개입된 분석틀이다. 이것은 현대의 경제모형은 물론이고 경제학의 이론보다 느슨하면서도 이보다 높은 정도의 구체성을 추구한다.

여기서 가치나 선험성의 개입은 소위 가치연관(die Wertbeziehung; value relevance)으로 규정되어 가치중립(die Wertfreiheit; value neutrality)과 구분된다. 베버에 의하면 모든 가설이나 이론은 백지상태나 진공상태에서 제기되는 것이 아니라 학자의 가치를 담고 나온다. 이를 그는 가치연관이라고 불렀다. 가치연관은 어떤 학자가 어떤 문제를 제기하느냐 혹은 어떤 자료를 이용하는가 등이 우연이 아님을 의미한다.

그렇다고 가치연관으로 인해 이론에 대한 공정하고 객관적인 논의가 배제된다고 그는 생각하지 않았다. 일단 주어진 문제나 가설에 대해 공정성이나 객관성을 나름대로 확보해야 하고 또한 그렇게 할 수 있다고 주장했다. 이것을 그는 가치연관과 구분해 가치중립성으로 규정했다.

이 점은 베버가 딜다이(W. Dilthey, 1833~1911)나 리케르트(H. Rickert, 1863~1936)와 같이 칸트의 영향을 받아 신칸트주의에 속한다는 사실을 확인시켜 준다. 베버의 이런 입장은 한편으로 토론의 절차에 대해 철저하게 믿고 있는 신고전학파를 뒷받침한다. 그렇지만 다른 한편으로 문제에 대한 논의에 앞서 문제설정이 원초적으로 한계를 지닌다고 주장해 신고전학파와 거리를 갖고 있다.

가치중립은 계급의식이나 이념과 무관한 사회이론을 내세우는 근거가 되어 마르크스에 대립된다. 마르크스가 가치연관을 계급의식과 연결시켜 자본주의 이념으로 발전시켰다면, 베버는 가치연관을 인정하면서도 가치중립을 고수했다. 베버는 마르크스가 내세운 노동자계급의 사회이론에 대립되는 가치중립적인 사회학을 만들어 낸 셈이다. 이는 자본주의의 실체적(substantive) 합리성과 절차적(procedural) 합리성의 구분과 관련된다. 구체적으로 마르크스는 투표, 토론, 시장참여 등 절차적 합리성의 외견에도 불구하고 착취, 불평등, 소외, 물신성 등 실체적 합리성이 결여되어 있다는 점을 들어 자본주의를 비판했다. 이에 비해 베버는 가치중립성을 내세우면서 여전히 절차적 합리성을 중시했다.

주류경제학에 비판적인 스웨덴의 경제학자 미르달뿐만 아니라 오스트리아학파의 하이에크조차 가치연관을 인정한 바 있다. 하이에크는 일생에 걸친 자신의 작업을 회고하면서 처음에는 가치와 무관하게 이론을 제시했다고 자부했으나, 나중에 자신이 특정 가치관에 속박되어 있었음을 깨닫게 되었다고 고백했다.

다만, 미국의 신고전학파는 이런 고민을 거의 갖지 않은 채 가치중립과 토론이나 논문심사 등 절차적 합리성에 극단적으로 집착한다. 마르크스와 베버가 견해의 대립에도 불구하고 모두 지식사회학 분야를 개척했다면, 미국의 신고전학파는 본능적으로 이런 관심을 거부한다.

이와 더불어 베버는 자연과학을 좇아 검증과 반박을 위주로 하는 포퍼나 분석적인 신고전학파에 대립되는 사회과학의 방법으로 이해(das Verstehen)를 강조했다. 이해는 사회학이나 인류학, 그리고 역사학에서 대안적 방법으로 널리 알려져 있다. 역사학파 자체도 이 방법과 친화력을 갖는다.

여러 가지 담론

담론은 여러 가지이다. 극도의 논리적 엄밀성을 요구하는 수학이 한 쪽 끝이라면, 극도의 상상력을 요구하는 미술이 반대의 끝이다. 양자의 중간에 철학, 경제학, 역사, 소설, 음악, 시 등의 순서로 배열할 수 있다. 또한 역사(history; die Geschichte; l'histoire)와 소설(story; die Geschichte; l'histoire)은 상당한 친화력을 가진다. 사학자 강만길은 박경리의 소설 『토지』에 대해 역사학자만이 역사에 공헌하는 것이 아니라고 높게 평가한 적이 있다. 신고전학파, 특히 한국의 신고전학파가 수학적인 담론으로 편향되어 있지만, 케인즈가 설파한 바와 같이 우수한 경제학자는 상상력과 엄밀성을 모두 갖춘 사람이다.

자본주의와 경제학의 성격에 대해 깊게 연구했던 좀바르트는 『세 가지 경제학』(*Die Drei Nationalökonomien*, 1930)을 통해 이해를 경제학의 세 가지 방법 중 하나로 높이 평가했다.[7] 가령, 한국의 하청관계에 대해 연구한다면, 하청기업의 현장에 가서 참여자로 관찰하는 것 등이 이런 방법에 가깝다. 물론 정답이 없다는 것이 이 방법의 강점이자 약점이다.

베버의 거의 모든 연구는 마르크스에 대안이 되는 사회이론을 마련하는 데 초점을 두고 있다. 순수 경제이론에서 뵘바베르크가 부르주아 마르크스라면, 사회이론에서는 베버가 부르주아 마르크스라고 할 수 있다. 이런 이유로 베버는 마르크스와 함께 가장 중요한 사회학자로 평가된다.

특히, 마르크스가 자본주의의 발생에 관해 계급투쟁과 원시적 자본축적이라는 유물론적인 관점을 제시한 데 대해, 베버는 정신적이고 종교적인 요인을 제시했다. 그의 저서 『프로테스탄트 윤리와 자본주의』(*The Protestant Ethic and The Spirit of Capitalism*, 1905)는 그런 목적을 가지고 있었다. 구원받을 가능성을 속세에서의 근면과 절약에 거는 캘빈니즘 등이 자본주의정신을 형성했고, 그것이 자본주의를 만들어 냈다고 그는 주장했다.

7) 좀바르트도 나치에 협력해 파레토와 같이 파시즘에 협조했다는 오명을 쓰고 있다.

역사학파는 역사를 지나치게 강조함으로써 보편적인 이론체계를 구축하지 못했다. 이런 이유로 역사학파는 경제학설사에서 고전학파, 마르크스, 한계효용학파, 그리고 케인즈 등과 동등한 위치에 있지 않다. 같은 이유로 현재 역사학파를 추종하는 별도의 학파가 경제학계에 존재하지 않는다. 이는 마르크스가 당시 독일에 제대로 된 경제학이 존재하지 않는다고 주장했던 것이나, 현재도 독일에 이론경제학의 전통이 확고하지 않다는 평가와 무관하지 않다.

그렇지만 역사학파는 경제사나 역사 일반의 연구에 많은 영향을 미쳤다. 우선 미국의 로스토우(W. W. Rostow, 1916~)는 역사학파와 유사한 경제발전의 단계를 제시했다. 보다 중요하게 비록 경제학계 안에서는 확고한 대안을 제시하지 못했지만 현실적으로 독일과 일본과 같은 후발 자본주의의 경제발전에 역사학파가 이념을 제공했다. 독일의 경우 오이켄(W. Eucken, 1891~1950)의 질서자유주의(Der Ordoliberalismus)나 독일의 사회적 시장경제(die Sozialmarktwirtschaft)에 최근까지 상당한 영향을 미쳤다.

비슷한 맥락에서 한국경제에서 해방 이후 현재까지 지속적으로 등장했던 정부의 경제개입이나 관치경제라는 부인할 수 없는 사실에 대해 역사학파가 성찰을 줄 수도 있다. 특히, 학계나 관계에서 인식하지 못했으나 한국의 제 3 공화국도 중상주의나 역사학파에 근접해 있었다.

나아가서 경제와 윤리의 관계에 대한 고민이나 대안적 자본주의로서 공동체주의를 모색하는 경우 역사학파의 논리가 상당한 의미를 가진다. 물론 온정주의나 부권주의에 대한 적절한 교정이 수반되어야 한다. 이와 함께 역사학파는 경제학설사에서 통상적인 의미에서 경제의 법칙성을 부인함으로써 경제원리와 힘의 관계를 근본적으로 재고하게 만든다.

후발 자본주의경제로서 국가개입이 지속적으로 나타났던 독일에서 이런 사조가 생겨난 것이나, 같은 후발 자본주의로서 일본에서 역사학파에 대한 관심이 드높았던 것은 모두 우연이 아니다. 다만, 한국의 경제학계는 외국이론과 한국현실의 충돌, 그리고 좌우의 다소 피상적인 논란에 휩싸여 이에 대해 관심을 두지 않았다.[8] 한국경제가 이런 관심을 필요로 하지 않기 때문이라기보다 한국의 경

---

8) 70년대 한국의 대학에서는 미국의 미시경제학과 거시경제학을 가르치는 데 골몰했고 학계에서도 역사학파에 대한 연구는 거의 전무했다. 이런 괴리는 "외국에서 공부 많이 한" 학자의 비현실성과 "한국경제를 잘 아는 똑똑한" 관료의 이론부재가 공존하는 상황으로 이어

제학이 한국경제와 동떨어져 있기 때문에 빚어진 현상이다.

이와 관련해 자본주의의 유형을 논의할 필요가 있다. 자본주의 중에서도 영국 및 미국식 자본주의와 독일 및 일본식 자본주의 사이에 여러 제도와 지배구조(governance structure)가 다르다는 인식이 생기게 되었다. 구체적으로 기업의 역할과 기업 사이의 관계, 고용관행, 금융제도, 그리고 궁극적으로는 인간관 등이 양자 사이에 크게 다른 것으로 밝혀졌다.

영미식 자본주의는 신고전학파에서 지시하는 바와 같이 인간이 이기적이라고 상정하고, 기업을 순전히 이윤을 추구하는 조직으로 보며, 기업의 형성도 이익을 추구하는 사람들의 모임으로 규정한다. 또한 기업과 소비자, 그리고 기업 사이의 거래가 단기적인 이익에 따라 성립·갱신·단절된다. 더불어 영미식 자본주의는 은행보다 직접금융 혹은 주식시장에 주로 의존해 자금을 조달한다.

여기서 기업은 처분대상인 재산과 같이 취급되기 때문에 인수합병(M&A)이 빈번하게 일어난다. 이 점에서 영미식 자본주의는 발언(voice)보다 이탈(exit)에 의존한다. 이 개념은 조직에 문제가 생기는 경우 조직에 참여해 그 조직을 개선시키려고 노력하느냐 아니면 조직을 떠나느냐의 구분에 따른 것이다. 예를 들어, 회사의 경영실적이 나쁠 때 주식을 소유한 은행이 그 회사가 좋아지도록 경영에 참여해 여러 가지로 조언하는 것은 발언이고, 그 회사 주식을 팔아버리는 것은 이탈이다.

발언과 이탈

발언과 이탈은 경제학과 정치학을 넘나들며 전 세계를 누비고 다닌 방랑자 경제학자 허쉬만이 제시한 개념이다. 이 구분은 여타 인간관계에도 적용될 수 있다. 보다 일상적인 예로, 부부관계가 나쁠 때 이를 개선하기 위해 대화 등 여러 가지 노력을 기울이는 것은 발언이고, 이혼하는 것은 이탈이다. 경제학 교과서에서는 단기적인 인간관계와 이탈을 강조하지만, 영미식 자본주의경제와 사회에도 여러 가지 지속적인 경제 및 사회관계가 존재하므로 발언의 역할을 무시할 수 없다.

뿐만 아니라 정부의 행정적인 개입을 되도록 배제하고 행정공무원의 재량

졌다. 한국의 학자들은 해방 이후 미국의 경제학을 좇아가기 바쁘며, 한국의 관료들은 현실문제의 단기적이고 부분적인 해결에 매몰되어 있다.

을 억제한다. 반면 규칙이나 법률에 의존해 경제분쟁을 해결한다는 점에서 사법적인 처리와 변호사의 역할을 중시한다.

이와 달리 독일식 자본주의는 역사학파가 강조했던 바와 같이 인간에게 이타적인 면도 있음을 강조한다. 또한 기업이 순전히 이윤을 추구하는 조직이 아니라 지역사회를 배려하는 조직으로 간주된다. 더불어 기업 내에서도 일방적으로 경쟁을 추구하지 않고 상호간에 동등한 능력을 배양시키는 방향으로 움직인다. 가령, 독일에서 고졸 사원에게 대학교육을 시켜주는 조치나 일본의 평생고용제도가 그 예이다. 뿐만 아니라 일본의 하도급제도에서 드러나듯이, 기업들 사이에도 장기적인 거래관계가 형성되어 있다.

나아가 독일식 자본주의는 주로 간접금융 혹은 은행에 의존해 자금을 조달한다. 이로 인해 기업과 은행의 대부관계가 장기적으로 유지되며, 은행의 경영개입이 빈번하다. 이런 것들은 독일식 자본주의가 이탈보다 발언에 의존한다는 것을 말해준다. 또한 정부의 행정적 개입이 많기 때문에 행정공무원의 청렴성이 강조된다. 이런 측면들이 독일경제가 사회적 시장경제로 불린 현실적인 근거이다.

역사학파로 분류할 수 없지만 다루는 주제로 보아 짐멜(G. Simmel, 1858~1918)을 언급할 필요가 있다. 짐멜 역시 대표적인 사회학자인데, 저서 중 『화폐철학』(*Die Philosophie des Geldes*; *The Philosophy of Money*, 1900)은 사회사상이자 경제사상으로 분류될 필요가 있다.

여기서 짐멜은 주관적 가치이론을 추상적이면서 폭넓게 해석해 가치형태와 화폐의 발생을 설명했다. 그는 마치 마르크스의 가치형태 분석에 멩거의 주관적인 가치이론을 결합시켜 이론을 전개한 것처럼 보인다. 특히, 최고로 구체적인 화폐라는 존재를 최고로 추상적인 논리로 설명했다는 점에서 짐멜은 마르크스와 유사하다.[9)]

그의 결론은 화폐가 일방적인 축복도, 일방적인 저주도 아니라는 것이다. 이런 결론으로 미루어 볼 때 그는 마르크스와 멩거 양 극단의 중간 정도에 위치한

9) 이 점에서 대표적인 마르크스주의 철학자인 루카치가 마르크스로 넘어오기 전에 짐멜의 영향 아래 있었음을 주목할 필요가 있다. 『역사와 계급의식』(*Die Geschichte und das Klassenbewußtsein*; *History and Class Consciousness*, 1923)을 저술한 루카치는 헝가리인이지만 독일의 철학적 전통에 의존해 좌파 철학과 미학을 제시함으로써 서구 마르크스주의의 초석을 제공했다. 물론 동구에서는 그의 관념론이나 주관주의에 대한 비판이 제기되었다.

것으로 보인다. 나아가 짐멜의 이론적 작업은 화폐뿐만 아니라 자본주의에 등장하는 모든 구체적인 현실을 무언가에서 도출된 형태로 규정하고 있다.

역시 역사학파로 분류할 수는 없지만 시장경제의 한계 및 제도와 관련해 언급할 사상가가 폴라아니이다. 아리스토텔레스, 마르크스, 그리고 멩거 등으로부터 골고루 영향을 받은 폴라아니는 그레노베터(M. Granovetter) 등에 의해 20세기 중반의 대표적인 경제사회학자로 분류된다.

폴라아니

폴라아니에 의하면 경제는 언제나 실질적으로 자연이나 여타 사회영역 속에 배태되어 있는데, 자본주의경제는 이러한 배태성을 경시하거나 넘어서려는 경향을 내포하고 있다.[10] 자본주의는 토지, 노동, 화폐 등 상품화할 수 없는 것을 상품화하면서 경제가 자연이나 사회에서 완전히 독립되어 자율적으로 존재할 수 있는 것처럼 인식하고 취급한다. 그는 사회 속에서 경제의 수단적 성격을 강조하고 그것의 위험성을 경고했던 아리스토텔레스에게서 이 같은 성찰을 얻고 있다.

이런 맥락에서 폴라아니는 노동, 토지 그리고 화폐 혹은 자본의 상품성이 가상적이라고 주장했다. 토지를 자연의 일부가 아니라 무한한 활용의 대상으로 보는 경향, 노동을 인간의 활동이 아니라 벌거벗은 상품으로 취급하려는 경향, 화폐를 절대시하는 경향이 그런 것이다.

이런 경향이 자본주의경제의 내재적 위험성인데, 이 위험이 극단적으로 허용되면 자본주의는 스스로 붕괴한다고 그는 예언했다. 이런 배태성을 담보하기 위해 요구되는 것이 여러 가지 제도들이다. 보다 특정적으로 화폐에 이러한 주장을 적용하면 상품화폐를 부인하는 결과가 나온다.

이런 생각은 『원시, 고대 및 근대 경제』(*Primitive, Archaic and Modern Economies,* 1968)에 보다 상세하게 제시되어 있다. 그에 의하면 화폐, 교역, 그리고 시장이 서로 다른 제도로서 독립적으로 발생했는데, 시장경제에서는 이들이 겹쳐 나타난다.

그는 교역을 선물교역, 행정적으로 관리된 교역, 그리고 시장교역으로 나누

10) 'embedded'에 대한 정확한 번역은 아마도 "묻혀있는"으로 생각된다. 이미 사회학계 등에서 배태성(胚胎性)으로 번역되어 있어 이것을 사용하나 정확한 번역이 아닌 듯 싶다.

었다. 또한 화폐의 기능을 네 가지로 분류하고, 이들 중 교환수단을 지배적인 기능으로 보지 않았다. 더구나 시장적인 요소들을 여러 가지로 나누어, 시장경제를 가격이 존재하는 상황에 국한시켰다.

그의 해석에 의하면 여러 가지 교역 중 시장교역과 화폐기능 중 교환수단, 그리고 가격이 존재하는 시장경제가 결합되어 자본주의경제를 구성한다. 이 같이 시장경제가 역사적으로 항상 지배적이지 않았으며, 시장과 화폐 및 교역이 공시적이라고 생각하는 것은 시장주의나 경제주의가 낳은 편견이다.

화폐는 불완전하게 통일된 체계이기 때문에 그것의 본질이나 성격을 물을 수 없으며, 단지 그 기능들에 의해 정의될 뿐이다. 우선 지불수단, 가치척도, 가치저장, 교환수단이라는 화폐의 네 가지 기능은 모두 수량화 가능성과 등가성을 전제로 한다. 이 네 가지 화폐기능이 시장경제에서는 하나의 상품이나 물체에 집결되어 마치 상호 불가분인 것처럼 보이지만 언제나 분리될 수 있다고 그는 주장했다.

그의 해석에 따르면 마르크스뿐만 아니라 고전학파도 화폐의 기능들이 상호 불가분의 관계에 있는 것처럼 상정한다. 이와 달리 케인즈는 화폐의 발생을 논의하지 않고 그것의 존재가 주어져 있다고 본다. 사실 화폐를 주어진 것으로 받아들이는 입장은 케인즈뿐만 아니라 후기 케인즈학파에서도 발견된다.

화폐 등의 제도를 강조하고 제도의 발생 자체를 논한다는 점에서 폴라아니는 마르크스나 멩거와 유사한 문제의식을 가지고 있다. 화폐를 언어나 글 등과 비교하는 것도 이런 증거이다. 그러나 그의 입장에서 자본주의경제나 시장경제와 무관하게 존재했던 화폐를 특정적으로 자본주의경제 혹은 인간의 이기심과 연관시켜 설명했던 마르크스나 멩거의 주장은 오류이다. 더구나 그는 이들과 달리 화폐를 시장이나 교역과 분리할 수 있다고 생각했다.

그의 입장에서 이들은 역사를 논리로 바꾸며 사회전체를 경제나 시장으로 환원하는 오류를 안고 있다. 마르크스가 자본주의의 여러 가지 사회관계나 제도들이 일체성이 있는 사회구조를 이룬다고 보았다면, 그는 모든 제도들이 상호 연관되어 있다고 보지 않고 역사적으로나 논리적으로나 분리될 수 있다고 생각했다.

폴라아니는 자본주의의 궁극적인 붕괴를 점치지 않지만, 시장이 여러 가지 구속을 받아야 제대로 기능한다고 본다. 그의 사상은 시장주의뿐만 아니라 경제주의에 대한 반발을 내포하며, 인간의 얼굴을 가진 자본주의, 절제된 자본주의, 친환경적인 자본주의를 대변한다.

이념적으로 자본주의에 대한 극단적인 옹호나 사회주의 미래를 점치지 않아 그는 중도좌파로 분류될 수 있다. 특히, 현대의 세계화 과정에서 고삐 풀린 자본을 통제하는 여러 장치들이 필요하다는 점에서 그는 좌파 케인지언과 친화력을 갖는다. 그렇지만 그는 케인즈나 후기 케인지언보다 훨씬 더 제도를 강조하는 방향으로 경도되어 있다.

그의 주장은 한국경제에 적용될 가능성이 높다. 왜냐하면, 한국경제에는 여러 가지 전근대적인 요소들이 많고 시장경제의 획일적 지배가 이루어지지 않았다고 판단할 수 있기 때문이다. 전근대적인 관습이나 제도와 자본주의의 제도가 공존하거나 모순적으로 결합되어 있는 것이 한국사회와 경제의 현실이다.[11)]

8.2 미국의 제도학파(19세기 말~20세기 중): 제도와 진화

독일의 역사학파보다 나중에 등장했지만, 역사학파와 여러 가지 면에서 비슷한 사조가 미국의 제도학파(Institutionalism)이다. 19세기 말에 등장한 미국의 제도학파는 미국이 아직 세계경제나 세계경제학계에서 주도적인 자리를 차지하기 이전에 미국의 독점자본주의와 한계효용학파에 대한 비판세력으로 등장하였다.

제도학파는 베블렌(Thorstein Veblen, 1857~1929)에서 시작해, 커먼스(John R. Commons, 1862~1945), 미첼(Wesley C. Mitchell, 1874~1948) 등을 거쳐, 현재 갈브레이스(John K. Galbraith, 1908~2006)를 위시해 제도에 관심을 둔 사회과학자들에 의해 계승되고 있다.

그 명칭에서 나타나듯이 베블렌을 위시한 제도학파는 자본주의의 근간으로

---

11) 그의 주장이 옳다면 가령, 한국경제에서 화폐의 기능은 여러 물체나 상품 혹은 자산에 분산되어 있다는 결과가 나온다. 나아가 교환수단 및 가치척도의 기능은 정부의 불환지폐에 의해, 그리고 가치저장은 토지에 의해, 각기 수행된다는 가설이 가능하다. 이럴 경우 분명히 일정량의 화폐공급이 증감했을 때 나타나는 거시적인 효과에도 차이가 있을 것이다.

서 제도를 강조하고 제도의 발생 및 진화를 주제로 삼았다. 또한 이들은 제도를 경시했다는 점을 들어 고전학파, 그리고 특히 한계효용학파를 비판했다. 제도에 대한 경시는 경제학에서 물리학적 유추나 보편성에 대한 자만으로 이어지기 때문에 이런 것들도 제도학파의 비판대상이었다.

제도에 법이나 관습 등이 포함된다는 점에서 역사학파는 제도학파와 통한다. 그러나 역사학파가 자유방임주의에 비판적이면서도 국가자본주의를 내세워 보수성을 지니는 데 비해, 제도학파는 자본주의 전반에 대해 냉소적이거나 비판적이었다. 최근의 논의를 중심으로 제도학파의 생각을 적극적으로 해석하면 다음과 같은 점들이 두드러진다.

우선 제도는 단순히 외형적으로 나타난 것뿐만 아니라 사회구성원에게 내면화된 것을 포함한다. 일반적으로 사유재산, 상속, 계약 등과 관련된 법이나 행정규칙이 경제활동을 규정하는 제도로 인정된다. 그렇지만 제도에는 개인들에게 내면화된 습관, 타성, 규범 등이 포함된다. 이 같이 제도는 한편으로 외형적인 사회구조로 나타나고, 다른 한편으로 사회구성원의 의식이나 행동규범으로 나타난다.

또한 제도에는 법과 같이 공식화된 것도 있고 관습과 같이 비공식적인 것도 있다. 제도의 이런 양면성을 좁혀 보면 법과 윤리의 관계와 유사하다. 나아가서 현대경제학에서 제도는 법규, 행정명령, 관습이나 습관뿐만 아니라 보다 광범위하게 화폐, 시장, 기업, 언어 등을 포괄한다. 이렇게 보면 제도는 인간의 일생생활 속에서 확인되고 재생산되는 반복적인 관행과 인간의 행동을 가능케 하는 모든 규칙을 포함한다.

제도학파는 고전학파와 한계효용학파가 오류에 빠져 있다고 주장한다. 특히, 제도를 오로지 경제주체들을 둘러싼 환경이나 테두리로 보아 시장 밖의 존재로 간주하는 것이 주류경제학의 오류이다. 최근까지 주류경제학은 제도가 시장 밖에 자리잡고 있으며, 시장으로부터 독립적이고, 주어져 있어서 경제학자들이 설명할 필요가 없거나 설명할 수 없다고 생각해 왔다.

그 중에서도 한계효용학파가 공리주의에 의존해 습관과 무관하게 냉정하게 극대화나 극소화하는 인간을 상정하고 시장이 법이나 행정조치와 무관하게 움직인다고 생각한 점을 제도학파는 비판했다. 예를 들어, 한계효용학파와 신고전학파는 특정 재화를 일정 수량 구입하는 소비자의 행위를 과거 자신의 지출이나 타인의 지출과 독립적으로 자신의 예산안에서 효용을 극대화하는 행위로 해석한다. 이에 비해 제도학파는 소비자가 일정한 습관을 가지고 있어 과거 지출에서 크게 벗어나지 못하는 타성을 지니며, 타인의 소비로부터 영향을 받는다고 생각한다.

소비에서 습관이나 타성은 거시경제학에 등장하는 네 가지 소비함수들 중 하나인 듀젠베리(J. Duesenbury, 1918~)의 상대소득가설에 반영되어 있다. 특히, 톱니효과(ratchet effect)나 전시효과(demonstration effect) 등으로 이것이 표현되었다.[12] 상대소득가설에 의하면 특정인의 소비는 자신의 현재 소득뿐만 아니라 과거 소비나 주위 사람들의 소비로부터 영향을 받는다.

톱니효과는 소득이 상승할 때 이에 따라 소비가 상승하지만. 소득이 하락할 때는 소비가 훨씬 느리게 하락하는 지체를 표현한다. 이는 경제주체의 현재 소비가 현재 소득뿐만 아니라 과거 소득이나 소비에 의해 영향을 받는다는 것을 의미한다. 또한 전시효과는 특정인의 소비가 자신의 소득뿐만 아니라 주변에 있거나 자신이 속해 있는 준거집단의 소비로부터 영향받는 것을 나타낸다. 소비의 톱니효과나 전시효과 등은 소비에서 시간적이거나 공간적인 경로의존성(path dependence), 타성 혹은 신분표시 효과를 반영한다.

제도학파는 근대 미국의 철학자 듀이로부터 영향을 받아 습관을 강조하게 되었다.[13] 물론 습관이나 관습이 인간의 행동에 미치는 영향에 대해서는 이미 아리스토텔레스, 베이컨, 오엔 등 다양한 관점의 학자들이 논의했다. 그렇지만 20세기 초엽 미국에서 스키너(B. F. Skinner) 등의 행동주의(behaviorism)가 확산되면서 경제학이나 사회학에서 습관의 역할이 배제되거나 변형되었다. 듀이와 베블렌은 이런 흐름에 반대된다.

둘째, 여러 제도들은 서로 얽혀 있고, 문화권이나 지역마다 다르며, 특정 지

12) 나머지 세 가지 소비함수는 케인즈의 절대소득가설, 프리드만의 항상소득가설, 그리고 안도(A. Ando)와 모딜리아니(F. Modigliani, 1918~)의 평생소득가설이다. 이들 세 가지는 경제학에서 정의한 좁은 의미의 합리성을 전제하는 데 비해, 상대소득가설은 그렇지 않다. 이미 언급한 대로 고전학파, 마르크스, 그리고 칼레츠키 및 칼도어 등은 상대소득가설보다 더 나아가 계층이나 계급에 따라 구분되는 소득과 소비를 설정했다.

13) 분명히 베블렌은 소위 순수경제학보다 사회경제학이나 통합적인 사회과학을 지향했다. 이 때문에 베블렌은 듀이 등과 함께 20세기 초에 새로운 사회과학과 학제간 연구를 목표로 뉴욕에 사회연구대학(New School for Social Research)을 설립했다.

역 내에서도 고정되어 있지 않고 경제와 함께 진화한다. 먼저 경제와 여러 제도들이 상호의존적이고, 여러 제도들 역시 서로 연계되어 있다. 예로써, 일본의 평생고용제도는 직원에 대한 사내교육제도나 연공서열제도와 연계되어 있다.

또한 동일 목적을 위한 제도들이 문화권에 따라 서로 다르다는 것은 제도들이 나름대로 역사나 경로의존성을 가지고 있음을 의미한다. 더불어 경제와 제도가 서로 의존적이고 여러 제도들이 서로 얽혀 있으므로, 이들은 개별적으로 변화하기 힘들다. 더구나 제도의 변동이 사회구조와 구성원의 규범이라는 양 측면에서 나타나 함께 변화한다. 이를 우리는 흔히 공진화(co-evolution)라고 부른다.

경제제도가 문화권에 따라 다르기 때문에 제도에 대한 비교연구가 필요하며, 경제제도가 진화하므로 제도변화에 대한 역사적인 연구가 요구된다. 동태적 연구는 진화개념에 의존하는데, 내적인 습관이나 규범과 외적인 법이나 관습이 상호작용하면서 변동하는 상황을 상정한다. 또한 진화가 다윈 등 생물학에서 활용한 개념이므로 경제학과 생물학, 보다 특정적으로 진화경제학과 진화생물학이 최근의 관심거리가 되었다. 이 점에서 사회의 기억인자(meme)나 일상적인 처리인자(routine)와 생물학의 유전자(gene)의 유사성과 차이점이 주목된다.

가령, 경제계에서 특정 기업의 번성과 동물계에서 특정 종의 증가는 모두 적자생존이나 자연선별로 간주될 수 있다. 좀더 복잡한 예로 화폐사용과 육식의 기원이 동일하다. 화폐는 경제활동의 불확실성에서 비롯되는데, 인간이 고기를 먹게 된 것도 불확실성 때문이라는 것이다.

구체적으로 여러 인간이 모여 사는 사회 속에서 각자는 상대방에 대한 불확실성에 직면하므로 뇌를 많이 사용하게 된다. 뇌를 많이 사용하면서 뇌가 발달하는 대신, 뇌와 위의 "대체"로 인해 위는 축소되지 않을 수 없다. 위가 축소되면서 적은 양으로 빠르게 영양분을 흡수할 수 있는 식량이 요구되었다. 그런데 고기가 이런 요구를 충족시켰다는 것이다.

셋째, 제도는 인간의 행동을 제약할(constraining) 뿐만 아니라 인간의 행동을 가능케(enabling) 한다. 예를 들어, 자동차를 운전하는 데 교통신호는 운전을 제약하는가 아니면 운전을 가능케 하는가? 각 개인의 입장에서 보면 신호체계는 일면 마음대로 운전할 수 없도록 만든다. 그러나 그것 없이 운전 자체가 불가능하다는 점에서 운전을 가능케 한다. 계약법, 상속법 등 각종 제도들도 이런 기능을 지니고 있다.

물론 나쁜 제도(잘못된 교통규칙)는 이런 차원의 제약을 넘어 인간에게 속박을 가하고 불편을 준다. 또한 좋은 제도(좋은 교통규칙)는 이런 차원의 가능성을 넘어서는 활동공간을 부여한다. 그러나 일반적으로 제도는 행위를 제약하면서 동시에 그것을 가능케 한다.

주류경제학은 제도나 규칙을 인간의 행위를 제약하는 존재로만 파악하는 경향이 있다. 우선 주류경제학은 인간이 이기적 본성(human nature)을 가지며 이런 인간의 본성이 지배하는 시장을 자연상태(state of nature)로 규정한다. 인간이 이기적이며, 이것은 시공을 초월하는 보편적 속성이다. 또한 시장에서는 이런 본성이 자유롭게 허용되므로 개인의 행동이 시장에서 빚어내는 전체 결과 역시 자연스럽다.[14] 제도의 개입 없이 빚어지는 결과가 자연스러우므로 제도는 제약이나 장애로 인식된다. 제도가 단순히 인간의 행동을 제약한다고 보는 경향은 제도가 경제를 둘러싼 자연이나 환경과 같다고 보는 경향과 합치된다.

보편성과 특수성

신고전학파를 넘어서 인간의 본성이나 자연상태가 존재하느냐는 사회과학의 보편성과 관련된 고민거리이다. 그렇다고 극단적인 상대주의를 채택해 각 문화권마다 인간성이나 인간이 추구하는 바가 다르다거나 인간이 보편적으로 추구하는 바가 전혀 없다고 말할 수 없다. 보편성이 전혀 없다면 사회과학의 존립 자체를 부인하는 결과가 발생한다.

그러므로 사회과학이 안고 있는 가장 근본적인 과제 중 하나는 상대주의가 제시하는 제국주의나 오리엔탈리즘에 대한 비판을 살리면서 동시에 모종의 보편성을 찾는 것이다. 그것의 지향목표는 아마도 비신고전학파적인 자연주의 경제학이나 사회과학이 될 것이다. 퍼트남이나 쎈이 고민하는 이런 보편성과 특수성의 결합문제는 개인과 구조의 갈등이라는 문제와 함께 사회과학에서 가장 중요하고 어려운 문제이다.

---

14) 베블렌은 주류경제학 전체가 보편적인 인간의 본성을 내세웠다고 생각했다. 그런데 주류경제학 내부에도 차이가 있다. 스미스를 위시한 고전학파는 기업인의 축재를 염두에 두었으며, 종전의 윤리학보다 감성을 강조하면서도 인간의 본성을 이성과 감성의 결합으로 생각했다. 한계효용학파는 이런 논리를 쾌락을 원하는 소비자에 확장시키면서, 감성 쪽을 보다 강화한 것으로 보인다. 그런데 현대 미국의 신고전학파는 이성이든 감성이든 인간의 본성으로부터 실체적 내용을 세척해 냈다. 이런 차이는 인간의 본성뿐만 아니라 시장의 자연상태에도 적용될 수 있을 것이다.

제도학파는 인간의 본성이나 사회의 자연상태를 상정하는 주류경제학의 관점이 허구라고 비판했다. 물론 인간에게 체질화되거나 내면화된 제도도 본능과 같이 자연스럽게, 그리고 자동적이거나 거의 반사적으로 인간의 행동을 자극한다. 한국사회에서 연장자가 모임에 나타나면, 사람들이 반사적으로 자리에서 일어나는 것이 그런 예이다.[15] 그러나 습관이나 규범 혹은 도덕이 내적으로 체질화되어 사고나 성찰의 매개 없이 행동을 이끌어 간다고 해서 이들을 자연이나 본능과 동일시해서는 안 된다. 그러므로 서양에서는 일찍부터 규칙이나 습관을 2차적인 자연 혹은 제 2 의 자연(the second nature)으로 구분했다.

베블렌

제도학파의 학자들을 개별적으로 살펴보자. 먼저 베블렌은 19세기 중반 노르웨이에서 미국으로 이주한 토마스 베블렌의 자식 아홉 명 중 세 번째 아들로 태어났다. 과묵하고 사교성이 적었던 베블렌은 미국 경제학계에서 외톨이로 일생을 지냈다. 대학에서 클라크(J. B. Clark) 교수를 만나면서 그는 자신의 관심을 좁히기 시작했다.

『유한 계급론』(*The Theory of the Leisure Class*, 1899), 『미국의 고등교육』(*The Higher Learning in America*, 1918), 『현대문명에서 과학의 위치』(*The Place of Science in Modern Civilization and other essays*, 1919), 『기술자와 가격체계』(*The Engineers and the Price System*, 1921) 등이 그의 저서와 논문이다.

그는 이런 글들을 통해 미국의 자본주의와 주류경제학을 비판했다. 그의 주요 비판대상은 한계효용학파였지만 고전학파도 한계효용학파의 불완전한 전신으로 간주해 수시로 공격했다. 그는 주류경제학뿐만 아니라 당시 자본주의에 대해서도 대단히 비판적이었으며, 후기에는 대안체제까지 제시했다.

우선 베블렌은 『현대문명에서 과학의 위치』 등에서 제도와 인간의 진화를

15) 성찰이 수반되지 않는 행동을 가능케 한다는 점에서 습관이나 규칙은 다음과 같은 것들과 연결될 수 있다. 전근대적 사회에서 과학적 근거 없이 실용화되어 있는 삶의 지혜, 프리드만이 주장하는 도구적인 이론의 예측, 바이힝거의 "마치…인양"의 비유나 철학(die Alsob Philosophie), 그리고 일상적인 처리인자로서 진화경제학이 강조하는 루틴이나 행동경제학이 강조하는 휴리스틱(heuristic) 등이다.

고려하지 않는다는 점을 들어 주류경제학을 비판했다.[16] 그에 의하면 주류경제학은 분류에 집중해 기존 체계를 자연질서나 정상적인 상태로 설정하고 여기서 나타나는 균형을 논하는 데 초점을 맞추었다. 자연가치, 자연권, 정상가치, 인간의 본성 등이 모두 주류경제학의 이런 측면을 반영한다. 또한 이들은 여기서 벗어나는 것을 모두 교란요인의 탓으로 돌렸다.

그에 의하면 주류경제학은 인류학, 심리학, 생물학 등에서 발전한 논리인 누적적 변화에 의한 진화를 고려하지 않아 과학성을 갖추지 못하고 있다. 또한 그는 이 문제를 초기 경제학에 나타난 경제과정의 경향성, 목적론적 성격, 정령신앙과 같은 성격 등과 연계시켰으며, 인과관계를 무시하는 태도로 규정했다.

이 비판은 주류경제학의 철학적 기반인 공리주의에 대한 비판과 밀접하게 연관되어 있다. 그는 주류경제학에서 인간이 쾌락과 고통을 즉각적으로 계산해 물체와 같이 움직인다고 상정한 것을 지적했다. 인간은 감정을 가진 수동적인 존재이기에 앞서 능동적으로 행동하는 존재이다. 또한 공리주의가 생각하는 것과 같이 인간이 허공에 떠 있는 물체와 같이 움직이는 것이 아니라 과거로부터 전승된 유전자와 누적된 행위로 형성된 습관에 의해 인도된다.

베블렌은 주류경제학을 겨냥하고 있어 독일의 역사학파와 한계효용학파 중 멩거에 대해 우호적이었다. 그러나 역사학파에 대해서도 역사적 사실을 나열할 뿐 발생이나 진화에 대해 설명하지 않았다며 불완전함을 꼬집었다. 또한 멩거가 비록 과정에 대해 논의했으나 경제학 전체가 아니라 가치론이라는 제한된 범위에 머물렀음을 지적해, 역사학파보다 좀더 부정적으로 평가했다.

『유한계급이론』에서 베블렌은 미국의 자본가와 부자들이 벌이는 사치성 소비 혹은 과시용 소비(conspicuous consumption)를 신랄하게 물고늘어졌다. 그의 이런 사회비평은 소위 소비자행동의 비합리성으로 해석되어 신고전학파에 쉽사리 수용되지 못했다. 그는 동승효과(bandwagon effect), 속물효과(snob effect), 톱니효과, 전시효과 등을 지적했는데, 신고전학파에서는 상당기간 동안 이것들을 비합리성이 개입된 예외로 간주해 왔다.

동승효과는 특정 부류나 신분에 소속되어 있음을 보여주기 위해 다른 사람

16) 이와 관련해서는 베블렌의 형이 술회한 바와 같이 베블렌이 유년기에 동식물에 대단한 관심을 보였다는 점을 주목할 필요가 있다.

의 소비를 모방하는 것을 의미한다. 속물효과는 그와 반대로 범인들과 같은 지위나 신분에 소속해 있지 않음을 보여주기 위해 타인과 다른 유형의 소비를 택하는 경우이다. 두 가지 모두 자신의 기호나 소득의 제약과 무관하게 이루어지는 소비이다. 이는 소비가 단순히 욕구충족이 아니라 신분을 재생산하거나 표시하는 기호로 작동한다는 것을 의미한다.

이 논리에 따르면 소비자는 합리적 계산의 주체라기보다 기업의 판매전략에 농락당하는 나약한 존재에 불과하다. 같은 논리에 따라 기업의 선전이나 광고는 신고전학파의 생각처럼 제품에 대한 정보를 제공한다기보다 소비자의 기호를 일깨우거나 세뇌를 통해 기호를 창출한다. 이런 입장에 서면 주류경제학이 강조하는 소비자주권은 당연히 반박된다. 소비에 대한 베블렌의 생각을 부각시키기 위해 이에 대한 여러 관점들을 비교해 보자.

우선 고전학파에서 소비는 신분유지보다 생계유지를 목표로 한다. 임금생계비이론이 이 점을 반영한다. 이에 비해 공리주의에 바탕을 둔 신고전학파는 소비가 경제활동의 궁극적 목표라고 생각한다. 이 입장에서 재화는 쾌락이나 주관적 만족을 위해 소비된다. 커다란 코카콜라 통을 입에 물고 다니는 미국인에서 연상되듯이 이 입장은 소비지상주의와 친화력을 갖는다.

이에 비해 마르크스는 초기에 소비양식의 변동에 상당한 관심을 가지고 이를 생산양식의 변동과 연결해 설명함으로써, 베블렌과 친화력을 가지고 있다. 그러나 후기에는 자본주의의 소비에 초점을 맞추면서 소비를 노동자의 생계와 연결시켰다. 이 지점에 이르면 마르크스는 고전학파에 보다 가까워진다. 물론 후기에 들어서도 마르크스는 고전학파보다 다면적이어서, 노동자의 생계유지를 노동력의 재생산으로 해석하고, 노동력 재생산을 자본재생산의 일부로 간주하였다.

환경주의자들은 자연을 완전히 인간의 전유물로 만들면서까지 소비를 증대시키는 것이 옳지 못함을 지적한다. 그리고 아리스토텔레스에서 칸트를 거쳐 롤즈 및 쎈 등에 이르는 대부분의 철학자와 일부 경제학자들은 소비가 그 자체로 목표일 수 없다고 생각한다. 이들에게는 돈뿐만 아니라 재화도 덕성스럽거나 행복한 삶, 자유의 획득, 자아실현 등 보다 상위의 목표를 위한 수단에 불과하다. 특히, 재화는 이런 상위의 목표를 위해 요구되는 여러 기능들을 제공해 인간이 원하는 행위를 가능케 해 주는 수단이다.

자동차를 예로 들면, 고전학파에서 자가용 승용차는 생계유지와 이를 위한 출퇴근에 필요하다. 신고전학파에서는 자동차를 타면 즐겁기 때문에 자동차를 구입한다. 마르크스에서는 자동차 타기가 자본주의 생산양식 혹은 생활양식에 합당하며, 착취당하기 위해 요구되고, 자동차 회사의 이윤추구에 부응한다. 다수의 철학자에게 자동차는 자유를 얻고 여행 등 자기가 하고 싶은 행위를 수행하기 위한 수단이다. 이들 모두와 비교해, 베블렌에서 자동차는 자동차 회사의 선전에 세뇌되어 구입되고 사용되며 소유자의 신분을 표현하는 방식이다.

여기서 가치이론의 원초적인 문제인 다이아몬드와 물의 역설로 되돌아가, 베블렌이 어떻게 설명할지 추론해 보자. 다이아몬드나 밍크 외투가 비싼 것은 그것이 신분을 표시하고 신분을 재생산하기 때문이다. 이 입장에서 다이아몬드의 교환가치가 사용가치와 괴리되는 것은 당연하다. 나아가서 소위 "사치품"이라는 규정이 상품 자체의 내재적 속성과 무관하게 특정 사회의 문화 및 권력관계로 규정된다. 이는 노동가치이론을 통한 고전학파 및 (부분적으로) 마르크스의 설명이나 주관적 효용이나 수요·공급에 의존한 한계효용학파 및 신고전학파의 설명이 포착하지 못하는 부분이다.

베블렌의 논의를 검토하면서 과연 인간의 욕망 및 재화와 관련해 생존이나 생계유지와 사치가 엄격하게 구분될 수 있는지, 또한 그런 구분이 의미 있는지 의문이 생긴다.

고전학파와 롤즈 및 센, 그리고 부분적으로 마르크스는 필수품, 편의품, 사치품 혹은 1차재와 2차재를 엄밀하게 구분했다. 이 입장에서는 인간의 생존, 생계, 혹은 생활을 위해 요구되는 재화나 서비스를 영양, 보건, 교육 등으로 나누어 객관적으로 규정할 수 있다고 본다.

이에 비해 공리주의나 베블렌 등은 각기 다른 이유이지만 이런 구분을 거부한다. 공리주의는 모든 욕망과 재화들이 무차별적으로 취급된다는 의미에서, 베블렌은 욕망이나 재화가 철저하게 사회의 소산이라고 생각해, 각기 이와 같이 주장한다.

순수경제가 아니라 제도나 경제와 정치·사회의 관계에 관심을 두었고, 주류경제학과 자본주의에 비판적이었기 때문에, 적어도 미국에서는 베블렌을 경제학자라기보다 사회학자로 분류하는 경향이 강하다. 코저(L. Coser, 1913~2003)가 지은 사회학 교과서에 베블렌은 꽁트, 스펜서, 마르크스, 뒤르껭, 베버 등과 함께 대표적인 사회학자의 반열에 올라 있다.

이런 평가는 미국 신고전학파의 수장인 새뮤엘슨이 갈브레이스를 경제학자가 아니라 사회학자로 간주했다는 전언을 통해 재확인된다. 같은 이유로 베블렌은 마르크스와 함께 현대의 프랑스 학자 보들리야르(J. Baudrillard, 1929~)나 부르디외(P. Bourdieu, 1930~2002) 등에 큰 영향을 주었다.[17)]

베블렌의 『기술자와 가격체계』

후기에 들어 베블렌은 소비가 아니라 생산이나 기업의 차원에서 자본주의를 비판했다. 그는 『기술자와 가격체계』를 통해 금전적 유인과 산업적이거나 공학적인 유인 사이의 갈등이 자본주의에 존재한다는 점을 지적했다. 나아가서 그는 이런 갈등을 이윤추구를 위한 생산과 실물위주의 생산, 개인적 욕구와 사회적 욕구, 기업가 개인의 이익과 사회전체 이익 등의 갈등으로 발전시켰다.

우선 기업의 소유자가 아니면서 재무 및 금융 등의 문제로 인해 기업의 자금을 운영하는 자금관리인과 직접 생산을 담당하는 기술자 사이에 갈등이 발생할 가능성이 있다. 산업혁명 초기에는 이 구분이 별로 중요치 않았으나 기술발전과 산업연관이 심화되면서 양자의 차이를 더 이상 무시할 수 없는 상황이 생겨났다.

자금관리인은 가격체계에 부응해 가격, 비용, 이윤 등을 목표로 생산을 진행시키고, 기술자는 실물생산의 효율성을 목표로 삼는다. 자본주의가 가격체계에 의존하므로, 자금관리인은 이에 부응하는 보수세력이고 기술자는 이와 달리 혁신의 잠재력을 가진 세력이다. 그에 의하면 소유권을 가지고 있으면서도 관리하거나 활동하지 않는 부재자 소유계층의 기득권에 봉사하는 것이 자금관리인이다.

자금관리인이 순전히 기업의 상업적 이윤을 목표로 삼는 이유는 산업생산이 충분히 발전하고 각 부문이 상호 연관되어 복잡해진 상황을 알지 못하기 때문이다. 이로 인해 조정의 결핍이나 충돌이 발생해 자금관리인이 경제에 존재하는 생산력을 최대로 활용하지 못하거나 사회적 필요에 부응하지 못하게 된다. 따라서 자금관리인은 낭비를 초래해 사회의 물질적 복지를 달성하지 못한다.

좀더 구체적으로 베블렌은 이윤과 가격유지를 위한 의도적 감산과 조정실패로 인한 물적/인적 자원의 유휴상태, 광고 및 소매상 등장 등 판매비용의 증가와 이로

17) 보들리야르는 『기호의 정치경제학』(*Pour une Critique de L'Économie Politique du Signe*, 1972)이나 『생산의 거울』(*Le Miroir de la Production*, 1973) 등으로 우리에게 알려져 있다. 보들리야르는 실체나 자연성 혹은 보편성을 부정하고 다양한 형태들의 공존과 상대적인 문화만을 인정하면서 소비재들을 기호로 해석했다. 마르크스와 베블렌으로부터 영향을 받은 사회학자 부르디유는 『구분짓기』(*La Distinction*, 1979) 등으로 유명하다. 보들리야르와 부르디유 등 다수의 프랑스 학자들은 문화가 권력과 불가분의 관계에 있다고 보면서, 이에 근거해 경제, 정치, 문화를 엮는 사회이론을 제시했다.

인한 사회적 자원의 낭비, 불필요하거나 부적합한 재화의 생산, 그리고 각종 경제의 교란이나 중복투자 등을 당시 자본주의의 문제점으로 지적했다. 이 중에서도 그는 판매비용의 증가를 가장 심각하게 생각했다.

그의 견해로는 관리인이나 경영인에 반해 기술자가 복잡한 산업생산의 전문가이며, 상업적 이익에 의해 좌우되지 않으므로 유일하게 사회적 복지에 기여할 수 있다. 그가 생산요소를 세 가지로 나누는 전통적 구분에 대해 반대하면서 기술발전을 중시한 것은 이와 맥락을 같이 한다. 그런데 대기업에서는 경영인이 기술자를 지휘하기 때문에 물질적으로 최대의 복지를 달성할 수 없다.

이 입장에서는 기술자만이 사회의 물질적 풍요를 책임질 수 있다. 그는 기술자들이 연대를 결성하고, 태업이나 총파업 등 기존의 점진적 방법을 통해 부재 소유자와 경영인을 무력화함으로써, 사회의 물질적 요구에 부응하는 생산체제를 건설하자고 주창했다. 태업은 이윤유지와 가격제고를 위해 경영인들도 이미 활용하는 방법인데, 산업의 상호의존이 심화된 상황에서 기술자들의 조직적인 태업이 체제전체를 마비시킬 수 있다.

종래의 혁명이 무력에 의존한 정치적 혁명이라면, 기술자에 의한 혁명은 산업적 혁명이다. 이를 위해서는 각 공장에 흩어져 있는 기술자들이 결집할 뿐만 아니라 기술자에 대한 노동자와 일반 서민의 이해도 구해야 한다. 그는 많은 시간이 드는 점진적 방법을 통해 이 일이 가능하다고 생각했다.

베블렌은 자본주의에 대해 마르크스에 버금가는 비판과 개혁을 제시했다. 또한 그는 화폐나 이윤에 의해 움직이는 자본주의경제와 사회적 필요에 부응하는 경제를 현실과 이상으로 대립시켰다. 이 같이 교환가치와 사용가치의 이원구조를 상정했다는 점에서도 그는 마르크스와 유사하다. 그러나 다음과 같은 점에서 마르크스와 차이를 보인다.

우선 베블렌은 자본가와 노동자의 대립이 아니라 경영자와 기술자의 대립을 사회의 핵심적인 갈등으로 상정했다. 또한 이에 따라 노동자가 아닌 기술자에게 사회변혁의 역할을 부여했다. 더불어 그는 변혁의 목표를 사회전체가 아니라 물질적 복지라는 좁은 의미의 경제영역에 국한시켰다.

그리고 그는 혁명주의가 아니라 점진주의를 주장했고, 사회주의 경제체제가 아니라 기술자에 의한 일종의 관리경제를 주장했다. 특히, 기술자의 역할에 대한 강조는 그가 생산을 교환이나 상업 등과 완전히 분리시켜 기술적인 과정으로 본 것과 연결되어 있다. 생산과정을 사회경제적으로 본 사람은 거의 마르크스뿐이라는 주장이 여기서도 유효하다.

마르크스와 무관하게 베블렌에게 실물생산이나 사회적 필요를 어떻게 규정하느냐는 문제는 남는다. 또한 21세기로 접어든 현실에서 경영인이 기술자에게 밀려나는 것이 아니라 그 반대이며, 심지어 경영인이 기술자를 겸하는 방향으로 나아가고 있음을 대비시킬 필요가 있다.

베블렌의 『미국의 고등교육』

『미국의 고등교육』(*The Higher Learning in America*, 1918)에서 베블렌은 당시 미국 대학에 기업이나 상업주의가 진입하면서 나타난 상황을 비판했다. 대학 및 고등교육과 관련해서도 그는 금전추구 성향과 이와 구분되는 가치를 대비시켰다. 그러나 경제나 사회 자체에 대한 비판에서와 달리 여기서는 금전적 유인에 대해 산업적이거나 실용적 유인이 아니라 대학 고유의 가치가 맞선다. 그는 대학 고유의 가치를 실용성이나 공리주의와 무관하게 전문지식이나 객관적 지식 그 자체를 추구하는 한가로운 호기심으로 규정했다. 그리고 대학은 이런 지식추구가 허용된 유일한 기관이다.

그에 의하면 기업의 가치나 금전추구를 위주로 하는 생활습관이 사회에 확산되면서 대학에까지 침투한다. 신에 대한 경배가 돈에 대한 경배로 바뀐 것이다. 사업가 기질을 갖춘 학자나 과학자는 신앙심이 돈독한 과학자만큼 드물고 하얀 까마귀와 같이 희귀하다. 그러므로 대학에 상업주의가 침투하면서 다음과 같은 현상들이 발생한다.

우선 학자들의 지식추구를 평가할 능력이 없는 기업인이 이사회에 선임된다. 이사회가 이류 학자들 중에서 대학총장을 선임한다. 총장선임에 졸업생들이 영향력을 행사한다. 일단 임명되면 총장이 독재적 권력을 갖는다. 독립성이 강한 교수들의 사회에서 총장이 자신의 일을 추진하기 위해 음성적이지만 복종적인 파당을 거느린다.

또한 기금이나 학생수의 증대를 목표로 삼으면서 유한계급의 자녀를 수용하기 위해 대학이 배움을 일종의 여가활동으로 만든다. 이로 인해 대학 안에 학부 및 직업학교가 등장하고 운동부 등 학문 외적 존재가 늘어난다. 뿐만 아니라 대학선전을 앞세우는 총장 등이 표준화와 통계화 등을 진행시키면서, 학생들이 학점 따기에 열중하고, 학문이 토막 난 작업으로 간주된다. 베블렌에 의하면 이 모든 것들은 학문에 대한 불임행위이다.

학문분야들 사이의 세력다툼과 관련해, 경영학이 개인의 물질적이거나 금전적 이익을 추구하도록 훈련하는 것이나 신학이 개인의 정신적 편익을 추구하도록 훈련하는 것은 지식이 아니라 개인의 실용적 가치를 추구한다는 점에서 동일하다. 다만, 신학이 옛 질서의 잔재라면, 경영학은 새로운 질서에 기반을 두고 있다. 양자는 모두 지식 그 자체를 목적으로 하는 대학정신에서 벗어난다. 또한 이 점에서 경영학과에서 길러내는 기업가들은 법과대학이 길러내는 변호사들과 마찬가지이다.

결론적으로, 기업의 논리에 의한 대학의 불임행위를 봉쇄하기 위한 정책으로 베블렌은 대안학교를 주장하기보다 대학의 이사회와 총장직을 없앨 것을 주장했다. 어떻든 당시 미국 대학의 실정과 현재 한국 대학의 실정이 착잡할 정도로 유사하다.

제도학파의 또 다른 학자 커먼스는 『자본주의의 법적 기초』(*Legal Foundations of Capitalism*, 1924)를 통해 교환 등 자본주의 경제활동의 법적 기반을 분석했다. 또한 그는 『제도주의 경제학』(*Institutional Economics*, 1934)을 통해 제도학파를 소개했다.

그는 경제활동의 핵심을 인간과 상품이나 노동 사이의 관계가 아니라 인간 사이의 관계라고 주장하면서, 인간관계를 관습이나 법에 의해 규정했다. 또한 그는 고전학파와 한계효용학파가 전자에 집착하면서 인간과 자연의 관계에 초점을 맞추었다고 비판했다. 이들 학파가 각기 중점을 두었던 생산이나 소비는 공장경제학이나 가정경제학의 대상이라고 주장했다.

그에 의하면 경제활동의 핵심은 상품이나 개인이 아니라 거래(transaction)라는 사회관계이므로 거래가 경제학의 기본단위가 되어야 한다. 거래는 상품매매와 관련된 협상거래, 고용 및 사용과 관련된 경영상 거래, 그리고 정부와 개인의 관계로 규정되는 배급거래로 나뉜다. 또한 경제학이 거래의 경제적, 법적, 윤리적 측면 모두를 포괄해야 한다. 이 중에서도 법적 측면을 부각시키면서 합당한 가치나 적절한 법적 절차 등이 가지는 경제적 의미를 그는 강조했다.

사회관계나 인간관계에 중점을 두었다는 점에서 커먼스는 일견 마르크스와 유사하다. 그러나 그는 다른 제도학파 경제학자보다 법적 측면을 훨씬 더 강조해, 법의 유물적 성격을 주장하는 마르크스와 차이를 보인다. 사회관계를 거래로 설정하면서 경제의 여타 측면, 특히 생산을 경시한다는 것도 차이점이다.

이어 등장한 미첼은 한편으로 제도에 대한 베블렌의 강조나 법적인 측면에 대한 커먼스의 관심에 동조했다. 그러면서도 그는 다른 한편으로 객관적 경제분석을 주장하면서 제도학파의 원류에서 다소 벗어나 통계자료를 이용한 경기변동분석에 몰두했다. 통계분석을 위해 그는 1920년에 현재 미국의 대표적인 현실경제 연구기관인 국립경제연구소(National Bureau of Economic Research)를 설립했다.

이 같이 그는 제도적인 측면과 통계적인 측면이 현실적으로 상호 모순 없이 연결될 수 있다고 생각했다.

그에게서 공리주의 비판은 주관적 요인으로부터 객관적인 자료로의 이행을 의미했고, 제도의 존재는 행위의 반복성이나 규칙성으로 해석되었다. 가령, 화폐가 경제이론에서 중요하다는 그의 주장은 제도로서 화폐가 중요하다는 생각과 연결되었다기보다 화폐의 존재로 인해 모든 경제변수들이 수량화되어 객관적으로 분석될 수 있다는 입장으로 발전했다.

이렇게 해석하면서 그는 관찰된 통계자료에 대한 분석이 제도학파의 원래 입장에 부합된다고 생각했다. 그러나 이 두 가지 흐름은 질적인 분석과 양적인 분석, 진화에 대한 관심과 행동주의 심리학에 대한 강조 등으로 상호 결합되기 힘든 것으로 보인다.

다 윈

제도학파가 진화를 강조하므로 생물학자 다윈(C. Darwin, 1809~1882)을 언급하지 않을 수 없다. 다윈은 『종의 기원』(*The Origin of Species*, 1859)에서 자연선별(natural selection), 적자생존(the survival of the fittest) 등의 개념을 통해 생태계의 진화를 설명했다. 목장의 말이나 정원의 나무같이 인간이 자신에게 유용한 동식물을 선발하고 변형시키는 것이 인공선별(artificial selection)이다. 이에 대해 자연선별은 인간의 힘이 미치지 않는 자연 속에서 스스로 이와 비슷한 선택이 이루어진다는 의미를 갖는다.

성경이나 다윈이나 모두 인간 및 동식물이 이미 환경에 적응되어 있다는 점(adaptedness)을 인정한다. 그러나 성경에서는 이를 하나님의 창조(creation)로 보아 논리적인 설명을 배제하는 데 비해, 다윈은 이를 자연 속의 진화가 이루어진 결과라고 본다. 이것이 창조론과 진화론의 대립이다. 이 지점에서 아리스토텔레스와 아퀴나스가 끼어 들 수 있을 것이다. 또한 진화를 믿는 하이에크가 무신론자라는 것이 이해된다. 물론 점진적인 누적을 강조한다는 점에서 진화는 단절적인 변화(punctuated equilibrium)나 혁명과도 구분된다.

신고전학파도 진화를 부정하지는 않으나 합리성이나 시장을 정당화하려는 협소한 목적으로 진화를 용인한다. 구체적으로 앨시언(A. Alchian, 1914~)이나 허쉬라이퍼(J. Hirshleifer) 등은 합리성이나 적정성을 방어하기 위해 시장에서 경쟁을 통해 생존하고 소멸하는 것을 자연선별로 규정했다. 이렇게 함으로써 합리적인 인간이나 기업만이 시장에서 살아남는다고 주장했다. 나아가 이는 경제주체들이 실제로 합리적이 아니더라도 합리적이라고 가정하는 것이 예측능력을 갖는다는 프리드만의 논리를 낳는다.

이 점에서는 게임이론에 의존하는 신고전학파도 마찬가지라고 생각된다. 이렇게 신고전학파는 하나님이나 진화적인 과정을 합리성이나 시장으로 대체했다. 여기서 우리는 자연상태로서의 시장과 시장의 신화를 함께 발견하게 된다.

갈브레이스

현대에 들어 제도학파는 『풍요한 사회』(*The Affluent Society*, 1958)의 저자인 갈브레이스에 의해 대표되었으며, 주로 학술지 *Journal of Economic Issues*를 통해 승계되었다. 그런데 경제제도에 대한 관심이 제도학파에 국한되어 나타났거나 심지어 제도학파에서 처음으로 나타난 것은 아니다. 제도학파의 등장은 여러 갈래로 나타난 제도에 대한 관심 중 하나로 판정되어야 한다.

일찍이 스미스는 제도의 발생이나 변화에 대해 커다란 관심을 기울였으며, 인간행동의 의도되지 않은 결과라는 개념을 제공해 제도의 발생과 진화에 대한 오스트리아학파의 시각에 효시가 되었다. 뿐만 아니라 역사학파도 제도에 대해 상당한 관심을 가지고 있었다. 더구나 이들 모두보다 마르크스에게서 제도에 대한 관심이 체계적으로 나타났다.

이와 대조적으로 신고전학파는 상당기간 동안 제도에 대해 커다란 관심을 보이지 않았다. 그렇지만 미국과 독일 및 일본 기업의 경쟁력 비교, 자본주의 유형의 차이, 동구경제 등의 이행, 게임이론의 활용가능성 등이 겹쳐 최근 신고전학파도 제한된 의미에서 제도에 대한 논의에 참여하고 있다.

따라서 현재 제도에 대한 연구는 다양한 이념을 가진 경제학자들이 다양한 방식으로 접근하는 인기분야이다. 여기에다 이미 제도에 대해 지속적인 관심을 가지고 있던 사회학자와 기업의 지배구조를 연구하는 경영학자가 가담해 제도는 학제를 넘어 많은 사람들의 관심을 끌고 있다.

이 중 신고전학파에 가까운 부류가 신제도학파(New Institutionalism)이다.

이 학파는 베블렌과 달리 신고전학파에 친화적인 방법론적 개체주의에 의존해 제도의 존재와 변화를 설명한다. 신제도학파는 노벨상 수상자인 코오즈(R. L. Coase, 1910~)로부터 시작해 윌리엄슨(O. E. Williamson)으로 이어지는데, 거래비용(transaction cost)으로 기업이나 화폐 등을 설명했다.

코오즈는 신고전학파 전통에서 주어진 것으로 받아들이던 기업에 대해 "시장이라는 바다에 왜 기업이라는 섬이 생기는가?"라는 질문을 던졌다. 그는 자신의 의문이 자본주의와 사회주의의 공존에서 자극받은 것임을 노벨상 수상연설에서 털어놓았다. 그에 의하면 시장에서 물건을 구입하는 데 정보가 부족해 탐색비용이나 구입비용이 소요되기 때문에 기업이 발생한다. 이런 거래비용이 높을 경우 기업은 시장에서 구입하기보다 자체 내에서 생산하게 된다. 이럴 경우 기업이 생겨나며, 반대의 경우 기존 기업이 사라진다.

당연히 이 논리는 기업의 존재나 생성 그리고 소멸뿐만 아니라 기업의 크기나 합병 및 분할, 모기업과 계열기업의 관계 등을 설명하는 데 활용되고 있다. 이 논리는 윌리엄슨에 의해 시장과 위계의 대립으로 개념화되었다. 연장선상에서 화폐도 거래에 따른 여러 가지 비용을 줄여주는 존재로 규정된다.

이에 비해 비판적인 호지슨 등은 베블렌이나 폴라아니 등을 보다 적극적으로 이어받는다. 호지슨은 제도의 존재와 발생이라는 구 제도학파와 신 제도학파의 강점을 보완적으로 해석해, 구조와 개인 혹은 행위의 대립 및 갈등을 극복하려고 노력했다. 그는 습관이나 규칙과 제도가 상호작용하고 상호 강화시키는 재생산관계에 있다고 보았다.

이 관점에서 개인과 제도는 상호 엇물려, 각기 재생산되고 발전하는 공진화 과정을 거치게 된다고 그는 주장했다. 이 논리에는 개인의 행위에 대한 보다 심리학적인 설명이 보완될 필요가 있다. 특히, 개인의 학습은 단순히 보다 많은 정보의 흡수가 아니라 새로운 인지, 계산, 그리고 평가수단의 개발을 의미한다.

제 9 장

케인즈(John Maynard Keynes, 1883~1946): 수정자본주의

케인즈

존 메이나드 케인즈(John Maynard Keynes)는 영국의 엘리트 교육이 낳은 천재형의 경제학자로서 마르크스가 죽은 해에 태어났다. 그는 기존 이론에 정통하기보다 현실문제에 충실하며 이에 대해 독창적인 견해를 제시하는 유형의 학자였다. 케인즈를 대하면 리카도를 대할 때와 마찬가지로 경제학이 사회과학이면서도 고유한 문제를 독특한 방식으로 다룬다는 느낌을 받게 된다.

케인즈는 확률이론이나 윤리학에도 조예가 깊어 순전히 경제학자로 한정할 수 없는 폭넓은 지식인이었다. 더구나 그는 단순히 상아탑 속의 학자로 규정하기에는 너무나도 다채로운 삶을 살았다. 채용시험에서 예외적으로 1등을 놓쳤지만 인도 동인도 회사에서 근무한 공무원, 제 1 차 세계대전 전후 부채협상에 끼어 든 자, 1911년에 생긴 학술지 *Economic Journal*의 편집장, 여러 분야의 지식인들을 불러 모으는 재사, 동성연애자, 러시아의 무희와 사랑에 빠져 결혼함으로써 영국 귀족들의 비난을 받은 자 등 다양한 측면을 지니고 있었다.[1] 그럼에도 불구하고 우리가 일차적으로 관

1) 케인지언 성장모형을 만들어 낸 해로드(R. Harrod, 1900~1978)가 케인즈의 전기를 처음 펴냈는데, 최근에는 스키델스키(R. Skidelsky)가 다시 전기를 써 냈다. 전자에는 케인즈의 사생활이 크게 부각되지 않았으나, 후자에는 케인즈가 동성연애자였다는 사실이 공개되어 있다.

심을 두는 것은 그의 경제이론이다.

케인즈는 역시 경제학자였던 아버지 존 네빌 케인즈(John Neville Keynes, 1852~1949)에게서 태어났다. 그의 아버지는 방법론과 관련된 『경제학의 범위와 방법』(*The Scope and Method of Political Economy*, 1891)을 저술했으나 그 내용이 평이했고, 이론적인 차원에서도 아들만큼 중요한 업적을 남기지는 못했다.

아들 케인즈는 명문 이튼스쿨을 거쳐 캠브리지 대학의 킹스 칼리지에서 수학했다. 캠브리지 대학에서 그는 무어(G. E. Moore, 1873~1958)의 윤리학 강의(*Principia Ethica,* 1903)를 통해 공리주의에 대해 비판적 태도를 간직하게 되었다. 경제학은 선배인 피구(A. C. Pigou, 1877~1959)와 함께 신고전학파의 시조인 마샬에게 사사했다.

성년이 되어 케인즈는 소설가 울프(V. Woolf, 1882~1941) 등이 참여했던 지식인 사교집단 블룸즈베리 그룹(Bloomsbury Group)을 만들어 지적인 교류와 유희를 즐겼던 것으로 알려져 있다. 특히, 철학자나 수학자와 경제학자 사이에 지적인 교류가 활발했다.

이런 교류를 중심으로 케인즈 주위를 맴돌던 주요 인물로는 밀에게서 세례를 받았고 수학이 없었다면 자살했을지도 모르는 수학자 겸 분석철학자 러쎌(B. Russell, 1872~1970), 오스트리아인으로서 러쎌이 불러들인 20세기 최고의 철학자 비트겐쉬타인(L. v. Wittgenstein, 1889~1951), 요절한 천재 수학자 람지(F. Ramsey, 1903~1930) 등이 있다. 이탈리아 출신으로 그람시(A. Gramsci, 1891~1937)와 친분이 있지만 마르크스주의자가 아니라 리카도주의였던 수재 경제학자 스라파(P. Sraffa, 1898~1983)도 지적 교류에 참여했다.

당시 상황을 기술한 코오츠(J. Coates)에 의하면, 철학자들이 철학문제와 관련해 경제학자들이 던지는 공격에 처해 "꼼짝 못하고 가지를 잘리는 나무"와 같았다. 더구나 철학자 비트겐쉬타인은 경제학자 스라파로부터 결정적인 지적 전환의 계기를 얻었다. 초기의 비트켄쉬타인은 수학 등 인공언어와 그것의 엄밀성을 강조하는 러쎌의 입장에 동조했는데, 스라파의 지적을 계기로 이런 입장으로부터 벗어나 자연언어가 가지는 모호성과 문맥을 존중하는 입장에 이르렀다. 그러면서도 경제학자 스라파는 마샬이나 하이에크를 간간이 비판해 리카도를 복원하는 독자적인 이론체계를 구축해 나가고 있었다.

비트겐쉬타인과 스라파

은둔과 특이함으로 점철된 삶을 살았던 비트겐쉬타인은 제 1 차 세계대전에 참전해 자신의 생각을 하나씩 적어 자루에 모아두었다가 나중에 러셀에게 보내자, 러셀이 그를 영국으로 불러들였다. 그의 철학사상은 『논리철학논고』(*Tractatus Logico-Philosophicus*, 1961)로 대표되는 전기와 사후에 출간된 『철학적 탐구』(*Philosophical Investigations*, 1963)로 대표되는 후기로 나뉘는데, 양자 사이에 큰 차이가 있다. 전자는 주로 러셀과 같이 수학이라는 인공언어에 의존하는 분석철학이나 원자론적인 전통에 속한다. 이에 비해 후자는 여기에서 벗어나 자연언어를 강조하면서 게임의 문맥을 강조하는 입장을 취한다. 경제학자 스라파가 경멸을 표시하는 이탈리아인의 손짓을 어떻게 원자로 분해할 수 있는지 질문을 던진 것이 계기가 되어 비트겐쉬타인이 생각을 바꾸었다. 나중에 스라파는 자신의 완성작인 『상품에 의한 상품의 생산』을 통해 신고전학파의 한계생산성이론을 비판했다. 신고전학파가 분석철학과 친화력을 가진다는 점에서 스라파가 비트겐쉬타인에게 던진 질문은 우연이 아니었다. 부연하면, 비트겐쉬타인이 초등학교 시절 히틀러를 만났는가는 또다른 이야기 거리이다.

케인즈는 자신의 이론을 발전시키고 전파하는 데 해로드(R. Harrod, 1900~1978), 로빈슨(Joan Violet Robinson, 1903~1983), 로빈슨의 남편(E. A. G. Robinson, 1897~1994), 칸(R. Kahn, 1905~1989), 칼도어(N. Kaldor, 1908~1986), 미드(J. Meade, 1907~) 등의 도움을 받았다.

캠브리지 대학과 달리 보수적이던 신설 런던 정경대학(London School of Economics and Political Science)에는 마침 경제학과장 로빈스(L. Robbins, 1898~1984)의 초청으로 하이에크가 와 있었다. 하이에크는 케인즈를 전면적으로 비판했다. 오스트리아학파의 계승자로서 자유주의자였던 하이에크는 정부개입에 긍정적인 케인즈에 대해 중도좌파적인 입장, 이론적 결함, 그리고 경제이론에 대한 무지를 꼬집었다.

케인즈를 경제학의 역사에서 뺄 수 없는 사람으로 만든 책이 『고용, 이자 화폐에 관한 일반이론』(*The General Theory of Employment, Interest and Money*, 1936) 혹은 약칭으로 『일반이론』(*The General Theory*)이다. 케인즈는 『일반이론』을 통해 1929년에 발생한 대공황을 설명하고 이를 해결하기 위한 방책을 제시했다.

케인즈의 지적인 발전으로 보면, 이 책은 앞서 쓴 『화폐론』(*Treatise on Money*, 1930)에 대해 당시 자신의 주위에 있던 젊은 세대의 학자들(The Circus)이 제기한 비판들을 감안하고 있다. 이들은 로빈슨, 로빈슨의 남편, 칸, 스라파, 미드 등이었다. 특히, 칸은 논의결과를 케인즈에게 보고하는 과정에서 총생산물에 대한 이론이 필요하다는 점을 주장했고 논문을 통해 유명한 승수개념을 제공했다.

『일반이론』 이전의 저작으로 『화폐론』은 우선 빅셀의 영향을 받은 책으로 『일반이론』의 시발점이 되었으며, 정리되어 있지 않지만 『일반이론』보다 더 독창적인 생각들로 구성되어 있다. 이런 이유로 이 책은 케인즈의 비판적인 통찰을 추출하는 원천이 되고 있다.

거슬러 올라가 차분하지만 화폐수량설에 근거해 별로 특징이 없는 『화폐개혁소론』(*A Tract on Monetary Reform*, 1923), 확률론을 윤리이론으로 해석하고 가중치 개념을 활용한 『확률론』(*A Treatise on Probability*, 1921) 등도 케인즈의 중요 저작으로 인정받고 있다. 그는 확률이론을 위시해 수학에 탁월한 능력을 지녔으나 선생인 마샬과 마찬가지로 경제학자가 수학에 의존하는 것에 대해 유보적이었다.

사이사이에 케인즈는 제 1 차 세계대전 후의 부채문제를 다룬 『평화의 경제적 결과』(*The Economic Consequences of the Peace*, 1919), 자신의 사회철학을 담은 『자유방임주의의 종언』(*The End of Laissez-Faire*, 1926)을 저술했다. 또한 그는 전후 부채나 금본위제도로의 복귀 등 당시 현안과 관련해 대중에 호소하는 『설득을 위한 수필』(*Essays in Persuasion*, 1931) 등을 써 내기도 했다. 그리고 그는 경제학자와 정치인들에 대한 자신의 감상을 적은 『전기모음』(*Essays in Biography*, 1933)도 펴냈다.

9.1 케인즈 사상의 발전과 수용

케인즈의 경제이론이 전개되는 과정을 『화폐개혁소론』→『화폐론』→『일반이론』의 순서로 살피면 다음과 같은 변화를 확인할 수 있다.

첫째, 논의가 화폐부문에 국한되어 있다가 실물부문을 포용하는 방향으로 나아간다. 『소론』에서는 순전히 화폐와 상품의 유통이라는 관점에서 논의가 진행되다가, 『화폐론』에서는 투자 및 저축과 생산이 고려되면서 실물이 포용된다. 그리고 『일반이론』에서는 이런 측면이 더욱 강화된다. 같은 맥락에서 화폐수량설 자체에 대한 관심에서 임금이나 요소가격을 언급하면서 가치론을 포용하는 방향으로 바뀌고 있다.

둘째, 소비재 혹은 재화 전체에 대한 무차별적인 관심이 소비재와 자본재를 구분하는 방향으로 발전한다. 케인즈가 명시적으로 언급했듯이, 『소론』에는 소비재와 자본재의 구분이 없으며 상대가격도 등장하지 않는다. 이에 비해 『화폐론』에서는 소비재와 자본재에 대한 구분이 분명하며 상대가격 문제가 본격적으로 부각된다. 나아가 『일반이론』에서는 이런 구분이 계속 유지되거나 강화된다. 이런 변화는 화폐의 흐름을 두 가지로 나누고 이에 대해 각기 단기와 장기 이자율을 적용할 가능성을 내포하고 있다.

셋째, 물가에 대한 관심이 산출 혹은 고용에 대한 관심으로 바뀐다. 이는 이자율과 물가가 연결되다가, 이 고리가 약화되고 이자율과 산출의 연결고리가 강화된 후, 다시 산출이 이자율이 아닌 자본의 한계효율과 연결되는 변화에서 확인할 수 있다. 이자율이 물가뿐만 아니라 산출과 연결되는 중간단계는 『화폐론』에서 나타난다. 그리고 케인즈는 1933년에도 고용증대를 위한 여러 가지 정책들을 물가인상을 통해 이윤을 부양시키는 방책으로 인식했다. 이 점은 케인즈의 논리가 지닌 연속성을 확인시켜준다.

넷째, 금융정책에 대한 강조가 재정정책에 대한 강조로 바뀌고 있다. 쉐클(G. L. S. Shackle)이 지적했듯이, 케인즈는 자신의 사상 전체를 통해 경제의 자율성을 부분적으로 유보하면서 정부의 정책이 중요하다는 입장을 견지했다. 그런데 그는 『소론』과 『화폐론』에서 이자율을 조정하는 금융정책을 강조한 데 비해, 『일반이론』에서는 재정정책을 강조했다. 화폐 및 금융에 중점을 두고 물가에 관심을 두었던 『소론』과 『화폐론』에서는 금융정책을 부각시켰고, 산출 및 고용에 초점을 맞춘 『일반이론』에서는 재정정책에 비중을 두었다. 임금정책은 『화폐론』과 『일반이론』에서 논의했으나 어디서도 매력적으로 생각하지 않았다.

다섯째, 관심분야가 국제관계에서 국내경제의 운행으로 옮아간다. 『소론』에서 국제관계가 논의를 압도하다가, 『화폐론』에서 이 부분이 줄어들고, 『일반이론』에서는 국내경제의 문제가 지배적으로 된다. 추측컨대 『소론』 이전에는 금본위제도 등 주로 국제경제관계가 논의의 대상이었다.

케인즈 전체를 관통해 두드러진 주제는 국가의 자율성 확보였다. 화폐 자체를 놓고 보아도 상품화폐나 금본위화폐제도의 변덕에서 벗어나고 국제경제관계 속에서 국제수지에 의해 강요받지 않는 관리통화제도가 그의 이상이었다.

그런데 국제관계에 대한 비중이 줄어들면서 국가의 자율성도 대외적인 자율성이 아니라 국내경제의 운행에 대한 자율성으로 바뀐다. 국제관계가 화폐 및 금융현상에 의해 지배되는 데 비해, 국내관계는 반드시 그렇지 않다고 보면, 이런 변화는 금융정책과 재정정책의 비중 변화와 무관하지 않은 것 같다.

여섯째, 점차 균형개념에서 벗어나고 있다. 그는 『소론』은 물론이고 『화폐론』에서조차 균형개념을 유지했으나, 『일반이론』에서는 이로부터 벗어난 것으로 보인다. 특히, 『화폐론』에서는 이자율과 관련해 빅셀의 자연이자율을 언급하면서 투자와 저축이 일치할 때 자연이자율이 균형을 이룬다고 생각했다. 그러나 『일반이론』에서는 자연이자율에 상응하는 균형이자율이 존재하지 않는다. 한편으로 그것은 기대에 의존하는 자본의 한계효율로, 다른 한편으로 이자율의 변동으로 대체된다. 후자에 대해 제기된 "부트스트랩"(신발걸이)이론이라는 비판에서 확인할 수 있듯이, 화폐부문에 있어서도 케인즈는 균형이자율을 상정하지 않았다.

일곱째, 방법에서 구체로부터 추상으로의 이동과정이 두드러진다. 쉽게 관찰할 수 있고 현실적인 것에 대한 해명이 보다 추상적이고 개념적인 논의로 변하는 과정을 추적할 수 있다. 이 과정에서 케인즈는 강단의 논의가 아니라 현실문제를 해결하는 데 전통적인 이론이 점점 더 장애가 되며 새로운 이론이 필요하다는 점을 인식하게 되었다.

그는 초기에 현실문제 그 자체를 해결하는 데 중점을 두어 과거의 이론을 거의 비판하지 않았다. 그러나 『화폐론』에서 화폐수량설에 대한 비판으로 시작된 케인즈의 공격은 『일반이론』에 이르러 신고전학파 가치론과 이론 전반에 대한 전면전으로 확산되었다.

이런 변화과정에서 중간위치에 있던 『화폐론』에 투자와 저축의 관계가 개입되고 임금이 고려되기 시작했다. 거의 모든 경제학자들이 상품에서 시작하는 데 비해, 케인즈는 화폐로부터 시작해 실물을 포용하면서 소비재(혹은 상품) 및 소비와 자본재 및 투자를 수용하는 방향으로 나아갔다.

『일반이론』은 20세기에 나온 경제학 서적 심지어 사회과학 서적 중 가장 중요한 책들 중에 꼽힌다. 경제학 내에서는 이 책이 그 동안 주류경제학에 부재했던 거시경제학을 만들어 내는 토대가 되었다. 또한 이 책은 자본주의세계를 바라보는 시각자체에 영향을 미쳤다. 새뮤엘슨과 같은 우파 경제학자와 스위지와 같은 좌파 경제학자가 “우리는 모두 케인즈주의자이다”라고 서슴없이 말했을 정도로 케인즈의 영향력은 심대했다.

이런 이유로 일반 독자가 접근하기 힘든 전문성에도 불구하고, 『일반이론』은 20세기의 고전으로 간주되고 있다. 이 책을 통해 케인즈는 경제학설사에서 스미스, 리카도, 마르크스 등과 같은 반열에 올라 있다. 이런 관점에서 클라인(L. Klein, 1920~)의 저서 『케인지언 혁명』(*The Keynesian Revolution*, 1947)이 웅변하듯이, 케인즈의 등장은 경제학에서 하나의 혁명이었다.

케인즈는 이 책에서 자본주의에 지속적으로 유효수요가 부족해 주어진 자원이 완전히 활용되지 못하는 불완전고용 혹은 비자발적 실업(involuntary unemployment)의 가능성을 제시했다. 비자발적 실업은 노동자들이 시장에 주어진 임금을 수락할 용의가 있음에도 불구하고 일자리를 찾을 수 없는 상황을 나타낸다.

케인즈 하면 이 개념이 연상될 정도로 이 개념은 케인즈의 가장 중요한 업적이다. 완전고용을 가정하거나 결론으로 얻는 이론을 별도의 근거 없이 쉽게 기각할 정도로 상당수의 경제학자들은 비자발적 실업이 자본주의경제의 피할 수 없는 현상이라고 생각한다.

케인즈가 설명의 대상으로 삼은 비자발적 실업은 총수요의 부족으로 인해 단

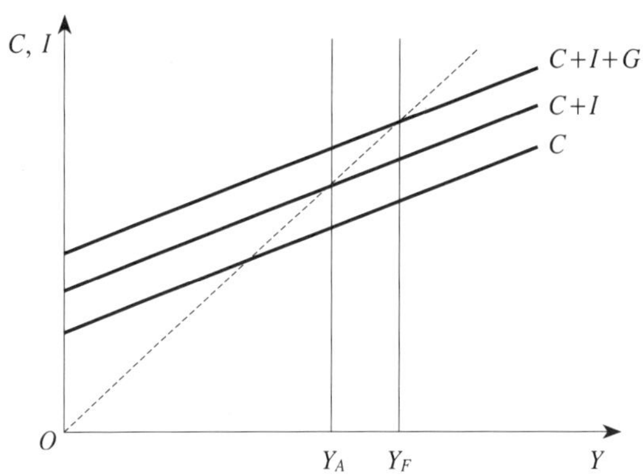

YA: 현실의 국민총생산물
YF: 완전고용수준의 국민총생산물
C: 소비(consumption)
I: 투자(investment)
G: 정부지출(government expenditure)

기에 발생하면서도 지속적이라는 점에서 여타 실업과 구분되어야 한다.

우선, 케인즈는 그 이전의 경제학자들이 장기에 초점을 맞춘 것을 비판하면서 비자발적 실업을 단기에 나타나는 현상으로 규정했다. 단기에 대한 케인즈의 강조는 『소론』에 등장하는 다음과 같은 비유에서 단적으로 드러난다. "장기에는 우리 모두 죽는다. 폭풍우가 몰아치는 데 이 폭풍이 끝난 후에 다시 바다가 잠잠해질 것이라는 이야기처럼 장기에 대한 경제학자들의 언급은 무의미하다."

장기적인 차원의 실업은 흔히 말하는 구조적 실업(structural unemployment)이다. 이는 산업화 초기에 공급측면에서 생산능력의 부족으로 인해 발생하는 실업이다. 케인즈가 염두에 둔 실업은 산업화가 상당히 진전된 상황에서 공급측면이 아니라 수요측면에서 발생하는 문제로 이와 대비된다. 구조적 실업이 영양부족으로 발생하는 병이라면, 케인즈의 실업은 영양과다로 생기는 병에 비유할 수 있다. 한국경제로 보면, 아마도 해방으로부터 70년대까지의 실업은 구조적 실업이며, 80년대 중반 이후에 바로소 케인즈적인 실업이 등장했다고 말할 수 있다.

비자발적 실업은 주류경제학에서도 인정한 마찰적 실업(frictional unemployment)과도 구분된다. 우선, 시장이 정상적으로 작동하더라도 경제의 동태적인 변동이 가격이나 비용의 변동을 낳아 노동, 자본, 토지의 이동을 불가피하게 만든다. 특히, 노동은 특정 산업에서 다른 산업으로 이동하기 위해 구직이나 기술연마 등 시간을 필요로 한다. 따라서 매 시점마다 실업상태에 있는 사람이 바뀌지만 항상 일정 비율의 노동자가 실업상태에 있게 마련이다.

마찰적 실업은 개별 산업에서 수요와 공급의 불일치로 인해 발생하므로 시장에서 반복적으로 생겨났다가 스스로 교정되어 사라지는 일시적인 현상에 불과하다. 이 같이 마찰적 실업은 부분적 과잉생산의 논리에 상응하고, 시장경제의 자율성에 배치되지 않는다. 이런 이유로 당시 피구 등 기존 경제학자나 시장주의자도 이런 부류의 실업을 부정하지 않았다.

케인즈는 자신이 내세우는 실업이 시장에서 일시적으로 등장하지만 스스로 교정되는 마찰적 실업과 다르다는 것을 논증하려고 노력했다. 그는 경제전체 수준에서 수요측면의 요인으로 발생하는 지속적인 실업을 문제로 설정했다. 또한 유효수요의 부족을 해결하기 위해 재정정책을 중심으로 정부의 거시정책이 요구된다는 점을 그는 결론으로 제시했다.

이런 생각은 당시 경제학의 이론이나 이념에서 크게 벗어난다. 이 때문에 케인즈는 당시 경제학을 대표하던 마샬과 피구의 신고전학파에 대해 근본적인 비판을 제기했다. 케인즈의 선배인 피구는 스승인 마샬의 이론을 그대로 계승했다. 그러므로 케인즈는 『일반이론』 등에서 스승에 대한 예의를 표시하면서, 피구를 직접적인 공격의 대상으로 삼았다. 그러나 실질적으로 케인즈의 공격대상은 완전고용을 가정하는 신고전학파이론 전체였다.

이렇게 하면서 그는 주기적으로 나타나는 대량실업과 이로 인한 빈곤을 자본주의의 새로운 문제로 지적했다. 고용은 일자리를 얻는 것이며, 일자리는 생존 및 생계유지를 위해 불가결하다. 그러므로 고용에 대한 그의 관심은 의식주의 해결이라는 보편적인 문제나 생계유지라는 고전학파의 관심과 연결될 수 있다. 보나(J. Bonar)가 지적했듯이, 살 권리나 여가의 권리만큼 노동의 권리는 자연권에 가깝다.

비자발적 실업은 케인즈 이전에 자본주의의 불완전함으로 이미 제기되었던 배금주의나 경제주의, 소득분배와 불평등, 그리고 착취나 소외와 구분되는 별개의 문제였다. 이 문제를 지적하면서 케인즈는 신고전학파의 기저에 있던 자유방임적 자본주의에 대한 대안으로 수정자본주의 혹은 (후의 용어로) 복지형 자본주의(welfare capitalism)를 주장했다. 그의 이념은 자유방임형 자본주의와 사회주의의 중간에 놓여 있다.

넓게 보면, 케인즈는 맬더스 등과 함께 과소소비이론을 내세운 셈이다. 이미 지적한 바와 같이 19세기 초에 전반적인 과잉생산을 놓고 맬더스와 리카도가 논쟁을 벌였으며, 그 결과 과잉생산의 가능성을 부정하는 리카도가 승리했다. 리카도는 부분적인 과잉생산이나 마찰적 실업을 인정했지만, 전반적인 과잉생산이나 경제전체 수준의 지속적인 실업을 부정했다.

이에 비해 20세기 초에 피구와 케인즈가 벌인 비자발적 실업 혹은 전반적인 과잉생산에 관한 논쟁에서는 케인즈가 승리를 거두었다. 케인즈는 앞서 있었던 논쟁의 의미를 인식하고, 리카도가 아니라 맬더스가 승리했더라면 경제학의 역사가 바뀌었을 것이라고 갈파했다. 그에 따르면 리카도의 승리로 인해 과소소비이론이 주류경제학의 무대에서 사라지고, 대신 홉슨이나 마르크스 등을 통해 지하경제학의 일부로 남게 되었다.

케인즈와 볼세비키

케인즈는 『전기모음』에서 수필형식으로 경제학자를 포함해 과거와 당대의 중요 인물들을 기술했다. 맬더스에 관한 수필에서 술회한 바에 의하면, 볼세비키 혁명이후 소련에서 가진 강연회에서 케인즈는 유효수요이론과 관련해 맬더스를 긍정적으로 평가했다가 격렬한 반발에 부딪혔다. 유효수요를 논했다는 점에서 맬더스가 마르크스와 통한다고 이해했던 케인즈는 이런 반발을 의아하게 생각했다. 케인즈의 의아함은 부분적으로 정당하다. 그러나 스스로 인정했듯이, 케인즈는 마르크스의 사상에 대해 우호적이지 않았을 뿐만 아니라 아는 바가 별로 없었다. 이 때문에 맬더스와 마르크스의 이념이나 이론적 격차, 『자본론』과 『잉여가치학설사』에서 마르크스가 맬더스에게 내린 최악의 평가 등을 케인즈가 고려하지 못했던 것으로 보인다.

『일반이론』의 논리는 아래와 같이 도식화할 수 있다.

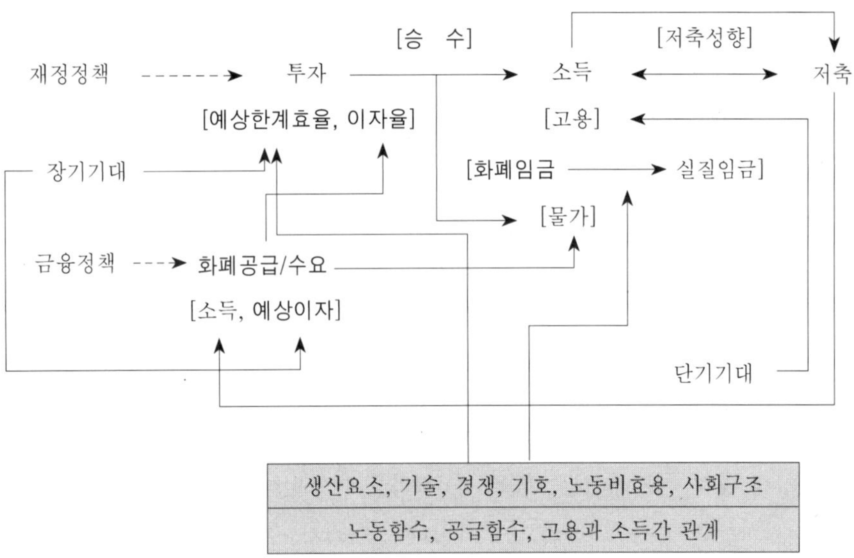

---➤ : 정책적 변화, ⟶ : 인과적 우열, ⟷ : 인과적 위치가 동등

음영표시 : 주어진 요인, **고딕체**: 독립변수(심리/세력/정책), 명조체: 종속변수

- 독립변수 중 예상한계효율은 궁극적인 독립변수가 아니며 노동함수, 공급함수, 고용과 소득간 관계는 주어진 요인들에 의해 추가적으로 도출됨.

케인즈의 이론은 주류경제학에 부분적으로 편입되고 부분적으로 그 밖에 머물면서 적어도 70년대까지 이론적으로나 현실적으로 압도적 지위를 차지했다. 그러나 불황과 인플레이션이 겹쳐 나타나는 70년대의 스태그플레이션 현상과 미시적 기초의 결여로 인해 통화주의(monetarism)로부터 직접적인 공격을 받았다. 또한 1990년 사회주의 붕괴와 더불어 가속화되고 있는 신자유주의 파도 속에서 그 영향력이 다소 약화되고 있다. 그렇지만 왜곡된 형태로나마 신고전학파 안에 일단 자리를 잡았었다는 기득권으로 인해, 케인즈의 이론은 현재까지 신자유주의에 대해 나름대로 대안적 시각을 제공하고 있다.

케인즈가 여러 가지 측면에서 중간 위치에 있다는 것은 마르크스나 신고전학파에 비해 그가 다양하게 해석될 수 있음을 의미한다. 무엇보다 그는 좌파와 우파 모두에게 영향을 미쳤으며, 이에 따라 좌파와 우파는 각자의 입장에서 그를 해석했다. 좌파는 후기 케인지언(Post-Keynesians)으로 대표되며, 우파는 케인지언 혹은 옛 케인지언(Old Keynesians)과 새 케인지언(New Keynesians)에 의해 대표된다.

우선 우파인 신고전학파는 영국의 경제학자 힉스(J. Hicks, 1904~1989)와 덴마크 출신의 경제학자 한센(B. Hansen, 1920~)이 해석한 방식으로 케인즈를 수용했다. 새뮤엘슨 등이 미국에서 전파시켜 교과서에 케인지언 거시모형으로 표준화된 이 해석은 힉스-한센분석 혹은 *IS-LM*분석으로 통칭되었다. 새뮤엘슨 이외에도 토빈(J. Tobin, 1918~2002) 등 주로 미국 동부 아이비리그 대학의 학자들이 이 틀에 의존해 왔다.

그런데 이 모형은 케인즈를 왈라지언 틀 속에 우겨 넣어 케인즈의 입장을 왜곡했다는 비판을 받고 있다. 이 비판은 *IS-LM*분석에 근거한 신고전학파적인 종합(Neoclassical Synthesis)이 상품, 노동, 채권시장 사이의 동시결정과 정태적 균형을 상정했다는 데 기인한다. 이 같은 비판의 주도자는 후기 케인지언이다. 이 학파에 속하는 학자로 영국의 로빈슨이나 칼도어와 미국의 민스키(H. Minsky, 1919~1997), 데이비드슨(P. Davidson, 1930~), 아이히너(A. Eichner, 1937~1988)를 언급할 수 있다.

이들은 가격이나 임금의 비신축성, 시장경제와 가격기구의 불완전함, 그리고 재정정책을 위시한 거시정책의 유효성 등을 우파 케인지언과 공유하고 있다. 그렇지만 왈라지언적인 *IS-LM*분석에 기초한 우파 케인지언이 자본주의를 지극히 안정적인 체계로 만들어 케인즈의 원래 의도를 근본적으로 왜곡했다고 이들은 평가하고 있다.

로빈슨

보다 구체적으로 케인즈의 곁에서 『일반이론』의 형성을 도와주고 지켜보았던 로빈슨은 *IS-LM*분석이 출처가 불분명한 사생아와 같은 존재라고 극렬하게 비난했다. 또한 데이비드슨은 『화폐와 현실세계』(*Money and the Real World*, 1972)에서 화폐의 형성이 인간에게 불의 발견과 같은 수준의 중요성을 갖는다고 주장하면서, 왈라지언적인 가상경제가 아니라 현실(real)세계에서 화폐의 중요성을 강조했다. 이것은 화폐가 없는 실물(real)경제를 자연스럽고 보편적이라고 간주해 온 주류경제학과 대비를 이룬다.

여류 경제학자 로빈슨

로빈슨은 영국이 낳은 여류 경제학자인데, 남편 오스틴 로빈슨보다 더 유명했다. 그녀는 『불완전 경쟁이론』(*Economics of Imperfect Competition*, 1933), 『마르크스주의 경제학 논고』(*Essay on Marxian Economics*, 1942), 『자본축적이론』(*The Theory of Capital Accumulation*, 1956), 『경제철학』(*Economic Philosophy*, 1962) 등의 저서들과 다수의 논문을 펴냈다. 특히 그녀는 신고전학파의 여러 측면에 대한 신랄한 비판자로 군림했다. 케인지언 거시모형뿐만 아니라 생산함수에 근거한 신고전학파의 자본 및 분배이론, 그리고 균형개념 등을 내재적으로 비판했다. 그녀는 새뮤엘슨이나 하안에게 "도대체 수리경제학자가 독립변수와 종속변수도 구분할 수 없는가?"와 같은 격한 질문을 던지기도 했다. 그럼에도 불구하고 새뮤엘슨은 그녀에게 지속적으로 경의를 표시해 이상스럽다. 가령, 70년대에 벌어진 캠브리지 자본논쟁에서 새뮤엘슨은 자신의 논문을 로빈슨 여사의 역사적인 MIT 대학방문에 헌정했다.

아이히너는 『후기 케인지언 경제학 입문』(*A Guide to Postkeynesian Economics*) 등을 통해 케인즈적인 관점에서 시장의 독점이나 거대기업의 존재, 노동계약으로 인한 임금의 경직성 등에 대한 미시분석에 중점을 두었다.

이에 비해 민스키는 『대공황은 재발할 것인가?』(*Can It Happen Again?*, 1963), 『존 메이나드 케인즈』(*John Maynard Keynes*, 1975), 『불안정한 경제의 안정화』(*Stabilizing an Unstable Economy*, 1986) 등의 저서를 통해 대공황의 재발 가능성을 점치면서,

금융불안정성 가설을 제기했다. 이 가설에 의하면 금융부문의 불안정성으로 인해 자본주의경제가 심각한 동요에 시달리므로 대폭적인 투자정책 및 생산계획을 필요로 한다.

더구나 레이온후드(A. Leijonhufvud, 1933~)가 『케인지언 경제학과 케인즈의 경제학』(*On Keynesian Economics and the Economics of Keynes*, 1968)에서 특정 입장에 구애되지 않고 케인즈에 대해 객관적인 해석을 제시하면서 케인즈의 경제학과 케인지언 경제학이 다르다는 주장이 더욱 설득력을 얻게 되었다.

물론 케인즈 자신이 『일반이론』으로 넘어오면서 여러 군데에서 원래 생각을 완화해 자신에 대한 보수적인 해석을 자초한 면이 없지 않다. 그러나 *IS-LM* 분석이 케인즈의 진면목을 희석시켰다는 것이 후기 케인지언의 확고한 입장이다. 후기 케인지언은 자본주의의 불확실성, 화폐의 중요성, 금융상의 불안정성, 경제과정의 동태적 성격을 강조한다. 이런 바탕 위에서 이들은 케인즈에 칼레츠키를 결합해 국민소득이나 물가 문제를 소득분배와 연결시킨 이론체계를 바탕으로 경제를 파악하고 있다.

이렇게 보면 거시경제학의 판도는 공황이론에 기반을 둔 마르크스주의와 통화주의 혹은 새 고전학파의 사이에 후기 케인지언과 케인지언 혹은 새 케인지언이 놓여 있는 복잡한 양상을 띠고 있다. 후기 케인지언과 케인지언 혹은 새 케인지언은 자본주의의 거시적인 불완전성을 인정하고 재정정책을 포함해 정부정책을 수긍한다는 점에서 비슷하다. 이 점에서 이들은 모두 통화주의 혹은 새 고전학파와 대립된다. 그러나 통화주의와 왈라지언 틀을 공유하고 있다는 점에서 케인지언은 후기 케인지언과 대립된다.

이후 논의에서는 케인즈에 대한 신고전학파의 수용방식을 요약하고 후기 케인지언의 입장에서 *IS-LM*분석을 비판하는 데 초점을 맞추고자 한다.

9.2 *IS-LM*분석과 신고전학파 종합

이미 언급한 바와 같이 신고전학파에서 케인즈를 받아들인 방식이 *IS-LM*분석이었으며, 이에 기초한 신고전학파 종합(neoclassical synthesis)이 거시이론으로 자리잡았다.

왈라지언적인 관점에서 마련된 *IS-LM*분석은 총수요분석으로서 실물수요를 나타내는 *IS*곡선과 화폐수요를 나타내는 *LM*곡선으로 구성되어 있다. *IS*곡선은 투자와 저축의 일치라는 조건을 충족시키는 소득과 이자율의 균형들로 구성되며, *LM*곡선은 화폐수요와 화폐공급의 일치라는 조건을 만족시키는 소득과 이자율의 균형들로 구성되어 있다. 최종적으로 *IS*곡선과 *LM*곡선의 교차로 균형소득과 균형이자율이 결정되고 이들로 시장의 균형이 정의된다.

일반적으로 *IS*곡선에서 소비함수와 저축함수는 절대소득가설에 근거한다.[2] 케인즈가 활용한 절대소득가설은 특정 기간의 소비가 같은 기간의 소득에 의해 결정되며, 이 함수를 규정하는 한계소비성향과 한계저축성향이 경제전체에 평균적으로 적용된다.

*LM*곡선과 관련해 화폐수요는 거래적 동기, 예비적 동기, 투기적 동기에서 발생하며, 궁극적으로 소득과 이자율에 의해 결정된다. 또한 경제 밖에 존재하는 중앙은행이 화폐의 공급량을 결정한다고 보므로, *LM*곡선은 외생적 화폐에 근거한 화폐수량설에 의존한다.

화폐수량설은 보뎅에서 시작되어 경제학에서 가장 오래된 이론 중 하나이다. 이 이론은 마르크스, 케인즈, 슘페터 등 여러 학자들에 의해 비판을 받으면서도, 마샬이나 피셔 등에 의해 불사조와 같이 되살아났다. 이런 이유로 화폐수량설은 흄, 스미스, 리카도, 밀 등 고전학파를 거쳐 신고전학파, 특히 통화주의자에 이르기까지 주류경제학에서 부동의 자리를 지키고 있다.

화폐수량설은 통화량과 물가 사이에 비례적이거나 이에 상응하는 인과관계 혹은 상관관계를 상정한다. 수식으로 피셔의 교환방정식($MV=PT$)이나 마샬의 현금잔고(혹은 캠브리지) 방정식($M=kPY$)으로 나타낼 수 있다(M: 통화량, V: 화폐의 유통속도, P: 물가, T: 거래량, k: 화폐 단위당 거래 횟수($1/V$), Y: 국민소득).[3] 이 이론

2) 그렇지만 케인즈의 『일반이론』에 등장하는 절대소득가설은 근대경제학에서 등장한 것과 달리 소비나 소득 등이 모두 임금으로 나뉘어져 지배노동량을 단위로 한다. 『일반이론』에서 케인즈는 거시현상이 집계변수로 나타난다는 점 때문에 이들을 표시하는 동질적 단위를 찾기 위해 고민했다. 케인즈가 사용한 단위는 스미스가 가치이론과 관련해 제시했던 지배노동량이다. 원래 스미스에서 지배노동량은 몇 명의 노동자를 먹이고 부릴 수 있는지를 나타낸다. 그렇지만 케인즈의 지배노동가치는 가치의 설명이나 결정이 아니라 표현방식에 불과하므로 그 자체로 고전학파나 마르크스와의 친화력을 나타낸다고 해석하기 힘들다.

3) 피셔의 교환방정식과 마샬의 캠브리지 방정식 사이에는 차이가 있다. 피셔가 교환이나 거래에 요구되는 통화량에 초점을 둔다면, 마샬은 소득에 상응하는 보유 화폐량에 초점을 맞

이 케인즈 체계에서 확고한 위치를 차지하고 있지는 않았으나, 신고전학파 거시경제학과 친화력을 가지면서 *IS-LM*분석에 결합되었다.

화폐수량설을 구성하는 논리는 화폐의 외생적 성격과 교환수단이라는 화폐 기능이다. 마르크스나 케인즈가 지적했듯이, 화폐가 외생적이 아니라면 화폐의 수량이 실물의 움직임에 상응해 움직이므로 물가상승이 동반되지 않을 수 있다. 또한 화폐의 기능이 교환수단에 국한되지 않는다면 변동된 화폐량이 퇴장되어 물가변동으로 전환되지 않을 수 있다. 물론 화폐수량설도 유통속도의 변동이라는 방식으로 퇴장 가능성을 고려할 수 있으나, 퇴장을 예외나 비정상으로 간주하는 경향이 높다.

신고전학파 종합은 생산함수를 매개로 *IS-LM*곡선에 노동시장을 결합시켜 공급측면을 고려한다. 노동의 수급은 당연히 임금의 함수인데, 물가변동으로 인해 실질임금과 화폐임금 혹은 명목임금 사이의 구분이 중요해진다. 따라서 신고전학파 종합은 집계변수로 규정된 상품시장, 화폐시장 및 채권시장, 그리고 노동시장에서 소득, 물가, 이자, 그리고 임금이 동시에 결정되는 이론체계를 제시한다. 비록 상품 등이 미시경제학에서와 달리 집계되어 있다는 차이가 있지만, 3~4개의 시장에서 변수들이 동시에 결정된다는 점에서 신고전학파 종합은 왈라

*IS-LM*분석

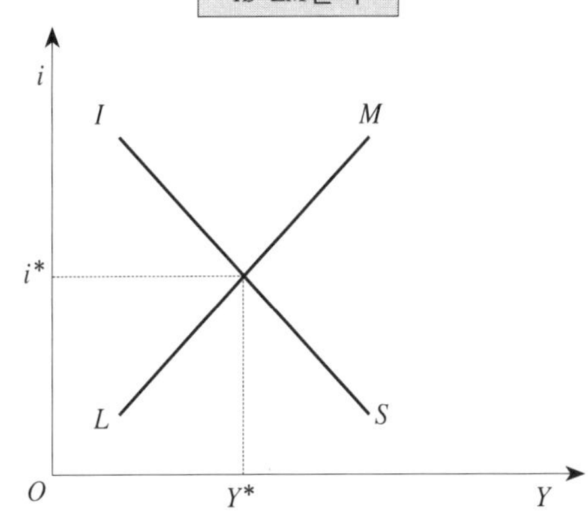

춘다. 전자는 유통되는 존재로서 화폐를 강조하는 데 비해, 후자는 보유되는 존재로서 화폐를 강조해 화폐의 퇴장을 허용하는 듯 보인다. 따라서 피셔가 화폐수량설에 보다 철저하다. 그러나 궁극적으로 순환과정을 떠나 소모되는 재화와 달리 화폐가 유통되면서 동시에 보유되는 존재임을 고려한다면 피셔의 방정식은 일면적이다.

지언 일반균형의 틀을 답습하고 있다.

그런데 신고전학파의 거시경제학은 자체 내에 견해의 차이를 안고 있다. 초기에 *IS-LM*분석 내에서 케인지언과 통화주의가 재정정책과 금융정책의 우열을 놓고 논쟁을 벌였다. 또한 후기에는 총공급 혹은 노동시장과 관련해 새 케인지언학파와 새 고전학파 사이에 이견이 존재한다.

이는 한계효용학파에 의존해 주로 전개되어 왔던 주류경제학이 대공황이라는 현실 앞에서 케인즈를 수용하면서 겪을 수밖에 없었던 갈등이다. 케인즈는 개인의 선택을 전제로 하면서도, 개인의 선택으로 명확하게 분해되지 않는 거시변수들을 주어져 있다고 보며, 독점으로 인한 가격 및 임금의 비신축성과 고용문제에 중점을 두었다. 양자가 케인지언에 의해 결합되면서, 문제, 방법, 그리고 사회철학에서 갈등을 일으켰다.

우선 초기 케인지언은 케인즈에 충실하게 정부의 판단과 재량을 보다 넓게 허용하는 재정정책에 역점을 두었다. 이에 비해 통화주의는 전통적인 거시정책인 금융정책을 강조했다. 케인지언이 생각하는 재정정책은 정부의 예산적자를 감수할 정도로 정부의 재량을 허용한다. 반면 금융정책을 강조하는 통화주의는 균형예산을 전제로 화폐공급조절이라는 중앙은행의 기능에 중점을 두었다. 물론 여기서 중앙은행은 정부로부터 독립적인 존재이다.[4)]

케인즈주의와 통화주의는 이론적으로 이자율에 대한 투자의 탄력성과 이자율에 대한 화폐수요의 탄력성에 관해 견해를 달리 한다. 케인지언은 투자가 이자율에 대해 비탄력적이며, 화폐수요가 이자율에 대해 탄력적이라고 주장했다. 이와 반대로 통화주의는 투자는 탄력적이며, 화폐수요는 비탄력적이라고 주장했다.

케인즈주의는 *IS*곡선이 수직에 가깝고 *LM*곡선이 수평에 가까운 상황을 상정했으며, 통화주의는 거꾸로 *IS*곡선이 수평에 가깝고 *LM*곡선이 수직에 가까운 상황을 설정했다. 요약하면 케인지언과 통화주의의 초기 이견은 이자율에 대한 투자의

---

4) 미국의 중앙은행인 연방준비은행(Federal Reserve Board)은 위원임명 등을 통해 제도적으로 행정부로부터 독립이 보장되어 있다. 이에 비해 한국의 중앙은행인 한국은행은 오랫동안 재경부로부터의 독립을 주장해 왔으나, 아직까지 그 숙원을 이루지 못한 것으로 보인다. 전반적으로 중앙은행은 IMF와 마찬가지로 건전한 화폐를 근본이념으로 삼으면서 통화주의와 친화력을 가진다. 그런데 시카고학파의 프리드만은 『자본주의와 자유』(*Capitalism and Freedom*, 1962)에서 통화주의를 지향하면서도 다시 중앙은행의 독단이나 권력화를 경계해 보다 근본적으로 자유방임주의를 지향하고 있다.

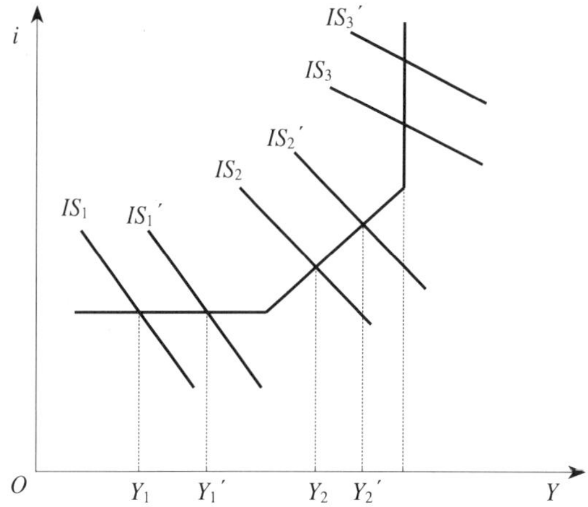

화폐수요가 이자율에 탄력적일수록 재정정책은
유효하며, 그 역도 성립.

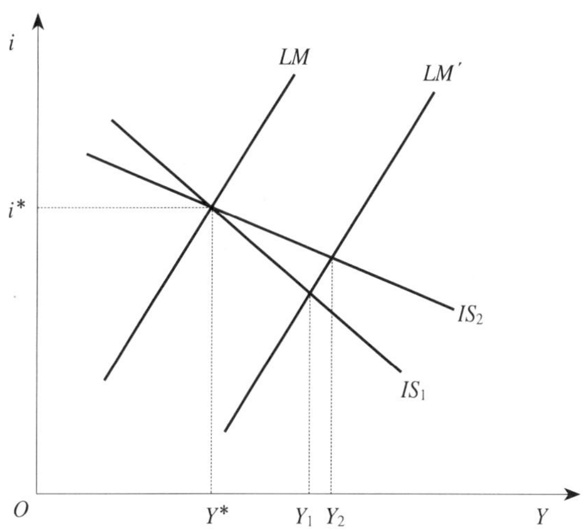

투자가 이자율에 탄력적일수록 금융정책은
유용하며, 그 역도 성립.

탄력성과 화폐수요의 탄력성에 대한 입장과 이에 근거한 정책의 차이로 나타났다.

그런데 70년대에 들어 논쟁은 총수요 차원에 그치지 않고 총공급 차원으로 이어져 *IS-LM*분석과 신고전학파 종합을 붕괴시키는 쪽으로 전개되었다. 노동시장이 공급측면을 대변하므로 노동시장에서 나타나는 임금과 경제주체의 행동이 문제였다.

이와 관련해 초기에는 최저임금법, 노조의 존재, 노동자의 화폐환상(money illusion) 등으로 인한 화폐임금의 경직성(rigidity) 혹은 비신축성(inflexibility)이 케인지언의 입장을 대표했다. 노조와 자본가의 협상을 통해 특정 기간의 화폐임금이 결정되고, 경제의 변동으로 인한 화폐임금의 인하압력이 노조의 저항에 의해 저지된다는 것이다. 이런 생각은 노동자들이 물가변동을 고려하지 않고 화폐임금에 집착하는 비합리성으로 해석되기도 했다.

이에 대해 재화시장뿐만 아니라 노동시장의 완벽함을 신봉하는 통화주의자들은 임금의 신축성을 주장했고, 이 주장이 노동자와 기업가의 합리적 선택과 부합된다고 보았다. 특히, 후기로 접어들면 통화주의 전통에서 등장한 새 고전학파가 경제주체들에게 극도의 합리성을 부여하면서, 경제의 변동에 대한 합리적 기대(rational expectation)를 내세웠다. 합리적 기대에 의해 경제주체들이 물가상승 등을 정확히 예측할 수 있기 때문에, 자본가나 정부가 노동자를 위시한 경제주체들을 속이는 일이 적어도 장기적으로 불가능하다.

재정정책 등 정부정책이 고용을 증대시킬 수 있다는 케인지언의 주장은 자본가나 노동자 등 경제주체의 기대가 현실의 변동을 정확히 예측하지 못한다는 것을 전제로 한다. 구체적으로 케인지언에 의하면 재정정책으로 인해 발생하는 물가상승을 제대로 예측하지 못한 상황에서 노동자들은 물가상승에 상응하는 화폐임금의 인상을 요구하지 않으므로, 실질임금의 삭감을 겪게 된다. 노동자는 실질임금의 하락을 감지하지 못하고 예전과 동일한 노동량을 공급하는 데 비해, 자본가는 실질임금이 하락하였으므로 노동에 대한 수요를 늘린다. 이에 따라 재정정책이 물가상승과 함께 부분적으로 고용증대를 가져온다고 케인지언은 생각했다.

이에 비해 새고전학파에 의하면 노동자도 실질임금의 하락을 커다란 시차 없이 정확하게 예측하고 물가상승으로 인한 실질임금의 하락을 감지하면서 같은 상황에서 노동에 대한 공급을 줄인다. 특히, 새 고전학파에 의하면 재정정책은 적어도 장기적으로 순전히 물가상승을 가져올 뿐 고용을 증대시키지 못한다. 그런데 케인지언이 잘못된 이론을 주장하게 된 결정적인 원인은 거시경제의 미시적 기초를 간과했기 때문이라고 이들은 주장했다.

이와 관련, 남북전쟁의 주역인 미국 대통령 링컨의 발언이 자주 인용되었다.

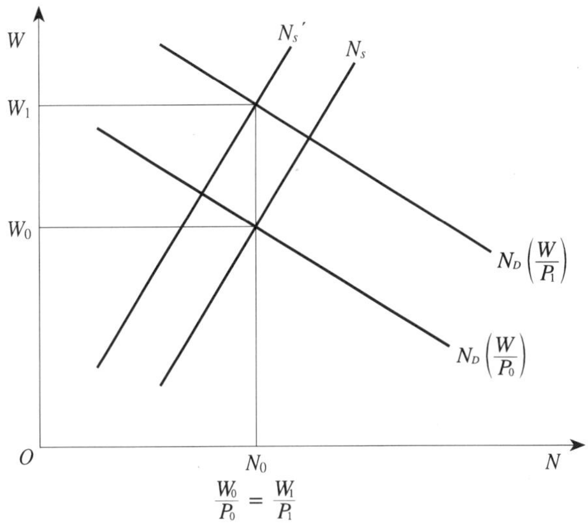

"모든 사람들을 일시적으로 속일 수 있고, 일부 사람들을 지속적으로 속일 수 있지만, 모든 사람들을 지속적으로 속일 수는 없다." 민주주의를 옹호하기 위한 링컨의 이 같은 진술을 자유방임주의자인 미제스나 프리드만은 시장경제체제를 옹호하기 위한 논리로 활용했다.

통화주의나 새 고전학파도 시장에 실업이 존재한다는 것을 부정하지 않는다. 그렇지만 이들이 생각하는 실업은 자연실업률(natural rate of unemployment)이거나 가속적 인플레가 수반되지 않는 실업률(Non-Accelerating Inflation Rate of Unemployment: NAIRU)이다.

이 개념은 마찰적 실업의 개념을 연장해 자원이동 등 시장의 역동성을 위해 일정 수준의 실업이 불가피하다고 주장한다. 만약 이 수준 이하로 실업률을 낮추려고 정부에서 노력하는 경우, 물가상승이 가속화된다. 이 점에서 통화주의는 이념적으로 케인즈가 비판했던 피구의 논리로 되돌아갔다고 진단할 수도 있다.

통화주의와 새 고전학파의 논리는 궁극적으로 재정정책뿐만 아니라 금융정책도 고용을 증대시키거나 거시적 불안정을 교정하는 데 도움이 되지 못한다는 정책무용론으로 이어진다. 정책이 무력하거나 유해하므로 정부는 재량(discretion)을 가지기보다 미리 규칙(rule)을 정해 놓고 이를 따라야 한다.

극단적인 예로, 프리드만은 경기변동에 따라 정부나 중앙은행이 재량으로 통화의 공급량을 바꿀 것이 아니라, 성장률 등을 고려해 매년 정해진 비율(*k* percent rule)의 화폐량 증가를 공시하고, 이를 기계적으로 준수해야 한다고 주창했다. 여기서 규칙의 준수는 국가의 역할이 계약의 이행을 위한 심판자에 불과하다는 야경국가나 값싼 정부의 논리에 상응한다.

이렇게 되면 케인지언과 통화주의의 차이는 재정정책 대 금융정책의 대립이 아니라 모든 정책이나 재량 대 규칙의 대립으로 변하게 된다. 현 시점에서는 후자가 케인지언과 통화주의자 사이의 진정한 대립으로 인정되고 있다.

만약 정부재량에 따른 통화량 조정이 고용증대에 도움이 되지 못한다면, 통화주의에서 화폐는 중요치 않은 존재가 된다. 실상 경제에서 중요한 것은 실물의 움직임이며, 화폐는 절대가격을 결정하는 데 기여할 뿐이다. 소위 고전적 이분법(classical dichotomy)에 따라 상대가격은 실물부문에서 결정되고, 화폐부문은 물가를 결정한다고 통화주의자는 생각한다. 이 입장에서는 현실경제가 정확히 왈라지언 일반균형에서 제시하는 바를 구현한다.

이렇게 보면, 화폐는 중요한 제도이며 비용을 절감시켜주는 도구이지만, 수량적으로 중립적이거나, 중요치 않거나, 나쁜 쪽으로만 중요하다. 이런 입장은 종전의 화폐 베일관 같이 화폐변수 혹은 명목변수를 실질변수로 전환해 생각하는 경향을 낳는다. 즉, 화폐임금은 실질임금으로, 화폐이자율은 실질이자율로, 자산이나 화폐보유량도 실질가치나 실질잔고로 바꾸어 생각하게 된다.

적어도 신고전학파의 입장에서는 정부정책이 무용하다는 논리를 뒤집으면 시장경제가 그만큼 완벽하다는 입장이 된다. 구체적으로 시장에서 재화가격이나 임금이 충분히 신축적이기 때문에 고용이 현실적으로 최상의 수준에 이르고 물가가 안정적이다. 같은 논리에 따라 고정환율제도 대신에 변동환율제도가 요구된다.

이 논리에 의하면 시장에서 나타나는 경기변동은 마르크스가 자본주의에 존재한다고 생각한 심각한 구조적 모순이나 케인즈의 불확실성 때문이 아니라 시장의 정상적 흐름에 가해지는 외적 충격(shocks) 때문에 발생한다. 외적 충격은 왈라지언 체계에서 주어졌다고 보는 선호나 기술의 변동을 의미한다. 여기서 현실의 경기변동을 기술변동과 노동의 시간간 대체로 설명하는 실물경기변동(real business cycle)이론이 파생된다.[5]

5) 맨큐(G. Mankiew, 1989)의 비판적 해석을 참조하면 이 이론이 기술변동을 중시하는 이유가 드러난다. 구체적으로 현실경제에서 불황(호황)이 되면 실질임금이 하락(상승)한다. 그

이를 보면 일반균형이론을 고집하는 통화주의나 새 고전학파가 이론의 덕목들 중 경험적 타당성보다 논리적 정합성을 강조한다는 것을 확인할 수 있다. 이에 비해 케인지언과 새 케인지언은 논리적 정합성보다 경험적 타당성을 앞세운다. 여기서 이론적 정합성과 경험적 타당성이 대립하고 이들이 각기 보수주의와 개혁주의로 이어지는 사례를 발견하게 된다.

새 케인지언은 케인지언의 주요 전제와 결론을 유지하고 경험적 타당성을 중시하면서도, 케인즈와 케인지언이 미시적 기초를 소홀히 했다는 점을 인정한다. 전통적인 케인지언은 가격과 임금의 탄력성이나 정책의 무용론을 비판하면서, 가격과 임금의 비신축성과 정책의 유용성을 주장한다. 이에 비해 새 케인지언은 미시적 기초에 의존해 가격이나 임금의 비신축성과 정책의 유용성을 해명하는 데 초점을 맞춘다.

예를 들어, 신문이나 햄버거의 가격은 왜 주가와 같이 수시로 변동하지 않고 상당기간 동안 그대로 있는가? 새 케인지언들은 개인의 합리적 행동을 고려하면서도 현실적으로 존재하는 이런 상황을 설명하기 위해 메뉴비용(menu cost)이라는 개념을 활용한다. 식당에서 음식 가격을 수시로 변경하는 경우 그로 인해 차림표를 다시 적어야 하고, 고객에게 새로운 의사결정을 강요하는 등 추가로 비용이 발생한다. 그러므로 고기의 가격이 약간 인상되더라도 식당주인은 햄버거의 가격을 인상하지 않는다. 가판대의 신문가격도 이와 유사하다. 여기서 비록 경제주체들이 합리적이지만 미시경제학에서 말하는 것처럼 시장이 완벽하지 않기 때문에 정부의 거시정책이 여전히 유용하다는 결론이 나온다.

또한 화폐임금의 경직성을 설명하기 위해 새 케인지언은 효율임금(efficiency wage) 가설을 제시했다. 불황이나 노동시장에 과잉공급으로 인해 화폐임금이 삭감되는 경우 노동자의 사기를 저하시켜 생산성을 떨구기 때문에 기업이 임금을

런데 왈라지언의 이론으로는 불황(호황)으로 고용이 줄면(늘면) 한계생산성체감의 법칙에 따라 임금이 늘어야(줄어야) 한다. 이런 불일치를 메우기 위해서는 주어진 생산함수에서의 선택이 아니라 생산함수 자체의 하향(상향) 이동을 가져오는 기술발전의 둔화(강화)를 근거로 제시할 수밖에 없다. 이렇게 본다면 실물경기변동이론은 필립스곡선과 같이 경험적인 일반화가 아니라 정반대로 일반균형이론을 일관되게 유지하기 위해 고안된 이론이다. 이에 근거한 실증분석을 보면 솔로우 잔차항(Solow residual)을 통한 총요소 생산성의 측정치가 경기변동과 같은 방향으로 움직이지만 이를 통해 단기적인 기술혁신을 포착하기에는 너무 포괄적이다.

그대로 유지시킬 유인이 있다는 것이다.

노동자가 실업자가 될 경우 그로 인한 손실이 커지도록 고용주가 의도적으로 임금을 높게 책정한다는 가설도 있다. 이 가설에 의하면 노동자는 실업에 수반되는 손실이 크기 때문에 해고당하지 않기 위해 자신의 직무를 충실히 하며 기업으로서도 노동자에 대한 감시비용을 줄일 수 있다. 이 경우 임금은 노동자에게 지불되는 일종의 지대이다. 이 역시 고용된 노동자들에 대해 시장의 균형임금보다 높은 수준의 임금이 부여되는 근거가 된다.

전체적으로 요약하면, 케인지언과 통화주의자의 차이는 총수요 차원에서 이자에 대한 투자의 탄력성, 이자에 대한 화폐수요의 탄력성, 그리고 총공급의 차원에서는 노동시장에서 경제주체의 기대형성이나 메뉴비용 등에 대한 입장의 차이로 나타난다. 또한 초기 케인지언과 초기 통화주의의 논쟁이 재정정책이 우월한가 금융정책이 우월한가와 관련된다면, 새 케인지언과 새 고전학파의 대립은 정부의 거시수요정책이 포괄적으로 유용한가 아니면 무용한가에 초점을 둔다. 이것은 전기보다 후기에 시장의 효율성과 정부의 역할에 대해 보다 포괄적으로 찬반이 엇갈리고 있음을 의미한다.

또한 초기에서 후기로 넘어가는 과정에서 보다 확고한 미시적 기초가 필요하고 개인의 합리성을 보다 철저하게 이론화해야 한다는 생각이 학파에 관계없이 자리 잡았다. 케인지언과 새 케인지언은 모두 가격 및 임금의 비신축성, 거시정책의 유용성, 그리고 이론의 경험적 타당성을 강조하면서도, 미시적 기초나 개인의 합리성을 철저하게 고려하느냐로 구분된다.

미시적 기초의 확보라는 과제는 신고전학파의 방법론적인 개체주의가 일관되게 관철되었음을 의미한다. 방법론적 개체주의는 종전에 사회구조나 제도로 간주되거나 주어졌다고 보던 것을 과거나 현재에 개인들이 합리적으로 선택한 결과로 해석한다. 경제학의 신고전학파가 이런 움직임의 선두에 서 있다.

그런데 개체주의의 확산은 비단 신고전학파의 거시분야에 국한된 현상이 아니다. 이미 베커 등을 통해 경제 외적인 사회현상을 설명하는 데 확대 적용되었고, 정치학이나 사회학에서도 이런 압박이 확인되고 있다. 심지어 마르크스의 문제들에 방법론적인 개체주의를 접목하려는 분석적 마르크스주의(analytical marxism)까지 등장했었다.

이 흐름에 영향을 준 요인들로 70년대 스태그플레이션으로 인한 케인즈주의에 대한 회의와 사회주의 몰락으로 인한 마르크스주의의 후퇴를 들 수 있다. 특히, 사회주의의 몰락으로 인해 전통적으로 사회과학 안에서 팽팽하게 유지되던 구조주의나 전체주의와 개체주의의 대립이 일단 개체주의의 우위로 판결나고 있다. 이 같이 사회주의 몰락으로 사회경제체제에 대한 현실의 경합에서 일단 자본주의의 우위가 드러났을 뿐만 아니라 사회과학의 방법에 대한 경합에서 개체주의가 우세를 보이고 있다.

케인즈는 사회철학에 있어 사회주의와 자유방임주의의 중간에 놓여 있는데, 방법론적으로도 구조주의와 개체주의에 중간에 놓여 있다. 사회철학에서 케인즈는 사회주의에 동정적이면서도 수정자본주의를 표방했다. 이러한 중간적인 입장은 케인즈 내부에 좌파적인 경향과 우파적인 경향이 공존하는 이중성을 낳는다. 이와 유사하게 케인즈의 방법은 구조적인 측면과 개체적인 측면을 모두 가지고 있다.

좀더 구체적으로 케인즈는 개인의 행동이 거시현상을 낳는다고 보면서도 총수요 등 집계변수를 사용했다. 또한 경제주체의 합리성을 전반적으로 인정하면서도 경제에 존재하는 불확실성이나 투자행위에서 동물적 근성(animal spirits)이나 사업에 대한 자신감(business confidence) 등 비합리적 요인을 강조했다. 이런 요인들은 쉽게 관찰할 수도 없고 계량화할 수도 없다. 더불어 케인즈는 개인의 타산적인 행동에도 불구하고 개인들의 행동이 모여 경제전체 수준에서 무질서를 자아낼 수 있다고 보아 체제의 비합리성을 상정했다.

이런 맥락에서 통화주의는 케인즈주의가 안고 있던 이론과 현실의 적당한 혼합이나 구조와 개인의 혼합 혹은 절충에 확고하고 일관된 개체주의와 이론적 정합성이라는 칼날을 들이댄 것으로 볼 수 있다.

9.3 후기 케인즈학파의 비판적 해석

앞선 논의에서 케인즈주의와 통화주의는 이론적으로 투자와 화폐수요의 탄력성, 개인의 합리성이나 기대의 형성, 궁극적으로는 가격의 신축성 등에 관해 견해를 달리 했다. 또한 양자는 재정정책과 금융정책의 상대적 우월성과 거시정책 전체의 포괄적인 유용성에 관해 의견이 달랐다. 그리고 이론이 추구할 목표에서도 각기 논리적 정합성과 경험적 타당성을 강조했다.

이런 논의의 배경에는 힉스의 *IS-LM*체계와 신고전학파의 종합이 케인즈의 『일반이론』과 사상전체에 가장 근접한 해석이라는 전제가 있다. 이것이 신고전학파 경제학자 블로그(M. Blaug) 등의 주장이다. 그러나 후기 케인지언은 케인지언의 해석과 통화주의에 대해 비판적이다. 힉스와 미국의 케인즈주의자가 케인즈를 받아들인 방식에는 케인즈를 왜곡한 부분이 적지 않으며, 이 부분에 있어 케인즈주의는 통화주의와 공생관계에 있다고 후기 케인지언은 비판한다.

경제사상의 대가 블로그

블로그는 경제사상 및 경제학의 역사에 대해 깊이와 넓이를 함께 가지고 있는 학자이다. 그의 『되돌아 본 경제이론』(*Economic Theory in Retrospect*, 1985)은 슘페터의 『경제분석의 역사』(*History of Economic Analysis*, 1954)에 이어 현대를 대표하는 경제학설사 연구서로 평가되고 있다. 블로그는 신고전학파의 입장에서 케인즈 등 학설사를 해석했다. 그렇지만 그도 런던에서 공연된 뮤지컬 "제발 현실에 대해 말하지 말라! 우리는 경제학자이다."(No reality, please. We are economists.)의 제목을 인용하면서, 신고전학파가 점점 현실에서 멀어지는 것에 대해 커다란 우려를 표명하고 있다. 더불어 그는 이에 대한 연작, "제발 사상사에 대해 논하지 말라, 우리는 경제학자이다."(No History of Ideas, Please, We are economists, 2001)에서 경제학설사에 대한 경제학자들의 회피를 비판했다.

후기 케인지언은 *IS-LM*체계와 신고전학파 종합이 케인즈를 왈라지언으로 격하시켰다고 주장하면서, 왈라지언 체계에 대해 다음과 같은 문제점들을 지적했다. ① 균형을 강조함으로써 경제의 동태적 과정을 무시하고 정태적 상태에 초점을 두었다. ② 이로 인해 시간의 흐름이 요구되는 생산을 사상하며 교환위주로 경제를 파악했다. ③ 실물부문을 경제의 핵심으로 보아 화폐의 중요성을 간과했다. ④ 이렇게 함으로써 자본주의를 실제보다 안정적으로 만들었다.

구체적으로 왈라지언 체계는 경제가 움직여 이룩할 상태를 경제주체들의 선택과 무관하게 미리 정해 놓아 경제주체의 자율성을 실질적으로 부여하지 않는다. 또한 투입된 가치가 이 과정의 결과로 나온 산출의 가치와 같아지는 상태를 균형으로 삼는다. 다른 모든 조건이 같다는 전제와 고정점($x^*=f(x^*)$)이 이들을 표현해 준다. 이 같이 왈라지언 체계는 자본주의 경제질서의 특징인 분권화와 동태적 성격을 반영하지 못한다. 그렇다면 왈라지언의 논리에 근거해 케인지언적인 개입이나 사회주의에 반대하는 것은 타당치 못하다.[6)]

후기 케인지언에 의하면 케인즈는 경제의 동태적 과정을 중시하며, 교환이 아니라 생산에 주안점을 두고, 화폐가 불가결한 경제를 상정하며, 자본주의에 불확실성과 불안정성이 내재되어 있다고 생각했다. 후기 케인지언은 이런 케인즈의 특징들을 묶어서 화폐적인 생산경제(monetary production economy)로 호칭했다.

후기 케인지언의 비판을 논하기에 앞서 지적할 점은 후기 케인지언이 대체로 케인즈를 따르면서도 그를 연장하거나 다른 학자와 결합시킨 부분이 있다는 것이다. 특히, 칼레츠키는 케인즈 못지 않게 후기 케인즈학파에 커다란 영향을 미쳤다. 칼레츠키는 마르크스에 대한 연구로부터 시작해 케인즈와 비슷한 유효수요이론에 도달했다. 이것은 케인즈가 마샬 등 우파적인 경제학에서 출발한 것과 대비된다.

칼레츠키

이론적인 출발점의 차이로 인해 칼레츠키는 케인즈보다 분배상의 갈등이 경제에서 갖는 역할에 대해 더 일관되고 명시적이었으며, 이를 처음부터 전면에 내세웠다. 케인즈는 산발적으로 분배를 논의했을 뿐이다. 먼저 『화폐론』에서 칼레츠키에 근접하는 분배이론을 제시했다. 그리고 『일반이론』의 몇 군데에서 유효수요의 변동이 낳는 분배의 변동이나 분배의 변동이 소비성향 등에 미치는 영향을 논의했다. 더불어 『일반이론』의 말미에서 자신의 이론이 가지고 있는 분배상 함의에 대해 설명했다.

---

6) 이에 따라 후기 케인지언인 데이비드슨과 좌파 케인지언 크로티는 케인즈의 불확실한 경제를 비-에어고딕(non-ergodic) 과정으로, 왈라지언의 세계는 에어고딕(ergodic) 과정 혹은 안정적인(stationary) 과정으로 규정했다. 에어고딕 과정에서는 이미 구조나 체제가 주어져 어떤 가치의 투입이 이루어지면 특정 결과가 나올 수밖에 없으므로 자본주의를 설명하지 못한다. 이 지점에서 케인즈와 하이에크가 만난다. 더구나 학파에 관계없이 결정모형을 만들 때 이런 위험은 항상 존재한다. 가령, 생산모형에서는 기술변동이 없어 생산구조가 변치 않는다고 전제한다. 모리시마나 쉐이크가 마르크스의 전형과 관련된 기술적 문제를 반복계산법(iterative method)으로 해결한 것도 유사한 예이다. 즉, $p^*=(1+r)p^*M$. 양자 모두에 있어 투입이 주어지면 기계적으로 산출이 나오며 투입과 산출이 같은 상태에 이른다. 그렇기 때문에 왈라지언 모형뿐만 아니라 전형론도 마르크스의 시각을 제대로 반영하지 못했다는 주장이 가능하다.

칼레츠키와 케인즈

폴란드의 경제학자인 칼레츠키는 케인즈보다 『일반이론』을 먼저 제시했다는 평가를 받기도 했다. 그는 자신이 유효수요이론의 선구자라는 사연을 케인즈에게 편지로 보냈으나, 이 편지를 의도적으로 폴란드어로 써서 보냈기 때문에, 케인즈가 알아보지 못했다고 한다. 또한 그는 수리적 방법에 뛰어났고, "사적 유물론과 계량경제학"이라는 흥미로운 논문을 *Econometrica*에 발표하는 등 계량경제학의 효시로 인정받았다. 그는 계량경제학으로 노벨상을 수상한 미국의 클라인 교수 등에 영향을 미쳤다.

이제 후기 케인즈 학파의 비판을 구체적으로 논의해 보자. 우선 자본주의의 불확실성(uncertainty)이 신고전학파 종합에서는 고려되지 않고 있다. 신고전학파는 확률적으로 계산이나 예측이 가능한 위험(risk)만을 고려하는데, 케인즈가 상정한 불확실성은 확률적 위험보다 근원적이다.

케인즈 자신의 말을 빌면, 자신이 상정하는 불확실성은 도박장에서 어떤 번호가 당첨될지 모르는 것으로가 아니라 제2차 세계대전 발발여부에 대한 예측 불가능성으로 예시된다. 확률적 위험이 존재하는 경우 해당변수가 어떤 값을 가질지 모르지만, 평균치와 편차 등 분포를 알아내 예측할 수 있다. 이에 비해 케인즈의 불확실성은 보다 근본적으로 분포 자체를 알 수 없거나 분포에 대해 신뢰할 수 없음을 의미한다.

이런 이유로 자본주의에서 경제주체들은 근원적 무지에 휩싸여 있다. 이 생각은 케인즈가 『확률론』에서 제시한 가중치나, 최근 학자들의 표현으로 신빙성 등의 개념에 담겨 있다. 근원적인 불확실성에 휩싸여 있는 자본주의에서는 왈라지언 체계에서 상정한 것과 같은 경제주체의 확률적 계산이 불가능하다. 이런 관점에서 경제주체나 경제학자에게 적어도 상당수준의 예측능력을 부여하는 적응적 기대나 합리적 기대는 타당치 않다.

둘째, 케인즈에서 자본주의의 투자행위는 경제전체를 이끌어 가는 핵심적인 활동이면서 동시에 가장 불안정한 활동이다. 케인즈 이전의 경제사상은 기업가의 투자에 커다란 비중을 두지 않았다. 많은 경제학자들이 생산이나 저축, 그리고 절약의 덕목을 강조했으나, 투자를 강조한 학자는 마르크스 정도이다. 마르크스와 비슷하게 케인즈는 투자가 자본가의 능동적인 행위로서 고용을 창출하고 소비를 파생시킨다는 점에서 어떤 다른 경제활동보다 앞서 간다고 생각했다.

동시에 케인즈에서 투자는 불안정하다. 이미 위에서 언급한 바와 같이 케인즈는 자본주의가 불확실성에 휩싸여 있다고 보았는데, 이런 불확실성이 투자행위에 뭉쳐 있다. 일반적으로 투자의 결정요인은 투자의 수익률과 이자율이다. 여기서 수익률은 자본이나 투자의 한계효율로 나타난다. 케인즈는 투자결정에 있어 신고전학파에서 생각하는 것과 달리 이자율의 역할이 크지 않고 한계효율이 중요하다고 생각했다. 이에 대해서는 케인지언도 부분적으로 인식하고 있었다. 또한 케인즈의 한계효율은 불확실성을 내포하고 있어서 신고전학파가 상정하듯이 이자율로 할인해 합산함으로써 예측할 수 있는 것이 아니다.

물론 투자의 결정요인에 관해서는 현재까지 다수가 합의하는 설명이 존재하지 않는다. 이런 사실이 간접적으로 투자의 불안정성을 말해 주고 있다. 또한 국민소득에서 차지하는 비중이 아니라 변동폭으로 볼 때 투자는 소비보다 전반적으로 불안정하다. 이 같은 중요성과 불확실성으로 인해 투자는 자본주의의 유효수요를 변동시켜 고용과 경제전체의 움직임을 결정하는 1차요인으로 규정된다.

셋째, 투자에 대한 케인즈의 강조는 이론적 차원에서 투자가 저축을 이끌어 간다는 논리를 낳는다. 이 논리는 케인즈 이전의 고전학파나 신고전학파의 입장과 구분되며 마르크스와 친화력을 갖는다. 주류경제학에서는 저축이 투자를 결정하거나 적어도 저축과 투자가 상호 결정된다고 보아 투자에 논리적 우위를 부여하지 않는다. 투자와 저축의 관계가 지출, 생산, 분배로 구성되는 국민소득의 운행에서 핵심요소이므로, 케인즈와 주류경제학의 이런 차이는 거시경제에 대한 입장 차이에 근거하고 있다.

역사적으로 고전학파 시대에는 은행이 발전하지 않아 융자가 많이 이루어지지 않았기 때문에 대부분의 기업들이 과거의 이윤 중 일부를 유보했다가 투자했다. 이런 상황에서 거시적으로 저축이 투자를 결정하고 그런 투자의 결과로 소득이 발생한다는 전달기제가 좀더 타당하다. 또한 이 상황에서는 고전학파와 같이 투자증대와 자본축적, 그리고 경제적 풍요를 위한 저축의 증대와 절약을 강조할 수밖에 없다.

이에 비해 케인즈 시대에는 은행의 역할이 커져 기업이 사내유보에 의존하지 않고 주로 융자를 받아 투자하고 여기서 발생한 이윤으로 융자금을 상환할 수 있게 되었다. 이에 따라 거시차원에서 투자가 소득을 낳고 그 소득이 저축을 낳는다는 논리가 타당하다. 이 같이 케인즈에서 투자는 저축이나 여타 변수들로부터 독립적으로 존재해 자율성을 갖는다.

정확히 말해, 투자는 경제의 다른 변수들로부터 영향을 받지 않고 스스로를 결정하면서, 다른 변수들에 영향을 미친다. 이런 의미에서 케인즈의 투자는 유발되었다기보다 자발적이거나 자율적이다.[7] 이 같이 케인즈 체계에서 투자는 그 중요성이나 불안정성 이외에도 자율성을 갖는다.

반면 신고전학파 종합에서는 저축에 대한 투자의 우위가 희석되어 투자와 저축이 동시에 결정된다. 이는 힉스가 케인즈의 『일반이론』을 *IS-LM*체계로 재구성하면서 전래되어 온 대부자금이론(theory of loanable funds)을 부분적으로 차용한 데서 비롯된다. 이 이론에서는 저축과 투자의 결정변수가 이자율인데, 힉스가 *IS-LM*체계를 만들 때 소득뿐만 아니라 이자율을 추가시켰다. 이런 변경은 케인즈 체계를 "안정"시킴으로써 자본주의의 불안정성에 대한 케인즈의 통찰을 약화시키는 결과를 가져왔다.

넓게 보면 투자와 저축의 논리적 우열에 대한 입장은 경제에 대한 시각의 차이를 내포하고 있다. 고전학파는 초기 자본주의의 상황에서 물질적 풍요가 생산능력의 증강에서 비롯되었다고 보았고, 생산능력의 증강은 경제의 공급측면에서 자원의 확충을 요구했다. 또한 자원 중에서도 자본이 핵심적이기 때문에 자본축적을 위해 저축과 절약을 강조했다.

이런 고전학파의 시각은 덕성스럽고 행복한 삶을 위해 어떻게 재화와 돈을 쓸지 고민했던 고대나 중세의 시각과 대조적이다. 그런데 케인즈는 다시 이런 고전학파의 시각을 뒤집었다. 케인즈는 후기 자본주의 상황에서 경제의 정상적인 운행을 위해 생산능력이나 공급이 아니라 수요가 중요하다고 생각했다. 또한 총수요의 변동을 촉발하는 요소로 소비와 투자, 그 중에서도 투자에 초점을 맞추었다. 물론 소비와 투자에 대한 경제학자 케인즈의 강조도 덕성이나 행복이 아니라 경제 자체의 재생산을 염두에 두고 있다.

이런 케인즈의 생각은 이미 『화폐론』에서부터 등장했다. 단적으로 누적적 과정(cumulative process)이라는 개념은 앞서 언급한 자본주의의 불안정성뿐만 아

---

7) 문자 그대로 이해하면 자본주의에서 경제주체의 모든 의사결정과 경제활동은 자발적(voluntary)이기 때문에 autonomous를 "자발적"으로 번역하는 것은 오해의 소지를 안고 있다. 이런 이유로 자발적 투자라고 할 때, 자발성은 자율성이라는 의미로 해석되어야 한다. 특히, 케인즈를 이해하는 데 핵심적인 실업의 자발성과 혼동하지 않아야 한다.

니라 투자와 저축에 대한 그의 관점을 표현한다. 안정적인 과정이나 자기교정적인 과정에서는 특정 변수가 한쪽 방향으로 움직였을 때 그와 반대방향으로 움직이는 힘이 자생적으로 창출된다. 이에 반해 누적적 과정에서는 변수가 한쪽 방향으로 움직이면 그것을 강화시키는 힘이 내적으로 생겨난다.

예를 들어, 일단 어떤 이유로 발생한 불황에 직면해 경제주체들이 저축을 늘리고 내핍생활에 돌입하면 경제가 회복되는 것이 아니라 오히려 더 심각한 불황에 빠져든다. 이것을 케인즈는 "밑 빠진 독"(Danaids' jar)이라고 불렀다. 이와 반대로 호황으로 경제주체들이 소비를 늘리면 경제가 위축되지 않고 반대로 더욱 활성화된다. 그는 이것을 "무진장"(widow's cruse)이라고 불렀다.[8] 누적적 과정은 나중에 해로드에 의해 경제성장모형에 도입되어 자본주의의 불안정성을 나타내는 면도날(knife edge)을 이루게 된다.

이 과정에서 케인즈는 개인의 저축이나 내핍이 사회 전체적으로 상황을 악화시키고, 반대로 개인적 차원의 소비나 지출이 사회적으로 상황을 호전시키는 경우를 제시한 셈이다. 저축이나 내핍이 전통적인 개인의 미덕이고 사치가 그 반대라면, 이는 개인의 미덕이 사회의 악덕이나 해악을 낳고, 사치가 공동선을 가져오는 경우이다.

이 같은 변천은 맨더빌의 주제에 대한 새로운 해석을 가능케 한다. 원래 맨더빌은 개인의 미덕이 사회의 미덕이고 개인적 악덕이 사회의 악덕이라고 생각했던 전통적인 윤리를 반박했다. 이와 친화력을 갖는 고전학파는 사익추구라는 악덕이 경제적 풍요라는 공동선을 가져온다고 주장했다.

그런데 저축은 고전학파에서도 개인의 미덕이면서 공익에 부합된다.[9] 케인즈에서는 개인의 미덕인 저축이 불황이나 대량실업이라는 사회적 해악을 가져온다. 케인즈가 옳다면 개인의 악덕이 사회적 선이 될 수 있고 개인의 선이 사회

8) 밑 빠진 독과 무진장은 모두 신화에 기원을 두고 있는데, 항아리나 독과 관련되어 있다. 밑 빠진 독은 희랍 신화에 나온다. 다나우스가의 공주 50명이 강제로 시집가서 한 명만 제외하고 모두 이집트 신랑들을 살해한 죄를 짓고 나서, 채로 물길어오기 혹은 밑 빠진 독에 물 붓기를 형벌로 받은 데서 유래한다. 또한 "무진장"은 기원전 9세기에 히브류 신화에서 기근이 들었을 때 엘리자에게 무한히 기름을 공급한 독으로 전해진다.

9) 이미 언급한 바와 같이 경제학자들은 19세기 중반에 행복과 물질적 풍요를 엄밀하게 구분하고 후자에 초점을 맞추기 시작했으며, 케인즈도 이 흐름에서 벗어나지 않는다. 이는 미덕과 악덕에 대한 논의가 이익이나 편익에 대한 논의로 전환되었음을 의미한다. 그러므로 맨더빌에 대한 해석에서도 이런 변화가 고려되어야 한다.

적 악이 될 수 있다.[10)]

넷째, 케인즈는 자본주의경제에서 실물과 화폐가 불가분의 관계에 있으며, 화폐가 자본주의에서 불가결하다는 것을 역설했다. 케인즈는 세이의 법칙을 부인하면서 고전경제학이 실물과 화폐를 연결시키지 않은 채 이중생활을 계속해 왔다고 주장했다. 즉, 가치이론에서는 거의 화폐를 언급하지 않다가, 금융이나 은행에 대한 논의로 넘어가면 느닷없이 화폐가 등장한다는 것이다. 이런 비판을 통해 그는 실물과 화폐를 결합시키려고 노력했다. 이 점에서 케인즈는 마르크스와 비슷하다.

케인즈와 마찬가지로 후기 케인지언도 어떤 다른 학파보다 경제 내에서 화폐라는 존재가 갖는 의미와 화폐가 발휘하는 역할을 강조했다. 후기 케인지언은 신고전학파의 입장 중에서 무엇보다 화폐수량설에 대해 비판적이다. 후기 케인지언은 화폐가 외생적이라든지 화폐가 전적으로 교환수단으로 활용된다는 주장 등을 반박했다. 이 부분에서 후기 케인지언은 케인즈를 그대로 따르기보다 그의 시각을 연장 해석했다.

후기 케인지언은 화폐가 상당부분 내생적으로 공급되며, 화폐가 퇴장될 수 있음을 강조했다. 또한 화폐수요와 관련해 케인즈가 『일반이론』에서 제시한 세 가지 동기 이외에 『화폐론』에서 언급한 금융확보 동기(finance motive)를 고려해야 한다고 주장했다. 금융동기는 투자를 위한 기업가의 화폐보유를 대변하며, 케인즈가 융자에 의존한 투자를 중시한 것에 부합된다.

케인즈에 있어 화폐는 그 자체로서 중요할 뿐만 아니라 가격, 임금, 이자 등 경제적 범주들이 화폐변수로 등장하게 만든다. 또한 화폐 그 자체든 화폐변수든 이들은 특정 수량으로서 경제적 의미를 갖는다. 이런 이유로 화폐잔고, 재화의 화폐가격이나 노동자의 화폐임금, 화폐이자 등은 그 자체로서 의사결정의 기반이 되며, 이들의 변동이 그 자체로 경제운행에 영향을 미친다.

극단적으로 말해 이 입장에서는 물가변동을 공제한 실질잔고, 실질가격, 실질임금, 그리고 실질이자율 등은 경제학자들이 만들어 낸 허구나 가공이다. 같은

---

10) 새뮤엘슨은 이를 구성의 모순(fallacy of composition)이라 불렀다. 이 표현은 개체와 집단이나 전체가 서로 다를 수 있음을 지적하면서도, 이것을 양자의 주어진 속성으로 규정하는 정태적인 성격을 내포하고 있다. 또한 이 개념은 존재와 무관하게 순전히 인식과 관련되어 있다.

이유로 이런 가공적인 개념들에 상응하는 '명목잔고', '명목가격', '명목임금' 혹은 '명목이자' 등도 화폐와 화폐변수의 중요성을 간과한 개념들이다.

소극적으로 해석하면, 이는 총수요변동이나 이로 인한 물가변동에 대한 예측능력을 경제주체들이 갖지 못한다고 케인즈가 생각했음을 의미한다. 화폐변수와 실질변수의 차이가 물가변동이므로, 실질변수가 경제주체의 결정에 근거가 되기 위해서는 이들이 물가변동을 완전히 예측할 수 있어야 한다.

그런데 케인즈는 불확실한 자본주의에서 소비자는 물론이고 기업조차도 이런 예측능력을 가질 수 없다고 생각했다. 특정 수량의 화폐나 화폐변수가 재화의 수량이나 가격 혹은 (이들의 집계로서) 실질국민소득과 물가로 분해된 후에야 물가변동이 경제주체에게 통계자료로 전달된다는 것이 그의 생각에 가깝다.

적극적으로 해석하면, 이는 여러 가지 화폐변수가 상당기간 고정되어 있어 자본주의경제의 불확실성을 상쇄해 줄 수 있음을 의미한다. 특히, 계약을 통해 노동자의 화폐임금이 일정기간 고정되어 있다는 사실이 자본주의경제의 안정성을 증가시킨다고 후기 케인지언들은 주장한다. 이런 생각은 아이히너(A. Eichner)와 같은 미국의 후기 케인지언과 토빈 같은 일부 케인지언이 공유하고 있다. 이들은 가격의 경직성을 자본주의경제의 현실로 인정했을 뿐만 아니라 이를 불완전함이 아니라 순기능으로 파악했다.

더구나 행동경제학 등의 최근 연구에서 경제주체들이 의사를 결정할 때 실질변수뿐만 아니라 화폐변수가 고려되고 있어 화폐환상이 현실로 드러나고 있다. 가령, 물가상승률이 5%인 데 화폐임금이 3% 인상된 경우와, 물가상승률이 0%인 데 화폐임금이 2% 삭감된 경우를 놓고 대부분 사람들이 전자를 선택했다.

다섯째, 거시적 경제현상이 계층이나 계급의 분할과 이로 인한 분배상의 대립과 불가분의 관계에 있다. 『일반이론』 10장에 나타난 케인즈와 칼레츠키로부터 영향을 받아 형성된 이 입장은 주로 미국보다 영국의 후기 케인지언에 두드러진다.

우선, 소비와 저축에서 임금노동자와 자본가의 행동이 달라서, 이들의 소비성향과 저축성향에 차이가 있다. 혹은 소득의 종류에 따라 소비함수와 저축함수가 다르다. 일반적으로 임금노동자나 임금소득과 관련된 소비성향이 자본가나 이윤과 관련된 소비성향보다 높다. 마찬가지로 전자와 관련된 저축성향이 후자와 관련된 저축성향보다 낮다.[11] 앞서 언급한 바와 같이 마르크스도 이와 유사하게 구분했다.

후기 케인지언에서 자본가의 소비성향보다 노동자의 소비성향이 높기 때문에 소득을 노동자에게 재분배하는 것이 총수요를 증대시켜 고용을 창출하고 국민소득을 증대시킨다. 이렇게 되면 노동자뿐만 아니라 경제전체가 활성화된다.

이 입장에서는 리카도와 다른 방식으로 소득을 파악한다. 리카도는 임금을 비용으로 간주하는 데 비해, 후기 케인지언은 임금을 지출이나 총수요라는 관점에서 바라본다. 전자는 임금상승을 비용증가로 간주하지만, 후자는 이를 총수요 증가로 처리한다. 이런 차이로 인해 신리카도학파의 임금·이윤압박이론에 따르면 노동자에게 유리한 임금인상 요구가 동시에 자본주의의 붕괴를 앞당기는 전략인 데 비해, 후기 케인지언의 거시체계에서는 경제를 되살리는 정책이 된다.

양자의 이론적 우열을 쉽게 가릴 수 없으나, 분명히 해외의존도가 낮을수록 후기 케인지언의 논리가 보다 타당성을 얻게 되고, 그 역도 성립한다. 왜냐하면, 수출입의 비중이 높을수록 국내의 임금상승이 국내의 총수요를 증가시키기보다 비용을 인상시키는 결과를 가져오기 때문이다.

후기 케인지언의 소비·저축함수는 케인즈 자신과 케인지언이 활용한 절대(absolute)소득가설과 대립된다. 절대소득가설은 모든 경제주체에 평균적이며 동일한 소비함수와 저축함수를 부여한다. 이 점에서 근대경제학에서 제시한 여타 소득함수들도 차이가 없다. 근대경제학에 등장한 소비함수로 절대소득가설 이외에 듀이젠베리의 상대(relative)소득가설, 안도와 모딜리아니의 평생(lifetime)소득가설, 그리고 프리드만의 항상(permanent)소득가설을 들 수 있다.

평생소득가설과 항상소득가설은 개인의 합리적 선택과 적정화를 깔고 있어 철저하게 신고전학파적이다. 평생소득가설은 소비를 결정하는 변수로서 당기의 소득 이외에 자산을 고려하고 평생에 걸친 장기적 적정화를 상정한다는 점에서 다르지만, 역시 계층이나 계급의 차이는 고려하지 않는다. 또한 항상소득가설은 소비와 소득을 항구적인 것과 일시적인 것으로 구분하고 있으나, 계층의 구분을

11) 소비성향이나 저축성향이라는 표현은 다분히 주관적으로 들린다. 후기 케인지언이나 마르크스에 있어 이 개념들은 객관적이다. 또한 노동자가 임금 이외에 이자소득이나 주식배당금 등을 받는다는 현실을 고려하면, 계급과 소득이 일대일로 대응하지 않는다. 이렇게 되면 소비·저축성향을 노동자나 자본가 등 행동주체와 연결시키는 것과 임금이나 이윤 등 소득과 연결시키는 것이 달라진다.

배제한다.

끝으로, 상대소득가설은 베블렌 등으로부터 영향을 받아 개인의 합리성에 제한을 가하고 있다. 이 점에서 상대소득가설은 분명히 앞의 두 가지 소비함수와 다르다. 그러나 이런 타성이나 신분에 대한 고려는 계층이나 계급의 구분과 차원이 다를 수 있다.

이 같이 케인즈가 발라스와 달리 경제계의 결정성을 부인하고 불안정한 기대 등을 중시했으므로 케인즈 체계에 대한 왈라지언적인 해석은 심각한 문제를 안고 있다. 그러나 개인 대 환경이라는 문제설정에 있어서 케인즈와 발라스 사이에 커다란 차이가 없는 것 같다. 비록 케인즈가 『설득을 위한 수필』 등 일반대중을 위한 글에서 노동자와 자본가의 관계, 국가와 국가의 관계 등을 언급했으나, 주요 저작에서는 발라스와 마찬가지로 시장 대 개인의 구도에 집중했다.

케인즈도 주가변동에 대한 투자가의 행동 등 개인이 자연이나 시장의 변화에 대해 어떻게 반응하는가에 초점을 맞추었다. 이런 관점에서는 자연환경에 대한 개인의 적응과 시장에 대한 인간의 적응 사이에 큰 차이가 없다. 이에 반해 마르크스나 리카도 등은 인간 대 인간 혹은 개인 대 개인의 관계를 전면에 내세웠다. 마르크스는 개별 자본가들 사이의 관계, 노동자와 자본가 계급의 관계 등 경제관계에 초점을 맞추었으며, 리카도도 노동자와 자본가의 분배상의 대립을 강조했다.

마지막으로, 케인즈와 관련해 초기작과 후기작의 연속성 혹은 불연속성이라는 주제를 논의할 필요가 있다. 이 주제는 대부분의 위대한 사상가와 관련해 등장하는 문제이다. 경제사상에 국한하더라도 스미스, 리카도, 마르크스에 이런 문제가 나타난다.

스미스에서는 『도덕감정론』과 『국부론』 사이에 인간의 이기심과 관련해 논란이 계속되고 있다. 또한 리카도의 경우에는 『이윤론』과 『정치경제학 및 과세의 원리』 사이에 분배상 갈등에 대한 입장 차이가 스라파 등에 의해 제기되었다. 더불어 마르크스에서는 『독일이념』 등 초기작의 철학적이거나 사회학적인 관점과 『자본론』의 경제학적 관점 사이에 간격이 존재한다.

그런데 일반적으로 초기작이 보다 진보적이고 후기작이 보다 수구적이다.

스미스에서 『국부론』보다 『도덕감정론』이 진보적인지는 확실치 않다. 그러나 리카도를 진보적으로 해석한 신리카도학파는 『원리』보다는 『이윤론』에 중점을 둔다. 그리고 마르크스에 대한 네그리(A. Negri) 등의 재해석은 『자본론』으로부터 거슬러 올라가 『그룬트리쎄』에 이르고 있다.

케인즈에서도 덜 알려진 초기작과 잘 알려진 후기작에 각기 진보적인 입장과 보다 수구적인 입장이 등장한다. 이런 이유로 케인즈 해석에서 신고전학파가 『일반이론』에 중점을 두는 데 비해, 후기 케인지언은 『화폐론』을 중시한다.

이에 대해 몇 가지 추론이 가능하다. 우선, 보수적인 해석은 특정 사상가나 학파의 사고가 최종적인 작품에 완결되어 있으며 초기작은 후기작의 미완성품이므로 중시할 필요가 없다고 생각한다. 이에 반해, 진보적인 해석은 특정 사상가나 학파의 초기작에서 단순한 불완전함이 아니라 후기작으로 이어지는 사고의 흐름 속에서 후기작을 보다 명확하게 해석할 단서를 발견한다. 또한 기존 사고체계로부터의 압력으로 인해 후기작에서 양보했던 부분이 초기작에는 보다 선명하고 과감하게 드러날 수 있다고 본다.

선구적인 학자들은 기존 사고에서 크게 벗어나는 경우가 많으므로 이런 압력에 더욱 거세게 시달릴 수밖에 없다. 이런 압력은 학자가 이미 자신의 교육과정 속에서 체질화시킨 사고체계가 가하는 내적인 압박일 수도 있고, 과학자 집단이나 사회전체가 가해 오는 외적인 압박일 수도 있다.

이는 이론의 역사에 대한 상대주의와 절대주의라는 입장 차이와도 무관하지 않다. 또한 진보적 해석과 보수적 해석의 차이는 일반적으로 역사나 과거에 대한 진보와 보수의 입장 차이가 특정 사상가에 대한 연구에서 미시적으로 재등장한 것이다.

좀더 구체적으로 기존 경제학에 대해 비판적인 경제학자들이 과거 경제사상에 관심을 기울이고 현재의 경제상황에 비판적인 경제학자들이 경제사를 돌아본다. 이에 비해, 수구적인 학자들은 경제학의 과거나 경제사에 대해 별로 관심을 갖지 않는다. 나아가 이것은 현상에 만족하는 보수세력이 과거를 연구할 필요가 없는 데 비해, 현상에 부정적인 진보세력이 과거에 대한 연구를 강조하는 것과도 유사하다.

제10장

20세기 경제학의 이념적 대립과 그 귀결

지금까지 과거의 경제사상을 역사적인 순서에 따라 논의했다. 논의를 정리해 이후의 준거로 삼고자 한다.

첫째, 경제학은 정치학과 마찬가지로 근대에 들어 생긴 학문으로서 그것의 역사는 인문과학으로부터 하나의 사회과학으로 독립하는 과정이었다. 이 과정에서 경제학은 인간에 대한 연구를 위주로 하는 인문학으로부터 시작해 여러 인간이 모이면서 발생하는 사회현상을 설명하는 방향으로 움직여야 했다.

둘째, 다른 과학의 태동기에도 마찬가지였겠지만 경제학도 초기에 여러 가지 경제현상들을 일관되게 하나의 원리로 설명하려는 강력한 열망을 품고 있었다. 가격, 분배, 교환, 노동, 재정, 화폐 및 금융, 경제발전 등으로 흩어져 있는 경제현상들을 하나로 묶어 낼 원리가 경제학에 요구되고 있었다. 이 같은 일관된 논리는 대체로 가치이론 혹은 가격이론을 통해 확보되었다. 현재는 이와 유사한 처지에 놓여 있는 것이 경영학이다. 어느 정도 성공할 수 있을지는 미지수이나, 경영학 역시 하나의 과학으로 발돋움하기 위해 인사, 재무, 회계, 생산, 판매 등으로 파악되는 기업의 활동들을 묶어내려는 통합의 의지를 가지고 있다.

셋째, 경제학도 사회과학이므로 자연과학과 달리 처음부터 이념적 갈등에 시달려왔다. 자유주의와 사회주의, 개혁주의와 혁명주의, 시장주의와 국가주의 등의 대립에서 확인되듯이, 이념이 달라지면서 경제를 보는 시각이 달라진다. 다만, 사회주의가 몰락한 20세기 말부터 현재까지 이런 이념적 갈등이 소강상태나 동면에 접어든 것으로 보인다.

넷째, 이런 이념적 대립과 연결되어 있으면서도 일대일로 대응하지 않는 방법론적 갈등도 경제학의 역사를 점철하고 있다. 우선 경제와 사회를 구조로 파악하는 관점과 개인의 행위로 파악하는 관점의 대립이 중요하다. 또한 경제를 생명체나 유기체로 보는 생물학적 유추와 기계로 보는 물리학적 유추 사이의 대립도 사소하지 않다. 그리고 역사적 방법과 수리적 방법, 경제를 사회전체 속에서 바라보는 총체적 시각과 경제를 사회로부터 분리시켜 별도로 취급하는 부분적 시각, 본질주의와 도구주의, 대륙의 관념론이나 변증법과 영국의 경험주의, 그리고 절대주의와 상대주의의 대치 등도 간과할 수 없다.

다섯째, 사회과학에 속하면서도 경제학은 아마도 대상자체가 가지는 보편성이나 특수성 때문에 정치학이나 사회학과 다른 방법을 활용하려는 의지를 가지고 있었다. 이런 이유로 경제학은 철학이나 윤리학과 자연과학의 복합체 같은 모습을 띠게 되었다. 최근에는 한편으로 외견상 세계화 등으로 인해 윤리학적 요소가 희석되면서 더욱 자연과학적인 방법을 강조하는 경향이 나타나고 있으나, 다른 한편으로 행동경제학과 같이 이에 대해 보다 강한 반발도 함께 일고 있다.

그런데 사상들은 역사적으로 과거에 존재했을 뿐만 아니라 20세기 동안 몇 개 학파로 나뉘어 공존했다. 이런 학파의 공존은 여러 이념의 공존을 반영하고 있다.

우선 20세기는 이념과 체제들이 가장 극명하게 대립했던 시기였다. 영국 및 미국을 중심으로 한 자본주의 진영과 소련 및 동구, 그리고 중국의 공산주의체제가 대립했고, 그 사이에 사회민주주의와 시장사회주의 등이 끼어 있었다. 이런 현실의 대립이 사회과학 전반, 그리고 경제학에서 입장의 차이로 나타났다.

여러 체제의 공존과 비슷하게 자본주의를 대표하는 신고전학파, 이에 대립하는 마르크스주의학파, 그리고 이들 양자의 중간에 놓여 있는 신리카도학파 및 후기 케인즈학파 등 세 부류가 공존했던 것이 20세기 경제학의 지형이었다. 이것은 사회학에서 꽁뜨, 마르크스, 그리고 베버의 대립구도와 유사하다. 다만, 여타 사회과학에 비해 경제학에서는 보수적인 입장이 훨씬 강세를 유지했다.

사회과학에서 중요한 숫자

인문사회과학에서 의미가 있는 숫자의 조합으로 $\{0, \infty\}$, $\{1, n\}$, $\{2, n\}$, $\{2, 3\}$ 등을 들 수 있다. $\{0, \infty\}$은 존재와 무 등 인문학과 연결된다. $\{1, n\}$은 같음과 다름

이나 하나와 여럿의 인문학적인 의미를 가질 뿐만 아니라 군주와 백성의 지배관계나 화폐와 상품의 대립과 연관되어 사회과학적 의미가 크다. 이들보다 부차적이지만 {2, n}은 2재와 다재, 2인과 다수, 부분균형과 일반균형 등 경제학에서 중요하다. 끝으로, {2, 3}은 대립적이냐 아니면 안정적이냐를 결정한다. 삼국정립(三國鼎立), 동거하는 3대(조부모, 부모, 자식), 3개 계층(부유층, 중산층, 빈곤층), 정신의 3개 요소(초자아, 자아, 이드), 세 가지 이념(사회주의, 수정자본주의, 자유주의) 등 모두 안정적이다. 이에 비해 노사정이 아니라 노사는 대립이나 불안정을 나타낸다. 또한 두터운 중산층보다 얇은 중산층이 양극화(polarization)를 낳아 사회를 불안정하게 만든다. 그리고 3대보다 2대의 동거가 불안정하고, 자아의 상실은 인간을 이중적으로 만든다.

각 학파의 명칭에서도 알 수 있듯이, 이런 대립은 과거에 존재하던 사상에 뿌리를 두고 있다. 앞서 여러 학파들을 검토할 때 이론, 방법론, 그리고 사회철학의 세 가지 주제를 중심으로 논의했던 것과 마찬가지로, 20세기의 세 가지 경제학파도 같은 기준에 따라 비교할 수 있다. 이런 기준들에 비추어 본 학파들의 특징이 이미 지적한 경제학의 여섯 가지 문제들 중 한두 개에 대한 강조로 나타나는 경향이 있다.

10.1 신고전학파 경제학

신고전학파는 자본주의의 주류경제학으로서 지역적으로 미국을 중심으로 자본주의 이념을 세계에 전파하는 역할을 담당하고 있다. 신고전학파이론은 미시경제학과 거시경제학으로 구성되어 있다. 계보로 보면 한계효용학파의 이론을 미시경제학의 뿌리로 삼으며, 케인즈에 대한 보수적인 해석을 거시경제학의 근간으로 삼는다. 또한 거시경제학 안에는 시장경제의 (불)완전함과 관련해 케인지언과 통화주의자의 대립이 존재한다. 그렇지만 사회철학에서는 고전경제학의 스미스에게서 그 기원을 찾을 수 있다.

20세기의 대표적인 신고전학파로 케인즈주의의 새뮤엘슨과 토빈, 그리고 차세대로서 새 케인지언 진영의 스티글리츠와 맨큐를, 통화주의와 새 고전학파 전

새뮤엘슨: 경제학계의 아인슈타인

새뮤엘슨

새뮤엘슨은 자타가 공인하는 신고전학파의 현존하는 대가이다. 하버드 대학에서 20대에 박사학위 논문이 통과되었을 때 학생인 새뮤엘슨이 아니라 오히려 지도교수였던 슘페터가 부심인 레온티에프(W. Leontief, 1906~1999)에게 "우리 통과된 거지?"라고 말했을 정도였다. 유태인으로 하버드 대학에서 자리를 잡지 못해 20대 초에 MIT대학의 정교수로 임명되면서, 그는 당시 경제학으로 별로 알려지지 않았던 MIT를 최상급의 신고전학파 대학으로 만들었다. 더구나 그의 *Economics*는 상당기간 전 세계적으로 가장 대표적인 교과서로 군림했다.

또한 그는 자신이 노벨상을 받았을 뿐만 아니라 나이 차이가 별로 없지만 제자인 계량경제학자 클라인(L. KIein, 1920~), 그리고 최근에 스티글리츠(J. Stiglitz, 1943~) 등 십여 명의 제자들을 노벨상 수상자로 배출했다. 집안에 경제학자도 많다. 친형 역시 경제학자인데, 개가한 어머니와 함께 나가 서머스로 성이 변했다. 친형의 아들이자 친조카가 역시 경제학자로 하버드대학 총장을 지내다 여성비하 발언으로 쫓겨 난 래리 서머스이다.

물론 그는 케인즈의 영향 속에 성장한 케인지언으로 통화주의자인 프리드만과 대립했다. 현재 그는 경제학설사를 가르치며, 신고전학파의 관점에서 이 분야의 논문을 여러 편 내고 있다. 부연하면, 경제사상이나 경제사에 대한 관심은 상당부분 연령과 관련이 있다. 젊어서는 수리경제학, 늙어서는 경제사상이나 경제철학으로 옮아가는 것이 몇몇 대가급 신고전학파 경제학자에서 나타나는 흐름이다. 또한 미국의 신고전학파 중 새뮤엘슨, 클라인, 스티글리츠 등 케인지언이 시카고학파에 비해 그나마 폭이 넓은 것 같다.

통에서는 프리드만, 루카스, 사전트, 프레스코트 등을 들 수 있다.

10.1.1 이론: 합리적 개인과 시장기구

신고전학파는 가격결정과 자원배분, 그리고 고용, 물가, 경제성장을 강조하는 반면, 소득분배에 대해서는 상대적으로 소홀하다. 그런데 70년대까지 신고전학파의 핵을 이루었고 현재까지 상당한 영향을 미치고 있는 틀이 일반균형체계이다.

우선, 이 체계는 개인의 합리성과 이기심을 전제로 가격기구에 의한 경제문제의 해결을 주제로 삼는다. 개인의 선택과 시장의 가격은 상호작용한다. 임의의 주어진 가격에서 재화와 생산요소에 대한 개인의 합리적 선택이 이루어지고, 이들이 각 재화시장과 생산요소 시장별로 모여 수요와 공급을 형성한다.

그리고 이런 수요와 공급이 가격을 결정하며, 이렇게 결정된 가격이 다시 개인의 선택을 바꾸게 만든다. 개인의 선택과 시장의 가격이 상호 영향을 주는 과정이 반복되어 결과적으로 수요와 공급이 각 시장에서 일치하는 점에 이르게 된다. 이 점에서 개인의 선택과 시장의 가격이 더 이상 변동하지 않는 고정점이 형성되면서 모든 시장에서 균형이 나타나는 일반균형이 얻어진다. 개인의 선택과 시장의 가격이 동시에 최종결과에 이르고, 모든 시장의 가격들이 동시에 결정된다는 점에서 일반균형은 동시결정(simultaneous determination) 체계이다.

그런데 대부분의 경우 시장의 가격이 특정 재화나 생산요소의 사회적 가치와 사회적 비용을 반영한다고 본다. 그러므로 가격에 따라 개인들이 선택한 결과로 형성된 균형상태가 사회적으로 적정하다. 달리 말해, 주어진 기술과 선호 등의 조건하에서 더 이상 개선의 여지가 없어서 특정 경제가 다다를 수 있는 최상의 상태가 균형이다.

왈라지언 일반균형의 틀은 거시경제학으로 확대된다. 재화시장, 노동시장, 화폐시장, 그리고 채권시장의 상호작용에 의해 물가, 고용 및 국민소득, 이자율, 임금이 결정된다. 미시경제학에서보다 시장이 좀더 큰 단위로 나뉘지만 여기서도 모든 시장에서의 균형이 동시에 결정된다. 이제 신고전학파의 특징을 보다 구체적으로 논의해 보자.

첫째, 경제에 일종의 질서가 존재한다는 것은 대부분 경제학자들이 동의하는 바이다. 만약 어떤 질서나 규칙성도 없이 완전히 무질서가 지배한다면, 경제는 과학적인 인식의 대상일 수 없다. 신고전학파의 특징은 이런 질서를 균형으로 파악한다는 데 있다.

내쉬균형을 포함해 균형은 여러 힘들이 종합되어 더 이상 가격이나 개인이 행동에 변동이 없는 상태를 나타낸다. 이 같이 질서를 균형으로 파악하는 입장에서는 동태적인 과정보다 정태적인 최종결과에 초점을 둔다. 과정을 상정하는 경우에도 누적적이거나 순환적 과정 등 불안정한 과정보다 스스로를 조정, 교정,

수정하거나 반전시키는 과정에 의존한다.

시장이 스스로를 교정한다고 보기 때문에 현실경제에서 나타나는 경기순환은 내적 요인에 의한 시장과정의 필연적이거나 지속적인 일부로 간주되지 않는다. 오히려 경기변동은 시장의 부분적인 불완전함에서 발생하거나 선호나 기술 등 주어진 자료의 변동 등 외적 충격으로 발생하는 우연적이고 일시적인 현상이다.

수요/공급곡선을 예로 들면, 초과수요가 존재하는 경우 일단 가격이 상승한다. 그런데 이런 가격상승이 초과수요를 더욱 확대시키거나 유지하는 것이 아니라 감소시키거나 소멸시킨다. 가격상승이 수요와 공급의 격차를 해소한다는 점에서 스스로를 교정한다. 이와 반대로 누적적 과정은 가격상승을 예상한 투기수요에서와 같이 이런 불균형이 더욱 확대되는 것을 의미한다. 또한 순환적 과정은 경기변동에서와 같이 반전이나 교정이 즉각적으로 이루어지지 않아 겪게 되는 주기적인 지체를 표현한다.

균형과 이에 수반된 안정성 등의 개념은 모두 물리학에서 차용되었다. 고전경제학도 뉴턴 등의 물리학으로부터 많은 영향을 받았다. 그러나 공리주의에 의존하는 한계효용학파가 등장하고 왈라지언 일반균형이 자리 잡으면서부터 이런 경향이 압도적인 추세로 나타났다.

둘째, 엄밀하게 따져 신고전학파는 계몽된 이기심을 상정한다. 예를 들어, 술을 구입하려는 욕구는 있는 그대로 존중되는 것이 아니라 음주와 관련된 여러 가지 부작용이나 타인에 대한 가능한 피해를 당사자가 고려한 경우에만 존중된다. 상당수의 교과서에서 음주가 외부비경제 혹은 부정적 외부효과를 낳는 것으로 되어 있다. 이 같은 설명은 음주로 발생하는 타인에 대한 피해 등을 개인이 고려하지 않았다는 점에서 계몽되지 않은 이기심을 설정한 것이다.

여기서 우리는 개인의 이기심과 시장기구의 기능 사이에 "대체관계"를 발견하게 된다. 즉, 신고전학파는 계몽된 사익 혹은 합리성을 인정하지 않으면 않을수록, 그만큼 더 부정적인 외부효과와 시장경제의 불완전함을 인정할 수밖에 없다. 달리 말해, 개인이 계몽되면 될수록 그만큼 시장에서 처리해야 할 경제문제는 줄어들고, 그 역도 성립한다.

나아가서 외부비경제에 대한 교정방안이 조세정책을 필두로 하는 정부의 정책이므로, 경제주체의 계몽 정도나 윤리 및 도덕교육과 정부정책의 필요성 사이의 보완관계도 도출할 수 있다. 만약 후진국에서 경제주체의 이성이나 시민의식이 충분히 발전하지 않았다면, 그만큼 더 정부의 정책이 요청된다는 논리도 성립한다.

셋째, 경제행위와 경제체제의 보편적인 목표는 소비이다. 오랜 역사를 통해 소비는 경제활동의 궁극적인 목표이자 경제가 사회에 존재하는 근거로 작용했다. 그런데 어떤 의미에서 소비가 경제활동의 목표인가가 사상에 따라 달라진다.

고대나 중세의 경제활동은 덕이나 도덕의 추구를 목표로 하고, 경제는 이보다 높은 가치에 봉사하는 수단을 제공한다. 소비는 경제활동의 목표이지만 궁극적으로는 수단에 불과하다.

이에 비해 신고전학파의 경제활동은 후생증가나 쾌락추구를 지향하고 이를 가능케 하는 최종단계로서 소비가 경제활동의 목표가 된다. 나아가서 경제가 사회의 핵심이고 경제활동이 인간활동의 핵심이라고 보아 소비를 인간활동의 궁극적인 목표로 설정하는 경향이 있다. 이렇게 되면 소비가 경제의 목표이자 인생의 목표가 된다. 이런 의미에서 신고전학파는 물질만능주의와 친하다.

또한 생산재뿐만 아니라 화폐, 그리고 소득으로서 이윤이나 지대 등도 모두 소비의 관점에서 개념화된다. 단적으로 신고전학파가 표방하는 기대효용이론에서는 수익성이나 매매차익을 노리는 주식거래도 궁극적으로 소비를 지향하는 것으로 본다.

넷째, 경제활동의 최종목표는 소비이지만 소비에 이르는 가장 중요한 경제활동은 교환이다. 이런 이유로 신고전학파는 경제활동에서 얻는 이익을 교환으로부터의 이익과 거의 동일시하며, 여타 경제활동을 교환으로 환원하는 경향이 있다. 가령, 생산활동인 노동이 노동력의 매매로 해석되고 그것이 다시 노동과 임금의 교환으로 규정된다.

같은 맥락에서 생산과 기업에 대해 기술적으로 파악한다. 생산과정을 생산함수로 파악하고 기업을 하나의 조직이 아닌 생산자 그 자체로 간주함으로써 생산과 기업을 기술적이거나 기계적으로 파악하는 경향이 최근까지 지배적이었다. 이런 경향으로 인해 노동력, 원료, 자본재 등에 대한 구매계약이 시장에서 이루어지면 생산과정은 자동적으로 굴러간다고 생각한다. 다만, 최근 들어서는 신고전학파도 기업을 하나의 조직으로 보고 기업에 대해 경제학적으로 설명하려고 시도하고 있다.

다섯째, 이런 생각은 화폐가 그 자체로 경제활동의 목표가 아니라는 주장으로 이어진다. 신고전학파에서 화폐는 그 자체로 중요치 않다. 또한 화폐를 주어진 것으로 받아들여, 화폐의 발생이나 기원에 대해 최근까지 관심을 기울이지 않았다. 그리고 소비에 대한 강조와 결합되어 화폐의 기능 중 퇴장이 아니라 유통수단 혹은 교환수단의 기능을 중시한다. 이런 생각은 화폐수량설에 함축되어 있다.

뿐만 아니라 합리성의 연장선상에서 개인이 물가 등 경제변동을 어느 정도 예측할 수 있다고 본다. 이런 이유로 경제주체가 화폐변수에서 실질임금이나 실질이자율, 혹은 실질환율 등을 분리해 낼 수 있다. 이렇게 되면 각 개인은 마치 실질변수에 따라 움직이는 것과 같이 상정된다. 결과적으로 신고전학파는 현실경제를 화폐가 없는 경제와 동일시하는 경향이 있다.

10.1.2 방법론: 개체주의와 반증주의

신고전학파는 방법론적으로 개체나 개인을 모든 경제현상의 기본단위로 삼는 방법론적인 개체주의를 채택한다. 이 입장에서는 사회관계, 사회구조, 계급이나 계층 혹은 집단 등이 모두 개인들의 의지나 이익의 단순한 모음에 불과하다. 그 이상이라고 보는 경우에도 개인의 이익이나 행위 이외에 다른 요인을 찾을 수 없다고 생각해 설명되지 않는 부분을 잔차항으로 처리하는 겸손함을 유지한다.

개인의 이기심과 합리성은 시장경제의 이상이자 현실이다. 이는 개인이 이기심에 의해 움직이면서 시장경제의 균형이 달성되고 적정상태를 달성한다고 보는 데서 드러난다. 이기심은 효용극대화나 이윤, 만족, 편익의 극대화나 고통, 희생, 비용의 극소화 등 구체적인 모습으로 나타난다. 예를 들어, 사제지간은 지식을 얻으려는 학생의 이익과 수업료를 벌려는 선생의 이익이 합치되어 나타난다. 보다 극단적인 예로, 가정은 남자와 여자의 심리적이거나 생리적인 이익이 합치되어 형성된다.

경제인의 심리나 행위가 중요하기 때문에 신고전학파는 공리주의에 의존하게 된다. 사실 공리주의는 20세기에 형성된 비판적 합리주의보다 더 오랫동안 주류경제학의 기반을 형성해 왔다. 미시경제학의 연장선상에 있는 후생경제학에 접어들면 공리주의와의 연관이 보다 극명하게 드러난다.

개인의 의사결정과 행위는 주어진 환경 속에서 몇 가지 대안들 중 자신에게 가장 유리한 것을 선택하는 방식으로 나타난다. 이는 소비자나 생산자가 재화나 생산요소의 종류와 수량을 선택하는 상황뿐만 아니라 시민의 투표나 개인의 인생행로 선택 등에도 적용된다.

여기서 경제주체를 위시한 개인들은 소득이나 능력 등 여러 가지 제약조건을 안고 있으며, 이런 제약조건들은 개인들 사이에 차이가 난다. 뿐만 아니라 이런 선택은 다음과 같은 요건들을 가지고 있다. 1) 개인에게 두 가지 이상의 대안들이 주어져 있다. 2) 개인은 자신이 진정으로 무엇을 원하는지 알고 있다. 3) 개인은 이런 대안들 중에서 자신에게 최상의 것을 선택할 능력을 가지고 있다. 4) 선택을 위한 지식과 정보가 개인들에게 충분히, 그리고 공평하게 제공된다. 이에 대해 보다 비판적으로 조망해 보자.

첫째, 사회구조 등으로 인해 실질적으로 대안이 하나밖에 주어져 있지 않으면, 예산제약의 차이가 선택을 규정해 명목상의 선택이 되거나 선택의 의미가 축소된다. 예를 들어, 미국사회와 달리 우리 사회에서 대학을 갈 것인가 말 것인가는 진정한 의미의 선택이 아니다. 왜냐하면 학벌로 인간을 평가하는 사회구조로 인해 누구나 대학을 가야 하기 때문이다. 이 경우 대학을 가고 싶은가 하는 선호는 중요치 않으며 오로지 갈 수 있는가 하는 예산이나 능력의 제약만이 문제이다. 이런 서열과 같은 사전표기식의 선호, 마슬로우의 욕망단계설, 혹은 필수품/사치품의 구분 등 재화나 욕망의 우선순위를 신고전학파는 낯설게 생각한다.

둘째, 개인이 스스로 원하는 것이 무엇인지 모를 수 있다. 가령, 일에 쫓기는 사람은 자신이 원하는 것이 더 많은 노동인지 아니면 휴식인지 잘 모를 수 있다. 혹은 남북통일이라는 보다 복잡한 선택대상을 놓고 자신이 원하는 바가 진정으로 무엇인지 모를 수 있다. 이미 언급한 바와 같이 신고전학파에서도 이기심은 계몽되어야 한다. 뿐만 아니라 개인의 욕망이 선전이나 광고, 여론몰이 등으로 유도되거나 조작된다면 개인의 욕망이나 이에 근거한 선택은 사회나 경제를 이끌어 가는 동인이 될 수 없다.

따라서 자신이 진정으로 원하는 바를 가지고 있고 또한 이를 알기 위해서는 적절한 수준의 교육과 여가가 필요하다. 이 교육은 전문지식이 아니라 시민의 소양이나 교양과 관련된다. 음주나 흡연이 가져오는 폐해에 대해 교육을 받지 않았다면 흡연이나 음주에 대해 진정으로 선택할 능력을 갖추지 못한 것이다.

또한 교육과정에서 한번도 고전음악을 감상할 기회를 갖지 않았다면, 고전음악에 대해 진정으로 원하는지 그렇지 않은지 말할 수 없다.

한국사회에서는 입시경쟁으로 인한 중등교육의 부실 때문에 인간이 개인들로서 자신의 욕망을 진정으로 개발하고 표출할 경우가 별로 많지 않다. 이렇게 보면 이 부분은 한국사회 현실과 거리를 두고 있다.

셋째, 최상의 대안을 선택하기 위해서는 냉정한 계산이 요구된다. 이는 주어진 목표에 대해 최상의 수단을 강구한다는 의미에서 경제학이 신봉하는 도구적 합리성을 반영한다. 도구적 합리성은 자신이 원하는 것을 주어진 제약조건에서 제대로 선택한다는 의미와 함께 미래를 확률적으로 예측할 수 있다는 의미를 지닌다.

신고전학파의 도구적 합리성은 인간이 단순히 주어진 목표에 대해 최상의 수단을 강구할 뿐만 아니라 자신의 목표나 가치 등에 대해 고민한다는 점을 고려하지 않는다. 또한 이는 인간이 본능적으로 행동하거나 순간적 감정에 지배되거나 아니면 습관적으로 행동하는 것 등을 비이성적이거나 비합리적이라고 규정해 배제한다. 나아가 도덕이나 규범 등의 영향력도 부정된다. 설령 이들의 영향을 인정하는 경우에도 이들이 과거에 개인이나 집단의 이익 때문에 형성되었다고 해명한다.

가령, 한국의 전통적인 예의범절에 의하면, 연장자 앞에서 흡연하지 않게 되어 있다. 선택이론에서는 이것을 도덕이 아니라 관련된 사람들의 고통과 쾌락으로 환산한다. 만약 근대화로 인해 이런 예의가 사라졌다면, 여전히 선택이론은 같은 논리에 의존할 것이다. 정반대로 나타난 행위들을 동일한 논리로 설명하므로 구조변화나 체제전환을 설정할 수밖에 없다. 여기서 선택이론이 역사와 문화의 차이나 진화를 설명하는 데 취약하다는 결론이 나온다.

넷째, 판단과 선택에는 정보가 요구된다. 기회균등이 공정한 경쟁의 기본전제이다. 따라서 누구에게나 되도록 많은 정보를 동등하게 제공해야 공정한 경쟁의 기반이 조성된다. 주식거래와 관련해 각 회사의 재무제표가 공개되어야 하고, 분식회계가 법적 제재의 대상이며, 내부자 거래가 금지되는 이유도 여기에 있다.

의사결정에 가장 중요한 정보는 여러 가지 가격들이다. 가격은 그때그때의 경제변동을 함축한 정보의 덩어리로 간주된다. 즉, 가격은 주어진 기술과 제도, 그리고 자연환경에서 여러 경제주체들이 활동한 결과이지만 동시에 경제상황의 변동을 개인들에게 함축적으로 알려주는 신호이다. 그러므로 가격은 모든 경제 주체들이 일차적으로 고려하는 정보이다.

의사결정에는 가격 이외에도 상품 등 선택대상이나 대안들과 경제의 전반적 상황에 관한 정보가 필요하다. 그런데 이런 정보 중에는 공식적으로 발표되지 않아 공유되지 않는 것도 있다. 주가를 포함한 대부분의 가격이나 각국 경제의 변동에 대한 거시통계는 공유되지만, 어떤 물건을 어떤 가게에서 싸게 살 수 있는가 등과 같은 미시적 정보는 대부분 공유되지 않는다. 더구나 서양 선진국에서 당연히 공유되는 여러 가지 정보가 한국사회나 제3세계에서는 경제주체들에게 동등하게 제공되지 않는 경우가 많다.

뿐만 아니라 현실경제에서는 정보가 비대칭적일 수 있다. 가령, 물가상승이나 경제변화에 대해 노동자보다 자본가가 더 많은 정보를 가질 수 있고, 노동자의 능력에 대해 자본가가 모르는 부분보다 노동자 자신이 모르는 부분이 더 클 수도 있다. 또한 최신형 자동차에 대해 소비자보다 생산자나 대리점이 더 많은 정보를 가지며, 중고차에 대해서도 개인 소유자인 판매자보다 중고차 상인이 더 많은 것을 파악할 수도 있다.

이런 한계들에도 불구하고 개체주의는 신고전학파의 합의사항일 뿐만 아니라 경제학을 넘어서 사회과학 전체로 확산되고 있다. 우선 케인지언 거시경제학은 한동안 미시적 기초나 개체주의에 신념을 갖지 못했다. 그러나 70년대 이후 새 고전학파의 대항세력으로 등장한 새 케인지언은 시장의 불완전함과 정부정책의 유용성을 고집하면서도 미시적 기초의 필요성을 인정하게 되었다. 결과적으로 새 케인지언과 새 고전학파의 차이는 더 이상 방법론적 개체주의에 대한 논의를 낳지 않는다.

나아가 신고전학파는 개체주의를 인간의 본성이 이기적이라는 전제와 결합시켜 전통적으로 경제학의 대상이 아니었던 사회현상까지 설명하고 있다. 베커 등이 시도한 결혼이나 이혼, 출산, 동창회 형성, 파업 등에 대한 설명이 대표적인 예이다. 이들에 의하면 각 개인이 자신의 주관적/객관적 이익과 손실을 따져 결혼이나 이혼을 결정하고, 출산 여부와 낳을 아이의 숫자를 결정한다. "아이는 냉장고"라는 구호가 이를 표현해 준다. 동창회 가입이나 파업가담 여부 등도 마찬가지로 결정된다. 이런 의사결정들이 모여 사회 전체적으로 결혼이나 이혼의 비율, 출생률, 동창회의 규모, 혹은 파업가담 비율 등이 결정된다.

이 같이 강력한 도구에 힘입은 경제학적 분석이 여타 사회과학의 영역으로 침투해 이를 재구성하는 격변을 낳고 있다. 신고전학파 경제학자들이 "사회과학의 제국주의자"로 불리는 이유도 여기에 있다. 구체적인 수준에서 경영학의 영역이 확대된다면, 추상적인 수준에서 경제학이 확산되고 있다.

이런 경향은 세계화의 현실과 맞물려 있다. 즉, 경제학이 여타 학문으로 침투하는 것이 경제가 정치나 문화 등 사회의 여타 부문으로 파고드는 것이나 미국의 자본주의가 여타 지역으로 확산되는 것과 평행선을 그리며 전개되고 있다. 더구나 신고전학파의 문제나 결론에 동의하지 않으면서도 분석적 마르크스주의나 미국의 일부 좌파 학자들이 개체주의를 수용하고 있다.

신고전학파는 이론의 목표로 좁은 의미의 논리적 정합성과 경험적 타당성만을 추구하면서, 경험주의, 도구주의, 실용주의, 행동주의, 비판적 합리주의와 친화력을 갖고 있다.[1] 이 중에서도 신고전학파는 포퍼의 비판적 합리주의를 모태로 가치중립성과 엄밀성을 표방하면서 수학적 분석방법에 의존하고, 검증 혹은 반증을 위해 계량적 방법을 중시한다.[2] 수리적 방법을 강조하므로 신고전학파는 한계효용학파 중에서도 발라스에 중점을 두면서 일반균형체계를 구축했다.

우선, 신고전학파는 실증경제학과 규범경제학을 엄밀히 구분해, 과학성을 자부하면서 스스로를 실증경제학으로 규정한다. 실증경제학은 가치판단의 배제를 생명으로 삼아 특정의 정치적 입장이나 정책으로 이어지지 않는다. 이 입장에서는 자연과학의 가설과 마찬가지로 사회경제적인 구조나 역사로부터 독립적으로 가설이 제기되고, 이에 대해 중립적이고 객관적인 논의나 검증이 가능하다고 본다.

이런 생각은 여러 개인의 다양한 욕망을 무차별적으로 취급하는 공리주의

1) 경험주의는 베이컨으로 대표되는 영국의 철학이며, 실용주의는 과학의 실용성을 강조하는 제임스나 듀이 등의 미국 철학이다. 스키너 등이 주창한 행동주의는 미국에서 20세기 초 발전된 심리학의 분파로서 자극(stimulus)과 반응(response) 등 관찰 가능한 것들만 고려한다.

2) 미국의 경제학자 맥클로스키(D. McCloskey)는 『경제학의 수사』(*The Rhetoric of Economics*, 1985)라는 저서를 통해 회귀분석 등이 과학성을 표방하나 각자의 입장을 설득하기 위한 수사에 불과하다고 주장했다. 이 같이 경제학에서 인문과학으로 이행하는 과정에서 특이하게도 그는 그녀로 성전환했고, 이름도 'Donald'에서 "Deidre"로 바꾸었다.

와 친화력을 갖는다. 이런 입장에서는 자신의 가치를 개입시키지 않는 학자적 양심이 연구자에게 요구되고, 과학집단의 토론과 검증을 객관적으로 만들기 위한 절차적 합리성이 무엇보다 중요해진다.

프리드만

실증적 방법이 강조되면서 도구주의의 성향도 나타난다. 현대의 대표적인 도구주의자는 시카고학파의 프리드만이다. 프리드만은 사회철학적으로 자유방임주의를 주장하면서, 방법으로 도구주의를 취한다. 그는 논문 "실증경제학의 방법론"을 통해 이론의 목표가 설명이 아니라 예측이며, 예측을 위한 도구로서 이론이 기능할 뿐이라고 주장했다.

또한 그는 예측을 목표로 하는 한 이론의 가정이나 거기에 담겨 있는 행동주체의 준칙이 반드시 현실적일 필요가 없다고 주장했다. 가령, 비록 해바라기가 실제로 효용을 극대화하지 않더라도 이런 준칙을 상정해 해를 향한 해바라기의 성장을 예측할 수 있다면 이론은 의미를 갖는다. 그러나 새뮤엘슨 등 여타 신고전학파 학자들은 이를 프리드만 고유의 왜곡이라고 비판했다.[3)]

프리드만과 시카고학파

시카고 대학 경제학과의 1세대는 시장주의자인 바이너, 그만큼 시장을 신뢰하지 않았던 나이트(F. Knight, 1885~1972), 그리고 사회주의자 랑게로 구성되어 다양했다. 바이너는 이념적으로 철저했지만 제자 관리에 소극적이었다. 그와 달리 제자 관리에 적극적이던 나이트가 시카고 대학을 주도했다. 그의 제자 중 프리드만이 이 세대의 주장이 되면서 시카고 대학을 통일했다. 프리드만과 스티글러로부터 시작해 베커나 루카스에 이르기까지 시카고 대학은 철저하게 자유방임주의와 왈라지언체계에 대한 신뢰를 표방하고 있다.

3) 물론 도구주의는 하이에크의 입장과 대비된다. 하이에크는 사회철학에서는 자유방임주의를 취하면서도, 방법론적으로 도구주의나 수리/통계적 방법에 비판적이었다. 일반적으로 경제이론과 사회철학 사이에 일대일 대응이 불가능한데, 사회철학도 방법론과 반드시 일대일로 대응하지 않는다는 것을 여기서 확인할 수 있다.

10.1.3 사회철학: 자연상태와 최소한의 정부

신고전학파는 개인의 이기심이 인간의 본성이며, 이런 본성이 허용되는 시장경제의 결과가 자연상태를 구성한다는 신념에 기초해 있다. 이 생각은 이미 고전학파에서부터 나타났으나 신고전학파에서 더 확고하게 정착되었다. 자연임금, 자연가격, 자연이자율, 자연 실업률 등이 이런 생각을 반영하고 있다.

앞서 지적한 바와 같이 신고전학파에 의하면 가격기구에 의존하는 시장경제는 중앙계획국의 명령에 의존하는 계획경제 등과 비교해 경제문제들을 보다 효율적으로 해결할 수 있다. 이런 시장의 효율성은 근본적으로 시장의 자연스러움에 의해 뒷받침된다.

또한 인간의 이기심과 시장이 태초부터 존재했다고 생각하므로 경제활동의 자연스러움이 보편성으로 부각된다. 신고전학파에 의하면, 시장은 동양이든 서양이든 이슬람이든, 과거이든 현재이든, 외형상 자본주의이든 사회주의이든, 얇게 혹은 두껍게, 아니면 표면에 드러나 있거나 아니면 암시장으로 잠복해 있다.

여타 사회과학에 비해 경제학이 문화 등의 상대성에 대해 무감각했다는 사실의 근저에는 이 같은 생각이 깔려 있다. 즉, 자연과학자들이 과학이론에 시공을 초월하는 보편성을 부여하는 것과 거의 같은 수준에서 경제학자들은 시장경제의 원리가 문화나 관습과 무관하게 보편적으로 적용될 수 있다고 믿는다.

이기적인 인간과 시장에 대한 존중은 개인주의와 세계주의를 낳는다. 이는 이들 양자 사이에 존재하는 국가권력이 유해하거나 무력하고, 계층이나 계급 등 각종 중간조직이 부차적이며, 윤리나 규범이 인정되지 않거나 무의미함을 뜻한다. 혹은 이런 사회경제적 존재들이나 여타 행위들이 이기심이나 시장에서 파생된다고 본다. 가령, 거래비용이론에서는 화폐나 기업이 시장거래에서 발생하는 비용을 줄이기 위해 생겨난다.

이 같이 경제학은 원초적으로 시장이 국가와 대립된다고 보았다. 시장이 현실적으로 최상의 체제라는 입장은 국가의 개입과 모순된다. 여기서 시장과 국가는 거의 모든 좋음을 가진 존재와 거의 모든 나쁨을 가진 존재로 이원화되어, 자연(physis)과 인공(nomos)의 고전적인 이분법을 극대화시킨다. 따라서 신고전학파는 시장의 효율성을 믿고 국가의 개입이 최소한이어야 한다고 생각한다. 결과적으로 신고전학파의 국가는 시장의 유지나 시장의 보완이라는 차원에서 의미를 갖는다. 신고전학파에서 국가의 역할은 다음과 같다.

첫째, 시장이 작동하고 유지되기 위해 여러 가지 법적 테두리를 필요로 한다. 정부의 일차적 역할은 이런 법적 테두리를 유지하기 위해 법규들을 제정하고 시행하는 데 있다. 또한 서양에서 합리성은 성인에게만 부여되지만 미성년자를 시장경제의 일원으로 만들기 위해서는 합리성의 씨앗을 아동에게서 확인하고 교육을 통해 이를 배양할 필요가 있다.[4)]

시장경제는 사유재산을 인정하고 사유재산의 자발적 이용이나 처분을 위한 계약을 존중하는 데서 시작된다. 따라서 사유재산이나 계약과 관련된 법의 제정 및 시행이 국가의 역할이다. 여기서 국가는 공정한 심판관(umpire)으로 기능한다. 다시 말해, 국가는 경기의 참가자들이 규칙을 제대로 지키도록 유도하고 위반하는 경우 벌을 주는 중립적인 존재이다.

시장의 경쟁과 운동경기

신고전학파는 시장의 경쟁을 운동경기에 비유한다. 경제주체는 운동선수이고, 계약법 등 법은 경기의 규칙이며, 국가나 법원은 심판관이다. 단순화하면 완전경쟁하에서 벌어지는 기업들의 경제활동은 상호작용이 없다는 점에서 골프에 가깝다. 이에 비해 과점기업들 사이의 경쟁은, 경제주체들 사이에 상호작용이 끊임없이 일어난다는 점에서, 축구나 농구와 비슷하다. 그러나 이런 유추를 과장해서는 안 된다. 무엇보다 운동경기에는 완전히 제 3 자로 경기를 즐기고 평가하는 관중이 존재하는데, 시장에서는 기업은 물론이고 소비자까지도 이런 의미의 방관자일 수 없다. 시장의 모든 경제주체들은 직접으로든 시장을 통해서든 다른 경제주체들과 경제전체에 영향을 줄 수밖에 없다. 이런 의미에서 시장의 경쟁은 선수뿐만 아니라 관중이 참여하는 적극적인 의미의 경기로 보아야 한다.

---

4) 여기서 신고전학파가 교육을 인적 자본의 형성과정으로 본다든지 교육을 시장기구에 맡기는 것 등은 별개의 문제이다. 전문지식이 아니라 시민으로서의 소양과 관련된 초/중등교육은 시장경제학에서도 높은 수준의 공공성을 지닐 수밖에 없다. 중요한 것은 제 3 세계로 넘어오면서 서양식의 합리성은 이상일 뿐 현실이 아닐 수 있기 때문에 아동이 아닌 성인에 대한 의식개혁이나 교육이 본격적인 사회개혁의 방법으로 제시된다는 점이다. YWCA의 소비자운동이나 교육과 관련된 학부모의 의식개혁 등을 그 예로 들 수 있다. 의식개혁을 내세우는 사람들은 엘리트층이기 때문에, 서양의 어른과 아동의 관계가 제 3 세계에서는 엘리트와 민중의 관계로 바뀐다. 그런데 급격한 사회변혁을 피하기 위해 보수세력이 의식개혁을 전가(傳家)의 보도(寶刀)로 삼는 경우가 많기 때문에 넓은 의미에서 의식개혁은 신고전학파와 친화력을 갖는다.

둘째, 국가를 중립적인 심판관으로 상정한다는 것은 정부가 선수로서 경기에 참여하는 것과 배치된다. 이런 이유로 신고전학파는 경제계획뿐만 아니라 산업정책이나 본격적인 소득재분배정책, 그리고 수량적인 제한이나 할당에 의존하는 정부의 각종 정책에 반대한다. 미시차원의 정부개입을 회피하기 위해 조세정책을 중심으로 한 유인책에 중점을 둔다.

셋째, 시장주의자도 시장이 완벽하다고 주장하지는 않는다. 신고전학파의 입장에서 시장의 불완전성은 가격이 사회적 가치나 사회적 비용을 반영하지 못할 때 발생한다. 구체적으로 외부효과나 독점이 존재하고, 재화에 배타성이나 경합성이 없는 경우 시장은 완벽하지 못하다. 이런 근거에서 극단적 시장주의자나 야경국가의 옹호자들도 국방, 보건, 교육 등에서 국가의 역할을 인정할 수밖에 없다.

또한 시장경제가 소득분배나 기초생계 해결 등에 취약하므로, 정부가 조세정책 등을 통해 이런 시장의 불완전함을 교정할 수 있다. 거시적인 경제문제와 관련해서도 케인지언들은 재정정책이나 금융정책을 통해 이를 완화시킬 수 있다고 본다. 물론 거시경제문제에 관해 케인지언과 통화주의의 대립이 존재한다. 케인지언은 시장을 불완전하다고 생각하지만, 이들이 상정하는 시장의 불완전성도 제한적이어서, 금융정책과 재정정책을 넘어서지 않는다.

넷째, 위에서 지적한 것 이외의 상황에 국가가 개입하는 경우 그 결과는 유해하다. 근본적으로 국가의 정책을 수행하는 관료들이 공익을 위해 노력한다는 보장이 없기 때문에 모든 정책은 그 의도부터 의심을 받아야 한다. 또한 시장 스스로의 조정이나 개선이든 교육적이거나 법적인 개선이든 모든 개선이 신고전학파에서는 한계적이거나 미세한 조정으로 나타난다. 이 때문에 경제 및 사회의 각 측면에서 신고전학파가 명시적이거나 묵시적으로 제안하는 변혁은 점진적인 사회공학에 합치된다. 이 입장에서는 노동자계급에 의하든 사회전체의 합의에 의하든 급진적이거나 혁명적인 변화를 거부할 수밖에 없다.

중립적인 심판관으로서 정부의 역할에 합당한 이론이 다원주의(pluralism) 국가이론이다. 다원주의는 국가권력이 여러 군데에서 나온다는 의미를 담고 있다. 국가권력이 사회의 여러 분야로부터 모아지므로 특정 계급이나 계층에 지속적으로 치우치지 않는다는 논리가 가능하다. 시장경제에 대한 옹호와 다원주의는 자본주의와 민주주의라는 이름으로 보수적인 영미사회사상과 사회체제의 쌍두마차를 이루어 왔다. 이런 맥락에서 슘페터나 애로우 등 다수의 경제학자들은 투표행위와 소비자선택을 동일시했다.

그렇지만 자본주의와 민주주의 사이에 갈등이 없지 않다. 자본주의는 1불 1표를 기치로 삼는 데 비해, 민주주의는 1인 1표를 표방하기 때문에, 후자와 달리 전자에서는 소득이나 재산의 차이가 힘의 차이를 가져온다. 이런 모순은 은폐되어 왔으나 경제적 자유주의나 신자유주의에 이르러 노골적으로 드러나고 있다.[5] 다수결이 반드시 옳지 않다는 하이에크의 주장은 당연히 부자와 엘리트에 대한 옹호를 담고 있다. 그러나 신자유주의가 확산되고 있는 현재 21세기 초에도 민주주의를 시장주의로 완전히 대체하려는 금권주의는 등장하지 않고 있다.

이는 신고전학파가 경제주체나 경제체제가 추구할 가치나 이념들 중에서 자율성이나 형평성보다 효율성을 일방적으로 강조하는 것과 합치된다. 자율성, 형평성, 효율성은 서양인들이 정치, 경제, 문화를 망라해 가장 중시한 세 가지 가치라고 말할 수 있다. 이 중 자율성과 형평성은 서양에서 고대에서부터 중시된 가치이고, 효율성은 근대에 들어 부상한 가치이다.

자율성은 어떤 개인이나 사회적 단위가 자기 스스로 결정하고 이에 대해 책임을 지는 것을 의미한다. 자율성은 주인의식, 자결, 자긍심이나 자존, 자유 등으로 표현되며, 노예, 농노, 하인 등은 누릴 수 없었다. 전반적으로 서양인들은 근대 들어 성인이면 누구나 자율성을 갖추게 된다고 보아 이를 당연시한다. 이런 이유로 경제학자를 위시한 대부분의 사회과학자들은 자율성을 굳이 언급하지 않는다. 이런 침묵이 후진국에서는 이런 가치의 부재나 이에 대한 경시로 오해되기도 한다.

결과적으로 경제학자들이 주로 강조하는 것은 형평과 효율이다. 좁게 보면 이것은 성장과 분배의 갈등으로 규정되기도 하는데, 학자마다 형평과 효율에 대해 부여하는 상대적인 비중이 다르다. 시장에 모두 참여할 수 있다는 의미의 평등을 제외하면, 신고전학파와 이에 기초한 경영학은 압도적으로 효율성이라는 가치로 기울어져 있다. 특히, 기업이 추구할 목표는 어김없이 효율성으로 제시되는 경향이 강하다. 좀더 긍정적으로 해석하는 경우에도 신고전학파에서 형평은

5) 이미 언급한 바와 같이, 이런 내부의 모순은 비저의 자연가치나 경제원론에 소비자잉여와 관련하여 등장하는 지불의사 등에 숨겨져 있다.

효율에 비해 부차적인 가치이며 제약조건 정도로 인정된다.

10.2 마르크스 경제학

마르크스 경제학은 마르크스를 토대로 하지만, 부분적으로 리카도나 케인즈 혹은 칼레츠키 등을 비판적으로 수용하고 있다. 반드시 자본주의의 붕괴를 상정하지는 않지만 적어도 자본주의에 비판적이며, 자본주의에 대안이 되는 체제를 모색한다는 점에서 이 학파는 신고전학파와 대립된다.

마르크스학파에서 여러 사회현상은 서로 분리되어 있지 않고 경제현상을 중심으로 연결되어 있으며, 이를 대상으로 삼는 사회과학도 경제학을 중심으로 연계되어 있다. 이런 이유로 이 학파가 상정하는 경제학의 범위는 전통적인 경제학의 범위보다 넓다. 이 학파는 경제학이 좁은 의미의 경제학이나 마샬 등의 신고전학파와 밀착되어 있다고 생각해 정치경제학이라는 용어를 고집한다.

마르크스 경제학은 각 나라에서 20세기 내내 탁월한 지식인들을 끌어들였다. 이런 이유로 영국, 프랑스, 독일, 오스트리아, 일본, 미국 등 각국에서 마르크스주의 계보나 전통을 확인할 수 있다. 독일의 마르크스주의 전통이 사변적이라면, 프랑스의 전통은 일상성을 강조하면서 대단한 상상력을 발휘하고, 일본의 학계는 섬세한 훈고학을 자랑한다. 또한 미국은 수리적이거나 통계적 분석을 강조하는데, 영국은 사변적이기도 하고 수리적이기도 하다.

스위지

대표적인 마르크스주의자 중 일부를 예시하면, 영국에서는 돕(M. Dobb), 파인(B. Fine), 해리스(L. Harris), 프랑스에서는 베틀렝(C. Bettleheim), 부뤼노프(S. de Brunhoff). 듀메닐(G. Duménil)나 리피에츠(A. Lipietz) 등을 들 수 있다. 그리고 일본의 우노(宇野), 이또오(伊藤誠)나 세키네(T. Sekine), 미국의 스위지(P. Sweezy)와 바란(P. Baran, 1910~64), 보울즈(S. Bowles), 고어든(D. M. Gordon), 포울리(D. Foley), 쉐이크(A. Shaikh) 등이 대표적이다.

스위지: 미국 마르크스주의의 개척자

스위지는 새뮤엘슨과 거의 같은 시대에 케인즈의 이론에 동조했으며 굴절수요곡선을 제시하기도 했으나, 새뮤엘슨과 달리 마르크스주의를 택해 사회주의자로서 고행의 길을 걷고 있다. 그는 마르크스주의의 불모지인 미국에 『자본주의 발전의 이론』(*The Theory of Capitalist Development*, 1942)을 통해 마르크스를 소개했고, 맥도프(H. Magdoff) 등과 함께 대표적인 사회주의 비평잡지 *Monthly Review*를 만들었다.

10.2.1 이론: 자본주의의 운행과 붕괴

마르크스주의 경제학은 가치이론과 공황이론으로 구성되어 있다. 가치이론과 공황이론은 신고전학파의 미시이론과 거시이론에 각기 상응한다. 가치이론은 노동가치이론을 핵심으로 상품가격을 투하된 노동 혹은 사회적으로 필요한 노동으로 설명하고, 이윤의 원천을 자본가가 노동자를 착취해서 얻는 잉여가치에서 찾는다.

이런 의미에서 마르크스 가치이론은 신고전학파 가격이론보다 넓은 범위의 문제를 다룬다. 노동가치이론은 상품가격을 양적으로 규정할 뿐만 아니라 질적으로 설명하고, 분배를 포함해 착취를 설명한다. 또한 이 이론은 상품, 화폐, 자본 등 자본주의의 범주들과 구조를 결정하는 교환관계와 착취관계 등 사회관계들을 설정한다.

공황이론은 가치이론을 기반으로 자본주의의 흥망에 대한 과학적 논거를 제시해 노동자 계급이 취할 변혁의 방법과 속도를 제시한다. 이 이론은 과소소비이론, 임금/이윤압박이론, 그리고 이윤율저하의 법칙을 결합하고 자본주의의 역사적 변동을 고려한다. 또한 공황이론은 착취관계와 교환관계 등 좁은 의미의 생산관계뿐만 아니라 소비양식, 기술발전, 금융제도 등의 변화를 포괄하는 사회분석의 틀을 제공한다. 이런 예로 프랑스의 아글리에타 및 부와이에의 조절학파나 미국의 보울즈, 긴티스, 고어든, 와이스코프가 주도하는 사회적 축적구조이론을 들 수 있다.

10.2.2 방법론: 전체주의 및 구조주의

마르크스주의는 신고전학파와 대조적으로 방법론적 전체주의나 구조주의로 규정된다. 구조주의는 개인의 행위보다 사회구조를 우선시하며, 그런 사회구조가 주어져 있다고 보지 않고 역사적으로 변화한다고 본다. 또한 경제와 정치, 문화, 학문, 종교 등 사회의 여러 측면들이 상호 독립적이 아니라 경제를 기반으로 하나의 체계적인 구조를 이룬다고 생각한다. 여기서 개인의 의도나 행위는 나름대로 자율성을 갖지만 사회관계 및 사회구조에 의해 조건 지워진다. 또한 정치나 문화도 상대적 자율성을 갖지만, 경제변동에 의해 궁극적으로 규정된다.

이런 이유로 마르크스주의는 사물의 배후에 존재하는 구조 혹은 심층을 파악하는 데 경제학 및 사회과학의 목표를 둔다. 신고전학파는 사물의 표면에 집착하므로 마르크스가 비판했던 속류경제학의 전철을 밟고 있는 셈이다. 바스카르나 로슨의 비판적 실재주의는 마르크스의 방법론을 연장하고 있다. 마르크스학파가 수리적 방법이나 계량경제학적 방법을 배제하지는 않지만, 제한적으로 활용한다.

마르크스 경제학에서 과학적 연구는 사회와 분리될 수도 없고 중립적일 수도 없다. 이론은 역사성과 사회성, 혹은 계급적 성격을 가지므로 특정 시점에서 그 사회가 요구하는 문제들을 취급하게 된다. 이런 의미에서 이론이 처음부터 정치적이거나 정책적인 함의를 가지므로 신고전학파가 내세우는 가치중립성은 허위이며 지배계급의 논리를 수용하는 이념이다. 당연히 마르크스주의에서 궁극적인 행동단위는 노동자계급이나 자본가계급이다.

마르크스 경제학에서 재생산은 신고전학파의 균형에 상응하는 개념이다. 넓게 보아 양자 모두 자본주의경제와 사회에 존재하는 질서의 파악을 일차적인 목표로 삼는다. 그렇지만 질서를 파악하는 데 있어 재생산과 균형 사이에는 여러 가지 차이가 있다.

균형이 물리학적인 유추에 근거한다면, 재생산은 생물학적인 유추에 근거한다. 또한 균형이 경제의 질서가 이룩한 최종상태를 나타낸다면, 재생산은 경제와 사회의 존재 가능성에 초점을 둔다. 더구나 마르크스의 재생산은 사회구조와 사회관계 등 사회의 질적인 특징의 존속과 유지에 중점을 두는 데 비해, 균형은 경제의 제반 변수들의 양적인 크기를 일방적으로 강조한다. 신고전학파에서 파악하는 시장의 질서는 보편적인 것으로 본질적인 변혁을 배제하는 데 비해, 마르크스에서 자본주의의 질서는 역사적 존재로서 극복의 대상이다.[6)]

10.2.3 사회철학: 노동자 운동과 사회주의

마르크스의 사회철학은 자본주의가 보편적이 아니라 역사적 한계를 지닌 체제라는 입장에서 출발한다. 이것은 자본주의의 붕괴를 점치거나 자본주의를 근본적으로 개혁하는 논리로 발전한다. 이 입장에서는 자본주의에 계급간의 착취, 빈부격차, 체제와 고용의 불안정, 자연파괴 등 심각한 문제가 존재하며, 이런 문제들이 자본주의 안에서 스스로 치유될 수 없다고 믿는다.

마르크스주의 입장에서 자본주의가 자신의 문제를 스스로 해결할 수 없다는 것은 개인의 사적인 이익추구와 가격기구에 의존한 경제운행이 모든 문제에 대한 최선의 결과를 낳는다는 자유방임주의에 대한 거부를 뜻한다. 이 때문에 이 학파는 사회주의나 자본주의와 사회주의의 적절한 결합을 지향한다. 뒤집어 보면, 자본주의의 병폐가 심각하면서도 자본주의의 사회구조가 워낙 강건해서 의식개혁이나 정부의 정책적 개입 혹은 법적인 개혁에 근본적인 한계가 있다고 마르크스주의는 생각한다.

우선, 자본주의의 견고한 사회구조 앞에서 자신의 이기심을 어느 수준 이하로 억제하는 개인의 의식개혁이나 도덕함양이 무력하다. 또한 정부의 거시정책은 자본주의를 안정화시키는 데 무능하며, 미시적인 산업정책과 재분배정책도 자본주의를 구출하는 데 궁극적인 의미를 지니지 못한다. 나아가서 입법을 통한 제도적 장치 역시 자본주의 법률과 법률시행의 계급성으로 인해 자본주의를 근본적으로 개혁할 수 없다.

마르크스의 입장에서 국가는 자본가계급의 이익을 직접적으로 대변하는 도구이거나 자본축적의 논리를 반영해 자본가계급의 이익을 간접적으로 전달하는 매개체이다. 마르크스주의 국가이론에서 전자는 계급논리를 따르는 국가도구이

6) 첨언하면, 재생산도 보들리야르의 표현대로 사회적 차원의 동어반복 혹은 사회와 경제의 자기 확인이라는 성격을 가진다. 한국사회의 병리현상인 장남 우선주의를 재생산의 예로 검토하면, 장남에게 가정적으로나 사회적으로 모든 자극과 격려를 지원하고 나서 확인되는 장남의 우위를 자연스럽고 보편적이라고 생각한다. 이것은 이미 주어져 있는 사회구조를 다시 확인하는 과정이다. 그러나 재생산에는 변형의 가능성이 내장되어 있다.

론으로 규정되고, 후자는 자본논리를 따르는 국가도출이론으로 정의된다.

어느 쪽을 택하든 국가권력이 특정 계층이나 계급으로 기울지 않아 국가가 중립적이라는 다원주의이론에 정면으로 대립된다. 마르크스의 견해로는 자본주의의 국가권력이 자본가계급의 이익이나 자본축적에 봉사하기 때문에 국가권력이 경제를 개혁한다든지 민중을 위해 봉사한다는 것은 적어도 장기적으로 가능하지 않다. 이런 관점에서 노동자계급을 중심으로 한 무산자계급의 투쟁과 권력쟁취가 경제와 사회개혁의 관건이 될 수밖에 없다.

10.3 신리카도학파와 후기 케인즈학파

신고전학파와 마르크스학파의 중간에 놓여 있는 것이 신리카도학파 및 후기 케인즈학파이다. 이들은 공통적으로 소득분배를 경제의 핵심으로 간주한다는 점에서 다른 학파와 구분된다. 신리카도학파는 20세기 들어 스라파가 복원시킨 방식으로 리카도를 이어받으며, 후기 케인즈학파는 케인즈에 대한 진보적인 해석과 칼레츠키를 기반으로 삼는다.

신리카도학파가 가격이론 혹은 미시적인 차원에 중점을 두는 데 비해, 후기 케인즈학파는 거시적인 차원에서 경제문제에 접근한다. 이 때문에 두 학파는 소득분배를 공통분모로 각기 미시분석과 거시분석의 양 날개를 구성한다. 그러므로 신리카도학파는 신고전학파의 미시경제학이나 마르크스학파의 가치이론에 상응하며, 후기 케인즈학파는 신고전학파의 거시경제학과 마르크스학파의 공황이론에 해당된다.

그렇지만 신리카도학파와 후기 케인즈학파의 간격은 아직 남아 있다. 이들 사이의 간격을 만들어내는 데 시장이 경쟁적이냐 아니면 독점적이냐의 입장차이도 한 몫을 하고 있다. 이런 이유로 한편에서 신리카도학파가 자신의 가격이론에 근거해 거시적인 고용이론을 포용하려는 노력을 기울이고 있다. 또한 다른 한편에서는 후기 케인즈학파가 자신의 거시이론에 보다 견고한 가격이론의 기초를 부여하려고 시도하고 있다.

그리고 신리카도학파가 정교한 논리를 구사하지만 현실과 거리를 두는 데 비해, 후기 케인즈학파는 다소 느슨한 논리를 구사하면서도 현실과 밀착되어 있다는 강점을 인정하지 않을 수 없다. 미국의 후기 케인지언 민스키가 월가를 운운한 것은 자신의 이론이 현실적임을 강조하기 위해서였다.

이 두 가지 점에서 신고전학파 미시이론과 거시이론 사이의 간격과 비슷한 간격이 신리카도학파와 후기 케인즈학파 사이에 존재한다. 넓게 보면 신고전학파의 미시이론과 거시이론, 신리카도학파의 가격론과 후기 케인즈학파의 거시이론, 마르크스의 가치론과 공황론은 밀접하게 연결되지 않아 상호 거리를 두고 있다.

또한 신리카도학파의 이론이 마르크스주의 가치론과 교류했던 것과 유사하게 후기 케인즈학파의 이론이 마르크스주의 공황이론과 교류해 왔음을 지적할 필요가 있다. 특히, 사회주의의 붕괴 이후 마르크스주의는 더욱 후기 케인즈학파의 논리에 의탁하는 경향을 보이고 있다.

파시네티

신리카도학파로는 스라파의 승계자인 가레그나니(P. Garegnani, 1930~), 스티드만(I. Steedman), 쉐폴트(B. Schefold), 이트웰(J. Eatwell) 등을 들 수 있다. 신리카도학파는 중간에 서서 한편으로 가레그나니와 같이 신고전학파를 비판했고, 다른 한편으로 스티드만과 같이 마르크스주의를 비판해 왔다.[7] 이탈리아의 경제학자 파시네티(L. Pasinetti, 1930~)는 미시문제와 거시문제를 모두 다루면서 양 학파에 걸쳐 있으며, 일본의 오끼시오나 글린 등도 이런 부류에 속한다.

후기 케인지언으로 영국 쪽에서는 로빈슨, 칼도어 등을 들 수 있고, 미국 쪽에서는 데이비드슨, 아이히너, 민스키 등을 들 수 있다. 이 중 영국의 분파가 칼레츠키를 중시한다. 이에 비해 미국의 분파는 임금의 경직성을 임금계약제도의 존재로 설명하는 등 케인즈를 미국의 제도학파와 연결시켰다.

10.3.1 이론: 분배중심

신리카도학파의 이론적 근거는 스라파의 『상품에 의한 상품의 생산』이다.[8]

---

7) 새뮤엘슨이 지적했듯이 스라파를 고리로 신리카도학파와 후기 케인즈학파라는 공통분모 위에 영국과 이태리의 학문적 결합(the Anglo-Italian School)이 이루어지고 있다.

8) 스라파는 외로운 학문연구 탓인지 말년에 30분 정도밖에 기억할 수 없는 심각한 기억상실

그는 가격이 수요와 무관하게 생산구조와 소득분배에 의해 결정되는 생산모형을 제시했다. 이 과정에서 그는 고전학파의 가치이론을 명확히 했다. 여기서 가격은 고전학파의 자연가격이나 생산가격에 상응한다. 또한 그는 자본가와 노동자 혹은 이윤과 임금의 소득분배가 세력관계나 정치적 요인에 의해 결정된다고 보아 한계생산성과 무관하다고 주장했다.

한계생산성이론에 의하면 노동이든 자본이든 마지막 한 단위가 생산에 공헌한 가치가 노동이나 자본 모든 단위에 대한 보수가 된다. 이에 반해 스라파는 원료나 감가상각 등을 제외하고 남는 잉여 혹은 잉여생산물을 놓고 노동자와 자본가가 협상, 타협, 중재, 투쟁을 벌인 결과로 소득이 결정된다고 주장했다.

이 같이 나누어 가질 덩어리 혹은 잉여가 주어져 있다고 보기 때문에 신리카도학파의 입장을 잉여접근법(surplus approach)이라고 부르기도 한다. 스라파는 가격변동 속에서도 분배의 갈등을 드러내 보이기 위해 표준상품, 표준비율, 표준체계 등의 개념을 고안했다.

스라파는 리카도가 분배를 가장 중요한 경제문제로 보았다는 점과 가치이론에서 분배상의 갈등을 강조했다는 점을 부각시켰다. 그러나 스라파는 리카도가 주장한 노동가치이론은 계승하지 않았다. 이와 같이 스라파는 한편으로 신고전학파의 한계이론을 비판하면서, 다른 한편으로 노동가치이론도 반박했다.

보다 구체적으로 스파라를 필두로 한 신리카도학파는 노동가치가 생산가격의 결정요인이 아님을 분명히 했다. 또한 잉여를 잉여생산물에 가깝게 가격으로 정의해 노동가치로 정의되는 마르크스의 잉여가치와 구분했다. 이와 관련해 이들은 가치나 잉여가치가 어떻게 나눠는지, 그리고 그런 분배가 가격에 어떤 영향을 미치는지에 관심을 둘 뿐, 가치나 잉여가치가 어디서 발생하는지 그 근원을 파고들지 않았다. 이 때문에 신리카도학파는 분배상 갈등과 투쟁에 대해 말할 뿐 착취나 포괄적인 의미의 계급투쟁을 주요 관심사로 삼지 않는다.

후기 케인즈학파도 소득분배를 중심에 놓지만 고용 및 물가, 경제성장 등 거시경제문제에 초점을 둔다. 이 학파는 분배상 갈등과 자본주의 거시경제의 불안정성을 동시에 포착하려고 노력한다.

중에 걸리고 말았다. 우리 학계에서 스라파의 이론은 언급될 뿐 깊게 연구되지 않고 있다. 사실 스라파는 마르크스와 같이 자본주의를 뜨겁게 비판하지도 않았고 신고전학파와 같이 분석적이거나 시장에 친화적이지도 않았다.

이 학파는 단기에 임금과 이윤 등 분배의 변동이 노동자와 자본가의 소비성향의 차이로 인해 유효수요의 변동과 고용 및 물가의 변동을 낳게 된다고 생각한다. 혹은 자본가의 투자가 증가하면, 물가상승을 통해 노동자로부터 자본가로 소득재분배가 일어나 일종의 강제저축이 발생하므로, 결국 원래의 투자가 저축에 의해 뒷받침된다. 물론 장기에는 기업가의 저축이 자본이라는 생산능력을 증대시킨다고 본다.

분배와 장/단기 거시현상의 연계는 모두 캠브리지 방정식(Cambridge equation)에 함축되어 있다. $r=g/s_c$(r: 이윤율, g: 성장률, s_c: 이윤 혹은 자본가의 저축성향). 먼저 단기에는 $g/s_c \to r$로 읽는다. 여기서 g는 자발적인 투자라는 유효수요를 자본저량에 대비시킨 것인데, 투자가 저축성향의 역수 배만큼의 승수효과를 가져와 소득 및 이윤을 증대시킨다. 이는 케인즈가 『화폐론』에 제시한 것과 유사하게 자발적 투자의 자기실현과정을 나타낸다. 장기에는 반대로 $s_c r \to g$로 읽는다. 여기서 $s_c r$은 이윤 중 저축성향의 비율만큼 저축이 이루어져 가능해지는 g라는 자본량의 증가를 나타낸다.

양자 모두 임금으로 살아가는 노동자의 결정이나 활동이 이윤이나 자본축적에 전혀 영향을 주지 못한다는 놀라운 결과를 낳는다. 이런 결과가 발생하는 이유는 신고전학파와 달리 후기 케인즈학파에서 노동자와 자본가 혹은 임금과 이윤에 대한 소비 및 저축성향이 이원화되어 있기 때문이다.[9)]

후기 케인지언은 이윤율저하의 법칙을 통해 자본주의의 운명을 점친 마르크스와 달리 자본주의의 궁극적인 기착지에 대해서는 예언을 삼가는 겸손함을 유지하고 있다. 이것은 신리카도학파가 잉여의 근원에 대해 불문가지의 입장을 취하는 것과 상통한다. 자본주의가 어디에서 와서 어디로 가는지 머리를 싸매고 연구했던 것은 역시 마르크스주의뿐이었다.

---

9) 근대 자본주의에서는 노동자와 자본가를 임금과 이윤과 일대일로 대응시키는 것이 현실적으로 불가능하다. 이 때문에 노동자가 이자소득을 받는 경우에도 케임브리지 방정식이 성립하는지를 보여주기 위한 노력이 파시네티의 주도로 쿠르츠(H. Kurz)나 살바도리(N. Salvadori) 등에 의해 상당기간 지속되었다.

10.3.2 방법론: 절충주의

신고전학파나 마르크스학파와 중간에 있는 신리카도학파와 후기 케인즈학파는 확고한 방법론적 입장을 가지고 있지 않다. 이들의 중간적 입장이 방법론에서는 절충으로 나타난다. 이들은 왈라지언 일반균형이 안고 있는 수리적인 추상성뿐만 아니라 마르크스가 안고 있는 사변적인 추상성도 배격한다. 양자 모두 현실로부터 유리될 정도로 과도한 추상화에 빠져 있다고 이들은 생각한다.

특히, 신고전학파가 수학적 방법이나 계량적 방법을 구사하는 수준은 현실과 동떨어진 지적 유희에 가깝다. 그렇지만 경제적 의미를 놓치지 않는 한에서는 이런 방법들이 필요하다고 이들은 생각한다. 가정의 현실성과 결론의 정책적 의미를 항상 염두에 둔다는 점에서 후기 케인지언은 신고전학파가 주장하는 가치중립적인 실증경제학에 비판적이다. 그렇지만 신고전학파보다 좁은 범위에서 이론이 가정을 필요로 한다고 보며, 중립적인 이론의 설정이나 이에 대한 객관적인 논의도 가능하다고 본다.

이 학파는 이론작업에서 신고전학파가 생각하는 것과 같이 독립된 경제영역이나 순수한 경제이론에 의혹을 가지고 있어서, 경제와 정치, 그리고 문화의 연계를 허용한다. 그렇지만 이 모든 것들을 하나로 묶는 총체주의를 내세우지는 않는다. 이들이 생각하는 정치경제학은 경제와 여타 사회부문들의 상호작용을 인정하는 수준에서 그친다.

이런 이유로 이들의 이론은 신고전학파보다 현실성을 추구할 뿐 마르크스와 같은 거대한 사회이론으로 발전하지 않는다. 또한 분석단위를 신고전학파처럼 개인으로 환원하지는 않지만, 마르크스와 같이 계급에 완고하게 매달리지도 않는다. 이들이 중시하는 행동단위는 개인들과 현실에서 나타나는 커다란 집단들로서 계층이나 조직이 될 것이다.

이 점에서 보면 신리카도학파와 후기 케인즈학파는 상식을 강조하는 영국 및 스코틀랜드의 전통에 몸담고 있다. 상식을 강조하다 보면 이론이 현실이나 일상으로부터 멀어지는 거리에 내적인 제한이 가해지기 때문에 이론의 추상수준에도 제동이 걸리게 된다.

10.3.3 사회철학: 국가의 재분배정책

신리카도학파와 후기 케인즈학파는 사회체제에 대한 입장에서도 중간적이다. 리키아도와 케인즈가 그러했듯이, 이들은 자본주의에 존재하는 분배상의 갈등과 체제 및 금융의 불안정을 심각하게 받아들인다. 이에 따라 한편으로 신고전학파와 달리 자본주의에 대해 비판적이지만, 다른 한편으로 마르크스와 같이 사회주의나 공산주의로 나아가지 않는다. 이들에게 자본주의나 시장은 여러 가지 심각한 문제를 안고 있지만 완전히 부정되지도 않는다.

그러므로 이들은 정부의 폭넓은 개입에 의한 자본주의경제의 관리를 주장하게 된다. 이들은 자본주의 생산체제 자체를 부정하지는 않는다. 이런 제한 속에서 국가가 경제에 개입한다면 그런 개입은 주로 분배정책으로 나타난다. 현실적으로는 케인즈적인 복지국가, 더 나아가 사회민주주의나 시장사회주의 등이 이들이 지향하는 체제라고 생각된다.

구체적으로 국가는 단기적으로 노자협상에 개입해 임금이나 이윤의 비율이 어느 한쪽으로 과도하게 기울지 않도록 중재한다. 또한 국가는 장기적으로 재산법이나 상속법, 그리고 조세법 등을 통해 빈부의 격차가 심화되지 않도록 조정하는 역할도 발휘한다.

이들이 경제의 중심에 분배문제를 놓고 있다는 것은 국가의 역할이 재분배에 있고, 거시현상에 대한 조절도 재분배정책을 매개로 이루어진다는 것을 의미한다. 신고전학파가 분배정책에 대해 부정적이라는 점에서 이들은 상대적으로 진보적이다. 그러나 국가의 역할이 올바른 방향으로 유도될 수 있다고 보는 점에서 이들은 다원주의국가와 완전히 대립된다고 볼 수 없다.

10.4 20세기 경제학의 논쟁

20세기 상당기간 동안 경제학 내에는 왼편에 마르크스학파, 오른편에 신고전학파, 중간에 신리카도학파와 후기 케인즈학파가 놓여 있었다. 이들 학파 사이에는 빈번한 교류가 이루어지지 않았다. 그렇지만 중간에 있는 신리카도학파 및 후기 케인즈학파가 한편으로 신고전학파와 논쟁을 벌이면서 교류하고, 다른 한편으로 마르크스학파와 명시적이거나 묵시적으로 대화했다. 다만, 양 극단의 신고전학파와 마르크스학파는 서로 넘을 수 없는 깊은 골을 유지해 왔다.

10.4.1 신고전학파와 신리카도학파 사이의 자본논쟁(capital controversy)

자본논쟁은 1970년대에 신고전학파의 자본이론과 분배이론과 관련해 로빈슨이 불씨를 제공하면서 신리카도학파와 신고전학파 사이에 번진 논쟁이었다. 양측에서 당대 최상급의 학자들이 가담했고, 논쟁의 대상이 신고전학파의 이론적 기반과 관련된 것이어서 자본논쟁은 커다란 관심을 불러 일으켰다. 더구나 이 논쟁은 경제학에서 흔치 않은 학파간의 논쟁이었다는 점에서 더욱 그러했다. 케인지언과 통화주의자의 논쟁은 학파간의 논쟁이라기보다 학파 내의 논쟁에 가깝다.

일반적으로 논쟁은 개인들 사이에 벌어지는 것이 대부분이다. 학파간 논쟁에는 서로 다른 언어들을 정리 정돈해야 하는 어려움이 수반된다. 이런 어려움 때문에 자본논쟁에서 신리카도학파는 신고전학파의 전제나 가정을 받아들인 상태에서 논리적인 모순을 드러내려고 노력했다. 내재적인 비판(internal critique)의 방식을 취함으로써 신리카도학파는 신고전학파이론을 이해하면서 비판을 제기했다는 평가를 받았다. 이 점에서 자본논쟁은 그 귀결과 무관하게 논쟁의 모범사례로 평가되었다.

이 논쟁은 캠브리지 논쟁으로도 불렸다. 그 이유는 신고전학파에 비판적이었던 로빈슨과 신리카도학파의 본거지가 영국의 캠브리지 대학이었고, 이에 반발한 신고전학파의 학자들이 미국 캠브리지 시에 소재하고 있는 MIT 대학과 연관이 있었기 때문이었다.

영국의 캠브리지에서는 로빈슨, 파시네티, 가레그나니 등이, 미국의 캠브리지에서는 새뮤엘슨, 버마이스터, 쉐친스키 등이 논쟁에 참여했다. 영국 캠브리지의 이론적 근거는 스라파였고, 거슬러 올라가면 리카도였다. 반면 미국 캠브리지의 이론적 근거는 한계생산성이론 혹은 한계효용이론이었다.

이 논쟁은 신고전학파의 자본이론과 분배이론을 함축하고 있는 생산함수를 중심으로 전개되었다. 신고전학파 자본/분배이론의 핵심은 노동량과 자본량이 경제에 사전적으로 주어져 있으며, 노동과 자본의 결합비율이 임금과 이자율에 의해 결정된다는 데 있다. 자본에 초점을 맞추면, 높은 이자율에서 자본절약적인 생산방법이, 낮은 이자율에서 자본집약적인 생산방법이 채택된다는 것이다. 이런 논리에 근거해 자본시장에서의 자본수요곡선이 제시되고, 자본과 필연적으로 결합되는 노동수요곡선도 도출된다.

이에 대해 신리카도학파는 여러 자본재들로 구성되어 있는 자본의 수량이 가격과 무관하게 사전적으로 정의되거나 측정되지 않는다고 반박했다. 그런데 가격이 이자율과 연결되므로 이 반박은 자본이 이자율과 독립적으로 정의되거나 측정될 수 없음을 의미한다. 이자율과 자본량은 상호 분리될 수 없으므로 이자율에 따라 자본량을 선택하는 것이 무의미하다는 결론이 나온다.

이 주장을 논증하기 위해 이들은 이자율이 점차 높아지는 데 낮은 이자율에서 채택되었던 방법이 다시 채택되는 재교체(reswitching)나 낮은 이자율이 자본절약적인 방법을 낳는 자본역전(capital-reversing) 등이 논리적으로 가능하다는 것을 보여주었다.

이런 현상들은 요소시장에서 자본수요가 이자율과 자본량의 단조감소관계를 보이지 않는다는 것과 안정적인 자본수요곡선 및 이와 상호의존적인 노동수요곡선이 존재하지 않는다는 것을 의미한다. 신고전학파가 이런 병리현상을 용인할 수 없으므로, 결정적인 문제점을 드러낸 것이라고 신리카도학파는 주장했다.

논쟁의 결과는 신리카도학파의 승리였지만, 현실적으로 커다란 영향을 미친 것 같지 않다. 생산함수는 여전히 교과서에 중요개념으로 등장한다. 다만, 새뮤엘슨의 교과서에 이 논쟁에서의 패배를 우회적으로 인정하는 발언이 실려 있을 뿐이다.

10.4.2 가치논쟁(value controversy)과 분석적 마르크스주의

가치논쟁은 신리카도학파와 마르크스학파 사이에 벌어졌는데, 마르크스의 노동가치이론에 대한 논의가 핵심을 이룬다. 이 논쟁의 중심에는 신리카도학파의 입장에서 마르크스를 비판해 온 스티드만이 있었다. 그는 노동가치와 잉여가치의 존재가 생산가격 및 이윤의 존재와 상호 충돌되며, 전자가 후자를 설명하는 데 필요치 않다는 점 등을 논증하려고 했다. 이런 비판에 대해서는 생산에 관한 마르크스의 동태적인 관점을 발전시켜 반격할 수 있을 것으로 보인다.

분석적 마르크스주의는 마르크스의 문제와 신고전학파의 방법을 결합시키려고 한다. 대표적으로 엘스터(J. Elster), 역사철학자 코헨(G. A. Cohen), 사회학자 라이트(E. O. Wright), 정치학자 쉐보르스키(A. Pzerworski), 경제학자 로우머(J. E. Roemer) 등을 분석적 마르크스주의자로 들 수 있다. 이들은 신고전학파가 제기하지 않는 마르크스의 문제에 변증법이나 구조주의가 아니라 신고전학파의 방법론적 개체주의나 수리적 방법을 결합시킬 수 있고, 또 그렇게 해야 한다고 주장했다. 분석적 마르크스주의가 현재 어느 정도 성숙되고 있는지는 확실치 않다.

제11장

세계화와 경제학의 최근 변화

현 시점에서 무엇보다 중요한 주제는 세계화와 신자유주의, 그리고 이와 같은 박자로 진행되고 있는 경제학과 사회과학의 새로운 변화들이다. 1990년 사회주의 몰락 이후로 전 세계는 체제나 이념의 대립 없이 자본주의라는 단일 체제로 수렴되는 거대한 물결에 휩싸여 있다. 한국경제도 1997년에 공황을 경험하고, 이어 IMF 프로그램이 부과되면서부터 이런 추세에 휘말리고 있다. 이런 현실의 변동과 더불어 신고전학파 경제학도 크게 변화하면서 여타 사회과학에 영향을 미치고 있다.

이 장에서는 세계화와 경제학의 변동을 각기 요약하고, 이를 연결시키고자 한다. 또한 이런 변동을 배경으로 해방 이후 한국의 경제학에 대해 비판적인 진단을 내리고자 한다.

11.1 세계화와 신자유주의

세계화(globalization)로 불리는 흐름은 현 시점에서 가장 중요한 사회현상이고 경제학을 포함한 사회과학의 가장 중요한 주제이다. 세계화는 무제한적인 자본주의의 확산을 의미한다. 이에 따라 세계화시대에 들어서면서 현실적으로 자본주의에 대안이 되는 체제가 눈에 보이지 않고 있다. 세계화는 사회주의체제나 사회민주주의체제를 자본주의로 변형시키고 전 자본주의나 준 자본주의체제를 자본주의로 흡수하고 있다.

또한 세계화를 통해 미국식 자본주의의 영향력이 커지면서 자본주의는 사회, 역사, 그리고 문화의 다양성과 더욱 무관한 존재로 우리에게 다가오고 있다. 그것은 일본이나 독일 등의 다양한 자본주의 형태들을 미국식 자본주의로 획일화하는 경향을 가지고 있다.

좀더 구체적으로 세계화의 특징을 살펴보면 다음과 같다.

1) 노동에 대한 자본의 우위

자본이 전 지구적으로 이동할 수 있는 것과 대조적으로 전문직 종사자를 제외한 노동력은 종전보다 더욱 엄격한 이민의 장벽으로 쉽사리 이동할 수 없다. 이런 상황에서 기업은 노동자들을 과거보다 손쉽게 해고하거나 고용하게 된다. 노동시장의 유연화라는 구호가 이를 표현해 준다.

또한 각국은 전 지구적으로 이동하는 자본을 붙들어두기 위해 노동조합의 약화, 노동조건의 완화, 조세감면 등의 정책을 시행해야 한다는 압박을 받고 있다. 이에 따라 노동력은 점점 더 다른 상품과 다를 바 없이 사회적이거나 문화적인 문맥에서 벗어나 완전히 '벌거벗은' 상품으로 등장하게 된다. 사회적 안전망에 대한 강조는 이런 상황의 뒷면일 뿐이다.

2) 생산자본에 대한 금융자본의 우위

자본가들 사이의 경쟁이 격심해지는 가운데 금융자본이 생산자본에 대해 우위를 차지하게 된다. 금융자본 중에서도 은행을 매개로 하는 간접금융이 아니라 주식과 채권 등 직접금융이 득세하고 있다. 또한 냉전시대의 종언과 사회주의의 몰락으로 불확실성이 줄어들어 상대적으로 채권보다 주식의 가격이 크게 상승하면서 주식의 비중이 더욱 커졌다.

국제적인 수준에서도 상품수출이나 생산자본투자가 아니라 금융자본, 특히 단기적인 투기자금의 이동이 현대자본주의를 선도한다. 이는 신자유주의의 이론적 요체인 통화주의가 현실적으로 투영된 결과이다. 이렇게 되면서 투자(자)와 투기(자)의 구분은 더욱 불분명해지며, 종래 투기로 불리던 '수상스런' 경제활동이 더욱 활개를 치고 칭송을 받게 된다.

그런데 금융시장, 특히 선물시장 혹은 파생상품시장이 투기를 부추기고, 금융자본이 생산자본으로 전환되는 것을 저해할 가능성이 있다. 이에 따라 고용은 위축되고 경제의 불안정은 더욱 심화된다. 그러므로 세계화를 옹호하는 입장에서도 이런 불안정성을 일정수준에서 유지하기 위한 조세부과나 기금형성 등 국제적인 제도의 구축 및 국가 사이의 협력이 불가피하다.

3) 주주의 부상

주식시장 위주로 기업이 운영되면서 기업의 이해당사자(stakeholders) 중에서 소비자의 역할이 축소되고 대신 주주의 역할이 증대된다. 기업의 입장에서는 값싸고 질 좋은 상품이나 서비스를 생산하는 것보다 주주들에 대한 배당이나 회사의 시장가치 및 주가 유지에 더 관심을 기울이게 된다. 더구나 모든 기업이 주식시장에서의 적대적 인수합병에 노출되지 않도록 신경을 쓸 수밖에 없다.

4) 공동체의 약화

사회주의와 같은 국가수준의 경제체제뿐만 아니라 자본주의 안에서 민간부문의 공동체 조직이 위협을 받는다. 세계화는 미국식 자본주의를 표준으로 삼아 모든 경제주체들에게 단기적인 이익을 좇아 부단히 움직이도록 만든다. 이에 따라 공동체적인 요소들과 장기적인 거래관계가 약화되는 경향이 있다. 특히, 공동체적 요소들을 많이 내포한 독일의 사회적 시장체제나 일본 및 한국의 자본주의가 약화되고 있다. 라인형 모델과 아시아 자본주의에 나타나는 장기적인 거래관계와 '관계에 기초한'(relationship-based) 경제활동은 이런 소집단이나 공동체에 대한 개인의 권리나 의무를 내장하고 있었다.

5) 기업의 중요성 증대

사회주의의 몰락과 더불어 기업은 더욱 중요해지고 단순히 경제적 존재가 아니라 정치적이면서 사회적 존재로 변한다. 기업은 더 이상 정치나 문화를 의식하거나 이들로부터 제약을 받는 존재가 아니라 이들을 흡수하고, 나아가서 자체 내에서 새로운 유형의 권력구조와 문화를 창출해 외부에 전파시키게 된다. 또한 기업의 역할이 커지면서 기업을 감시하고 견제하는 장치가 과거보다 더욱 절실하다.

6) 소득불평등의 증가

세계화는 과거보다 가일층 경쟁과 효율을 추구하게 만들어 소득과 자산의 불평등을 증대시키고 있다. 이런 불평등은 국가 내에서 계층간에, 그리고 여러 국가들 사이에 나타나고 있다. 특히, 금융자산의 매매를 통한 불로소득의 증대는 수많은 졸부를 출현시켜 심각한 반발을 낳고 있다. 결과적으로 종전에 완충역할을 담당했던 중산층이 더욱 얇아지는 양극화가 각국 경제의 현실이다. 이에 따라 소득의 불균등 속에서도 사회를 유지해야 하는 부담이 제 3 세계를 위시한 각국 정부에 가중되고 있다.

7) 국민국가의 약화와 변형

엄청난 속도로 움직이는 금융자본에 의해 한 국가의 경제와 사회의 운명이 좌우되면서 국가의 거시적인 경제정책이 상당부분 무력화되고 있다. 더구나 세계화로 인해 자본과 숙련노동이 국가 사이에 자유롭게 이동하고, 각국이 자본과 숙련노동을 유치하기 위한 조세인하 경쟁을 벌이며, 전자상거래의 급증 등으로 세원 확보에 어려움이 생기고 있다. 이런 것들이 서구나 일본 등 복지지향적인 국가에 상당한 부담을 주고 있다.

그러나 세계화 과정에서 국가의 경제적 역할이 소멸하리라고 예상하는 것은 잘못이다. 국가는 주권의 소재지, 규칙제정, 국방의 제공, 위험의 사회화, 세계화의 파고에 대한 정책적 대응 등을 여전히 자신의 역할로 담당하고 있다. 또한 세계화 자체가 숙명이 아니라 상당부분 각국 정부의 정책에 의해 그 속도와 수용방식이 결정될 수 있는 선택사항이라고 볼 수도 있다. 더구나 후발 자본주의 국가에서는 세계 표준이나 규칙들을 정착시키는 데 국가의 역할이 막중하다. 이에 따라 국민국가의 소멸이 아니라 국민국가의 변형이 세계화시대의 특징으로 규정될 수 있다.

8) 선진국 유형의 소비와 문화확산

세계화에는 전 세계적인 TV시청의 증가와 인터넷 등 통신망 증가를 통해 선진국의 소비유형이 개도국으로 전파되는 과정이 동반된다. 이것은 미국의 대중문화가 전 세계로 확산되는 것을 의미한다. 맥도날드 햄버거, 스타벅스 커피, 헐리우드 영화의 확산은 이를 단적으로 보여준다. 이로 인한 국제적인 전시효과가 증대하고 이에 상응하는 소득증가가 후진국에서 이루어지지 않음으로써 여러 가지 사회/심리적인 갈등이 초래될 것이다.

9) 전 세계적인 공간의 재편

금융자본의 득세로 인해 전 세계적으로 공간이 재편된다. 세계화는 단순히 외연적으로 보다 넓은 지역으로의 확산이 아니라 공간과 지형의 지속적인 변형을 의미한다. 여기서 공간은 물리적으로 주어지는 것이 아니므로 근대국가의 주권개념에 근거해 제시되는 물리적인 영토는 크게 의미를 잃게 된다.

비록 학술적인 용어는 아니지만 이와 같이 방해받지 않는 자본주의의 확산을 대변하는 이념이 신자유주의(neoliberalism)이다. 신자유주의는 자유방임주의 혹은 무제한적 경제적 자유주의를 뜻한다. 신자유주의의 확산은 마르크스주의의 퇴장, 신리카도학파 및 후기 케인즈학파의 후퇴, 그리고 신고전학파의 전진을 의미한다. 같은 이유로 신자유주의는 신고전학파 내의 케인즈주의에도 부담을 주고 있다.

세계화의 외연이 지구적으로 미국식 자본주의를 확대시키는 것이라면, 그것의 내포는 각국 내에서 시장원리나 자본논리의 밖에 존재하던 부문이나 지역을 완벽하게 흡수하는 것이다. 이는 종전에 경제와 독립적인 부문으로 인정되어 시장원리로부터 보호되었던 정치, 행정 및 국방, 문화, 종교, 의료, 교육 등에 시장원리가 침투한다는 것을 의미한다.

일상적으로 정치활동에서 돈의 힘이 증가한다든지, 기업인이 정치인으로 변신하는 것이 훨씬 쉬워진다든지, 대통령이 세일즈 외교를 자임하고 경제대통령을 자처하는 것이 이런 상황을 예시한다. 또한 관료조직에 기업의 경영이념이 도입된다든지 공무원들을 대기업 연수원에 파견해 교육시키는 것 등도 비슷한 예이다.

나아가서 예술작품이 점점 더 시장의 교환가치를 획득해야 된다든지, 영화가 주요 산업으로 자리 잡게 된 것도 같은 맥락에 있다. 더구나 교회나 학교, 그리고 병원 등이 기업과 동일하게 경영의 대상으로 취급되는 것도 그렇다. 그리고 교육계 전반에 경쟁을 촉진한다는 명목으로 신자유주의 교육이념이 도입되고 있는 것도 간과할 수 없다.

세계화의 이 같은 측면과 평행으로 신고전학파 경제학이 다른 사회과학에 침투하고 있다. 20세기 말부터 경제학은 전통적인 문제들로 인정되어 왔던 가격, 자원배분, 소득분배, 물가, 고용, 경제성장 등을 넘어서 타 학문분야의 문제들을 다루고 있다.

일찍부터 여타 사회과학들이 경제학의 수리적 방법이나 계량적 방법을 모방해 자신들의 문제를 분석해 왔다. 방법에 있어 경제학이 다른 사회과학을 선도해 왔던 것이다. 현재는 이런 수준을 훨씬 넘어서고 있다. 사회현상 전반에 대한 포괄적인 방법론이 주류경제학 중심으로 통일되고 있다. 무엇보다 모든 사회현상을 이기적인 개인의 합리적 사고와 행위로 파악할 수 있다는 방법론적 개체주의가 사회과학의 담을 허물고 있다.

신고전학파 중에서 자유방임주의에 충실한 것이 통화주의이듯이, 방법론적 개체주의에 충실한 것이 시카고학파이다. 이에 따라 스티글러, 앨시언, 허시라이퍼, 베커 등이 이런 흐름의 중심에 있다. 또한 수리적이거나 계량적 방법은 아니더라도 방법론적 개체주의와 자유주의 철학을 공유하는 오스트리아학파가 이들을 뒷받침하고 있다. 특히, 개체주의에 근거해 경제학이 경제행위뿐만 아니라 모든 인간행위를 설명할 수 있다고 자부하는 미제스나 자유주의 사회철학에 깊이를 제공한 하이에크 등이 이런 사조의 기반이다.

이들은 통상 정치학이나 사회학 혹은 인류학의 문제로 규정된 것들을 개인의 이기심이나 기타 합리적인 근거에 따른 선택으로 설명하고 있다. 이런 문제들에는 노조의 결성과 파업 여부뿐만 아니라 기업의 지배구조와 크기, 투표, 결혼, 출산, 자살, 범죄, 동창회의 형성과 규모, 도덕과 윤리의 형성과 변화 등이 포함된다.

나아가 인간뿐만 아니라 동물이나 식물에게서 이기적인 행위를 발견하려는 노력이 적지 않다. 식량에 대한 모르모트의 수요곡선이나 햇빛을 많이 받기 위한 해바라기의 극대화 등은 그런 예들이다. 심지어 레이저 광선이 발사되면 여러 광선들이 주요 흐름을 형성하기 위해 일시적으로 경합을 벌인다는 논리까지 등장했다.

이렇게 되면서 경제학을 주요 기반으로 하는 경영학이 보다 구체적인 차원에서 유사한 논리를 구사하는 것으로 짐작된다. 경영학은 관공서, 학교, 병원, 군대, 교회 등에서 열심히 기업을 찾아내고 있다.

과거 마르크스는 이와 정반대의 입장에서 정반대 방법인 방법론적인 전체주의에 근거해 경제를 기반으로 정치, 문화, 종교, 교육을 하나로 묶으려고 노력했다. 그는 경제와 여타 영역들이 상호작용하면서도 수직적인 구조를 형성한다고 주장했으며, 이런 구조를 부정적으로 바라보았다. 이에 비해 베커 등은 이들 사이에 수평적인 관계를 설정하면서도 경제논리에 의거해 통일적으로 설명하려고 노력한다. 또한 말할 나위 없이 마르크스와 정반대로 이런 변화를 긍정적으로 생각한다.

회고하면 일찍이 스미스는 경제가 정치의 간섭이나 전통적인 의미의 도덕에서 벗어나야 한다고 주창했다. 이 기준에서 보면, 근대 이전에는 "정치가나 승려뿐만 아니라 사업가도 나라를 생각하고 이웃을 생각했다." 이에 비해 스미스 이후의 시대에는 "나라 생각은 정치가의 몫이고 이웃 사랑은 성직자의 몫일 뿐 사업가는 장사만 잘 하면 된다"는 논리가 어느 정도 통용되었다.

그런데 이제 세계화와 신자유주의의 시대에는 "사업가도 사업생각, 정치가도 경제생각, 심지어 성직자도 경영 마인드가 있어야 한다." 달리 보면 정치적 자유주의와 경제적 자유주의의 쌍두마차가 경제적 자유주의에 의해 압도되는 경향이 신자유주의라고 해석할 수 있다. 현실사회의 각 부문에 시장원리가 침투하면서 사회과학 각 분야에 경제학의 논리가 파고들고 있다.

이와 같이 세계화와 신자유주의는 학문적으로 경제학 내에서 신고전학파의 압도, 사회과학 전체에서 경제학의 지배, 그리고 사회과학 전반에서 방법론적 개체주의의 승리 등과 함께 간다. 그렇지만 이런 흐름에 대한 반대세력도 형성되고 있다.

현실적으로 세계화를 부의 세계화가 아니라 미국의 제국주의가 주도하는 "빈곤의 세계화"로 규정하는 전 세계의 시민단체나 노동단체 등이 그런 것이다. 또한 수세에 몰려있지만 후기 케인즈학파나 분석적 마르크스주의가 존재한다. 이들 이외에 논의해야 할 흐름이 도덕이나 국가권력 등 기존의 사회적 기제를 통해 세계화시대의 자본주의에 재갈을 물리려는 노력과 포스트모더니즘이다.

우선, 도덕이나 국가권력에 의존해 고삐 풀린 자본주의에 모종의 통제를 가하려는 흐름은 주로 아리스토텔레스주의자나 폴라아니 등에서 나타난다. 폴라아니는 시장이 사회의 모든 분야를 시장화할 때 스스로 폭발하리라고 예상한다. 이런 입장에서는 인간의 얼굴을 한 시장경제나 도덕적 경제를 주창한다. 그러나

이 생각은 아직 유효한 대안으로 발전하지 못했다.

포스트모더니즘은 신고전학파, 마르크스주의 등을 모두 근대성의 한계를 지닌 사회인식으로 보면서, 근대로부터 벗어날 것을 주장한다. 이 중에서도 마르크스, 프로이트, 니체를 모태로 삼는 프랑스의 철학자 데리다(J. Derrida), 라깡(Lacan), 보들리야르(J. Baudrillard), 푸코(M. Foucault), 들뢰즈(G. Deleuze) 등이 주목을 받고 있다.

이들은 인간의 자아와 이성, 그리고 사물의 실체를 근간으로 하는 근대를 부정하면서, 현실을 형태와 기호들의 난무로 파악한다. 이 입장에서 인간의 행위와 인식은 순전히 이성적이지 않으며, 사물의 본질이나 실체는 존재하지 않는다. 이 입장에 서면 개인의 합리성을 근간으로 하는 주류경제학, 특히 극도의 합리성을 전제로 하는 합리적 기대가설은 철저하게 부정될 수밖에 없다.

뿐만 아니라 개인은 아니더라도 노동자계급에게 인식과 변혁의 의지를 부여하는 마르크스 역시 그 자체로서는 부정된다. 또한 가치실체 개념 등을 통해 사물의 본질을 강하게 신뢰하는 마르크스주의는 탈근대의 입장에서 거부될 것이다. 포스트모더니즘에서는 실체 없는 형태, 실물 없는 거울의 반영을 강조하기 때문이다.

더불어 인간의 생존을 위한 필수품과 사치품의 구분이 무의미해지며, 금융부문을 받치고 있는 실물부문의 존재도 부인된다. 이렇게 보면 기존 경제학파 중에서 포스트모더니즘에 친화력을 갖고 있는 흐름은 후기 케인즈학파이다. 그 중에서도 특히 민스키와 같이 금융 불안정성을 내세우는 입장이 탈근대에 근접한다. 소위 “개가 꼬리를 흔드는 것이 아니라 꼬리가 개를 흔드는” 역전이나 전도가 바로 이것을 나타낸다.

여기서 우리는 세계화의 특징 중 하나로 전 세계적인 차원에서 금융자본이 우위를 점하며, 금융시장에서 선물, 포워드, 스왑 등이 지배한다는 점을 주목해야 한다. 이 점을 고려하면 탈근대와 세계화에 대한 좌파적인 해석이 만나는 부분도 있다.

신고전학파, 특히 통화주의는 이와 정반대 입장에 있다. 통화주의자들은 주식시장의 주가가 적어도 장기적으로 회사의 수익이나 상황을 제대로 반영하며, 외환시장의 환율이 양국의 경제상황이나 수출입 등 실물여건을 그대로 반영한다고 고집한다. 더구나 통화주의에서는 헷징이나 투기 등 시장의 모든 합법적인 활동이 경제의 안정에 도움이 된다고 본다. 이런 이유로 신고전학파 경제학과 포스트모더니즘은 도저히 만날 수 없다.

아무리 학문의 영역이나 지역이 다르다고 하더라도 세계화시대에 인간의 합리성을 극대화하는 경제학의 시카고학파와 인간의 합리성이나 이성의 의미를 극소화하는 철학의 포스트모더니즘이 공존한다는 것은 곰곰이 씹어 볼 문제이다.

11.2 주류경제학의 새로운 대상과 방법

이미 언급한 경제학파들 사이의 대립구도는 1990년대의 사회주의 몰락과 세계화의 파도 속에서 커다란 변동을 겪고 있다. 전반적으로 마르크스주의에 대한 관심이 퇴조해, 마르크스주의가 경제학의 핵심적인 이론분야에서 거의 사라지고, 대신 환경, 지역, 문화 연구 등으로 잠복했다.

이와 반대로 신고전학파는 신자유주의 이념의 확산에 힘입어 그 입지를 더욱 넓혀가고 있다. 이제 구 사회주의 진영도 신고전학파 배우기에 골몰하고 있다. 끝으로, 중간에 놓여 있던 신리카도학파와 후기 케인즈학파는 마르크스주의라는 배경이 붕괴되면서, 신자유주의에 대항하는 좌파적 위치에 서게 되었다.

외적으로 경제학계를 석권하고 있는 신고전학파는 1970년대 이후부터 현재까지 여러 가지 내적인 변화들도 겪고 있다. 이런 변화 속에서 세계화와 신자유주의, 그리고 무엇보다 신고전학파에 대한 반박의 근거가 제시되고 있다는 점을 주목할 필요가 있다.

이런 변화들로 미시경제학에서는 선호의 발생 및 변화와 시간선호, 합리성과 인지, 불완전한 계약, 기업과 제도, 자본시장과 기업의 재무구조, 게임이론, 정보경제학, 행동경제학, 실험경제학, 신경경제학을 들 수 있다. 거시경제학의 변화로 합리적 기대가설, 실물경기변동이론, 내생적 성장이론, 거시행동경제학을 지적할 수 있다.

이런 변화들에서 찾아 낼 수 있는 줄기는 선호나 기술 등 기존 경제학에서 주어져 있던 것에 근거를 제공하려는 노력, 여타 학문의 대상에 대한 경제학적인 분석, 인간의 합리성이나 인지에 대한 비판적 검토, 그리고 새로운 방법의 등장 등이다. 뒤의 두 가지가 신고전학파에 대한 비판으로 해석될 수 있다.

첫째, 왈라지언 체계에서 주어져 있다고 보았던 외생변수에 근거를 제시해 내생화하려고 노력하고 있다. 이런 노력 속에서 선호의 발생 및 변화와 시간선호, 합리성과 인지, 불완전한 계약, 기업과 제도, 자본시장과 기업의 재무구조, 게임이론, 정보경제학 등에 대한 관심이 부상했다. 이 중에서 특히, 선호에 대한 논의가 중요하다. 이런 문맥에서 경제학은 심리학이나 생물학과 활발하게 교류하고 있다.

둘째, 시카고학파를 중심으로 논의의 대상이 정치, 법, 사회, 교육, 문화, 종교 등의 분야로 확장되고 있다. 이런 확장은 다른 학문으로 침투하는 방식을 취하고 있으며 여타 학문과의 관계재편을 초래하고 있다. 특히, 새로운 정치경제학이 등장하고, 법경제학이 부상했으며, 사회학의 위기가 회자되고 있다. 대상의 확대는 경제논리의 확산이라는 점에서 20세기 후반부터 급속하게 진행되는 세계화와 궤를 같이 한다.

셋째, 이런 노력들에 부수되거나 이와 독립적으로 선호나 합리성 등에 대한 비판적인 검토가 이루어지고 있다. 행동경제학이나 심리경제학, 신경경제학, 실험경제학, 진화경제학, 생물경제학 등 새로운 접근들이 이를 주도하고 있다. 연구의 잠정적인 결과는 신고전학파가 전제하는 선호의 안정성이나 불변성, 심지어 선호의 존재 자체가 부정되며, 선택 등 인간의 행위가 단순히 이성뿐만 아니라 감성이나 본능, 습관, 규범에 의존한다는 것이다.

넷째, 이런 변화는 새로운 연구방법에 의해 뒷받침되고 있다. 최근 20~30년 사이에 게임이론 이외에도 여러 가지 방법들이 대두되었다. 질의조사나 현장조사에 의존하는 행동경제학, 자연과학과 유사하게 조건을 변화시켜 가면서 시행하는 실험에 의존하는 실험경제학, 그리고 특정행위와 뇌신경 활동 사이의 관련성을 조사하는 신경경제학 등이 등장했다. 특히, 인간을 대상으로 한 실험이 현재 경제학계에서는 당연시되고 있다.

이런 줄기들을 전체적으로 이해하기 위해 잠정적으로 다음과 같은 논리를 제시할 수 있다. 우선 신자유주의는 모든 사물을 경제적으로 파악하므로 이들을 경제학적으로 설명하려는 욕구를 갖고 있다. 이런 욕구로 인해 여타 학문의 대상들을 경제학적으로 분석하는 노력이 생겼다. 예를 들어, 투표, 결혼이나 출산 등 여타 사회과학의 대상에 대한 경제학적인 설명을 이와 같이 이해할 수 있다.

이런 외연적인 확대가 내적인 성찰을 낳아 외생변수에 대한 설명을 자극했다고 볼 수 있다. 또한 학문의 분업체계에서 다른 학문의 설명대상을 경제학은 주어져 있다고 본다. 가령, 철학이나 심리학에서는 인간의 합리성이 본격적인 설명의 대상이지만 경제학에게는 주어져 있다. 따라서 분업체계를 파괴하는 경제학의 대상 확대는 외생변수에 대한 해명이기도 하다.

이 같이 외연적인 대상의 확대와 내부적인 강화가 같이 간다. 그런데 경제학은 개체주의에 의존해 모든 현상들을 개인의 선택으로 해석하므로, 선택의 기반인 선호, 합리성, 인지나 정보 등에 집중했다. 이것이 경제학이 심리학이나 생물학과 교류하는 계기를 만들었다. 이 과정에서 기존 경제학의 주어진 것이나 공리에 대한 회의나 부정이 함께 나타났다고 해석할 수 있다. 여기에 세계화로 인해 경제학에서 별로 다루지 않았던 기업, 제도, 금융, 환경 등 세부 주제가 부상했다고 해석할 수 있다.

11.2.1 합리성과 인지

방법론적인 개체주의가 강화되면서 개인이나 인간의 행동원리에 대한 보다 근본적이고 포괄적인 논의가 진행되고 있다. 이에 대한 비판적인 흐름은 카네만(D. Kahneman)과 트버어스키(A. Tversky)의 행동경제학, 카머러(B. Camerer) 등의 신경경제학, 그리고 부분적으로 스미스(V. Smith)가 시작한 실험경제학 등에서 발견된다.

경제학에서 개인의 인지와 행위에 대한 연구는 사이먼(H. A. Simon)을 시발점으로 한다. 사이먼은 카네기 멜론 대학에 같이 있으면서도 무쓰(J. Muth)의 합리적 기대 혹은 초합리성과 정반대로 제한된 합리성(bounded rationality)을 제시했다. 인간의 인식이나 계산능력이 제한되어 있고 정보나 지식도 한계가 있다는 것이다.

이런 흐름 속에서 심리학자로 노벨 경제학상을 수상한 카네만 등은 70년대부터 경제행위와 인간행위에 여러 가지 비합리성이나 규범이 개입된다는 것을 보였다. 현재 왈라지언 일반균형과 게임이론을 관통하는 신고전학파의 핵심이 기대효용이론(expected utility theory)으로 규정되고 있다.[1)] 카네만 등은 이 모형을

1) 합리적 선택이론(rational choice theory)이나 고전적인 의사결정이론(classical decision theory)

사이먼: 만능지식인

총명하면서도 왼손잡이에 색맹이었던 사이먼은 원래 정치학 분야에서 박사학위를 받았다. 그러나 그는 현재 정치학과 행정학뿐만 아니라 경제학 및 경영학, 심리학, 인공지능 등 다방면에서 혁신적인 이론을 제시한 발군의 학자로 평가된다. 그래서 "사이먼은 단순하지 않다"(Simon is not that simple)는 제목의 논문도 있다. 그러나 그의 제한된 합리성은 신고전학파의 합리성을 비판하면서도 실증주의를 벗어나지 못했고 합리성을 정도의 문제라고 보기 때문에 "제한된" 비판으로 평가해야 할 것이다.

사이먼

겨냥하고 있다.

카네만 등은 가치함수(value function)를 통해 손실과 이윤의 비대칭성, 준거의존성(reference-dependence)으로 인한 현상유지효과(status quo effect)나 부존자원효과(endowment effect), 제시방식이 인식에 미치는 영향(framing effect) 등을 표현했다. 또한 이들과 아커로프(G. Akerlof) 등은 공정성(fairness) 등 규범의 역할을 확인했다. 이 흐름에서는 인지나 인식에서 문맥(context), 해석, 그리고 이해를 중시하게 된다.

손실과 이윤의 비대칭성에 의하면, 100$의 손실을 상쇄시켜 영의 기대치를 낳는 이익은 100$가 아니라 200$나 250$이다. 그 만큼 위험에 대한 회피경향이 높고, 기존의 소득이나 재산 등 현상이나 기존의 부존자원에 대한 집착이 강하다. 또한 보험료가 비싸고 보상범위가 넓은 보험과 보험료가 낮고 범위가 좁은 보험을 놓고 선택하는 상황에서 어느 것을 준거나 귀무가설(H_0)로 제시하느냐에 따라 그 결과가 크게 달라진다.

공정성과 관련해서는 예를 들어, 원료가격이 상승했을 때 제설기의 가격을 인상하는 것은 정당하다고 인정했으나, 간밤의 폭설 등으로 인한 일시적인 수요급증에 처해 가격을 인상하는 것은 거부되었다. 다른 예로 노동자들이 자신의 생산성을 드러내 높은 임금을 받기보다 노력을 숨겨 자신의 준거집단이 받는 평균에 만족하는 경향이 있었다.

같은 맥락에서 세일러(R. Thaler)는 심적 회계(mental accounting)라는 개념에 근

이 기대효용이론과 비슷한 의미로 함께 사용되고 있다.

거해 주식시장의 이례적 현상들과 소비자행동의 비합리성을 해명했다. 심적 회계란 회계장부와 같이 머릿속에서 소득이나 화폐를 항목별로 구분해 놓고 이 수준에 비추어 지출의 과부족을 판단하는 것을 의미한다. 예를 들어, 유흥경비와 자녀학자금은 엄밀하게 구분되어 이들 사이의 전용은 큰 정신적 고통을 낳는다.

이는 돈의 전용가능성(fungibility)을 상당부분 부인한 것으로 “쌈짓돈” 등 돈의 이질적인 용도를 강조한 사회학자 젤리저(V. Zeliser)와 통한다. 물론 이런 생각은 자원의 이동성이나 재화의 대체성과 함께 화폐 및 자금의 전용가능성을 당연시하는 신고전학파의 기대효용이론에 배치된다. 행동경제학은 거시경제학에서 화폐환상이나 마케팅에서 기웃거리기(browsing) 등 여러 현상들도 비슷한 방식으로 설명하고 있다.

이 같이 행동경제학 등은 종전에 신고전학파가 제대로 설명하지 못했거나 비합리적이라고 제외했던 현상들을 해명하면서 신고전학파를 비판하고 있다. 더구나 이런 연구사례들이 최상급 학술지들을 끊임없이 장식하고 있으며, 해당 학자들에게 노벨상이나 클라크(J. B. Clark) 메달을 안겨주고 있다. 신고전학파 내부에서도 이런 비판을 심각하게 생각한다는 증거이다.

무엇보다 행동경제학은 행동금융(behavioral finance)으로 발전해 표준적인 금융이나 재무관리(standard finance)에 대립하고 있다. 표준이론은 인간의 합리성을 철저하게 신뢰하면서, 넓게는 기대효용이론에, 좁게는 시장효율성가설에 근거하고 있다. 이 이론은 밀러(M. Miller), 모딜리아니(F. Modigliani), 머튼(R. Merton), 마코비츠(H. Markowitz), 블랙(F. Black), 숄즈(M. Scholes), 파마(E. Fama) 등으로 점철되어 있다.

표준이론에 대한 비판적인 연구의 잠정적인 결론은 인간행위가 공리주의나 기존 신고전학파에서 생각한 것과 크게 달라 기대효용이론을 대폭 수정하거나 포기해야 한다는 것이다. 먼저, 인간은 이성뿐만 아니라 감성의 지배를 받는다. 캐머러 등은 신경경제학의 연구에 근거해 인간이 이성과 감성의 쌍두마차라는 플라톤의 생각을 확인시켜 준다. 또한 인간은 자신이 의식하고 계산하는 과정뿐만 아니라 자신의 의식과 무관하게 자동적으로 움직이는 과정에 의해 지배된다. 더불어 코스미데스(L. Cosmides) 등이 지적한 바와 같이 인간의 인지능력이 단선적이거나 평면적이지 않고 스위스 군용 칼과 같이 다용도이고 다면적이다.

그렇지만 이런 비판적인 흐름마저도 개인이나 인간중심으로 편향되어 있어 사회구조나 역사에 대한 시각은 갖추고 있지 않다. 그렇지만 이 흐름에서 사회심리 분석이나 사회구조 읽기를 시도해 볼 수 있다. 예를 들어, 심적 회계를 자본주의의 양상이거나 사회구조의 반영이라고 해석할 수 있다. 식량에 대한 욕구와 돈에 대한 욕구가 동일한 뇌파의 흐름으로 나타난다는 신경경제학의 결과도 자본주의의 사회구조나 역사적 변천으로 해명될 수 있다.

이만큼 비판적이지는 않지만 제한적인 합리성에서 파생된 흐름으로 정보경제학을 언급해야 한다. 스티글리츠 등은 일반균형이론의 완전정보라는 가정을 비판하면서 정보의 불완전함과 비대칭성 등을 지적했다. 이 입장에 근거해 그는 왈라지언 틀을 변경시키고 주로 케인지언에 부합되는 여러 가지 이론들을 제시했다. 애로우는 정보경제학이 게임이론이나 왈라지언 일반균형과 함께 20세기 경제학의 가장 중요한 다섯 가지 혁신 중의 하나라고 평가했다

11.2.2 이기심과 선호, 그리고 기술

일반균형이론에서 주어져 있다고 가정했던 것에 대한 논의도 활발해지고 있다. 일반균형이론에서 주어진 변수들은 선호와 기술이다. 이 중 선호는 앞서 논의된 개인이나 인간의 성격과도 연결된다. 일반균형이론에 의하면 선호는 가정이나 교육기관에서 형성되어 소비자나 주주를 통해 이미 완성된 상태로 시장에 등장한다. 또한 기술은 단기에 변동하지 않게 되어 있다. 이에 따라 일반균형이론은 선호와 기술이 일관되고 안정적으로 주어져 있다고 상정했다. 설령 변동하더라도 이를 임의적이라고 보거나 설명되지 않는 충격으로 취급해 왔다.

이 같이 선호나 기술은 외생변수로서 신고전학파의 설명대상이 아니었다. 가령, 기술은 솔로우, 아브라모위츠, 총생산성 접근 등을 통해 외생적인 변수로 간주되었으며, 노동이나 자본의 투입으로 설명되지 않은 잔차로 취급되었다. 경기변동을 선호나 기술의 외적인 변동으로 설명하는 실물경기변동이론은 이런 일반균형이론에 대한 집착에서 출발한다.

그런데 점차 보다 다양한 선호나 기술이 고려되고, 이들이 변동할 가능성이 긍정적으로 검토되고 있다. 나아가 임의적으로 변동하는 것이 아니라 설명이 가능한 방식으로 변동한다고 보았다. 이런 의미에서 신고전학파에서 선호나 기술은 더 이상 외생적으로 주어지는 것이 아니라 내생적이다. 내생적 성장이론

(endogenous growth theory)은 이런 변화의 산물이다. 선호와 관련해서는 이보다 훨씬 다양한 논의가 전개되고 있다.

선호에 관해서는 다양성이 인정되고, 이들의 개인간 혹은 시간간 상호의존성이 인정된다. 또한 이전과 달리 선호의 변동 가능성을 인정하고, 선호의 형성도 본격적으로 논의의 대상으로 삼고 있다. 경제학이 가정이나 학교 자체를 본격적인 대상으로 삼으면서 더 이상 분업을 빙자해 선호형성에 대한 설명을 미룰 수 없게 된 것으로 해석할 수도 있다.

습관, 중독, 유행에 대한 스티글러와 베커의 논문은 좋은 예이다. 먼저 습관은 개인의 선호가 시간적으로 상호의존적이어서 타성이나 지체를 보이는 것이므로 각 시점의 선택이 바닥에서부터 시작된다고 보는 경제학의 합리성에서 벗어난다. 중독은 점입가경(漸入佳境)으로 한계효용체감에 배치된다. 또한 고전음악, 술 혹은 짜장면에 대한 중독은 고전음악이나 대중음악의 조화, 책과 술 사이의 균형, 짜장면과 짬뽕의 배합("짬짜")을 상정하는 기존 경제학의 입장에 배치된다. 끝으로, 유행은 알 수 없는 선호의 폭주나 급격한 변동을 나타내므로 선호의 인정성에 위배된다.

스티글러 등은 가계생산함수를 동원해 이에 대해 보수적인 결론을 도출했다. 중요한 것은 가치중립이나 선호불가해성(De gustibus est non disputandum. "기호에 대해서는 논할 수 없다.")에서 벗어나 이런 이례적인 경우들을 설명하려고 노력했다는 점이다.

선호나 기호에 대한 심리학적인 설명뿐만 아니라 생물학적인 설명도 심각하게 고려되고 있다. 예를 들어, 단 것에 대한 식욕을 설명하는 사바나원리(the savanna principle)의 내용은 다음과 같다. 유목시대의 인간은 초원에서 항상 생명의 위협을 느끼며 산다. 이런 상황에서 흡수가 빨리 되는 먹이를 구하게 되었는데, 그것이 단 것이었다. 이제 와서는 당분의 과다섭취가 건강에 해로움에도 불구하고 이런 생물학적인 진화의 영향으로 여전히 선호되고 있다.

이와 관련해 경제학의 이기적인 인간형에 대한 논의가 지속되고 있다. 여기서 이기심은 계몽된 이기심이며, 친족을 위한 희생이나 호혜성(reciprocity)에 근거한 봉사를 포함한다. 예로써, 술의 해악을 모르고 술을 사서 마시는 것은 진정한 자기이익이 아니다. 또한 자식을 위한 희생은 이기심에서 벗어나지 않는다. 그리고 당장은 아니더라도 나중에 자기의 아이를 돌보아 줄 것으로 기대하고 이웃의 아기를 돌보아 주는 경우도 이타주의로 간주되지 않는다.

그러므로 이타심은 계몽된 인간이 자신의 친족이 아닌 타인을 위해 장래의 이익을 바라지 않고 제공하는 희생이나 봉사를 표현한다. 이에 대한 예는 게임 이론을 활용하는 생물학자 메이나드 스미스(John Maynard Smith) 등에 의해 집단선택(group selection)으로 정식화되어 있다. 이 논리에 의하면 개체들이 이기심을 억제하고 집단의 이익을 위해 노력하는 경우 그 집단의 생존율이 높다. 물론 현재로서는 집단선택이 개체선택을 압도하는 설명방식은 아니다.

이와 관련해 신고전학파 주변에서도 저축과 이자에 대한 최근 논의들은 철학, 심리학, 생물학과 연계되고 있음을 언급할 필요가 있다. 특히, 시간간 선호 및 저축이 자아의 의미나 범위와 관련되어 있다. 특히, 파아핏(D. Parfit)은 저축이나 이자율을 시간의 흐름 속에 존재하는 자아의 연속성으로 해석했다. 인간이 자신의 현재와 미래를 연속적으로 볼수록 미래의 자신을 자기 자신으로 보는 것이 된다. 또한 미래와의 연속성은 과거와의 연속성을 의미한다. 인간이 이기적으로 행동한다는 전제하에서 이 경우 낮은 이자율에도 저축이 늘어나며, 그 역도 성립한다.

더불어 조상을 자신의 과거로 보고 자식을 자신의 미래로 본다면, 이런 논리는 조상에 대한 숭배나 자식을 위한 저축으로 연장된다. 더구나 시간 속의 공동체는 공간 속의 공동체로 이어지므로, 낮은 시간선호는 이웃과의 공동체주의를 표현한다. 아마도 일본경제는 이런 모든 요소들을 담고 있는 것 같다. 물론 자아의 존재를 부정하는 포스트모더니즘의 입장에서는 이자와 저축에 대한 보다 극단적인 해석이 가능할 것이다.

그런데 행동경제학을 주창하는 세일러는 쌍곡형 할인(hyperbolic discounting)이나 선호역전(preference reversal) 등을 제시해, 신고전학파의 선호이론을 정면으로 비판했다.

우선 쌍곡형 할인은 할인율의 체감으로 인한 단기할인율과 장기할인율의 모순을 의미한다. 예를 들어, 오늘과 내일의 할인율은 높으나 30일 후와 31일 후의 할인율은 낮다. 이렇게 되면 현재 시점에서는 30일과 비교해 31일을 낮게 평가하지 않았다가, 막상 30일 지나 30일 후가 오늘이 되고 31일 후가 바로 내일이 되면 다시 낮게 평가하는 불일치가 생긴다. 조삼모사(朝三暮四)의 고사를 연상시키는 이 현상이 선호역전이다. 이것은 연금저축 등과 관련해 현실적 함의도 갖고 있다.

쌍곡형 할인은 기존 경제학에서 상정하는 지수적인(exponential) 할인율에 위배되며, 선호역전은 선호의 안정성이나 불변성이라는 신고전학파의 전제에 어긋난다. 이것은 미시적 기초와 관련된다는 점에서 자본논쟁에서 나타난 자본역전보다 신고전학파에 더 근본적인 반박일 수 있다.

선호나 기술뿐만 아니라 제도도 전통적으로 경제학에서 경제의 환경으로 간주되었다. 그렇지만 익히 알려진 바와 같이 코오즈, 윌리엄슨, 알시언, 홀름스트롬 등에 의해 제도도 경제학적인 연구의 대상으로 부상했다. 여기서 제도는 기업, 화폐, 법과 규칙, 습관과 관습, 언어 등 다종다양하며, 이들에 대한 연구는 상당부분 게임이론에 의존하고 있다. 물론 제도는 신고전학파뿐만 아니라 제도학파, 마르크스주의 등 다양한 이념의 학자들이 연구대상으로 삼고 있다.

11.2.3 대상의 확대

신고전학파는 여타 사회과학이나 인문학의 현상들을 대상으로 삼아 경제학적으로 분석하고 있다. 이로 인해 경제학자들이 사회과학의 제국주의자로 불리고 있다. 이제 경제학은 정치학, 사회학, 인류학, 법학, 윤리학, 교육학 등으로 진입해, 각 학문의 전통적인 논리에 반하는 변종을 만들어 내고 있다. 종전의 관점에서 보면 비경제적인 현상에 대한 이런 분석들은 모두 경제적인 관점을 공통분모로 하면서, 각 부문의 특수성을 추가변수로 고려하는 형식을 취한다.

1) 정 치 학

투표 등 정치행위에 대한 경제학적인 분석은 이미 다운스(A. Downs) 등에 의해 60년대에 시작되었다. 이 경우 소비재나 주식의 선택과 달리 정치적인 이념 등이 추가적인 변수로 고려된다. 이제 와서는 게임이론 등을 통해 경제학자들이 정치학 학술지에 논문을 내는 것이 이상한 일이 아니다. 이런 흐름에서 하싸아니(J. Harsanyi), 쉘링(T. Shelling), 오스트롬(B. Ostrom) 등이 두드러진다. 같은 과정에서 새로운 유형의 정치경제학(New Political Economy)이 탄생해, 아세모글루(D. Acemoglu) 등이 정치(발전)와 경제(발전)를 함께 분석하고 있다.

경제학과 정치학의 관계에서 정치학이 경제학에 영향을 주는 바도 없지 않으나 전반적으로 경제학이 정치학에 영향을 주는 바가 더 크다. 이 와중에 정치학이 강조했던 선이나 좋음(good)은 재화(goods)로 해석되며, 공공선(public good)은 공익이나 공공재(public goods)와 동일시되고 있다. 나아가 공익이 사익으로 환원되는 경향도 나타나고 있다.

2) 법학과 윤리학

법적인 제도나 현상에 대한 경제학적인 해석도 오래되었다. 시카고학파를 신봉하는 포스너(R. Posner) 등이 중심이 되어 계약이나 손해배상 등 법적 행위들을 경제학적으로 설명해 왔다. 포스너가 제시한 예로 "울타리 치기"는 법의 변화를 경제논리로 설명하고 있다. 미국에서 소가 농작물을 해치는 것을 방지하기 위해 농부와 목축업자 중 누가 울타리를 칠 것인가에 대한 법규가 역사적으로 소와 농작물의 비율이 변동함에 따라 바뀌어 왔다. 이 해석에 따르면 법은 시장질서가 원하는 바에 따라 효율성을 제고하는 방향으로 변경되어 왔다.

또한 거래비용이론 등에 의하면 일단 체결된 후에도 계약이 자동적으로 이행되는 것이 아니라 불확실성이 개입되어 집행비용(enforcement cost)이 들어간다. 이런 이유로 계약은 순전히 법적인 행위가 아니라 경제학적으로 설명되어야 할 행위이다. 좀더 보수적으로 티롤(J. Tirole) 등은 계약이 서술 불가능성이라는 원초적인 한계로 안고 있다며, 불완전계약(incomplete contract) 개념을 제시했다.

법과 윤리가 동전의 양면이라는 점에서 윤리나 도덕, 규범 등을 경제학적으로 설명하는 것도 이미 기정사실이다. 공리주의자 벤담이 법과 윤리를 우선적인 대상으로 삼았다는 점을 상기한다면, 이는 별로 특기할 일이 아니다.

이와 관련해 "벌금은 가격"이라는 제목의 최근 논문을 참고하자. 탁아소에 맡겨 놓은 자기 아이를 제 시간에 데려가지 않는 일을 해결하기 위해 지각하는 부모들에게 약간의 벌금을 부과했다. 결과는 예상 외로 지각하는 부모가 줄어든 것이 아니라 오히려 늘어났다. 벌금을 내면서부터 시장에서 가격을 지불할 때와 같이 당당해져 죄의식 없이 지각하게 된 셈이다. 이것은 가격이 윤리나 도덕을 대체하거나 구축하는 과정으로 해석할 수 있다.

3) 사 회 학

베 커

결혼, 출산, 범죄 등 사회학의 대상에 대한 베커 등의 해석은 대표적인 경제학적 분석이다. 이들은 모두 비용과 편익을 고려한 개인의 선택이 빚어낸 결과들로 해석된다. 예로써, 결혼은 당사자들의 종합적인 이익이 일치되어 나타나므로 근본적으로 교환과 다르지 않다. 지속적인 부부관계는 교환의 반복에 해당되고, 이혼은 어떤 시점에서 교환이 갱신되지 않는 것을 의미한다. 결혼이나 이혼에 금전이나 물질 이외의 요인들이 고려된다는 특수성이 있지만, 모든 것들이 개인의 이익과 비용으로 환산된다는 점에서 통상적인 교환과 다르지 않다.

또한 아기는 냉장고이다. 반복적으로 재롱을 떨어 효용을 주고 지속적인 양육의 수고를 필요로 한다는 점에서 아기는 내구재이다. 이런 의미에서 출산은 냉장고와 같은 내구 소비재의 구입과 같은 선택이다. 다만, 이 선택에서 냉장고 선택에서보다 더 질과 양이 고려된다. 이런 논리는 선택에 근거한 인구이론을 낳는다.

더불어 주차위반은 벌금을 낼 확률과 벌금의 액수, 그리고 불법주차로 인한 시간절약 등을 종합적으로 고려해 저지르는 선택이다. 심지어 모든 죽음은 선택이므로 자살이다. 그 이유는 음식, 운동, 음주나 흡연 등의 습관이 생명을 결정하는데, 이를 누구나 선택할 수 있기 때문이다. 이런 경제학적인 분석은 사회학의 위기를 낳을 만큼 심각한 파장을 가져오고 있다.

4) 인 류 학

선물(gift)이라는 인류학적인 현상도 경제학적으로 설명된다. 이 중에서 완벽한 신고전학파적 해석은 "성탄절의 사중손실"이라는 주제로 제시된다. 성탄절에 많은 사람들이 선물을 주고받는데, 선물은 타인을 위해 현금을 지출하는 행위이다. 각자 자신을 위해 선택하지 않고 타인을 위해 선택하므로, 상대방의 기호에 대한 정보부족으로 그만큼 소비자잉여가 줄어든다. 이것이 성탄절이나 명절의 사중손실이다. 이런 해석은 선물주기가 비효율적이고 현금을 주는 것이 제일 좋다는 결론에 도달한다. 물론 이것이 선물에 대한 경제학의 유일한 설명방식은 아니다. 아커로프 같은 학자는 모오스 등에 의존해 선물주기를 보다 긍정적으로 해석하고 있다.

오 헨리의 성탄절 선물과 사중손실

신고전학파의 관점에서 사중손실이 가장 큰 선물주기는 오 헨리(O Henry, 1862~1910)의 소설(*The Gift of the Magi*)에 나온다. 여기 서로 너무나 사랑하지만 너무나 가난한 부부가 있다. 성탄절에 남편은 시계를 팔아 부인이 금발을 빗을 수 있도록 빗을 사주고, 부인은 삭발해서 남편의 시계줄을 사준다. 각자에게 가장 소중한 것을 팔아 상대방에게 가장 필요하다고 생각하는 것을 선물함으로써 선물들이 모두 영의 효용을 가진 무용지물(無用之物)이 되었다. 지고지순(至高至純)의 사랑이 사중손실을 극대화한 것이다. 여기서 사중손실이 선물의 진정한 의미를 포착할 수 있는지 강한 의심이 생긴다. 이런 의미의 선물이 합리성에 대한 반증사례가 될 수 있는데 비해, 선물(futures)은 이에 가장 부합된다. 이와 관련해 선물, 현금, 그리고 상품권을 구분할 필요가 있다.

5) 교육학과 기타 학문

교육은 여타 재화나 서비스와 마찬가지로 매매의 대상이자 생산함수로 표현되고 인적 자본을 낳는다. 물론 정보부족으로 인한 합리적 선택의 어려움, 외부효과, 동료효과(peer effect), 생산과 소비의 혼합 등이 교육의 특수성으로 인정된다. 특히, 소비자나 구매자인 학생이 교육과정에 참여하고 교육의 결과가 생산자나 판매자인 교사뿐만 아니라 학생에 의해서 결정된다. 이런 특수성들을 수용하기 위해 학생에게 노동자의 성격을 부여하고, 장학금을 학생의 학업증진에 공헌한 바에 대한 임금으로 해석한다. 이런 방식 등을 통해 교육이 근본적으로 여타 서비스와 다를 바 없다는 입장을 견지한다.

종교도 교회나 절의 서비스로 간주해, 교회방문의 횟수나 헌금 등이 개인의 선택이라고 본다. 이 경우 종교적인 위안이 신도 집단 전체가 만들어 내는 공공재의 성격을 가진다는 점이 특수하다. 더불어 출판, 영화, 뮤지컬 등 소위 문화활동에 대한 경제학적인 분석도 생산함수 등을 통해 진행되고 있다. 신고전학파를 대변하는 학술지 *Journal of Economic Literature*의 대분류에서 문화경제학이 기타 주제의 핵심으로 등재된 것은 이를 뒷받침해 준다.

가계생산함수가 소비에서 생산을 발견한다면, 교육, 의료, 예배(service) 등의 서비스에서는 소비와 생산이 쉽사리 분리되지 않는다. 교육에서 학생의 수업능력이 교육의 결과에 영향을 주듯이, 환자나 신도의 상태는 진료나 종교적 구제에 영향을 준다. 또한 학생의 노력, 신도의 적극성, 환자의 의지 등이 결과에 영향을 미친다. 이 점에서 정신병 환자는 신도와 비슷할 것이다. 더구나 의료와 달리 교육이나 예배는 집단적이어서 학생들이나 신도들 사이에 공공재를 창출하거나 이들 사이에 물물교환이 일어난다. 그런데 이런 생산과 소비의 혼합이 의료나 예배 등에서보다 교육에서 가장 심각하다. 물론 이들을 통상적인 상품에 대한 합리적 선택으로 해석하는 것은 현재 상태에서 억지춘향으로 보인다.

11.2.4 주변 학문과의 교류

이 같은 경제학의 변화는 여러 학문과의 다양한 관계를 빚어내고 있으며, 경제학이 종합과학으로 발전할 가능성을 잉태하고 있다. 그리고 이런 변화로 인해 경제학이 현재와 같은 모습을 유지할지 확실치 않다. 오히려 이런 종합과학의 주제로 진화가 중심에 놓인 것으로 보인다.

먼저 앞서 검토된 경제학의 변화는 경제학의 전제나 가정 등 내포를 충실히 하는 흐름과 경제학의 대상 등 외연을 넓히는 흐름으로 나뉜다. 전자는 주로 생물학 및 심리학과 대등한 수준의 교류를 낳고 있다. 후자는 정치학, 법학, 사회학 등 다른 사회과학과의 교류를 낳고 있는데, 경제학이 압도하는 경향이 있다.

경제학의 전제나 가정들을 충실히 다루는 첫 번째 변화에서는 선호, 효용, 인지, 합리성 등 개인이나 인간에 대한 규명이 진행되고 있다. 가령, 제한적 합리성, 선호의 생물학적인 기반, 효용과 감성의 관계 등에 대한 논의가 부각되고 있다.

심리학과의 상호 연관은 오래된 학술지 *Journal of Psychological Economics* 등을 통해 확인된다. 이 부분은 주식시장에서 나타나는 비합리적인 행동 등으로 인해 자극을 받은 것으로 생각된다. 동물의 왕국과 시장의 유사성 등에서 이미 예고된 생물학과의 관계는, 새로 생긴 학술지 *Bioeconomics* 등을 통해 확인된다.

이와 달리 경제학의 대상을 넓히는 과정은 보다 일방적이다. 이 과정에서 경제학은 자신의 모습을 주로 확인하면서, 동시에 여러 사회과학들을 자신 모습과 비슷하게 변형시키고 있다. 심하게 말하면, 사회과학이 경제학 중심으로 재편되고 있다. 이런 교류에서는 일반균형이론에 근거한 논리와 게임이론에 근거한 논리가 함께 쓰이고 있다.

그런데 선호나 기술의 변동이 논의되고 사회의 여러 분야들의 상호의존이나 상호작용이 고려되면서 진화개념이 중심에 놓이고 있다. 먼저 진화개념을 통해 진화경제학, 진화심리학, 진화생물학 등 세 학문이 묶이고 있다. 여기에 사회과학이 경제학을 중심으로 통합된다면, 심리학과 생물학에 기반을 둔 진화적인 사회과학이 등장할 수 있다. 사실 보편적인 다윈주의(Universal Darwinism)나 통섭(consilience)의 개념은 이를 시사하고 있다. 이는 학술지 *Journal of Evolutionary Economics*로 예시된다.

이런 흐름이 주류경제학의 주변에서 등장했으므로, 진화를 설명하더라도 게임이론 등에 의존해 신고전학파의 기존 틀을 더욱 고집할 수 있다. 그러나 이런 틀을 깨고 좀더 통합적인 경제학이 생겨날 가능성이 없지 않다. 이렇게 되면, 마르크스나 제도학파, 그리고 케인즈, 슘페터까지 포괄하는 넓은 관점이 형성될 수도 있다.

전체적으로 보면, 신고전학파 주변에는 현재 기존 신고전학파를 완고하게 고수하는 입장, 이를 부분적으로 수정하려는 입장, 그리고 대폭적인 수정이나 완전 대체를 생각하는 입장이 공존하고 있다. 시카고학파가 경제학의 외연을 넓히는 데 열중하면서 주로 첫 번째 입장에 있으며, 케인즈주의는 두 번째 입장에 가깝다. 그리고 행동경제학자나 신경경제학자 등 생물학이나 심리학과 친화적인 학자들이 경제학의 전제나 가정에 의문을 던지면서 세 번째 입장을 조심스럽게 내세우는 것으로 보인다.

11.2.5 주목받는 주제

세계화와 더불어 기업이라는 경제단위가 더욱 중요해지면서, 기업 내 여러 경제주체들의 관계에 대한 논의가 늘어났다. 또한 구 소련이나 중국과 같은 이행기 경제에서 자본주의의 이식과 관련된 제도들이 논의대상이 되었다. 더불어 세계화로 금융자본이 국경을 넘나들면서 각국의 거시경제 안정이나 외환위기 등에 대한 정치경제학적인 연구가 더욱 중요해졌다. 그리고 자유무역을 위한 세계화의 중간단계에서 나타날 양자 및 다자간 협상 혹은 국제기구 등에 대한 경제학적인 분석, 그리고 노동이나 환경에 관한 국제적인 관행이나 규칙의 정착이 중요 문제로 등장했다.

1) 제 도

제도는 기업의 형성 및 해체, 규모, 지배구조뿐만 아니라 화폐, 법과 관습 혹은 규칙, 언어 등 실로 다양한 주제들을 포괄한다. 제도에 대한 관심이 늘어난 이유는 여러 가지이다.

첫째, 80년대 미국경제와 일본경제나 독일경제의 우열을 따지는 현실적인 문제로부터, 같은 자본주의 중에서도 영국 및 미국식 자본주의와 독일 및 일본식 자본주의 사이에 여러 제도와 지배구조가 다르다는 인식이 생기게 되었다.

둘째, 90년의 사회주의 몰락과 세계화 추세로 인해 과거의 사회주의경제가 시장경제로 전환하면서 구 소련 및 동구 등이 이행경제로 등장하게 되었다. 이행경제에서 드러난 것은 가격 자율화만으로 시장이 이식되지 않으며, 여러 가지 법적 장치 등 제도들이 함께 자리잡아야 한다는 사실이다. 이에 따라 좌파경제학이나 제도학파뿐만 아니라 시장경제를 주장하는 신고전학파도 여러 가지 제도들에 관심을 갖게 되었다.

셋째, 위의 두 가지 요인은 세계화와 깊은 연관을 가지고 있다. 세계화와 반드시 연결되는 것은 아니지만 게임이론이 경제학과 사회과학에서 중요한 방법으로 등장했다는 것도 제도연구에 적지 않은 자극을 주고 있다. 게임이론은 종래의 일반균형이론보다 그 적용범위가 넓어 도덕, 관습, 규칙, 법 등의 생성과 변화에 대해 나름대로 설명능력을 가지고 있다. 더구나 게임이론은 비교적 특정의 이념으로부터 독립적인 것 같다. 이 때문에 좌파적인 사회과학자들 중에도 게임이론을 활용하는 경우가 적지 않다.

2) 기술과 지식

마르크스주의는 일찍부터 기술발전을 자본주의의 중요한 동력으로 간주하고 이에 대해 깊은 관심을 가지고 있었다. 또한 진화를 강조하는 경제학 등에서는 기술발전을 중요한 경제변동의 원인으로 간주해 왔다. 이에 비해 신고전학파는 생산함수에서 확인되듯이 최근까지 기술을 주어진 것으로 받아들이거나 아니면 노동이나 자본과 분리되어 생산성을 증가시키는 잔차로 간주해 왔다.

그렇지만 세계화와 더불어 등장한 경쟁력의 신화는 신고전학파에게도 기술변동에 대해 관심을 기울이도록 만들고 있다. 또한 이런 흐름은 스티글러와 베커의 인적 자본이론 등을 통해 지식에 관한 신고전학파의 관심을 부각시키는 계기가 되었다. 이 같이 현재는 좌우를 막론하고 기술과 지식에 대해 경제학자들의 관심이 높다.

3) 금　융

세계화를 금융자본이 주도한다는 사실로 인해 이념에 관계없이 금융에 대한 연구가 급격히 늘어나고 있다. 이것은 금융경제학이 부상하고 경영학에서 재무관리가 중요해지는 상황에서 확인된다. 특히, 제도에 대한 관심과 겹쳐져 금융제도에 대한 연구가 증가하고 있다. 이런 이유로 후기 케인즈학파를 포함해 좌우의 구분 없이 금융을 관심의 대상으로 삼고 있다.

11.3 한국의 경제학

지금까지 과거와 현대의 여러 학파들을 살펴보았다. 그런데 역사 속에 명멸한 학파들의 주의/주장들도 우리의 상황과 연결되지 않으면 별로 의미가 없다. 그래서 서양의 여러 학파들을 배경으로 서투르나마 한국의 경제학계를 진단하려는 것이 이 책의 마무리 작업이다.

서양의 경제사상을 조망하면, 먼저 이념이나 학파의 대립이 눈에 띈다. 그러나 좀더 자세히 보면, 학파 내에서나 학파 간에 이론들이 서로 연결되고 비교되며 비판받는 가운데 발전해 왔다는 사실이 드러난다. 학파들이나 학자들 사이의 이 같은 연속성은 과거와 현재를 막론해 구체적인 이론, 이념 그리고 방법과 무관하게 나타났다. 또한 서양의 경제학뿐만 아니라 철학이나 정치학 등 다른 학문들에 대해서도 비슷한 판단이 가능하다.

바로 이런 연속성이나 연관성이 결여되어 있다는 것이 한국경제학계가 안고 있는 가장 심각한 문제이다. 이는 경제학이 아직 이 땅에 뿌리내리지 못했음을 의미한다. 전반적으로 한국에는 경제학의 자립성이나 주체성이 확립되어 있지 않다. 현재 한국학계는 아직도 미국을 위시한 외국의 이론과 이념을 수입하고 이것을 겨우 소화하는 수준에 있다.

그러므로 자생적인 이론의 생산은 물론이고 선진이론에 대한 비판적인 수용도 아직 이루어지지 않고 있다. 이 같이 이론적인 작업이 이루어지지도 않은 상태에서 한국학계에는 해외유학파와 국내파의 갈등, 그리고 학계 내의 학벌문제나 학교 사이의 거리 등이 겹쳐 나타나고 있다. 이로 인해 한국학계에는 입장의 차이는 있지만 본격적인 이념대립이나 학파의 성숙은 발견되지 않는다.

어디 경제학뿐이랴? 한반도의 사회과학, 아니 인문사회과학은 모두 동일한 상황에 있지 않나 생각된다. 경제학을 포함해 한반도의 인문사회과학은 자체 내에서 재생산되지 못하고 있으며, 이념이나 학파를 생산해 낼 정도로 생동적이지 못하다.

이제 현 상황에 이르기까지 한국경제학계의 역사를 살펴보고 이에 대해 종합적으로 비판해 보자.

개항 이후 한반도가 서양의 문물에 의존하게 되었는데, 서양문물 중에서 사상이 중요한 부분을 구성하고 있다는 점은 주지의 사실이다. 이런 사상의 핵심을 이루는 일체의 자연과학, 사회과학과 인문과학의 거의 모든 분야가 서양에 의존하고 있다. 예외라고 볼 수 있는 국학마저도 그 방법에서 상당 부분 서양학문에 의존하는 것으로 보인다.

경제학 역시 서양이론을 수입하면서 이 땅에 자리잡게 되었다. 일제 식민지 시기에는 주로 일본에 유학했던 백남운, 이순탁, 노동규 등 연희전문 교수들이나 윤행중 등 보성전문 교수들이 일본으로부터 마르크스이론을 수입해 전파했다. 해방 이후 한반도가 남북으로 분단되면서 북한은 마르크스-레닌주의 사상에 의해 지배되었고, 남한은 구미, 그 중에서도 미국의 시장주의와 신고전학파이론을 중점적으로 수입했다.

남한에서는 60년대 이후 주로 미국에 유학하고 온 학자들이 주요 대학의 교수로 자리잡으면서 신고전학파 경제학이 학계에 전파되기 시작했다. 또한 신고전학파의 이론과 이념이 대중화되어 관료사회 및 자본가들에게 확산되었다. 이같이 신고전학파이론은 유학을 다녀온 교수들이 학생들을 가르치고 이런 학생들이 다시 유학을 가서 교수로 임명되는 과정을 통해 확대 재생산되었다.

이에 비해 주로 국내에서 연구한 좌파경제학자들이 상당기간 잠복해 있다가,

80대 중반 이후로 표면화되어 마르크스주의 경제학을 연구했다. 사회주의의 몰락과 신자유주의로 인해 좌파경제학이 후퇴하기는 했지만 현재에도 그 활동이 이어지고 있다. 이들의 논리는 학계가 아니라 주로 노동계나 시민운동가들에게 전파되어 왔다.

그러므로 한국의 경제학과 사회과학에도 우파와 좌파의 대립이 존재하고, 이런 대립이 경제와 사회를 보는 시각과 정치적 입장의 차이를 낳았다. 전체적으로 "양적인 성장과 질적인 답보"로 규정되는 한국학계의 추세를 자세히 보면 다음과 같은 몇 가지 특징을 발견할 수 있다.

첫째, 학문의 재생산이 제대로 이루어지지 않고 있다. 구체적으로 국내의 대학원 교육을 통해 배출된 박사들이 교수나 본격적인 연구인력으로 채용되는 경우가 점점 드물어지고 있다. 국내 대학원 교육에 대해 학계 스스로가 그 가치를 인정하지 못하기 때문이다. 출신 대학에 따라 차이가 있지만, 국내대학의 박사학위 소지자가 교수로서 자리잡는 것은 이제 희귀한 일이다. 외국 유수 대학의 박사학위를 받아오는 사람들이 엄청나게 많다는 점을 고려한다면 이는 이상한 일이 아니다. 아무리 성실하게 연구했더라도 외국의 학위 앞에서는 쉽사리 그 가치를 상실하는 것이 국내 학위이다.

이런 상황에서 우수한 학생들일수록 석사과정부터 외국대학에 유학 가는 것을 당연하게 생각하고 있다. 현재 한국 대학에 대한 평가는 일차적으로 학생들의 수능점수 등 입학성적이고, 그 다음으로 외국의 저명한 대학에서 학위를 취득한 교수의 숫자이고, 이이서 SCI 및 SSCI(Social Science Citation Index, 주요 사회과학학술지목록) 논문의 숫자이다. 그러므로 한국 대학, 그 중에서 적어도 경제학분야는 더 이상 훌륭한 학자를 스스로 키워내겠다는 생각을 가지고 있지 않다.

보다 심각한 것은 해방 이후 이런 상황이 점점 더 심화되어, 이에 대한 반성조차 찾아볼 수 없고, 앞으로 이런 상황이 개선되리라고 기대할 수도 없다는 점이다. SSCI 논문의 부족이 아니라 바로 이 점에서 한국경제학계는 미국뿐만 아니라 유럽이나 일본보다 확연히 뒤진다.

한국의 경제학계에서는 주로 유학을 거치지 않은 적지 않은 학자들이 신고전학파에 대해 비판적인 입장을 취하면서 해외유학파와 국내파간의 갈등이 상당기간 지속되었다. 유학파의 강점이 분석능력과 여러 가지 도구의 활용능력에 있다면, 국내파의 강점은 문제의식과 현실감에 있었다.

70년대 이후 본격적으로 나타난 이 같은 상황은 경제학에 두드러지지만 대체로 한국의 사회과학과 인문과학 전체를 통틀어 나타난 현상이다. 다시 말해, 한국의 학계에는 표면적인 이념의 대립에 겹쳐 유학 여부에 따른 또 다른 갈등이 착종되어 있다. 여기에 학벌이나 학교간의 대립이 결합되어 실로 복잡한 양상을 자아내고 있다. 90년대 이후로는 세계화와 신자유주의의 부상, 국제사회에서 미국의 세력 급증 등으로 유학파가 더욱 강세를 보이고 있다.

둘째, 한국의 경제학계는 외형적으로는 크게 발전했으나 자생적으로 독창적인 이론을 개발하는 단계에 있다기보다 외국, 특히 미국의 이론을 앞서 배우고 습득하는 단계에 있다. 이런 의미에서 한국의 경제학계는 양적인 성장과 질적인 답보의 결합으로 표현될 수 있다.

구체적으로 해방 이후 한국의 경제학계가 외형적으로 발전했다는 증거는 여러 군데에서 발견된다. 가령, 경제학 전공 학생이나 교수의 숫자, 경제학을 개설하는 학교의 숫자 등이 모두 크게 늘어났다. 또한 과거보다 교수들의 연구나 교육수준이 향상되었다는 것도 부인할 수 없다.

처음에는 미국 등 외국의 석사학위 소지자가, 그 다음에는 미국 박사학위 소지자가 교수로 임명되었다. 그리고 미국 상급 대학의 박사 학위자가 교수로 채용되다가, 최근에는 외국에서 교수로 재직중이던 사람들이 국내 교수로 임명되는 수준에 이르렀다. 또한 현재 상당수의 한국 경제학자들은 신고전학파에 경도된 유명 학술지, 소위 SSCI에 다수의 논문을 게재할 정도이다.

해방 직후 외국에서 박사학위를 취득하는 데도 허덕대던 실정에 비한다면 외형적으로 한국의 경제학계는 장족의 발전을 이룩했다. 이런 상황이 여타 사회과학보다 경제학에서 두드러지게 나타난 것은 경제학, 특히 신고전학파가 자연과학적인 방법, 즉 수학이나 계량적 방법에 의존한다는 사실에 기인하는 바 크다.

문제는 이런 외형적인 성장에도 불구하고 한국의 경제학계는 미국학계와 같이 독창적인 이론이나 새로운 이론틀을 제시하는 수준에 이르지 못했다. 당연히 과거나 현재의 외국 학계에서 명멸한 것과 같은 학파는 한국학계에서 찾아볼 수 없으며 학풍도 더 이상 남아 있지 않다. 한국 학계에는 학교건물이 있고 학벌이 있을 뿐 학파나 학풍, 그리고 진정한 의미의 학회가 존재한다고 확신할 수 없다.

극단적으로 말해, 모든 대학이 외국의 교과과정을 상당한 시차를 두고 모방해 마련해 놓았으며, 교수와 학생들이 이 과정 속으로 그저 드나들고 있을 뿐이다. 국내에서 연구한 학자의 경우에도 다량의 이론을 외국서적을 통해 수입하고 있다. 이 때문에 유학 여부와 좌우의 입장을 떠나, 이제 한국의 경제학계와 사회과학계가 압도적으로 수입된 이론에 의존하고 있음은 부인할 수 없다.

셋째, 한국의 학계는 유럽이나 일본의 학계와 같이 미국의 이론을 비판적으로 수용할 수 있는 수준에 이르지도 못했다. 한국 학계는 예전보다 신고전학파 이론을 보다 충실하게 습득한다는 점에서는 발전했지만, 이 이론들을 무비판적으로 수입하는 단계를 여전히 벗어나지 못했다. 미국 경제학계의 새로운 이론이나 유명한 미국 경제학자의 발언이 언제나 아무런 여과 없이 반드시 알아야 할 중요사항으로 취급되는 데서 이를 확인할 수 있다.

이런 이유로 수입된 경제학이론이 한국경제의 현실과 충실하게 접목되지 못하고 있다. 한국경제가 1997년의 경제공황과 같은 커다란 난관에 봉착했을 때 한국의 경제학자들은 대부분 명확한 진단이나 처방을 내리지 못했다. 이로 인해 한국의 학계, 정계, 관계, 업계 등은 국제통화기금이나 세계은행의 진단이나 처방에 압도되었다. 또한 일상적인 경제현실을 설명하는 데도 서양의 경제학이론이 생각만큼 많이 활용되지 않고 있다.

이에 대한 증거는 *Economist*나 *Wall Street Journal*이 미국이나 세계경제를 분석할 때 활용하는 경제학 개념들이, 한국의 경제신문들이 우리 경제를 분석하는 데 활용하는 개념들보다 훨씬 더 다양하다는 사실이다. 이것은 한편으로 서양이론이 부분적으로 우리 토양에 맞지 않는다는 것을 의미하지만, 다른 한편으로 한국 학계가 수입된 이론을 한국 토양에 접목시키지 못했다는 증거이기도 하다.

이런 이유로 한국대학의 교육현장에서는 한국의 현실 속에 살고 있는 학생들에게 생경한 외국이론을 가르치는 교수의 어려움과 이를 배워야 하는 학생의 어려움이 크게 줄어들지 않았다. 이런 상황은 마르크스가 당시 독일의 경제학과 경제학자들에 대해 던진 비판적인 진단에서 크게 벗어나지 않는다.

이는 경제학에 대한 학생들의 기피현상이 단순히 경제학 자체의 어려움이나 학생들의 편의주의 등에 기인하지 않는다는 추론을 낳는다. 오히려 경제이론을 한국현실과 접목시켜 이해하고 교육하지 않는 한국학계의 오랜 관행이 누적되어 나타난 결과라고 해석할 수 있다. 특히, 경제학이 수학적인 정의(예로써, 무차별곡선)에 담겨져 있고, 마치 자연과학의 이론(예로써, 중력의 법칙)처럼 일상생활과 동떨어져 존재할 수 있다는 착각이 이러한 현실을 강화시킨 것으로 보인다.

넷째, 이와 연결된 것으로 한국의 경제학계는 합의된 연구의 방향을 가지고 있지 않다. 연구방향의 부재는 한국사회 및 경제에 대한 기본적인 합의가 형성되어 있지 않음을 의미한다. 기본적인 합의가 형성되어 있지 않으므로 문제들이 일관되게 파악되지 않고, 문제들의 우선순위가 정해지지 않는다. 나아가서 이런 문제들을 설명하고 해결하기 위한 방법이 강구되지 않는다.

물론 각 시점에서 구체적인 현상들이 문제로 부상하며, 이론적이거나 정책적인 입장이 학자나 관료들에 의해 수시로 개진되는 것은 사실이다. 그러나 학문의 방향이 설정되기 위해서는 이런 구체적인 문제들을 관통해 조망할 수 있는 시각이나 문제틀이 요구된다. 바로 이런 시각이나 문제들이 한국 학계와 사회에 결여되어 있다.

이런 이유로 학자들의 연구방향은 외국 문헌의 문제를 따라가고, 관료들은 현실적인 문제에 대한 피상적인 정책적 대안을 찾는 데 머문다. 또한 기업 등 경제주체들은 일상적인 문제를 그때그때 해결하는 데 집중하고 있다. 그 결과 학자의 이론과 관료나 기업의 현실감이 결합되거나 상호작용하지 않는 상태에서 공존하고 있다. 심하게 말하면, 비현실적인 학자와 피상적인 관료, 그리고 말초적인 경제주체들이 공존하는 상황이다.

각종 연구소의 현실경제 연구가 어느 정도 이런 격차를 메워주고 있다고 말할 수도 있다. 그러나 연구소들은 정부나 기업 등 상위기관의 지휘를 받는다는 한국사회 특유의 한계를 안고 있다.

다섯째, 연구의 방향이 정해져 있지 않기 때문에 특정의 이론이나 가설에 대한 평가의 기준도 마련되어 있지 않다. 이는 학계나 대중매체의 토론장에서 극명하게 드러난다. 평가기준이 없다는 것은 누가 논문을 발표했을 때 그 논문이 얼마나 중요하며, 학문적으로 어느 정도 공헌이 있는지에 대해 결론이 내려지지 않음을 의미한다.

이런 이유로 국내 학계의 발표와 토론은 형식에 흐르거나 구색 맞추기에 그치는 경우가 많다. 나름대로 평가되지 않기 때문에 진정한 동의나 반박도 존재할 수 없으며, 진정한 의미의 감동이나 실망도 없다.

또한 이는 현실적으로 교수직이나 연구직을 누가 맡을 것인가에 대한 진정한 기준이 마련되어 있지 않음을 뜻한다. 선진 외국에서 학위를 받았는지, 어떤 대학에서 학위를 받았는지, 선진 외국에서 어느 정도로 평가받았는지, 혹은 외국학술지에 얼마나 많은 논문을 발표했는지가 진정한 기준을 대신한다.

특히, 최근에 들어서는 SSCI 등 외국학술지 게재를 목표로 삼는 것이 학계의 현실이다. 해외유학파의 득세로 이것이 경제학계의 대세를 이루면서 학교별로 교수들을 채용하거나 평가할 때나 대학들에 대해 평가할 때 이 기준이 절대적인 힘을 발휘하고 있다. 이 기준은 외국대학에서보다 더 큰 힘을 발휘하며 그것의 절대성은 이제 거의 학계의 신앙처럼 굳어지고 있다.

이런 신앙은 전문서적저술이나 여타 학술지에 대한 기고 등 다른 학문적 활동을 구축한다. 경제학의 특수성을 고려하더라도 전문서적의 저술은 배제할 수 없는 것임에도 불구하고, SSCI에 대한 신앙이 이를 밀어내고 있다. 또한 SSCI에 등재되었다는 것이 참고기준일 뿐 논문은 그 자체로 평가되어야 한다. 그럼에도 불구하고, 학계에서는 기계적으로 이 기준에 의탁하고 있다.[2] 더구나 외국학술지에 게재하기 위해서는 외국학술지의 목표에 부응해야 하는데, 외국이론의 시각이나 외국현실에 부합되어야 한다는 문제가 있다. 이렇게 되면서 외국이론을 한국현실에 접목시키려는 목표는 더욱 외면당할 수밖에 없다.

이런 현상은 한국의 자연과학에서뿐만 아니라 경제학을 필두로 사회과학, 나아가서 인문과학에서조차 점점 더 피할 수 없는 현실이 되어가고 있다. 심지어 국사 등 국학에서조차 외국학술지에 발표해야 한다는 우스꽝스런 압력이 조성되고 있는 것이 현재 한국학계의 딱한 실정이다. 물론 유럽이나 일본의 경제학계도 미국 학계의 이론을 수용해야 한다는 압박을 받고 있지만, 정도나 속도 면에서 우리와 커다란 차이가 있다.

같은 이유로, 학계 자체의 평가에 비해 대중매체나 언론의 평가가 대중의

2) 한국학계는 SSCI 여부뿐만 아니라 SSCI 내에서 전체 최상급, 분야별 최상급 등으로 학술지들에 서열을 정해 놓았다. 미국 대학과 마찬가지로 미국 학술지에도 우리 나름대로 서열을 부과해 놓은 것이다. 한국의 주요 대학들이 교수채용이나 평가에서 신주단지처럼 떠받드는 이런 서열이 정작 미국대학에서는 별로 활용되지 않는다. 미국의 각 대학은 이런 서열보다 논문의 내용이나 교수의 능력자체를 판단한다. 이에 비해 한국대학은 스스로 신뢰하는 평가기준이 없어 일방적으로 이런 서열에 의존하고 있다. 학교에 대한 평가가 교수에 대한 평가를 낳느냐 혹은 그 반대이냐, 학술지에 대한 평가가 논문에 대한 평가를 낳느냐 혹은 그 반대이냐의 문제이다.

의견을 선도하는 경우가 많다. 현실적으로 이것은 논문이나 책 등 담론에 대하여 학계의 평가와 언론의 평가가 상반되는 경우가 비일비재하다는 데서 드러난다.

외국학술지보다 떨어진다고 평가되지만 여전히 교수들에 대한 평가에서 커다란 힘을 발휘하는 것이 학술진흥재단에 등재된 국내학술지이다. 학술진흥재단은 막대한 자금을 분배하면서 학술진흥재단 등재라는 제도를 통해 학계에서 일종의 개발독재를 추진하고 있다.

이런 노력이 논문의 양산에 공헌하고 있는 것은 사실이다. 그러나 이 과정에서 학문의 획일화나 규격화가 생기며, 전문서적에 대한 격하가 진행되고 있다. 나아가 등재학술지의 우월성이 어디에 있는지도 분명치 않다. 척박한 풍토에서 절차를 충족시키기 위해 이루어지는 논문심사과정이 과연 내용적으로 충실한지도 분명치 않다. 아직은 서툰 흉내 내기가 아닌지 반성하지 않을 수 없다. 중요한 문제는 왜 열심히 연구하는지, 그리고 어느 방향으로 열심히 연구해야 하는지가 여전히 정리되어 있지 않다는 점이다.

요약하면 한국의 경제학계, 그리고 사회과학 전체, 나아가서 거의 대부분의 인문사회과학은 독창적인 이론의 개발은 물론이고 외국이론에 대한 비판적인 수용능력마저도 아직 갖추지 못하고 있다. 또한 경제이론이 한국의 현실로부터 유리되어 있고, 학계에 연구의 방향과 평가기준이 설정되어 있지 않으며, 국내의 교육기관이 연구인력이나 교육인력을 스스로 충당하지 못하는 등 여러 가지 근본적인 문제들을 안고 있다. 신자유주의와 미국숭배에 휩싸여 있는 21세기 초의 상황에 비추어 본다면, 이 문제에 대한 해결책은 쉽게 눈에 보이지 않는다.

가장 근본적으로 초/중등교육과 대학교육 전체와 학문적 연구 자체에 대한 근본적인 개혁이 필요하다. 입시경쟁은 해방 이후 현재까지 진리에 대한 애정과 지식에 대한 갈증을 죽이는 데 결정적인 역할을 발휘해 왔다. 그것은 사회에 대한 인식이나 일상생활에 필요한 지식, 그리고 시민으로서의 소양 대신 퀴즈대회에서 유용한 지식을 주입시켜 왔다. 그것이 조장한 경쟁은 학문적 수월성이나 도덕적 탁월함을 지향하는 진정한 경쟁의 서툰 모방에 불과했다.

단순히 대학교에 진학하기 위해, 그리고 보다 높은 서열의 대학교에 입학하기 위해, 자신의 소양이나 적성을 발견하거나 개발할 시간도 없이 허덕대며 적성에 맞지도 않는 전공을 택해 시간을 보내다 졸업하는 것이 한국의 지식인들이 지나온 과거이다. 이런 상황에서 한국경제에 대한 진지한 연구는 외국 유수 대학의 학위증서로 쉽사리 대체되었던 것이다. 그러니 우리 사회의 학벌구조와 대학의 고착화된 서열, 그리고 살인적인 입시경쟁은 진정한 교육뿐만 아니라 진정한 연구를 위해서도 타파되어야 할 일차적인 장애임에 틀림없다.

문헌목록

참고출처

http://homepage.newschool.edu/het/

http://www.marxists.org/archive/

http://www.epistemelinks.com/index.aspx

http://www.sociosite.net/topics/sociologists.php

http://www.gutenberg.org/catalog/

http://www.online-literature.com/author_index.php

http://www.newadvent.org/

http://en.wikipedia.org/wiki/Main_Page

약 어

MEW: Marx-Engels Werke(1987), Berlin: Dietz Verlag

[제 1 장]

1차 문헌

Carnap, R.(1995) *An Introduction to the Philosophy of Science*, New York: Dover Publications.

Kuhn, T. S.(1970) *The structure of scientific revolutions*, Chicago: The University of Chicago Press.

Lakatos, I. & A. Musgrave(1970) *Criticism and the growth of knowledge*, London: Cambridge University Press.

Popper, K. R.(1957) *Poverty of Historicism*, London: Routledge & Kegan Paul.

__________(1959) *The Logic of Scientific Discovery*, New York: Science Editions.

__________(1962) *The Open Society and Its Enemies*, London: Routledge & Kegan Paul.

__________(1963) *Conjectures and Refutations*, New York: Harper & Row.

__________(1972) *Objective Knowledge*, Oxford: The Clarendon Press.

Schumpeter, J. A.(1954) *History of Economic Analysis*, New York: Oxford University Press.

Volpe, G. D.(1980) *Logic as a Positive Science*, Chapter Ⅳ, London: New Left Books.

Weber, M.(1949) *The Methodology of the Social Sciences*, trans. & ed. E. A. Shils & H. A. Finch, New York: The Free Press.

2차 문헌

Blaug, M.(1985) *Economic Theory in Retrospect*, 4th edition, Cambridge: Cambridge University Press.

Dahrendorf, R.(1988) "Liberalism," *The New Palgrave: A Dictionary of Economics*, ed. J. Eatwell, M. Milgate and P. Newman, Vol.3, London: The Macmillan Press.

____________(1988) "Popper," *The New Palgrave: A Dictionary of Economics.*

Hollis, M.(1994) *The Philosophy of Social Science*, Cambridge: Cambridge University Press.

Letwin, W.(1963) *The Origin of Scientific Economics*, London: Metuen & Co..

Lukes, S.(1974) *Power: a radical review*, London: The Macmillan Press.

Mirowski, P.(1989) *More Heat than Light*, Cambridge: Cambridge University Press.

Rima, I.(1986) *Development of Economic Analysis*, Homewood, IL: Irwin.

[제 2 장]

1차 문헌

Aristotle(1966) *Ethica Nichomachea*, *The Works of Aristotle*, Vol. Ⅸ, trans. W. D. Ross, Oxford: Oxford University Press.

____________(1952) *The Politics of Aristotle*, ed. & trans. E. Barker, Oxford: Oxford University Press.

Bacon, F.(1625) *The Essays*, London: Penguin Books.

Cantillon, R.(1964[1755]) *Essai sur la Nature du Commerce en Général, Essay on the Nature of Commerce in General,* New York: A. M. Kelley.

Condorcet, de Marquis(1988[1795]) *Esquisse d'un Tableau Historique des Progrès de L'Esprit Humain*, Paris: Flammarion.

Galiani, F.(1955[1751]) *De la Monnaie*, Paris: Rivière.

George, H.(1905[1879]) *Progress and Poverty: An inquiry into the cause of industrial depressions and of increase in want with increase of wealth*, New York: The Modern Library.

Hume, D.(1963[1875]) "Of the original contract," T. H. Green and T. H. Grose(eds) *Essays: Moral, Political & Literary*, Vol.1, Oxford: Oxford University Press.

____________(1970) *David Hume: Writings on Economics*, ed. E. Rotwein, Madison,

Wisconsin: The University of Wisconsin Press.

Keynes, J. M.(1927) *The End of Laissez-Faire*, London: L. & V. Woolf.

Law, J.(1966[1705]) *Considerations sur le numéraire et le commerce, Money and Trade Considered with a Proposal for Supplying the Nation with Money*, New York: A. M. Kelley.

Locke, J.(1954[1676]) *Essays on the Law of Nature*, Oxford: The Clarendon Press.

____________(1967[1690]) *Two Treatises of Government*, Cambridge: Cambridge University Press.

____________(1989[1691]) "Some Considerations of the Consequences of the Lowering of Interest and Raising of the Value of Money," *Several Papers Relating To Money, Interest, and Trade Writ upon Several Occasions and Published at Different Times*, Fairfield, N.J.: A. M. Kelley.

____________(1989[1696]) "Further Considerations concerning Raising the Value of Money," *Several Papers Relating To Money, Interest, and Trade Writ upon Several Occasions and Published at Different Times*, Fairfield, N.J.: A. M. Kelley.

Newton, I.(1953) *Newton's Philosophy of Nature*, ed. J. S. Thayer, New York & London: Hafner Publishing Company.

Oresme, N.(2001[1373]) *Traktat über Geldabwertungen, De Mutatione Monetarum Tractatus*, Kulturverlag Kadmos, Auflage 1.

Petty, W.(1672) *The Political Economy of Ireland*, http://homepage.newschool.edu/het/.

____________(2005[1690]) *Essays on mankind and political arithmetic*, Whitefish, MT: Kessinger Pub.

Plato(1992) *The Republic*, Indianapolis: Hackett Pub. Co.

____________(1980) *Laws*, Chicago: The University of Chicago Press.

Polanyi, K.(1944) *The Great Transformation*, Boston: Beacon Press.

Quesnay, F.(1765) "Le droit naturel," *Journal d'Agriculture*, Septembre, 4-35.

____________(1972[1766]) *Tableau Économique*, for the Royal Economic Society and the American Economic Association, London: The Macmillan Press & New York: A. M. Kelley.

Rousseau, J. J.(1974) "The Social Contract," in *The Essential Rousseau*, New York: New American Library.

____________(1993) "A Discourse on the Origin of Inequality," *The Social Contract and Discourses*, trans. with introduction by G. D. H. Cole, New York: Everyman's Library.

Turgot, A. R. J.(1990[1766]) *Réflexions sur la formation et la distribution des richesses,*

Reflections on the Formation and Distribution of Wealth, Paris: Chez Lacombe.
Xenophon (434?-355? B. C.) *Economics*, http://classics.mit.edu/Xenophon/xen.ec.html.
페티(2005) 『페티의 경제학』, 윤기중 역, 서울: 법문사.

2차 문헌

Ambler, W.(1987) "Aristotle on Nature and Politics," *Political Theory*, 15(3), 390-410.

Blaug, M.(1985) *Economic Theory In Retrospect*, 4th edition, Cambridge: Cambridge University Press.

Calkins, M. J. & P. H. Werhane(1998) "Adam Smith, Aristotle, and the Virtues of Commerce," *Journal of Value Inquiry*, 32(1), 43-60.

Castoriadis, C.(1984) "Value, Equality, Justice, Politics," *Crossroads in the Labyrinth*, trans. K. Soper & M. H. Ryle, Cambridge, Mass.: MIT Press.

Dang, A.(1992) "L'automatisation de l'économie politique chez Quesnay: un processus inachevé et ambigu," *Economies et Sociétés*, 17(8), 105-134.

Finley, M. I.(1967) "Technical Innovation and Economic Progress in the Ancient World," *Economic History Review*, 18(1), 29-45.

____________(1970) "Aristotle and economic analysis," *Past and Present*, 47(May), 3-25.

Fleetwood, S.(1997) "Aristotle in 20th century," *Cambridge Journal of Economics*, 21, 729-744.

Gordon, B. J.(1961) "Aristotle, Schumpeter, and the Metalist Tradition," *Quarterly Journal of Economics*, 75(4), 608-614.

____________(1964) "Aristotle and the Development of Value Theory," *Quarterly Journal of Economics*, 78(1), 115-128.

Hadreas, P.(2002) "Aristotle on the Vices and Virtue of Wealth," *Journal of Business Ethics*, 39(4), 361-376.

Hamburger, M.(1959) "Aristotle and Confucius," *Journal of the History of Ideas*, 20(2), 236-249.

Hecksher, E. F.(1955) *Mercantilism*, trans. M. Shapiro, London: George Allen & Unwin.

Henry, J. F.(1999) "John Locke, property rights, and economic theory," *Journal of Economic Issues*, 33(3), 525-554.

Johnson, V.(1939) "Aristotle's Theory of Value," *American Journal of Philology*, 60(4), 445-451.

Jorian, P. J. M.(1998) "Aristotle's Theory of Price Revisited," *Dialectical Anthropology*, 23(3), 247-280.

Macdonald, J. E. & C. L. Beck-Dudley(2001) "A natural law defense to the employment law question," *American Business Law Journal*, 38(2), 363-411.

Mayhew, R.(1997) "Part and Whole in Aristotle's Political Philosophy," *Journal of Ethics*, 1(4), 325-340.

Meikle, S.(1984) *Essentialism in the Thought of Karl Marx*, La Salle, Ⅲ: Open Court Publishing Co.

____________(1991) "History of philosophy: The metaphysics of substance in Marx," *The Cambridge Companion to Marx*, ed. T. Carver, Cambridge: Cambridge University Press.

____________(1995) *Aristotle's Economic Thought*, Oxford: Oxford University Press.

Morris, I.(1986) "Gift and Commodity in Archaic Greece," *Man*, 21(1), 1-17.

Price, A. W.(1980) "Aristotle's Ethical Holism," *Mind*, 89(355), 336-352.

Rist, C.(1966) *History of Monetary and Credit Theory*, trans. J. Degras, New York: A. M. Kelley.

Rubin, I. I.(1970) "The age of merchant capital," *A History of Economic Thought*, London: Ink Links.

Salkever, S. G.(1981) "Aristotle's Social Science," *Political Theory*, 9(4), 479-508.

Schumpeter, J. A.(1954) *History of Economic Analysis*, Oxford: Oxford University Press.

Smith, B.(1990) "Aristotle, Menger, Mises: an essay in the metaphysics of economics," *Carl Menger and his legacy in economics*, Durham [N.C.]: Duke University Press.

Tipton, J.(2001) "Division and combination of labor in Aristotle's biological writings," *Journal of Bioeconomics*, 3(1), 51-55.

Tullock, G., J. M. Buchanan & R. D. Tollison(1980) *Toward a Theory of the Rent-Seeking Society*, College Station: Texas A & M University.

Yack, B.(1990) "Natural Right and Aristotle's Understanding of Justice," *Political Theory*, 18(2), 216-237.

Yeager, L. & R. L. Grunfeld(1983) "A Laissez-Faire Approach to Monetary Stability," *Journal of Money, Credit and Banking*, 15(3), 302-15.

베르낭·장 피에르(2006) 『그리스사유의 기원』, 김 재홍 역, 서울: 도서출판 길.

홍 훈(2006a) "사회관계에 대한 아리스토텔레스의 사상," 『마르크스주의 연구』, 3(1), 185-231,

____________(2006b) "아리스토텔레스의 도덕적인 가계경제와 마르크스의 자본주의 생산경제," 『서양고전학연구』, 26, 153-291.

[제 3 장]

1차 문헌

Smith, A.(1976[1759]) *The theory of moral sentiments*, ed. D. D. Raphael & A. L. Macfie, Oxford: The Clarendon Press.

____________(1978[1762-6]) *Lectures on Jurisprudence*, ed. R. L. Meek, D. D. Raphael & P. G. Stein, Oxford: The Clarendon Press.

____________(1937[1776]) *The Wealth of Nations*, ed. E. Cannan, New York: The Modern Library.

Durkheim, E.(1983[1893]) *The division of labor in society*, trans. George Simpson, New York: The Free Press.

Ferguson, A.(1995[1767]) *An Essay on the History of Civil Society*, Cambridge: Cambridge University Press.

Hobbes, T.(1985) *Leviathan*, London: Penguin Books.

Mauss, M.(1970) *The Gift*, London: Cohen & West Ltd.

Mill, J.(1966) *James Mill: Selected Economic Writings*, ed. D. Winch, Edinburgh: Oliver and Boyd.

von Neumann, J.(1945-46) "A Model of General Economic Equilibrium," .*Review of Economic Studies*, 13(1), 1-9.

Voltaire(1991[1759]) *Candide or optimism*, New York: W. W. Norton.

2차 문헌

Bittermann, H. J.(1940) "Adam Smith's Empiricism and the Law of Nature, Parts Ⅰ-Ⅱ," *Journal of Political Economy*, 48(4), 190-235, Reprinted in *Adam Smith: Critical Assessments*, Vol. 1, ed. J. C. Wood, London & Canberra: Croom Helm.

Calkins, M. J. & P. H. Werhane(1998) "Adam Smith, Aristotle, and the Virtues of Commerce," *Journal of Value Inquiry*, 32(1), 43-60.

Dobb, M.(1973) *Theories of Value and Distribution since Adam Smith*, Cambridge: Cambridge University Press.

Duboeuf, F.(1985) "A. Smith: Mesure et Socialité," *Economies et Sociétés*, 19(3), 73-107.

Goldmann, L.(1973) *The Philosophy of The Enlightenment*, trans. H. Maas, London: Routledge & Kegan Paul.

Hirshman, A. O.(1977) *The Passions and the Interests*, Princeton, N.J.: Princeton University Press.

Hausman, D. & W. McPherson(1996) *Economic Analysis and Moral Philosophy*, Cambridge: Cambridge University Press.

Henry, J. F.(1999) "John Locke, property rights, and economic theory," *Journal of Economic Issues*, 33(3), 525-554.

Levine, D.(1980) "Aspects of the Classical Theory of Markets," *Australian Economic Papers*, 19(34), 1-15.

Meek, R. L.(1967) "The Scottish Contribution to Marxist Sociology," *Economics and Ideology and Other Essays*, London: Chapman and Hall Ltd.

____________(1977) "Value in the History of Economic Thought," *Smith, Marx & After*, London: Chapman and Hall Ltd.

Minowitz, P.(1993) *Profits, Priests and Princes*, Stanford, Calif.: Stanford University Press.

Mirowski, P.(1989) *More Heat than Light*, Cambridge: Cambridge University Press.

Napoleoni, C.(1976) *Smith, Ricardo, Marx*, trans. J. M. A. Gee, Oxford: Basil Blackwell.

Perry, R. B.(1916) "Economic Value and Moral Value," *Quarterly Journal of Economics*, 30(3), 443-485.

____________(1967) *A General Theory of Value*, Cambridge, Mass.: Harvard University Press.

Rist, C.(1966) *History of Monetary and Credit Theory*, trans. J. Degras, New York: A. M. Kelley.

Rubin, I. I.(1979) *A History of Economic Thought*, trans. D. Filtzer, London: Ink Links.

Stabile, D. R.(1997) "Adam Smith and the natural wage," *Review of Social Economy*, 55(3), 292-311.

[제 4 장]

1차 문헌

Ricardo, D.(1970[1817]) *On the Principles of Political Economy and Taxation*, Vol. Ⅰ, Works of David Ricardo, ed. P. Sraffa, Cambridge: Cambridge University Press.

____________(1966) *Pamphlets and Papers(1815-1823)*, Vol. Ⅳ, Works of David Ricardo, ed. P. Sraffa, Cambridge: Cambridge University Press.

Bailey, S.(1931[1825]) *A Critical Dissertation on the Nature, Measures, and Causes of Value; Chiefly in Reference to the Writings of Mr. Ricardo and His Followers*, The London School of Economics and Political Science.

McCulloch, J. R.(1965[1825]) *The Principles of Political Economy*, New York: A. M. Kelley.

Wicksteed, P. H.(1933) *The Common Sense of Political Economy and Selected Papers and Reviews of Economic Theory*, Vol. Ⅰ-Ⅱ, ed. L. Robbins, London: Routledge & Kegan Paul.

____________(1957) "The Marxian Theory of Value," Vol. Ⅱ, *The Common Sense of Political Economy and Selected Papers and Reviews on Economic Theory*, London: Routledge & Kegan Paul.

____________(1988) "dimensions of economic quantities," *The New Palgrave: A Dictionary of Economics*. Vol. 1, ed. J. Eatwell, et al., London: The Macmillan Press.

2차 문헌

Blaug, M.(1985) *Economic Theory in Retrospect*, 4th edition, Cambridge: Cambridge University Press.

Eatwell, J.(1982) "Competition," *Classical and Marxian Political Economy*, ed. I. Bradley & M. Howard, London: The Macmillan Press.

Freeman, A.(1984) "The Logic of the Transformation Problem," *Ricardo*, *Marx*, *Sraffa*, London: Verso.

Hollander, S.(1987) *Classical Economics*, Oxford: Basil Blackwell.

Mandel, E. & A. Freeman(1984) *Ricardo, Marx, Sraffa*, London: Verso.

Napoleoni, C.(1976) *Smith, Ricardo, Marx*, trans. J. M. A. Gee, Oxford: Basil Blackwell.

Pasinetti, L.(1977) *Lectures on the Theory of Production*, New York: Columbia University Press.

Robinson, J.(1964) "The Classics: Value," *Economic Philosophy*, London: Penguin Books.

Sraffa, P.(1980) *Production of Commodities by means of Commodities*, Cambridge: Cambridge University Press.

Stigler, G. J.(1958) "Ricardo and the 93% Labor Theory of Value," *American Economic Review*, 48(3), 357-367.

de Vivo, G.(1987) "Ricardo, David," *The New Palgrave. A Dictionary of Economics*, Vol. 3, ed. J. Eatwell, et al., London: The Macmillan Press.

[제 5 장]

1차 문헌

Malthus, T. R.(1970[1798]) *An essay on the principle of population*, Harmondsworth: Penguin Books.

____________(1815) *The Nature of Rent*, http://www.ecn.bris.ac.uk/het/malthus/rent.

____________(1951[1820]) *Principles of political economy*, New York: A. M. Kelley.

Mill, J. S.(1965) *Principles of Political Economy*, London: Routledge & Kegan Paul.

____________(1882) *Utilitarianism*, London: Longmans, Green and Co.

Bagehot, W.(1995[1889]) *Lombard Street*, The Collected Works of Walter Bagehot, Vol. V, London: Routledge/Thoemmes Press.

Bailey, S.(1931[1825]) *A Critical Dissertation on the Nature, Measures, and Causes of Value; Chiefly in Reference to the Writings of Mr. Ricardo and His Followers*, The London School of Economics and Political Science.

Cairnes, J. E.(1997[1857]) *The character and logical method of political economy*, London: Routledge/Thoemmes Press.

Darwin, C.(1993[1859]) *The origin of species*, New York: The Modern Library.

Godwin, W.(1971[1793]) *Enquiry concerning political justice: with selections from Godwin's other writings*, Oxford: The Clarendon Press.

Kant, I.(1973) "Justice," *Economic Justice*, ed. E. S. Phelps, Harmondsworth: Penguin Books.

____________(1973) "Two Essays on Right," *Economic Justice*, ed. E. S. Phelps, Hamondsworth: Penguin Books.

Maine, H. S.(1917[1861]) *Ancient law*, London: J. M. Dent & Sons.

Say, J. B.(1971[1803]) *A treatise on political economy, or the production, distribution, and consumption of wealth*, New York: A. M. Kelley.

2차 문헌

Bleaney, M.(1976) *Underconsumption Theories*, London: Lawrence and Wishart.

Mirowski, P.(1989) *More Heat than Light*, Cambridge: Cambridge University Press.

[제 6 장]

1차 문헌

Engels, F.(1987[1878]) *Anti-Dühring*, MEW 20.

______(1976) *Anti-Dühring*, New York: International Publishers.
______(1987) "[Konspekt über] "Das Kapital" von Karl Marx, Erster Band," MEW 16.
______(1987[1880]) "Die Entwicklung des Sozialismus von der Utopie zur Wissenschaft," MEW 19.
______(1987[1883]) *Dialektik der Natur*, MEW 21.
______(1981[1884]) *The Origin of the Family, Private Property and the State*, ed. and trans. E. B. Leacock, New York: International Publishers.
______(1987[1886]) *Ludwig Feuerbach und der Ausgang der Klassischen Deutschen Philosophie*, MEW 21.
Marx, K(1975) "Doctoral Dissertation," *Karl Marx-Friedrich Engels*, Collected Works, Vol.1, London: Lawrence & Wishart.
______(1987[1844]) *Ökonomisch-philosophische Manuskripte aus dem Jahre 1844*, MEW 40.
______(1975) *Economic and Philosophical Manuscripts*, *Karl Marx: Early Writings*, The Marx Library, New York: Vintage Books.
______(1983[1843]) *Kritik der Hegels Rechtsphilosophie*, MEW 1.
______(1987[1846]) *Die Deutsche Ideologie*, MEW 3.
______(1987[1847]) *Das Elend der Philosophie*, MEW 4.
______(1963[1847]) *The Poverty of Philosophy*, New York: International Publishers.
______(1987[1848]) *Manifest der Kommunistischen Partei*, MEW 4.
______(1987[1858]) *Grundrisse der Kritik der Politischen Ökonomie*, MEW 42.
______(1987[1859]) *Zur Kritik der Politischen Ökonomie*, MEW 13.
______(1970) *A Contribution to the Critique of Political Economy*, with an Introduction by M. Dobb, New York: International Publishers.
______(1867) *Das Kapital*, Erste Ausgabe, Erster Band, Hamburg: Verlag von Otto Meissner.
______(1956[1867]) *Das Kapital I*, MEW 23.
______(1977) *Le Capital*, Livre Premier I, Paris: Editions Sociales.
______(1959) 資本論 第 1 卷 〈初版 復刻版〉, 東京: 青木書店.
______(1967[1867]) *Capital*, Vol. I , New York: International Publishers.
______(1977[1867]) *Capital*, Vol. I , New York: Vintage Books.
______(1994) "Forms of Value," *Debates in Value Theory*, ed. S. Mohun, New York: St. Martin's Press.

______(1977) Appendix: Results of the Immediate Process of Production, *Capital*, Vol. I , New York: Vintage Books.

______(1987[1859]) *Theorien über Mehrwert*, MEW 26.1, 26.3.

______(1968) *Theories of Surplus Value*, Part I, Ⅱ, Ⅲ, Moscow: Progress Publishers.

______(1987[1879]) *Randglossen zu Adolf Wagners Lehrbuch der Politishcen Ökonomie*, MEW 19.

______(1963[1852]) *The 18th Brumaire of Louis Bonaparte*, New York: International Publishers.

______(1969[1850]) *Class Struggles in France 1848-50*, Selected Works, Vol. Ⅰ, Moscow: Progress Publishers.

______(1987[1842]) "Die Zentralisationsfrage," MEW 40, 379-380.

______(1987[1875]) *Kritik der Gothaer Programms*, MEW 19.

Marx, K. & F. Engels(1983) *Letters on Capital, Briefe Über das Kapital*, trans. A. Drummond, London: New Park.

Hegel, G. W. F.(1942) *Hegel's Philosophy of Right*, trans. T. M. Knox, Oxford: The Clarendon Press.

Hilferding, R.(1981[1955]) *Finance Capital, Das Finanzkapital*, Berlin: Dietz Verlag, trans. M. Watnick & S. Gordon, London: Routledge & Kegan Paul.

______(1975) *Marx and the Close of His System*, New York: A. M. Kelley.

Kalecki, M.(1969) *Theory of Economic Dynamics*, New York: A. M. Kelley.

Lange, O.(1938) *On the Economic Theory of Socialism*, Minneapolis: University of Minnesota Press.

Lenin, V. I.(1967) "The three sources and three component parts of Marxism," *Selected Works*, Moscow: Progress Publishers.

______(1973) *Imperialism*, Peking: Foreign Languages.

Lukacs, G.(1971[1968]) *History and Class Consciousness*, trans. R. Livingstone, Cambridge, Mass.: MIT Press.

Luxemburg, R.(1951) *The Accumulation of Capital*, New Haven: Yale University Press.

Owen, R.(1949) *A New View of Society and Other Writings*, London: J. M. Dent & Sons.

Rousseau, J. J.(1913) "A Discourse on the Origin of Inequality," *The Social Contract and Discourses*, trans. with introduction by G. D. H. Cole, New York: Everyman's Library.

______(1974) *The Social Contract*, in *The Essential Rousseau*, New York: New American Library.

Wicksteed, P. H.(1957) "The Marxian Theory of Value," Vol. Ⅱ, *The Common Sense of Political Economy and Selected Papers and Reviews on Economic Theory*, London: Routledge & Kegan Paul.

____________(1988) "dimensions of economic quantities," *The New Palgrave: A Dictionary of Economics*. Vol. 1, 844-5, London: The Macmillan Press.

2차 문헌

Aglietta, M.(1979) *A Theory of Capitalist Regulation: the U.S. experience*, trans. D. Fernbach, London: New Left Books.

Aglietta, M. & A. Orléan(1982) *La Violence de la Monnaie*, Paris: Presses Universitaires de France.

Althusser, L.(1965) "Contradiction et Surdétermination," *Pour Marx*, Paris: François Maspero.

Althusser, L. et E. Balibar(1968) *Lire le Capital*, Paris: François Maspero.

Amin, S.(1978) *The Law of Value and Historical Materialism*, Appendix, trans. B. Pearce, New York: Monthly Review Press.

Arrighi, G.(2001/2002) "Global capitalism and the persistence of the north-south divide," *Science & Society*, 65(4), 469-476.

Arthur, C. J.(1988) "Hegel's Theory of Value," *Value, Social Form and the State*, ed. M. Williams, New York: St. Martin's Press.

Backhaus, H. G.(1969) "Zur Dialektik der Wertform," *Beiträge zur Marxistischen Erkenntnistheorie*, herausgegeben von A. Schmidt, Frankfurt am Main: Suhrkamp.

Baumol, W. J.(1974) "The Transformation of Values: What Marx 'Really' Meant (An Interpretation)," *Journal of Economic Literature*, 12(1), 51-62.

Becker, J. F.(1977) *Marxian Political Economy*, Cambridge: Cambridge University Press.

Beilharz, P.(1996) "Negation and Ambivalence: Marx, Simmel and Bolshevism on Money," *Thesis Eleven*, 47(1), 21-32.

Bettelheim, C.(1975) *Economic Calculation and Forms of Property*, New York: Monthly Review Press.

Bhaskar, R.(1989) *The Possibility of Naturalism*, New York: Harvester Wheatsheaf.

Bidet, J.(1985) *Que Faire du 〈Capital〉?*, Paris: Klincksiek.

____________(1986) "Socialisation et abstraction; lecture de l'ouvrage: 《Un échiquier centenaire: théorie de la valeur et formation des prix》," *Cahiers d'Economie Politique*, 12, 175-182.

Bowles, S. & H. Gintis(1977) "The Marxian theory of value and heterogeneous labor," *Cambridge Journal of Economics*, 1(2), 173-192.

______(1978) "The Invisible Fist: Have Capitalism and Democracy Reached a Parting of the Ways?," *American Economic Review*, 68(2), 358-363.

______(1990) "Contested Exchange," *Politics and Society*, 18(2), 165-222.

______(1993) "The Revenge of Homo Economicus," *Journal of Economic Perspectives*, 7(1), 83-102.

Boyer, R.(1987) *La Théorie de la Régulation*, Paris: La Découverte.

______(1998) "Les conditions de viabilité d'un régime de croissance financiarisé ou 〈patrimoniale〉," Octobre, Manuscript.

______(1990) *The Theory of Regulation: A Critical Introduction*, trans. C. Charney, New York: Columbia University Press.

de Brunhoff, S.(1967) *La Monnaie chez Marx*, Paris: Editions Sociales.

______(1978) *The State, Capital and Economic Policy*, London: Pluto Press.

Buchanan, A. E.(1982) *Marx and Justice*, Totowa, N.J.: Rowman & Allanheld.

Bukharin, N.(1927) *The Economic Theory of the Leisure Class*, New York: International Publishers.

Carchedi, G.(1991) *Frontiers of Political Economy*, London: Verso.

Carnap, R.(1995) *An Introduction to the Philosophy of Science*, New York: Dover Publications.

Cartelier, J.(1991) "Marx's theory of value, exchange and surplus value," *Cambridge Journal of Economics*, 15(3), 257-269.

Cartelier, J. & C. Benetti(1980) *Marchands, Salariat et Capitalistes*, Paris: François Maspero.

Chossudovsky, M.(1997) *The Globalization of Poverty*, London: Zed Books, 『빈곤의 세계화』, 이대훈 옮김, 서울: 당대.

Cohen, G. A.(1978) *Marx's Theory of History*, Princeton: Princeton University Press.

Crotty, J.(1998) "Korean economic crisis and IMF," 한국사회경제학회 제17회 정기학술대회.

Denis, H.(1980) *L'〈Economie〉 de Marx: Histoire d'un échec*, Paris: Presses Universitaires de France.

Dobb, M.(1937) *Political Economy and Capitalism*, London: Routledge & Kegan Paul.

______(1973) *Theories of Value and Distribution since Adam Smith*, Cambridge: Cambridge University Press.

Dostaler, G.(1978) *Valeur et Prix*, Paris: François Maspero.

Duménil, G.(1983-4) "Beyond the Transformation Riddle: A Labor Theory of Value," *Science and Society*, 47(4), 427-450.

Duménil, G. & D. Lévy(1987) "The Dynamics of Competition," *Cambridge Journal of Economics*, 11(2), 133-164.

____________(2001) "Neoliberalism," CEPREMAP-ENS.

Dumont, L.(1977) *From Mandeville to Marx*, Chicago: The University of Chicago Press.

____________(1980) *On Value*, Radcliffe-Brown Lecture, The British Academy, Oxford: Oxford University Press.

Eatwell, J.(1982) "Competition," *Classical and Marxian Political Economy*, ed. I. Bradley & M. Howard, London: The Macmillan press.

Eldred, M. & M. Hanlon(1981) "Reconstructing Value-Form Analysis," *Capital & Class*, 13(Spring), 24-60.

Ellman, M.(1990) "Socialist Planning," *The Problems of the Planned Economy*, ed. J. Eatwell et. al., London: The Macmillan Press.

Elster, J.(1985) *Making Sense of Marx*, Cambridge: Cambridge University Press.

Fine, B.(1997) "The New Revolution in Economics," *Capital and Class*, 61(Spring), 143-148.

Fine, B. & L. Harris(1976) "State Expenditure in Advanced Capitalism," *New Left Review*, 98, 98-112.

____________(1978) *Rereading Capital*, London: The Macmillan Press.

Fleetwood, S.(1997) "Critical Realism, Marx and Hayek," *Austrians in Debate*, ed. W. Keizer et al., New York: Routledge.

Foley, D.(1978) "State Expenditure from a Marxist Perspective," *Journal of Public Economics*, 9(2), 221-238.

____________(1982) "The Value of Money, the Value of Labor Power and the Marxian Transformation Problem," *Review of Radical Political Economics*, 14(2), 37-47.

____________(1986) *Money, Accumulation and Crisis*, New York: Harwood Academic Publishers.

____________(1987) "money in economic activity," *The New Palgrave: A Dictionary of Economics*, Vol. 3, London: The Macmillan Press.

Foster, J. B.(1999) "Is overcompetition the problem?," *Monthly Review*, 51(2), 28-37.

Freeman, A.(1984) "The Logic of the Transformation Problem," *Ricardo, Marx, Sraffa*, London: Verso.

Garegnani, P.(1991) "The labor theory of value: 'detour' or technical advance?," *Marx and Modern Economic Analysis*, Vol. I , ed. G. A. Caravale, Aldershot: Edward Elgar.

Gleicher, D.(1983) "A historical approach to the question of abstract labour," *Capital and Class*, 21(Winter), 97-122.

Gold, D. A., C. Y. H. Lo & E. O. Wright(1975) "Recent Developments in Marxist Theories of Capitalist State," *Monthly Review*, Oct.

Gordon, D. M.(1980) "Stages of Accumulation and Long Economic Cycles," *Processes of the World System*, ed. T. Hopkins and I. Wallerstein, Beverley Hills: Sage Publications.

____________(1982) "Long Swings and Capitalist Development," *Segmented Work, Divided Workers: the Historical Transformation of Labor in the United States*, ed. D. M. Gordon, R. Edwards & M. Reich, Cambridge: Cambridge University Press.

Habermas, J.(1973) *Theory and Practice*, Boston: Beacon Press.

____________(1991) "What does socialism mean today? The rectifying revolution and the need for new thinking on the left," *New Left Review*, 183, 3-21.

Heller, A.(1974) *The Theory of Need in Marx*, New York: St. Martin's Press.

Holloway, J. & S. Picciotto(1978) "Introduction," *State and Capital: A Marxist Debate*, London: Edward Arnold.

Hong, H.(2000) "Marx and Menger on Value: as many similarities as differences," *Cambridge Journal of Economics*, 24(1), 87-105.

____________(2002) "Marx's Value Forms and Hayek's Rules: reinterpretation in the light of the dichotomy between *physis* and *nomos*," *Cambridge Journal of Economics*, 26(5), 613-635.

Itoh, M.(1980) "Marxist Theories of Crisis," Chapter 5, *Value and Crisis*, London: Pluto Press.

Jessop, B.(1977) "Recent Theories of the Capitalist State," *Cambridge Journal of Economics*, 1(4), 353-373.

____________(1982) *The Capitalist State*, New York: New York University Press.

Kay, G.(1979) "Why Labour is the starting-point of Capital," *Value: The Representation of Labour in Capitalism*, ed. D. Elson, CSE Books, London: Humanities Press.

Kojève, A.(1969) *Introduction to the Reading of Hegel*, New York: Basic Books.

Kotz, D. M.(1987) "Long Waves and Social Structures of Accumulation: A Critique and Reinterpretation," *Review of Radical Political Economics*, 19(4), 16-38.

____________(1990) "A Comparative Analysis of the Theory of Regulation and Social Structure of Accumulation Theory," *Science and Society*, 54(1), 5-28.

Krause, U.(1982) *Money and Abstract Labour*, London: New Left Books.

Lavoie, D.(1983) "Some strengths in Marx's disequilibrium theory of money," *Cambridge Journal of Economics*, 7(1), 55-58.

Lawson, T.(1989) "Abstraction, tendencies and stylized facts: a realist approach to economic analysis," *Cambridge Journal of Economics*, 13(1), 58-78.

____________(1994) "Critical Realism and the Analysis of Choice, Explanation and

Change," *Advances in Austrian Economics*, 1(1), 3-30.

____________(1996) "Developments in Economics as Realist Social Theory," *Review of Social Economy*, 54(4), 405-422.

____________(1997) *Economics and Reality*, London: Routledge.

Likitkijsomboon, P.(1992) "The Hegelian dialectic and Marx's *Capital*," *Cambridge Journal of Economics*, 16(4), 404-419.

Lipietz, A.(1982) "The So-called Transformation Problem Revisited," *Journal of Economic Theory*, 26(1), 59-88.

____________(1983) *The Enchanted World,* London: Verso.

____________(1988) "Accumulation, Crises and Ways Out," *International Journal of Political Economy*, 18(2), 10-43.

Lippi, M.(1979) *Value and Naturalism in Marx*, London: New Left Books.

Lysandrou, P.(2000) "The market and exploitation in Marx's economic theory: a reinterpretation," *Cambridge Journal of Economics*, 24(3), 325-347.

Mandel, E.(1984) "Gold, Money and the Transformation Problem," *Ricardo, Marx, Sraffa*, London: Verso.

Mandel, E. & A. Freeman(1984) *Ricardo, Marx, Sraffa*, London: Verso.

Mannheim, K.(1969[1929]) *Ideologie und Utopie*, Frankfurt: Verlag G. Schulte-Bulmke.

Meek, R. L.(1958) "Karl Marx's Theory of Value (Ⅱ)," Chapter 5, *Studies in The Labor Theory of Value*, New York: Monthly Review Press.

____________(1967) "The Scottish Contribution to Marxist Sociology," *Economics and Ideology and Other Essays,* London: Chapman and Hall Ltd.

____________(1973) "Marginalism and Marxism," *The Marginal Revolution in Economics*, ed. R. D. Collison Black et al., Durham: Duke University Press.

____________(1977) "Value in the History of Economic Thought," *Smith, Marx & After*, London: Routledge, Chapman & Hall Inc.

Meikle, S.(1984) *Essentialism in the Thought of Karl Marx*, Chicago: Open Court Publishing Co.

____________(1991) "History of philosophy: The metaphysics of substance in Marx," *The Cambridge Companion to Marx*, ed. T. Carver, Cambridge: Cambridge University Press.

Mézsaros, I.(1970) *Theory of Alienation*, London: Merlin Press.

Mohun, S.(1984) "Abstract Labour and its Value Form," *Science & Society*, 48(4), 388-406.

Morishima, M.(1973) *Marx's Economics*, Cambridge: Cambridge University Press.

Napoleoni, C.(1976) *Smith, Ricardo, Marx*, trans. J. M. A. Gee, Oxford: Basil Blackwell.

Pashukanis, E. B.(1978) *Law and Marxism*. London: Ink Links.

Pilling, G.(1980) *Marx's Capital*, London: Routledge & Kegan Paul.

Pollin, R.(1994) "Marxian and Post-Keynesian Developments in the Sphere of Money, Credit and Finance," Chapter 6, *Competition, Technology and Money*, ed. M. Glick, Aldershot: Edward Elgar.

____________(1998) "The "reserve army of labor" and the "natural rate of unemployment": can Marx, Kalecki, Friedman and Wall Street all be wrong?," *Review of Radical Political Economics*, 30(3), 1-13.

Poulantzas, N.(1972) "The Problem of the Capitalist State," *Ideology in Social Science*, ed. R. Blackburn, London: Fontana/Collins.

____________(1978) "Introduction," *Political Power and Social Classes*, London: Verso.

Reuten, G.(1988) "Value as Social Form," *Value, Social Form and the State*, ed. M. Williams, New York: St. Martin's Press.

____________(1991) "Accumulation of capital and the foundation of the tendency of the rate of profit to fall," *Cambridge Journal of Economics*, 15(1), 79-93.

Reuten, G. & M. Williams(1989) *Value-Form and the State*, London: Routledge.

Roemer, J.(1981) "Continuing controversy on the falling rate of profit," Chapter 5, *Analytical Foundations of Marxian Economic Theory*, Cambridge: Cambridge University Press.

____________(1982) *A General Theory of Exploitation and Class*, Cambridge, Mass.: Harvard University Press.

____________(1986) "New directions in the theory of class," "'Rational choice' Marxism: some issues of method and substance," *Analytical Marxism*, ed. J. Roemer, Cambridge: Cambridge University Press.

____________(1988) *Free to Lose*, Cambridge, Mass.: Harvard University Press.

Roland, G.(1985) *La Valeur d'Usage chez Marx*, Bruxelles, Belgique: Editions de l'Université de Bruxelles.

Rosdolsky, R.(1968) *The Making of Marx's 'Capital'*, London: Pluto Press.

Rubin, I. I.(1973) *Essays on Marx's Theory of Value*, Montreal: Black Rose Books.

____________(1978) "Archive: Abstract Labour and Value in Marx's System," *Capital and Class*, 5(Summer), 107-139.

____________(1979) *A History of Economic Thought*, trans. D. Filtzer, London: Ink Links.

Saad-Filho, A.(1993) "Labor, Money and 'Labour-Moneys," *History of Political Economy* 25(1), 65-84.

____________(1997) "Concrete and abstract labour in Marx's theory of value," *Review of*

Political Economy, 9(4), 457-477.

Salama, P.(1982) *Sur la Valeur*, Paris: François Maspero.

____________(1984) "Value and Price of Production," *Ricardo, Marx, Sraffa*, London: Verso.

Samuelson, P. A.(1988) "Marxian Economics as Economics," *Karl Marx's Economics: Critical Assessments*, ed. J. C. Wood, Volume Ⅲ, London: Croom Helm.

Sayer, D.(1979) "Science as Critique," *Issues in Marxist Philosophy*, Vol. Ⅲ, ed. Mepham J. Hillel-Ruben D., Sussex: Harvester Press.

Sciabarra, C. M.(1995) *Marx, Hayek, and Utopia*, Albany: State of New York University.

Shaikh, A.(1978) "An Introduction to the History of Crisis Theories," *U. S. Capitalism in Crisis*, New York: Published by the Economics Education Project of the Union for Radical Political Economics.

____________(1981) "The Poverty of Algebra," *The Value Controversy*, London: Verso.

Sohn-Rethel, A.(1978) "Warenform und Denkform," *Warenform und Denkform*, Frankfurt am Main: Suhrkamp.

____________(1978) *Mental and Manual Labor*, London: The Macmillan Press.

Steedman, I.(1977) *Marx after Sraffa*, London: New Left Books.

Sweezy, P. M.(1970) *The Theory of Capitalist Development*, Chapter Ⅶ, New York: Monthly Review Press.

____________(1981) "Economics and the Crisis of Capitalism," reprinted in *A Dictionary of Economic Quotations*, compiled by S. James, London: Croom Helm.

Taylor, C.(1984) "Hegel: History and Politics," Chapter 9, *Liberalism and Its Critics*, Oxford: Basil Blackwell.

Uno, K.(1980) *Principles of Political Economy*, trans. T. T. Sekine, Sussex: Harvest Press.

Vorhies, W. F.(1982) *Marx and Mises on Money*, Ph. D. Dissertation, University of Colorado at Boulder.

Vroey, M. de(1981) "Value, Production, and Exchange," *The Value Controversy*, London: Verso.

____________(1984) "La procédure de socialisation et le statut des echangistes dans trois representations théorique du marché," Collque sur la Gravitation, Mars.

____________(1984) "Inflation: A Non-Monetarist Monetary Interpretation," *Cambridge Journal of Economics,* 8(1), 381-399.

____________(1985) "La théorie du salaire de Marx," *Revue Economique*, 36(3), 451-480.

Wade, R. & F. Veneroso(1998) "The Asian Crisis: The High Debt Model versus the Wall

Street Treasury-IMF Complex," *New Left Review*, 228, 3-23.

Wallerstein, I.(2000) "Globalization or the age of transition?," *International Sociology*, 15(2), 249-265.

Wirth, M.(1977) "Towards a critique of the theory of state monopoly capitalism," *Economy and Society*, 6(3), 307-308.

Wolf, D.(1979) *Hegel und Marx*, Hamburg: VSA.

Wright, E. O.(1979) *Class Structure and Income Determination*, New York: The Academic Press.

久留間鮫造(1957)『價値形態論と交換過程論』, 東京: 岩波書店.

種瀨 茂 외(1984) "5. 價値形態論と交換過程論,"『資本論體系』, 第 2 卷 商品/貨幣, 東京: 有斐閣.

伊藤盛(1989)『資本主義經濟の理論』, 東京: 岩波書店.

이상헌(1999) "방법론적 시각에서 본 사회주의 계산 논쟁,"『경제학의 역사와 사상』, 2, 285-323.

홍 훈(1991a) "맑스경제이론의 兩軸: 노동가치설과 내적 논리,"『현상과 인식』, 15(4), 9-49.

__________(1991b) "마르크스의 再生産圖式과 스라파 價格體系의 論理的 出發點,"『산업과 경영』, 28(1), 93-115.

__________(1993) "살라마의 가치론: 轉形문제에 대한 돌파구(?),"『경제이론과 한국경제』, 최호진 박사 강단 50주년 기념 논문집, 41-59.

__________(1994)『마르크스 경제사상의 구조와 한계』, 서울: 한울.

__________(1997a) "가치, 노동 그리고 경제관계,"『사회경제평론』, 10, 89-112.

__________(1997b) "마르크스의 비판 방법에 대한 연구,"『경제학 연구』, 45(4), 303-330.

__________(1997c) "현대적인 기업이론과 마르크스적인 관점,"『산업노동연구』, 3(1), 229-254.

__________(1998) "마르크스의 경제사상중에서 아직도 살아남을 것이 있는가?,"『경제학의 역사와 사상』, 창간호, 34-57.

__________(2000)『마르크스의 경제사상: 오스트리아학파와의 비교』, 서울: 아카넷.

__________(2006) "마르크스에 있어서 사회관계와 물리적 비율의 갈등,"『마르크스주의 연구』, 3(2), 230-265.

[제 7 장]

1차 문헌

Bentham, J.(1789) *An Introduction to the Principles of Morals and Legislation*, Oxford: The Clarendon Press.

Böhm-Bawerk, E. v.(1959[1884]) *Capital and Interest*, Vol. I & II, trans. G. D. Hunke, South Holland, Ⅲ.: The Libertarian Press.

____________(1891) "The Austrian Economists," *Annals of the American Academy of Political and Social Science*, 1, 361-384.

____________(1914) "Macht oder Ökonomisches Gesetz," *Zeitschrift für Volkswirtschaft, Sozialpolitik und Verwaltung*, Band XXIII.

____________(1949) *Karl Marx and the Close of His System*, New York: A. M. Kelley.

Clark, J. B.(1924) *The Distribution of Wealth*, London: The Macmillan Press.

Condillac, E. B.(1776), Le Commerce et le Gouvernement Considérés, relativement l'un à l'áutre, http://homepage.newschool.edu/het/.

Fisher, I.(1930) *The Theory of Interest*, New York: The Macmillan Press.

Hayek, F. A.(1933[1928]) *Monetary Theory and the Trade Cycle*, London: Jonathan Cape.

____________(1931a) "Reflections on the pure theory of money of Mr. J. M. Keynes," *Economica*, 33, 270-295.

____________(1931b) *Prices and Production*, London: Routledge & Kegan Paul.

____________(1934) "Carl Menger," Preface, *Grundsätze der Volkswirtschaftslehre*, Vol. I The Collected Works of Carl Menger, London: The London School of Economics and Political Science.

____________(1948) *Individualism and Economic Order*, Chicago: The University of Chicago Press.

____________(1952) *The Sensory Order*. London: Routledge & Kegan Paul.

____________(1959) *The Constitution of Liberty*, Chicago: The University of Chicago Press.

____________(1967) *Studies in Philosophy, Politics, and Economics*, London: Routledge & Kegan Paul.

____________(1973) "The Place of Menger's *Grundsätze* in the History of Economic Thought," *Carl Menger and The Austrian School of Economics*, Oxford: Oxford University Press.

____________(1976) *Denationalization of Money*, Sussex: Institute of Economic Affairs.

____________(1978) *New Studies in Philosophy, Politics, Economics and the History of Ideas*,

Chicago: The University of Chicago Press.

____________(1979) *Law, Legislation and Liberty*, Vol. I , II , III , Chicago: The University of Chicago Press.

____________(1984) "The Exchange Value of Money: A Review," *Money, Capital, and Fluctuations: Early Essays*, ed. R. McCloughry, Chicago: The University of Chicago Press.

____________(1988) *The Fatal Conceit*, The Collected Works of F. A. Hayek, Vol. 1, ed. W. W. Bartley III , London: Routledge.

____________(1994) *Hayek on Hayek*, ed. S. Kresge & L. Wenar, Chicago: The University of Chicago Press.

Jevons, W. S.(1965[1871]) *The Theory of Political Economy*, Reprints of Economic Classics, New York: A. M. Kelley.

____________(1977[1875-6]) *Lectures on Political Economy(1875-6)*, Papers and Correspondence of William Stanley Jevons, Vol. VI, ed. R. D. Collison Black, London: The Macmillan Press.

____________(1882) *The State in Relation to Labour*, London: The Macmillan Press.

____________(1897) *Money and the Mechanism of Exchange*, New York: D. Appleton and Company.

Marshall, A.(1890) *Principles of Economics*, London: The Macmillan Press.

Menger, C.(1963) *Entwurf zur Ersten Ausgabe der "Grundsätze,"* Bibliothek der Hitotsubashi Universität, Tokio.

____________(1968) *Grundsätze der Volkswirtschaftslehre*, *Carl Menger Gesammelte Werke* Band I, Tübingen: J. C. B. Mohr(Paul Siebeck).

____________(1923) *Grundsätze der Volkswirtschaftslehre*, (aus dem Nachlass herausgegeben von Karl Menger), Hölder-Picher-Tempsky A.G.

____________(1961) *Carl Mengers Zusätze zu "Grundsätze der Volkswirtschaftslehre,"* Bibliothek der Hitotsubashi Universität, Tokio.

____________(1950[1871]) *Principles of Economics*, trans. and ed. J. Dingwall & B. F. Hoselitz, New York: The Free Press.

____________(1994[1876]) *Carl Menger's Lectures to Crown Prince Rudolf of Austria*, ed. E. W. Streissler, Aldershot: Edward Elgar.

____________(1963[1883]) *Problems of Economics and Sociology*, trans. F. J. Nock, Urbana: University of Illinois Press.

____________(1935[1888]) "Zur Lehre des Kapitals," *Kleinere Schriften zur Methode und Geschichte der Volkswirtschaftslehre*, Series of reprints of scarce tracts in economic and political science, no. 19, Tübingen: J. C. B. Mohr (Paul Siebeck).

______(1892a) "Geld," *Handwörterbuch der Staatswissenschaften*, 3rd Edition, Vol. 4, Jena: Gustav Fischer.

______(1892b) "On the Origin of Money," *Economic Journal*, 2(6), 239-255.

______(1909) "Geld," *Carl Menger Gesammelte Werke,* Band Ⅳ, Tübingen: J. C. B. Mohr(Paul Siebeck).

Mises, L. v.(1935) "Economic Calculation in the Socialist Commonwealth," *Collective Economic Planning*, ed. F. A. Hayek, London: Routledge & Kegan Paul.

______(1980) *The Theory of Money and Credit*, Indianapolis: LibertyClassics.

______(1981a) *Epistemological Problems of Economics*, New York: New York University Press.

______(1981b) *Socialism*, Indianapolis: Liberty Fund.

Pareto, V.(1971[1909]) *Manual of Political Economy, Manuel d'économie politique*, Paris: Giard et Briere, trans. Ann S. Schwier, New York: A. M. Kelley.

Polanyi, M.(1951) *The Logic of Liberty*, Chicago: The University of Chicago Press.

Schumpeter, J. A.(1954) *History of Economic Analysis*, Oxford: Oxford University Press.

______(1956) "Money and the social product," *International Economic Papers*, 6, 148-211.

______(1970) *Das Wesen und der Hauptinhalt der Theoretischen Nationalökonomie*, Leipzig, Berlin: Dunker & Humbolt.

Sidgwick, H.(1874) *The Methods of Ethics*, London: The Macmillan Press.

Walras, L.(1954[1874]) *Elements of Pure Economics, Eléments d'Economie Politique Pure*, trans. W. Jaffé, Illinois: Richard D. Irwin Inc.

______(1896) *Etudes d'Economie Sociale*, Lausanne: F. Rouge.

______(1898) *Etudes d'Economie Politique Appliquée*, Lausanne: F. Rouge.

______(1934) "De l'Unité de la Valeur," *Revue d'Economie Politique*, Vol.48.

Wicksell, K.(1898) *Interest and Prices*, trans. R. F. Kahn, New York: A. M. Kelley.

______(1967[1911]) *Lectures on Political Economy*, trans. E. Classen, New York: A. M. Kelley.

2차 문헌

Alter, M.(1982) "Carl Menger and *Homo Oeconomicus*: Some Thoughts on Austrian Theory and Methodology," *Journal of Economic Issues*, 14(1), 149-60.

______(1990) *Carl Menger and the Origins of Austrian Economics*, Boulder, Colo.:

Westview Press.

Antonelli, E.(1956) "Léon Walras et Carl Menger à travers Leur Correspondance," *Economie Appliquée*, 6(2), 269-287.

Arrow, K. J.(1973) "Some ordinalist-utilitarian notes on Rawls's theory of justice," *Journal of Philosophy*, 70(9), 245-263.

Barry, N. P.(1994) "The road to freedom," *Hayek, Co-Ordination and Evolution*, ed. J. Birner & R. van Zijp, London: Routledge.

Blaug, M.(1973) "Was there a marginal revolution?," *The Marginal Revolution in Economics*, ed. R. D. Collison Black et al., Durham: Duke University Press.

Bloch, H. S.(1992) "Carl Menger: The Founder of the Austrian School," *Carl Menger(1840-1921)*, ed. M. Blaug, Brookfield, Vt.: Edward Elgar.

Bostaph, S.(1978) "The Methodological Debate Between Carl Menger and the German Historicists," *Atlantic Economic Journal*, 6(3), 3-16.

Brems, H.(1962) "The Austrian Theory of Value and the Classical One," *Zeitschrift für Nationalökonomie*, 22(3), 260-270.

Bukharin, N.(1927) *The Economic Theory of the Leisure Class*, New York: International Publishers.

Burczak, T.(1994) "The postmodern moments of F. A. Hayek's economics," *Economics and Philosophy*, 10(1), 31-58.

Butos, W. N.(1985) "Menger: A Suggested Interpretation," *Atlantic Economic Journal*, 13(2), 21-30.

Caldwell, B.(1988) "Hayek's Transformation," *History of Political Economy*, 20(4), 513-542.

____________(1994a) "Four theses on Hayek," *Capitalism, Socialism and Knowledge*, ed. M. Colonna, H. Hagemann & O. F. Hamouda, Aldershot: Edward Elgar.

____________(1994b) *Beyond Positivism*, London & New York: Routledge.

____________(1994c) "Hayek's scientific subjectivism," *Economics and Philosophy*, 10, 305-313.

____________(1997) "Hayek and Socialism," *Journal of Economic Literature*, 35(4), 1856-1890.

Cottrell, A. & M. S. Lawlor(1991) "'Natural rate' mutations: Keynes, Leijonhufvud and the Wicksell connection," *History of Political Economy*, 23(4), 625-643.

Crespo, R. F.(2002) "Reappraising Austrian Economics Basic Tenets in the light of Aristotelian Ideas," *Review of Austrian Economics*, 15(4), 313-333.

Desai, M.(1994) "Equilibrium, expectations and knowledge," *Hayek, Co-Ordination and*

Evolution, ed. J. Birner & R. van Zijp, London: Routledge.

Dun, van F.(1994) "Hayek and natural law," *Hayek, Co-Ordination and Evolution*, London & New York: Routledge.

Ebeling, R. M.(1995) "Austrian Subjectivism and Phenomenological Foundations," *Advances in Austrian Economics*, 2, 39-54.

Endres, A. M.(1984) "Institutional Elements in Carl Menger's Theory of Demand: A Comment," *Journal of Economic Issues*, 18, 897-904.

____________(1987) "The Origins of Böhm-Bawerk's 'Greatest Error': Theoretical Points of Separation from Menger," *Journal of Institutional and Theoretical Economics*, 143, 291-309.

____________(1991) "Menger, Wieser, Böhm-Bawerk, and the Analysis of Economizing Behavior," *History of Political Economy*, 23(2), 279-299.

Fleetwood, S.(1995) *Hayek's Political Economy*, London: Routledge.

Friedman, M.(1962) *Capitalism and Freedom*, Phoenix Books, Chicago: The University of Chicago Press.

Galeotti, E. A.(1987) "Individualism, social rules, tradition: the case of Friedrich A. Hayek," *Political Theory*, 15(May), 163-181, also in *Friedrich A. Hayek: Critical Assessments*, ed. J. C. Wood & R. N. Woods(1991), London: Routledge.

Garrouste, P.(1994) "Carl Menger et Friedrich A. Hayek," *Revue d'Economie Politique*, 104(6), 851-872.

Gramm, W. S.(1988) "The Movement from Real to Abstract Value Theory, 1817-1959," *Cambridge Journal of Economics*, 12(2), 225-246.

Gray, J.(1984) *Hayek on Liberty*, New York: Basil Blackwell.

Halévy, E.(1955) *The Growth of Philosophical Radicalism*, trans. M. Morris, Boston: Beacon Press.

Harsanyi, J. C.(1975) "Can the maxmin principle serve as a basis for morality? A critique of John Rawls' theory," *American Political Science Review*, 69, 594-606.

Hong, H.(2000) "Marx and Menger on Value: as many similarities as differences," *Cambridge Journal of Economics*, 24(1), 87-105.

____________(2002) "Marx's Value Forms and Hayek's Rules: reinterpretation in the light of the dichotomy between *physis* and *nomos*," *Cambridge Journal of Economics*, 26(5), 613-535.

Höltz, J.(1984) *Kritik der Geldentstehungstheorien*, Dietrich Reimer Verlag.

Hutchison, T. W.(1953) *A Review of Economic Doctrines*, Oxford: The Clarendon Press.

_________(1973) "The marginal revolution and the decline and fall of English classical political economy," *The Marginal Revolution in Economics*, ed. R. D. Collison Black et al., Durham: Duke University Press.

_________(1981) "Carl Menger on Philosophy and Method," *The Politics and Philosophy of Economics*, New York: New York University Press.

Jaffé, W.(1973) "Léon Walras's Role in the "Marginal Revolution" of the 1870's," *The Marginal Revolution in Economics*, ed. R. D. Collison Black et al., Durham: Duke University Press.

_________(1976) "Menger, Jevons and Walras de-homogenized," *Economic Inquiry*, 14(4), 511-524.

Kauder, E.(1953) "Genesis of the Marginal Utility Theory," *Economic Journal*, 63: 251, 638-650.

_________(1957) "Intellectual and Political Roots of the Older Austrian School," *Zeitschrift für Nationalökonomie*, XVII(4), December, 411-25, also in *Carl Menger(1840-1921)*, Aldershot: Edward Elgar.

_________(1962) "Aus Mengers nachgelassenen Papieren," *Weltwirtshaftliches Archiv*, 89, 1-28.

_________(1965) *A History of Marginal Utility Theory*, Princeton: Princeton University Press.

Kirzner, I. M.(1973) *Competition and Entrepreneurship*, Chicago: The University of Chicago Press.

_________(1988) "Austrian School of Economics," *The New Palgrave: A Dictionary of Economics*, Vol. 1, London: The Macmillan Press.

Lavoie, D.(1986) "The market as a procedure for discovery and conveyance of inarticulate knowledge," *Comparative Economic Studies*, 28(1), 1-19, also in *Friedrich A. von Hayek: Critical Assessments of Contemporary Economists*, ed. R. D. Wood & J. C. Wood, London: Routledge.

Lawson, C.(1996) "Realism, Theory and Individualism in the work of Carl Menger," *Review of Social Economy*, 54(4), 445-464.

Mäki, U.(1990) "Mengerian economics in realist perspective," *Carl Menger and his legacy in economics*, ed. B. J. Caldwell, Durham: Duke University Press.

Milford, K.(1990) "Menger's Methodology," *Carl Menger and his legacy in economics*, ed. B. J. Caldwell, Durham: Duke University Press.

Milgate, M.(1988) "Goods and Commodities," *The New Palgrave: A Dictionary of Economics*,

Vol. 2, London: The Macmillan Press.

Mirrlees, J. A.(1982) "The economic uses of utilitarianism," *Utilitarianism and Beyond*, ed. A. K. Sen & B. Williams, Cambridge: Cambridge University Press.

Moss, L. S.(1978) "Carl Menger's Theory of Exchange," *Atlantic Economic Journal*, 6(3), 17-30.

Moss, S.(1980) "The end of orthodox capital theory," *Growth, Profits and Property*, ed. E. Nell, Cambridge: Cambridge University Press.

Myrdal, G.(1953) *The Political Element in the Development of Economic Theory*, London: Routledge & Kegan Paul.

Negishi, T.(1985) "Menger's *Absatzfähigkeit*, a non-Walrasian theory of markets and money," *Economic Theories in a non-Walrasian Tradition*, Cambridge: Cambridge University Press.

O'Driscoll, G. P.(1986a) "Money: Menger's evolutionary theory," *History of Political Economy*, 18(4), 601-616.

____________(1986b) "Competition as a process," *Economics as a Process*, ed. R. N. Langlois, Cambridge: Cambridge University Press.

____________(1994) "An evolutionary approach to banking and money," *Hayek, Co-Ordination and Evolution*, ed. J. Birner & R. van Zijp, London: Routledge.

Rawls, J.(1971) *A Theory of Justice*, Cambridge: Harvard University Press.

____________(1980) "Kantian Constructivism in Moral Theory," *Journal of Philosophy*, 77(9), 515-572.

____________(1982) "Social unity and primary goods," *Utilitarianism and Beyond*, ed. A. K. Sen & B. Williams, Cambridge: Cambridge University Press.

____________(1993) *Political Liberalism*, New York: Columbia University Press.

Runde, J.(1997) "Comment: Rules for Prices?," *Hayek: Economist and Social Philosopher*, ed. S. Frowen, London: The Macmillan Press.

Sen, A. K.(1970) *Collective Choice and Social Welfare*, San Francisco: Holden-Day Inc.

____________(1982a) "Rational Fools: A Critique of the Behavioral Foundations of Economic Theory," *Choice, Welfare and Measurement*, Oxford: Basil Blackwell.

____________(1982b) "Equality of What," *Choice, Welfare and Measurement*, Oxford: Basil Blackwell.

____________(1984a) "Rights and Capabilities," *Resources, Values and Development*, Oxford: Basil Blackwell.

____________(1984b) "The living standard," *Oxford Economic Papers*, 36, 74-90.

____________(1985a) *Commodities and Capabilities*, Amsterdam: North-Holland.

____________(1985b) "Well-being, agency and freedom," *Journal of Philosophy*, 82(4), 169-221.

____________(1987) *On Ethics and Economics*, Oxford: Basil Blackwell.

Sen, A. K. & B. Williams(1982) "Introduction," *Utilitarianism and Beyond*, Cambridge: Cambridge University Press.

Smart, W.(1966) *An Introduction to the Theories of Value on the Lines of Menger, Wieser and Böhm-Bawerk*, London: The Macmillan Press, Reprinted: New York: A. M. Kelley.

Smith, B.(1986) "The Theory of Value of Christian von Ehrenfels," *Christian von Ehrenfels: Leben und Werk*, herausgegeben von R. Fabian, Amsterdam: Rodopi.

____________(1990) "Aristotle, Menger, Mises: an essay in the metaphysics of economics," *Carl Menger and his legacy in economics*, ed. B. J. Caldwell, Durham: Duke University Press.

Streissler, E.(1969) "Structural Economic Thought: On the Significance of the Austrian School Today," *Zeitschrift für Nationalökonomie*, 29, 237-66.

____________(1973) "To What Extent Was the Austrian School Marginalist?," *The Marginal Revolution in Economics*, ed. R. D. Collison Black et al., Durham: Duke University Press.

____________(1990) "The influence of German economics on the work of Menger and Marshall," *Carl Menger and his legacy in economics*, ed. B. J. Caldwell, Durham: Duke University Press.

Sweezy, A. R.(1934) "The Interpretation of Subjective Value Theory in the Writings of the Austrian Economists," *Review of Economic Studies*, 1(3), 176-185, also in *Carl Menger(1840-1921)*. ed. M. Blaug(1992), Aldershot: Edward Elgar.

____________(1936) "Collected Works of Carl Menger," *Quarterly Journal of Economics*, 50(4), 719-730, also in *Carl Menger(1840-1921)*.

Tarascio, V. J.(1973) "Vilfredo Pareto and Marginalism," *The Marginal Revolution in Economics*, Durham: Duke University Press.

Vanberg, V.(1989) "Carl Menger's evolutionary and John R. Commons' collective action approach to institutions: a comparison," *Review of Political Economy*, 1(3), 334-360.

Vaughn, K. I.(1978) "The Reinterpretation of Carl Menger: Some Notes on Recent Scholarship," *Atlantic Economic Journal*, 6(3), 60-64.

____________(1987a) "Carl Menger," *The New Palgrave: A Dictionary of Political Economy*, London: The Macmillan Press.

____________(1987b) "Invisible hand," *The New Palgrave: A Dictionary of Economics*. London: The Macmillan Press.

____________(1991) "*Carl Menger and the Origins of Austrian Economics*," Book Review, *History of Political Economy*, 23(3), 558-560.

____________(1994) *Austrian Economics in America*, Cambridge: Cambridge University Press.

Viner, J.(1973) "Bentham and Mill," *Economic Justice: Selected Readings*, ed. E. S. Phelps, Harmondsworth, Baltimore: Penguin Education.

Vorhies, W. Francis(1982) *Marx and Mises on Money*, Ph. D. Dissertation, University of Colorado at Boulder.

Walker, D. A.(1987) "Walras, Léon," *The New Palgrave*, Volume 4, London: The Macmillan Press.

White, M. V.(1994) "The Moment of Richard Jennings: the production of Jevons's marginalist economic agent," *Natural Images in Economic Thought*, ed. P. Mirowski, Cambridge: Cambridge University Press.

Winch, D.(1973) "Marginalism and the Boundaries of Economic Science," *The Marginal Revolution in Economics*, Durham: Duke University Press.

Witt, U.(1994) "The theory of societal evolution," *Hayek, Co-Ordination and Evolution*, ed. J. Birner & R. van Zijp, London: Routledge.

Yagi, K.(1993) "Carl Menger's *Grundsätze* in the Making," *History of Political Economy*, 25(4), 697-724.

이상헌(1999) "방법론적 시각에서 본 사회주의 계산 논쟁," 『경제학의 역사와 사상』, 2, 285-323.

홍 훈(2000) 『마르크스의 경제사상: 오스트리아학파와의 비교』, 서울: 아카넷.

____________(2002) "케인즈와 하이에크," 13장, 『케인즈의 경제학』, 박만섭 편, 서울: 다산출판사.

[제 8 장]

1차 문헌

Brentano, L.(1923) *Der Wirtschaftende Mensch in der Geschichte*, Leipzig: Verlag von Felix Meiner.

____________(1924) *Konkrete Grundbedingungen der Volkswirtschaft*, Leipzig: Verlag von Felix Meiner.

Darwin, C.(1859) *The Origin of Species*, New York: The Modern Library.

Knapp, G. F.(1924) *The State Theory of Money*, London: The Macmillan Press.

Polanyi, K.(1944) *The Great Transformation*, Boston: Beacon Press.

Roscher, W.(1972) *Principles of Political Economy*, trans. J. J. Lalor, New York: Arno Press.

Schäffle, A. E. F.(1862) *Die Ethische Seite der Nationalökonomischen Lehre vom Werthe*, Tübingen: Gedruckt bei Ludwig Friedrich Fues.

Schmidt, C.(1901) "Eine Philosophie des Geldes," *Socialistische Monatshefte*, Vol.I.

Schmoller, G.(1901) "Simmels Philosophie des Geldes," *Jahrbuch für Gesetzgebung, Verwaltung und Volkswirtschaft im Deutschen Reich*, 25(3), 1-18.

Simmel, G.(1920) *Philosophie des Geldes*, München und Leipzig: Verlag von Dunker & Humbolt.

__________(1978) *Philosophy of Money*, with an Introduction to the translation by T. Bottomore, trans. T. Bottomore & D. Frisby, London & Boston: Routledge & Kegan Paul.

Veblen, F.(1931) "Thorstein Veblen," *Social Forces*, 10(2), 187-195.

Veblen, T.(1919) *The Place of Science in Modern Civilization and Other Essays*, New York: B. W. Huebsch.

__________(1898) "Why is Economics not an Evolutionary Science?," *Quarterly Journal of Economics*, 12(4), 373-397.

__________(1899) "The Preconceptions of Economic Science Ⅰ, Ⅱ," *Quarterly Journal of Economics*, 13(2), 121-150.

__________(1900) "The Preconceptions of Economic Science Ⅲ," *Quarterly Journal of Economics*, 14(2), 240-269.

__________(1906a) "The Socialist Economics of Karl Marx and His Followers," *Quarterly Journal of Economics*, 21(2), 299-322.

__________(1906b) "The Later Marxism," the substance of lectures before students in Harvard University.

__________(1909a) "The Limitations of Marginal Utility," *Journal of Political Economy*, 17(9), 620-636.

__________(1909b) "Fisher's rate of interest," *Political Science Quarterly*, 24(2), 296-303.

Weber, M.(1949) *The Methodology of the Social Sciences*, trans. & ed. E. A. Shils & H. A. Finch, New York: The Free Press.

2차 문헌

Albert, M.(1993) *Capitalism against Capitalism*, trans. P. Haviland, London: Whurr Publishers.

Altman, S. P.(1904) "Simmel's Philosophy of Money," *American Journal of Sociology*, 9, 46-68.

Beilharz, P.(1996) "Negation and Ambivalence: Marx, Simmel and Bolshevism on Money," *Thesis Eleven*, 47, 21-32.

Bellah, R. N.(1995/1996) "Community Properly Understood," *The Responsive Community*, 6(1), 49-54.

Coase, R. L.(1991[1937]) "The Theory of the Firm," Chapter 2, *The Nature of the Firm*, ed. O. E. Williamson & S. O. Winter, Oxford: Oxford University Press.

Eucken, W.(1950) *The Foundations of Economics*, trans. T. W. Hutchison, London; Edinburgh: William Hodge and co. limited.

Galbraith, J. K.(1970) *The Affluent Society*, Harmondsworth: Penguin Books.

__________(1987) *Economics in Perspective*, Boston: Houghton Mifflin Company.

Grassl, W.(1982) "Christian von Ehrenfels als Werttheoretiker," Einleitung, *Christian von Ehrenfels Werttheorie*, Philosophische Schriften, Band I , herausgegeben von R. Fabian, Philosophia Verlag.

Hauff, J. et al.(1972) *Methodendiskussion, Arbeitsbuch zur Literaturwissenschaft*, Band 1, Athenäum Fischer Taschenbuch Verlag.

Hodgson, G. M.(1988) *Economics and Institutions*, Philadelphia: University of Pennsylvania Press.

__________(1993) "Theories of Economic Evolution: A Preliminary Taxonomy," *The Manchester School of Economic and Social Studies*, 61(2), 125-43.

__________(1997a) "Economics and the return to Mecca: the recognition of novelty and emergence," *Structural Change and Economic Dynamics*, 8(4), 399-412.

__________(1997b) "The ubiquity of habits and rules," *Cambridge Journal of Economics*, 21(6), 663-684.

__________(1998) "The Approach of Institutional Economics," *Journal of Economic Literature*, 36(1), 166-192.

Jackson, W.(1993) "Culture, society and economic theory," *Review of Political Economy*, 5(4), 453-469.

__________(1995) "Naturalism in economics," *Journal of Economic Issues*, 30(3), 761-780.

__________(1996) "Cultural materialism and institutional economics," *Review of Social Economy*, 54(2), 221-244.

Koslowski, P.(1983) "The Ethic of Capitalism," *Philosophical and Economic Foundations of*

Capitalism, ed. S. Pejovich, Lexington, Mass.: Lexington Books.

______(1992) "Ethical Economy as Synthesis of Economic and Ethical Theory," *Ethics in Economics, Business, and Economic Policy*, New York: Springer Verlag.

Laidler, D. & N. Rowe(1980) "Georg Simmel's Philosophy of Money: A Review Article for Economists," *Journal of Economic Literature*, 18(1), 97-105.

Lewis, J.(1975) *Max Weber and Value-Free Sociology*, London: Lawrence and Wishart.

Ridgeway, C.(1991) "The Social Construction of Status Value," *Social Forces*, 70(2), 367-386.

Vanberg, V.(1989) "Carl Menger's evolutionary and John R. Commons' collective action approach to institutions: a comparison," *Review of Political Economy*, 1(3), 334-369.

홍 훈(1998) "한국의 경제 위기와 IMF 프로그램," 『위기, 그리고 대전환』, 342-365, 이병천/김균 편, 서울: 당대.

______(1999) "세계 자본주의와 한국의 자본주의," 『사회비평』, 봄호(19호), 8-32.

______(2001) "경제, 자연, 그리고 제도 및 문화," 『제도연구』, 제 1 호, 103-140.

[제 9 장]

1차 문헌

Keynes, J. M.(1927) *The End of Laissez-Faire*, London: L. & V. Woolf.

______(1930) *A Treatise on Money*, Vol. 1, London: The Macmillan Press.

______(1936) *The General Theory of Employment, Interest and Money*, London: The Macmillan Press.

______(1937a) "The general theory of unemployment," *Quarterly Journal of Economics*, 51, 209-223, *The General Theory and After*, ed. D. Moggridge(1973), 109-123. London: The Macmillan Press.

______(1937b) "Alternative Theories of the Rate of Interest," *Economic Journal*, 47(186), 241-252.

______(1951) *Essays in Biography*, New York: The Norton Library.

Hayek, F. A.(1931a) "Reflections on the pure theory of money of Mr. J. M. Keynes," *Economica*, 33, 270-295.

Kalecki, M.(1969) *Theory of Economic Dynamics*, New York: A. M. Kelley.

Pigou, A. C.(1941) *The Veil of Money*, London: The Macmillan Press.

2차 문헌

Blaug, M.(2001) "No History of Ideas, Please, We're Economists," *Journal of Economic Perspectives*, 15(1), 145-164.

Bleaney, M.(1985) *The Rise and Fall of Keynesian Economics*, London: The Macmillan Press.

Chick, V.(1984) *Macroeconomics After Keynes*, Cambridge, Mass.: MIT Press.

Cottrell, A. & M. S. Lawlor(1991) "'Natural rate' mutations: Keynes, Leijonhufvud and the Wicksell connection," *History of Political Economy*, 23(4), 625-643.

Davidson, P.(1978) *Money and the Real World*, New York: John Wiley & Sons.

____________(1996) "Reality and economic theory," *Journal of Post Keynesian Economics*, 18(4), 479-508.

Davis, J. B.(1997) "J. M. Keynes on History and Convention," *A 'Second Edition' of The General Theory*, Vol. 2, 203-221, ed. G. C. Harcourt & P. A. Riach, London & New York: Routledge.

Dixon, H.(1995) "Of coconuts, decomposition, and jackass: the genealogy of the natural rate," *The Natural Rate of Unemployment*, ed. Rod Cross, Cambridge: Cambridge University Press.

Eichner, A. S.,(1979) *A Guide to Post-Keynesian Economics*, London: The Macmillan Press.

Friedman, M.(1968) "The role of monetary policy," *American Economic Review*, 58(1), 1-17.

Gordon, R. J.(1990) "What is New-Keynesian Economics," *Journal of Economic Literature*, 28(3), 1115-1171.

Greenwald, B. & J. E. Stiglitz(1987) "Keynesian, New Keynesian and New Classical Economics," *Oxford Economic Papers*, 39, 119-132.

Haltiwanger, J.(1988) "Natural rate of unemployment," *The New Palgrave: A Dictionary of Economics*, Vol. 3, London: The Macmillan Press.

Hicks, J. R.(1946) *Value and Capital*, Oxford: The Clarendon Press.

Kaldor, N.(1969) "Welfare propositions of economics and interpersonal comparisons of utility," *Readings in Welfare Economics*, London: George Allen and Unwin.

Leijonhufvud, A.(1968) *On Keynesian Economics and the Economics of Keynes*, Oxford: Oxford University Press.

Mankiw, N. G.(1990) "A Quick Refresher Course in Macroeconomics," *Journal of Economic Literature*, 28(4), 1645-1660.

McKenna, E. J. & D. C. Zannoni(1999) "Post Keynesian economics and critical realism: A reply to Parsons," *Review of Political Economy*, 22(1), 57-70.

Minsky, H.(1975) *John Maynard Keynes*, New York: Columbia University Press.

____________(1986) *Stabilizing an Unstable Economy*, New Haven: Yale University Press.

Mirowski, P.(1991) "Postmodernism and the Social Theory of Value," *Journal of Post Keynesian Economics*, 13(4), 565-582.

Mott, T.(1989) "A Post-Keynesian perspective on a cash payments system," *Journal of Post Keynesian Economics*, 11(3), 360-369.

Parsons, S. D.(1996) "Post Keynesian Realism and Keynes' General Theory," *Journal of Post Keynesian Economics*, 18(3), 419-441.

Phelps, E.(1990) *Seven Schools of Macroeconomic Thought*, Chapter 3 & 4, Oxford: The Clarendon Press.

____________(1995) "The origins and further development of the natural rate of unemployment," *The Natural Rate of Unemployment*, ed. Rod Cross, Cambridge: Cambridge University Press.

Pollin, R.(1994) "Marxian and Post-Keynesian Developments in the Sphere of Money, Credit and Finance," Chapter 6, *Competition, Technology and Money*, ed. M. Glick, Aldershot: Edward Elgar.

Robinson, J.(1977) "What are the Questions?," *Journal of Economic Literature*, 15(4), 1318-1339.

____________(1964) "The Classics: Value," *Economic Philosophy*, London: Pelican Books.

홍 훈(2002) "케인즈와 하이에크," 제13장, 『케인즈의 경제학』, 박만섭 편, 서울: 다산출판사.

[제10장]

Agassi, J.(1975) "Institutional Individualism," *British Journal of Sociology*, 26(2), 144-155.

____________(1998) "Knowledge personal or social," *Philosophy of the Social Sciences*, 28(4). 522-551.

Akerlof, G. A.(1976) "The economics of caste and of the rat race and other woeful tales," *Quarterly Journal of Economics*, 90(4), 599-617.

____________(1982) "Labor Contracts as Partial Gift Exchange," *Quarterly Journal of Economics*, 97(4), 543-569.

Albert, H.(1976) "Õkonomisches Gesetz oder Macht," *Aufklärung und Steuerung*, Hamburg; Hoffman und Campe.

Alchian, A. & H Demsetz(1972) "Production, Information Costs and Economic Organization," *American Economic Review*, 62(5), 777-795.

Alchian, A., R. G. Crawford & B. Klein(1978) "Vertical Integration, Appropriable Rents, and the Competitive Contracting Process," *Journal of Law and Economics*, 21(2), 297-326.

Anjos, Jr. M.(1999) "Money, trust, and culture," *Journal of Economic Issues*, 33(3), 677-688.

Aoki, M.(1988) *Information, Incentives and Bargaining in the Japanese Economy*, Cambridge: Cambridge University Press.

________(1997) "Unintended Fit," Chapter 8, *The Role of Government in East Asian Economic Development*, Oxford: The Clarendon Press.

Azaridas, C.(1981) "Self-fulfilling Prophecies," *Journal of Economic Theory*, 25(3), 380-396.

Balassa, B.(1988) "The lessons of East Asian development," *Economic Development and Cultural Change*, 36(3), 273-290.

Bardan, P. & J. Roemer(1993) *Market Socialism*, Oxford: Oxford University Press.

Bartelson, J.(2000) "Three concepts of globalization," *International Sociology*, 15(2), 180-196.

Bateman, B. W.(1988) "G. E. Moore and J. M. Keynes: A Missing Chapter in the History of the Expected Utility Model," *American Economic Review*, 78(5), 1098-1106.

Becker, G.(1981) *A Treatise on the Family*, Cambridge, Mass.: Harvard University Press.

Bergson, A.(1969) "A reformulation of certain aspects of welfare economics," *Readings in Welfare Economics*, London: George Allen and Unwin.

Blackburn, K. & M. Christensen(1989) "Monetary Policy and Policy Credibility: Theories and Evidence," *Journal of Economic Literature*, 27(1), 1-45.

Blinder, A.(1988) "The Challenge of High Unemployment," *American Economic Review, Papers and Proceedings*, 78(2), 1-15.

Booth, W. J.(1991) "The new household economy," *American Political Science Review*, 85(1), 59-75.

Bowles, S.(1972) "Schooling and Inequality from Generation to Generation," *Journal of Political Economy*, 80(3), S219-S251.

Buchanan, J. M.(1977) "Political Equality and Private Property," *Markets and Morals*, ed. G. Dworkin et al., Washington: Hemisphere Pub. Corp.

____________(1978) "Markets, States, and the Extent of Morals," *American Economic Review*, 68(2), 364-368.

____________(1993) "Property as a Guarantor of Liberty," *Property Rights and the Limits of Democracy*, ed. C. K. Rowley, Aldershot: Edward Elgar.

Chandler, A.(1996[1977]) "From The Invisible Hand," Chapter 6, *The Economic Nature of the*

Firm, Cambridge: Cambridge University Press.

Christopherson, S.(2002) "Why do national market practices continue to diverge in the global economy? The "missing link" of investment rules," *Economic Geography*, 78(1), 1-20.

Clark, C. M. A.(1989) "Equilibrium for what," *Journal of Economic Issues*, 23(1), 597-808.

Clower, R. W.(1967) "A reconsideration of the microfoundations of monetary theory," *Western Economic Journal*, 6, 1-8.

Coats, A. W.(1989) "An Introduction to the Spread of Economic Ideas," *The Spread of Economic Ideas*, ed. D. C. Colander & A. W. Coats, Cambridge: Cambridge University Press.

Deaton, A. & J. Muellbauer(1980) *Economics and Consumer Behavior*, Cambridge: Cambridge University Press.

Demsetz, H.(1983) "The Structure of Ownership and the Theory of the Firm," *Journal of Law and Economics*, 26(2), 375-390.

Dieter, H.(2000) "Monetary Regionalism: Regional Integration without Financial Crises," *Centre for the Study of Globalisation and Regionalisation*, Working Paper 52/00, University of Warwick.

Dietrich, M.(1994) *Transaction Cost Economics and Beyond*, London: Routledge.

Fama, E.(1980) "Agency Problems and the Theory of the Firm," *Journal of Political Economy*, 88(2), 288-307.

Fama, E. & M. C. Jensen(1985) "Organizational Forms and Investment Decisions," *Journal of Financial Economics*, 14(1), 101-119.

Freeman, C. & C. Perez(1988) "Structural crisis of adjustment, business cycles and investment behavior," *Technical Change and Economic Theory*, ed. G. Dosi et al., New York: Pinter Publishers.

Friedman, A. L.(2000) "Microregulation and post-Fordism," *New Political Economy*, 5(1), 59-76.

Goodhart, C.(1988) "Disintermediation," *The New Palgrave: A Dictionary of Economics*, Vol.1, London: The Macmillan Press.

Graham, A.(1997) "The UK 1979-95," Chapter 6, *Political Economy of Modern Capitalism*, ed. C. Crouch & W. Streek, London: Sage Publications.

Grandmont, J. M.(1985) "On endogenous competitive business cycles," *Econometrica*, 53, 995-1045.

Harcourt, G. C.(1972) *Some Cambridge controversies in the theory of capital*, Cambridge: Cambridge University Press.

____________(1982) *The Social Science Imperialists*, London: Routledge & Kegan Paul.

Harsanyi, J. C.(1955) "Cardinal Welfare, individualistic ethics, and interpersonal comparisons of utility," *Journal of Political Economy*, 63(4), 309-321.

Hart, O.(1990) "An Economist's Perspective on the Theory of the Firm," *Organization Theory*, ed. O. E. Williamson, Oxford: Oxford University Press.

Hymer, S.(1976) "Robinson Crusoe and the secret of primitive accumulation," *Growth, Property and Profit*, ed. E. Nell, Cambridge: Cambridge University Press.

Jensen, M. C. & W. H. Meckling(1984) "Theory of the Firm," *The Modern Theory of Corporate Finance*, ed. M. C. Jensen & C. W. Smith, New York: MacGraw-Hill.

Knight, F.(1976) "The Ethics of Competition," *The Ethics of Competition and Other Essays*, Chicago: The University of Chicago Press.

Kornai, J.(1986) "Degrees of paternalism," *Contradictions and Dilemmas*, Cambridge Mass.: MIT Press.

____________(1971) *Anti-Equilibrium*, Amsterdam: North Holland.

____________(1992) *The Socialist System*, Princeton: Princeton University Press.

Krashevski, R. S.(1988) "What is so natural about high unemployment," *American Economic Review, Papers and Proceedings*, 78(2), 289-93.

Kydland, F. and E. C. Prescott(1982) "Time to Build and Aggregate Fluctuations," *Econometrica*, 50(6), 1345-1370.

Le Cacheux, J., "La nouvelle macro-économie classique," *Cahiers d'Economie Politique*, No. 16-17.

Leibenstein, H.(1982) "The Prisoner's Dilemma in the Invisible Hand," *American Economic Review, Papers and Proceedings*, 72(2), 92-97.

Litwack, J.(1991) "Legality and Market Reform in Soviet-Type Economies," *Journal of Economic Perspectives*, 5(4), 77-89.

Lucas, R. E.(1981) "Understanding Business Cycles," *Studies in Business Cycle Theories*, Cambridge Mass.: MIT Press.

MacPherson, C. B.(1962) *The Political Theory of Possessive Individualism*, Oxford: Oxford University Press.

____________(1980) *Burke*, New York: Hill and Wang.

Maskell, P.(2001) "The firm in economic geography," *Economic Geography*, 77(4), 329-344.

Matsuyama, K.(1997) "Economic Development as Coordination Problems," Chapter 5, *The Role of Government*, ed. M. Aoki et al., Oxford: The Clarendon Press.

McCloskey, D.(1985) *The Rhetoric of Economics*, Madison: University of Wisconsin Press.

Milgrom, P. & J. Roberts(1990) "Bargaining Costs, Influence Costs, and the Organization of Economic Activity," *Perspectives on Positive Political Economy*, ed. J. E. Alt & K. E. Shepsle, Cambridge: Cambridge University Press.

Nell, E.(1984) *Free Market Conservatism*, London: Allen & Unwin.

Niehans, J.(1971) "Money and Barter in General Equilibrium with Transaction Costs," *American Economic Review*, 61(5), 773-783.

____________(1978) *The Theory of Money*, Baltimore, MA.: The Johns Hopkins University Press.

Nozick, R.(1991[1974]), "Anarchy, State and Utopia," *Justice and Economic Distribution*, ed. J. Arthur & W. H. Shaw, Englewood Cliffs, N.J.: Prentice-Hall.

____________(1974) *Anarchy, State, and Utopia*, New York: Basic Books.

O'Connor, J.(1973) "Introduction," *The Fiscal Crisis of the State*, New York: St. Martin's Press.

Okun, A. C.(1975) *Equality and Efficiency*, Washington: The Brookings Institution.

Osborne, D. K.(1988) "transformation and invariance," *The New Palgrave: A Dictionary of Economics*, Vol. 4, London: The Macmillan Press.

Ostroy, J. M. & Starr, R.(1974) "Money and the decentralization of exchange," *Econometrica* 42(6), 1093-1113.

Phillips, R.(1983) "The Role of the International Monetary Fund in the Post-Bretton Woods Era," *Review of Radical Political Economics*, 15(2), 59-81.

Pollin, R.(1996) "Contemporary economic stagnation in historical perspective," *New Left Review*, 219, 109-118.

Prescott, E. C.(1977) "Should Control Theory Be Used for Economic Stabilization?," *Carnegie-Rochester Conference Series on Public Policy*, 7, 13-38.

Priddat, B. P.(1992) "Behind the Veil of Time: Rules, Institutions, and Temporal Stability," *Ethics in Economics, Business, and Economic Policy*, New York: Springer Verlag.

Przeworski, A.(1985) *Capitalism and Social Democracy*, Cambridge: Cambridge University Press.

Putterman, L.(1993) "Ownership and the Nature of the Firm," *Journal of Comparative Economics*, 17, 243-263.

Putterman, L. & R. S. Kroszner(1996) *The Economic Nature of the Firm*, Cambridge: Cambridge University Press.

Richardson, G. A.(1972) "The Organization of Industry," *Economic Journal*, 82(327), 883-896.

Roosevelt, F.(1977) "Cambridge Economics as Commodity Fetishism," *The Subtle Anatomy of Capitalism*, ed. J. Schwartz, Santa Monica, Calif.: Goodyear Publishing Company.

Rosser, J. B.(2000) "Aspects of dialectics and non-linear dynamics," *Cambridge Journal of Economics*, 14, 311-324.

Rowthorn, B.(1980) *Capitalism, Conflict and Inflation*, Chapter 8, London: Lawrence & Wishart.

Samuelson, P. A.(1983) *Foundations of Economic Analysis*, Cambridge, Mass.: Harvard University Press.

Scitovsky, T.(1969) "A note on welfare propositions in economics," *Readings in Welfare Economics*, London: George Allen and Unwin.

Semmler, W.(1984) *Competition, Monopoly, and Differential Profit Rates*, New York: Columbia University Press.

Shackle, G. L. S.(1972) *Epistemics and Economics*, Cambridge: Cambridge University Press.

____________(1973) "Marginalism: The Harvest," *The Marginal Revolution in Economics*, Durham: Duke University Press.

Solow, R.(1989) "How economic ideas turn to mush," *The Spread of Economic Ideas*, Cambridge: Cambridge University Press.

Spence, M.(1974) *Market Signaling*, Cambridge, Mass.: Harvard University Press.

Steedman, I.(1984) "Natural Prices and Differential Profit Rates," *The Manchester School of Economic and Social Studies*, 52(2), 123-140.

Stigler, G. J.(1982) *The Economist as Preacher*, Chicago: The University of Chicago Press.

Stiglitz, J.(1987) "The causes and consequences of the dependence of quality on price," *Journal of Economic Literature*, 25(1), 1-48.

____________(1993) "Market Socialism and Neoclassical Economics," *Market Socialism*, ed. P. Bardhan & J. Roemer, Oxford: Oxford University Press.

Tobin, J.(1969) "A general equilibrium approach to monetary theory," *Journal of Money, Credit and Banking*, 1(1), 15-29.

Varian, H.(1978) *Microeconomic Analysis*, New York: W. W. Norton.

White, L. H.(1984) "Competitive Payment Systems and the Unit of Account," *American Economic Review*, 74(4), 699-712.

김학은(1997) 『폰지 게임과 베짓 처방』, 전통과 현대.

홍 훈(1981) "밀튼 프리드만의 실증경제학 방법론에 관한 연구," 연세대학교 석사학위 논문.

_____________(1990) "현대 경제학의 세 가지 학파," 『산업과 경영』, 27(2), 149-169.
_____________(1992) "근대 경제학내의 자유주의," 『사회비평』, 제8호, 51-75.

[제11장]

Akerlof, G. A.(2002) "Behavioral Macroeconomics and Macroeconomic Behavior," *American Economic Review*, 92(3), 411-433.

Altvater, E.(1995) "The invisible, the visible and the Third hand," Chapter 12, *Towards a Global Civil Society*, Providence: Berghahn Books.

Amariglio, J.(1990) "Economics as a postmodern discourse," *Economics as Discourse*, ed. W. Samuels, Boston: Kluwer Academic Publishers.

Baudrillard, J.(1972) "La genèse idéologique des besoins," "Fétichisme et idéologie: le réduction sémiologique," *Pour une critique de l'économie politique du signe*, Paris: Gallimard.

Bhagwati, J.(1997) *The Global Age: from a sceptical South to a fearful North*, the Raul Prebish Lecture, Oxford: Blackwell.

_____________(1998). "The capital myth: the difference between trade in widgets and dollars," *Foreign Affairs*, 77(3), 7-12.

_____________(2002) "Coping with antiglobalization," *Foreign Affairs*, 81(1), 2-7.

Boisot, M. and Canals, A.(2004) "Data, Information and Knowledge: have we got it right?," *Journal of Evolutionary Economics*, 14(1), 43-67.

Bordo, M. D. et al.(1999) "Is globalization today really different than globalization a hundred years ago?," *National Bureau of Economic Research, Working Paper 7195.*

Bowles, P.(2000) "Regionalism and development after(?) the global financial crises," *New Political Economy*, 5(3), 433-455.

Bowles, S. & H. Gintis(1992) "The Revenge of Homo Economicus," *Jounral of Economic Perspectives*, 7(1), 83-102.

_____________(1996) "Contested Exchange," Chapter 15, *The Economic Nature of the Firm*, ed. L. Putterman & R. S. Kroszner, Cambridge: Cambridge University Press.

Brenner, N.(1999) "Beyond state-centrism? Space, territoriality, and geographical scale in globalization studies," *Theory and Society*, 28(1), 39-78.

Buss, D. M.(1995) "Evolutionary Psychology: A New Paradigm for Psychological Science," *Psychological Inquiry*, 6(1), 1-30.

Cerny, P.(1997) "International Finance and the Erosion of Capitalist Diversity," Chapter 10, *Political Economy of Modern Capitalism*, ed. C. Crouch & W. Streek, London: Sage Publications.

Cohen, M.(1995) "Rooted cosmopolitanism," Chapter 19, *Towards a Global Civil Society*, ed. M. Walzer, Oxford: Berghahn.

Cosmides, L. & J. Tooby(1994) "Better than Rational: Evolutionary Psychology and the Invisible Hand," *American Economic Review*, 84(2), 327-332.

Crouch, C.(1997) "Introduction," *Political Economy of Modern Capitalism*, ed. C. Crouch & W. Streek, London: Sage Publications.

Daves, B. R.(2000) "A small world after all?," *Journal of International Studies and World Affairs*, 42(2), 109-121.

Dore, R.(1997) "The Distinctiveness of Japan," Chapter 1, *Political Economy of Modern Capitalism*, ed. C. Crouch & W. Streek, London: Sage Publications.

Earl, P. E.(2005) "Economics and psychology in the twenty-first century," *Cambridge Journal of Economics*, 29(6), 909-926.

The Economist(1998) *Europe swerves left*, Oct. 31st.

The Economist(2000) *The case for globalisation*, Sep. 21st.

Edwards, R. C.(19n75) "The Social Relations of Production in the Firm and Labor Market Structure," Chapter 1, *Labor Market Segmentation*, ed. R. C. Edwards et al., Lexington, Mass.: D. C. Heath and Company.

Elster, J.(1982) "Sour Grapes," *Utilitarianism and Beyond*, ed. A. K. Sen & B. Williams, Cambridge: Cambridge University Press.

____________(1989) "Social Norms and Economic Theory," *Journal of Economic Perspectives*, 3(4), 99-117.

____________(1998) "Emotion and Economic theory," *Journal of Economic Literature*, 36(1), 47-74.

Feldstein, M.(1998) "Refocusing the IMF," *Foreign Affairs*, 77(2), 20-33.

Felix, D.(1994) "Debt Crisis Adjustment in Latin America," *New Perspectives in Monetary Macroeconomics*, ed. G. Dymski & R. Pollin, Ann Arbor: University of Michigan Press.

Fitoussi, J. P.(1997) "Following the Collapse of Communism," Chapter 8, *Political Economy of Modern Capitalism*, ed. C. Crouch & W. Streek, London: Sage Publications.

Frederick, S., Loewenstein, G., and O'Donoghue, T.(2002) "Time Discounting and Time Preference: A Critical Review," *Journal of Economic Literature*, 40(2), 351-401.

Gamble, A.(1999) "Debate: The regulation of global finance," *New Political Economy*, 4(3),

409-427.

______________(2001) "Neo-Liberalism," *Capital & Class*, 75, 127-134.

Ghiselin, M. T.(1978) "The Economy of the Body," *American Economic Review*, 68(2), 233-237.

Giddens, A.(1971) *Capitalism and Modern Social Theory*, Cambridge: Cambridge University Press.

Guerin, B.(2003) "Putting a radical socialness into consumer behavior analysis," *Journal of Economic Psychology*, 24, 697-718.

Hanoch, Y.(2002) "Neither an angel nor an ant: emotion as an aid to bounded rationality," *Journal of Economic Psychology*, 23, 1-25.

Higgott, R.(1999) "Economics, politics and (international) political economy," *New Political Economy*, 4(1), 23-36.

Hirshleifer, J.(1985) "The Expending Domain of Economics," *American Economic Review*, 75(6), 53-68.

Hirshman, A. O.(1982) "Rival Interpretations of Market Society: Civilizing, Destructive or Feeble ?," *Journal of Economic Literature*, 20(4), 1463-1484.

Hirst, P. & G. Thompson(1999) *Globalization in Question*, Cambridge: Polity Press.

Hogarth, R. M. and M. W. Reder(1986) "Introduction: Perspectives from economics and psychology," *Rational Choice: The Contrast between Economics and Psychology*, ed. Robin M. Hogarth & Melvin Reder, Chicago: The University of Chicago Press.

Hollingsworth, J.(1997) "The Institutional Embeddedness of American Capitalism," Chapter 7, *Political Economy of Modern Capitalism*, ed. C. Crouch & W. Streek, London: Sage Publications.

Hovenkamp, H.(1995) "Law and Economics in the United States: a brief historical survey," *Cambridge Journal of Economics*, 19(2), 331-352.

IMF(1997) *Republic of Korea-Request for Stand-By Arrangement.*

Ingham, G.(1996) "Some recent changes in the relationship between economics and sociology," *Cambridge Journal of Economics*, 20(2), 243-275.

d'Iribarne, P.(1997) "A Check to Enlightened Capitalism," Chapter 9, *Political Economy of Modern Capitalism*, ed. C. Crouch & W. Streek, London: Sage Publications.

Jackson, T.(2002) "Evolutionary psychology in ecological economics: consilience, consumption and contentment," *Ecological Economics*, 41, 289-303.

James, J.(2000) "Do consumers in developing countries gain or lose from globalization," *Journal of Economic Issues*, 34(3), 537-551.

Jeroen, C. J. M., van den Bergh & S. Stage(2003) "Coevolution of Economic Behavior and Institutions: towards a theory of institutional change," *Journal of Evolutionary Economics*, 13(3), 289-317.

Johnson, C.(1998) "Economic crisis in East Asia: the clash of capitalisms," *Cambridge Journal of Economics*, 22(6), 653-661.

Kahneman, D.(2003) "Maps of Bounded Rationality: Psychology for Behavioral Economics," *American Economic Review*, 93(5), 1449-1465.

Kahneman, D., J. L. Knetsch & R. H. Thaler(1991) "Anomalies: The Endowment Effect, Loss Aversion and Status Quo," *Journal of Economic Perspectives*, 5(1), 193-20.

Kahneman, D. & A. Tversky(1979) "Prospect Theory: an analysis of decision under risk," *Econometrica*, 47(2), 263-91.

Khalil, E. L.(1999) "Institutions, naturalism and evolution," *Review of Political Economy*, 11(1), 61-81.

Kindleberger, C.(1978) *Manias, Panics, and Crashes*, New York: Basic Books.

Kleinknecht, A. & J. Wengel(1998) "The myth of economic globalisation," *Cambridge Journal of Economics*, 22(5), 637-647.

Krugman, P.(1994) "The Myth of Asia's Miracle," *Foreign Affairs*, 73(6), 62-78.

Langlois, R. N.(1986) "The New Institutional Economics," *Economics as a Process*, Cambridge: Cambridge University Press.

Lewin, S. B.,(1996) "Economics and Psychology: lesson for our own day from the early twentieth century," *Journal of Economic Literature*, 34(3), 1293-1323.

Lewis, D. K.(1968) *Convention,* Cambridge, Mass.: Harvard University Press.

Lorenz, E.(1999) "Trust, Contract and economic cooperation," *Cambridge Journal of Economics*, 23(3), 301-315.

Makowski, L. & Ostroy, J. M.(2001) "Perfect Competition and the Creativity of the Market," *Journal of Economic Literature*, 39(2), 479-535.

Markose, S. M.(2005) "Computability and Evolutionary Complexity: markets as complex adaptive system," *Economic Journal*, 115(504), 159-192.

Marris, R. & D. C. Mueller(1980) "The Corporation, Competition, and the Invisible Hand," *Journal of Economic Literature*, 18(1), 32-63.

Milberg, W.(1993) "Natural order and postmodernism in economic thought," *Social Research*, 30(2), 255-277.

Miller, M. H.(1986) "Behavioral Rationality in Finance: The case of Dividends" *Rational Choice: The Contrast between Economics and Psychology*, ed. Robin M. Hogarth and

Melvin Reder, Chicago: The University of Chicago Press.

____________(2002) "'The End of History' and the stock market boom," *European Business Review*, 14(1), 71-74.

Mirowski, P.(1988) *Against Mechanism*, Totowa, N.J.: Rowman & Littelfield.

____________(1989) *More Heat than Light*, Cambridge: Cambridge University Press.

____________(1991) "Postmodernism and the Social Theory of Value," *Journal of Post Keynesian Economics*, 13(4), 565-582.

Morishima, M.(1982) *Why has Japan 'succeeded'?*, Cambridge: Cambridge University Press.

Myerson, R. B.(1999) "Nash equilibrium and the history of economic theory," *Journal of Economic Literature*, 37(3), 1067-1082.

Nicolaides, P.(1988) "Limits to the expansion of neoclassical economics," *Cambridge Journal of Economics*, 12(3), 313-328.

Peraton, J.(2001) "The global economy-myths and realities," *Cambridge Journal of Economics*, 25(5), 669-684.

Posner, R. A.(1987) "The Law and Economics Movement," *American Economic Review*, 77(2), 1-13.

Rabin, M.(1998) "Psychology and economics," *Journal of Economic Literature*, 36(1), 11-46.

Radcie, H.(2000) "Responses to globalisation: A critique of progressive nationalism," *New Political Economy*, 5(1), 5-19.

Regini, M.(1997) "Social Institutions and Production Structure," Chapter 5, *Political Economy of Modern Capitalism*, ed. C. Crouch & W. Streek, London: Sage Publications.

Rizvi, S. Abu Turab(1994) "Game Theory to the Rescue?," *Contributions to Political Economy*, 13(1), 1-28.

Robinson, W. I.(2001) "Social theory and globalization," *Theory and Society*, 30, 157-200.

Rogers, A, R.,(1994) "Evolution of Time Preference by Natural Selection," *American Economic Review*, 83(3), 460-481.

Sachs, J.(1997) "The Wrong Medicine for Asia," *New York Times*, Nov. 3.

____________(1997) "Jeffrey Sachs: IMF is a power onto itself," *Financial Times*, Dec. 12.

Samuelson, L.(2005) "Economic Theory and Experimental Economics," *Journal of Economic Literature*, 43(1), 65-97.

Schotter, A.(1985) *Free Market Economics*, New York: St. Martin's Press.

Schulmeister, S.(2000) "Globalization without global money: the double role of money as national currency and world currency," *Journal of Post Keynesian Economics*, 22(3), 365-395.

Shafir, E., Diamond, P. & A. Tversky(1997) "Money Illusion," *Quarterly Journal of Economics*, 112(2), 341-374.

Shiller, R. J.(2000) "Part Three. Psychological factors," *Irrational Turbulence*, Princeton, N.J.: Princeton University Press.

__________(2003) "From Efficient Markets Theory to Behavioral Finance," *Journal of Economic Perspectives*, 17(1), 83-104.

Shleifer, A.(2000) *Inefficient Markets: an introduction to behavioral finance*, Oxford: Oxford University Press.

Shonfield, A.(1965) *Modern Capitalism*, Oxford: Oxford University Press.

Siakantaris, N.(2000) "Experimental economics under the microscope," *Cambridge Journal of Economics*, 24(3), 267-281.

Simon, H. A.(1951) "The formal theory of the employment relation," *Econometrica*, 19(3), 293-305.

__________(1978) "Rationality as Process and as Product of Thought," *American Economic Review*, 68(2), 1-16.

__________(1986) "Rationality in Psychology and Economics," *Rational Choice: The Contrast between Economics and Psychology*, ed. Robin M. Hogarth and Melvin Reder, Chicago: The University of Chicago Press.

Smith, V.(2002) "Method in Experiment: Rhetoric and Reality," *Experimental Economics*, 5(2), 91-110.

Statman, M.(1999) "Behavioral Finance: Past Battles and Future Engagements," *Financial Analysts Journal*, 55(6), 18-27.

Stigler, G.(1950) "The Development of Utility Theory I," *Journal of Political Economy*, 58(4), 307-327.

__________(1950) "The Development of Utility Theory Ⅱ," *Journal of Political Economy*, 58(5), 373-396.

Stigler, G. J. and Becker, G. S.(1977) "De Gustibus Non Est Disputandum," *American Economic Review*, 67(2), 76-90.

Stiglitz, J. E.(2002) "Information and the Change in the Paradigm in Economics," *American Economic Review*, 92(3), 460-501.

Stracca, L.(2004) "Behavioral finance and asset prices: Where do we stand?," *Journal of Economic Psychology*, 25(3), 373-405.

Strange, S.(1997) "The Future of Global Capitalism," Chapter 11, *Political Economy of Modern Capitalism*, ed. C. Crouch & W. Streek, London: Sage Publications.

Streek. W.(1997) "German Capitalism," Chapter 2, *Political Economy of Modern Capitalism*, ed. C. Crouch & W. Streek, London: Sage Publications.

Streeten, P.(2001) "Integration, interdependence, globalization," *Finance & Development*, 38(2), 34-37.

Streit, M.(1993) "Cognition, competition, and catallaxy," *Constitutional Political Economy*, 4(2), 223-262.

Thaler, R. H.(1980) "Toward a Positive Theory of Consumer Choice," *Journal of Economic Behavior and Organization*, 1, 39-60.

__________(1999a) "The end of behavioral finance," *Financial Analysts Journal*, 55(6), 12-17.

__________(1999b) "Mental Accounting Matters," *Journal of Behavioral Decision Making*, 12, 183-206.

Therborn, G.(2000) "Globalizations," *International Sociology*, 15(2), 151-179.

Tirole, J.(1999) "Incomplete Contracts: Where Do We Stand?," *Econometrica*, 67(4), 741-781.

Todd, P. M. and G. Gigerenzer(2003) "Bounding rationality to the world," *Journal of Economic Psychology*, 24(2), 143-165.

Tversky, A. & R. H. Thaler(1990) "Anomalies: Preference Reversals," *Journal of Economic Perspectives*, 4(2), 201-211.

Twomey, P.(1998) "Reviving Veblenian economic psychology," *Cambridge Journal of Economics*, 22(4), 433-448.

Watson, M.(1999) "Rethinking capital mobility, re-regulating financial markets," *New Political Economy*, 4(1), 55-75.

Williamson, O. E.(1975) *Markets and Hierarchies*, New York: The Free Press.

__________(1985) *The Economic Institutions of Capitalism*, New York: The Free Press.

__________(2002) "The theory of the firm as governance structure: from choice to contract," *Journal of Economic Perspectives*, 16(3), 171-195.

Williamson, O. E., M. Wachter & J. Harris(1975) "Understanding the Employment Relation: The Analysis of Idiosyncratic Exchange," *The Bell Journal of Economics*, 6(1), 250-278.

Wolf, M.(2001) "Will the nation-state survive globalization?," *Foreign Affairs*, 80(1), 178-190.

Wolfe, A.(1995) "From socialism to communitarianism," Chapter 10, *Towards a Global Civil Society*, ed. M. Walzer, Oxford: Berghahn.

World Bank(1993) *The East Asian Economic Miracle*, Oxford: Oxford University Press.

Zalewski, D.(2000) "Political confidence and monetary stability in the age of globalization," *Journal of Economic Issues*, 34(2), 349-375.

도모노 노리오(2007) 『행동경제학』, 이명희 옮김, 서울: 지형.

홍 훈(1998) "한국의 경제 위기와 IMF 프로그램," 『위기, 그리고 대전환』, 342-365, 이병천/김균 편, 서울: 당대.

사항색인

인명색인

[저자약력]

1977년 연세대학교 경제학과 졸업(경제학 학사)
1981년 연세대학교 대학원 경제학과 졸업(경제학 석사)
1988년 뉴욕 사회과학대학(New School for Social Research)(경제학 박사)
1989년 연세대학교 경제학과 조교수
1993년 연세대학교 경제학과 부교수
1998년 연세대학교 경제학과 정교수
2016-2017년 연세대학교 상경대학장 역임

한국경제학회 사무차장, 한국사회경제학회 편집위원장 역임, 한국사회경제학회 부회장 역임

전공 및 관심 분야: 서양 경제사상, 정치경제학, 자본주의 이념 및 체제, 한국의 경제 이념

[주요 저서 및 논문]

저서: 「맑스 경제사상의 구조와 한계」, 한울, 1994. 12.
「한국 자본주의의 실체」, 대한상공회의소, 1999. 10.
「마르크스와 오스트리아학파의 경제사상」, 대우학술총서, 아카넷, 2000. 11.

논문: "Marx and Menger on value," *Cambridge Journal of Economics*, 2000, 24(1), 87-105.
"Marx's value forms and Hayek's rules," *Cambridge Journal of Economics*, sep. 2002, 26(5), 613-635.
"아리스토텔레스의 도덕적인 가계경제와 마르크스의 자본주의 생산경제," 「서양고전학연구」, 26, 153-192.

경제학의 역사

2007년 8월 25일 초판발행
2020년 2월 10일 중판발행

저 자 홍 훈
발행인 안 종 만·안 상 준
발행처 (주) 박영사
서울특별시 종로구 새문안로3길 36, 1601
전화 (733)6771 FAX (736)4818
등록 1959. 3. 11. 제300-1959-1호(倫)

www.pybook.co.kr e-mail: pys@pybook.co.kr

정 가 28,000원 ISBN 978-89-6454-090-9